Wolfgang Hilke

Bilanzpolitik

Jahresabschluss nach Handels- und Steuerrecht

Mit Aufgaben und Lösungen

5., vollständig überarbeitete und erweiterte Auflage

Univ.-Prof. Dr. Wolfgang Hilke ist Direktor des Betriebswirtschaftlichen Seminars der Albert-Ludwigs-Universität Freiburg i.Br.

Die Deutsche Bibliothek – CIP-Einheitsaufnahme
Ein Titeldatensatz für diese Publikation ist bei der Deutschen Bibliothek erhältlich.

1. Auflage 1983
2. Auflage 1985
3. Auflage 1991
Nachdruck 1992
4. Auflage 1995
5. Auflage 2000

Alle Rechte vorbehalten.

Der Gabler Verlag ist ein Unternehmen der Bertelsmann Fachinformation GmbH.

© Betriebswirtschaftlicher Verlag Dr. Th. Gabler GmbH, Wiesbaden 2000
Lektorat: Jutta Hauser-Fahr, Ulrike Lörcher

Das Werk einschließlich aller seiner Teile ist urheberrechtlich geschützt. Jede Verwertung außerhalb der engen Grenzen des Urheberrechtsgesetzes ist ohne Zustimmung des Verlages unzulässig und strafbar. Das gilt insbesondere für Vervielfältigungen, Übersetzungen, Mikroverfilmungen und die Einspeicherung und Verarbeitung in elektronischen Systemen.

http://www.gabler.de

Höchste inhaltliche und technische Qualität unserer Produkte ist unser Ziel. Bei der Produktion und Verbreitung unserer Bücher wollen wir die Umwelt schonen: Dieses Buch ist auf säurefreiem und chlorfrei gebleichtem Papier gedruckt. Die Einschweißfolie besteht aus Polyäthylen und damit aus organischen Grundstoffen, die weder bei der Herstellung noch bei der Verbrennung Schadstoffe freisetzen.

Die Wiedergabe von Gebrauchsnamen, Handelsnamen, Warenbezeichnungen usw. in diesem Werk berechtigt auch ohne besondere Kennzeichnung nicht zu der Annahme, dass solche Namen im Sinne der Warenzeichen- und Markenschutz-Gesetzgebung als frei zu betrachten wären und daher von jedermann benutzt werden dürften.

Druck und Buchbinder: Lengericher Handelsdruckerei, Lengerich/Westf.
Printed in Germany

ISBN 3-409-56602-3

Vorwort zur 5. Auflage

Das hiermit in 5. Auflage vorgelegte Buch soll – wie die vorhergehenden Auflagen – Studenten und Praktikern auf möglichst anregende und leicht verständliche Weise Zugang zur „Bilanzpolitik" als einem bedeutsamen Teilgebiet des betrieblichen Rechnungswesens und der Unternehmenspolitik verschaffen. Deshalb wurde, um jegliche Theorieüberladung und Überfrachtung mit zu weitgehenden Details zu vermeiden, besonderer Wert darauf gelegt, nur die für Studium und Praxis wichtigsten Möglichkeiten der Bilanzpolitik nach Handels- und Steuerrecht klar und systematisch darzustellen.

Die vorliegende 5. Auflage der „Bilanzpolitik" wurde aus zwei ganz verschiedenen Gründen erforderlich:
Der erste Grund war – sehr zur Freude von Verlag und Autor – die hohe Akzeptanz, die auch die 4. Auflage des Buches gefunden hat; sie führte dazu, daß die 4. Auflage seit Mai 1998 vergriffen ist.
Der zweite Grund liegt – eher zum Leidwesen des Verfassers – in den zahlreichen Änderungen, die Handels- und Steuerrecht seit der 4. Auflage erfahren haben. So wurden insbesondere 1998 zum einen zahlreiche Gesetze beschlossen oder als Entwurf vorgelegt, die das Handelsrecht (vor allem HGB, AktG, PublG) betreffen. Zum anderen war ab Herbst 1998 – nicht zuletzt bedingt durch den Regierungswechsel – bereits absehbar, daß es in naher Zukunft zu gravierenden Änderungen des Steuerrechts kommen würde. Deshalb erschien es dem Verfasser opportun, mit der Überarbeitung des Buches zu warten, bis die geplanten (und z. T. recht kontrovers diskutierten) Änderungen des Steuerrechts konkrete Gestalt angenommen haben. Letzteres ist mit dem „Steuerentlastungsgesetz" im März 1999 geschehen.

Daher resultieren umfangreiche Änderungen der vorliegenden 5. Auflage dieses Buches gegenüber der vorhergehenden Auflage vor allem aus der Berücksichtigung dieses *Steuerentlastungsgesetzes 1999/2000/2002* v. 24.3.1999. Zusätzlich wurden auch noch die wesentlichen, seit der 4. Auflage eingetretenen Änderungen des Bilanzsteuerrechts, wie z. B. im *EStG*, in der *EStDV*, in der *AO*, im *Investitionszulagen-Gesetz 1999 (InvZulG)* i. d. F. v. 18.8.1997 und im *Fördergebiets-Gesetz (FördG)* i.d.F. v. 19.12.1998 in dieser Neuauflage berücksichtigt. Als Beispiel für derartige Änderungen sei § 5 Abs. 4a EStG angeführt, der ab 1997 die Bildung von sog. „Drohverlust-Rückstellungen" in der Steuerbilanz verbietet.

Um das Buch aber nicht nur bezüglich der Steuerbilanz, sondern auch bezüglich der Handelsbilanz auf den aktuellsten Stand zu bringen, wurden außerdem in die vorliegende 5. Auflage u. a. eingearbeitet: die *Rechtsverordnung über die Rechnungslegung der Kreditinstitute und Finanzdienstleistungsinstitute (RechKredV)* v. 10.2.1992 i. d. F. v. 11.12.1998 und die *Rechtsverordnung über die Rechnungslegung von Versicherungsunternehmen (RechVersV)* v. 8.11.1994, zuletzt geändert durch Gesetz v. 9.6.1998, das *Stückaktien-Gesetz (StückAG)* v. 25.3.1998, das *Kapitalaufnahmeerleichterungs-Gesetz (KapAEG)* v. 20.4.1998, das *Gesetz zur Kontrolle und Transparenz im Unternehmensbereich (KonTraG)* v. 27.4.1998, das *Gesetz zur Einführung des Euro (EuroEG)* v. 9.6.1998 und das Steueränderungsgesetz 1998 v. 19.12.1998. Durch das zuletzt erwähnte

Gesetz kam es z. B. zur Änderung von § 257 Abs. 4 HGB und somit zu einer Verlängerung der Aufbewahrungsfrist für Buchungsbelege von bisher 6 auf 10 Jahre.

Ferner wird in der Neuauflage bereits hingewiesen auf absehbare Änderungen des HGB, aber auch des PublG, des AktG und des EG-HGB, die in naher Zukunft aus dem Regierungs-Entwurf zum *Kapitalgesellschaften- und Co-Richtlinie-Gesetz (KapCoRiLiG)* v. 13.8.1999 resultieren. Dieser Entwurf betrifft zum einen die – seit langem überfällige – Transformation der sog. *GmbH&CoKG-Richtlinie* in deutsches Recht; so ist vorgesehen, daß die bislang nur für Kapitalgesellschaften geltenden Vorschriften der §§ 264 ff. HGB ab Geschäftsjahr 1999 auch auf bestimmte Personengesellschaften wie die GmbH & Co KG oder die AG & Co KG anzuwenden sind. Zum anderen sollen nach dem Entwurf des KapCoRiLiG die in § 267 HGB bisher festgelegten Schwellenwerte für den Einzelabschluß ab 1999 deutlich angehoben werden; diese Schwellenwerte sind maßgeblich für die Einstufung von Kapitalgesellschaften als „klein", „mittelgroß" oder „groß" und damit für den Umfang ihrer Rechnungslegungspflichten in bezug auf Erstellung, Prüfung und Offenlegung von „Jahresabschluß" und Lagebericht.

Der Leser kann sicherlich leicht nachvollziehen, daß wegen der Änderungen des Handels- und Steuerrechts aufgrund der erwähnten Gesetze und des genannten Entwurfes zum KapCoRiLiG die Kapitel 1 und 2 in zahlreichen Abschnitten ergänzt oder überarbeitet werden mußten. Diese Kapitel dienen dazu, dem Leser zunächst die Grundlagen der Bilanzierung zu vermitteln und ihm anschließend einen Überblick über die aktuellen handels- und steuerrechtlichen Rahmenbedingungen der Bilanzpolitik zu geben. Den Schwerpunkt des Buches bildet – wie bisher – Kapitel 3, in dem die ausführliche Darstellung von etwa 50 Bilanzierungs- und Bewertungswahlrechten sowie etwa 20 Ausweiswahlrechten erfolgt. Gerade dieses Kapitel 3 mußte wegen der genannten Gesetzesänderungen im Handels- und Steuerrecht weitgehend neu formuliert werden. In Kapitel 3 wird deutlich, wie die verschiedenen Bilanzierungs-, Bewertungs- und Ausweiswahlrechte in ihrem abgestimmten Zusammenspiel eine besonders wirksame Gestaltung von Handels- und/oder Steuerbilanz nach aktuellem Recht ermöglichen. Zur Motivation des Lesers, zum besseren Verständnis und zur Steigerung des Lernerfolges dienen schließlich zahlreiche Beispiele aus der Bilanzierungs-Praxis und das Kapitel 4 mit rd. 80 Aufgaben und Lösungen, die ebenfalls an die neuen handels- und steuerrechtlichen Vorschriften angepaßt wurden. Ferner wurden neue Aufgaben konzipiert, u. a. zum "Verlustabzug" nach § 10d EStG n. F., zu den neuen Vorschriften für die Bildung und Bemessung von Rückstellung in der Steuerbilanz nach § 5 Abs. 4b und § 6 Abs. 1 Nr. 3a EStG n. F., zu den Aufwendungen für die Währungsumstellung auf den Euro nach Artikel 44 Abs. 1 EGHGB und zur "Wertaufholungs-Rücklage" nach § 52 Abs. 16 S. 3 EStG 1999.

Insgesamt soll das vorliegende Buch nicht nur den Studenten der Wirtschaftswissenschaften oder der Rechtswissenschaften dazu dienen, sich fundierte Kenntnisse zum Thema „Bilanzpolitik nach Handels- und Steuerrecht" anzueignen. Vielmehr ist das Buch wegen seines Praxisbezuges und seiner gestrafften Darstellung auch für Unternehmer und Geschäftsführer mittelständischer Betriebe gedacht, die sich mit Fragen der Bilanzpolitik beschäftigen müssen, um sich zu einem kompetenteren Gesprächspartner für ihre Steuerberater und Wirtschaftsprüfer zu entwickeln.

Allerdings sei darauf hingewiesen, daß im vorliegenden Buch nur der *Einzelabschluß*, nicht aber auch der Konzernabschluß behandelt wird. Als Gründe für diese Beschränkung auf den Einzelabschluß lassen sich anführen: Zum einen sollte der Student wie auch der Praktiker erst einmal zu Fragen der Bilanzierung und Bilanzpolitik von Einzelabschlüssen über fundierte Kenntnisse verfügen, bevor er sich der Gestaltung von Konzernabschlüssen zuwendet. Zum anderen zeigte sich beim Verkauf der ersten vier Auflagen, daß sich – wie erhofft – auch mittelständische Unternehmer als eine Zielgruppe dieses Buches angesprochen fühlten. Für diese Unternehmer ist häufig ohnehin nur der Einzelabschluß relevant, weil sie entweder (noch) keinen Konzern haben oder aber, selbst wenn sie einen mittelständischen Konzern führen, sie mit ihrem „kleinen" Konzern unter den im § 293 Abs. 1 HGB bisher genannten Grenzen bleiben und somit von der Erstellung eines Konzernabschlusses *noch* befreit sind. Allerdings sei mit der Einschränkung „noch" bereits auf folgende, für die nahe Zukunft zu erwartende Änderung hingewiesen: Nach dem Entwurf zum KapCoRiLiG wird ab *Geschäftsjahr 2000* diese *Befreiung* für viele mittelständische Konzerne *nicht mehr* gelten; denn die Grenzwerte, bis zu denen „kleine" Konzerne von der Erstellung eines Konzernabschlusses befreit sind, werden dann deutlich abgesenkt, und zwar auf 32,27 Mio. DM Bilanzsumme, 64,54 Mio. DM Jahresumsatz und 250 Mitarbeiter.

Wie schon die vorhergehenden Auflagen ist auch das Manuskript für die nunmehr vorliegende 5. Auflage aus der intensiven Zusammenarbeit mit Studenten und Praktikern hervorgegangen. So basiert dieses Buch auf meiner inzwischen 20-jährigen Erfahrung nicht nur aus meinen Lehrveranstaltungen über Bilanzierung und Bilanzpolitik an der Universität Freiburg, sondern ebenso aus meiner Tätigkeit als Referent und Diskussionsleiter bei zahlreichen IHK-, Unternehmer- und Firmenseminaren sowie Lehrveranstaltungen an Verwaltungs- und Wirtschaftsakademien über „Bilanzpolitik" und „Bilanzanalyse".

Viele dieser Seminare habe ich – im sog. „team teaching" – mit meinem Kollegen, Herrn Prof. Dr. W. Bartram, durchgeführt. Von ihm erhielt ich manche Anregung auch für diese 5. Auflage; er war ein stets aufgeschlossener Diskussionspartner. Hierfür möchte ich ihm bei dieser Gelegenheit meinen herzlichen Dank aussprechen.

Mein Dank gilt ferner meinen wissenschaftlichen Mitarbeitern am Betriebswirtschaftlichen Seminar der Albert-Ludwigs-Universität Freiburg, den Herren Dipl.-Volkswirt Chr. Bassenge, Chr. Jäger, M. Lutz und R. Willaredt, für eine Reihe wertvoller Hinweise zur inhaltlichen Gestaltung des Buches, aber auch für ihre Hilfe beim Korrekturlesen, bei der Aktualisierung des Literaturverzeichnisses und beim Anfertigen des Stichwortverzeichnisses. Schließlich bin ich meiner Sekretärin, Frau Dipl.-Volkswirtin G. Hausser, für die mit äußerster Sorgfalt durchgeführte Textverarbeitung per PC ebenso zu Dank verpflichtet wie Herrn Dipl.-Volkswirt M. Lutz für die Layout-Gestaltung und Herstellung der druckreifen Formatvorlagen für diese 5. Auflage.

Freiburg i. Brsg., im September 1999　　　　　　　　　　　　　　WOLFGANG HILKE

Inhaltsverzeichnis

Erstes Kapitel
Einführung

A. Gründe für die Reform des deutschen Bilanzrechts und erneute Änderungen 3

B. Zum Aufbau des neuen Bilanzrechts im 3. Buch des HGB 5

C. Grundbegriffe und Grundtatbestände 8

D. Begriff und Ziele der Bilanzpolitik 11

Zweites Kapitel
**Allgemeine Vorschriften für die Aufstellung des "Jahresabschlusses"
als Rahmenbedingungen für die Bilanzpolitik**

A. Die Bestandteile des "Jahresabschlusses" 17
   I. Überblick 17
   II. Größenklassen-abhängige Rechnungslegungspflichten für
      Kapitalgesellschaften 19
   III. Allgemeine Gliederungsvorschriften (§§ 265 ff. HGB) 24
      a) Gliederungsvorschriften für die Beständebilanz 25
      b) Gliederungsvorschriften für die Erfolgsbilanz (G+V-Rechnung) 29
   IV. Der Anhang (§§ 284 ff. HGB) 32
   V. Zum Lagebericht (§ 289 HGB) 37

B. Allgemeine Bilanzierungs- und Bewertungsprinzipien 40
   I. Zur Maßgeblichkeit der Handelsbilanz für die Steuerbilanz 40
   II. Allgemeine Vorschriften (§§ 238 ff. HGB) und "Grundsätze
      ordnungsmäßiger Buchführung" (GoB) 42
      a) Zur Bedeutung der "Grundsätze ordnungsmäßiger
         Buchführung" (GoB) 42
      b) Bestimmungen im Handelsrecht 44
      c) Bestimmungen im Steuerrecht 49
   III. Ansatzvorschriften (§§ 246 ff. HGB) 50
      a) Grundsatz der Bilanzwahrheit in Bezug auf die "Vollständigkeit"
         (§ 246 Abs. 1 HGB) 51
      b) Das "Brutto-Prinzip" oder "Verrechnungsverbot"
         (§ 246 Abs. 2 HGB) 52
      c) Inhalt der Bestände-Bilanz (§ 247 HGB) 53
      d) Bilanzierungsverbote (§ 248 HGB) 53
      e) Pflichten und Wahlrechte zur Bildung von Rückstellungen
         (§ 249 HGB) 55
      f) Rechnungsabgrenzungsposten (§ 250 HGB) 60
      g) Haftungsverhältnisse (§ 251 HGB) 61

IV. Bilanzierung als Bewertungsproblem 61
V. Allgemeine Bewertungsgrundsätze (§§ 252 ff. HGB) 62
    a) Grundsatz der Bilanzidentität 63
    b) Going-concern-Prinzip 63
    c) Stichtagsprinzip 64
    d) Grundsatz der Einzelbewertung 66
    e) Vorsichtsprinzip und "Wert-Aufhellungstheorie" 66
    f) Abgrenzungsprinzip 74
    g) Grundsatz der Bewertungsmethoden-Stetigkeit 75
    h) Anschaffungs- oder Herstellungskosten als Wertobergrenze 79

C. Folgen der Verletzung von Rechnungslegungspflichten (§§ 331 ff. HGB) 80
    I. Verstöße gegen Rechnungslegungspflichten 80
    II. Strafvorschriften des StGB und des HGB 81
    III. Bußgeldvorschriften des HGB 85
    IV. Folgen der Verletzung von Buchführungspflichten im Steuerrecht 87

Drittes Kapitel
Die gezielte Gestaltung des "Jahresabschlusses" – Möglichkeiten und Grenzen der Bilanzpolitik nach Handels- und Steuerrecht

A. Betriebliche Maßnahmen, die unter dem Gesichtspunkt ihrer Auswirkung auf den Jahresabschluß überdacht werden 91

B. Betriebliche Maßnahmen, die nur wegen ihrer Auswirkung auf den Jahresabschluß ergriffen werden 96

C. Bilanzierungswahlrechte 99
    I. Kennzeichnung und Übersicht 99
    II. Derivativer Firmenwert (§ 255 Abs. 4 HGB) 103
    III. Firmenwert im Verschmelzungsfall (§ 24 UmwG) 107
    IV. Aufwendungen für die Ingangsetzung und Erweiterung des Geschäftsbetriebes (§§ 269 und 282 HGB) 109
    V. Aufwendungen für die Währungsumstellung auf den Euro (Artikel 44 Abs. 1 EGHGB) 112
    VI. Disagio (§ 250 Abs. 3 HGB) 113
    VII. Aktivische latente Steuern (§ 274 Abs. 2 HGB) 115
    VIII. Steuerfreie Rücklagen nach § 6b EStG (§ 247 Abs. 3 HGB) 120
    IX. Steuerfreie Rücklagen für Ersatzbeschaffung nach R 35 EStR (§ 247 Abs. 3 HGB) 123
    X. Steuerfreie "Wertaufholungs-Rücklage" nach § 52 Abs. 16 S. 3 EStG 1999 (§ 247 Abs. 3 HGB) 125
    XI. Steuerfreie Rücklagen wegen Ansparabschreibung nach § 7g Abs. 3 ff. EStG (§ 247 Abs. 3 HGB) 127
    XII. Sonderposten ("Wertberichtigung") für steuerrechtliche Abschreibungen nach § 254 HGB (§ 281 Abs. 1 HGB) 131

XIII. Rückstellungen für bestimmte Verpflichtungen aus
  Versorgungszusagen (Artikel 28 EGHGB) 133
XIV. Rückstellungen für bestimmte unterlassene Instandhaltungen
  (§ 249 Abs. 1 S. 3 HGB) 136
XV. Aufwands-Rückstellungen (§ 249 Abs. 2 HGB) 137
XVI. Rücklagen nach § 52 Abs. 16 S. 7 und S. 10 EStG 1999
  in der Steuerbilanz 139

D. Bewertungswahlrechte 142
  I. Ansatz der Anschaffungskosten (§ 255 Abs. 1 HGB) 143
    a) Legaldefinition der "Anschaffungskosten" 143
    b) Übertragung von Rücklagen nach § 6b EStG und nach R 35 EStR 144
    c) Behandlung von Zuschüssen und Investitionszulagen 145
  II. Ansatz der Herstellungskosten (§ 255 Abs. 2 HGB) 148
    a) Zum Begriff "Herstellungskosten" 148
    b) Untere und obere Wertgrenze der handelsrechtlichen
      Herstellungskosten 149
    c) Herstellungskosten nach Steuerrecht 154
    d) Abgrenzung zwischen "Erhaltungsaufwand" und
      "Herstellungsaufwand" 157
    e) Restbuchwert und Abbruchkosten eines Gebäudes 158
  III. Gruppenbewertung im Anlagevermögen (§ 240 Abs. 4 HGB) 158
  IV. Festbewertung im Anlagevermögen (§ 240 Abs. 3 HGB) 160
  V. Planmäßige Abschreibungen beim Anlagevermögen
    (§ 253 Abs. 2 HGB) 162
    a) Festlegung der Nutzungsdauer 162
    b) Wahl der Abschreibungsmethode 163
    c) Wechsel der Abschreibungsmethode 167
    d) Ansatz eines Restwertes 168
    e) Vereinfachungsregel 169
  VI. Außerplanmäßige Abschreibungen bzw. Absetzungen für
    außergewöhnliche Abnutzung beim Anlagevermögen
    (§ 253 Abs. 2 S. 3 HGB) 169
  VII. Abschreibungen "im Rahmen vernünftiger kaufmännischer
    Beurteilung" beim Anlagevermögen (§ 253 Abs. 4 HGB) 175
  VIII. Eigentlich "nur steuerrechtlich zulässige Abschreibungen"
    beim Anlagevermögen (§ 254 HGB) 176
    a) Kennzeichnung und allgemeine Vorschriften 176
    b) Sonderabschreibungen nach § 7g EStG, § 82f EStDV und
      § 4 FördG 179
    c) Sofortabschreibung geringwertiger Wirtschaftsgüter
      (§ 6 Abs. 2 EStG) 183
    d) Abzüge nach § 6b EStG und R 35 EStR 183
  IX. Beibehaltungswahlrecht bzw. "Wertaufholungsgebot"
    im Anlagevermögen (§ 253 Abs. 5, § 280 HGB) 184

X.	Verfahren der "Sammelbewertung" beim Umlaufvermögen (§ 256 HGB)	190
	a) Vorbemerkungen	190
	b) Die Durchschnittsmethode	191
	c) Verfahren mit einer Verbrauchsfolge- oder Veräußerungsfolge-Fiktion	192
XI.	Gruppenbewertung im Umlaufvermögen (§ 240 Abs. 4 HGB)	196
XII.	Festbewertung im Umlaufvermögen (§ 240 Abs. 3 HGB)	197
XIII.	Der "sich aus dem Börsen- oder Marktpreis am Abschlußstichtag ergebende Wert" im Umlaufvermögen (§ 253 Abs. 3 HGB)	198
XIV.	Der den Gegenständen des Umlaufvermögens "am Abschlußstichtag beizulegende Wert" (§ 253 Abs. 3 HGB)	204
XV.	Ansatz des "in der nächsten Zukunft erwarteten niedrigeren Zeitwertes" im Umlaufvermögen (§ 253 Abs. 3 HGB)	207
XVI.	Abschreibungen "im Rahmen vernünftiger kaufmännischer Beurteilung" beim Umlaufvermögen (§ 253 Abs. 4 HGB)	209
XVII.	Eigentlich "nur steuerrechtlich zulässige Abschreibungen" im Umlaufvermögen (§ 254 HGB)	210
XVIII.	Beibehaltungswahlrecht bzw. "Wertaufholungsgebot" im Umlaufvermögen (§ 253 Abs. 5, § 280 HGB)	212
XIX.	Zur Bemessung von Rückstellungen	214
E. Ausweiswahlrechte		219

Viertes Kapitel
Aufgaben und Lösungen 223

Literaturverzeichnis 323

Stichwortverzeichnis 337

Erstes Kapitel

Einführung

A. Gründe für die Reform des deutschen Bilanzrechts und erneute Änderungen

Der Grund für die **Reform** des deutschen Bilanzrechts lag in der Verpflichtung des nationalen Gesetzgebers, verschiedene Richtlinien der Europäischen Gemeinschaft in deutsches Recht umzusetzen. Im einzelnen handelte es sich dabei um

- die 4. EG-Richtlinie v. 25.7.1978,
- die 7. EG-Richtlinie v. 13.6.1983 und
- die 8. EG-Richtlinie v. 10.4.1984.

Gegenstand der 4. EG-Richtlinie war die Harmonisierung der europäischen Rechnungslegungsvorschriften für den **Einzelabschluß** der Kapitalgesellschaften (GmbH, AG, KGaA).

Die 7. EG-Richtlinie hatte das Ziel, die nationalen Vorschriften über die Rechnungslegung der **Konzerne**, bei denen Kapitalgesellschaften als Obergesellschaft fungieren, zu harmonisieren.

Durch die 8. EG-Richtlinie sollten die Zulassungsvoraussetzungen für die **prüfungsberechtigten Personen** in der EG vereinheitlicht werden; sie tangierte damit die eigentliche Rechnungslegung nicht.

Die gravierendsten Rechtsänderungen für deutsche Unternehmen ergaben sich aus der 4. EG-Richtlinie. Die Transformation in deutsches Recht hätte eigentlich bis 1980 erfolgen sollen, geschah tatsächlich aber erst 1985, also mit einer mehrjährigen Verspätung, weil die Beratungen sich so lange hinzogen. Allerdings hatte die Verzögerung auch einen Vorteil: Gleichzeitig mit der 4. EG-Richtlinie konnte auch die 7. (und 8.) EG-Richtlinie in deutsches Recht umgesetzt werden. Somit brauchten Unternehmen, die von beiden Richtlinien betroffen waren, ihr Rechnungswesen nur einmal umzustellen.

Ferner hat der deutsche Gesetzgeber bei der Reform des Bilanzrechts – über die EG-Verpflichtung hinausgehend – nicht nur die Rechnungslegungsvorschriften für **Kapitalgesellschaften** geändert. Vielmehr wurde zugleich auch die Rechnungslegung für **Nicht-Kapitalgesellschaften** (Einzelunternehmung, Personengesellschaften) in dem Maße kodifiziert, wie sie bereits bislang als "Grundsätze ordnungsmäßiger Buchführung" ungeschriebenes Recht darstellte (vgl. Göllert/Ringling, S. 5). Auf diese Weise sollte eine zu weite Auseinanderentwicklung der Bilanzierungsvorschriften für Kapitalgesellschaften und Nicht-Kapitalgesellschaften verhindert werden.

Das Ergebnis der Transformation von 4., 7. und 8. EG-Richtlinie in deutsches Recht war das "**Bilanzrichtlinien-Gesetz** vom 19.12.1985" (BiRiLiG), das als sogenanntes "Artikelgesetz" formuliert wurde und am 1.1.1986 in Kraft getreten ist (vgl. Artikel 13

BiRiLiG). Dabei war zu beachten, daß zwar die Vorschriften der 8. EG-Richtlinie (Bilanzprüfer-Richtlinie) von diesem Termin (1.1.1986) an zwingendes Recht darstellten, jedoch die Vorschriften der 4. EG-Richtlinie für den Einzelabschluß erstmalig auf dasjenige Geschäftsjahr zwingend anzuwenden waren, das mit oder nach dem 1.1.1987 begann, und die Vorschriften der 7. EG-Richtlinie für den Konzernabschluß sogar erst von demjenigen Geschäftsjahr an zwingend wurden, das am oder nach dem 1.1.1990 begann.

Insgesamt erfuhren 39 Gesetze z. T. erhebliche Veränderungen durch das BiRiLiG, allen voran das HGB, aber auch das AktG, GmbHG, GenG, PublG, KWG, VAG, die Wirtschaftsprüferordnung und nicht zuletzt das EStG (insbes. in § 6 und § 7 EStG).

Zu **erneuten Änderungen** des deutschen Bilanzrechts kam es aufgrund

- der EG-Mittelstandsrichtlinie v. 8.11.1990 und
- der EG-GmbH & Co KG-Richtlinie v. 8.11.1990.

Ziel der EG-Mittelstandsrichtlinie (90/604/EWG) war es vor allem, "**kleinen**" Kapitalgesellschaften wesentliche **Erleichterungen** bei den Rechnungslegungspflichten einzuräumen. Die Transformation dieser Mittelstandsrichtlinie in nationales Recht sollte eigentlich vor dem 31.12.1993 erfolgen. Tatsächlich wurde sie in deutsches Recht aber erst mit dem "**Gesetz zur Änderung des DMBilG und anderer handelsrechtlicher Bestimmungen**" vom 16.6.1994 (im folgenden als "ÄndG-DMBilG" abgekürzt) umgesetzt.

Die EG-GmbH & Co KG-Richtlinie (90/605/EWG) hatte zum Ziel, auch solche *Personengesellschaften*, deren *Vollhafter Kapitalgesellschaften* sind, in den Anwendungsbereich der 4. und 7. EG-Richtlinie einzubeziehen. Diese Einbeziehung beträfe in Deutschland insbes. die Rechtsform der **GmbH & Co KG** und sollte eigentlich bereits für alle Geschäftsjahre gelten, die nach dem 31.12.1994 begannen. Allerdings ist bei Drucklegung des vorliegenden Buches, d. h. im 3. Quartal 1999, die Transformation dieser EG-Richtlinie in deutsches Recht noch nicht über das Stadium eines *Regierungs-Entwurfes* zum "**Kapitalgesellschaften- und Co-Richtlinie-Gesetz**" (**KapCoRiLiG**) hinausgekommen (vgl. BR-Drs. 458/99 v. 13.08.1999). Dieser Entwurf sieht – durch Einfügung eines § 264a HGB – vor, daß die bisher nur für Kapitalgesellschaften geltenden Vorschriften der §§ 264 ff. HGB für das nach dem 31.12.1998 beginnende Geschäftsjahr – also ab 1999 – auch auf bestimmte Personenhandelsgesellschaften wie die GmbH & Co KG oder die AG & Co KG anzuwenden sind.

Zu **weiteren Änderungen** führten ferner

- das "Bankbilanzrichtlinie-Gesetz" v. 30.11.1990 und
- das "Versicherungsbilanzrichtlinie-Gesetz" v. 24.6.1994.

Durch das "**Bankbilanzrichtlinie-Gesetz**" (**BankBiRiLiG**) – genauer: "Gesetz zur Durchführung der Richtlinie des Rates der Europäischen Gemeinschaften über den Jahresabschluß und den konsolidierten Abschluß von Banken und anderen Finanzinstituten" – wurden die §§ 340-340o in das 3. Buch des HGB eingefügt. Sie enthalten ergänzende Rechnungslegungsvorschriften für **Kreditinstitute** und **Finanzdienstleistungsinstitute**, und zwar unabhängig von der jeweiligen Rechtsform derartiger Institute.

Einige Jahre später wurden auch noch die §§ 341-341o in das 3. Buch des HGB durch das "**Versicherungsbilanzrichtlinie-Gesetz**" (**VersBiRiLiG**) eingefügt. Durch dieses "Gesetz zur Durchführung der Richtlinie des Rates der Europäischen Gemeinschaften über den Jahresabschluß und den konsolidierten Abschluß von Versicherungsunternehmen", wie es genauer heißt, sind nunmehr auch die Rechnungslegungsvorschriften für **Versicherungsunternehmen** umfassend im HGB enthalten.

Die **jüngsten Änderungen** des deutschen Bilanzrechts ergeben sich schließlich aus

- dem "**Kapitalaufnahmeerleichterungs-Gesetz**" (**KapAEG**) v. 20.4.1998 (BGBl. I 1998, S. 707),
- dem "**Gesetz zur Kontrolle und Transparenz im Unternehmensbereich**" (**KonTraG**) v. 27.4.1998 (BGBl. I 1998, S. 786),
- dem "**Gesetz zur Einführung des Euro**" (**EuroEG**) v. 9.6.1998 (BGBl. I 1998, S. 1242),
- dem "**Steueränderungsgesetz 1998**" v. 19.12.1998 (BGBl. I 1998, S. 3816) und
- dem "**Steuerentlastungsgesetz 1999/2000/2002**" v. 24.3.1999 (BGBl. I 1998, S. 402).

Bereits absehbar sind **zukünftige Änderungen** des HGB, aber auch des PublG, des AktG und des EGHGB durch den

- Entwurf zum "**Kapitalgesellschaften- und Co-Richtlinie-Gesetz**" (**KapCoRiLiG**) gem. BR-Drs. 458/99 v. 13.8.1999.

Inwiefern sich die genannten Gesetze von 1998 und der Entwurf des KapCoRiLiG in den Rechnungslegungsvorschriften des HGB niederschlagen, wird in der vorliegenden Neuauflage dieses Buches an der jeweils relevanten Stelle dargelegt.

B. Zum Aufbau des neuen Bilanzrechts im 3. Buch des HGB

Wie bereits erwähnt, führten das BiRiLiG, das "BankBiRiLiG" und das "VersBiRiLiG" vor allem zu umfangreichen Änderungen des HGB, die ihren äußeren Ausdruck darin fanden, daß ein neues 3. Buch – nach neuestem Stand v. 19.12.1998 die §§ 238-342a umfassend – in das HGB eingefügt wurde. Dieses neue 3. Buch des HGB regelt ausschließlich Fragen der Rechnungslegung und wird damit zum Kerngesetz des neuen Bilanzrechts. Dementsprechend finden sich außerhalb dieses 3. Buches des HGB nur noch einige wenige Rechnungslegungsvorschriften in Spezialgesetzen (wie AktG, GmbHG, GenG), welche Sonderprobleme der Rechnungslegung für die jeweiligen Rechtsformen betreffen (vgl. Göllert/Ringling, S. 5).

Das 3. Buch des HGB ist jetzt grob in fünf Abschnitte gegliedert: Der 1. Abschnitt (§§ 238-263 HGB) enthält diejenigen Vorschriften, die für *alle* Kaufleute – also rechtsformunabhängig – gelten. Der 2. Abschnitt (§§ 264-335 HGB) beinhaltet die – häufig strengeren – ergänzenden Vorschriften für *Kapitalgesellschaften* und stellt somit die eigentliche Transformation der 4. und 7. EG-Richtlinie sowie der EG-Mittelstandsrichtlinie in deutsches Recht dar; in diesem Abschnitt wird sich auch die geplante Transformation der EG-GmbH & Co KG-Richtlinie durch das KapCoRiLiG niederschlagen. Den 3. Abschnitt (§§ 336-339 HGB) bilden einige ergänzende Vorschriften zur Rechnungslegung von eingetragenen *Genossenschaften.*

Im 4. Abschnitt (§§ 340-341o HGB) finden sich zum einen ergänzende Rechnungslegungsvorschriften für *Kreditinstitute und Finanzdienstleistungsinstitute* (§§ 340-340o HGB); sie sind von Kreditinstituten auf deren Jahresabschlüsse und Lageberichte bereits seit 1993 anzuwenden (vgl. Artikel 30 Abs. 1 EGHGB), von Finanzdienstleistungsinstituten ab 1998 zu beachten. Zum anderen enthält er ergänzende Vorschriften für *Versicherungsunternehmen* (§§ 341-341o HGB), die bei der Erstellung, Prüfung und Offenlegung von Jahresabschluß und Lagebericht ab 1995 berücksichtigt werden müssen (vgl. Artikel 32 Abs. 1 EGHGB). Zusätzlich zu den genannten Vorschriften des HGB haben Kreditinstitute und Finanzdienstleistungsinstitute noch die "Verordnung über die Rechnungslegung der Kreditinstitute und Finanzdienstleistungsinstitute" (RechKredV) v. 10.2.1992 in der Fassung der Bekanntmachung v. 11.12.1998 (BGBl. I 1998, S. 3658) zu beachten. Für Versicherungsunternehmen ist entsprechend die "Verordnung über die Rechnungslegung von Versicherungsunternehmen" (RechVersV) v. 8.11.1994, zuletzt geändert durch Gesetz v. 9.6.1998, relevant.

Der 5. Abschnitt (§§ 342 und 342a HGB) wurde überhaupt erst durch das "Gesetz zur Kontrolle und Transparenz im Unternehmensbereich" (KonTraG) v. 27.4.1998 eingefügt. Hiernach kann das Bundesministerium der Justiz entweder eine privatrechtlich organisierte Einrichtung durch Vertrag anerkennen (vgl. § 342 Abs. 1 HGB) oder einen Rechnungslegungsbeirat bilden (vgl. § 342a Abs. 1 HGB) und ihr bzw. ihm folgende Aufgaben übertragen (vgl. § 342 Abs. 1 HGB):

- Entwicklung von Empfehlungen zur Anwendung der Grundsätze über die Konzernrechnungslegung,
- Beratung des Bundesministeriums der Justiz bei Gesetzgebungsvorhaben zu Rechnungslegungsvorschriften und
- Vertretung der BRD in internationalen Standardisierungsgremien.

Mit Vertrag vom 3.9.1998 hat das Bundesministerium der Justiz das "Deutsche Rechnungslegungs Standards Committee e. V." (DRSC) nach Maßgabe des § 342 Abs. 1 HGB als die zuständige Standardisierungsorganisation für Deutschland anerkannt und dem unabhängigen Standardisierungsrat des DRSC die o. g. Aufgaben übertragen.

Um neben dem geschilderten Grob-Aufbau des 3. Buches des HGB auch die einzelnen Bereiche der Rechnungslegung, die in den fünf genannten Abschnitten jeweils geregelt werden, besser und schneller zu erkennen, sei für die ersten beiden Abschnitte eine detaillierte Untergliederung angegeben, so daß sich folgendes Bild ergibt:

1. Abschnitt: Vorschriften für alle Kaufleute (§§ 238-263 HGB)

- Buchführung und Inventar (§§ 238-241 HGB)
- Eröffnungsbilanz/Jahresabschluß (§§ 242-256 HGB)
    - Allgemeine Vorschriften
    - Ansatzvorschriften (Aktivierungs- und Passivierungsvorschriften)
    - Bewertungsvorschriften
- Aufbewahrungs- und Vorlagepflichten (§§ 257-261 HGB)
- Vorbehalt landesrechtlicher Vorschriften (§ 263 HGB).

2. Abschnitt: Ergänzende Vorschriften für Kapitalgesellschaften (§§ 264-335 HGB)

- Jahresabschluß der Kapitalgesellschaft und Lagebericht (§§ 264-289 HGB)
    - Aufstellungspflichten und Gliederungsgrundsätze
    - Bilanzgliederungs- und -ansatzvorschriften
    - Vorschriften zur Gewinn- und Verlustrechnung
    - Bewertungsvorschriften
    - Vorschriften zum Anhang
    - Vorschriften zum Lagebericht
- Konzernrechnungslegungsvorschriften (§§ 290-315 HGB)
- Prüfungsvorschriften (§§ 316-324 HGB)
- Vorschriften über die Offenlegung (§§ 325-329 HGB)
- Rechtsverordnungsermächtigung für Formblätter (§ 330 HGB)
- Straf-, Bußgeld- und Zwangsgeldvorschriften (§§ 331-335).

3. Abschnitt: Ergänzende Vorschriften für eingetragene Genossenschaften (§§ 336-339 HGB)

4. **Abschnitt: Ergänzende Vorschriften für Unternehmen bestimmter Geschäftszweige (§§ 340-341o HGB)**

- Ergänzende Vorschriften für Kreditinstitute und Finanzdienstleistungsinstitute (§§ 340-340o HGB)
- Ergänzende Vorschriften für Versicherungsunternehmen (§§ 341-341o HGB).

5. **Abschnitt: Privates Rechnungslegungsgremium; Rechnungslegungsbeirat (§§ 342, 342a HGB)**

Bevor nun auf die wichtigsten Rechnungslegungsvorschriften im einzelnen eingegangen werden kann, sind zunächst einmal verschiedene Grundbegriffe zu klären und einige Grundtatbestände darzustellen.

C. Grundbegriffe und Grundtatbestände

Gegenstand der "Bilanzierung" ist allgemein die Erstellung einer "Bilanz". Das Wort "**Bilanz**" läßt sich herleiten aus dem lateinischen "bis lanx" und bedeutet soviel wie eine „sich im Gleichgewicht befindliche zweischalige Waage". In einer Bilanz werden somit zwei Wertegruppen gleicher Gesamthöhe einander gegenübergestellt.

Nach dem Inhalt dieser beiden Wertegruppen wird üblicherweise zwischen der sog. "Beständebilanz" und der "Erfolgsbilanz" (Gewinn- und Verlustrechnung) unterschieden:

In der sog. "**Beständebilanz**" werden die Bestände von Vermögen einerseits und Kapital andererseits an einem bestimmten *Stichtag* in *Kontoform* einander gegenübergestellt (vgl. § 247 Abs. 1 HGB).

Die sog. "Aktivseite" zeigt das Vermögen der Unternehmung. Das Vermögen wird üblicherweise unterteilt in das "Anlagevermögen" und in das "Umlaufvermögen" [vgl. § 247 Abs. 1 und § 266 HGB; Ausnahmen: Kreditinstitute (§ 340a Abs. 2 S. 2 HGB) und Versicherungsunternehmen (§ 341a Abs. 2 S. 2 HGB)]. Dabei gehören zum "**Anlagevermögen**" solche Gegenstände, die am Bilanzstichtag dazu bestimmt sind, dem Betrieb auf Dauer (Rechtsprechung: länger als 1 Jahr) zu dienen (vgl. § 247 Abs. 2 HGB). Folglich zählen alle anderen Vermögensteile zum "**Umlaufvermögen**".

Die sog. "Passivseite" der Beständebilanz zeigt die Herkunft des in der Unternehmung investierten Kapitals. Üblicherweise unterscheidet man hier nach der Rechtsstellung des Kapitalgebers zwischen "Eigenkapital" und "Fremdkapital" (= Schulden).

Somit zeigen die beiden Seiten der "Beständebilanz" die Mittel-Herkunft und die Mittel-Verwendung.

Der obigen Kennzeichnung einer "Bilanz" entsprechend müssen die Aktivseite und die Passivseite dieselbe Summe aufweisen. Dies folgt zwingend schon daraus, daß auf der Aktivseite nicht mehr Mittel im Vermögen gebunden sein können, als insgesamt in Form von Eigen- bzw. Fremdkapital, welches auf der Passivseite ausgewiesen wird, beschafft worden sind. Ein und derselbe Tatbestand wird somit auf der Aktivseite einmal konkret güterwirtschaftlich und zum anderen auf der Passivseite abstrakt kapitalmäßig dargestellt.

Anstelle des Begriffes "Beständebilanz" wird häufig auch die Bezeichnung "**Bilanz im engeren Sinne**" verwendet. Damit wird bereits angedeutet, daß diese Beständebilanz nur eine Bilanzart darstellt. Die "**Bilanz im weiteren Sinne**" umfaßt deshalb neben der Beständebilanz auch noch die sog. "Erfolgsbilanz" bzw., wie sie meistens genannt wird, die "**Gewinn- und Verlustrechnung**". Im § 242 Abs. 3 HGB wird an Stelle der Bezeichnung "Bilanz im weiteren Sinne" vom sog. "**Jahresabschluß**" gesprochen. Dabei ist zu beachten: Der "Jahresabschluß" umfaßt immer zumindest die Beständebilanz und die Gewinn- und Verlustrechnung; bei Kapitalgesellschaften jedoch gehört zusätzlich als dritter Bestandteil auch noch der sog. "**Anhang**" zum "Jahresabschluß" (vgl. § 264 Abs. 1 S. 1 HGB).

Die "**Erfolgsbilanz**" bzw. "**Gewinn- und Verlustrechnung**" ist (wie die Beständebilanz) von allen Kaufleuten zu erstellen (vgl. § 242 Abs. 2 HGB). Denn erst die Gewinn- und Verlustrechnung ermöglicht einen detaillierten Einblick in die Erfolgslage. Aus dem System der doppelten Buchführung folgt, daß Beständebilanz und Gewinn- und Verlustrechnung unabhängig voneinander den (selben) Gewinn oder Verlust zeigen.

Dieser Gewinn oder Verlust ergibt sich durch die Gegenüberstellung von "Aufwendungen" und "Erträgen" eines *Zeitraumes*. Im Gegensatz zur stichtagsbezogenen Beständebilanz ist die Erfolgsbilanz also eine Zeitraumrechnung. Sie zeigt insbesondere, aus welchen Quellen der Gewinn bzw. der Verlust stammt.

Die Gewinn- und Verlustrechnung kann entweder in Kontoform oder in der sog. Staffelform aufgemacht werden; nach § 275 Abs. 1 S. 1 HGB ist für Kapitalgesellschaften (also GmbH, AG, KGaA) grundsätzlich die Staffelform vorgeschrieben (Ausnahmen: Kreditinstitute und Versicherungsunternehmen; vgl. § 340a Abs. 2 und § 341a Abs. 2 HGB).

Wie bereits erwähnt, müssen Kapitalgesellschaften neben ihrer Beständebilanz und ihrer Erfolgsbilanz noch einen **Anhang** erstellen (vgl. § 264 Abs. 1 S. 1 HGB). Nach §§ 284 ff. HGB dient der Anhang folgenden Aufgaben (vgl. dazu ausführlicher: Kapitel 2 Abschnitt A IV):

(1) Im Anhang sind die Bestände- und Erfolgsbilanz zu erläutern (vgl. § 284 HGB). In diesem "**Erläuterungsbericht**" sind insbesondere wesentliche Änderungen der

Bewertungs- und Abschreibungs-Methoden einschl. der Vornahme außerplanmäßiger Abschreibungen oder Wertberichtigungen zu erörtern.

(2) Der Anhang muß ferner eine Vielzahl von "**sonstigen Pflichtangaben**" enthalten (vgl. § 285 HGB), auf die an anderer Stelle (siehe Kapitel 2 Abschnitt A IV) näher eingegangen wird.

Bei der Berichterstattung sind sog. **Schutzklauseln** zu beachten: Die Berichterstattung hat zum einen dann zu unterbleiben, wenn es für das Wohl der Bundesrepublik Deutschland oder eines ihrer Länder erforderlich ist (vgl. § 286 Abs. 1 HGB). Bei der Berichterstattung brauchen ferner bestimmte Einzelheiten insoweit nicht angegeben zu werden, als nach vernünftiger kaufmännischer Beurteilung damit gerechnet werden muß, daß durch diese Angaben der Gesellschaft oder einem verbundenen Unternehmen erhebliche Nachteile entstehen (vgl. § 286 Abs. 2 und Abs. 3 HGB).

(3) Schließlich enthält der Anhang im Gegensatz zur Bestände- und Erfolgsbilanz häufig einige **Mengen-Angaben**. So finden sich im Anhang zumindest Angaben über die **Beschäftigtenzahl** (vgl. § 285 Nr. 7 HGB), häufig aber auch Ausführungen über das Produktionsprogramm nach Art und Menge, Angaben über den mengenmäßigen Einsatz von verschiedenen Produktionsfaktoren (z. B. Mineralöleinsatz in Jahrestonnen) und über die Ausbringung in Mengeneinheiten.

Last not least müssen mittelgroße und große *Kapitalgesellschaften* neben dem um einen Anhang erweiterten Jahresabschluß auch noch einen sog. "**Lagebericht**" erstellen (§ 264 Abs. 1 S. 1 HGB). In diesem Lagebericht sind nach § 289 HGB nicht nur der Geschäftsverlauf und die Lage der Kapitalgesellschaft darzustellen; vielmehr ist auch einzugehen auf Vorgänge von besonderer Bedeutung, die *nach* dem Schluß des Geschäftsjahres eingetreten sind, auf die voraussichtliche Entwicklung der Kapitalgesellschaft, auf ihre Aktivitäten im Bereich "Forschung und Entwicklung" und auf bestehende Zweigniederlassungen. Zu näheren Einzelheiten der Berichterstattung im Lagebericht sei auf Kapitel 2 Abschnitt A V verwiesen.

Zum Abschluß unserer Ausführungen über Grundbegriffe und Grundtatbestände ist noch auf folgenden Sachverhalt hinzuweisen: Bisher konnte noch allgemein von "Bilanz i. e. S." (= Beständebilanz) oder von "Bilanz i. w. S." (= Beständebilanz plus Erfolgsbilanz) bzw. "Jahresabschluß" gesprochen werden. Für alle weiteren Ausführungen in diesem Buch wird es jedoch erforderlich, diese Bilanzarten danach zu unterscheiden, welche Rechtsnormen ihnen zugrundeliegen.

So ist von einer **Handelsbilanz** i. w. S. zu sprechen, wenn die Beständebilanz und die Erfolgsbilanz aufgrund handelsrechtlicher Vorschriften erstellt werden; analog dazu liegt eine **Steuerbilanz** i. w. S. (auch "Ertragsteuerbilanz" genannt) vor, wenn Bestände- und Erfolgsbilanz unter Beachtung einkommen- oder körperschaftsteuerrechtlicher Bestimmungen aufgestellt werden (vgl. Coenenberg, Jahresabschluß, S. 4).

Handels- und Steuerbilanz sind auf besondere Weise miteinander verknüpft: Nach geltendem Recht gibt es **keine selbständige** Steuerbilanz. „Der Unternehmer ist daher auch nicht verpflichtet, eine gesonderte Steuerbilanz aufzustellen; vielmehr genügt es, wenn er dem Finanzamt seine **Handelsbilanz** einreicht, die unter Beachtung der steuerrechtlichen Vorschriften **korrigiert** worden ist" (Wöhe, Bilanzierung, S. 165).

Dies bedeutet nichts anderes, als daß zunächst eine (eigenständige) Handelsbilanz zu erstellen ist, aus welcher dann die Steuerbilanz unter Berücksichtigung steuerrechtlich notwendiger Korrekturen "abgeleitet" wird (so auch: Meyer, S. 46 und Kottke, Bilanzstrategie, S. 29); deshalb kann von einer "**derivativen**" **Steuerbilanz** gesprochen werden (vgl. Hilke/Mähling/Ringwald/Zinke, S. 75). Bei dieser Ableitung der Steuerbilanz aus der Handelsbilanz ist das sog. "**Prinzip der Maßgeblichkeit der Handelsbilanz für die Steuerbilanz**" zu beachten. Was dieses Prinzip dem Grundsatz nach materiell für die Bilanzierung und die Bilanzpolitik bedeutet, warum dieses Prinzip häufig "durchbrochen" wird und inwiefern es sogar zu einer "Umkehrung" dieses Prinzips kommen kann, wird an anderer Stelle noch ausführlicher zu behandeln sein (vgl. insbes. Kapitel 2 Abschnitt B I).

D. Begriff und Ziele der Bilanzpolitik

Unter "**Bilanzpolitik**" sei im folgenden die gezielte Gestaltung der Bilanz i. w. S. – also der Beständebilanz und der Erfolgsbilanz (Gewinn- und Verlustrechnung) – im Rahmen der Bilanzierungs- und Bewertungsvorschriften verstanden (vgl. Pougin, Bilanzpolitik, S. 6); für Unternehmen, die zusätzlich einen Anhang und einen Lagebericht zu erstellen haben, umfaßt die Bilanzpolitik i. w. S. auch die Gestaltung dieser beiden Bestandteile ihrer Rechnungslegung (in diesem Sinne auch: Freidank, S. 337).

Somit gehören zur Bilanzpolitik i. w. S. alle legalen Maßnahmen, die im Laufe des Wirtschaftsjahres (als sog. "Sachverhaltsgestaltungen" vor dem Bilanzstichtag) und bei der Aufstellung des "Jahresabschlusses" sowie ggf. des Lageberichtes in der Absicht ergriffen werden, die Bilanz i. w. S., den Anhang und den Lagebericht in formaler (Gliederung/Formulierung) und in materieller Hinsicht (Aktivierung, Passivierung, Bewertung) so zu gestalten, daß die Bilanzadressaten in ihrem Urteil und ihrem Verhalten in eine vom Bilanzierenden gewünschte Richtung beeinflußt werden. Hierin zeigt sich die Zweckorientierung jeglicher Bilanzpolitik; Art und Umfang der Bilanzpolitik hängen stets von den **Zielsetzungen** ab, welche der Bilanzierende verfolgt.

Die **Handelsbilanz** kann beispielsweise so gestaltet werden, daß das Unternehmen als besonders kreditwürdig erscheint; zu diesem Zwecke können z. B. bestimmte Positionen in der Bilanz (etwa die Höhe des Eigenkapitals) angehoben oder auf die Einhaltung bestimmter Bilanzrelationen (Verschuldungsgrad) bzw. die Höhe der Bilanzsumme geachtet werden. Oder der Bilanzierende bemüht sich, eine gesunde Wirtschaftslage (z. B.

durch den Ausweis hoher Gewinne) zu demonstrieren, um somit die Plazierung junger Aktien zu erleichtern. Umgekehrt kann auch eine "schlechte" Lage (z. B. durch die Bildung sog. "stiller Reserven") suggeriert werden, um hohe Gewinnausschüttungen oder das Anlocken von Konkurrenz zu vermeiden. Schließlich kann eine Bilanzpolitik auch im Hinblick auf die sog. öffentliche Meinung erfolgen, wenn der Jahresabschluß offengelegt werden muß; beispielsweise würden die Pharmaunternehmen oder die Deutsche Bahn AG in der Öffentlichkeit wohl kaum auf Verständnis für Preiserhöhungen stoßen, wenn aus ihren Bilanzen ersichtlich ist, daß diese Unternehmen ohnehin schon sehr hohe Gewinne erzielten.

Bezüglich der **Steuerbilanz** wird die Bilanzpolitik in der Regel in der Richtung betrieben, einen möglichst geringen Gewinn auszuweisen, um auf diese Weise insbesondere Ertragsteuern möglichst zu sparen bzw. zumindest doch die Steuerzahlung zeitlich auf spätere Jahre zu verschieben.

Zu beachten ist, daß es bei der Bilanzpolitik häufig zu **Zielkonflikten** kommen kann. Diese resultieren zum einen aus der Verkettung der Handelsbilanz mit der Steuerbilanz aufgrund des "Maßgeblichkeitsprinzips". So konkurriert z. B. das Ziel, in der Handelsbilanz aus den oben genannten Gründen einen hohen Gewinn auszuweisen, mit dem Ziel, durch einen möglichst niedrigen Gewinn in der Steuerbilanz die Ertragsteuerzahlung zu minimieren.

Zum anderen sind Zielkonflikte aber selbst dann möglich, wenn man nur die Handelsbilanz betrachtet. Beispielsweise sei an den Fall gedacht, in dem ein günstiges Verhältnis von Eigenkapital zu Fremdkapital nur durch Verzicht auf eine an sich zulässige niedrigere Bewertung von Gegenständen des Anlagevermögens oder des Umlaufvermögens erreicht werden kann; der dann ausgewiesene Gewinn ist entsprechend höher und steht dem evtl. Ziel einer Dividendenminimierung oder möglichst geringer Lohnerhöhungen entgegen (vgl. hierzu: Freidank, S. 339).

Aus diesem Beispiel wird deutlich, daß bei der Bilanzpolitik häufig Kompromisse zwischen den einzelnen Zielen gefunden werden müssen. Art und Umfang der Kompromisse sind dabei aus der Zielsetzung der **Finanzpolitik** des Unternehmens abzuleiten, die der Bilanzpolitik übergeordnet ist.

Entsprechendes gilt auch für den **Anhang** und den **Lagebericht,** deren Gestaltung wir mit zu den Aufgaben der Bilanzpolitik i. w. S. zählen. Im Zusammenhang mit dem Anhang ist z. B. darüber zu entscheiden, in welchem Umfange und in welcher Form Erläuterungen zu bestimmten Positionen der **Beständebilanz** und der **Erfolgsbilanz** gegeben werden sollen. Auch hängt es sicherlich entscheidend vom Bilanzierenden selbst ab, welche Vorgänge er als „von besonderer Bedeutung" auffaßt, über die er gem. § 289 Abs. 2 Nr. 1 HGB im Lagebericht zu berichten hätte. Oder auch die Einschätzung des § 286 Abs. 3 Nr. 2 HGB, ob bestimmte Informationen „nach vernünftiger kaufmännischer Beurteilung geeignet sind, der Kapitalgesellschaft ... einen erheblichen Nachteil zuzufügen".

Aus den bisherigen Ausführungen ist zu entnehmen, daß wir Bilanzpolitik i. w. S. wie folgt auffassen: Bilanzpolitik ist die "Kunst des Möglichen", im Rahmen der gesetzlichen Vorschriften die Beständebilanz und die Erfolgsbilanz sowie ggf. den Anhang und den Lagebericht im Hinblick auf bestimmte unternehmenspolitische Ziele zu gestalten (so auch: Wöhe, Bilanzierung, S. 54 f. und Baetge/Ballwieser, S. 213). Dabei wird der Spielraum für diese zielorientierte Gestaltung durch die beiden folgenden Anforderungen begrenzt, die unbedingt erfüllt werden müssen:

(1) Alle Wertansätze müssen sich **im Rahmen der Bilanzierungs- und Bewertungsvorschriften** bewegen und damit rechtlich zulässig sein;

(2) alle Wertansätze müssen von einem sachverständigen Dritten **nachprüfbar** sein.

Im folgenden Kapitel 2 wollen wir uns deshalb zunächst mit einigen allgemeinen Vorschriften befassen, die bei der Aufstellung des "Jahresabschlusses" (evtl. zuzüglich Lagebericht) zu beachten sind. Den Kern dieses Buches bildet das daran anschließende Kapitel 3, in dem alle wichtigen Maßnahmen dargestellt werden, die für die gezielte Gestaltung des Jahresabschlusses ergriffen werden können. Zur Übung und Vertiefung des Lehrstoffes dienen die Aufgaben mit Lösungen, die sich im Schluß-Kapitel 4 befinden. Den Abschluß des Buches bildet ein Literaturverzeichnis, das bewußt recht umfangreich ist, um dem Leser ein gezieltes und intensives Literaturstudium zu erleichtern.

Zweites Kapitel

Allgemeine Vorschriften für die Aufstellung des "Jahresabschlusses" als Rahmenbedingungen für die Bilanzpolitik

A. Die Bestandteile des "Jahresabschlusses"

I. Überblick

Wie in Abschnitt C von Kapitel 1 bereits angedeutet, ist der Begriff **"Jahresabschluß"** im neuen 3. Buch des HGB mit zwei *unterschiedlichen* Inhalten belegt:

(1) In § 242 Abs. 3 HGB heißt es: „Die (Bestände-)Bilanz und die Gewinn- und Verlustrechnung bilden den Jahresabschluß". Hiernach umfaßt der Jahresabschluß (nur) **zwei** Bestandteile. Dieser Umfang des Jahresabschlusses gilt jedoch nur für **Nicht-Kapitalgesellschaften**, also für Einzelunternehmen und Personengesellschaften (OHG, KG).

(2) Denn für **Kapitalgesellschaften** verlangt § 264 Abs. 1 HGB ausdrücklich, daß der Jahresabschluß (im Sinne des § 242 HGB) „*um einen Anhang zu erweitern* (ist), der mit der (Bestände-)Bilanz und Gewinn- und Verlustrechnung eine Einheit bildet ...". Wenn im daran anschließenden Gesetzestext vom "Jahresabschluß" einer Kapitalgesellschaft gesprochen wird, ist deshalb immer ein solcherart **erweiterter** Jahresabschluß gemeint, der sich aus **drei** Bestandteilen zusammensetzt: der (Bestände-)Bilanz, der Gewinn- und Verlustrechnung *und* dem Anhang.

Hingegen gehört der *Lagebericht* zwar zu den gesetzlich vorgeschriebenen Instrumenten der externen Rechnungslegung einer Kapitalgesellschaft, jedoch *nicht* zum erweiterten Jahresabschluß. Dies geht aus der jeweils gesonderten Erwähnung in Gesetzesformulierungen wie „der Jahresabschluß und der Lagebericht" (vgl. beispielsweise § 264 Abs. 1 S. 2 und S. 3 HGB sowie § 316 HGB) eindeutig hervor.

Zur Verdeutlichung möge die folgende Abbildung 1 dienen:

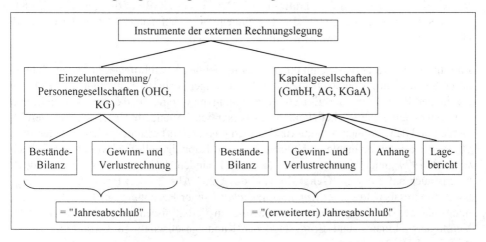

Abb. 1: Unterschiedlicher Umfang der Instrumente der externen Rechnungslegung von Nicht-Kapitalgesellschaften einerseits und Kapitalgesellschaften andererseits

Eine Sonderstellung nehmen in diesem Zusammenhang bestimmte Personengesellschaften ein, bei denen nicht wenigstens ein persönlich haftender Gesellschafter eine natürliche Person ist. Als Beispiel sei die **GmbH & Co KG** genannt. Sie ist als Kommanditgesellschaft rechtssystematisch eine *Personengesellschaft*, allerdings mit einer Kapitalgesellschaft (GmbH) als Vollhafter.

De lege lata unterliegt die GmbH & Co KG bezüglich ihrer Rechnungslegung nur den für alle Kaufleute geltenden Vorschriften des HGB. Das heißt (vgl. Streim/Klaus, S. 1109): Bisher braucht die GmbH & Co KG weder einen Anhang noch einen Lagebericht zu erstellen; denn die §§ 264 bis 289 HGB als ergänzende Vorschriften für Kapitalgesellschaften sind bisher auf die GmbH & Co KG nicht anzuwenden. Auch die Pflicht zur Prüfung und Offenlegung der Jahresabschlüsse (gem. §§ 316 bis 329 HGB) besteht für die GmbH & Co KG bisher nicht. Hingegen muß die Komplementär-GmbH bereits seit 1987 alle ergänzenden Vorschriften für Kapitalgesellschaften beachten.

Dies wird für die GmbH & Co KG *de lege ferenda* wohl ab 1999 ebenfalls gelten. Denn es war das Ziel der bereits am 8.11.1990 vom EG-Ministerrat beschlossenen sog. "*GmbH & Co KG-Richtlinie*" (90/605/EWG), daß solche Personengesellschaften, bei denen die Vollhafter Kapitalgesellschaften sind, in den Anwendungsbereich der 4. und 7. EG-Richtlinie einbezogen werden. Das neue EG-Recht sollte eigentlich bereits auf alle Geschäftsjahre angewendet werden, die nach dem 31.12.1994 begannen (vgl. Artikel 3 Abs. 2 GmbH & Co KG-Richtlinie). „Im Ergebnis bedeutet dies, daß ab dem Geschäftsjahr 1995 die GmbH & Co KG hinsichtlich der Pflicht zur Rechnungslegung, Prüfung und Publizität ... der Kapitalgesellschaft gleichgestellt" (Streim/Klaus, S. 1110) werden sollte. Inzwischen ist dieser – vom EG-Ministerrat beschlossene – Termin längst verstrichen. Bei Drucklegung dieses Buches (= 3. Quartal 1999) liegt das sog. "**Kapitalgesellschaften- und Co-Richtlinie-Gesetz**" (**KapCoRiLiG**) nur erst als *Entwurf* vor (vgl. BR-Drs. 458/99 v. 13.8.1999), mit dem die GmbH & Co KG-Richtlinie in deutsches Recht transformiert werden soll. Nach diesem Entwurf (vgl. Artikel 5 Nr. 2) sollen die Vorschriften des Zweiten Abschnittes des 3. Buches des HGB auf die GmbH & Co KG erstmals für das nach dem 31.12.1998 beginnende Geschäftsjahr – also in der Regel **ab** Geschäftsjahr **1999** – anzuwenden sein.

Im folgenden wird es daher zum einen wichtig, bei den Ausführungen über den "Jahresabschluß" danach zu unterscheiden, ob die Aussagen sich auf Unternehmen beziehen, die in der Rechtsform der Einzelunternehmung bzw. einer Personengesellschaft mit mindestens einer natürlichen Person als persönlich haftendem Gesellschafter geführt werden und daher keinen Anhang (und keinen Lagebericht) erstellen müssen. Oder aber, ob es sich bei den betrachteten Unternehmen um Kapitalgesellschaften bzw. eine ihnen wohl ab 1999 gleichgestellte GmbH & Co KG handelt. In diesem Zusammenhang ist bereits auch auf die sog. "**Generalnorm**" des § 264 Abs. 2 HGB hinzuweisen; danach hat der Jahresabschluß einer *Kapitalgesellschaft* „unter Beachtung der Grundsätze ordnungsmäßiger Buchführung ein den tatsächlichen Verhältnissen entsprechendes Bild der Vermögens-, Finanz- und Ertragslage der Kapitalgesellschaft zu vermitteln" (§ 264 Abs. 2 S. 1 HGB).

Darüber hinaus muß zum anderen innerhalb der Kapitalgesellschaften noch danach differenziert werden, in welche "Größenklasse" die jeweils betrachtete Kapitalgesellschaft gehört. Denn nach dem HGB hängen Art und Umfang der Rechnungslegungspflichten einer Kapitalgesellschaft entscheidend davon ab, ob sie eine "kleine", eine "mittelgroße" oder eine "große" Kapitalgesellschaft im Sinne des Gesetzes ist. Hierauf sei im folgenden Abschnitt näher eingegangen.

II. Größenklassen-abhängige Rechnungslegungspflichten für Kapitalgesellschaften

Bezüglich der Rechnungslegungspflichten von Kapitalgesellschaften wird – im Gegensatz zur Zeit vor 1987 – *nicht* mehr nach der Rechtsform (GmbH, AG, KGaA) unterschieden, sondern nunmehr nach **Größenklassen**. Dabei sind drei *Größenkriterien* zu beachten, nämlich

(1) die Bilanzsumme,
(2) der Jahresumsatz und
(3) die Anzahl der im Jahresdurchschnitt beschäftigten Arbeitnehmer (zur Berechnung der durchschnittlichen Anzahl der Beschäftigten vgl. § 267 Abs. 5 HGB).

Welche *Werte* die einzelnen Größenkriterien nach § 267 HGB annehmen dürfen, damit eine bestimmte Kapitalgesellschaft als "klein", "mittelgroß" oder "groß" eingestuft wird, ist aus Abbildung 2 zu entnehmen. Zu Abbildung 2 ist zweierlei anzumerken:

Zum einen enthält Abbildung 2 noch die seit dem "*Gesetz zur Änderung des DMBilG und anderer handelsrechtlicher Bestimmungen*" (ÄndG-DMBilG) vom 16.06.1994 geltenden Schwellenwerte von 5,31 Mio. DM bzw. 21,24 Mio. DM für die Bilanzsumme und 10,62 Mio. DM bzw. 42,48 Mio. DM für den Jahresumsatz.

Zum anderen sind in Abbildung 2 bereits die **neuen** Werte angeführt, die nach dem Entwurf des **KapCoRiLiG** (vgl. Artikel 1 Nr. 6) **ab** Geschäftsjahr **1999** gelten sollen, nämlich 6,72 Mio. DM bzw. 26,89 Mio. DM für die Bilanzsumme und 13,44 Mio. DM bzw. 53,78 Mio. DM für den Jahresumsatz.

Die relativ krummen DM-Beträge für die Schwellenwerte resultieren daraus, daß gem. Artikel 53 Abs. 2 der 4. EG-Richtlinie die Schwellenwerte alle 5 Jahre überprüft und ggf. neu festgelegt werden, und zwar EU-einheitlich in *ECU*. Die jüngste Erhöhung der Schwellenwerte resultiert aus der ECU-Anpassungsrichtlinie v. 17.6.1999. Bei der Umrechnung dieser ECU-Schwellenwerte in Deutsche Mark dürfen diese zwar einerseits bis zu 10 % erhöht werden (vgl. Artikel 12 Abs. 2 der 4. EG-Richtlinie), müssen aber andererseits mit demjenigen Kurs in die nationale Währung umgerechnet werden, der im Zeitpunkt der Beschlußfassung über die Schwellenwerte durch die EU-Kommission gilt.

Kriterien	Einzelabschluß		
	Kleine Kapitalgesellschaft	Mittelgroße Kapitalgesellschaft	Große Kapitalgesellschaft
Bilanzsumme	bis 5,31 (neu: 6,72) Mio. DM	über 5,31 (neu: 6,72) Mio. DM, höchstens 21,24 (neu: 26,89) Mio. DM	über 21,24 (neu: 26,89) Mio. DM
Jahresumsatz	bis 10,62 (neu: 13,44) Mio. DM	über 10,62 (neu: 13,44) Mio. DM, höchstens 42,48 (neu: 53,78) Mio. DM	über 42,48 (neu: 53,78) Mio. DM
Anzahl der im Jahresdurchschnitt Beschäftigten	bis 50 Beschäftigte	über 50, höchstens 250 Beschäftigte	über 250 Beschäftigte

Abb. 2: Einteilung der Kapitalgesellschaften nach Größenklassen

Eine Kapitalgesellschaft bzw. GmbH & Co KG wird grundsätzlich derjenigen Größenklasse zugerechnet, für die sie mindestens *zwei* der in Abbildung 2 genannten Merkmale an den Abschlußstichtagen von *zwei* aufeinanderfolgenden Geschäftsjahren erfüllt (vgl. § 267 Abs. 4 HGB). Von diesem Grundsatz *abweichend* gilt eine Kapitalgesellschaft (& Co) allerdings dann „stets als **große**, wenn sie einen organisierten Markt im Sinne des § 2 Abs. 5 des Wertpapierhandelsgesetzes durch von ihr ausgegebene Wertpapiere im Sinne des § 2 Abs. 1 S. 1 des Wertpapierhandelsgesetzes in Anspruch nimmt oder die Zulassung zum Handel an einem organisierten Markt beantragt worden ist" (§ 267 Abs. 3 S. 2 HGB n. F. gem **KapCoRiLiG**). Weitere Abweichungen bestehen für Kreditinstitute und Versicherungsunternehmen. *Kreditinstitute* haben grundsätzlich, auch wenn sie nicht in der Rechtsform einer Kapitalgesellschaft betrieben werden, auf ihren Jahresabschluß die für **große** Kapitalgesellschaften geltenden Vorschriften anzuwenden und einen Lagebericht aufzustellen (vgl. § 340a Abs. 1 HGB). Auch *Versicherungsunternehmen* haben den Jahresabschluß und den Lagebericht grundsätzlich nach den für **große** Kapitalgesellschaften geltenden Vorschriften aufzustellen (vgl. § 341a Abs. 1 HGB).

Die Zuordnung einer Kapitalgesellschaft (& Co) zu einer dieser Größenklassen hat nun entscheidende Auswirkungen auf Art und Umfang ihrer Rechnungslegungspflichten. Denn insbes. den "**kleinen**", aber z. T. auch noch den "**mittelgroßen**" Kapitalgesellschaften (& Co) werden – im Vergleich zu einer "großen" Kapitalgesellschaft (& Co) – erhebliche **Erleichterungen** gewährt. Dabei betreffen diese Erleichterungen sowohl die sog. "**Erstellungspflichten**" als auch die sog. "**Prüfungspflichten**" und die sog. "**Offenlegungspflichten**".

Bei den **Erstellungspflichten** ist zunächst daran zu erinnern, daß *alle* Kapitalgesellschaften (& Co) unabhängig von der Größenklasse, der sie zugeordnet sind, den erweiterten Jahresabschluß erstellen *müssen*. Die Erleichterungen für kleine und mittelgroße Kapitalgesellschaften beziehen sich in diesem Zusammenhang auf den vom Gesetz geforderten **Detaillierungsgrad** bei der inhaltlichen Ausgestaltung dieser Rechnungslegungsinstrumente. So erlaubt der Gesetzgeber **kleinen** Kapitalgesellschaften, daß sie nach § 266 Abs. 1 S. 3 HGB eine wesentlich verkürzte, sog. "**kleinformatige**" Bestände-bilanz (vgl. hierzu Abschnitt A IIIa dieses Kapitels 2) erstellen dürfen; dabei sind sie ab 1994 von der Pflicht zur Aufstellung eines "Anlagegitters" **befreit** (vgl. § 274a Nr. 1 HGB). Ferner dürfen kleine Kapitalgesellschaften nach § 276 HGB eine **verkürzte** Gewinn- und Verlustrechnung (vgl. Kapitel 2 Abschnitt A IIIb) aufstellen und müssen nach § 274a Nr. 2 bis Nr. 5, § 276 S. 2 und § 288 S. 1 HGB im Anhang verschiedene Angaben, die von mittelgroßen und großen Kapitalgesellschaften verlangt werden, **nicht** machen (vgl. Kapitel 2 Abschnitt A IV). Außerdem brauchen kleine Kapitalgesellschaften ab 1994 **keinen** *Lagebericht* mehr aufzustellen (vgl. den ersten Teilsatz von § 264 Abs. 1 S. 3 HGB). Schließlich dürfen sich kleine Kapitalgesellschaften mit der Erstellung des erweiterten Jahresabschlusses bis zu **sechs** Monate Zeit lassen (vgl. § 264 Abs. 1 S. 3 HGB), während mittelgroße und große Kapitalgesellschaften den erweiterten Jahresabschluß *und* den Lagebericht innerhalb der ersten **drei** Monate nach Ende des Geschäftsjahres aufzustellen haben (vgl. § 264 Abs. 1 S. 2 HGB; Ausnahme: Versicherungsunternehmen haben dafür nach § 341a Abs. 1 HGB *vier* Monate Zeit). **Mittelgroße** Kapitalgesellschaften dürfen nach § 276 HGB ebenfalls eine *verkürzte* Gewinn- und Verlustrechnung erstellen und brauchen nach § 288 S. 2 HGB im Anhang die Aufgliederung der Umsatzerlöse nach Tätigkeitsbereichen und nach geographisch bestimmten Märkten *nicht* vorzunehmen.

Auch für die **Prüfungspflichten** gelten größenklassen-abhängige Erleichterungen. So *müssen* nur alle großen und mittelgroßen Kapitalgesellschaften nach § 316 Abs. 1 HGB ihren (erweiterten) Jahresabschluß und ihren Lagebericht durch einen Abschlußprüfer prüfen lassen. Nach dem Entwurf des KapCoRiLiG werden auch mittelgroße und große **GmbH & Co KGs** ab 1999 erstmals einer – bisher nur für Kapitalgesellschaften vorgeschriebenen – Prüfungspflicht unterliegen; davon werden 30.000 bis 40.000 GmbH & Co KGs betroffen sein. Hingegen sind **kleine** Kapitalgesellschaften – also auch kleine GmbH & Co KGs – von dieser Prüfungspflicht nach § 316 Abs. 1 S. 1 HGB **befreit.**

Schließlich werden auch bei den **Offenlegungspflichten** kleinen und mittelgroßen Kapitalgesellschaften erhebliche Erleichterungen eingeräumt. **Kleine** Kapitalgesellschaften müssen nach § 326 S. 1 HGB lediglich die (verkürzte) Bestände-Bilanz und den (doppelt verkürzten) Anhang zum Handelsregister des Sitzes der Kapitalgesellschaft einreichen; sie brauchen also **keine** Gewinn- und Verlustrechnung, **keinen** Lagebericht (falls ein solcher ab 1994 überhaupt noch – dann freiwillig – erstellt wird) und ab 1994 auch **keine** Gewinnverwendungsrechnung mehr (der bis dahin geltende § 326 S. 2 HGB wurde durch Artikel 2 Nr. 9 ÄndG-DMBilG gestrichen) offenzulegen. Bereits die **mittelgroßen** Kapitalgesellschaften sind dazu verpflichtet, neben ihrer (mittelformatigen) Bilanz (vgl. § 327 Nr. 1 HGB) und ihrem (mittelformatigen) Anhang (vgl. § 327 Nr. 2 HGB) **auch** die (verkürzte) G+V-Rechnung, den Lagebericht sowie eine Gewinnverwendungsrechnung beim Handelsregister einzureichen (vgl. § 325 Abs. 1 HGB); allerdings besteht ab 1994 für die **GmbH** ab dem Mittelformat eine Erleichterung darin, daß sie Angaben über die Ergebnisverwendung **nicht** offenzulegen braucht, wenn sich anhand dieser Angaben die Gewinnanteile von natürlichen Personen feststellen lassen, die Gesellschafter sind (vgl. den 3. Teilsatz von § 325 Abs. 1 S. 1 HGB, der durch Artikel 2 Nr. 8 ÄndG-DMBilG eingefügt wurde). Zusätzlich haben die gesetzlichen Vertreter von kleinen und mittelgroßen Kapitalgesellschaften unverzüglich nach der Einreichung der Unterlagen im Bundesanzeiger bekanntzugeben, bei welchem Handelsregister und unter welcher Nummer diese Unterlagen eingereicht worden sind (vgl. § 325 Abs. 1 S. 2 HGB). Hingegen gilt für **große** Kapitalgesellschaften, daß sie alle Rechnungslegungsinstrumente zunächst im **Bundesanzeiger bekanntzumachen** und im Anschluß an diese Bekanntmachung die Unterlagen beim Handelsregister einzureichen haben (vgl. § 325 Abs. 2 HGB). Dabei ist von ihnen und den mittelgroßen Kapitalgesellschaften zu beachten, daß sie ihren Offenlegungspflichten innerhalb von **neun** Monaten nach Ende des Geschäftsjahres nachzukommen haben (vgl. § 325 Abs. 1 HGB), während **kleinen** Kapitalgesellschaften nach § 326 S. 1 HGB eine Frist von **zwölf** Monaten gewährt wird.

In Abbildung 3 wird nochmals veranschaulicht, wie sehr Art und Umfang der Rechnungslegungspflichten von der jeweiligen Größenklasse abhängen, der eine Kapitalgesellschaft im konkreten Fall zuzuordnen ist. Zusätzlich sei an dieser Stelle auch auf die Lösung von Aufgabe 8b (Kapitel 4) hingewiesen, in der die "Erleichterungen" für kleine Kapitalgesellschaften noch einmal systematisch zusammengefaßt werden.

Im Zusammenhang mit der **Offenlegungspflicht** sei noch auf eine impulse-Umfrage von 1989 bei 430 Registergerichten in der BRD hingewiesen, die zu dem bemerkenswerten Ergebnis führte: „93 % aller GmbHs pfeifen auf die Publizitätspflicht" (o. V., Publizitätspflicht, S. 166). Denn eigentlich hätten rd. 370.000 GmbHs in Deutschland ihre Jahresabschlüsse für 1987 bis Ende 1988 offenlegen müssen; jedoch nur 26.000 GmbHs hatten bis Ende März 1989 diese Publizitätspflicht erfüllt (vgl. o. V., Publizitätspflicht, S. 166). Eine analoge impulse-Umfrage von 1991 brachte ein ähnliches Ergebnis: „90 % der GmbHs halten ihre Bilanzen geheim" (o. V., Löschung, S. 142). Und zum Jahreswechsel 1997/98 standen rd. 666.000 GmbHs in der BRD nach einer Zählung der Wirtschaftsprüferkammer nur noch rd. 19.300 hinterlegte Jahresabschlüsse gegenüber (vgl. Weisbrodt, S. 181).

Für diese hohe *Verweigerungsquote* lassen sich insbesondere zwei Gründe anführen: Zum einen befürchten die Unternehmen, daß ihre Konkurrenten, Kunden und Lieferanten aus den offengelegten Jahresabschlüssen wichtige Informationen erhalten könnten, die es diesen Informationsempfängern erleichtern, als Konkurrenten gegenüber der offenlegenden Unternehmung gezielte Wettbewerbsmaßnahmen zu ergreifen und als Lieferanten evtl. Preiserhöhungen durchzusetzen bzw. als Kunde (Auftraggeber) evtl. Preissenkungen zu erzwingen (ähnlich argumentiert auch der Bundesverband Druck; vgl. o. V., Arbeitsplätze, S. 1). Zum anderen konnten die Registergerichte gegenüber solchen Kapitalgesellschaften, die ihren Offenlegungspflichten nicht nachkommen, bisher **nicht** von sich aus tätig werden (vgl. o. V., Bilanz-Veröffentlichung, S. 10); denn nach § 335 S. 2 HGB durfte das Registergericht **nur auf Antrag** eines *Gesellschafters*, eines *Gläubigers* oder des (Gesamt-)*Betriebsrates* der Kapitalgesellschaft bei Nichterfüllung der Offenlegungspflichten ein **Zwangsgeld** festsetzen, das im Einzelfall den Betrag von 10.000,– DM nicht übersteigen durfte (vgl. § 335 S. 8 HGB).

		Einzelabschluß		
		Kleine Kapitalgesellschaft	**Mittelgroße Kapitalgesellschaft**	**Große Kapitalgesellschaft**
Erstellungspflicht	Bilanz	§ 266 Abs. 2 u. 3 HGB i. V. m. § 266 Abs. 1 S. 3 HGB	§ 266 Abs. 2 und 3 HGB	
	G+V/GKV[1]	verkürzt § 275 Abs. 2 HGB i. V. m. § 276 HGB		§ 275 Abs. 2 HGB
	G+V/UKV[2]	verkürzt § 275 Abs. 3 HGB i. V. m. § 276 HGB		§ 275 Abs. 3 HGB
	Anhang	stark verkürzt §§ 274a, 276 HGB; §§ 284, 285 HGB i. V. m. § 288 HGB	verkürzt §§ 284, 285 HGB i. V. m. § 288 HGB	§§ 284, 285 HGB
	Lagebericht	entfällt § 264 Abs. 1 S. 3 HGB	§ 289 HGB	
Aufstellungsfrist		6 Monate § 264 Abs. 1 S. 3 HGB	3 Monate § 264 Abs. 1 HGB	
Prüfungspflicht		entfällt § 316 Abs. 1 HGB	§ 316 Abs. 1 HGB	
Offenlegungspflicht	Umfang	- verkürzte (kleinformatige) Bilanz; - doppelt verkürzter Anhang. § 325 Abs. 1 HGB i. V. m. § 326 HGB	- mittelformatige Bilanz; - verkürzte G+V; - mittelformatiger Anhang; - Lagebericht; - Gewinnverwendungsrechnung. § 325 Abs. 1 HGB i. V. m. § 327 HGB	- vollständige Bilanz; - vollständige G+V; - vollständiger Anhang; - Lagebericht; - Gewinnverwendungsrechnung. § 325 Abs. 1 HGB
	Ort	Handelsregister mit Hinweis im Bundesanzeiger § 325 Abs. 1 HGB		Bundesanzeiger und Handelsregister § 325 Abs. 2 HGB
	Frist	12 Monate § 326 HGB	9 Monate § 325 Abs. 1 HGB	

1) Gewinn- und Verlustrechnung nach dem Gesamtkostenverfahren
2) Gewinn- und Verlustrechnung nach dem Umsatzkostenverfahren

Abb. 3: Rechnungslegungs-Pflichten in Abhängigkeit von der Zuordnung der Kapitalgesellschaft zu einer Größenklasse

Hier wird es wohl noch im Laufe des Jahres 1999 zu erheblichen **Änderungen** kommen, und zwar aus folgendem Grunde: Der EuGH hat mit Urteil v. 29.9.1998 in der Rechtssache C-191/95 festgestellt, daß die BRD die Nichtoffenlegung von Jahresabschlüssen deutscher Kapitalgesellschaften *nicht ausreichend sanktioniert* hat. Außerdem wurde durch Verweis auf das Urteil des EuGH v. 4.12.1997 in der Rechtssache C-97/96 (Daihatsu) klargestellt, daß die bisherige Regelung des § 335 S. 1 Nr. 6 i. V. m. S. 2 HGB, nach der ein Zwangsgeldverfahren lediglich auf Antrag von Gesellschaftern, Gläubigern und des Betriebsrates eingeleitet werden kann, den EU-rechtlichen Anforderungen *nicht genügt*.

Um den Anforderungen an die Sanktionierung gerecht zu werden, ist im Entwurf des **KapCoRiLiG** v. 13.08.1999 vorgesehen (vgl. Artikel 1 Nr. 14), bei unterlassener Offenlegung von Jahresabschluß und Lagebericht

1. ein **Zwangsgeldverfahren** auf Antrag einer **beliebigen dritten Person** (sog. "Jedermann-Verfahren") gegen die Kapitalgesellschaft einzuführen (vgl. § 335 Abs. 2 S. 1 HGB n. F.),
2. die Obergrenze für das Zwangsgeld (von bisher max. 10.000,– DM) spürbar auf **25.000,– Euro** anzuheben (vgl. § 335 Abs. 2 S. 4 HGB n. F.) und
3. ein **Mindestzwangsgeld** von **500,– Euro** einzuführen (vgl. § 335 Abs. 2 S. 5 HGB n. F.).

III. Allgemeine Gliederungsvorschriften (§§ 265 ff. HGB)

Für **Nicht-Kapitalgesellschaften** hat der Gesetzgeber darauf verzichtet, die Gliederung des Jahresabschlusses detailliert vorzuschreiben. Nach § 247 Abs. 1 HGB wird lediglich verlangt, daß in der Beständebilanz das Anlage- und das Umlaufvermögen, das Eigenkapital, die Schulden sowie die Rechnungsabgrenzungsposten gesondert auszuweisen und „*hinreichend aufzugliedern*" sind. Auch für die G+V-Rechnung gilt nur, daß eine „Gegenüberstellung der Aufwendungen und Erträge des Geschäftsjahrs" (§ 242 Abs. 2 HGB) zu erfolgen hat.

Detaillierte Formvorschriften über die Gliederung von Beständebilanz und G+V-Rechnung finden sich erst im 2. Abschnitt des 3. Buches des HGB, sind also in erster Linie für **Kapitalgesellschaften** bestimmt. Dabei wird innerhalb der Gliederungsvorschriften, wie bereits im vorhergehenden Abschnitt II erwähnt, eine *Pflichtendifferenzierung* nach der Größe der Kapitalgesellschaft vorgenommen. Für die **GmbH & Co KG** sind einige Sonderregelungen im **neuen** § 264c HGB vorgesehen, der nach dem **KapCoRiLiG** in das HGB eingefügt werden soll. Einer *freiwilligen* Anwendung der Gliederungsvorschriften des § 266 und § 275 HGB auch auf den Jahresabschluß von *Nicht-Kapitalgesellschaften* steht nichts entgegen (vgl. Küting/Weber, Bd. Ia, S. 1273).

Hingegen *müssen* Unternehmen, die dem **PublG** unterliegen, die Vorschriften der §§ 265, 266, 268 bis 275, 277 und 278 HGB sinngemäß anwenden (vgl. § 5 Abs. 1 S. 2 PublG).

a) Gliederungsvorschriften für die Beständebilanz

Grundsätzlich sind Kapitalgesellschaften verpflichtet, im Rahmen ihres (erweiterten) Jahresabschlusses eine (Bestände-)Bilanz aufzustellen, die der **"Normal-Gliederung"** des § 266 HGB entspricht. Dabei umfaßt die Bindung an das Gliederungsschema nach § 266 Abs. 1 HGB neben der Posten*bezeichnung* auch den Posten*inhalt* und die Posten*reihenfolge* (vgl. Küting/Weber, Bd. Ia, S. 1273). Der Gliederungsaufbau orientiert sich dabei – wie im bisherigen Aktienrecht – zum einen am **"Liquidierbarkeitsprinzip"**: Im Anlagevermögen wird mit den "Immateriellen Vermögensgegenständen" (wie Konzessionen, gewerblichen Schutzrechten und geleisteten Anzahlungen) begonnen; dann folgen die Sachanlagen (wie Grundstücke und Gebäude, Anlagen und Maschinen, Betriebs- und Geschäftsausstattung); dann werden die Finanzanlagen (wie Anteile und Ausleihungen an verbundene Unternehmen, Beteiligungen) ausgewiesen, um anschließend beim Umlaufvermögen über die Vorräte, Forderungen und Wertpapiere schließlich zu den liquiden Mitteln (wie Kassenbestand, Bankguthaben und Schecks) zu gelangen. Zum anderen wurde auch der Grundsatz, bestimmte Problempositionen (wie "Aufwendungen für die Ingangsetzung und Erweiterung des Geschäftsbetriebes" und "Geschäfts- oder Firmenwert") besonders hervorzuheben, beibehalten (vgl. Göllert/Ringling, S. 19).

Allerdings enthält das HGB auch eine Reihe von zulässigen oder gebotenen **Abweichungen** von der Normalgliederung, die sich im wesentlichen in den folgenden Fällen zeigen:

- Abweichungen aufgrund des Geschäftszweigs (vgl. § 265 Abs. 4 HGB);
- weitergehende Untergliederung der Bilanzposten und zusätzliche Bilanzpositionen (vgl. § 265 Abs. 5 HGB);
- Anpassung der Gliederung an Besonderheiten der bilanzierenden Kapitalgesellschaft (vgl. § 265 Abs. 6 HGB);
- Zusammenfassung von Bilanzposten (vgl. § 265 Abs. 7 HGB);
- Wegfall von Leerposten, falls auch für das Vorjahr kein entsprechender Posten auszuweisen ist (vgl. § 265 Abs. 8 HGB);
- Verordnungsermächtigung für Formblätter (vgl. § 330 HGB); derartige durch Rechtsverordnung geschaffene Formblätter existieren u. a. für Wohnungsunternehmen, für Kreditinstitute und Finanzdienstleistungsinstitute (vgl. RechKredV) sowie für Versicherungsunternehmen (vgl. RechVersV).

Darüber hinaus beinhaltet bereits § 266 Abs. 1 S. 3 HGB eine zulässige Abweichung, deren Bedeutung nicht unterschätzt werden darf: **Kleine** Kapitalgesellschaften haben nämlich das Recht (nicht die Pflicht!), in Abweichung von § 266 Abs. 1 S. 2 HGB eine verkürzte, sog. **"kleinformatige"** Bilanz aufzustellen. Wie eine derartige kleinformatige (Bestände-)Bilanz im Sinne des § 266 Abs. 1 S. 3 HGB aussieht, ist in Abbildung 4 dargestellt.

AKTIVA	PASSIVA

A. Ausstehende Einlagen
   – davon eingefordert:
 	
B. Aufwendungen für die Ingangsetzung und Erweiterung des Geschäftsbetriebs
 	
C. Anlagevermögen
   I.   Immaterielle Vermögensgegenstände
   II. Sachanlagen
   III. Finanzanlagen
 	
D. Umlaufvermögen
   I.   Vorräte
   II. Forderungen und sonstige Vermögensgegenstände
       – davon Restlaufzeit mehr als 1 Jahr:
   III. Wertpapiere
   IV. Kassenbestand, Bundesbankguthaben, Guthaben bei Kreditinstituten und Schecks
 	
E. Rechnungsabgrenzungsposten
   I.   Abgrenzungsposten für latente Steuern
   II. Sonstige Rechnungsabgrenzungsposten
	A. Eigenkapital
	   I. Gezeichnetes Kapital
	   II. Kapitalrücklage
	   III. Gewinnrücklagen
	   IV. Gewinn-/Verlustvortrag
	   V. Jahresüberschuß/Jahresfehlbetrag
	
	B. Rückstellungen
	
	C. Verbindlichkeiten
	   – davon Restlaufzeit bis zu einem Jahr:
	
	D. Rechnungsabgrenzungsposten

Abb. 4: Verkürzte, "kleinformatige" Bilanz gemäß § 266 Abs. 1 S. 3 HGB für kleine Kapitalgesellschaften

Im folgenden sollen exemplarisch die Auswirkungen der nach § 265 Abs. 7 HGB erlaubten **Abweichung von der Normalgliederung** (= "**Ausweiswahlrecht**") in der Praxis aufgezeigt werden. Dabei konzentrieren wir uns deshalb auf die Abweichungsmöglichkeit nach § 265 Abs. 7 Nr. 2 HGB, „da diese einen für das deutsche Bilanzrecht neuen Gestaltungsspielraum eröffnet" (Treuarbeit, Jahres- und Konzernabschlüsse, S. 39). Nach dieser Vorschrift können nämlich die in § 266 Abs. 2 und Abs. 3 HGB mit *arabischen* Zahlen versehenen **Posten** der Bilanz **zusammengefaßt** werden, wenn durch die Zusammenfassung die Klarheit der Darstellung vergrößert wird; die zusammengefaßten Posten müssen dann jedoch im **Anhang** *gesondert* ausgewiesen werden. Wie eine für 100 große Kapitalgesellschaften durchgeführte Untersuchung zeigte, fanden sich in 94 (!) der 100 ausgewerteten Jahresabschlüsse für 1988 Hinweise auf die Inanspruchnahme des § 265 Abs. 7 Nr. 2 HGB; in 17 Fällen wurde sogar das Maximum möglicher Zusammenfassungen, nämlich Zusammenfassung *aller* mit arabischen Zahlen versehenen Posten, in Anspruch genommen (vgl. Treuarbeit, Jahres- und Konzernabschlüsse, S. 39 f.). Letzteres bedeutet: Obwohl es sich bei ihnen um **große** Kapitalgesellschaften handelt, legten die betreffenden 17 Unternehmen für 1988 eine "**kleinfor-**

matige" Bilanz vor, in der – wie nach § 266 Abs. 1 S. 3 HGB eigentlich nur für **kleine** Kapitalgesellschaften erlaubt – lediglich die mit Buchstaben und römischen Zahlen versehenen Posten aufgeführt sind (vgl. Abb. 4). Die zusammengefaßten Posten wurden allerdings anschließend im Anhang gesondert ausgewiesen. Als Beispiel sei die BASF AG genannt, die auch bei ihrem Jahresabschluß für 1998 auf die beschriebene Weise vorgegangen ist (vgl. BASF AG, Konzern-Geschäftsbericht 1998, S. 38); gleiches gilt für die Siemens AG (vgl. Geschäftsbericht 1997/98, S. 4).

Ferner muß im Zusammenhang mit den Gliederungsvorschriften für die (Bestände-) Bilanz noch auf das sog. "**Anlagegitter**" hingewiesen werden; im folgenden wird bisweilen auch von "**Anlagespiegel**" gesprochen. *Kleine* Kapitalgesellschaften sind nach § 274a Nr. 1 HGB seit 1994 von der Aufstellung eines Anlagegitters *befreit*. Hingegen müssen *mittelgroße* und *große* Kapitalgesellschaften einen Anlagespiegel erstellen; denn sie sind nach § 268 Abs. 2 HGB verpflichtet, die **Entwicklung** der einzelnen Posten des **Anlage**vermögens und des Postens "Aufwendungen für die Ingangsetzung und Erweiterung des Geschäftsbetriebes" darzustellen. Der für diesen Zweck aufzustellende Anlagespiegel kann entweder in der (Bestände-)**Bilanz oder** aber im **Anhang** ausgewiesen werden. Insofern besteht für den Anlagespiegel ein sog. "**Ausweiswahlrecht**", das erneut die enge Verbindung zwischen der Bilanz und dem Anhang verdeutlicht und zugleich erklärt, warum der Anhang mit der Bilanz und der G+V-Rechnung „eine Einheit bildet" (§ 264 Abs. 1 HGB). Zum Aufbau des Anlagespiegels, der gem. § 268 Abs. 2 S. 2 HGB nach der "**direkten Bruttomethode**" erstellt werden muß, sei auf die folgende Abbildung 5 verwiesen [hierbei bedeuten die Abkürzungen: AK = (historische) Anschaffungskosten, HK = (historische) Herstellungskosten, GJ = Geschäftsjahr].

Anfangsbestand zu AK/HK	Zugänge des GJ zu AK/HK	Abgänge des GJ zu AK/HK	Umbuchungen des GJ zu AK/HK	Abschreibungen in ihrer gesamten Höhe (kumuliert)	Abschreibungen des GJ (nachrichtlich)	Zuschreibungen des GJ	Buchwert des Endbestandes am 31.12... (Abschlußstichtag)	Buchwert am 31.12. des Vorjahres
	+	–	+/–	–		+		

Abb. 5: Aufbau des "Anlagespiegels" nach § 268 Abs. 2 HGB

Aus Abbildung 5 ist zu entnehmen: Bei der vorgeschriebenen "direkten Bruttomethode" bildet (im Gegensatz zur "direkten Nettomethode" bzw. "indirekten Bruttomethode" nach altem Aktienrecht) der zu (historischen) **Anschaffungs- oder Herstellungskosten** bewertete Anfangsbestand der einzelnen Posten des Anlagevermögens den Ausgangspunkt. Deshalb müssen nunmehr neben den **Zugängen** und Umbuchungen auch die **Abgänge** zu den ursprünglichen **Anschaffungs- oder Herstellungskosten** bewertet und die **kumulierten**, d. h. die über die Jahre der bisherigen Nutzung aufsummierten **Abschreibungen** des jeweiligen Anlagegutes sowie evtl. **Zuschreibungen** des Geschäftsjahres berücksichtigt werden, um zum **Buchwert** des Endbestandes am Abschlußstichtag zu gelangen. Durch diese Bestimmungen des § 268 Abs. 2 S. 2 HGB sind die **Mindestbestandteile** des Anlagespiegels festgelegt.

Die Angabe der **Abschreibungen des Geschäftsjahres** im *Anlagespiegel* ist gesetzlich *nicht* vorgeschrieben, *darf* aber – und sollte m. E. zweckmäßigerweise – hier "nachrichtlich" erfolgen; anderenfalls wären die Abschreibungen des Geschäftsjahres unter Ausnutzung eines weiteren "**Ausweiswahlrechtes**" nämlich „entweder in der Bilanz bei dem betreffenden Posten zu vermerken oder im Anhang in einer der Gliederung des Anlagevermögens entsprechenden Aufgliederung anzugeben" (§ 268 Abs. 2 S. 3 HGB).

Wie ein Blick in die **Praxis** zeigt, haben 1995 von 100 untersuchten deutschen Konzernen *alle* einen Anlagespiegel erstellt und sich dabei bezüglich der genannten Ausweiswahlrechte wie folgt entschieden (vgl. C&L Deutsche Revision, S. 123 f.):
35 Konzerne plazierten den Anlagespiegel im Anhang; 64 Unternehmen haben den Anlagespiegel *weder* in der Bilanz *noch* im Anhang dargestellt, sondern sich für eine "Zwischenlösung" entschieden, indem sie ihn in Form einer *eigenständigen Tabelle* nach der Bilanz (und vielfach sogar nach der G+V-Rechnung) anordneten.
49 Konzerne gaben im Anlagespiegel neben den Pflichtangaben nach § 268 Abs. 2 S. 2 HGB auch den Betrag der Geschäftsjahresabschreibungen nachrichtlich an (so z. B. adidas AG, Douglas Holding AG, Saarbergwerke AG).
51 Unternehmen *erweiterten freiwillig* den Anlagespiegel sogar um einen "*Abschreibungsspiegel*"; in ihm wird auch die Entwicklung der kumulierten Abschreibungen von den Vorträgen über die Zugänge (= Abschreibungen des Geschäftsjahres) und die Abgänge (= Abschreibungen auf die im Geschäftsjahr abgegangenen Vermögensgegenstände) sowie etwaige Zuschreibungen und Umbuchungen auf den Stand zum Stichtag des Geschäftsjahres gezeigt (vgl. C&L Deutsche Revision, S. 124). Beispiele hierfür liefern Haniel & Cie GmbH, Kaufring AG, Preussag AG und Reemtsma Cigarettenfabriken GmbH.

Im Gegensatz zum Anlagespiegel wird der sog. "**Verbindlichkeitenspiegel**" vom Gesetzgeber nicht verlangt. Trotzdem empfiehlt sich seine Aufstellung für Kapitalgesellschaften. Denn zum einen muß jede Kapitalgesellschaft nach § 268 Abs. 5 S. 1 HGB den Betrag der Verbindlichkeiten mit einer **Restlaufzeit** bis *zu einem* Jahr bei jedem gesondert ausgewiesenen Posten in der Bilanz vermerken. Zum anderen haben alle Kapitalgesellschaften für jeden Posten der Verbindlichkeiten, die in der Bilanz ausgewiesen werden, den Gesamtbetrag der Verbindlichkeiten mit einer Restlaufzeit von *mehr als 5 Jahren* und, soweit Verbindlichkeiten durch Pfandrechte oder ähnliche Rechte gesichert sind, Art und Form der **Sicherheiten** im Anhang gesondert anzugeben (vgl. § 285 Nr. 1 und Nr. 2 HGB). Diese Informationspflichten können mit einem "Verbindlichkeitenspiegel", wie er in Abbildung 6 (vgl. Göllert/Ringling, S. 32) dargestellt ist, übersichtlich und detailliert erfüllt werden (vgl. auch Federmann, S. 398).

Ergänzend sei auf folgende Änderung von § 340d HGB durch Artikel 14 Abs. 2 Bank-BiRiLiG hingewiesen: Auch *Kreditinstitute* und *Finanzdienstleistungsinstitute* müssen seit dem 1.1.1998 ihre Verbindlichkeiten (und ihre Forderungen) im Anhang nach der **Restlaufzeit** am Bilanzstichtag gliedern (vlg. § 340d S. 2 HGB).

Art der Verbindlichkeit	Gesamt-betrag	davon mit einer Restlaufzeit von			gesicherte Beträge	Art der Sicherheit
		≤ 1 Jahr	1-5 Jahren	> 5 Jahren		
	TDM	TDM	TDM	TDM	TDM	
gegenüber Kreditinstituten	40 000	25 000	8 000	7 000	7 000	Grundpfandrechte
aus Lieferungen und Leistungen	35 000	35 000			–	–
gegenüber verbundenen Unternehmen	18 000	15 000	3 000		3 000	Sicherungsabtretung von Forderungen
gegenüber Gesellschaftern	12 000		12 000		12 000	Grundpfandrechte
sonstige Verbindlichkeiten	5 000	5 000			–	–
Summe	110 000	80 000	23 000	7 000	22 000	

Bilanzangabe (Detaillierung nach jeweiligem Bilanzformat) — Angabe freiwillig — Pflichtangaben im Anhang

Abb. 6: Beispiel für einen "Verbindlichkeitenspiegel"

In der **Praxis** finden sich "Verbindlichkeitenspiegel" in der hier vorgeschlagenen oder ähnlicher Form u. a. in den Jahresabschlüssen von ASKO Deutsche Kaufhaus AG, Akzo Nobel Faser AG, BASF AG, Beiersdorf AG, Degussa AG, Klöckner-Humboldt-Deutz AG, Reemtsma Cigarettenfabriken GmbH, Südzucker AG und Sto AG.

b) Gliederungsvorschriften für die Erfolgsbilanz (G+V-Rechnung)

Wie bereits bei den Grundbegriffen (vgl. Kapitel 1 Abschnitt C) kurz erwähnt, dürfen Nicht-Kapitalgesellschaften ihre **Erfolgsbilanz** bzw. **Gewinn- und Verlustrechnung** in *Konto*form erstellen, während für Kapitalgesellschaften nach § 275 Abs. 1 S. 1 HGB grundsätzlich die *Staffel*form vorgeschrieben ist. *Ausnahmen* von diesem Grundsatz gelten für Kreditinstitute (vgl. § 340a Abs. 2 HGB); aufgrund der für sie geltenden "**Formblätter**" kann von ihnen selbst dann, wenn sie in der Rechtsform einer Kapitalgesellschaft geführt werden (vgl. z. B. Deutsche Bank AG), die G+V-Rechnung weiterhin in Kontoform erstellt werden (vgl. auch RechKredV Formblatt 2).

Im Gegensatz zum alten AktG, nach dem nur das "Gesamtkostenverfahren" zugelassen war, wird Kapitalgesellschaften seit 1985 in § 275 Abs. 1 HGB das **(Ausweis-)Wahlrecht** eingeräumt, die G+V-Rechnung entweder nach dem "**Gesamtkostenverfahren**" oder aber nach dem "**Umsatzkostenverfahren**" aufzustellen.

Die wesentlichen *Unterschiede* zwischen diesen beiden Verfahren liegen in folgendem: Beim "**Gesamtkostenverfahren**" werden nach § 275 Abs. 2 HGB die **gesamten** Erträge, zu denen neben den Umsatzerlösen auch evtl. "Bestandserhöhungen der fertigen und unfertigen Erzeugnisse" und "andere aktivierte Eigenleistungen" gehören, und dementsprechend auch die **gesamten** Kosten, die in der Periode angefallen sind, einander gegenübergestellt; außerdem werden die Gesamtkosten nach Kosten- (besser: Aufwands-)**arten** (insbes. Materialaufwand, Personalaufwand, Abschreibungen) untergliedert. Hingegen werden beim "**Umsatzkostenverfahren**" nach § 275 Abs. 3 HGB *nur* die **Umsatzerlöse** betrachtet und diesen dann konsequenterweise auch *nur* die sog. "**Umsatzaufwendungen**" (Wöhe, Bilanzierung, S. 276) gegenübergestellt, die für die zur Erzielung der Umsatzerlöse erbrachten Leistungen angefallen sind; zugleich sind die Aufwendungen nach Art einer Kosten**stellen**rechnung, also in Herstellungskosten, Vertriebskosten und allgemeine Verwaltungskosten, aufzuspalten.

Abbildung 7 (vgl. Wöhe, Bilanzierung, S. 276) möge dazu dienen, durch eine – bestimmte Posten zusammenfassende – *Gegenüberstellung* der beiden erlaubten Gliederungsschemata für die handelsrechtliche G+V-Rechnung die Eigenheiten, aber auch die vorhandenen Gemeinsamkeiten der beiden Verfahren zu verdeutlichen.

Posten		Gesamtkostenverfahren (§ 275 Abs. 2 HGB)		Umsatzkostenverfahren (§ 275 Abs. 3 HGB)	Posten
1		Umsatzerlöse		Umsatzerlöse	1
2	+/./.	Bestandsveränderungen der fertigen und unfertigen Erzeugnisse	./.	Herstellungskosten der zur Erzielung der Umsatzerlöse erbrachten Leistungen	2
3	+	andere aktivierte Eigenleistungen	=	Bruttoergebnis vom Umsatz	3
4	+	sonstige betriebliche Erträge	./.	Vertriebskosten	4
5	./.	Materialaufwand	./.	allg. Verwaltungskosten	5
6	./.	Personalaufwand	+	sonstige betriebliche Erträge	6
7	./.	Abschreibungen	./.	sonstige betriebliche Aufwendungen	7
8	./.	sonstige betriebliche Aufwendungen			
	=	Betriebsergebnis			
9-13	+	Finanzergebnis			8-12
14	=	Ergebnis der gewöhnlichen Geschäftstätigkeit			13
15-17	+/./.	außerordentliches Ergebnis			14-16
18-19	./.	Steuern			17-18
20	=	Jahresüberschuß/Jahresfehlbetrag			19

Abb. 7: Zusammengefaßte Gegenüberstellung von Gliederungen der G+V-Rechnung nach dem "Gesamtkosten-" und dem "Umsatzkostenverfahren"

Auf der Grundlage der Abbildung 7 kann gleichzeitig noch auf eine bedeutsame **Erleichterung** für **kleine** und **mittelgroße** Kapitalgesellschaften aufmerksam gemacht werden: Nach § 276 HGB dürfen solche Kapitalgesellschaften die Posten Nr. 1 bis Nr. 5 des Gesamtkostenverfahrens bzw. die Posten Nr. 1, Nr. 2 und Nr. 6 des Umsatzkostenverfahrens zu *einem* Posten unter der Bezeichnung "**Rohergebnis**" zusammenfassen. Der Gesetzgeber erlaubt somit in diesem Zusammenhang ausdrücklich ein *Abweichen* vom "**Bruttoprinzip**", wie es nach § 246 Abs. 2 HGB gefordert wird.

Ein Problem, das beide Gliederungsverfahren gleichermaßen betrifft, kommt durch die Neuformulierung bzw. Abgrenzung der einzelnen Ergebnisblöcke in der G+V-Rechnung nach § 275 Abs. 2 und Abs. 3 HGB zustande. Die Definition der "**sonstigen betrieblichen Aufwendungen und Erträge**" bezieht sich nämlich auf das Kriterium der "gewöhnlichen Geschäftstätigkeit" und schließt damit m. E. alle *aperiodischen*, (aber) betrieblichen Geschäftsvorfälle ein. Dementsprechend sind im "**außerordentlichen Ergebnis**" nur noch Aufwendungen und Erträge auszuweisen, die *außerhalb* der gewöhnlichen Geschäftstätigkeit anfallen. Damit wird jedoch das "**Betriebsergebnis**" zu Lasten des außerordentlichen Ergebnisses *ausgeweitet* und enthält u. a. folgende – nach traditionellem Verständnis – außerordentliche Posten (vgl. auch Göllert/Ringling, S. 25):

– Verluste und Erträge aus Anlagenabgängen,
– Erträge aus Zuschreibungen,
– Erträge aus der Auflösung von Pauschalwertberichtigungen auf Forderungen,
– Erträge aus der Auflösung von Rückstellungen,
– Einstellungen in und Auflösungen von "Sonderposten mit Rücklageanteil".

Nur die zuletzt genannten Sonderpostenzuführungen bzw. -auflösungen müssen nach § 281 Abs. 2 S. 2 HGB *gesondert* entweder in der G+V-Rechnung oder im Anhang (= "**Ausweiswahlrecht**") ausgewiesen werden. Die übrigen oben aufgeführten außerordentlichen Positionen gehen im Sammelposten "sonstiger betrieblicher Aufwand/Ertrag" unter (vgl. Hilke/Rümmele, Sp. 1417 f.). Diese Vorgehensweise stellt somit im Vergleich zum bisherigen Aktienrecht einen (möglicherweise erheblichen) *Informationsverlust* dar.

Zur bisherigen Ausnutzung des Wahlrechtes zwischen dem Gesamtkosten- bzw. dem Umsatzkostenverfahren für die G+V-Rechnung in der **Praxis** kann folgendes festgestellt werden: Von 100 großen Kapitalgesellschaften, die von der Treuarbeit untersucht wurden, hatten 1987 noch 89 (1988: 88) Unternehmen das Gesamtkostenverfahren und nur 11 (1988: 12) Unternehmen das Umsatzkostenverfahren gewählt (vgl. Treuarbeit, Jahresabschlüsse, S. 127; dies., Jahres- und Konzernabschlüsse, S. 87). Daß dieses Ergebnis entscheidend von der getroffenen Auswahl der untersuchten 100 Kapitalgesellschaften beeinflußt wurde, zeigt eine andere Untersuchung (vgl. o. V.: Umsatzkostenverfahren, S. XI): Danach ist ein starker Trend hin zu dem international üblichen Umsatzkostenverfahren festzustellen, denn es werden dort schon 44 (!) Unternehmen genannt, die sich 1987 des Umsatzkostenverfahrens bedienten. Insbesondere haben die Großunternehmen der Chemiebranche (wie BASF, Bayer, Benckiser, Enka, Hoechst, Henkel, Rhodia, Schering, VEBA), Volkswagen, die deutschen Tochtergesellschaften ausländischer Konzerne (wie Ford, Opel, Volvo, Alldephi, Minolta, Nestlé, Union Carbide) und Continental, Grundig sowie PWA das Umsatzkostenverfahren gewählt (vgl. hierzu im einzelnen: o. V., Umsatzkostenverfahren, S. XI). Ergänzend sei angefügt: Mit dem Geschäftsjahr 1992/93 ist auch die Siemens AG auf das Umsatzkostenverfahren übergegangen, „um die Rechnungslegung des Unternehmens an international vorherrschende Verfahren anzugleichen" (Siemens AG, Konzern-Geschäftsbericht 1992/93, S. 49). Ferner hat mit Geschäftsjahr 1994 die Daimler Benz AG die G+V-Rechnung ebenfalls „auf das international vorherrschende Umsatzkostenverfahren umgestellt" (Daimler Benz AG, Konzern-Geschäftsbericht 1994, S. 61). Für Mannesmann wurde „die G+V-Rechnung ... 1998 erstmals nach dem Umsatzkostenverfahren erstellt" (Mannesmann AG, Konzern-Geschäftsbericht 1998, S. 72)

IV. Der Anhang (§§ 284 ff. HGB)

Wie schon in Kapitel 1 Abschnitt C und in Kapitel 2 Abschnitt A I erwähnt, haben **Kapitalgesellschaften** und – aufgrund des neuen § 264a HGB – ab 1999 auch bestimmte Personengesellschaften wie die **GmbH & Co KG** nach § 264 Abs. 1 S. 1 HGB den Jahresabschluß um einen **Anhang** zu erweitern, der mit der Beständebilanz und der G+V-Rechnung eine **Einheit** bildet. Wichtig ist in diesem Zusammenhang, daß weder die Beständebilanz noch die G+V-Rechnung für sich allein die "**Generalnorm**" des § 264 Abs. 2 HGB erfüllen, also das geforderte Bild der **Vermögens-, Finanz-** und **Ertragslage** vermitteln können. Dieses Ziel kann vielmehr erst durch das Zusammenwirken aller *drei* für Kapitalgesellschaften geforderten Bestandteile des Jahresabschlusses (vgl. Abb. 1) erreicht werden. Dabei enthält der Anhang als integrierter (Pflicht-) Bestandteil des (erweiterten) Jahresabschlusses:

- **Pflichtangaben**, die in jedem Jahresabschluß zu machen sind (z. B. *Abweichungen von Bilanzierungs- und Bewertungsmethoden* nach § 284 Abs. 2 Nr. 3 HGB);

- **Wahlpflichtangaben**, die im Jahresabschluß zu machen sind, wenn von *Ausweiswahlrechten* zugunsten des Anhangs Gebrauch gemacht worden ist (vgl. hierzu Kapitel 2 Abschnitt A IIIa zu § 265 Abs. 7 Nr. 2 HGB und Kapitel 3 Abschnitt E);

- **zusätzliche Angaben**, die nur dann notwendig sind, wenn der Jahresabschluß ein den tatsächlichen Verhältnissen entsprechendes Bild im Sinne des § 264 Abs. 2 S. 1 HGB nicht erfüllt. Die Untersuchungsergebnisse der Treuarbeit zeigten, daß eine unter diese Vorschrift zu subsumierende Anhang-Angabe in den Jahresabschlüssen für 1988 (wie auch für 1987) von *keiner* der 100 großen Kapitalgesellschaften gemacht wurde (vgl. Treuarbeit, Jahres- und Konzernabschlüsse, S. 103); zu demselben Ergebnis führte 1995 eine Untersuchung von 100 Konzernen (vgl. C&L Deutsche Revision, S. 221);

- **freiwillige Angaben**, die über die gesetzlich geforderten Angaben hinausgehen. Zu denken ist in diesem Zusammenhang z. B. an eine **Kapitalflußrechnung** oder ähnliche Darstellungen (z. B. Bewegungsbilanzen), die zur Erläuterung der **Finanzlage** dienen können, im *Einzel*abschluß aber *nicht* zwingend vorgeschrieben sind. Hingegen muß (= Pflicht) gemäß Artikel 46 Abs. 1 EGHGB spätestens ab 1999 der *Konzern*anhang nach § 297 Abs. 1 S. 2 HGB in der durch das KonTraG v. 27.4.1998 geänderten Fassung um eine derartige Kapitalflußrechnung erweitert werden, wenn das Mutterunternehmen des Konzerns börsennotiert ist. Bemerkenswert erscheint in diesem Zusammenhang zum einen, daß der Umfang der in eine solche Kapitalflußrechnung aufzunehmenden Angaben vom Gesetzgeber *nicht* vorgeschrieben wurde. Zum anderen veröffentlichten bereits 1995 von 100 untersuchten Konzernen immerhin 60 Unternehmen auf freiwilliger Basis eine Kapitalflußrechnung in ihren Geschäftsberichten; von diesen 60 Konzernen war das Mutterunternehmen in 54 Fällen eine AG, in je einem Fall eine KGaA und eine GmbH sowie in 3 Fällen eine KG bzw. GmbH & Co KG (vgl. C&L Deutsche Revision, S. 261).

Interessant ist schließlich auch, daß zahlreiche Kapitalgesellschaften im Anhang zusätzlich über den Bereich "Forschung und Entwicklung" berichten (vgl. Hilke, Forschung und Entwicklung, S. 128 ff.), obwohl der Gesetzgeber derartige Informationen an anderer Stelle – nämlich im *Lagebericht* – verlangt. Die Berichterstattung über "Forschung und Entwicklung" im Anhang resultiert allerdings z. T. daraus, daß einige Unternehmen in der G+V-Rechnung eine zusätzliche Position "Forschungskosten" bilden (so z. B. Hoechst AG und Siemens AG) und diese Position dann im Anhang erläutern müssen.

Die **Pflicht** zur **Erstellung** eines Anhanges betrifft grundsätzlich sämtliche Kapitalgesellschaften – und ab 1999 wohl auch sämtliche GmbH & Co KGs (es sei denn, sie sind nach dem neuen § 264b HGB von der Aufstellung eines Jahresabschlusses nach den für Kapitalgesellschaften geltenden Vorschriften befreit). Die Erstellungspflicht für den Anhang umfaßt je nach Rechtsform zwischen ca. 50 und 70 verschiedene Informationssachverhalte (einschließlich der Ausweiswahlrechte) mit zum Teil umfangreichen Einzelangaben. Allerdings werden vor allem **kleinen** Kapitalgesellschaften (und damit auch kleinen GmbH & Co KGs) erhebliche **Erleichterungen** bei der Erstellung des Anhangs gewährt. Ein großer Teil dieser Erleichterungen resultierte aus der 1994 erfolgten Umsetzung der sog. "EG-Mittelstandsrichtlinie" (90/604/EWG) in deutsches Recht: Artikel 2 ÄndG-DMBilG führte u. a. zur Einfügung des § 274a HGB und zur Änderung von § 276 (S. 2 angefügt) und § 288 S. 1 HGB (Ausweitung der zu unterlassenden Angaben um solche nach § 284 Abs. 2 Nr. 4 und § 285 Nr. 6 HGB).

Abbildung 8 soll im Sinne einer Checkliste die **Anhangsinformationspflichten** (vgl. insbes. §§ 284, 285, aber auch §§ 265, 268, 269 und 277 HGB) zusammenfassend darstellen und gleichzeitig die zahlreichen größenabhängigen **Erleichterungen** nach § 274a, § 276 S. 2 und § 288 HGB verdeutlichen.

In diesem Zusammenhang sei daran erinnert: Es ist aufgrund sog. **Schutzklauseln** nach § 286 HGB zulässig, bestimmte – an sich verlangte – Angaben im Anhang zu unterlassen; hierauf wurde – die Abs. 1 bis 3 von § 286 HGB betreffend – bereits in Abschnitt C von Kapitel 1 hingewiesen. Deshalb ist an dieser Stelle nur noch ein Hinweis auf § 286 Abs. 4 HGB notwendig, der 1994 durch Artikel 2 Nr. 5 ÄndG-DMBilG angefügt wurde. Danach brauchen auch mittelgroße (und große) Kapitalgesellschaften die in § 285 Nr. 9a und 9b HGB verlangten Angaben über die Gesamtbezüge der dort bezeichneten Personen *nicht* zu machen, wenn sich anhand dieser Angaben die Bezüge eines Mitgliedes dieser Organe feststellen lassen. Um auch diesen Fall zu erfassen, wurde bei der entsprechenden Position der Abbildung 8 das "ja" in Klammern gesetzt.

In Abbildung 8 wurde die bisher im Anhang verlangte "Angabe der aus steuerlichen Gründen *unterlassenen Wertaufholung*" mit dem Vermerk "ab 1999 nicht mehr relevant" versehen. Denn aufgrund des *Steuerentlastungsgesetzes 1999/2000/2002* dürfen Kapitalgesellschaften das zugrundeliegende Wahlrecht ab 1999 *nicht* mehr nutzen (siehe dazu Kapitel 3).

Angaben im Anhang	Angabepflicht auch für Kapitalgesellschaften der Größenklasse	
	"mittelgroß"	"klein"
– Gliederung der Bilanz oder G+V-Rechnung wurde nicht beibehalten;	ja	ja
– Vorjahreszahlen sind nicht vergleichbar oder wurden geändert;	ja	ja
– Gliederung nach mehreren Geschäftszweigen (soweit zutreffend);	ja	ja
– Aufgliederung von im Jahresabschluß zusammengefaßten Posten;	ja	entfällt
– Entwicklung des Anlagevermögens, dargestellt in einem "Anlagegitter";	ja	entfällt
– Erläuterung von Forderungen, die erst nach dem Abschlußstichtag entstehen;	ja	entfällt
– Erläuterung von Verbindlichkeiten, die erst nach dem Abschlußstichtag entstehen;	ja	entfällt
– gesonderter Ausweis bzw. Erläuterung eines aktivierten Disagio;	ja	entfällt
– Haftungsverhältnisse;	ja	ja
– Erläuterung von aktivierten Aufwendungen für Ingangsetzung und Erweiterung des Geschäftsbetriebes;	ja	entfällt
– Erläuterung außerordentlicher Aufwendungen und Erträge;	ja	entfällt
– Angabe der aus steuerlichen Gründen unterlassenen Wertaufholung (ab 1999 nicht mehr relevant);	ja	ja
– Angabe von Abschreibungen und Wertberichtigungen, die allein nach steuerlichen Vorschriften vorgenommen wurden;	ja	ja
– angewandte Bilanzierungs- und Bewertungsmethoden;	ja	ja
– Methode für die Umrechnung von Fremdwährungsbeträgen in Deutsche Mark bzw. Euro;	ja	ja
– Abweichungen von im Vorjahr angewandten Bilanzierungs- und Bewertungsmethoden, sowie den Einfluß der Abweichung auf die Vermögens-, Finanz- und Ertragslage;	ja	ja
– Unterschiede der Buchwerte zur Bewertung zu letzten Börsen- oder Marktpreisen bei Gruppen-, Lifo- und Fifo-Bewertung;	ja	entfällt
– Einbeziehung von Zinsen für Fremdkapital in die Herstellungskosten;	ja	ja
– Gesamtbetrag der Verbindlichkeiten mit einer Restlaufzeit von mehr als fünf Jahren;	ja	ja
– Gesamtbetrag der durch Pfandrechte gesicherten Verbindlichkeiten unter Angabe der Sicherheiten;	ja	ja
– Aufgliederung der Verbindlichkeiten mit einer Restlaufzeit von mehr als fünf Jahren und der gesicherten Verbindlichkeiten;	ja	entfällt
– Gesamtbetrag sonstiger finanzieller Verpflichtungen, die nicht in der Bilanz erscheinen (außer Haftungsverhältnisse); hierbei sind Verpflichtungen gegenüber verbundenen Unternehmen gesondert anzugeben;	ja	entfällt

Angaben im Anhang (Fortsetzung)	Angabepflicht auch für Kapitalgesellschaften der Größenklasse	
	"mittelgroß"	"klein"
– Aufgliederung der Umsatzerlöse nach Tätigkeitsbereichen und geographischen Märkten (kann unterbleiben, sofern mit erheblichen Nachteilen zu rechnen ist);	entfällt	entfällt
– Einfluß von aus steuerrechtlichen Gründen erfolgten Abschreibungen auf das Jahresergebnis;	ja	entfällt
– Einfluß von Steuern auf das Ergebnis der gewöhnlichen Geschäftstätigkeit sowie auf das außerordentliche Ergebnis;	ja	entfällt
– durchschnittliche Anzahl der Arbeitnehmer nach Gruppen;	ja	entfällt
– bei Anwendung des Umsatzkostenverfahrens Angabe des Material- und Personalaufwands entsprechend der Gliederung des Gesamtkostenverfahrens;	ja	entfällt für Materialaufwand
– für Mitglieder des Geschäftsführungsorgans, eines Aufsichtsrats oder eines Beirats, jeweils für die Personengruppe		
• die im Geschäftsjahr gewährten Gesamtbezüge,	(ja)	entfällt
• die Gesamtbezüge der früheren Mitglieder dieser Organe sowie die für diese Personen gebildeten Rückstellungen unter Angabe der nicht durch Rückstellungen gedeckten Beträge,	(ja)	entfällt
• die gewährten Vorschüsse und Kredite unter Angabe der Zinssätze und der Bedingungen sowie für diese Personen eingegangene Haftungsverhältnisse;	ja	ja
– Namen aller Mitglieder des Geschäftsführungs- und Aufsichtsorgans unter Bezeichnung der Vorsitzenden und stellvertretenden Vorsitzenden;	ja	ja
– Name und Sitz von Unternehmen, von denen die Gesellschaft mindestens 20 % der Anteile hält, sowie letztes Jahresergebnis dieser Unternehmen (Angabe kann unterbleiben, sofern unbedeutend oder ein erheblicher Nachteil zu erwarten ist);	ja	ja
– wesentliche unter "sonstige Rückstellungen" ausgewiesene Posten;	ja	entfällt
– Gründe für eine Abschreibung des erworbenen Firmen- oder Geschäftswertes über die erwartete Nutzungsdauer statt der generell vorgesehenen 25 % p. a. ab dem Jahr nach dem Erwerb;	ja	ja
– Name und Sitz des Mutterunternehmens der Kapitalgesellschaft, das den Konzernabschluß aufstellt.	ja	ja

Abb. 8: (Pflicht-)Angaben im "Anhang" zu einem Einzelabschluß

Ergänzend zu Abbildung 8 ist auf zweierlei hinzuweisen:
Zum einen kam es durch das KonTraG v. 27.4.1998 zu **Änderungen** von § 285 Nr. 10 und Nr. 11 HGB dahingehend, daß spätestens ab Geschäftsjahr 1999

- bei *börsennotierten* Gesellschaften für alle Mitglieder des Geschäftsführungsorgans und eines Aufsichtsrates im Anhang auch die Mitgliedschaft in Aufsichtsräten und anderen Kontrollgremien i. S. des § 125 Abs. 1 S. 3 AktG angegeben werden muß; allerdings können diese Angaben unter bestimmten Voraussetzungen nach § 286 Abs. 3 HGB unterbleiben;
- von *börsennotierten* Kapitalgesellschaften im Anhang zusätzlich alle Beteiligungen an *großen* Kapitalgesellschaften anzugeben sind, die 5 % der *Stimmrechte* überschreiten.

Zum anderen ist im Entwurf zum KapCoRiLiG vorgesehen, in § 285 HGB eine Nr. 11a einzufügen und eine Nr. 15 anzufügen. Beide Vorschriften betreffen insbes. die *GmbH & Co KG*; denn es sollen danach angegeben werden

- im Anhang einer Kapitalgesellschaft: Name, Sitz und Rechtsform derjenigen Unternehmen, deren unbeschränkt haftender Gesellschafter die Kapitalgesellschaft ist; diese Angaben können allerdings unter den Voraussetzungen des § 286 Abs. 3 HGB unterbleiben;
- im Anhang einer Personengesellschaft i. S. des § 264a Abs. 1 S. 1 HGB: Name und Sitz der Gesellschaften, die persönlich haftende Gesellschafter sind, sowie deren gezeichnetes Kapital.

Die Pflicht zur **Offenlegung** des Anhangs betrifft grundsätzlich **alle** Kapitalgesellschaften (und wohl ab 1999 alle GmbH & Co KGs). Allerdings gelten insbes. für **kleine** Kapitalgesellschaften (und GmbH & Co KGs ab 1999) wiederum **Erleichterungen**, und zwar bezüglich des Anhang-Inhaltes in *zweifacher* Hinsicht: Zum einen wirken sich für kleine Kapitalgesellschaften die in Abbildung 8 geschilderten Erleichterungen bei der Erstellung des Anhangs auch auf den von ihnen offenzulegenden Anhang aus; sie müßten allenfalls diesen "verkürzten" Anhang, den sie erstellen, auch offenlegen. Jedoch darf dieser erstellte Anhang zum Zwecke der Offenlegung inhaltlich noch weiter verkürzt werden. Denn, da die kleine Kapitalgesellschaft ihre G+V-Rechnung *nicht* publizieren muß, braucht der von ihr offenzulegende Anhang zum anderen auch „die die G+V-Rechnung betreffenden Angaben nicht zu enthalten" (§ 326 S. 2 HGB). In Abbildung 3 (siehe Kapitel 2 Abschnitt A II) wurde deshalb bezüglich der Offenlegung die Formulierung "*doppelt verkürzter* Anhang" für kleine Kapitalgesellschaften gewählt.

Schließlich sei erwähnt, daß auch **mittelgroßen** Kapitalgesellschaften (und GmbH & Co KGs ab 1999) gewisse inhaltliche Erleichterungen bei dem von ihnen offenzulegenden Anhang gewährt werden. Nach § 327 HGB brauchen sie bestimmte Angaben, die der von ihnen zu *erstellende* Anhang enthalten *muß*, in dem *offenzulegenden* Anhang *nicht* zu machen (vgl. insbes. § 327 Nr. 2 HGB). In Abbildung 3 (siehe Kapitel 2 Abschnitt A II) wurde dies durch die Formulierung "*mittelformatiger* Anhang" zum Ausdruck gebracht.

V. Zum Lagebericht (§ 289 HGB)

Die gesetzlichen Vertreter von *mittelgroßen* und *großen* Kapitalgesellschaften (und ab 1999 wohl auch der entsprechenden GmbH & Co KGs) sind nach § 264 Abs. 1 S. 1 HGB dazu verpflichtet, einen **Lagebericht** zu erstellen. Hingegen heißt es im Mitte 1994 neu gefaßten § 264 Abs. 1 S. 3 HGB: „*Kleine* Kapitalgesellschaften (§ 267 Abs. 1 HGB) brauchen den Lagebericht *nicht* aufzustellen". Folgerichtig setzen auch die Prüfungs- und die Offenlegungspflichten für den Lagebericht erst ab dem Mittelformat ein (vgl. hierzu nochmals Abb. 3 in Abschnitt A II dieses Kapitels 2).

Aufgrund der Zukunftsorientierung der Informationsbedürfnisse der externen (und auch internen) Jahresabschlußadressaten wird dem Lagebericht dabei die Aufgabe zugewiesen, den durch Beständebilanz, G+V-Rechnung und Anhang vermittelten Einblick in die wirtschaftliche Lage einer Kapitalgesellschaft in sachlicher Hinsicht durch zusätzliche Angaben und in zeitlicher Hinsicht durch **zukunftsorientierte** Informationen zu ergänzen (vgl. v. Wysocki, S. 261).

Der Gesetzgeber hat unter Berücksichtigung dieser Aufgabenstellung den Lagebericht in 5 Berichtsbereiche untergliedert (vgl. auch Küting/Weber, Bd. Ia, S. 2014 ff.):

(1) **Wirtschaftsbericht**, d. h. Darstellung von **Geschäftsverlauf** und **Lage** der Kapitalgesellschaft, wobei auch auf die **Risiken** der *künftigen* Entwicklung einzugehen ist, kodifiziert als Muß-Vorschrift (vgl. § 289 Abs. 1 HGB);
(2) **Nachtragsbericht**, d. h., es sind Informationen über Tatbestände von besonderer Bedeutung aufzunehmen, die dem Jahresabschlußersteller *nach* dem Bilanzstichtag *bis zum* Aufstellungstag bekannt geworden sind (vgl. § 289 Abs. 2 Nr. 1 HGB);
(3) **Prognosebericht**, d. h., es soll auf die voraussichtlich *zukünftige* Entwicklung der Kapitalgesellschaft eingegangen werden (vgl. § 289 Abs. 2 Nr. 2 HGB);
(4) **Forschungs- und Entwicklungsbericht** einschließlich der Angaben zur Gesamthöhe der Forschungs- und Entwicklungsaufwendungen (vgl. § 289 Abs. 2 Nr. 3 HGB);
(5) **Zweigniederlassungsbericht** über bestehende Zweigniederlassungen im In- und Ausland (vgl. § 289 Abs. 2 Nr. 4 HGB).

Wie die kritische Durchsicht von publizierten Lageberichten erkennen läßt, erliegen viele Unternehmen der Versuchung, im **Wirtschaftsbericht** bei der Darstellung von **Geschäftsverlauf und Lage** lediglich Informationen zu *wiederholen*, die aus dem erweiterten Jahresabschluß ohnehin schon zu entnehmen sind. Ein solcher Bericht ist m. E. überflüssig. Vielmehr liegt doch wohl der Sinn des § 289 Abs. 1 HGB darin, daß *zusätzliche* Informationen gegeben werden, so z. B. über den Einfluß von Nachfrageänderungen oder besonderen Ereignissen (wie Streiks, Unglücksfälle) auf den erzielten Umsatz, über die Entwicklung des Auftragseinganges und des Beschäftigungs- bzw. Auslastungsgrades. Insgesamt wird m. E. die "Lage der Kapitalgesellschaft" nur dann hinreichend dargestellt, wenn insbes. über die *Markt-Lage* berichtet wird. Dazu würden vor allem auch Informationen über bestimmte "Marketing-Investitionen" (wie z. B. selbst entwickelte Patente, die erfolgreiche Entwicklung und Einführung von neuen Produkten am Markt oder die selbstgeschaffenen Markenwerte) gehören, die in deutschen Jahresabschlüssen – im Unterschied zur bilanziellen Behandlung in anderen EG-Staaten – *nicht* aktiviert werden dürfen, sondern als (ausgabengleiche) Aufwendungen sofort verrechnet werden (vgl. zu diesem Problemkreis und Lösungsvorschlägen dazu: Hilke, Marketing-Investitionen; ders., Marketing Asset Accounting). Schließlich ist noch auf folgendes hinzuweisen: Durch das KonTraG v. 27.4.1998 wurde dem bisherigen § 289 Abs. 1 HGB ein 2. Halbsatz angefügt. Demzufolge ist bei der Darstellung von Geschäftsverlauf und Lage der Kapitalgesellschaft nunmehr, d. h. nach Artikel 46 Abs. 1 EGHGB spätestens ab 1999, „auch auf *Risiken* der künftigen Entwicklung einzugehen" (§ 289 Abs. 1 2. Halbsatz HGB).

Einer besseren Beurteilung der derzeitigen und zukünftigen (Markt-)Lage der Unternehmung soll auch der **Nachtragsbericht** gem. § 289 Abs. 2 Nr. 1 HGB dienen. In ihm soll über *nach* Schluß des Geschäftsjahres eingetretene Vorgänge berichtet werden, und zwar über Negativereignisse (wie z. B. ein Großfeuer oder den Verlust eines wichtigen Kunden), aber auch über positive Tatbestände (wie z. B. die Zulassung eines neuen Medikamentes auf einem lukrativen Markt), die für die Beurteilung der (zukünftigen) Vermögens-, Finanz- und Ertragslage "von besonderer Bedeutung" sind. Auf den hierbei bestehenden Ermessensspielraum des Bilanzierenden kann an dieser Stelle nur hingewiesen werden – wie auch auf die besonderen Anforderungen, welche die Prüfung, der nach § 316 Abs. 1 HGB auch der Lagebericht unterliegt, diesbezüglich an die Wirtschaftsprüfer stellt (vgl. zu dieser Problematik: Räuber, S. 1287 ff.; auch Hoffmann, Beurteilungsvermögen, S. 1743 ff.). Diese Anforderungen an den Abschlußprüfer sind durch die – aufgrund des KonTraG v. 27.4.1998 erfolgte – neue Fassung des § 317 Abs. 2 HGB wohl eher noch gestiegen.

Entsprechendes gilt auch für den **Prognosebericht** als weiterem Bestandteil des Lageberichtes. Nicht zuletzt aus Gründen der Unsicherheit und der zuvor angedeuteten Prüfungs-Problematik sind in diesem Berichtsteil i. d. R. keine detaillierten Prognosen in Form von Zahlenangaben, sondern lediglich verbale Tendenzaussagen über die zukünftige Entwicklung zu erwarten. Jedoch ist zu beachten, daß insbes. solche Faktoren, welche die voraussichtliche Entwicklung negativ beeinflussen (können), grundsätzlich nicht unterschlagen werden dürfen (vgl. Göllert/Ringling, S. 34). In diesem Zusammenhang sei nochmals erwähnt, daß spätestens ab 1999 bereits im "Wirtschaftsbericht" einer Kapitalgesellschaft „auch auf die *Risiken* der künftigen Entwicklung einzugehen" ist (§ 289 Abs. 1 2. Halbsatz HGB). Ferner hat der Abschlußprüfer auch zu *prüfen*, ob diese Risiken der künftigen Entwicklung im Lagebericht *zutreffend* dargestellt sind (vgl. § 317 Abs. 2 S. 2 HGB in der durch das KonTraG geänderten Fassung).

Der vierte in § 289 HGB genannte Bereich, der **Forschungs- und Entwicklungsbericht,** findet selbstverständlich seine Grenze dort, wo der Konkurrenz ein zu weitgehender Einblick gewährt werden würde. In diesem Zusammenhang ist nochmals die in § 286 HGB aufgeführte **Schutzklausel** zu nennen, nach der immer dann Angaben unterbleiben können, wenn sie nach vernünftiger kaufmännischer Beurteilung geeignet sind, der Kapitalgesellschaft einen erheblichen Nachteil zuzufügen (vgl. § 286 Abs. 2 und Abs. 3 HGB). Deshalb erscheint m. E. die – nur für den Anhang formulierte – Schutzklausel des § 286 HGB auch auf den Lagebericht übertragbar (ähnlich auch: Wöhe, Bilanzierung, S. 664 und Küting/Weber, Bd. Ia, S. 2021). So kann es wohl auch nicht verwundern, daß sich die Forschungs- und Entwicklungsberichte bekannter deutscher Unternehmen bezüglich Art, Detaillierungsgrad und Umfang der im Lagebericht gegebenen Informationen erheblich voneinander unterscheiden, wie eine empirische Studie gezeigt hat (vgl. Hilke, Forschung und Entwicklung, S. 123 ff.).

Seit 1993 ist schließlich im Lagebericht auch noch ein sog. "**Zweigniederlassungsbericht**" über bestehende Zweigniederlassungen der Gesellschaft zu geben (vgl. § 289 Abs. 2 Nr. 4 HGB). „Sinn und Zweck der Vorschrift kann darin gesehen werden, Außenstehenden einen Einblick in Stand und Entwicklung der *Marktpräsenz* des betreffenden Unternehmens zu ermöglichen und damit den Einblick in die Lage eines Unternehmens zu verbessern" (Küting/Weber, Bd. Ia, S. 2026). Die Berichterstattung kann sich auf folgende Angaben beschränken (vgl. Fey, S. 486):

– Sitz aller in- und ausländischen Zweigniederlassungen;
– abweichende Firmierung, falls diese von der Firma des berichtenden Unternehmens deutlich abweicht und daher die Zugehörigkeit nicht erkennen läßt;
– wesentliche Veränderungen (z. B. Neugründungen, Schließungen, Sitzverlegung) gegenüber dem Vorjahr.

Bei Gesellschaften mit sehr vielen Zweigniederlassungen genügt wohl eine Beschränkung auf alle *wesentlichen* Niederlassungen, um die Übersichtlichkeit des Lageberichtes nicht zu gefährden (vgl. Küting/Weber, Bd. Ia, S. 2027).

In Bezug auf die Erstellungs-, Prüfungs- und Offenlegungspflichten sind vor allem folgende Sachverhalte hervorzuheben:

Erstens ist der Lagebericht als zwingender Bestandteil der Rechnungslegung nur von *mittelgroßen* und *großen* Kapitalgesellschaften zu **erstellen**. *Kleine* Kapitalgesellschaften sind ab 1994 von der Pflicht zur Erstellung eines Lageberichtes *befreit* (vgl. § 264 Abs. 1 S. 3 HGB).

Zweitens muß in Bezug auf die Pflicht zur **Prüfung** des Lageberichts zum einen auf die Vorschrift des § 316 Abs. 1 HGB hingewiesen werden. Dort heißt es: "Der Jahresabschluß und der Lagebericht von Kapitalgesellschaften, die nicht kleine im Sinne des § 267 Abs. 1 sind, sind durch einen Abschlußprüfer zu prüfen." Damit wird offensichtlich, daß große und mittelgroße Kapitalgesellschaften auch ihren Lagebericht prüfen lassen müssen. Zum anderen ist zu beachten: § 317 HGB, in dem es um Gegenstand und Prüfung von Jahresabschluß und Lagebericht geht, wurde durch das KonTraG v. 27.4.1998 in wesentlichen Teilen neu gefaßt. Bezüglich der Prüfung des Lageberichtes ist jetzt – d. h. spätestens ab 1999 – § 317 Abs. 2 HGB relevant. Danach ist der Lagebericht darauf zu prüfen, ob er „mit dem Jahresabschluß ... sowie mit den bei der Prüfung gewonnenen Erkenntnissen des Abschlußprüfers *im Einklang* (steht) und ob der Lagebericht insgesamt eine *zutreffende* Vorstellung von der Lage des Unternehmens ... vermittelt" (§ 317 Abs. 2 S. 1 HGB). Daß ferner nach § 317 Abs. 2 S. 2 HGB zu prüfen ist, ob die Risiken der künftigen Entwicklung im Lagebericht zutreffend dargestellt sind, wurde bereits erwähnt.

Drittens kann in Bezug auf die **Offenlegung**spflichten des Lageberichtes (wie auch für den [erweiterten] Jahresabschluß) darauf aufmerksam gemacht werden, daß der Gesetzgeber drei Formen der Offenlegung unterscheidet (vgl. Räuber, S. 1286):

- Die **große Publizität** erfordert die Offenlegung des Lageberichts im Bundesanzeiger und den übrigen Gesellschaftsblättern sowie die Einreichung zum Handelsregister; sie gilt für **große** Kapitalgesellschaften.
- Die **kleine Publizität** verlangt die Einreichung des Lageberichtes "nur" zum Handelsregister unter Hinweis im Bundesanzeiger; sie gilt für **mittelgroße** Kapitalgesellschaften.
- Bei der **eingeschränkten Publizität**, die für **kleine** (nicht prüfungspflichtige) Kapitalgesellschaften gilt, braucht ein Lagebericht – falls er freiwillig erstellt wird – **nicht** offengelegt zu werden.

Abschließend muß generell festgestellt werden, daß § 289 HGB auch in der jetzigen Fassung durch hohe verbale Anforderungen *ohne inhaltliche Konkretisierung* und somit durch einen *auslegungsbedürftigen* Wortlaut gekennzeichnet ist. Umso verwunderlicher ist in diesem Zusammenhang die Tatsache, daß ein Prüfungstestat für den Lagebericht in weiten Kreisen (immer noch) als eine Garantie für die Gesundheit und Bonität des geprüften Unternehmens angesehen wird (vgl. Räuber, S. 1285).

B. Allgemeine Bilanzierungs- und Bewertungsprinzipien

I. Zur Maßgeblichkeit der Handelsbilanz für die Steuerbilanz

Wie bereits erwähnt (vgl. Kapitel 1 Abschnitt C), ist bei Ableitung der Steuerbilanz aus der Handelsbilanz das sog. "**Prinzip der Maßgeblichkeit der Handelsbilanz für die Steuerbilanz**" zu beachten. Die Rechtsgrundlage dieses "Maßgeblichkeitsprinzipes" bildet § 5 Abs. 1 S. 1 EStG, in dem es heißt: Für Gewerbetreibende, die „Bücher führen und regelmäßig Abschlüsse machen, ist für den Schluß des Wirtschaftsjahres das Betriebsvermögen anzusetzen ..., das nach den **handelsrechtlichen** Grundsätzen ordnungsmäßiger Buchführung auszuweisen ist".

Wertansätze, die der Bilanzierende aufgrund handelsrechtlicher Vorschriften in der **Handelsbilanz** entweder zwingend vornehmen muß oder die er – ein Wahlrecht nutzend – gewählt hat, sind somit grundsätzlich auch **maßgeblich** für die Steuerbilanz.

„Ein **Abweichen** von den Wertansätzen der Handelsbilanz ist also in der Steuerbilanz nur dann möglich, wenn **zwingende** Vorschriften des Steuerrechts es erfordern ..." (Wöhe, Bilanzierung, S. 166). In diesen Fällen, in denen spezielle steuerrechtliche Bestimmungen die Übernahme der Positionen und Wertansätze aus der Handelsbilanz in die Steuerbilanz verhindern, liegt eine sog. "**Durchbrechung**" des Maßgeblichkeitsprinzipes vor. „Jede Durchbrechung des Maßgeblichkeitsprinzipes führt somit zwangsläufig zu Abweichungen zwischen Handels- und Steuerbilanz" (Hilke/Mähling/Ringwald/Zinke, S. 76).

Aus wirtschafts- und konjunkturpolitischen Gründen gestatten es bestimmte Vorschriften des Steuerrechts darüber hinaus dem Steuerpflichtigen, den Steuerbilanzgewinn teilweise in zukünftige Perioden zu verschieben und auf diese Weise die gegenwärtige Steuerlast zu verringern. „Mit Berufung auf das Maßgeblichkeitsprinzip werden aber Gewinnverlagerungen in der Steuerbilanz generell nur anerkannt, wenn sie entsprechend auch in der Handelsbilanz vorgenommen werden. Die Steuerpflichtigen sind daher **gezwungen**, zur Verminderung der Steuerlast die **Handelsbilanz an der Steuerbilanz auszurichten**" (Coenenberg, Jahresabschluß, S. 15). In diesen Fällen kommt es mithin zu einer "**Umkehrung**" des Maßgeblichkeitsprinzipes. Seit dem 1.1.1990 ist diese Umkehrung des Maßgeblichkeitsprinzipes expressis verbis in § 5 Abs. 1 EStG verankert; denn der neu eingefügte Satz 2 lautet: „*Steuerrechtliche* Wahlrechte bei der Gewinnermittlung sind *in Übereinstimmung* mit der *handelsrechtlichen* Jahresbilanz auszuüben".

Diese Umkehrung des Maßgeblichkeitsprinzipes – also der Zwang, zur Ausnutzung eines steuerlichen Wahlrechtes den Wertansatz aus der Steuerbilanz in die Handelsbilanz übernehmen zu müssen – führt dazu, daß der in der Handelsbilanz ausgewiesene Gewinn durch steuerliche Vorschriften *verfälscht* wird (ähnlich Wöhe, Bilanzierung, S. 168). Insbesondere aus diesem Grunde wird in der Literatur seit Jahren darüber diskutiert, ob das Maßgeblichkeitsprinzip beibehalten oder besser ganz aufgegeben werden sollte. Es lassen sich verschiedene Argumente sowohl **für** als auch **gegen** die Beibehaltung des Maßgeblichkeitsprinzipes anführen (vgl. hierzu u. a.: Hilke/Mähling/Ringwald/Zinke, S. 77 f.). Von der Gewichtung der Pro- und Contra-Argumente wird abhängen, ob man – wie z. B. die Kommission Rechnungswesen im Verband der Hochschullehrer für Betriebswirtschaft (Reformvorschläge) – für oder – wie z. B. Schneider (Maßgeblichkeit) – gegen die Beibehaltung des Maßgeblichkeitsprinzipes votiert.

Wie auch immer man votiert, für den Bilanzierenden **gilt** weiterhin das "Maßgeblichkeitsprinzip" in der beschriebenen Form als ein Grundsatz, der immer häufiger durchbrochen oder – in sein Gegenteil – umgekehrt wird. Dies bedeutet: Der Bilanzierende **muß** diese wechselseitige Verkettung zwischen Handelsbilanz und Steuerbilanz bei seiner Bilanzpolitik berücksichtigen.

Deshalb wird in diesem Buch auch großer Wert darauf gelegt, bei den verschiedenen Möglichkeiten der Bilanzpolitik jeweils herauszuarbeiten, ob sie dem Prinzip der Maßgeblichkeit folgend für beide Bilanzen gelten oder aufgrund der Durchbrechung des Prinzipes nur für die Handelsbilanz Gültigkeit besitzen oder erst im Wege der Umkehrung des Maßgeblichkeitsprinzipes für die Handelsbilanz bedeutsam werden.

Für den Leser ist vielleicht noch folgender Hinweis interessant: Das Maßgeblichkeitsprinzip der Handelsbilanz für die Steuerbilanz ist keineswegs ein Grundsatz, der sich nur im deutschen Bilanzrecht findet. Vielmehr gilt dieser Grundsatz nach einer Untersuchung von Gail/Greth/Schumann im Jahre 1991 auch in zahlreichen anderen EU-Mitgliedstaaten, so in Belgien, Frankreich, Griechenland, Italien, Luxemburg, Portugal und Spanien; nur in Dänemark, Großbritannien, in der Republik Irland und in den Niederlanden erfolgt die steuerrechtliche Gewinnermittlung unabhängig von handelsrechtlichen Bestimmungen für den Jahresabschluß (vgl. im einzelnen: Gail/Greth/Schumann, S. 1389 ff., zusammenfassend S. 1399 f.).

II. Allgemeine Vorschriften (§§ 238 ff. HGB) und "Grundsätze ordnungsmäßiger Buchführung" (GoB)

Die allgemeinen Vorschriften, die für die Buchführung und die Bilanzierung **aller** Kaufleute gelten, sind durch das BiRiLiG in den §§ 238 bis 245 HGB zusammengefaßt worden; dementsprechend konnten zahlreiche allgemein-verbindliche Bilanzierungs-Vorschriften in den Spezialgesetzen (insbes. AktG, GmbHG, GenG) gestrichen werden. Gleichzeitig wurden verschiedene Grundsätze ordnungsmäßiger Buchführung und Bilanzierung, die bisher *nicht* kodifiziert waren, nunmehr expressis verbis in den Gesetzestext des neuen HGB aufgenommen; die Kodifikation solcher Regeln, die bereits als Grundsätze ordnungsmäßiger Buchführung galten, beruht darauf, daß der Gesetzgeber bestimmte Grundsätze, die er für besonders wichtig hält und die in der Vergangenheit nicht genügend beachtet wurden, eindeutig festgelegt haben wollte (vgl. Leffson, Vorschriften, S. 5). Trotzdem enthält auch das neue HGB noch an zahlreichen Stellen einen Verweis auf sog. "Grundsätze ordnungsmäßiger Buchführung", denen wir uns deshalb zunächst zuwenden wollen.

a) Zur Bedeutung der "Grundsätze ordnungsmäßiger Buchführung" (GoB)

Der erste Hinweis auf die **Grundsätze ordnungsmäßiger Buchführung** (GoB) findet sich in § 238 Abs. 1 S. 1 HGB, in dem es heißt: „Jeder Kaufmann ist verpflichtet, Bücher zu führen und in diesen seine Handelsgeschäfte und die Lage seines Vermögens *nach den Grundsätzen ordnungsmäßiger Buchführung* ersichtlich zu machen."

Durch diesen Verweis werden die GoB, so *unbestimmt* sie zum Teil sind, zu Rechtsvorschriften und sind damit zwingend zu beachten (vgl. Leffson, Vorschriften, S. 3). Zugleich wird deutlich, daß die GoB den Charakter grundlegender Ordnungsvorschriften nicht nur für die Buchführung, sondern auch für die Inventur und für die Bilanzierung haben. Die GoB lassen sich – analog zu § 242 BGB – als *Generalklauseln* auffassen, die hinter den gesetzlichen Normen stehen und Tatbestände regeln, die vom Gesetz *nicht* oder *nicht hinreichend* erfaßt sind. Die GoB müssen also als „*gesetzesergänzende* Regelungen" (Leffson, Vorschriften, S. 4) verstanden werden.

Diese Grundsätze haben formale und materielle Regeln zum Inhalt, die eine ordentliche Dokumentation und Rechenschaftslegung, insbesondere die Ermittlung des richtigen Periodenerfolges, gewährleisten sollen.
Die GoB gelten nach herrschender Auffassung für *alle* Unternehmungsformen gleichermaßen, also rechtsform-unabhängig (vgl. Biergans, S. 171; so auch Leffson, Vorschriften, S. 5).

Als *Quellen* der GoB lassen sich nennen (vgl. Leffson, Grundsätze, S. 28 ff. und S. 112 ff. und Wöhe, Bilanzierung, S. 179 ff.):

- die kaufmännische Übung (Usance),
- die wissenschaftliche Diskussion (insbes. die betriebswirtschaftliche und rechtswissenschaftliche Forschung),
- die Gesetzgebung (zuzüglich der Erlasse und Richtlinien),
- die handels- und steuerrechtliche Rechtsprechung.

Aus dieser Auflistung der Quellen wird bereits deutlich, daß *nicht alle* Grundsätze, die für eine ordnungsmäßige Buchführung und Bilanzierung beachtet werden müssen, im Handels- oder Steuerrecht *kodifiziert* sind. Gerade diese nicht-kodifizierten Grundsätze oder „nicht ausformulierten Vorschriften" (Leffson, Vorschriften, S. 3) sind gemeint, wenn im HGB auf die GoB als gesetzesergänzende Regelungen verwiesen wird.

So enthalten beispielsweise die ausformulierten Vorschriften des HGB keinerlei Hinweis auf das anzuwendende Buchführungssystem (einfache Buchführung, doppelte Buchführung, kameralistische Buchführung). Da in der Praxis überwiegend die doppelte Buchführung angewendet wird, entspricht heute im Zweifelsfall nur diese doppelte Buchhaltung den GoB. (So heißt es interessanterweise auch in H 29 EStH: „Ein bestimmtes Buchführungssystem ist nicht vorgeschrieben; allerdings muß bei Kaufleuten die Buchführung den Grundsätzen der doppelten Buchführung entsprechen ...").

Ein weiteres Beispiel für nicht-kodifizierte GoB enthält der § 243 Abs. 3 HGB, in dem es nur heißt, daß der Jahresabschluß „innerhalb der einem ordnungsmäßigen Geschäftsgang entsprechenden Zeit" zu erstellen ist. Nach (teilweise widersprüchlicher) steuerrechtlicher Rechtsprechung wird eine Zeit von 6 bis 7 Monaten nach dem Bilanzstichtag noch als ordnungsmäßig angesehen. Für Kapitalgesellschaften ist mit dem § 264 Abs. 1 S. 2 und S. 3 HGB dieser Zeitraum auf 3 bzw. 6 Monate beschränkt worden; ein

Zeitraum von 3 Monaten gilt auch für die Erstellung des Jahresabschlusses nach dem PublG (vgl. § 5 Abs. 1 PublG).

Ferner ist z. B. die Frage der Aktivierung von Leasingobjekten – in Ermangelung gesetzlicher Vorschriften – nur im Wege höchstrichterlicher Rechtsprechung bzw. BMF-Erlasse entschieden worden (vgl. u. a.: BFH-Urteil v. 26.1.1970, BStBl II, S. 264; Hilke/Zinke, Zurechnung, S. 163 ff. und dies., Mobilien-Leasing, S. 256 ff.; zum Immobilien-Leasing vgl. u. a. Sobotka, S. 827 ff. und Toth, S. 203 ff.).

Einen ausdrücklichen Hinweis auf derartige nicht-kodifizierte GoB enthalten u. a. die folgenden Paragraphen des HGB:

- § 238 Abs. 1 S. 1 HGB (Buchführung/Vermögenslage),
- § 239 Abs. 4 S. 1 HGB (Formen der Buchführung),
- § 241 Abs. 1 S. 2 HGB (Stichproben-Inventur),
- § 241 Abs. 2 HGB (Verzicht auf körperliche Bestandsaufnahme),
- § 241 Abs. 3 Nr. 2 HGB (Fortschreibungs- oder Rückrechnungsverfahren),
- § 243 Abs. 1 HGB (Aufstellung des Jahresabschlusses),
- § 256 S. 1 HGB (Bewertungsvereinfachungs-Verfahren),
- § 257 Abs. 3 HGB (Aufbewahrung von Unterlagen),
- § 264 Abs. 2 S. 1 HGB (Generalnorm für Kapitalgesellschaften),
- § 322 Abs. 1 S. 3 HGB (Bestätigungsvermerk).

Zusätzlich wird auch im EStG auf die GoB verwiesen, so insbes. in

- § 4 Abs. 2 S. 1 EStG (nachträgliche Änderung der Bilanz),
- § 5 Abs. 1 S. 1 EStG (Ermittlung des Betriebsvermögens).

In allen genannten – und weiteren – Fällen sollen die nicht-kodifizierten GoB im Gesetz offengelassene Fragen regeln und zugleich Ermessensgrenzen setzen (vgl. Leffson, Vorschriften, S. 3 f.).

b) Bestimmungen im Handelsrecht

Für *alle* Kaufleute geltende und insofern *allgemeine* handelsrechtliche Vorschriften über Buchführung und Bilanzierung sind vor allem in den §§ 238 bis 245 HGB niedergelegt.

Besondere Regelungen für einzelne Rechtsformen, mit denen die allgemeinen Vorschriften ergänzt werden, finden sich derzeit:

- für die OHG in den §§ 120 bis 122 HGB,
- für die KG in den §§ 167 bis 169 HGB,
- für die AG und die KGaA in den §§ 91, 150, 152, 158, 160 und 278 Abs. 3 AktG,

- für die GmbH in den §§ 41, 42 und 71 GmbHG,
- für die Genossenschaft im § 33 GenG.

Im einzelnen enthält das Handelsgesetzbuch insbesondere folgende Regelungen, die zu den allgemeinen Vorschriften zu zählen sind:

(1) Nach § 238 Abs. 1 HGB ist jeder Kaufmann verpflichtet, **Bücher zu führen**. Dabei muß die „Buchführung so beschaffen sein, daß sie einem *sachverständigen Dritten* innerhalb angemessener Zeit einen Überblick über die Geschäftsvorfälle und über die Lage des Unternehmens vermitteln kann" (§ 238 Abs. 1 S. 2 HGB).

(2) Von jedem abgesandten Handelsbrief muß der Kaufmann eine **Kopie aufbewahren** (vgl. § 238 Abs. 2 HGB).

(3) Bei der Führung der **Handelsbücher** muß sich der Kaufmann einer **lebenden Sprache** bedienen (vgl. § 239 Abs. 1 HGB). Die Buchführung *muß* also *nicht* in deutscher Sprache erfolgen; die Bücher können auch in Englisch, Japanisch oder Chinesisch geführt werden. In derartigen Fällen kann jedoch das Finanzamt eine Übersetzung verlangen (vgl. § 146 Abs. 3 S. 2 AO).

Interessanterweise ist die **Währung**, in der die Handelsbücher zu führen sind, gesetzlich *nicht* vorgeschrieben; die Buchführung muß also nicht zwingend in *Deutscher Mark* erfolgen (vgl. Meyer, S. 56). Insofern bedurfte es auch keiner Neuregelung über die Buchführung aufgrund des EuroEG v. 9.6.1998 (BGBl. I 1998, S. 1242). Somit *kann* die Buchführung ab dem 1.1.1999 in *Euro* vorgenommen werden.

(4) „Die Eintragungen in Büchern und die sonst erforderlichen Aufzeichnungen müssen **vollständig, richtig, zeitgerecht** und **geordnet** vorgenommen werden" (§ 239 Abs. 2 HGB).

(5) Nach § 239 Abs. 3 S. 1 HGB darf eine **Eintragung** oder eine Aufzeichnung **nicht** in einer Weise **verändert** werden, daß der ursprüngliche Inhalt nicht mehr feststellbar ist. Auch solche Veränderungen dürfen nicht vorgenommen werden, deren Beschaffenheit es ungewiß läßt, ob sie bei der ursprünglichen Eintragung oder erst später gemacht worden sind (vgl. § 239 Abs. 3 S. 2 HGB).

(6) Die Handelsbücher und die sonst erforderlichen Aufzeichnungen können auch in der **geordneten Ablage von Belegen** bestehen oder **auf Datenträgern geführt** werden, soweit dies den GoB entspricht. Dabei muß insbes. sichergestellt werden, daß die Daten während der Aufbewahrungsfrist verfügbar sind und jederzeit innerhalb angemessener Zeit lesbar gemacht werden können (vgl. § 239 Abs. 4 HGB).

(7) Gem. § 240 Abs. 2 HGB hat jeder Kaufmann zum Ende eines jeden Geschäftsjahres ein **Inventar** aufzustellen, d. h. eine listenmäßige Einzelaufstellung der be-

werteten Vermögensgegenstände und der Schulden. Der Erstellung des Inventars geht grundsätzlich eine **Inventur** voraus. Diese *körperliche Bestandsaufnahme* hat die Aufgabe, die Übereinstimmung zwischen den Werten der Buchhaltung und den effektiv vorhandenen Vermögensgegenständen bzw. Schulden nachzuweisen oder Abweichungen festzustellen. Die im Wege der Inventur festgestellten Bestände sind maßgeblich für das Inventar und damit für die Bilanz.

Die Durchführung einer Inventur ist nach § 240 HGB zwingend vorgeschrieben. Bei einer mangelhaften oder fehlerhaften Inventur verliert die Buchführung und damit schließlich auch die Bilanz ihre Ordnungsmäßigkeit (vgl. Kapitel 2 Abschnitt C).

Nach § 240 Abs. 2, Abs. 3 und Abs. 4 sowie § 241 HGB sind in Verbindung mit den GoB verschiedene Möglichkeiten der Bestandsaufnahme zulässig:

- die *Stichtagsinventur* (= Bestandsaufnahme am Bilanzstichtag),
- die *ausgeweitete Stichtagsinventur* (= körperliche Bestandsaufnahme innerhalb von 10 Tagen vor oder nach dem Bilanzstichtag; Bestandsveränderungen zwischen dem Inventurtag und dem Bilanzstichtag sind durch Belege mengenmäßig nachzuweisen),
- die *vor- oder nachverlagerte Stichtagsinventur* (= Bestandsaufnahme innerhalb der letzten drei Monate vor oder der beiden ersten Monate nach Schluß des Geschäftsjahres und wertmäßiges Fortschreibungs- oder Rückrechnungsverfahren zur Feststellung des Bestandes am Bilanzstichtag),
- die *permanente Inventur* (= Bestandsaufnahme an irgendeinem Tag des Geschäftsjahres; durch Fortschreibung im Wege einer Lagerbuchführung wird der Bestand am Bilanzstichtag rechnerisch ermittelt),
- die Führung eines *laufenden Bestandsverzeichnisses* (= Anlagekartei, verbunden mit dem Wegfall einer jährlichen Inventur).

Der Bilanzierende ist in der Wahl der Inventurmethode grundsätzlich frei. Er kann sogar verschiedene Methoden nebeneinander anwenden und beliebig kombinieren. Allerdings können auf Grund der GoB bzw. steuerrechtlicher Vorschriften insbesondere die permanente Inventur und die vor- bzw. nachverlagerte Stichtagsinventur nur unter bestimmten Voraussetzungen angewendet werden. Hierzu sei auf die Zusammenstellung in Kapitel 4 (Aufgaben 16 und 17) verwiesen.

Die permanente Inventur, die vor- und nachverlagerte Stichtagsinventur sowie die "Stichprobeninventur" (vgl. § 241 Abs. 1 HGB) lassen sich als inzwischen handelsrechtlich legalisierte bzw. anerkannte Beispiele für die Bestrebungen nennen, die Inventurarbeiten zu vereinfachen, die Aufnahmezeiten zu verlagern und die Aufnahmeintervalle auszudehnen.

Vor einiger Zeit wurde nun eine Methode des ständigen Wechsels von der permanenten Inventur zur zeitlich nachverlagerten Stichtagsinventur (und umgekehrt) vorgeschlagen, mit deren Hilfe eine "*Zweijahres-Inventur*" des Vorratsvermögens erreicht wird, d. h., daß nur alle **zwei** Jahre eine Inventur durchgeführt wird (vgl. Janssen, Zweijahresinventur, S. 296 ff.). Mit Hilfe dieser Zweijahres-Inventur können die (verschiedenen)

Vorratsbestände für die Erstellung von zwei aufeinander folgenden Bilanzen exakt ermittelt werden. Dies zeigt die Abbildung 9.

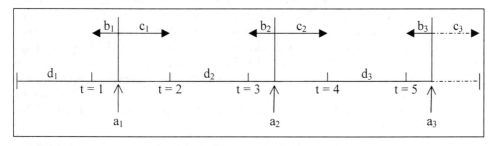

t = Bilanzstichtag
a = Inventurzeitpunkt (körperl. Bestandsaufnahme)
b = nachverlagerte Stichtagsinventur
c = permanente Inventur
d = Geschäftsjahr ohne Inventur

Abb. 9: Zweijahres-Inventur beim Vorratsvermögen

Obwohl also nur alle zwei Jahre eine körperliche Inventur durchgeführt wird, kann trotzdem – wie es § 240 Abs. 2 HGB verlangt – jedes Jahr ein Inventar erstellt werden, und zwar einmal durch Rückrechnung (nachverlagerte Stichtagsinventur) und einmal durch Fortschreibung (permanente Inventur).

(8) Mit Hilfe des Inventars hat jeder Kaufmann zu Beginn seines Handelsgewerbes und dann am Ende eines jeden Geschäftsjahres eine (**Bestände-**)**Bilanz** aufzustellen, d. h. eine kontenmäßige Darstellung von Vermögen und Schulden mit Sammelposten (vgl. § 242 Abs. 1 HGB). Außerdem muß er für den Schluß eines jeden Geschäftsjahres eine **Gewinn- und Verlustrechnung** erstellen (vgl. § 242 Abs. 2 HGB).

(9) Gem. § 243 Abs. 1 HGB sind Bestände-Bilanz und Gewinn- und Verlustrechnung nach den **Grundsätzen ordnungsmäßiger Buchführung** aufzustellen.

(10) In § 243 Abs. 2 HGB wird für den Jahresabschluß gefordert: „Er muß **klar** und **übersichtlich** sein." Hiermit wird der sog. "**Grundsatz der Bilanzklarheit**" formuliert.
Im Zusammenhang mit diesem Grundsatz der Bilanzklarheit erscheint uns zunächst folgender Hinweis wichtig: Den Maßstab dafür, ob ein Jahresabschluß klar (und übersichtlich) ist, bildet nicht das ‚Fräulein Müller', das keine Kenntnisse von Buchführung und Bilanzierung besitzt. Vielmehr muß der Jahresabschluß, wie es in § 238 Abs. 1 S. 2 HGB und in § 145 Abs. 1 AO heißt, „einem sachverständigen Dritten" innerhalb angemessener Zeit einen Überblick über die Lage des Unternehmens vermitteln können.

Dazu verlangt der Grundsatz der Bilanzklarheit im einzelnen:

- eine klare *Bezeichnung* und scharf umrissene inhaltliche Bestimmung der Bilanzpositionen; dabei können durchaus "eigene Bilanzposten" von der bilanzierenden Unternehmung gebildet werden, wenn ihr Inhalt nicht von einem vorgeschriebenen Posten abgedeckt wird (vgl. § 265 Abs. 5 S. 2 HGB); genannt sei z. B. ein Posten "Bohrungen", der dann im Sach-Anlagevermögen angesetzt wird, wenn eine Bohrung nach Erdgas oder Erdöl sich als fündig erwiesen hat (vgl. Brigitta Erdgas und Erdöl GmbH, Geschäftsbericht 1992, S. 7; Elwerath Erdgas und Erdöl GmbH, Geschäftsbericht 1992, S. 10; BASF AG, Geschäftsbericht 1998, S. 45);

- eine klare *Gliederung* von Bestände-Bilanz und Gewinn- und Verlustrechnung; für Kapitalgesellschaften sind diese Gliederungsvorschriften vor allem in den §§ 265 und 266 sowie §§ 275 und 276 HGB formuliert; auch von diesen Gliederungen kann, wenn es der Klarheit der Darstellung dient, abgewichen werden, so z. B. durch Schaffung zusätzlicher Posten – wie etwa für "Kernbrennelemente" in der Bilanz des RWE-Konzerns (Geschäftsbericht 1998, S. 80) und für "Vermietete Erzeugnisse" in der Bilanz des Siemens Konzerns (Geschäftsbericht 1998, S. 72) oder für "Forschungskosten" in der G+V-Rechnung bei BASF, Hoechst, Schering u. a.;

- die *Übersichtlichkeit* des Jahresabschlusses; dabei stehen Klarheit und Übersichtlichkeit in einem Spannungsverhältnis zueinander, weil einerseits eine sehr weitgehende Untergliederung der Bilanzpositionen zwar die Klarheit erhöhen, jedoch die Übersichtlichkeit vermindern kann, wie andererseits durch Zusammenfassung von Bilanzpositionen zwar die Übersichtlichkeit verbessert, die Klarheit jedoch verschlechtert werden kann; aus diesem Blickwinkel sind die "Ausweiswahlrechte" nach § 265 Abs. 5 und Abs. 7 HGB ebenso verständlich wie das noch zu behandelnde "Brutto-Prinzip" (Verrechnungsverbot) in § 246 Abs. 2 HGB.

(11) § 244 HGB schreibt vor, daß der Jahresabschluß in **deutscher** Sprache aufzustellen ist. Im Unterschied zur Buchführung, bei der sich der Kaufmann – wie oben ausgeführt – *jeder lebenden* Sprache bedienen darf, muß er für den Jahresabschluß – und über § 242 Abs. 1 S. 2 HGB auch für die Eröffnungsbilanz (vgl. Glade, S. 471 f.) – die deutsche Sprache verwenden. Diese Vorschrift ist für alle Unternehmen verbindlich, auch für deutsche Tochtergesellschaften ausländischer Unternehmen.

(12) Bezüglich der Währung wurde § 244 HGB durch das EuroEG v. 9.6.1998 (BGBl. I 1998, S. 1242) geändert. Mit *Wirkung vom 1.1.1999* ist der Jahresabschluß in **Euro** aufzustellen. Allerdings räumt Artikel 42 Abs. 1 EGHGB für einen Übergangszeitraum ein *(Ausweis-)Wahlrecht* ein; denn der Jahresabschluß für 1999, 2000 und letztmals für das im Jahr 2001 endende Geschäftsjahr *darf* noch in **Deutscher Mark** aufgestellt werden (vgl. Artikel 42 Abs. 1 S. 2 EGHGB). Diese Übergangsregelung gilt auch für die Rechnungslegungspflicht nach dem PublG,

weil § 5 Abs. 1 PublG bezüglich der Pflicht zur Aufstellung des Jahresabschlusses auf § 242 HGB verweist (vgl. Meyer, S. 56).

Wird der Jahresabschluß in Euro erstellt, so müssen auch die Vorjahres-Beträge, die § 265 Abs. 2 HGB von Kapitalgesellschaften zu jedem Posten in der Bilanz und der G+V-Rechnung verlangt, in Euro angegeben werden (vgl. Artikel 42 Abs. 2 S. 1 EGHGB).

Interessant ist vielleicht der Hinweis, daß es während des genannten Übergangszeitraumes zulässig erscheint, „auf der einen Seite den Einzelabschluß in DM und auf der anderen Seite den Konzernabschluß in Euro (oder umgekehrt) aufzustellen" (Meyer, S. 56).

(13) Der bilanzierende Unternehmer hat die Bilanz **eigenhändig zu unterschreiben** (vgl. § 245 HGB). Mit dieser Unterschrift übernimmt er die Verantwortung, d. h., er bestätigt, daß er die Bilanz nach bestem Wissen und Gewissen aufgestellt hat.

(14) Die Kaufleute sind verpflichtet, ihre Handelsbücher sowie Inventare und Jahresabschlüsse **10 Jahre**, empfangene Handelsbriefe und Abschriften der abgesandten Handelsbriefe **6 Jahre** lang aufzubewahren (§ 257 Abs. 4 HGB). Diese **Aufbewahrungsfristen** galten bisher schon. **Neu** ist hingegen, daß durch das *Steueränderungsgesetz 1998* v. 19.12.1998 (BGBl. I 1998, S. 3816) die Aufbewahrungsfrist für *Buchungsbelege* in § 257 Abs. 4 HGB (und in § 147 Abs. 3 AO) von bisher 6 Jahren auf **10 Jahre** verlängert worden ist. Diese Änderung gilt für alle Belege, deren Aufbewahrungsfrist in der bis zum 23.12.1998 geltenden Fassung des § 257 Abs. 4 HGB noch nicht abgelaufen war. Die Aufbewahrungsfrist beginnt mit dem Schluß des Kalenderjahres, in dem die letzte Eintragung in das Handelsbuch gemacht, das Inventar aufgestellt, die Bilanz festgestellt, der Handels- oder Geschäftsbrief empfangen oder abgesandt oder der Buchungsbeleg entstanden ist (vgl. § 257 Abs. 5 HGB und § 147 Abs. 4 AO).

c) Bestimmungen im Steuerrecht

Wie das Handelsrecht, so verlangt das Steuerrecht ebenfalls, für die Zwecke der Besteuerung ordnungsgemäß Bücher zu führen und Abschlüsse zu erstellen. Nach § 140 AO hat jeder, der „nach anderen Gesetzen als den Steuergesetzen Bücher und Aufzeichnungen zu führen hat, die für die Besteuerung von Bedeutung sind, die Verpflichtungen, die ihm nach den anderen Gesetzen obliegen, auch im Interesse der Besteuerung zu erfüllen".

Außerdem gilt für andere gewerbliche Unternehmer und Land- und Forstwirte, die nach handelsrechtlichen Bestimmungen einer Buchführungspflicht nicht unterliegen: Auch sie sind nach § 141 Abs. 1 AO dann verpflichtet, Bücher zu führen und auf Grund jährlicher Bestandsaufnahmen Abschlüsse zu machen, wenn sie bei der letzten Veranlagung entweder

(1) einen Gesamtumsatz (einschl. der steuerfreien Umsätze) von mehr als 500.000,- DM oder

(2) selbstbewirtschaftete land- und forstwirtschaftliche Flächen mit einem Wirtschaftswert (§ 46 des Bewertungsgesetzes) von mehr als 40.000,- DM oder

(3) einen Gewinn aus Gewerbebetrieb von mehr als 48.000,- DM im Wirtschaftsjahr oder

(4) einen Gewinn aus Land- und Forstwirtschaft von mehr als 48.000,- DM im Kalenderjahr

gehabt haben.

Form und Inhalt der Bücher und Aufzeichnungen sind in den §§ 143 ff. AO festgelegt; allgemeine Ordnungsvorschriften für die Buchführung finden sich insbesondere in § 146 AO. Die Pflichten zur Aufbewahrung von Unterlagen regelt – wie bereits erwähnt – § 147 AO; dabei sei nochmals auf die jetzt auf 10 Jahre verlängerte Aufbewahrungsfrist für Buchungsbelege nach § 147 Abs. 3 AO hingewiesen.

Außerdem enthält das Steuerrecht zusätzlich bestimmte Aufzeichnungspflichten (z. B. für Land- und Forstwirte in § 142 AO) und Sondervorschriften für einzelne Arten von Gewerbetreibenden.

Schließlich ist auf die Konsequenzen des EuroEG v. 9.6.1998 für Steuerbilanz und Steuererklärung hinzuweisen:
Aufgrund der **Maßgeblichkeit** der Handelsbilanz für die Steuerbilanz ist das in Artikel 42 Abs. 1 EGHGB gewährte *Wahlrecht*, den Jahresabschluß im Übergangszeitraum (1999 bis 2001) in **Euro oder Deutscher Mark** aufzustellen, auch für die **Steuerbilanz** anzuwenden; zumal auch § 60 EStDV keine in Deutscher Mark erstellte Steuerbilanz verlangt.
Zu beachten ist jedoch (vgl. Meyer, S. 57): Die genannte öffentliche Verwaltung stellt einheitlich wohl erst zum 1.1.2002 auf Euro um. Daher *müssen Steuererklärungen* für den Besteuerungszeitraum bis zum 31.12.2001 noch in *Deutscher Mark* erfolgen, und zwar selbst dann, wenn der Steuerpflichtige seine Rechnungslegung bereits früher auf Euro umgestellt hat. Erst für Veranlagungszeiträume ab dem 1.1.2002 sind die Steuererklärungen in *Euro* zu erstellen; erst dann werden auch die Besteuerungsgrundlagen in Euro ermittelt und Nachzahlungen bzw. Erstattungen in Euro festgesetzt.

III. Ansatzvorschriften (§§ 246 ff. HGB)

Mit den "**Ansatzvorschriften**" der §§ 246 bis 251 HGB soll die **Bilanzierung dem Grunde nach** geregelt werden, d. h., es ist die Frage zu beantworten, „ob ein Vermögensgegenstand oder eine Schuld bilanziert werden muß, bilanziert werden darf oder nicht bilanziert werden darf" (Wöhe, Bilanzierung, S. 234). Es geht also um handelsrechtliche Bilanzierungs*gebote*, Bilanzierungs*wahlrechte* und Bilanzierungs*verbote*.

a) Grundsatz der Bilanzwahrheit in Bezug auf die "Vollständigkeit" (§ 246 Abs. 1 HGB)

Das sog. "**Vollständigkeitsprinzip**" ist in § 246 Abs. 1 HGB ausdrücklich formuliert: „Der Jahresabschluß hat *sämtliche*

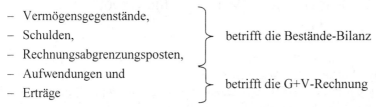

- Vermögensgegenstände,
- Schulden,
- Rechnungsabgrenzungsposten,   } betrifft die Bestände-Bilanz
- Aufwendungen und
- Erträge   } betrifft die G+V-Rechnung

zu enthalten, soweit gesetzlich nichts anderes bestimmt ist".

Bei dieser Formulierung fällt zunächst auf, daß die Aufzählung keineswegs vollständig ist; so wird z. B. das "Eigenkapital" überhaupt *nicht* erwähnt.

Ferner ist zu beachten, daß auch im neuen HGB *keine grundsätzlichen* Regelungen zur Bilanzierungsfähigkeit und Bilanzierungspflicht enthalten sind, d. h. Regelungen, die bestimmen, unter welchen Voraussetzungen ein Wirtschaftsgut bilanzierungsfähig bzw. -pflichtig ist. Es finden sich lediglich „einige Einzelvorschriften, die ein Bilanzierungs-(wahl)recht oder -verbot aussprechen. Auch hier kommt den GoB die Aufgabe zu, fehlende Rechtsvorschriften zu ersetzen" (Heinen, Handelsbilanzen, S. 165). Danach sind grundsätzlich sämtliche dem Unternehmen – und nicht der Privatsphäre – zuzurechnenden Vermögensgegenstände und Kapitalbeträge in der Bilanz auszuweisen.

Es kommt bei den Vermögensgegenständen jedoch nicht auf das juristische Eigentum, sondern auf die *wirtschaftliche* Zugehörigkeit (auf das *wirtschaftliche Eigentum*) an. So werden beispielsweise unter Eigentumsvorbehalt empfangene Gegenstände aktiviert und eventuelle Verbindlichkeiten hieraus passiviert. Einige Sonderprobleme ergeben sich bei der Bilanzierung von Leasing-Objekten (vgl. hierzu u. a. Hilke/Zinke, Zurechnung, S. 164 ff.); im Falle der Nicht-Aktivierung des Leasing-Objektes in der Bilanz des Leasing-Nehmers muß der Leasing-Nehmer i. d. R. die aus dem Leasing-Vertrag resultierenden finanziellen Verpflichtungen nach § 285 Nr. 3 HGB in seinem Anhang angeben.

Die Einschränkung „soweit gesetzlich nichts anderes bestimmt ist" (§ 246 Abs. 1 HGB) weist schließlich bereits darauf hin, daß die **Bilanzwahrheit** in Bezug auf die Vollständigkeit nur eine "*relative*" Wahrheit ist. Denn die "Vollständigkeit" wird relativiert durch

- Bilanzierungsverbote (vgl. § 248 HGB) und
- Bilanzierungswahlrechte (vgl. z. B. § 249 Abs. 2 HGB).

Letztere überlassen es dem Bilanzierenden, ob er sich bei bestimmten Wirtschaftsgütern *für* oder *gegen* eine Bilanzierung entscheiden will; *unabhängig* davon, wie er sich entscheidet, ist die Bilanz "vollständig". Zu den zahlreichen Bilanzierungswahlrechten nach deutschem Handels- und Steuerrecht sei insbes. auf Kapitel 3 Abschnitt C verwiesen.

b) Das "Brutto-Prinzip" oder "Verrechnungsverbot" (§ 246 Abs. 2 HGB)

Das bisher schon geltende "**Brutto-Prinzip**" (vgl. § 152 Abs. 8 AktG 1965) ist als "**Verrechnungsverbot**" in § 246 Abs. 2 HGB übernommen worden: „Posten der Aktivseite dürfen *nicht* mit Posten der Passivseite, Aufwendungen *nicht* mit Erträgen, Grundstücksrechte *nicht* mit Grundstückslasten verrechnet werden."

Dieses Brutto-Prinzip bzw. Verrechnungsverbot kann sowohl mit dem Grundsatz der **Bilanzklarheit** als auch mit dem Prinzip der **Bilanzwahrheit** in Bezug auf die *Gliederung* begründet werden.

Umso bemerkenswerter erscheint es, daß eine **offene Absetzung** der "erhaltenen Anzahlungen" von der Position "Vorräte", wie sie von Siemens schon seit einigen Jahren praktiziert wird, dem Brutto-Prinzip *nicht* widerspricht, obwohl durch eine derartige Bilanzierungspraxis das insgesamt in der Unternehmung arbeitende Fremdkapital und damit die Bilanzsumme zu niedrig ausgewiesen werden (bei der Siemens AG machte diese "Verkürzung" 1998 immerhin einen Betrag von rd. 11,6 Mrd. DM bei einer ausgewiesenen Bilanzsumme von rd. 77,6 Mrd. DM aus; im Siemens-Konzern waren es sogar 19,1 Mrd.DM bei 112 Mrd. DM Bilanzsumme). Eine derartige "offene Verrechnung" ist generell erlaubt, denn es heißt in § 268 Abs. 5 S. 2 HGB: „Erhaltene Anzahlungen auf Bestellungen sind, *soweit* Anzahlungen auf Vorräte *nicht* von dem Posten "Vorräte" *offen abgesetzt* werden, unter den Verbindlichkeiten gesondert auszuweisen."

Eine *Durchbrechung* des Brutto-Prinzips stellt zum einen § 276 S. 1 HGB dar. Er erlaubt – wie bereits in Abschnitt A III b dieses Kapitels 2 erwähnt – *kleinen* und *mittelgroßen* Kapitalgesellschaften, in ihrer G+V-Rechnung die Posten Nr. 1 bis Nr. 5 des § 275 Abs. 2 HGB bzw. die Posten Nr. 1, Nr. 2 und Nr. 6 des § 275 Abs. 3 HGB zu einem Posten "Rohergebnis" zusammenzufassen.

Zum anderen sind auch die Verrechnungsmöglichkeiten von Aufwendungen und Erträgen aus bestimmten Geschäften von *Kreditinstituten*, die diesen Unternehmen nach § 340c Abs. 1 und Abs. 2 HGB sowie nach § 340f Abs. 3 HGB eingeräumt werden, m. E. als Durchbrechung des Brutto-Prinzips zu werten.

c) Inhalt der Bestände-Bilanz (§ 247 HGB)

§ 247 enthält folgende Ansatzvorschriften:

(1) **Gesonderter** Ausweis von

- Anlagevermögen,
- Umlaufvermögen,
- Eigenkapital,
- Schulden sowie
- Rechnungsabgrenzungsposten

und "**hinreichende**" **Aufgliederung** dieser Bilanzposten (§ 247 Abs. 1 HGB). Was unter einer "hinreichenden Aufgliederung" zu verstehen ist, wird in § 266 HGB zumindest für Kapitalgesellschaften spezifiziert, und zwar abgestuft nach den Größenklassen, denen die Kapitalgesellschaften zuzurechnen sind.

(2) Beim **Anlagevermögen** dürfen *nur* solche Gegenstände ausgewiesen werden, „die bestimmt sind, *dauernd* dem Geschäftsbetrieb zu dienen" (§ 247 Abs. 2 HGB). Für die Beantwortung der Frage, ob ein Vermögensgegenstand dazu bestimmt ist, "dauernd" dem Geschäftsbetrieb zu dienen, ist nicht allein auf ein rein zeitliches Kriterium (i. S. v. "länger als ein Jahr") abzustellen; vielmehr kommt es auf die *Zweckbestimmung* an, die der Vermögensgegenstand im allgemeinen für das bilanzierende Unternehmen hat (vgl. Glade, S. 239 ff.). Dabei sind die Verhältnisse am Bilanzstichtag durchaus wesentlich (vgl. Glade, S. 493). So können z. B. Wertpapiere zum Anlagevermögen gehören – oder aber zum Umlaufvermögen, wenn sie zum (baldigen) Verkauf bestimmt sind.

(3) Bilanzierungs**wahlrechte** für „**Passivposten**, die für Zwecke der Steuern vom Einkommen und vom Ertrag *zulässig* sind", und zwar eigentlich nur in der *Steuer*-Bilanz. Derartige Passivposten dürfen aber auch in der Handelsbilanz gebildet werden und sind in diesem Falle als "Sonderposten mit Rücklageanteil" (gesondert) auszuweisen (vgl. § 247 Abs. 3 HGB).
Die Einräumung dieser Bilanzierungswahlrechte wird nur vor dem Hintergrund des sog. "**Maßgeblichkeitsprinzips** der Handelsbilanz für die Steuerbilanz" bzw. der **Umkehrung** dieses Prinzips verständlich (vgl. dazu Kapitel 2 Abschnitt B I).

d) Bilanzierungsverbote (§ 248 HGB)

§ 248 HGB nennt ausdrücklich vier **Bilanzierungsverbote**, und zwar für

(1) **Aufwendungen für die Gründung** des Unternehmens (vgl. § 248 Abs. 1 HGB); zu diesen "Gründungskosten" zählen: Gebühren für die Eintragung im Handelsregister, Rechtsanwalts- und Notarkosten für den Gesellschaftsvertrag, Gründerentschädigungen (vgl. Glade, S. 516). Derartige Aufwendungen gehören *nicht* zu den

"Vermögensgegenständen" und sind deshalb nicht bilanzierungsfähig (vgl. Glade, S. 516).

(2) **Aufwendungen** für die **Beschaffung des Eigenkapitals** (vgl. § 248 Abs. 1 HGB), also z. B. Kosten für den Druck von Börsenzulassungs-Prospekten und Aktienurkunden einer AG oder Bank-Provisionen bei Fremdemission.

(3) **immaterielle** Vermögensgegenstände des **Anlage**vermögens, die **nicht** entgeltlich von Dritten (!) erworben wurden (vgl. § 248 Abs. 2 HGB); unter dieses Bilanzierungsverbot fallen (vgl. Glade, S. 517 f.):

- alle eigenen Aufwendungen für Forschung und Entwicklung;
- selbst erstellte Patente, Warenzeichen, Gebrauchsmuster und ähnliche gewerbliche Schutzrechte (z. B. Marken, Urheber- und Verlagsrechte);
- unentgeltlich zugeteilte Konzessionen, Gewerbegenehmigungen u. ä. (z. B. Güterfernverkehrskonzessionen, Brenn- und Braurechte, Mineralgewinnungsrechte);
- sonstige selbstgeschaffene immaterielle Werte, z. B. know-how, Geheimverfahren, Rezepte, Software;
- ein selbstgeschaffener Geschäfts- oder Firmenwert (infolge von Kundenstamm, Geschäftsbeziehungen, Standort, Facharbeiterstamm, Organisation, Ruf der Unternehmung).

In Deutschland werden derartige Aktivierungsverbote begründet mit dem "**Vorsichtsprinzip**": Weil für selbstgeschaffene immaterielle Anlagegüter ein Urteil des Marktes (noch) aussteht, könne ihr Wert nicht objektiv und nachprüfbar bestimmt werden; deshalb dürfen sie nicht aktiviert werden (vgl. Glade, S. 518 f.). Daß sich auch anders argumentieren läßt – insbes. mit dem "**Grundsatz der periodengerechten Gewinnermittlung**" –, zeigt ein Blick auf die Bilanzierungspraxis in anderen EG-Staaten; dort dürfen z. B. selbstgeschaffene Patente, Warenzeichen (Markenwerte) und Entwicklungskosten aktiviert werden (vgl. Hilke, Marketing-Investitionen; ders., Marketing Asset Accounting).
Zurück nach Deutschland: Hier setzt eine Aktivierung von immateriellen Anlagewerten voraus, daß sie **entgeltlich**, d. h. **von einem Dritten** erworben wurden. Liegt ein entgeltlicher Erwerb vor, so **müssen** derartige immaterielle Gegenstände des Anlagevermögens aktiviert werden (= Bilanzierungs**pflicht**, abgeleitet aus dem **Vollständigkeitsgebot** des § 246 Abs. 1 HGB). Wurde hingegen der immaterielle Anlagewert nicht entgeltlich von einem Dritten erworben, sondern *selbst geschaffen*, so greift das Bilanzierungs**verbot** des § 248 Abs. 2 HGB. Von diesem grundsätzlichen Bilanzierungsverbot des § 248 Abs. 2 HGB gibt es allerdings *ab 1998* eine bemerkenswerte **Ausnahme**: Nach Artikel 44 Abs. 1 EGHGB **dürfen** (Wahlrecht) die *Aufwendungen für die Währungsumstellung auf den Euro* aktiviert werden, soweit es sich um *selbstgeschaffene* immaterielle Vermögensgegenstände des Anlagevermögens handelt. Auf dieses "Ausnahme"-Wahlrecht wird in Kapitel 3 Abschnitt C V noch näher eingegangen.

(4) **Aufwendungen** für den **Abschluß** von **Versicherungs**verträgen (vgl. § 248 Abs. 3 HGB). Der Abs. 3 von § 248 HGB wurde erst aufgrund von Artikel 1 Nr. 2 des **VersBiRiLiG** v. 24.6.1994 (BGBl. I 1994, S. 1377) in das HGB eingefügt. Das **Aktivierungsverbot** für Abschlußkosten von Versicherungsverträgen nach § 248 Abs. 3 HGB stellt allerdings für deutsche *Versicherungsunternehmen* keine neue Bilanzierungsvorschrift dar, die erst für alle Geschäftsjahre ab 1995 zu beachten wäre. Denn § 248 Abs. 3 HGB entspricht der bis dahin geltenden Regelung des § 56 Abs. 2 VAG und tritt nur an deren Stelle.

e) Pflichten und Wahlrechte zur Bildung von Rückstellungen (§ 249 HGB)

Nach § 249 Abs. 1 HGB *müssen* (= Pflicht) in der **Handelsbilanz** folgende **Rückstellungen** gebildet werden:

(1) Rückstellungen für **ungewisse** Verbindlichkeiten

„Rückstellungen für ungewisse Verbindlichkleiten sind für **am Bilanzstichtag bestehende Außenverpflichtungen** des Unternehmens zu bilden, bei denen **Ungewißheit** über Bestehen und/oder Höhe der Verpflichtung existiert" (Adler/Düring/Schmaltz, Erl. zu § 249 HGB Tz 42). Rückstellungen für ungewisse Verbindlichkeiten nach § 249 Abs. 1 HGB setzen demnach begrifflich entweder das Bestehen einer Verbindlichkeit voraus, also eine Außenverpflichtung des Unternehmens zu einer (geldlichen oder sonstigen geldwerten) Leistung; dann kann sich die Ungewißheit nur beziehen auf die Höhe der Verbindlichkeit. Oder aber die Ungewißheit betrifft – neben der Höhe – das Bestehen oder Entstehen einer Verbindlichkeit; die Passivierungspflicht setzt in einem solchen Fall voraus, daß

- eine Verpflichtung bei sorgfältiger Abwägung aller bekannten Umstände nicht verneint werden kann (vgl. Glade, S. 543) und
- „die Verpflichtung vor dem Abschlußstichtag wirtschaftlich verursacht wurde" (Glade, S. 543); es ist somit *nicht* erforderlich, daß die Verpflichtung bereits vor dem Bilanzstichtag rechtlich entstanden ist; "verursacht" heißt lediglich, daß der Tatbestand (z. B. eine Patentverletzung oder Pensionszusage), an den sich eine Verpflichtung knüpfen kann, verwirklicht sein muß (vgl. Glade, S. 543).

Derartige Rückstellungen für ungewisse Verbindlichkeiten können beispielsweise erforderlich sein für:
- Abschluß-, Prüfungs- und Beratungskosten,
- Ausgleichsverpflichtungen gegenüber Handelsvertretern,
- Garantieverpflichtungen (vertragliche und gesetzliche),
- Provisionsverpflichtungen,
- Prozeßrisiken (-kosten),

- Pensionsverpflichtungen (für Neu-Zusagen),
- Sanierung von Altlasten (vgl. dazu: Schmidt, E., S. 647 ff. und Knopp, S. 967 ff.),
- Steuern (Körperschaftsteuer, Gewerbesteuer, Solidaritätszuschlag),
- Umweltschutzverpflichtungen (vgl. Adler/Düring/Schmaltz, Erl. zu § 249 HGB Tz 118 ff.).

Aus aktuellem Anlaß sei noch etwas näher eingegangen auf bestimmte Umweltschutzverpflichtungen, und zwar auf *Abfallverwertungs- und Abfallbeseitigungsverpflichtungen*, die sich vor allem aus dem Abfall-, dem Bundes-Immissionsschutz- und dem *Atomgesetz* sowie den darauf basierenden Verordnungen ergeben. Für derartige Verpflichtungen, die im Zeitpunkt des Reststoff- bzw. Abfallanfalles enstehen, erscheint unter den Voraussetzungen des § 249 Abs. 1 S. 1 HGB in der **Handelsbilanz** am Bilanzstichtag eine Passivierung geboten (= Rückstellungs**pflicht**), soweit ein Entsorgungsrückstand aus der vorausgegangenen Produktion besteht (vgl. Adler/Düring/Schmaltz, Erl. zu § 249 HGB Tz 126).

Davon abweichend bestimmt § 5 Abs. 4b EStG n. F., der erst durch das *Steuerentlastungsgesetz 1999/2000/2002* v. 24.3.1999 (BGBl. I 1999, S. 402) in das EStG eingefügt wurde, in der **Steuerbilanz** folgende **Verbote** der Bildung von Rückstellungen:

- für Aufwendungen, die *Anschaffungs- oder Herstellungskosten* für ein Wirtschaftsgut sind (vgl. § 5 Abs. 4b S. 1 EStG n. F.);
- für die Verpflichtung zur schadlosen Verwertung radioaktiver Reststoffe sowie ausgebauter oder abgebauter radioaktiver Anlagenteile, *soweit* Aufwendungen im Zusammenhang mit der Bearbeitung oder Verarbeitung von Kernbrennstoffen stehen, die *aus der Aufarbeitung* bestrahlter Kernbrennstoffe gewonnen worden sind und *keine* radioaktiven Abfälle darstellen (vgl. § 5 Abs. 4b S. 2 EStG n. F.).

Soweit Rückstellungen für Aufwendungen, die Anschaffungs- oder Herstellungskosten für ein Wirtschaftsgut sind, in der Vergangenheit gebildet worden sind, sind sie in der Steuerbilanz in dem ersten Veranlagungszeitraum, dessen Veranlagung noch nicht bestandskräftig ist, in vollem Umfang *aufzulösen* (vgl. § 52 Abs. 14 EStG 1999).

Die Vorschriften des neuen § 5 Abs. 4b EStG n. F. (und des § 52 Abs. 14 EStG 1999) stellen (spätestens) ab 1999 eine weitere *Durchbrechung* des Maßgeblichkeitsprinzipes dar, aufgrund derer ab 1999 die Handelsbilanz und die Steuerbilanz der betroffenen Unternehmen noch weiter auseinanderdriften werden. Zu weiteren Bedenken gegen die Vorschriften des neuen § 5 Abs. 4b EStG sei auf Hoffmann (Steuerentlastungsgesetz, S. 381) verwiesen.

(2) Rückstellungen für **drohende** Verluste aus **schwebenden** Geschäften

Zu den *schwebenden* Geschäften „gehören zunächst alle mindestens zwei Parteien verpflichtende Verträge, die auf einen Leistungsaustausch gerichtet und von keiner Seite erfüllt sind" (Adler/Düring/Schmaltz, Erl. zu § 249 HGB Tz 139); grund-

sätzlich können aber auch gesellschaftsrechtliche und öffentlich-rechtliche Rechtsverhältnisse unter den Begriff des schwebenden Geschäftes fallen (vgl. Adler/Düring/Schmaltz, Erl. zu § 249 HGB Tz 140).
Wenn aus derartigen schwebenden Geschäften evtl. *Verluste* auch *nur drohen* – also noch nicht realisiert sind (!) –, **müssen** (als besonderer Ausdruck des sog. **Imparitätsprinzips**) in der **Handelsbilanz** für derartige mögliche Verluste bereits Rückstellungen nach § 249 Abs. 1 S. 1 HGB gebildet werden.
Derartige drohende Verluste können auftreten bei:
– Anschaffungsgeschäften,
   wenn z. B. der Marktpreis der bestellten Güter auf dem Beschaffungsmarkt am Bilanzstichtag niedriger ist als der Kontraktpreis; Rückstellungsbetrag ist dann der drohende "Einkaufsverlust" (vgl. Glade, S. 557 und S. 559);
– Veräußerungsgeschäften,
   wenn bei Handelsgeschäften die Anschaffungskosten einen vereinbarten, niedrigeren Verkaufspreis übersteigen oder wenn bei selbst erstellten Erzeugnissen die Herstellungskosten bzw. Selbstkosten höher sind als der voraussichtliche Erlös (vgl. Glade, S. 559 f.). Dabei ist zu beachten: „Ein drohender Verlust muß auch dann bereits bilanziert werden, wenn *vor* dem Bilanzstichtag mit der Fertigung der zu liefernden Gegenstände *noch nicht begonnen* worden ist, wenn also Kosten noch nicht angefallen sind" (Glade, S. 562). Diese Auffassung läßt sich damit begründen, daß der "Verlust" bereits in *diesem* Geschäftsjahr als "wirtschaftlich verursacht" anzusehen ist, weil in diesem Geschäftsjahr der ungünstige Vertrag *abgeschlossen* wurde;
– Beherrschungs- oder Gewinnabführungsverträgen;
   grundsätzlich sind auch für Verpflichtungen zur künftigen Verlustübernahme aus Beherrschungs- oder Gewinnabführungsverträgen, die bis zur nächstmöglichen Kündigung des Vertrages enstehen, in der Handelsbilanz "Drohverlust-Rückstellungen" zu bilden (vgl. Adler/Düring/Schmaltz, Erl. zu § 249 HGB Tz 140).

Um es nochmals zu betonen: Für die Bildung von Rückstellungen für drohende Verluste aus schwebenden Geschäften besteht in der **Handelsbilanz** nach § 249 Abs. 1 S. 1 HGB eine **Pflicht** (vgl. auch: Hoffmann, Anmerkungen, S. 1195).

Entsprechendes galt aufgrund des Maßgeblichkeitsprinzips auch für die **Steuerbilanz,** bis es **ab 1997** durch das *Gesetz zur Fortsetzung der Unternehmenssteuerreform* v. 20.10.1997 (BGBl. I 1997, S. 2590) zu einem **Verbot** für "Drohverlust-Rückstellungen" kam. Denn der eingefügte § 5 Abs. 4a EStG bestimmt seitdem ausdrücklich: „Rückstellungen für drohende Verluste aus schwebenden Geschäften *dürfen nicht* gebildet werden".
Zu Einzelheiten und zur betriebswirtschaftlichen Beurteilung dieses steuerrechtlichen Verbots der *Bildung* von Drohverlust-Rückstellungen sei auf die Beiträge von Hoffmann (Anmerkungen, S. 1195 ff.) und Herzig/Rieck (Rückstellungen, S. 311 ff.) sowie auf die Verlautbarung des IDW (Verlautbarung, S. 113 f.) verwiesen. An dieser Stelle sei zunächst nur festgehalten, daß es durch § 5 Abs. 4a EStG ab

1997 zu einer weiteren *Durchbrechung* des Maßgeblichkeitsprinzips der Handelsbilanz für die Steuerbilanz gekommen ist. Die daraus resultierenden Unterschiede zwischen dem Handelsbilanzgewinn einerseits und dem Steuerbilanzgewinn andererseits sind bei der Ermittlung sog. "latenter Steuern" zu berücksichtigen. Auf dieses Problem der Steuerabgrenzung wird im Kapitel 3 Abschnitt C noch näher einzugehen sein.

Schließlich ist darauf hinzuweisen, daß nach § 52 Abs. 13 EStG (1999) die *Auflösung* von Drohverlust-Rückstellungen, die in der Steuerbilanz bis 1996 zulässigerweise gebildet worden sind, ab 1997 auf insgesamt *sechs* Wirtschaftsjahre verteilt werden *kann*: Die Drohverlust-Rückstellungen sind in der Steuerbilanz für 1997 zu *mindestens* 25 % und in den Jahren 1998 bis 2002 zu *mindestens* 15 % pro Jahr gewinnerhöhend aufzulösen (vgl. § 52 Abs. 13 S. 2 EStG 1999). Auf dieses Bewertungs-Wahlrecht in der Steuerbilanz wird in Kapitel 3 (Abschnitt D XIX) zurückzukommen sein.

(3) Rückstellungen für im Geschäftsjahr unterlassene Aufwendungen für **Instandhaltung**, die im folgenden Geschäftsjahr innerhalb von *drei* Monaten nachgeholt werden

Aus dem Gesetzes-Wortlaut (vgl. § 249 Abs. 1 S. 2 Nr. 1 HGB) ist zu entnehmen, daß *drei* Voraussetzungen erfüllt sein müssen, damit die Pflicht zur Bildung derartiger Rückstellungen in der Handelsbilanz besteht (vgl. auch Adler/Düring/ Schmaltz, Erl. zu § 249 HGB Tz 171 ff.):

- Es muß ein *unterlassener* Aufwand vorliegen, d. h., für die Durchführung der Instandhaltung muß eine Notwendigkeit bestanden haben; die eigentlich notwendige Reparatur konnte jedoch aus irgendwelchen technischen, finanziellen oder sonstigen Gründen im *abzuschließenden Geschäftsjahr* nicht durchgeführt werden.

- Der Aufwand muß im *abzuschließenden Geschäftsjahr* unterlassen worden sein. Dabei ist es unerheblich, ob die Instandhaltung eigentlich am Anfang, in der Mitte oder am Ende dieses Geschäftsjahres erforderlich gewesen wäre, aber eben unterlassen wurde. Verboten ist es hingegen, eine Rückstellung für Instandhaltungen zu bilden, die bereits in früheren Geschäftsjahren hätten vorgenommen werden müssen (= **Verbot der Nachholung** unterlassener Instandhaltungs-Rückstellungen).

- Die unterlassenen Instandhaltungsarbeiten müssen in den *ersten drei Monaten* des folgenden Geschäftsjahres *nachgeholt* werden. Ob diese Voraussetzung erfüllt wird, ist zum Zeitpunkt der Erstellung des Jahresabschlusses i. d. R. bekannt, da der Jahresabschluß meist auch erst am Ende dieses Zeitraumes (oder, soweit zulässig, sogar später) im neuen Geschäftsjahr erstellt wird.

Nur dann, wenn alle drei Voraussetzungen gemeinsam vorliegen, besteht eine Passivierungspflicht für derartige Instandhaltungs-Rückstellungen, und zwar für *alle* Unternehmen, d. h. unabhängig von der Rechtsform und der jeweiligen Größe des bilanzierenden Unternehmens.

(4) Rückstellungen für im Geschäftsjahr unterlassene Aufwendungen für **Abraumbeseitigung**, die im folgenden Geschäftsjahr nachgeholt werden

Nach § 249 Abs. 1 S. 2 Nr. 1 HGB *sind* (= Pflicht) Rückstellungen außerdem zu bilden für im Geschäftsjahr unterlassene Aufwendungen für Abraumbeseitigung. Wie bei den zuvor behandelten Instandhaltungs-Rückstellungen muß es sich auch hier um im *abzuschließenden Geschäftsjahr unterlassene* Aufwendungen handeln; allerdings hat der Bilanzierende die *gesamten 12 Monate* des folgenden Geschäftsjahres Zeit, um die Abraumbeseitigung nachzuholen.

(5) Rückstellungen für **Gewährleistungen**, die **ohne rechtliche Verpflichtung** erbracht werden (sog. "Kulanzleistungen")

Zunächst einmal muß zwischen sog. "Garantieleistungen" und sog. "Kulanzleistungen" unterschieden werden.
"**Garantieleistungen**" sind solche Leistungen, zu denen das Unternehmen aufgrund gesetzlicher Vorschriften oder vertraglicher Vereinbarungen verpflichtet ist, weil es damit die zeitlich befristete Garantie übernommen hat, daß die gelieferten Güter oder erstellten Leistungen „die zugesicherten Eigenschaften haben und behalten oder daß innerhalb dieser Zeit auftretende Mängel beseitigt werden" (Wöhe, Bilanzierung, S. 555). Für Rückstellungen aus derartigen "Garantieverpflichtungen" besteht eine Passivierungspflicht nach § 249 Abs. 1 HGB (im Sinne von Rückstellungen für ungewisse Verbindlichkeiten).
"**Kulanzleistungen**" hingegen sind Gewährleistungen, die *ohne* rechtliche Verpflichtung vom Unternehmen erbracht werden. Rückstellungen für derartige "Kulanzleistungen" kommen in der **Handelsbilanz** dann in Betracht, wenn nach dem Bilanzstichtag Aufwendungen entstehen können, auf die der Empfänger an sich keinen Anspruch hat, die aber der Behebung eines Fehlers oder sonstigen Mangels einer früheren, vor dem Bilanzstichtag erbrachten Lieferung oder Leistung dienen. Die betriebswirtschaftliche Rechtfertigung dieser Rückstellung liegt darin, durch die Bildung der Rückstellung den mit der Kulanzleistung verbundenen Aufwand möglichst derjenigen Periode zuzurechnen, in der der Ertrag vereinnahmt wurde (ähnlich auch: Glade, S. 576 und Adler/Düring/Schmaltz, Erl. zu § 249 HGB Tz 183 f.).
Nach § 249 Abs. 1 S. 2 Nr. 2 HGB besteht für Rückstellungen für Kulanzleistungen eine Passivierungspflicht in der Handelsbilanz.

Nachdem bisher die 5 Rückstellungsgruppen behandelt wurden, für die nach § 249 Abs. 1 HGB eine Passivierungs**pflicht** für die Handelsbilanz besteht, ist an dieser Stelle bereits auf folgendes schon kurz hinzuweisen: Es gibt zusätzlich auch Passivierungs**wahlrechte** für Rückstellungen in der Handelsbilanz; d. h., bestimmte Rückstellungen *dürfen*, müssen aber nicht gebildet werden. Dabei handelt es sich um

- Rückstellungen für unterlassene Aufwendungen für Instandhaltung, wenn die Instandhaltung im 4. bis 12. Monat des folgenden Geschäftsjahres nachgeholt wird (§ 249 Abs. 1 S. 3 HGB) und
- sog. "Aufwandsrückstellungen" gem. § 249 Abs. 2 HGB.

Auf diese beiden Passivierungswahlrechte wird im Zusammenhang mit den "Bilanzierungswahlrechten" noch zurückzukommen sein (vgl. Kapitel 3 Abschnitt C).

Abschließend stellt § 249 Abs. 3 HGB klar, daß für *andere* als die in den Abs. 1 und Abs. 2 von § 249 HGB genannten Zwecke weitere Rückstellungen *nicht* gebildet werden dürfen und Rückstellungen nur *aufgelöst* werden dürfen, soweit der *Grund* hierfür *entfallen* ist.

f) Rechnungsabgrenzungsposten (§ 250 HGB)

Rechnungsabgrenzungsposten (RAP) dienen allgemein dem Zweck, die periodengerechte Gewinnermittlung zu verbessern. Deshalb *müssen* (= **Pflicht**) verschiedene Rechnungsabgrenzungsposten gebildet werden, und zwar

- Rechnungsabgrenzungsposten auf der **Aktivseite** für *Ausgaben vor* dem Abschlußstichtag, die *Aufwand* für eine bestimmte Zeit *nach* dem Bilanzstichtag darstellen (vgl. § 250 Abs. 1 S. 1 HGB); hierzu zählen z. B. Vorauszahlungen für Mieten, Versicherungen, Steuern und Beiträge;
- Rechnungsabgrenzungsposten auf der **Passivseite** für *Einnahmen vor* dem Abschlußstichtag, die *Erträge* für eine bestimmte Zeit *nach* dem Bilanzstichtag darstellen (vgl. § 250 Abs. 2 HGB); als Beispiele hierfür lassen sich nennen: Einnahmen aus Wartungsverträgen, die über den Bilanzstichtag hinausgehen, Baukostenzuschüsse an Versorgungsunternehmen oder Entschädigungen für eine Ferngasleitung (vgl. Glade, S. 624 f.).

Dabei ist zu beachten, daß das oben beschriebene "Brutto-Prinzip" des § 246 Abs. 2 HGB auch für die Rechnungsabgrenzungen gilt, so daß aktive und passive Rechnungsabgrenzungsposten nicht gegeneinander verrechnet, d. h. nicht saldiert ausgewiesen werden dürfen.

Neben den genannten Bilanzierungspflichten für aktive und passive Rechnungsabgrenzungsposten gibt es allerdings auch (Aktivierungs-)**Wahlrechte** für drei Rechnungsabgrenzungsposten, nämlich für

- als Aufwand berücksichtigte Zölle und Verbrauchsteuern, soweit sie auf am Abschlußstichtag auszuweisende Vermögensgegenstände des Vorratsvermögens entfallen (vgl. § 250 Abs. 1 S. 2 Nr. 1 HGB);
- als Aufwand berücksichtigte Umsatzsteuer auf am Abschlußstichtag auszuweisende Anzahlungen (vgl. § 250 Abs. 1 S. 2 Nr. 2 HGB);
- das sog. "Disagio" nach § 250 Abs. 3 HGB.

Wegen seiner Bedeutung für die Bilanzpolitik wird auf das "Disagio" bei den "Bilanzierungswahlrechten" noch näher eingegangen (vgl. Kapitel 3 Abschnitt C).

g) Haftungsverhältnisse (§ 251 HGB)

Als sog. **"Eventualverbindlichkeiten"** sind "unter dem Strich" (= unter der Bilanz) auszuweisen: „Verbindlichkeiten aus der Begebung und Übertragung von Wechseln, aus Bürgschaften, Wechsel- und Scheckbürgschaften und aus Gewährleistungsverträgen sowie Haftungsverhältnisse aus der Bestellung von Sicherheiten für fremde Verbindlichkeiten; sie dürfen in *einem* Betrag angegeben werden" (§ 251 HGB).
In der Praxis gibt es zahlreiche Tatbestände, die eine "Vermerkpflicht" nach § 251 HGB begründen. So ist allein schon bei den Eventualverbindlichkeiten aus *Gewährleistungsverträgen* u. a. zu denken an: Gewährleistungen für eigene und fremde Leistungen, Haftungsverhältnisse bei Schuldübernahme oder aus Patronatserklärungen (wie Liquiditäts- oder Kapitalausstattungszusagen), aber auch Dividendengarantien einer Muttergesellschaft für ein Tochterunternehmen oder unechtes Factoring; im einzelnen sei hierzu auf Adler/Düring/Schmaltz (Erl. zu § 251 HGB Tz 59 ff.) verwiesen.

Zum Abschluß unserer Ausführungen über die sog. "Ansatzvorschriften" der §§ 246 bis 251 HGB ist festzuhalten: Diese Vorschriften beinhalten fast ausschließlich **formale** Regelungen zum *Inhalt* und zur *äußeren Form* des Jahresabschlusses – nämlich das "Vollständigkeitsgebot", das durch einige "Bilanzierungsverbote" relativiert wird, das "Brutto-Prinzip" und die Forderung, zumindest bestimmte Posten in Bestände-Bilanz und Gewinn- und Verlust-Rechnung gesondert auszuweisen, sowie die Verpflichtung zur Bildung verschiedener Rückstellungen und Rechnungsabgrenzungsposten. Wie zu Beginn dieses Abschnittes III bereits ausgeführt, regeln die Ansatzvorschriften die **Bilanzierung dem Grunde nach**.

Hingegen enthalten diese Ansatzvorschriften **keine materiellen** Regelungen, die den *Wertansatz* der einzelnen Positionen des Jahresabschlusses, also Fragen der "**Bilanzierung der Höhe nach**" (Wöhe, Bilanzierung, S. 234) betreffen. Gerade die "Bewertung" ist aber als das *Kernproblem* jeglicher Bilanzierung anzusehen. Dies mögen die folgenden Ausführungen verdeutlichen.

IV. Bilanzierung als Bewertungsproblem

Die Erstellung einer Bilanz ist in erster Linie ein **Bewertungsproblem**. Denn "bewerten" bedeutet allgemein, „einem Gut einen **Geldbetrag zuzuordnen**, dessen Wert dem Wert des Gutes äquivalent ist" (Jacob, Wert, S. 3). Und gerade diesen Vorgang, den Wert eines Wirtschaftsgutes in Geldeinheiten (z. B. in DM oder Euro) auszudrücken, muß der Bilanzierende bei den Vermögensgegenständen und Schulden, die er in seine Bilanz aufnehmen will, anläßlich der Bilanzerstellung durchführen.

Dazu muß er den jeweiligen "**Wert**" der einzelnen Wirtschaftsgüter ermitteln. Dabei resultiert jeglicher Wert aus einer **Subjekt-Objekt-Beziehung**. Das Subjekt ist stets ein

Mensch, hier: der Bilanzierende; das Objekt kann entweder ein materielles Wirtschaftsgut (z. B. ein Grundstück, ein Gebäude, eine Maschine oder ein bestimmtes Material) oder aber ein immaterielles Wirtschaftsgut (z. B. ein Patent, eine Forderung oder eine Verbindlichkeit) sein. Die Beziehung besteht darin, daß das Objekt für das Subjekt nützlich und daher "wertvoll" sein kann. Deshalb beruht der Wert eines Objektes allein auf dem **Nutzen**, den das Objekt für das **bewertende** Subjekt zu stiften vermag.

Als Ausdruck einer derartigen Subjekt-Objekt-Beziehung ist und bleibt jeder Wert letztlich ein **subjektiver Wert**. Denn „der Wert einer Sache ... ist keine dieser Sache ... anhaftende Eigenschaft, wie z. B. das Gewicht, das Volumen usw., auch kein Tatbestand, der von jedem beliebigen Betrachter in gleicher Weise festgestellt und registriert werden kann, sondern die **Auffassung eines Subjektes über die Nützlichkeit** eines Objektes, d. h. über seine Tauglichkeit, ein bestimmtes Bedürfnis zu befriedigen" (Jacob, Wert, S. 3). Demzufolge werden **verschiedene** Subjekte demselben Objekt in einem bestimmten Zeitpunkt (z. B. dem der Bilanzaufstellung) **unterschiedliche** Werte beilegen.

"Objektive" – im Sinne von: durch jedermann in gleicher Höhe beigelegte – Werte sind also nicht vorhanden. Hieraus resultiert das für den Gesetzgeber unlösbare Problem, dem Bilanzierenden für die Erstellung der Bilanz eindeutige Wertansätze vorzugeben:

Auch eine noch so große Fülle von gesetzlichen Vorschriften kann das Bewertungsproblem **nicht** beseitigen. Vielmehr kann durch gesetzliche Bestimmungen lediglich versucht werden, den **Bewertungsspielraum einzugrenzen**. So kann dem Bilanzierenden gesetzlich zwar vorgeschrieben werden, welche Gesichtspunkte er bei seiner Wertfindung (Bewertung) zu beachten hat; daraus folgt jedoch niemals ein konkreter, eindeutiger Wert für ein bestimmtes Wirtschaftsgut.

Deshalb ist festzuhalten: Bei der Bilanzierung *verbleibt* bereits *zwangsläufig* ein mehr oder weniger großer Bewertungsspielraum. Zum anderen wird dieser Spielraum durch verschiedene *Wahlrechte*, die der Gesetzgeber dem Bilanzaufsteller gewährt, sogar noch *erweitert*. Gerade dieser Spielraum ist es, der es dem Bilanzierenden ermöglicht, Bilanzpolitik zu betreiben.

V. Allgemeine Bewertungsgrundsätze (§§ 252 ff. HGB)

Die allgemeinen, d. h. rechtsform- und größen*un*abhängigen Bewertungsgrundsätze sind – seit dem BiRiLiG – in § 252 HGB zusammengefaßt. In engem Zusammenhang damit steht das "Anschaffungswert-Prinzip" des § 253 Abs. 1 HGB, das deshalb in diesem Abschnitt V mit behandelt werden soll. In den beiden genannten Paragraphen geht es um erste, grundsätzliche Regeln zur **Bilanzierung der Höhe nach**.

a) Grundsatz der Bilanzidentität

Der **Grundsatz der Bilanzidentität** verlangt, daß die Eröffnungsbilanz eines Geschäftsjahres **identisch** ist mit der Schlußbilanz des vorangegangenen Jahres. Dieser Grundsatz galt früher schon, und zwar als Bestandteil der GoB. Durch das BiRiLiG von 1985 ist er in § 252 Abs. 1 Nr. 1 HGB ausdrücklich kodifiziert worden: „Die Wertansätze in der Eröffnungsbilanz des Geschäftsjahres müssen mit denen der Schlußbilanz des vorhergehenden Geschäftsjahres übereinstimmen".

Diese Bilanzidentität „hat zur Folge, daß jede Bilanz *zweischneidig* ist. Unter- bzw. Überbewertungen in der laufenden Periode führen in dieser Periode zu einem niedrigeren bzw. höheren Gewinnausweis, werden aber in späteren Perioden durch entgegengesetzte Erfolgswirkungen wieder neutralisiert" (Biergans, S. 176).
Von dem Grundsatz der Bilanzidentität darf nach § 252 Abs. 2 HGB „nur in begründeten Ausnahmefällen abgewichen werden", also z. B.
- im Falle einer Währungsreform (z. B. 1948 oder 1990 nach dem DMBilG);
- beim Übergang von altem auf neues Bilanzrecht, also vor allem 1987; dies ergibt sich aus Artikel 24 EGHGB.

b) Going-concern-Prinzip

Nach § 252 Abs. 1 Nr. 2 HGB ist bei der Bewertung grundsätzlich von der *Fortführung* der Unternehmenstätigkeit auszugehen. „Damit ist erstmalig in einer handelsrechtlichen Rechnungslegungsvorschrift das "**Going-concern-Prinzip**" ausdrücklich festgelegt worden" (Glade, S. 650). Jedoch wurde dieser Gedanke, grundsätzlich eine Fortführung des Unternehmens zu unterstellen, bei der Bewertung in der **Handelsbilanz** auch vor 1985 schon – d. h. ohne ausdrückliche Kodifizierung – weitgehend beachtet; d. h., es wurden in der Handelsbilanz *i. d. R. keine Liquidationswerte* angesetzt.

Für die Bewertung in der **Steuerbilanz** war dieses Prinzip der Unternehmensfortführung (Going-concern-Prinzip) bereits viel früher in das Steuerrecht aufgenommen worden (vgl. etwa § 139 Abs. 1 AO 1919 oder § 19 Abs. 1 S. 2 EStG 1925) und dafür der Begriff des "**Teilwertes**" geprägt worden. Für seine Ermittlung ist nach § 6 Abs. 1 Nr. 1 S. 3 EStG davon auszugehen, daß der (fiktive) Erwerber den Betrieb fortführt.

Das Going-concern-Prinzip gilt für *alle* bilanzierungspflichtigen Unternehmen. Es läßt sich mit folgender allgemeiner Erfahrungstatsache begründen: Der Wert eines Vermögensgegenstandes hängt entscheidend davon ab, ob der Gegenstand zu einem funktionsfähigen Unternehmen gehört, das fortgeführt werden soll, oder aber zu einem Unternehmen, das bald eingestellt oder – z. B. wegen Insolvenz – "zerschlagen" werden soll, so daß ein Einzelveräußerungspreis bzw. ein Liquidationswert als Zerschlagungswert festgestellt werden müßte (vgl. Glade, S. 651).

Von der Fortführung der Unternehmenstätigkeit ist bei der Bewertung so lange auszugehen, wie „dem nicht tatsächliche oder rechtliche Gegebenheiten entgegenstehen" (§ 252 Abs. 1 Nr. 2 HGB). Derartige "*tatsächliche Gegebenheiten*" können sein (vgl. Glade, S. 651):

- freiwilliger Beschluß, das Unternehmen oder Teile davon (z. B. einen Zweigbetrieb oder eine Produktionssparte) einzustellen;
- Überschuldung;
- Zahlungsunfähigkeit;
- anhaltende Ertragslosigkeit bzw. Verluste.

Als "*rechtliche Gegebenheiten*" für eine Abweichung vom Going-concern-Prinzip und damit eine andere Bewertung „kommen insbes. die Eröffnung des Konkursverfahrens, ein beantragter Abwicklungsvergleich oder gesetzliche Vorschriften und Satzungsvorschriften, die die Auflösung und Abwicklung von Unternehmen zum Gegenstand haben, in Betracht" (Adler/Düring/Schmaltz, Erl. zu § 252 HGB Tz 29).

c) Stichtagsprinzip

In § 252 Abs. 1 Nr. 3 HGB wird verlangt: „Die Vermögensgegenstände und Schulden sind zum Abschlußstichtag einzeln zu bewerten". Hierin stecken m. E. gleich *zwei* allgemeine Bewertungsgrundsätze, nämlich das "Stichtagsprinzip" und der "Grundsatz der Einzelbewertung" (so auch: Adler/Düring/Schmaltz, Erl. zu § 252 HGB Tz 37). Wir wollen uns hier zunächst dem **Stichtagsprinzip** zuwenden, das für die Bilanzierung insbesondere zwei Konsequenzen zeitigt:

Das Stichtagsprinzip beinhaltet zum einen, daß Bestände-Bilanz und Gewinn- und Verlustrechnung *zu einem ganz bestimmten* Bilanzstichtag („für den Schluß eines jeden Geschäftsjahres" nach § 242 Abs. 1 und Abs. 2 HGB bzw. „zum Abschlußstichtag" nach § 252 Abs. 1 Nr. 3 HGB) aufzustellen sind.

Bei *Gründung* ist der Unternehmer in der Wahl des Bilanzstichtages *frei*; allerdings muß der Bilanzstichtag auf das *Ende* eines Monats fallen. Dies muß aber nicht der 31.12. eines Jahres sein (= Kalenderjahr).

Beispiele für Geschäftsjahre, die vom Kalenderjahr abweichen, geben folgende deutsche Firmen: Quelle Schickedanz AG & Co.: 31. Januar; Südzucker AG: 28. Februar; Industrie-Kredit-Bank (IKB): 31. März; RWE AG: 30. Juni; Salzgitter AG, Preussag AG, Siemens AG: 30. September.

Auch darf gem. § 240 Abs. 2 HGB die Dauer des Geschäftsjahres **12 Monate** nicht übersteigen. Ein *kürzerer* Bilanzierungszeitraum (sog. "**Rumpfgeschäftsjahr**") kann ausnahmsweise im Jahr der Gründung, des Erwerbes, der Veräußerung oder Aufgabe eines Unternehmens gewählt werden (vgl. Biergans, S. 556).

Der Bilanzstichtag sollte sinnvoll festgelegt werden: Entscheidend für die Wahl des Bilanzstichtages können sein:

- **Art des Geschäftes**: Beispielsweise werden Land- und Forstwirtschaften in der Regel nach der Ernte bilanzieren; sonst würden sie kaum Vermögen oder Erfolg ausweisen können (wie soll etwa ein Feld mit halbreifem Getreide bewertet werden?).
- **Saisonaler Geschäftsverlauf**: Wenn das Hauptgeschäft (Volumen) im Dezember bzw. Januar liegt, wäre es unsinnig, gerade dann bei hohen Lagerbeständen Inventur zu machen und dadurch Fachkräfte vom Verkauf (Kundenberatung) abzuhalten. Nicht zuletzt aus diesem Grunde ist auch die sog. "vor- bzw. nachverlagerte Inventur" zulässig.

Spätere *Umstellungen* des Wirtschaftsjahres bedürfen der *Zustimmung* des Finanzamtes (Ausnahme: Umstellung auf das Kalenderjahr). „Das Finanzamt wird seine Zustimmung davon abhängig machen, ob gewichtige betriebswirtschaftliche Gründe für die Umstellung sprechen" (Scheffler, Steuerbilanztaktik, S. 50). Derartige Gründe liegen beispielsweise vor, wenn das Personal besser ausgelastet wird, wenn die Teilnahme an einem Betriebsvergleich geplant ist oder wenn auf einen einheitlichen Stichtag im Konzern umgestellt werden soll (vgl. Biergans, S. 558 und die dort zitierten BFH-Urteile). Wohl aus dem letztgenannten Grund hat die ASKO Deutsche Kaufhaus AG ihr Geschäftsjahr, das bisher mit dem Kalenderjahr übereinstimmte, 1992 umgestellt; es läuft seitdem vom 1. Oktober bis 30. September. „Dadurch ergab sich ein **Rumpfgeschäftsjahr** vom 1. Januar bis 30. September 1992" (ASKO AG, Geschäftsbericht 1992, S. 50).

Zum anderen beinhaltet das "Stichtagsprinzip", daß nach § 252 Abs. 1 Nr. 3 HGB „die Vermögensgegenstände und Schulden ... zum Abschlußstichtag ... zu **bewerten**" sind; dies bedeutet:

Der Bilanzstichtag wird für die Bewertung *maßgebend*; d. h., die Vermögens- und Schuldenteile sind i. d. R. mit demjenigen Wert in die Bilanz aufzunehmen, der ihnen am Bilanzstichtag beizulegen ist (vgl. hierzu das sog. "**Tageswertprinzip**" als Bestandteil des "**Vorsichtsprinzips**"). Daß die Verhältnisse am Abschlußstichtag für die Bewertung "maßgebend" sind, bedeutet jedoch *nicht*, daß *zwingend* der am Bilanzstichtag gültige Wert stets auch als Wertansatz genommen werden muß. Vielmehr kann es vorkommen, daß ein anderer (niedrigerer oder höherer) Wert, der von einem Zeitpunkt *vor* dem Bilanzstichtag stammt, als Wertansatz gewählt werden muß (oder kann). Hierauf ist im Rahmen des "Vorsichtsprinzips" (im Zusammenhang mit dem sog. "Niederstwertprinzip" bzw. dem sog. "Höchstwertprinzip") noch ausführlicher einzugehen.

Schließlich sei schon an dieser Stelle kurz erwähnt, daß es zu einer "**Durchbrechung des Stichtagsprinzipes**" kommen kann, und zwar dann, wenn Gegenstände des Umlaufvermögens mit einem *erst in* der nächsten *Zukunft* erwarteten niedrigeren Wert nach

§ 253 Abs. 3 S. 3 HGB angesetzt werden (können). Hierauf wird in Kapitel 3 Abschnitt D XV bei den "Bewertungswahlrechten" noch zurückzukommen sein.

d) Grundsatz der Einzelbewertung

Mit der Forderung des § 252 Abs. 1 Nr. 3 HGB, daß „die Vermögensgegenstände und Schulden ... *einzeln* zu bewerten" sind, wird der **Grundsatz der Einzelbewertung** umschrieben. Dieser Grundsatz verlangt, daß jedes einzelne Wirtschaftsgut bei der Bilanzerstellung gesondert für sich zu erfassen und zu bewerten ist (vgl. Adler/Düring/Schmaltz, Erl. zu § 252 HGB Tz 48). Durch den Grundsatz der Einzelbewertung soll ein Wertausgleich zwischen verschiedenen Vermögensgegenständen oder Schulden verhindert werden. „Das bedeutet, daß z. B. jeder Posten eines Warenlagers für sich getrennt zu bewerten ist, soweit sich Einzelmengen spezifizieren lassen, oder daß Risiken aus schwebenden Geschäften nicht mit Chancen anderer schwebender Geschäfte verrechnet werden können" (Glade, S. 653). Insofern ist das "**Brutto-Prinzip**" (Verrechnungsverbot) des § 246 Abs. 2 HGB eine spezielle Ausprägung des Prinzips der Einzelbewertung.

Von diesem Grundsatz der Einzelbewertung darf nach Handels- und Steuerrecht in zahlreichen Ausnahmefällen *abgewichen* werden. Solche Ausnahmefälle liegen dann vor, wenn eine Einzelbewertung entweder aus praktischen Gründen gar nicht durchgeführt werden kann (z. B. wegen der Zurechnungsproblematik bei der Ermittlung von Herstellungskosten beim Ansatz von Vollkosten oder bei Kuppelproduktion) oder aber zu einem nicht vertretbaren Arbeitsaufwand führt, eine Einzelbewertung also unwirtschaftlich wäre (im einzelnen vgl. dazu Faller, S. 2017 ff., insbes. S. 2023). Deshalb sind u. a. "**Festbewertung**" (vgl. § 240 Abs. 3 HGB), "**Gruppenbewertung**" (vgl. § 240 Abs. 4 HGB) und "Verfahren der **Sammelbewertung**" als sog. "**Bewertungsvereinfachungsverfahren**" (vgl. § 256 HGB) zulässig, obwohl damit der Grundsatz der Einzelbewertung **durchbrochen** wird. Auf diese Bewertungswahlrechte wird in Kapitel 3 Abschnitt D noch näher eingegangen.

e) Vorsichtsprinzip und "Wert-Aufhellungstheorie"

Die Erstellung der Handelsbilanz wird vom sog. "**Vorsichtsprinzip**" beherrscht. So verlangt § 252 Abs. 1 Nr. 4 HGB: „Es ist *vorsichtig* zu bewerten, namentlich sind alle vorhersehbaren Risiken und Verluste, die bis zum Abschlußstichtag entstanden sind, zu berücksichtigen ..."

Trotz dieser, durch das BiRiLiG erfolgten, erstmaligen Kodifizierung des Vorsichtsprinzips im HGB müssen weiterhin die GoB herangezogen werden, um näher zu spezifizieren, wie eine "vorsichtige Bewertung" erreicht werden kann. Nach den GoB heißt "vorsichtig bewerten" vor allem, daß der ordentliche Kaufmann sich vor sich selbst und vor anderen nicht reicher und *im Zweifel eher ärmer* rechnet, als er wirklich ist.

Zur Begründung des Vorsichtsprinzips kann darauf verwiesen werden, daß die Unsicherheit der wirtschaftlichen Entwicklung, ihr Einfluß auf die Unternehmung und die Schwierigkeiten der rechnerischen Erfassung dieses Unsicherheits-Phänomens ein vorsichtiges Verhalten bei der Ermittlung des Erfolges gebieten. Deshalb läßt sich das Handelsrecht von dem Grundgedanken leiten: Ein als zu hoch errechneter und ausgewiesener Gewinn hat gefährlichere Konsequenzen als ein zu niedrig bemessener. Zu denken ist in diesem Zusammenhang an Fehlinvestitionen oder zu hohe Gewinnausschüttungen. Die Anwendung des Vorsichtsprinzips bei der Erfolgsermittlung drückt sich daher in zwei Tendenzen aus:

– Unterbewertung der Aktiva oder Überbewertung der Passiva bzw.
– Ertragsbemessung nach unten oder Aufwandsbemessung nach oben.

Dies soll jedoch nur "im Zweifelsfall" erfolgen, d. h., die *bewußte* und *willkürliche* Bildung stiller Reserven entspricht *nicht* dem Vorsichtsprinzip und ist daher abzulehnen (in diesem Sinne auch: Biergans, S. 174; Coenenberg, Jahresabschluß, S. 36, der vom "Grundsatz der Willkürfreiheit" spricht).

Ferner ist zu bedenken, daß das Vorsichtsprinzip in Konkurrenz zum "Abgrenzungsprinzip" bzw. zum "Grundsatz der periodengerechten Gewinnermittlung" steht. Der Vorrang des einen Prinzips relativiert die Bedeutung des anderen Grundsatzes. Auf diese Problematik wurde schon beim Bilanzierungsverbot für selbstgeschaffene immaterielle Güter des Anlagevermögens hingewiesen (siehe Abschnitt B IIId dieses Kapitels 2); deren Nicht-Aktivierung aus Vorsichtsgründen führt zu entsprechend hohem (einmaligen) "Periodenaufwand" – an Stelle einer "Aufwands-Periodisierung", d. h. Verteilung des Aufwandes auf die voraussichtlichen Nutzungsjahre dieser immateriellen Anlagegüter (z. B. Patente).
Die Vorrangstellung des Vorsichtsprinzips kommt auch darin zum Ausdruck, daß das abzuschließende Geschäftsjahr schon mit noch unrealisierten, jedoch bereits erkennbaren Verlustmöglichkeiten belastet werden soll.

Nach Adler/Düring/Schmaltz (Erl. zu § 252 HGB Tz 60) stellt sich das Vorsichtsprinzip als *Oberbegriff* für verschiedene Bewertungsgrundsätze dar, die im deutschen Bilanzrecht eine lange Tradition haben. Im einzelnen findet das Prinzip der Vorsicht seinen Niederschlag in den folgenden vier Bewertungsprinzipien:

(1) Realisationsprinzip

Das **Realisationsprinzip** bringt zum Ausdruck, daß *Gewinne* (und eigentlich auch Verluste) erst dann ausgewiesen werden dürfen, wenn sie durch Umsätze realisiert worden sind. Dies ist für Gewinne ausdrücklich im 2. Halbsatz von § 252 Abs. 1 Nr. 4 HGB formuliert: „Gewinne sind nur zu berücksichtigen, wenn sie am Abschlußstichtag realisiert sind".

Demnach verbietet das Realisationsprinzip den Ausweis **un**realisierter **Gewinne**. Nach herrschender Auffassung wird im allgemeinen ein Gewinn erst dann als realisiert angesehen, wenn die Lieferung eines Gutes erbracht oder die Dienstleistung beendet worden und der Anspruch auf Vergütung entstanden ist (vgl. Leffson, Grundsätze, S. 247 ff., insbes. S. 262 ff.). „Der Zahlungsvorgang spielt also keine Rolle. Das Realisationsprinzip soll verhindern, daß Beträge als Gewinnanteile oder Zinsen ausgeschüttet werden, die noch nicht entstanden sind" (Pougin, Bilanzpolitik, S. 10).

Jedoch gibt es einige *Ausnahmen* vom Realisationsprinzip, die Gegenstand von GoB sind. Beispielsweise besteht bei langfristiger Fertigung (z. B. Werften, Bauunternehmen) unter ganz bestimmten Voraussetzungen, die sämtlich erfüllt sein müssen, die Möglichkeit einer Teilgewinnrealisierung (vgl. Adler/Düring/Schmaltz, Erl. zu § 252 HGB Tz 86 ff.).

Das Realisationsprinzip hat seinen Niederschlag insbesondere darin gefunden, daß bei der Bewertung die (historischen) Anschaffungs- oder Herstellungskosten als Obergrenze zu beachten sind (vgl. § 253 Abs. 1 HGB: „Vermögensgegenstände sind *höchstens* mit den Anschaffungs- oder Herstellungskosten ... anzusetzen").

Das Realisationsprinzip gilt in der Handelsbilanz nicht uneingeschränkt; insbesondere gilt es *nicht* für unrealisierte Verluste. Diese Einschränkung erfolgt durch das sog. "Niederstwertprinzip" bzw. das sog. "Höchstwertprinzip".

(2) Tageswertprinzip

Das **Tageswertprinzip** bzw. Zeitwertprinzip fordert die Bewertung zum Tageswert (als Wiederbeschaffungs- oder Veräußerungswert) des Bilanzstichtages.

Dieses Prinzip würde den Ausweis unrealisierter Gewinne und Verluste zur Folge haben können und gilt daher nur im Rahmen des Niederstwertprinzips bzw. des Höchstwertprinzips.

(3) Niederstwertprinzip

Das **Niederstwertprinzip** besagt, daß von zwei (oder mehr) möglichen Wertansätzen bei der Bewertung der **Vermögensgegenstände** am Bilanzstichtag jeweils der **niedrigere** Wert in der Handelsbilanz anzusetzen ist.

Das Prinzip bewirkt, daß unrealisierte Gewinne nicht ausgewiesen werden, unrealisierte Verluste dagegen in voller Höhe bereits im abzuschließenden Geschäftsjahr berücksichtigt werden.

Auf Grund der *ungleichen* Behandlung von unrealisierten Gewinnen einerseits und unrealisierten Verlusten andererseits spricht man in diesem Zusammenhang auch vom "**Imparitätsprinzip**" (vgl. Adler/Düring/Schmaltz, Erl. zu § 252 HGB Tz 92).

Das Niederstwertprinzip bezieht sich auf die Aktivseite der Handelsbilanz und ist in folgenden Vorschriften verankert:
Schon bei einer *voraussichtlich* dauernden Wertminderung, d. h. also bereits dann, wenn noch nicht sicher ist, ob die Wertminderung dauernd sein wird, **müssen** bei den Gegenständen des **Anlagevermögens** außerplanmäßige Abschreibungen vorgenommen werden (§ 253 Abs. 2 S. 3 2. Halbsatz HGB). Die Vorschrift darf jedoch nicht dahingehend mißverstanden werden, daß nun auch alle Preisschwankungen beim Anlagevermögen berücksichtigt werden müssen (vgl. Pougin, Bilanzpolitik, S. 8).
Ein niedrigerer Wert, der den Gegenständen des Anlagevermögens am Abschlußstichtag *beizulegen* ist, **darf** (*muß* also *nicht*) in der Handelsbilanz angesetzt werden, wenn die Wertminderung voraussichtlich *nicht* dauernd ist (vgl. 1. Halbsatz von § 253 Abs. 2 S. 3 HGB). Deshalb wird hier mit Recht vom sog. "**gemilderten** Niederstwertprinzip" gesprochen. Zu beachten ist, daß dieses gemilderte Niederstwertprinzip gem. § 253 Abs. 2 S. 3 HGB für Einzelunternehmen und Personengesellschaften in der Handelsbilanz uneingeschränkt, d. h. für das gesamte Anlagevermögen gilt, während es für **Kapitalgesellschaften** nach § 279 Abs. 1 S. 2 HGB auf das **Finanz**-Anlagevermögen beschränkt wird.

Unabhängig von der Rechtsform haben *alle* Unternehmen das **Umlaufvermögen** in der Handelsbilanz nach dem sog. "**strengen** Niederstwertprinzip" zu bewerten. Sind also beispielsweise bei den Roh-, Hilfs- und Betriebsstoffen oder bei Wertpapieren des Umlaufvermögens die Anschaffungskosten höher als der Wert, der sich aus dem Börsen- oder Marktpreis am Abschlußstichtag ergibt, so **muß** dieser niedrigere Wert in der Handelsbilanz angesetzt werden. Denn in § 253 Abs. 3 S. 1 HGB heißt es: „Bei Vermögensgegenständen des Umlaufvermögens *sind* Abschreibungen vorzunehmen, um diese mit einem niedrigeren Wert anzusetzen, der sich aus dem Börsen- oder Marktpreis ergibt". Diese Abschreibungs-Pflicht gilt für die Handelsbilanz selbst bei nur vorübergehender Wertminderung am Bilanzstichtag (in diesem Sinne auch: Adler/Düring/Schmaltz, Erl. zu § 253 HGB Tz 512).

Ausfluß dieses strengen Niederstwertprinzipes ist auch die sog. "**verlustfreie Bewertung**" (vgl. Koch, S. 33 und S. 66). Danach müssen *drohende* Verluste beispielsweise aus dem (zukünftigen) Verkauf von unfertigen und fertigen Erzeugnissen bereits im abzuschließenden Geschäftsjahr berücksichtigt werden. Dies wird durch folgenden Wertansatz erreicht (vgl. Adler/Düring/Schmaltz, Erl. zu § 253 HGB Tz 524 ff.): Von dem erwarteten Absatzerlös (= Veräußerungspreis minus Erlösschmälerungen) werden die für die Leistungserstellung bisher angefallenen Kosten und die bis zum endgültigen Verkauf noch entstehenden Kosten abgezogen. Der so ermittelte "verlustfreie" Wert stellt einen im Sinne von § 253 Abs. 3 S. 2 HGB den Gegenständen des Umlaufvermögens „am Abschlußstichtag *beizulegenden* Wert" dar. Ist dieser Wert niedriger als die Anschaffungs- oder Herstellungskosten, so **muß** dieser niedrigere Wert aufgrund des strengen Niederstwertprinzipes für die Gegenstände des Umlaufvermögens in der Handelsbilanz angesetzt werden. In Kapitel 3 Abschnitt D XIII wird noch näher auf die "verlustfreie Bewertung" eingegangen.

Aus aktuellem Anlaß sei betont, daß die bisher gemachten Ausführungen zum Niederstwertprinzip nur für die **Handelsbilanz** gelten. Denn für die **Steuerbilanz** kam es diesbezüglich durch das *Steuerentlastungsgesetz 1999/2000/2002* v. 24.3.1999 zu z. T. gravierenden **Änderungen**:
So ist nach § 6 Abs. 1 Nr. 1 S. 2 und Nr. 2 S. 2 EStG n. F. **ab 1999** eine Abschreibung auf den niedrigeren "**Teilwert**" nur noch dann zulässig, wenn eine voraussichtlich *dauernde Wertminderung* vorliegt. Diese Voraussetzung (Vorliegen einer dauernden Wertminderung) muß sowohl für Wirtschaftsgüter des abnutzbaren Anlagevermögens als auch für Wirtschaftsgüter des nicht-abnutzbaren Anlagevermögens (z. B. Grundstücke, Finanz-Anlagevermögen) und für Wirtschaftsgüter des Umlaufvermögens erfüllt sein, damit in der Steuerbilanz eine "Teilwertabschreibung" vorgenommen werden kann. Auf die Problematik und Konsequenzen dieser neuen Vorschriften wird in Kapitel 3 (Abschnitte D VI, D IX, D XIII und D XVIII) noch eingegangen.

Weil aber in der Handelsbilanz bei der Bewertung des Umlaufvermögens das strenge Niederstwertprinzip beachtet werden muß, wird es ab 1999 für Wirtschaftsgüter des Umlaufvermögens *zwangsläufig* zu *unterschiedlichen* Wertansätzen in der Handelsbilanz einerseits und der Steuerbilanz andererseits kommen; bei Wirtschaftsgütern des Anlagevermögens *kann* die Nutzung des gemilderten Niederstwertprinzipes zu derartigen Bewertungsunterschieden und damit zu unterschiedlichen Gewinnen in Handels- und Steuerbilanz führen. Darauf wird im Zusammenhang mit der Steuerabgrenzung ("latente Steuern") in Kapitel 3 Abschnitt C VII noch einzugehen sein.
Hier ist zunächst nur festzuhalten: Die Neuregelungen des § 6 Abs. 1 Nr. 1 S. 2 und Nr. 2 S. 2 EStG n. F. zur Teilwertabschreibung bedeuten ab 1999 zum einen weitere *Durchbrechungen* des Maßgeblichkeitsprinzips der Handelsbilanz für die Steuerbilanz. Zum anderen gilt aufgrund der zusätzlichen Neuregelungen von § 6 Abs. 1 Nr. 1 S. 4 und Nr. 2 S. 3 EStG n. F. – an Stelle des steuerrechtlich bislang bestehenden "(Wert-)Beibehaltungswahlrechtes" – **ab 1999** ein striktes "**Wertaufholungsgebot**" für die Steuerbilanz. Hierauf wird an anderer Stelle (siehe Kapitel 3 Abschnitte D IX und D XVIII) noch ausführlicher einzugehen sein. Ebenfalls erst in Kapitel 3 (Abschnitt C X) soll auch das neue *Wahlrecht* behandelt werden, das mit der Einführung des steuerrechtlichen Wertaufholungsgebotes eng zusammenhängt und dem Steuerpflichtigen erlaubt, zunächst 1999 eine den steuerlichen Gewinn mindernde "**Wertaufholungs-Rücklage**" nach § 52 Abs. 16 S. 3 EStG (1999) zu bilden und sie erst in den folgenden vier Wirtschaftsjahren jeweils mit mindestens einem Viertel wieder aufzulösen.

(4)   Höchstwertprinzip

Das Pendant zum Niederstwertprinzip für die Aktiv-Seite der Beständebilanz bildet das **Höchstwertprinzip** für die Passiv-Seite. Es gilt in der Handelsbilanz zum einen für die Bewertung von **Verbindlichkeiten** und verlangt, daß von zwei möglichen Werten der **höhere** Wert angesetzt wird. Also muß bei niedrigerem Zeitwert am Bilanzstichtag der höhere (historische) "Rückzahlungsbetrag" bzw. umgekehrt bei höherem Zeitwert am Bilanzstichtag dieser höhere Wert in der Handelsbilanz passiviert werden.

Zu denken ist in diesem Zusammenhang beispielsweise an Verbindlichkeiten in fremder Währung (sog. Währungs- oder Valutaverbindlichkeiten). Sie müssen, da nach § 244 HGB der Jahresabschluß in DM bzw. Euro aufzustellen ist, für den Ansatz in der Bilanz in DM bzw. Euro umgerechnet werden. Hierbei ist für mittel- und langfristige Valutaverbindlichkeiten (Restlaufzeit über ein Jahr) zunächst der *Briefkurs* im Zeitpunkt der Entstehung der Währungsverbindlichkeiten für die *Erstverbuchung* heranzuziehen (vgl. Adler/Düring/Schmaltz, Erl. zu § 253 HGB Tz 95). Hat sich der Wechselkurs bis zum Abschlußstichtag (oder an folgenden Abschlußstichtagen) geändert, so folgt die Bewertung von Valutaverbindlichkeiten bei allen Kaufleuten dem **Grundsatz der Verlustantizipation** bzw. dem **Imparitätsprinzip** nach § 252 Abs. 1 Nr. 4 HGB. Dies bedeutet: Sind die Wechselkurse gegenüber dem Zeitpunkt der Erstverbuchung (oder dem vorhergehenden Abschlußstichtag) *gestiegen*, so *ist* der Ansatz der Valutaverbindlichkeiten entsprechend zu *erhöhen*; sind hingegen die Wechselkurse *gefallen*, so darf der Ansatz zum Zeitpunkt der Erstverbuchung *nicht unterschritten* werden (vgl. Adler/Düring/Schmaltz, Erl. zu § 253 HGB Tz 97).

Zum anderen ist das Höchstwertprinzip als Ausdruck des Vorsichtsprinzips auch zu beachten bei allen **Rückstellungen**, die in der Handelsbilanz nach § 249 HGB gebildet werden müssen bzw. dürfen. Nach § 253 Abs. 1 S. 2 1. Teilsatz HGB sind Rückstellungen „in Höhe des Betrages anzusetzen, der nach vernünftiger kaufmännischer Beurteilung notwendig ist".

Eine vorsichtige Bewertung bedeutet in diesem Zusammenhang, daß *im Zweifel* die Rückstellungsbeträge *eher zu hoch* als zu niedrig zu bemessen sind. Allerdings verlangt die Einschränkung "nach vernünftiger kaufmännischer Beurteilung notwendig", daß nur der Betrag als Rückstellung zu passivieren ist, den die Unternehmung voraussichtlich auch tatsächlich zu leisten haben wird.

Ferner wurde durch die Einfügung eines 2. Teilsatzes in § 253 Abs. 1 S. 2 HGB durch das VersBiRiLiG v. 24.6.1994 (BGBl. I 1994, S. 1377) klargestellt: „Rückstellungen dürfen nur abgezinst werden, soweit die ihnen zugrundeliegenden Verbindlichkeiten einen Zinsanteil enthalten" (§ 253 Abs. 1 S. 2 2. Teilsatz HGB). Demnach besteht in der **Handelsbilanz** – von einigen Ausnahmen, wie etwa bei Pensionsrückstellungen, abgesehen – für alle Kaufleute ein weitgehendes **Abzinsungsverbot** für Rückstellungen (so auch Glade, S. 679 f. und Adler/Düring/Schmaltz, Erl. zu § 253 HGB Tz 200).

In krassem Gegensatz dazu steht die durch das *Steuerentlastungsgesetz 1999/2000/ 2002* v. 24.3.1999 erfolgte **Neuregelung** der Bewertung von Rückstellungen und Verbindlichkeiten in der **Steuerbilanz** nach § 6 Abs. 1 Nr. 3 und Nr. 3a EStG n. F. Hiernach hat der Steuerpflichtige nunmehr in seiner Steuerbilanz ein generelles **Abzinsungsgebot** beim Ansatz von Verbindlichkeiten und Rückstellungen zu beachten. Im einzelnen gilt das Folgende:

Nach § 6 Abs. 1 Nr. 3 S. 1 EStG n. F. *sind* **Verbindlichkeiten** mit einem Zinssatz von 5,5 % *abzuzinsen*. Ausgenommen von der Abzinsung sind nur

- Verbindlichkeiten, deren (Rest-)Laufzeit am Bilanzstichtag weniger als 12 Monate beträgt,
- Verbindlichkeiten, die verzinslich sind, und
- Verbindlichkeiten, die auf einer Anzahlung oder Vorausleistung beruhen (vgl. § 6 Abs. 1 Nr. 3 S. 2 EStG n. F.).

Die Grundsätze, die bei der Bemessung von **Rückstellungen** in der Steuerbilanz nunmehr zu berücksichtigen sind, werden recht detailliert in der eingefügten Nr. 3a von § 6 Abs. 1 EStG formuliert. Im einzelnen verlangt § 6 Abs. 1 Nr. 3a EStG n. F.:

- „Bei Rückstellungen für gleichartige Verpflichtungen ist auf der Grundlage der Erfahrungen in der Vergangenheit aus der Abwicklung solcher Verpflichtungen die *Wahrscheinlichkeit* zu berücksichtigen, daß der Steuerpflichtige *nur zu einem Teil* der Summe dieser Verpflichtungen in Anspruch genommen wird" (§ 6 Abs. 1 Nr. 3a Buchstabe a EStG n. F.). Diese Regelung soll sich nach dem 3. Bericht des Finanzausschusses zum Gesetzentwurf des Steuerentlastungsgesetzes 1999/2000/2002 auf *alle* steuerlich anerkannten Rückstellungen nach § 249 Abs. 1 HGB beziehen (vgl. BT-Drucksache 14/443).
- „Rückstellungen für Sachleistungsverpflichtungen sind mit den Einzelkosten und den angemessenen Teilen der notwendigen Gemeinkosten zu bewerten" (§ 6 Abs. 1 Nr. 3a Buchstabe b EStG n. F.).
- Im Wege einer "Gegenrechnung" müssen *künftige Vorteile* (z. B. Einnahmen), die mit der Erfüllung der Verpflichtung voraussichtlich verbunden sein werden, bei der Bemessung der Rückstellung wertmindernd berücksichtigt werden, es sei denn, diese Vorteile sind als Forderungen zu aktivieren (vgl. § 6 Abs. 1 Nr. 3a Buchstabe c EStG n. F.). Derartige "Vorteile" können z. B. Rückgriffsrechte gegen Versicherer, Kippgebühren bei Rekultivierungsverpflichtungen oder Rückgriffsforderungen eines Bauunternehmers gegen seine Subunternehmer bei Garantieverpflichtungen sein (vgl. Hoffmann, Steuerentlastungsgesetz, S. 387).
- „Rückstellungen für Verpflichtungen, für deren Entstehen im wirtschaftlichen Sinne der laufende Betrieb ursächlich ist, sind zeitanteilig *in gleichen Raten* anzusammeln" (§ 6 Abs. 1 Nr. 3a Buchstabe d S. 1 EStG n. F.). Diese Pflicht zur "ratierlichen Ansammlung" gilt auch für Rückstellungen für die Verpflichtung, ein Kernkraftwerk stillzulegen, und zwar ab dem Zeitpunkt der erstmaligen Nutzung bis zum Zeitpunkt, in dem mit der Stillegung begonnen werden muß; steht der Zeitpunkt der Stillegung noch nicht fest, beträgt der Ansammlungszeitraum 25 Jahre (vgl. § 6 Abs. 1 Nr. 3a Buchstabe d S. 2 EStG n. F.).
- Sowohl Rückstellungen für Geldleistungsverpflichtungen als auch für Sachleistungsverpflichtungen *sind* mit einem Zinssatz von 5,5 % *abzuzinsen* (vgl. § 6 Abs. 1 Nr. 3a Buchstabe e S. 1 EStG n. F.; siehe auch: BT-Drucksache 14/443). Von diesem Abzinsungs**gebot** ausgenommen sind kurzfristig (d. h. binnen

12 Monaten) fällige Rückstellungsverpflichtungen (vgl. § 6 Abs. 1 Nr. 3a Buchstabe e S. 1 2. Halbsatz EStG n. F.).

Wichtig erscheinen noch zwei Hinweise: (1) Das neue Abzinsungsgebot des § 6 Abs. 1 Nr. 3 und Nr. 3a EStG n. F. ist *auch* für Verbindlichkeiten und Rückstellungen anzuwenden, die bereits am Ende eines *vor* dem 1.1.1999 endenden Wirtschaftsjahres in der Steuerbilanz angesetzt bzw. gebildet worden sind (vgl. § 52 Abs. 16 S. 6 und S. 8 EStG 1999). (2) Für den Gewinn, der sich aus der erstmaligen Anwendung des § 6 Abs. 1 Nr. 3 und Nr. 3a EStG n. F. bei den zuvor genannten Verbindlichkeiten und Rückstellungen ergibt, *kann* (= Wahlrecht) in der Steuerbilanz jeweils in Höhe von neun Zehntel eine den Gewinn mindernde **Rücklage** gebildet werden, die in den folgenden neun Wirtschaftsjahren jeweils mit *mindestens* einem Neuntel gewinnerhöhend aufzulösen ist (vgl. § 52 Abs. 16 S. 7 und S. 10 EStG 1999). Auf diese Wahlrechte wird in Kapitel 3 (Abschnitt C XVI) noch zurückzukommen sein.

Hier ist zunächst nur festzuhalten: Die Neuregelungen des § 6 Abs. 1 Nr. 3 und Nr. 3a EStG führen insbes. durch das grundsätzliche Abzinsungsgebot für Verbindlichkeiten und Rückstellungen **ab 1999** zu weiteren *Durchbrechungen* des Maßgeblichkeitsprinzips der Handelsbilanz für die Steuerbilanz (so auch: Hoffmann, Steuerentlastungsgesetz, S. 388).
Diese Durchbrechungen – wie auch die Durchbrechungen aufgrund der Neuregelung zur Teilwertabschreibung (und zum strikten Wertaufholungsgebot) nach § 6 Abs. 1 Nr. 1 und Nr. 2 EStG n. F. – sind vom Gesetzgeber durchaus gewollt. Denn in den Begründungen der Fraktionen SPD und BÜNDNIS 90/DIE GRÜNEN sowie der Bundesregierung zum Gesetzentwurf des Steuerentlastungsgesetzes 1999/2000/ 2002 heißt es u. a. zur Änderung von § 6 EStG:
„Die handelsrechtliche Gewinnermittlung ist inzwischen nicht nur im Hinblick auf die enge Verknüpfung mit der steuerlichen Gewinnermittlung unbefriedigend. Die deutschen Vorschriften werden zunehmend kritisiert, da ihre auf dem Gläubigerschutz basierenden Prinzipien nur einen eingeschränkten Blick auf die tatsächliche Ertragslage ermöglichen. Sie behindert auch die Globalisierungsbemühungen deutscher Unternehmen.
Daher wird die steuerliche Gewinnermittlung im Zuge der Steuerreform objektiviert. Die *Bindung* an die Handelsbilanz (Maßgeblichkeit) wird insoweit *aufgegeben*" (BT-Drucksache 14/23, 14/265 und BR-Drucksache 910/98, zitiert nach Cattelaens/Niermann/Tausch, S. 189 f.).

Kehren wir nun nach der Darstellung der vier Bewertungsprinzipien, die dem Vorsichtsprinzip immanent sind, zu dem Ausgangspunkt zurück, so fällt auf, daß § 252 Abs. 1 Nr. 4 HGB im Zusammenhang mit einer "vorsichtigen Bewertung" ausdrücklich folgendes verlangt: Alle vorhersehbaren Risiken und Verluste, die bis zum Abschlußstichtag entstanden sind, müssen *selbst dann* schon in der Bilanz des abzuschließenden Geschäftsjahres berücksichtigt werden, „*wenn* diese (Risiken und Verluste) *erst zwischen* dem Abschlußstichtag und dem Tag der Aufstellung des Jahresabschlusses *bekannt*geworden sind". Mit dieser Formulierung ist die sog. "**Wert-Aufhellungstheorie**", die bisher – aufgrund höchstrichterlicher Rechtsprechung – nur Bestandteil der GoB war, durch das BiRiLiG expressis verbis im neuen Bilanzrecht des HGB kodifiziert worden.

Demnach „müssen alle Informationen über **Vorgänge vor** dem Bilanzstichtag berücksichtigt werden, die **nach** dem Bilanzstichtag, aber **vor** der Aufstellung des Jahresabschlusses bekannt werden" (Coenenberg, Jahresabschluß, S. 37; vgl. auch: Adler/Düring/Schmaltz, Erl. zu § 252 HGB Tz 33 ff. und Tz 76 ff.). Bei dieser "Wert-Aufhellungstheorie" geht es um Fälle, in denen unvollständige Kenntnisse über die Werte von Wirtschaftsgütern am Abschlußstichtag durch solche Informationen "aufgehellt" werden, die man erst im Laufe des neuen Geschäftsjahres bis zum Bilanzerstellungstag erhalten hat (vgl. BFH-Urteil vom 27.4.1965, BStBl III, S. 409). Dabei muß zwischen "wert-aufhellenden" Tatsachen einerseits und "wert-beeinflussenden" Tatsachen andererseits unterschieden werden; eine diesbezügliche Klarstellung wurde im BFH-Urteil v. 4.4.1973 (BStBl II, S. 485 f.) versucht. Daß dennoch viele Fragen zur "Wertaufhellung" in konkreten Fällen unbeantwortet blieben, zeigen u. a. die Arbeit von Ciric und der Aufsatz von Hoffmann (Wertaufhellung).
Grundsätzlich nicht berücksichtigt werden dürfen demnach solche "wert-beeinflussenden" Ereignisse, die erst **nach** dem Bilanzstichtag **eingetreten** sind, die aber zu einem anderen Wertansatz des Wirtschaftsgutes geführt hätten, wenn sie bereits früher eingetreten wären (so auch Coenenberg, Jahresabschluß, S. 37).

Erlangt der Bilanzierende erst **nach** dem Zeitpunkt der Bilanzerstellung eine bessere Kenntnis von den Verhältnissen am Bilanzstichtag, so darf dies **nicht** mehr berücksichtigt werden; eine Bilanzberichtigung oder -änderung aus diesem Grunde kommt grundsätzlich nicht in Betracht.

In engem Zusammenhang mit dem Vorsichtsprinzip ist schließlich auch noch das sog. "**Gläubigerschutzprinzip**" zu sehen. Bei diesem Prinzip des Gläubigerschutzes steht die Erhaltung der Haftungssubstanz im Vordergrund. Ziel ist es, einen überhöhten Gewinnausweis bzw. eine Gewinnausschüttung zu verhindern, um auf diese Weise die Haftungssubstanz der Unternehmung als Sicherheit für die Forderungen der Gläubiger möglichst hoch zu (er-)halten. Da dies nur durch eine vorsichtige Bewertung des Vermögens und damit durch eine vorsichtige Gewinnermittlung erreicht werden kann (vgl. Wöhe, Bilanzierung, S. 43 f. und S. 346), führen Gläubigerschutzprinzip und Vorsichtsprinzip trotz unterschiedlicher Zielsetzung letztlich zum gleichen Ergebnis.

f) Abgrenzungsprinzip

§ 252 Abs. 1 Nr. 5 HGB verlangt: „Aufwendungen und Erträge des Geschäftsjahres sind unabhängig von den Zeitpunkten der entsprechenden Zahlungen im Jahresabschluß zu berücksichtigen".

Das mit dieser Formulierung umschriebene (**Perioden-**)**Abgrenzungsprinzip** ergänzt die Vorschriften zu den Rechnungsabgrenzungsposten in § 250 HGB und zum Vollständigkeitsprinzip des § 246 Abs. 1 HGB für die Bilanz dadurch, daß ausdrücklich die Frage der Periodisierung der Geschäftsvorfälle geregelt wird (vgl. Glade, S. 657). Es wird somit auf eine klare Unterscheidung zwischen "Aufwendungen" und "Ausgaben" einerseits und "Erträgen" und "Einnahmen" andererseits abgehoben: Für die Ermittlung des Jahresüberschusses/-fehlbetrages eines Geschäftsjahres als Teilperiode in der Gesamtlebensdauer (Totalperiode) einer Unternehmung kommt es *nicht* auf den *Zahlungszeitpunkt* an, sondern auf die *verursachungsgerechte Zurechnung* der Beträge auf die einzelne *Teilperiode*. Insofern dient das Abgrenzungsprinzip letztlich der *periodengerechten Gewinnermittlung*. Es kann deshalb auch als Begründung dafür herangezogen werden, warum die Bildung von sog. "Aufwandsrückstellungen" (siehe Kapitel 3 Abschnitt C XV) in der Handelsbilanz seit dem BiRiLiG zulässig ist.

Auch vom Grundsatz der Periodenabgrenzung – oder, wie es Adler/Düring/Schmaltz (Erl. zu § 252 HGB Tz 102) ausdrücken, vom **Prinzip der verursachungsgerechten Periodenzurechnung** – *darf* in der Handelsbilanz nach § 252 Abs. 2 HGB in begründeten Fällen *abgewichen* werden. Als Ausnahmen kommen vor allem die vom HGB selbst bestimmten Abweichungen in Betracht. Dazu gehören (vgl. Kapitel 3):

- *Bilanzierungs-Wahlrechte*, z. B. bezüglich eines Disagios nach § 250 Abs. 3 HGB und eines "Geschäfts- oder Firmenwertes" nach § 255 Abs. 4 HGB oder der Bildung von "Sonderposten mit Rücklageanteil" nach § 247 Abs. 3 HGB und von "Aufwandsrückstellungen" nach § 249 Abs. 2 HGB; derartige Bilanzierungswahlrechte führen dazu, daß bei Nichtaktivierung oder Passivierung bestimmte Aufwendungen früher verrechnet werden;
- *Bewertungswahlrechte*, z. B. bezüglich eines „in Zukunft erwarteten niedrigeren Wertes" bei Gegenständen des Umlaufvermögens nach § 253 Abs. 3 S. 3 HGB, der Berücksichtigung von eigentlich „nur steuerrechtlich zulässigen Abschreibungen" in der Handelsbilanz nach § 254 HGB oder des Ansatzes von bestimmten Herstellungskosten nach § 255 Abs. 2 S. 3 und S. 4 HGB.

Die Ausübung derartiger Wahlrechte kann in der Handelsbilanz „zudem in späteren Rechnungsperioden zu Erträgen führen, die nur buchmäßig anfallen und die in Wirklichkeit eine Korrektur früher zu hoch verrechneter Aufwendungen darstellen" (Adler/Düring/Schmaltz, Erl. zu § 252 HGB Tz 102).

g) Grundsatz der Bewertungsmethoden-Stetigkeit

Der **Grundsatz der Bewertungsmethoden-Stetigkeit** wird in § 252 Abs. 1 Nr. 6 HGB artikuliert: „Die auf den vorhergehenden Jahresabschluß angewandten Bewertungsmethoden sollen beibehalten werden".

Mit dieser Vorschrift wurde der Grundsatz der Bewertungsmethoden-Stetigkeit erstmals im deutschen HGB kodifiziert. Dabei hat die Gesetzesformulierung dieses Grundsatzes zu einer „gewissen Verunsicherung über seine praktischen Auswirkungen geführt" (Göllert/Ringling, S. 12) und eine – z. T. sehr kontroverse – Diskussion über die Frage ausgelöst, „was Bewertungsstetigkeit ist und was nicht" (Forster, Bewertungsstetigkeit, S. 31).

Zum Einstieg sei daran erinnert, daß die Verpflichtung, einmal gewählte Bewertungsmethoden grundsätzlich beizubehalten, keineswegs neu ist; vielmehr zählte sie bisher schon – d. h. *vor* dem BiRiLiG – zu den GoB, und zwar wurde sie meist im Zusammenhang mit der sog. "**materiellen Bilanzkontinuität**" erwähnt (so u. a. auch: Glade, S. 103 und S. 659). *Neu* war insofern zunächst einmal nur, daß der Grundsatz der Bewertungsmethoden-Stetigkeit nunmehr im HGB **kodifiziert** wurde.

Mit der Kodifizierung hat sich jedoch nichts daran geändert, daß der Grundsatz der Bewertungsmethoden-Stetigkeit für die Handelsbilanzen **aller** Kaufleute gilt, also rechtsform-*un*abhängig zu beachten ist (so auch: Forster, Bewertungsstetigkeit, S. 33).

Früher als GoB, heute als kodifizierte Vorschrift soll die Beibehaltung der angewandten Bewertungsmethoden zur **internen Vergleichbarkeit** der Jahresabschlüsse eines Unternehmens über *mehrere* Perioden hinweg beitragen (vgl. hierzu auch Rümmele, S. 10 f.); um diese – unbestritten erforderliche – intertemporale Vergleichbarkeit zu erreichen, muß ein von Jahr zu Jahr *willkürlicher* (und vom externen Bilanzadressaten womöglich nicht erkennbarer) Wechsel der angewandten Bewertungsmethoden verhindert werden.

Deshalb ist unstrittig, daß der Grundsatz der Bewertungsmethoden-Stetigkeit für alle Vermögensgegenstände gilt, die *bereits* im Vorjahr *bilanziert* worden sind. Wurde z. B. ein Gegenstand des Anlagevermögens im Vorjahr linear abgeschrieben, so ist er planmäßig weiterhin linear abzuschreiben, solange nicht neue Sachverhalte zu einer Änderung des Abschreibungsplanes (z. B. einer außerplanmäßigen Abschreibung) zwingen (vgl. Forster, Bewertungsstetigkeit, S. 36). Ebenso ist z. B. für die Bewertung von fertigen oder unfertigen Erzeugnissen, die weiterhin zum Produktionsprogramm des bilanzierenden Unternehmens gehören, dieselbe Methode wie im Vorjahr zur Ermittlung der Herstellungskosten anzuwenden; wenn also im Vorjahr beispielsweise nur die Einzelkosten, jedoch keine anteiligen Gemeinkosten in die Herstellungskosten für die Handelsbilanz eingerechnet wurden, so ist im Folgejahr bei der Ermittlung der Herstellungskosten zur Bewertung der unfertigen bzw. fertigen Erzeugnisse auf dieselbe Weise zu verfahren.

Jedoch erscheint in diesem Zusammenhang der Hinweis wichtig, daß § 252 Abs. 1 Nr. 6 HGB *nicht* "*Bewertungsstetigkeit*", sondern – wesentlich enger – allein "Bewertungs**methoden**-Stetigkeit" verlangt. Das heißt, nicht die im vorangegangenen Jahresabschluß erfolgte Bewertung (= Wertansatz) ist beizubehalten, sondern nur die für die Bewertung herangezogene **Methode**. Dies bedeutet vor allem zweierlei:

Zum einen ist fast selbstverständlich, daß sich *trotz Beibehaltung* derselben *Methode* etwa zur Ermittlung der Herstellungskosten ein ganz *anderer Wert* als Bilanzansatz für unfertige Erzeugnisse ergeben kann, weil z. B. die Lohn- oder Material(einzel)kosten gegenüber dem Vorjahr erheblich gestiegen sind.

Zum anderen bezieht sich der Stetigkeitsgrundsatz nur auf Bewertungs-Methoden, hingegen **nicht** auch auf eine stets gleiche Ausübung von **Bilanzierungswahlrechten** (vgl. Forster, Bewertungsstetigkeit, S. 38); die freie Inanspruchnahme von Bilanzierungswahlrechten (Ansatzwahlrechten) wird also durch die Vorschrift des § 252 Abs. 1 Nr. 6 HGB **nicht eingeschränkt** (vgl. Glade, S. 132 und S. 664 f.; so auch Adler/Düring/Schmaltz, Erl. zu § 252 HGB Tz 110). Demnach kann ein Bilanzierender, der sich einmal dafür entschieden hatte, z. B. einen derivativen Firmenwert zu aktivieren, beim nächsten Unternehmenskauf frei entschließen, den neuen derivativen Firmenwert nicht zu aktivieren; ebenso ist er nicht daran gebunden, das Bilanzierungswahlrecht für ein Disagio bei jeder Kreditaufnahme stets gleich, d. h. wie in den Vorjahren auszuüben. Generell sprechen sowohl Wortlaut, Stellung im Gesetzestext als auch Sinn des Grundsatzes der Bewertungsmethoden-Stetigkeit dafür (vgl. Rümmele, S. 29 ff.), daß die Ausübung von Bilanzierungswahlrechten **nicht** dem Stetigkeitsgebot des § 252 Abs. 1 Nr. 6 HGB unterliegt (vgl. Forster, Bewertungsstetigkeit, S. 38 f.).

Bei dieser vom Gesetzgeber gewollten Beschränkung des Stetigkeitsgrundsatzes auf Bewertungs-Methoden darf aber zugleich der Begriff der "**Bewertungsmethode**" m. E. nicht zu eng ausgelegt werden. Wenn etwa das bilanzierende Unternehmen eine Maschine bisher degressiv abgeschrieben hat und nun auf die lineare Abschreibung übergehen will, so liegt sicherlich ein *Methoden-Wechsel* vor. Ein solches **Bewertungswahlrecht** für den Wechsel der Abschreibungsmethode wird aber sowohl handelsrechtlich als auch steuerrechtlich ausdrücklich eingeräumt (vgl. § 7 Abs. 3 S. 1 EStG). Deshalb kann m. E. der Grundsatz der Bewertungsmethoden-Stetigkeit des § 252 Abs. 1 Nr. 6 HGB doch wohl nicht so streng interpretiert werden, daß die Ausübung eines solchen Wahlrechtes (hier: Übergang von einer Abschreibungsmethode auf eine andere) plötzlich als Verstoß gegen den Stetigkeitsgrundsatz gewertet würde und daher unzulässig wäre. Dann würden die gesetzlich eingeräumten Bewertungswahlrechte einen wesentlichen Teil ihrer Bedeutung verlieren (so auch Glade, S. 132). Einer solchen Auffassung muß widersprochen werden, denn m. E. schließt der Grundsatz der Bewertungsmethoden-Stetigkeit die Inanspruchnahme von Bewertungswahlrechten **nicht** aus (so auch: Glade, S. 664 f.; anderer Ansicht: Adler/Düring/Schmaltz, Erl. zu § 252 HGB Tz 107).

Deshalb dürfte m. E. aus dem Grundsatz der Bewertungsmethoden-Stetigkeit auch **nicht** gefolgert werden, daß das bilanzierende Unternehmen für eine Ersatz-Maschine, die im Folgejahr angeschafft wird, daran gebunden ist, auch für diese Ersatz-Anlage zunächst eine degressive Abschreibung vorzunehmen und anschließend auf die lineare Abschreibung übergehen zu *müssen*, nur weil dieser Wechsel der Abschreibungsmethoden bei der ursprünglichen Maschine praktiziert wurde. Für die Ersatz-Maschine können nämlich ganz andere technische und wirtschaftliche Bedingungen gelten, die dann auch einen anderen Abschreibungsplan verlangen.

Dies führt zu dem nächsten generelleren Aspekt: Die "**Beibehaltung**" einer einmal angewandten Bewertungsmethode setzt im strengen Wortsinne voraus, daß **gleiche** Sachverhalte zu bewerten sind; d. h. umgekehrt, daß von einem "**Methodenwechsel**" immer dann gar nicht gesprochen werden kann, wenn neue sachliche Gegebenheiten bei der Bewertung zu berücksichtigen sind. So dürfte z. B. die Entscheidung über die zu wählende Abschreibungsmethode bei **Neuzugängen** im Anlagevermögen in vielen Fällen unabhängig von den bisher angewandten Methoden erfolgen können, weil aufgrund neuer technischer Eigenschaften der Maschinen (Nutzungsdauer, Einsatzmöglichkeiten, Reparaturanfälligkeit) oder/und neuer wirtschaftlicher Rahmenbedingungen (neues Produkt, veränderte Nachfragesituation) auch neue Abschreibungsdeterminanten entstanden sind (vgl. Göllert/Ringling, S. 13 und Rümmele, S. 28 f.).

Schließlich muß stets berücksichtigt werden: Der Grundsatz der Bewertungsmethoden-Stetigkeit in § 252 Abs. 1 Nr. 6 HGB wurde nicht als Muß-, sondern nur als **Soll**-Vorschrift („... sollen beibehalten werden") formuliert (vgl. dazu: Adler/Düring/Schmaltz, Erl. zu § 252 HGB Tz 109). Eine solche Formulierung impliziert bereits, daß es zulässig ist, den Grundsatz der Bewertungsmethoden-Stetigkeit zu **durchbrechen.** Zur Unterstützung dieser Auffassung kann auch noch § 252 Abs. 2 HGB herangezogen werden, in dem es ausdrücklich heißt: Von den in Abs. 1 desselben Paragraphen genannten Bewertungsgrundsätzen, zu denen auch der Grundsatz der Bewertungsmethoden-Stetigkeit gehört, *darf* in „begründeten **Ausnahmefällen** *abgewichen* werden". Es stellt sich daher die Frage, welche Gründe ein derartiges Abweichen vom Stetigkeitsgrundsatz rechtfertigen.

Dabei ist zum einen an Gründe zu denken, bei denen vom Grundsatz der Bewertungsmethoden-Stetigkeit sogar abgewichen werden **muß**. Dieser Fall könnte z. B. dann eintreten, wenn durch Rechtsänderung (etwa: Verbot der degressiven Abschreibung) eine bisher angewandte Bewertungsmethode nicht mehr erlaubt ist. Aber auch dann, wenn die Zulässigkeit einer Bewertungsmethode von bestimmten Bedingungen abhängt, würde der Wegfall einer notwendigen Bedingung stets eine Methodenänderung erzwingen (vgl. Göllert/Ringling, S. 12).

Zum anderen können Gründe vorliegen, bei denen vom Grundsatz der Bewertungsmethoden-Stetigkeit abgewichen werden **darf**. Zu denken wäre hier beispielsweise an verschiedene "**Beibehaltungswahlrechte**", die das HGB ausdrücklich gewährt (vgl. § 253 Abs. 5 HGB) und die *nicht* plötzlich wegen des Stetigkeitsgebots zu Beibehaltungs-*pflichten* werden können. Ferner kann § 253 Abs. 4 HGB, der einen niedrigeren Wertansatz "im Rahmen vernünftiger kaufmännischer Beurteilung" erlaubt, als eine gesetzliche Vorschrift angesehen werden, die ein Abweichen vom Grundsatz der Bewertungsmethoden-Stetigkeit gestattet, weil sie einen Bilanzansatz *ohne* Befolgung einer bestimmten Bewertungsmethode zuläßt (vgl. Forster, Bewertungsstetigkeit, S. 40). Zahlreiche weitere "Ausnahmefälle" im Sinne des § 252 Abs. 2 HGB, in denen Gründe vorliegen, die von der Sache her eine Durchbrechung des Stetigkeitsgebots rechtfertigen, nennen Adler/Düring/Schmaltz (Erl. zu § 252 HGB Tz 113), Forster (Bewertungsstetigkeit, S. 41), Glade (S. 131 f. und S. 665 f.), Göllert/Ringling (S. 12 f.) und Rümmele (S. 61 ff.).

Im Zusammenhang mit der Durchbrechung des Grundsatzes der Bewertungsmethoden-Stetigkeit ist außerdem zu beachten: Abweichungen von der Stetigkeit haben bei **Kapitalgesellschaften** besondere **Erläuterungspflichten** zur Folge (vgl. Forster, Bewertungsstetigkeit, S. 41 und Glade, S. 666); denn nach § 284 Abs. 2 Nr. 3 HGB **müssen** Kapitalgesellschaften Abweichungen von bisher angewandten Bewertungsmethoden im

Anhang angeben und begründen (d. h. wirtschaftlich rechtfertigen) sowie deren Einfluß auf die Vermögens-, Finanz- und Ertragslage gesondert darstellen. Für alle **anderen Kaufleute** besteht diese Erläuterungspflicht **nicht**; d. h., wenn sie die Bewertungsmethoden-Stetigkeit unterbrechen, „so wird dies nach außen hin nicht erkennbar, sofern nicht auf freiwilliger Basis entsprechende Angaben gemacht werden" (Forster, Bewertungsstetigkeit, S. 42).

h) Anschaffungs- oder Herstellungskosten als Wertobergrenze

Wie schon mehrmals erwähnt, bestimmt § 253 Abs. 1 S. 1 HGB, daß Vermögensgegenstände *höchstens* mit den **Anschaffungs- oder Herstellungskosten** anzusetzen sind; d. h., die historischen Anschaffungs- oder Herstellungskosten bilden für Gegenstände des Anlage- oder Umlaufvermögens stets die **Wertobergrenze** für den Bilanzansatz. Nach deutschem Bilanzrecht dürfen deshalb z. B. für ein Grundstück oder ein Gebäude selbst dann keine höheren Werte als die Anschaffungs- oder Herstellungskosten in der Handelsbilanz angesetzt werden, wenn der Verkehrswert z. B. nach 20 Jahren um ein Vielfaches über dem bei der Anschaffung des Grundstückes gezahlten Kaufpreis oder den zur Herstellung des Gebäudes aufgewendeten Beträgen liegt.

Häufig werden die historischen Anschaffungs- oder Herstellungskosten sogar noch *unter*schritten, weil **Abschreibungen** vorgenommen werden müssen. Dabei ist zwischen Gegenständen des Anlagevermögens und Gegenständen des Umlaufvermögens zu unterscheiden:

So bestimmt § 253 Abs. 2 S. 1 HGB, daß bei Vermögensgegenständen des **Anlagevermögens**, deren *Nutzung zeitlich begrenzt* ist, die Anschaffungs- oder Herstellungskosten um **planmäßige** Abschreibungen zu vermindern sind. Außerdem **müssen** bei allen Gegenständen des Anlagevermögens – also auch bei solchen, deren Nutzung zeitlich *nicht* begrenzt ist – **außerplanmäßige** Abschreibungen vorgenommen werden, wenn bei ihnen eine voraussichtlich *dauernde* Wertminderung eingetreten ist (vgl. 2. Halbsatz von § 253 Abs. 2 S. 3 HGB).

Bei Vermögensgegenständen des **Umlaufvermögens** kann es zwar keine planmäßigen Abschreibungen geben, sehr häufig aber *außer*planmäßige. So **sind** nach § 253 Abs. 3 HGB (außerplanmäßige) Abschreibungen beim Umlaufvermögen vorzunehmen (= "**strenges Niederstwertprinzip**"), wenn der sich aus dem Börsen- oder Marktpreis ergebende Wert oder der den Wirtschaftsgütern am Abschlußstichtag beizulegende Wert *niedriger* ist als die aufgewendeten Anschaffungs- oder Herstellungskosten für die jeweiligen Gegenstände des Umlaufvermögens.

Obwohl die Anschaffungs- oder Herstellungskosten stets die Wertobergrenze für den Wertansatz darstellen und ggf. Abschreibungen berücksichtigt werden müssen, ergibt sich aus diesen allgemein-gültigen Bewertungsvorschriften des § 253 HGB keineswegs nur ein einziger zulässiger Wertansatz für einen bestimmten Gegenstand des Anlage-

oder Umlaufvermögens. Denn es ist an dieser Stelle bereits auf folgendes hinzuweisen: Sowohl bezüglich der Frage, welche Kostenarten in welcher Höhe im konkreten Fall in die Anschaffungs- oder Herstellungskosten zur Bewertung eines bestimmten Vermögensgegenstandes eingerechnet werden dürfen (vgl. insbes. § 255 HGB), als auch bezüglich der Bemessung der Abschreibungen nach Art und Höhe gewähren Handels- und Steuerrecht zahlreiche **Bewertungswahlrechte**. Je nach Ausübung dieser Wahlrechte ergeben sich jeweils ganz *unterschiedliche* Wertansätze, die dennoch jeweils *zulässig* sind. Auf diese Bewertungswahlrechte wird in Kapitel 3 Abschnitt D im einzelnen noch näher einzugehen sein.

C. Folgen der Verletzung von Rechnungslegungspflichten (§§ 331 ff. HGB)

I. Verstöße gegen Rechnungslegungspflichten

Ein Verstoß gegen die Rechnungslegungspflichten liegt vor bei Verletzung der Buchführungspflicht, bei Bilanzverschleierung, bei Bilanzfälschung sowie bei Verletzung der Pflicht zur Offenlegung von Jahresabschluß und Lagebericht.

Zur **Verletzung der Buchführungspflichten** zählen insbes. das Nicht-Führen von Büchern, die fehlende oder fehlerhafte Durchführung der Inventur (zur Erstellung eines Inventars als Grundlage und Vorbereitung für die Bilanzaufstellung), der Verstoß gegen das "Belegprinzip" (= "keine Buchung ohne Beleg") oder die Vernichtung von Belegen bzw. Büchern.

Von "**Bilanzverschleierung**" spricht man dann, wenn an sich richtige Wertansätze bzw. Verhältnisse in der Bestände-Bilanz, in der Gewinn- und Verlustrechnung, im Anhang oder im Lagebericht unklar oder undurchsichtig dargestellt werden. Die Bilanzverschleierung besteht somit in der Beeinträchtigung der **Klarheit** und **Übersichtlichkeit** im Sinne des § 243 Abs. 2 HGB, betrifft also die Form der Darstellung, d. h. insbes. den Inhalt bzw. die Bezeichnung der Bilanzpositionen und die Gliederung (vgl. § 265 Abs. 1 S. 1, § 266 und § 275 HGB). Dabei ist zu beachten, daß gem. § 238 Abs. 1 S. 2 HGB der "sachverständige Dritte" den Maßstab für die Richtigkeit der gesamten Buchführung und Bilanzierung darstellt. Da Gliederungsmängel von ihm i. d. R. leicht erkannt werden, dürften derartige Mängel tatbestandsmäßig relativ häufig unerheblich sein (vgl. Tiedemann, GmbH-Strafrecht, Rdn. 75 vor §§ 82 ff.). Bilanzverschleierung reduziert sich daher insgesamt auf die Fälle, in denen die Verhältnisse der Unternehmung infolge der Verschleierung auch für den sachverständigen Dritten *nur schwer erkennbar* sind, z. B. weil gegen das Gebot des getrennten Ausweises bestimmter Posten oder gegen das allgemeine Verrechnungsverbot des § 246 Abs. 2 HGB verstoßen wurde.

Hingegen liegt "**Bilanzfälschung**" dann vor, wenn die Verhältnisse der Unternehmung im Jahresabschluß oder Lagebericht bewußt *unrichtig* wiedergegeben werden. Die unrichtige Wiedergabe betrifft also die *materielle Bilanzwahrheit* und kann angesichts des Vollständigkeitsgebotes (gem. § 246 Abs. 1 HGB) auch in der *Unvollständigkeit* der Darstellung der Verhältnisse liegen (vgl. Tiedemann, Bilanzstrafrecht, S. 4). Beispiele für eine derartige Bilanzfälschung wären die Nicht-Aktivierung von Vermögensgegenständen (etwa von Rohstoffen, unfertigen oder fertigen Erzeugnissen, Waren, Forderungen oder Bargeldbeständen) oder das Weglassen einzelner Schuldposten. Umgekehrt gehört auch das Aktivieren fingierter Aktiva (z. B. nicht vorhandener Warenbestände) oder das Passivieren fingierter Verbindlichkeiten (z. B. als Darlehen von Verwandten im Ausland) zu den Bilanzfälschungen. Gleiches gilt für das Nicht-Verbuchen von Einnahmen ("schwarze Kasse") und von Privatentnahmen oder aber für das Verbuchen von Privatentnahmen als Aufwand der Gesellschaft. Ferner ist auch die *unrichtige Bewertung*, also ein zu geringer bzw. zu hoher Wertansatz bei Aktiva und Passiva, zu den Maßnahmen der Bilanzfälschung zu zählen. Schließlich liegt Bilanzfälschung vor, wenn bei einer Kapitalgesellschaft im Anhang *bewußt falsche Angaben* zur Erläuterung von Bestände-Bilanz und Gewinn- und Verlust-Rechnung gemacht werden oder im Lagebericht der Geschäftsverlauf und die Lage des Unternehmens bewußt unrichtig dargestellt werden, indem z. B. erhebliche Umstände verschwiegen werden (vgl. Maul, S. 185).

Eine **Verletzung** der **Pflicht** zur **Offenlegung** des (erweiterten) Jahresabschlusses und des Lageberichtes von Kapitalgesellschaften liegt z. B. dann vor, wenn die genannten Unterlagen nicht oder nur unvollständig oder verspätet beim Handelsregister eingereicht werden. Es wurde bereits darauf hingewiesen, daß und warum derartige Pflichtverletzungen in den letzten 10 Jahren häufig vorkamen (vgl. Kapitel 2 Abschnitt A II).

II. Strafvorschriften des StGB und des HGB

Die Vorschriften des **Bilanzstrafrechts** sind über das Strafgesetzbuch (StGB) und das Nebenstrafrecht verteilt, wobei durch die §§ 331 ff. HGB zumindest für *Kapitalgesellschaften* und für *Genossenschaften* eine weitgehende Vereinheitlichung erreicht wurde. „Eine **generelle** Strafbarkeit unrichtiger Buchführung, Inventarisierung und Bilanzierung gibt es jedoch bisher **nicht**. Vielmehr existieren nur punktuelle Straftatbestände für bestimmte wirtschaftliche Situationen und Unternehmensformen" (Tiedemann, Bilanzstrafrecht, S. 2). Bemerkenswert ist auch, daß unrichtige Angaben oder Verschleierung in **Steuerbilanzen** nirgends unter Strafe gestellt ist. Dies liegt daran, daß die Bilanzfälschung als solche noch keinen Versuch der Steuerhinterziehung darstellt (vgl. Tiedemann, GmbH-Strafrecht, Rdn. 64 vor §§ 82 ff.). Vielmehr „beginnt der Versuch der Steuerhinterziehung – als Straftat nach § 370 AO – bei Veranlagungs- und Fälligkeitssteuern erst mit der Erklärung gegenüber der Finanzbehörde, so daß die unrichtige Bilanzierung als solche eine straflose Vorbereitungshandlung darstellt" (Tiedemann, GmbH-Strafrecht, Rdn. 64 vor §§ 82 ff.).

Die folgenden Ausführungen zum Bilanzstrafrecht betreffen also nur die **Handelsbilanz**. Hierzu finden sich **Straf**bestimmungen zunächst in § 283 Abs. 1 Nr. 5 bis Nr. 7 und § 283b StGB, und zwar *ausschließlich* für die Fälle, daß es (nicht notwendigerweise wegen der Buchführungsmängel!) zur **Zahlungsunfähigkeit** oder zur **Überschuldung** und deshalb zur Eröffnung des Insolvenzverfahrens oder Abweisung des Eröffnungsantrages mangels Masse kommt (vgl. Tiedemann, Insolvenz-Strafrecht, S. 45 und S. 109 ff.). Beispielsweise wird mit Freiheitsstrafe bis zu fünf Jahren oder mit Geldstrafe bestraft, „wer bei Überschuldung oder bei drohender oder eingetretener Zahlungsunfähigkeit ... Handelsbücher, zu deren Führung er gesetzlich verpflichtet ist, zu führen unterläßt oder so führt oder verändert, daß die Übersicht über seinen Vermögensstand erschwert wird" (§ 283 Abs. 1 Nr. 5 StGB).

Dabei dürfte eine "eingetretene Zahlungsunfähigkeit" noch relativ eindeutig feststellbar sein (vgl. auch § 17 Abs. 2 InsO). Schwieriger und damit auch problematischer wird es hingegen sein, im konkreten Fall für die Unternehmung eine "drohende Zahlungsunfähigkeit" (zur Definition vgl. § 18 Abs. 2 InsO) oder eine "Überschuldung" (vgl. § 19 Abs. 2 S. 1 InsO) zu konstatieren (zur Problematik der Überschuldungsmessung vgl. Kupsch, Überschuldung, S. 159 ff.).

Insofern erscheint es konsequent, daß nach der zum 1.1.1999 in Kraft getretenen Insolvenzordnung (InsO) die "drohende Zahlungsunfähigkeit" nur dann Eröffnungsgrund für ein Insolvenzverfahren sein kann, wenn der *Schuldner* selbst (also nicht ein Gläubiger) die Eröffnung des Insolvenzverfahrens beantragt (vgl. § 18 Abs. 1 InsO). Ferner verlangt die neue InsO bei der Prüfung, ob "Überschuldung" vorliegt, daß bei der Bewertung des Vermögens des Schuldners die *Fortführung des Unternehmens* zugrunde zu legen ist, *wenn* diese nach den Umständen überwiegend *wahrscheinlich* ist (vgl. § 19 Abs. 2 S. 2 InsO).

Werden die Straftaten des § 283 Abs. 1 bis 3 StGB vom Täter aus Gewinnsucht verübt oder bringt der Täter wissentlich viele Personen in die Gefahr des Verlustes ihrer ihm anvertrauten Vermögenswerte oder in wirtschaftliche Not, so wird dieser „besonders schwere Fall des Bankrotts" mit Freiheitsstrafe von sechs Monaten bis zu zehn Jahren geahndet (vgl. § 283a StGB).

Weitere Strafvorschriften, die für alle **Kapitalgesellschaften** unabhängig von der wirtschaftlichen (Krisen-)Situation des Unternehmens gelten, enthält § 331 HGB; er wird durch subsidiäre Vorschriften in § 17 PublG, § 400 Abs. 1 Nr. 1 AktG, § 82 Abs. 2 Nr. 2 GmbHG und § 147 Abs. 2 GenG noch ergänzt (vgl. ausführlicher: Maul, S. 189 f.).

Außerdem wird die Verletzung der Berichtspflicht durch den **Abschlußprüfer** nach § 332 HGB unter Strafe gestellt.

Die §§ 331 und 332 HGB stellen nach Tiedemann (Bilanzstrafrecht, S. 2 f.) vor allem für die *GmbH* (in Zukunft auch für die von diesen Vorschriften bisher nicht erfaßte GmbH & Co KG) eine erhebliche Verschärfung der strafrechtlichen Rechtslage dar, da Bilanzfälschungen und Bilanzverschleierungen früher nach § 82 Abs. 2 Nr. 2 GmbHG *nur* im Falle der Offenlegung des Jahresabschlusses und im übrigen nur bei Zahlungsunfähigkeit oder Überschuldung (gem. §§ 283 und 283b StGB) strafbar waren. Außerdem ist durch die Straftatbestände bezüglich **unrichtiger Angaben gegenüber Prüfern**

(§ 331 Nr. 4 HGB) und **unrichtiger Berichterstattung durch Prüfer** (§ 332 HGB) die Strafbarkeit für die GmbH im Verhältnis zur früheren Rechtslage erheblich ausgeweitet worden.

§ 331 HGB schützt ebenso wie § 400 Abs. 1 Nr. 1 AktG und § 82 Abs. 2 Nr. 2 GmbHG das Vertrauen in die **Richtigkeit der Information** über die Verhältnisse der Kapitalgesellschaft (vgl. Tiedemann, GmbH-Strafrecht, Rdn. 66 vor §§ 82 ff. mit Nachw.). Dieser Vertrauensschutz soll sowohl für die Gesellschafter und die Arbeitnehmer als auch die aktuellen sowie die potentiellen Gläubiger, die mit der Gesellschaft erst in Zukunft in wirtschaftliche oder rechtliche Beziehungen treten wollen, gelten. Entsprechendes läßt sich für den Straftatbestand der Verletzung der Berichtspflicht durch Abschlußprüfer und ihre Gehilfen sagen (vgl. § 332 HGB). Dabei ist zu beachten: „Weder § 331 noch § 332 HGB erfordern einen Täuschungserfolg oder den Eintritt eines Vermögensschadens" (Tiedemann, Bilanzstrafrecht, S. 3). Vielmehr hat der Gesetzgeber „bereits das Vorfeld der schädigenden Straftaten kriminalisiert und die Strafvorschriften des Handelsrechts formell als bloße **Äußerungsdelikte** und materiell als abstrakte **Gefährdungsdelikte** gestaltet" (Maul, S. 185); demnach reicht es aus, wenn durch die Tathandlung eine generelle Gefährdung besteht.

Das **Strafmaß** beträgt nach § 331 und § 332 Abs. 1 HGB Freiheitsstrafe bis zu drei Jahren oder Geldstrafe, im Falle des § 332 Abs. 2 HGB sogar Freiheitsstrafe bis zu fünf Jahren oder Geldstrafe, wenn der Täter gegen Entgelt oder in der Absicht handelt, sich oder einen anderen zu bereichern oder einen anderen zu schädigen.

Der **Täterkreis** ist bei allen Tatbestandsalternativen der §§ 331 und 332 HGB rechtlich beschränkt; es handelt sich also um echte **Sonderdelikte** (vgl. Maul, S. 187).

Als taugliche Täter des § 331 HGB kommen nur Mitglieder des vertretungsberechtigten Organs einer Kapitalgesellschaft, in den Fällen der Nr. 1 und Nr. 2 auch Aufsichtsratsmitglieder sowie bei Nr. 4 zusätzlich vertretungsberechtigte Gesellschafter und Organe von Tochterunternehmen in Frage (vgl. § 290 HGB).

Bei § 332 HGB können nur Abschlußprüfer und ihre Gehilfen taugliche Täter sein. Die vorbereitende und unterstützende Tätigkeit eines Prüfungsgehilfen, der nicht selbst prüft, wird insoweit als eigene Täterschaft des Gehilfen gewertet. Allerdings ist Prüfergehilfe in diesem Sinne nur, wer an der Prüfung spezifisch unterstützend mitwirkt, so daß Schreib- und Bürokräfte nicht als Täter in Betracht kommen (vgl. Tiedemann, GmbH-Strafrecht, Rdn. 67 vor §§ 82 ff. mit Nachw.).
Andere als die vorgenannten Personen, insbesondere *Steuerberater*, können bei §§ 331 und 332 HGB *nicht Täter*, also auch nicht Mittäter oder mittelbare Täter, sondern nur *Anstifter* oder *Gehilfen* sein, sofern eine rechtswidrige und vorsätzliche Haupttat eines anderen, tauglichen Täters vorliegt (vgl. Tiedemann, Bilanzstrafrecht, S. 3 und Maul, S. 187). Auch bei § 331 HGB führt § 14 Abs. 2 StGB zu *keiner* Ausweitung des Täterkreises, da selbst eine umfassende Beauftragung (z. B. eines kaufmännischen Leiters oder eines Steuerberaters mit der Bilanzerstellung) *keine* Wahrnehmung einer Vertretungs- oder Aufsichtssituation zu schaffen vermag (vgl. Tiedemann, GmbH-Strafrecht,

Rdn. 68 vor §§ 82 ff.; ebenso: Maul, S. 187 f.). Hingegen sind bei Beauftragung einer Wirtschaftsprüfungsgesellschaft deren Organe bzw. vertretungsberechtigte Gesellschafter taugliche Täter im Sinne des § 332 HGB.

Der **sachliche Anwendungsbereich** des § 331 HGB betrifft folgende Erklärungsmittel: Bei § 331 Nr. 1 HGB handelt es sich um *unrichtige* oder *verschleierte* Darstellungen in der **Eröffnungsbilanz**, im **Jahresabschluß** (mit seinen drei Teilen: Beständebilanz, Gewinn- und Verlustrechnung sowie Anhang), im **Lagebericht** oder im **Zwischenabschluß** nach § 340 Abs. 3 HGB. § 331 Nr. 2 und Nr. 3 HGB betreffen den Konzernabschluß, den Konzernlagebericht und den Konzernzwischenabschluß nach § 340i Abs. 4 HGB. § 331 Nr. 4 HGB erfaßt demgegenüber neben schriftlichen auch mündliche Erklärungen gegenüber einem Abschlußprüfer (vgl. § 320 HGB). Strafbar sind alle in § 331 HGB genannten Handlungen jedoch nur dann, wenn sie *vorsätzlich* begangen werden (vgl. ausführlicher: Tiedemann, Bilanzstrafrecht, S. 6 und Maul, S. 189).

Außerdem ist zu beachten, daß für § 331 HGB die **Buchführung** außerhalb der Eröffnungsbilanz und des Jahresabschlusses nicht einschlägig ist. Manipulationen und Unterlassungen im Buchführungsbereich sind – wie bereits dargestellt – daher insoweit nur nach §§ 283 und 283b StGB (für den Fall der Zahlungsunfähigkeit und Überschuldung) strafbar (vgl. Tiedemann, Bilanzstrafrecht, S. 4; ders., GmbH-Strafrecht, Rdn. 71 vor §§ 82 ff.). Dasselbe gilt für das Nichterstellen der Eröffnungs- oder Schlußbilanz sowie für die verspätete Erstellung des Jahresabschlusses.

Das **Abschlußprüferdelikt** des § 332 HGB betrifft Verletzungen der Berichtspflicht. Dabei bezieht sich § 332 HGB ausdrücklich nur auf **unrichtige Berichterstattung** über das "*Ergebnis der Prüfung*", erfaßt also nicht jede beliebige Unrichtigkeit, sondern nur die Abweichung der Berichterstattung von den Prüfungsfeststellungen (vgl. Tiedemann, Bilanzstrafrecht, S. 6; ders., GmbH-Strafrecht, Rdn. 81 vor §§ 82 ff.). Strafbar ist außerdem das **Verschweigen erheblicher Umstände** im *Prüfungsbericht*, den der Abschlußprüfer nach § 321 HGB schriftlich zu erstellen hat. In diesem Zusammenhang ist darauf hinzuweisen, daß die Vorschriften des § 321 HGB zum Prüfungsbericht (und des § 317 HGB zu Gegenstand und Umfang der Prüfung) durch das KonTraG v. 27.4.1998 (BGBl. I 1998, S. 786) wesentlich erweitert wurden; diese neuen Vorschriften sind spätestens ab 1999 zu beachten (vgl. Artikel 46 Abs. 1 EGHGB). Schließlich ist auch die Erteilung eines **inhaltlich unrichtigen Bestätigungsvermerkes** nach § 332 Abs. 1 HGB unter Strafe gestellt.

Wie bei § 331 HGB gilt auch für § 332 HGB: Alle genannten Handlungen sind nur dann strafbar, wenn sie *vorsätzlich* begangen wurden (vgl. Tiedemann, Bilanzstrafrecht, S. 7; ders., GmbH-Strafrecht, Rdn. 81 vor §§ 82 ff.).

Falls der Abschlußprüfer erst nachträglich die Unrichtigkeit erkennt, so ist fraglich, ob er sich wegen *Unterlassens der Berichtigung* strafbar macht. Die Verletzung der Berichtspflicht nach § 332 HGB ist ein Äußerungsdelikt, das mit Zugang des Berichtes bzw. mit Offenlegung des Bestätigungsvermerkes vollendet ist; deshalb ist eine Berichtigung (vgl. § 322 Abs. 2 HGB) strafrechtlich nur bis zu diesem Zeitpunkt geboten (vgl.

Tiedemann, Bilanzstrafrecht, S. 7). Davon unberührt bleibt jedoch eine Unterlassungsstrafbarkeit des Abschlußprüfers wegen allgemeiner Straftaten und wegen Teilnahme an solchen Straftaten. Insofern kommt eine (Überwachungs-)*Garantenstellung des Abschlußprüfers* gegenüber Dritten (z. B. Kreditgebern) zumindest in dem Ausmaße in Betracht, wie sie die neuere Zivilrechtsprechung für (Testate der) Steuerberater anerkennt (vgl. Tiedemann, Bilanzstrafrecht, S. 7; ders., GmbH-Strafrecht, Rdn. 81 vor §§ 82 ff.).

Die Ausführungen zu den Strafvorschriften sollen mit folgendem Hinweis schließen: Nach dem Entwurf des KapCoRiLiG v. 13.8.1999 ist vorgesehen, einen § 335a in das HGB einzufügen. Mit diesem zusätzlichen Paragraphen soll u. a. geregelt werden, daß in Zukunft die Strafvorschriften der §§ 331 bis 333 HGB auch für offene Handelsgesellschaften und für Kommanditgesellschaften im Sinne des ebenfalls neuen § 264a Abs. 1 HGB gelten, also z. B. auch für die **GmbH & Co KG** oder AG & Co KG.

III. Bußgeldvorschriften des HGB

Die **Ordnungswidrigkeiten** nach § 334 HGB stellen weniger gravierende Verstöße gegen Rechnungslegungspflichten unter Bußgelddrohung; „die Ordnungswidrigkeit kann mit einer Geldbuße bis zu 50.000,– DM geahndet werden" (§ 334 Abs. 3 HGB). Es geht bei den Ordnungswidrigkeiten um Zuwiderhandlungen gegen Form- und Ordnungsvorschriften bei der Aufstellung des Jahresabschlusses und des Lageberichtes sowie bei deren Offenlegung. Im Verhältnis zu § 331 HGB ist § 334 HGB **subsidiär**. Für die Praxis stellt § 334 HGB einen Auffangtatbestand für diejenigen Fälle dar, in denen ein Verstoß gegen Form- und Ordnungsvorschriften nicht mit der rechtlich gebotenen Eindeutigkeit zur Annahme einer Unrichtigkeit oder Unklarheit des Jahresabschlusses i. S. des § 331 HGB führt; Verstöße sollen schon im Vorfeld der Bilanzfälschung oder -verschleierung verhindert werden (vgl. Tiedemann, Bilanzstrafrecht, S. 7; ders., GmbH-Strafrecht, Rdn. 83 vor §§ 82 ff.). Geschütztes Rechtsgut ist das **Vertrauen in die Ordnungsmäßigkeit** des erstellten und offengelegten Jahresabschlusses und Lageberichtes von Kapitalgesellschaften.

Der taugliche **Täterkreis** bestimmt sich theoretisch anders als bei den §§ 331 und 332 HGB: Nicht nur Mitglieder des vertretungsberechtigten Organs oder des Aufsichtsrates, sondern auch andere als die in § 334 genannten Personen – etwa **Steuerberater** – können Täter sein (vgl. Tiedemann, GmbH-Strafrecht, Rdn. 84 vor §§ 82 ff.); jedoch setzt dies auch hier voraus, daß jedenfalls ein Haupttäter tauglicher Täter i. S. des § 334 HGB ist (vgl. § 14 Abs. 1 S. 2 OWiG).

Erklärungsmittel sind bei § 334 Abs. 1 HGB der Jahres- und der Konzernabschluß sowie der Lage- und der Konzernlagebericht; mit § 334 Abs. 2 HGB wird auch der Bestätigungsvermerk nach § 322 HGB mit einbezogen. „Dagegen ist die Eröffnungsbilanz sowie die Buchführung außerhalb von Bilanzen auch für § 334 HGB nicht einschlägig. Von der Vorschrift nicht erfaßt wird ferner die Nicht- oder verspätete Erstellung der Abschlüsse bzw. Lageberichte" (Tiedemann, Bilanzstrafrecht, S. 7; ders., GmbH-Strafrecht, Rdn. 85 vor §§ 82 ff.).

Die **Tathandlungen** werden durch den Verweis des Gesetzgebers auf die entsprechenden Bilanzierungsvorschriften genannt:

§ 334 Abs. 1 Nr. 1 HGB betrifft Zuwiderhandlung gegen Vorschriften über den **Jahresabschluß**. Beispielsweise handelt ordnungswidrig, wer gegen die **Grundsätze ordnungsmäßiger Buchführung** (§ 243 Abs. 1 HGB) verstößt, zu denen – wie dargestellt – u. a. das Vollständigkeitsgebot und das Verrechnungsverbot (vgl. z. B. § 246 HGB) und das Gebot der Bilanzklarheit (§ 243 Abs. 2 HGB) gehören. Ferner handelt ordnungswidrig, wer gegen **Bewertungsvorschriften** verstößt. „Dabei gilt auch hier, daß erst **eindeutig unvertretbare** Bewertungen den Tatbestand erfüllen" (Tiedemann, Bilanzstrafrecht, S. 8; ders., GmbH-Strafrecht, Rdn. 87 vor §§ 82 ff.). Außerdem handelt ordnungswidrig, wer den Vorschriften über die **Gliederung** zuwiderhandelt. Schließlich begeht derjenige eine Ordnungswidrigkeit, der gegen Vorschriften verstößt, die verschiedene **erläuternde Angaben** in der Bilanz oder im Anhang gebieten. Dabei wirkt das Recht, bestimmte Angaben unterlassen zu dürfen (vgl. z. B. § 286 Abs. 2 und Abs. 3 HGB), tatbestandsausschließend.

§ 334 Abs. 1 Nr. 3 HGB betrifft Zuwiderhandlungen gegen Vorschriften des § 289 Abs. 1 HGB über den Inhalt des **Lageberichts**. Dabei geht es zum einen um die **Vermittlung eines den tatsächlichen Verhältnissen entsprechenden Bildes**. Auch hier muß der Maßstab des sachverständigen Dritten angelegt werden; erst wenn dieser sich – aus der Gesamtheit von Jahresabschluß und Lagebericht – kein den tatsächlichen Verhältnissen entsprechendes Bild machen kann, ist der Tatbestand von § 334 Abs. 1 Nr. 3 HGB erfüllt (so auch: Tiedemann, Bilanzstrafrecht, S. 8; ders., GmbH-Strafrecht, Rdn. 89 vor §§ 82 ff.). Dieser Tatbestand ist zum anderen auch dann erfüllt, wenn im Lagebericht nicht „auch auf die **Risiken** der künftigen Entwicklung" eingegangen wird, wie es die durch das KonTraG v. 27.4.1998 erweiterte Fassung des § 289 Abs. 1 HGB spätestens ab 1999 (vgl. Artikel 46 Abs. 1 EGHGB) verlangt.

§ 334 Abs. 1 Nr. 5 HGB betrifft Zuwiderhandlung gegen Vorschriften des § 328 HGB bei der **Offenlegung**, Veröffentlichung und Vervielfältigung des Jahresabschlusses und des Lageberichts.

§ 334 Abs. 2 HGB ahndet die **Erteilung eines Bestätigungsvermerks** durch die in § 319 Abs. 2 HGB bezeichneten Wirtschaftsprüfer bzw. Angestellte der in § 319 Abs. 3 HGB bezeichneten Gesellschaften, wenn die Unabhängigkeit dieser Personen durch die im Gesetz genannten Ausschlußgründe gefährdet ist. *Nicht* von § 334 Abs. 2 HGB erfaßt ist die Erstellung eines **Prüfungsberichts** nach § 321 HGB durch einen ausgeschlossenen Wirtschaftsprüfer bzw. den Angestellten einer ausgeschlossenen Gesellschaft (vgl. Tiedemann, Bilanzstrafrecht, S. 8; ders., GmbH-Strafrecht, Rdn. 92 vor §§ 82 ff.).

Generell ist zu beachten: Die in Bezug genommenen Form- und Ordnungsvorschriften des HGB sind Teil des gesetzlichen Bußgeldtatbestandes des § 334 HGB. „Damit ist der **Irrtum** über den Inhalt oder die Reichweite dieser Vorschriften nach richtiger Ansicht nicht Verbotsirrtum gem. § 11 Abs. 2 OWiG, der nur bei Unvermeidbarkeit die Ahndung ausschließt, sondern **vorsatzausschließender Tatbestandsirrtum** i. S. des § 11 Abs. 1 OWiG. Mangels Ahndbarkeit der Fahrlässigkeit (vgl. § 10 OWiG) befreit ein solcher Irrtum von der bußgeldrechtlichen Verantwortlichkeit" (Tiedemann, Bilanzstrafrecht, S. 8 f.; ders., GmbH-Strafrecht, Rdn. 93 vor §§ 82 ff.).

Ergänzend ist darauf hinzuweisen, daß nach dem Entwurf des KapCoRiLiG v. 13.8.1999 der – am Ende des vorhergehenden Abschnittes C II bereits erwähnte – zusätzliche § 335a HGB auch den Anwendungsbereich der Bußgeldvorschriften des § 334 HGB auf die **GmbH & Co KG** ausweitet.

Der Vollständigkeit halber sei schließlich daran erinnert, daß – neben den Bußgeldern nach § 334 HGB – auch noch **Zwangsgelder** nach § 335 HGB festgesetzt werden können. Die Festsetzung eines solchen Zwangsgeldes kann durch das Registergericht insbes. dann erfolgen, wenn Mitglieder des vertretungsberechtigten Organs einer **Kapitalgesellschaft** (oder – ab 1999 – nach dem geplanten § 335a HGB: einer **GmbH & Co KG**) die Pflichten zur Aufstellung des (erweiterten) Jahresabschlusses und des Lageberichtes, zur Bestellung des Abschlußprüfers oder zur Offenlegung des (erweiterten) Jahresabschlusses und Lageberichtes nicht befolgen (vgl. § 335 HGB). Die recht begrenzten Möglichkeiten, die das Registergericht bisher hat, für derartige Pflichtverletzungen ein Zwangsgeld von max. 10.000,– DM festzusetzen (vgl. § 335 S. 8 HGB), und die geplanten Änderungen (Verschärfungen) des § 335 HGB im Entwurf des KapCoRiLiG v. 13.8.1999 wurden für den Fall der Verletzung von Offenlegungspflichten bereits in Abschnitt A II dieses Kapitels 2 dargestellt; es sei deshalb auf die dortigen Ausführungen verwiesen.

IV. Folgen der Verletzung von Buchführungspflichten im Steuerrecht

Der Vollständigkeit halber ist schließlich noch zu erwähnen: Auch das **Steuerrecht** verlangt, daß die „Bücher förmlich in Ordnung sind und deren Inhalt sachlich richtig ist" (H 29 EStH). *Unwesentliche* formelle und materielle Mängel berühren die Ordnungsmäßigkeit nicht, wenn sie in vollem Umfange berichtigt werden können oder das Ergebnis durch eine unschädliche "ergänzende Schätzung" (Wöhe, Bilanzierung, S. 159) richtigzustellen ist (vgl. R 29 Abs. 2 EStR). Bei *erheblichen* Mängeln (z. B. ein erheblicher Teil des Warenbestandes ist in der Bilanz nicht ausgewiesen) verliert die Buchführung ihre Ordnungsmäßigkeit; in diesem Falle erfolgt eine "schädliche Schätzung" (Wöhe, Bilanzierung, S. 159) der Besteuerungsgrundlagen, unter Umständen unter Anwendung von Richtsätzen [vgl. BFM-Schreiben v. 11.8.1997 (BStBl. I 1997, S. 756)], durch die Finanzbehörde (vgl. R 29 Abs. 2 S. 4 i. V. m. R 12 Abs. 2 S. 2 EStR; § 162 AO). Außerdem muß mit Geldbußen bis zu 10.000,– DM (§ 379 AO) oder gar 100.000,– DM (§ 378 AO) rechnen, wer vorsätzlich oder leichtfertig Buchführungspflichten verletzt. Auf weitergehende Strafen, insbes. Freiheitsstrafe bis zu 5 Jahren bei Steuerhinterziehung (vgl. § 370 AO), wurde eingangs des Abschnittes C II bereits hingewiesen.

Drittes Kapitel

Die gezielte Gestaltung des "Jahresabschlusses" – Möglichkeiten und Grenzen der Bilanzpolitik nach Handels- und Steuerrecht

Im ersten Kapitel Abschnitt D wurde die Bilanzpolitik als "Kunst des Möglichen" bezeichnet, im Rahmen der gesetzlichen Bilanzierungs- und Bewertungsvorschriften durch geeignete Maßnahmen den Jahresabschluß (Beständebilanz und Erfolgsbilanz sowie ggf. Anhang) und den Lagebericht zu gestalten. Bei diesen bilanzpolitischen Maßnahmen lassen sich drei große Gruppen unterscheiden:

- betriebliche Maßnahmen, die unter dem Gesichtspunkt ihrer Auswirkung auf den Jahresabschluß überdacht werden,
- betriebliche Maßnahmen, die nur wegen ihrer Auswirkungen auf den Jahresabschluß ergriffen werden, und
- die Ausübung von Bilanzierungs-, Bewertungs- und Ausweiswahlrechten (= Bilanzpolitik im engeren Sinne).

A. Betriebliche Maßnahmen, die unter dem Gesichtspunkt ihrer Auswirkung auf den Jahresabschluß überdacht werden

Grundlage der Handels- bzw. Steuerbilanz sind die in der Buchführung aufgezeichneten Geschäftsvorfälle. Somit resultieren die Zahlen des Jahresabschlusses aus konkreten Tatbeständen, die vor dem Bilanzstichtag verwirklicht worden sind. Deshalb beginnen bilanzpolitische Maßnahmen in der Regel mit **Sachverhaltsgestaltungen vor** dem Bilanzstichtag. Ein Unternehmer, der Bilanzpolitik betreiben will, „muß sich also bereits im voraus über die möglichen oder zwingenden Auswirkungen der einzelnen Geschäftsvorfälle auf das ... Bilanzergebnis im klaren sein, um bei gegebener Gestaltungsfreiheit taktisch richtig entscheiden zu können, ob und in welcher Weise die eine oder andere Geschäftsmaßnahme im laufenden Wirtschaftsjahr zu verwirklichen ist" (Scheffler, Steuerbilanztaktik, S. 51).

Entsprechende Maßnahmen, die unter dem Gesichtspunkt ihrer Auswirkung auf den Jahresabschluß überdacht werden müssen, reichen von der Unternehmensgründung bis zur Betriebsaufgabe oder -veräußerung. Einige dieser Maßnahmen liegen außerhalb der eigentlichen Bilanzpolitik und sind mehr der allgemeinen Unternehmenspolitik zuzurechnen, wie z. B.:

- die **Wahl der Rechtsform** für die Unternehmung,
- die **Aufnahme neuer Gesellschafter** (z. B. auch der eigenen Kinder),
- **Umgründungen**,
- **Betriebsverpachtung** (lt. BFH-Urteil vom 13.11.1963, BStBl. 1964 III, S. 124 besitzt der Steuerpflichtige hier ein Wahlrecht, ob in der Verpachtung eine Betriebsaufgabe liegen soll oder nicht; vgl. Biergans, S. 738 f.).

Es würde für ein Lehrbuch zu weit führen, auf diese und ähnliche mehr unternehmenspolitischen Maßnahmen, welche sich auch auf die Handels- bzw. Steuerbilanz auswirken, näher einzugehen; es sei deshalb auf die hierzu einschlägige Literatur verwiesen (vgl. u. a. Klöne, S. 73 ff.; Kottke, Bilanzstrategie, insbes. S. 211 ff.; Wöhe, Steuerlehre, Bd. II).

Nur erinnert sei in diesem Zusammenhang auch noch daran, daß die **Wahl des Bilanzstichtages** für die Steuerbelastung der Unternehmung bedeutungsvoll sein kann. Wie bereits bei der Behandlung des Stichtagsprinzips in Kapitel 2 Abschnitt B V dargestellt, ist der Unternehmer jedoch nur bei Gründung seines Unternehmens in der Wahl des Bilanzstichtages frei. Allerdings kann er jederzeit von einem abweichenden Wirtschaftsjahr auf das Kalenderjahr umstellen. Eine solche Umstellung kann mit steuerlichen Vorteilen verbunden sein, wenn z. B. ein Verlust durch Einschub eines "Rumpfgeschäftsjahres", das am 31.12. endet, mit steuerlicher Wirkung vorverlagert wird (vgl. Scheffler, Steuerbilanztaktik, S. 50).

Zu den betrieblichen Maßnahmen, die unter dem Gesichtspunkt ihrer Auswirkung auf den Jahresabschluß überdacht werden, gehört jedes Jahr erneut die Entscheidung über den **Zeitpunkt der Bilanzerstellung**. Wie in Kapitel 2 erwähnt, kann dieser Zeitpunkt irgendwann innerhalb von 3 Monaten (bei Kapitalgesellschaften) bzw. gar 6-7 Monaten (bei Einzelunternehmen und Personengesellschaften) nach dem Bilanzstichtag liegen. Im Zusammenhang mit dem Vorsichtsprinzip wurde bereits auf die sog. "**Wert-Aufhellungstheorie**" hingewiesen. Danach müssen alle Informationen über Ereignisse vor dem Bilanzstichtag berücksichtigt werden, wenn sie nach dem Bilanzstichtag, aber vor der Aufstellung des Jahresabschlusses bekannt werden und die Verhältnisse am Bilanzstichtag aufzuhellen vermögen. Verschiedene "wertaufhellende" Tatsachen hat insbesondere Littmann (Einkommensteuerrecht, Erl. zu § 6 Anm. 37 ff.) beschrieben. Wegen dieser "wertaufhellenden" Tatsachen kann die Handels- und Steuerbilanz durch den Zeitpunkt ihrer Aufstellung beeinflußt werden. „Bei einem möglichst späten Zeitpunkt können naturgemäß in größerem Umfange nach dem Bilanzstichtag bekannt gewordene ... Ereignisse (die vor dem Bilanzstichtag eingetreten sind, Anm. d. Verf.) bilanzpolitisch verwertet werden. Hier ist z. B. zu denken an Änderungen der steuerlichen Rechtsprechung, Steuernachzahlung auf Grund einer Betriebsprüfung" (Scheffler, Steuerbilanztaktik, S. 50 f.) oder an die Uneinbringlichkeit von Forderungen.

Zu den Maßnahmen der Betriebspolitik, die unter dem Aspekt ihrer Wirkung auf den Jahresabschluß überdacht werden, gehört auch die Frage, ob **Investitionen** innerhalb des Geschäftsjahres von der zweiten Jahreshälfte in die erste Jahreshälfte **vorverlegt** werden sollen. Werden z. B. abnutzbare bewegliche Anlagegüter in der ersten Hälfte des Wirtschaftsjahres angeschafft oder hergestellt, so kann aus Vereinfachungsgründen der volle, für ein Jahr in Betracht kommende Abschreibungsbetrag steuerwirksam abgesetzt werden (vgl. R 44 Abs. 2 S. 3 EStR). Auf diese "**Vereinfachungsregel**" wird in Kapitel 3 Abschnitt D V bei den planmäßigen Abschreibungen noch näher eingegangen.

Dementsprechend kann auch eine Vorverlagerung von Investitionen vom folgenden in das betrachtete Geschäftsjahr in Erwägung gezogen werden. Auf diese Weise könnten

u. a. eventuell die Abschreibungen noch im laufenden Jahr gewinnmindernd abgesetzt werden.

Umgekehrt kann in bestimmten Situationen auch der **Aufschub von Investitionen** auf das folgende Geschäftsjahr von Vorteil sein. Derartige Maßnahmen könnten sich z. B. empfehlen, um die Liquidität im laufenden Geschäftsjahr zu verbessern oder den Gesamtaufwand – um die Abschreibungen, die wegen des Investitionsaufschubs nicht erforderlich werden, – zu verringern, so daß trotz gesunkener Erträge im laufenden Geschäftsjahr noch ein (bescheidener) Gewinn ausgewiesen werden kann.

Schließlich gehören zu den Maßnahmen der Betriebspolitik, die unter dem Aspekt ihrer Wirkung auf den Jahresabschluß überdacht werden müssen, auch die **Maßnahmen zur betrieblichen Altersversorgung** der Arbeitnehmer. „Hier sind grundsätzlich folgende Formen denkbar, die insbesondere für die Zukunft einen unterschiedlichen Dispositionsspielraum für bilanztaktische Überlegungen gewähren: Pensionszusagen mit und ohne Rückdeckungsversicherung, Direktversicherung zugunsten des Arbeitnehmers und Einrichtung einer selbständigen Unterstützungskasse" (Scheffler, Steuerbilanztaktik, S. 52).

Für **Pensionsverpflichtungen**, die ab 1987 eingegangen wurden, besteht nunmehr handels- und damit auch steuerrechtlich eine Passivierungspflicht (vgl. § 249 Abs. 1 HGB und § 6a EStG). Eine Pensions-Neuzusage führt somit zwangsläufig zur Bildung einer Pensionsrückstellung, die den in Handels- und Steuerbilanz auszuweisenden Gewinn verringert (vgl. Abschnitt C XIII dieses Kapitels).

Bei **Direktversicherung** zugunsten des Arbeitnehmers müssen die Verträge bis zum Bilanzstichtag abgeschlossen werden. Die einmalig oder laufend zu zahlenden Versicherungsprämien mindern dann den steuerpflichtigen Gewinn. Wird gleichzeitig eine Rückdeckungsversicherung abgeschlossen, so muß jedoch das Deckungskapital aktiviert werden (vgl. BFH-Urteil v. 28.11.1961, BStBl. 1962 III, S. 101).

Nach Scheffler (Steuerbilanztaktik, S. 53) genügt es, wenn die **Zuwendungen an Unterstützungskassen** unmittelbar nach Feststellung des Jahresabschlusses vorgenommen werden, auch wenn die Unterstützungskasse erst noch zu gründen ist (vgl. BFH-Urteil v. 30.7.1964, BStBl. III, S. 287). Nach § 4d Abs. 2 S. 2 EStG kann das Unternehmen Zuwendungen an eine Unterstützungskasse, die bis zum Ablauf eines Monats *nach* Aufstellung oder Feststellung seiner Bilanz für den Schluß eines Wirtschaftsjahres geleistet werden, noch für das abgelaufene Wirtschaftsjahr durch die Bildung einer Rückstellung gewinnmindernd berücksichtigen (vlg. auch: Adler/Düring/Schmaltz, Erl. zu § 274 HGB Tz 39). Eine *Unterstützungskasse* ist eine rechtsfähige Versorgungseinrichtung, die auf ihre Leistungen *keinen* Rechtsanspruch gewährt (vgl. H 27a (1) EStH).

Ferner eröffnet § 4d EStG zahlreiche Möglichkeiten, mit Hilfe von Zuwendungen an Unterstützungskassen den in Handels- und Steuerbilanz auszuweisenden Gewinn zu beeinflussen. Denn nach § 4d Abs. 1 EStG können Zuwendungen an Unterstützungskassen von demjenigen Unternehmen, welches die Zuwendungen leistet (= Trägerunternehmen), als **Betriebsausgaben** abgezogen werden, soweit diese Zuwendungen bestimmte Beträge nicht überschreiten.

Für die **Höhe** der abziehbaren Zuwendungen kommt es darauf an, ob die Unterstützungskasse lebenslang laufende Leistungen oder nicht lebenslänglich laufende Leistungen gewährt (vgl. § 4d Abs. 1 Nr. 1 und Nr. 2 EStG).

Betrachtet sei deshalb zunächst der Fall, daß das Trägerunternehmen, dessen bilanzpolitische Möglichkeiten untersucht werden sollen, Zahlungen an eine Unterstützungskasse leistet, die **lebenslänglich laufende** Leistungen gewährt.

In diesem Falle wird die Höhe der abzugsfähigen Zuwendungen nach § 4d Abs. 1 Nr. 1 EStG nach oben begrenzt (1.) durch die Höhe des sog. "Deckungskapitals" für die bereits laufenden Unterstützungs-Leistungen, (2.) durch jährliche Höchstgrenzen für jeden Leistungsanwärter und (3.) durch die Höhe des "zulässigen Kassenvermögens". Das sog. "Deckungskapital" für die bereits laufenden Leistungen läßt sich mit Hilfe einer Tabelle errechnen (vgl. die Anlage 1 zu § 4d Abs. 1 EStG). Das "zulässige Kassenvermögen" ist die Summe aus dem genannten "Deckungskapital" und dem Achtfachen der jährlich zulässigen Höchstbeträge für die abzugsfähigen Zuwendungen (vgl. § 4d Abs. 1 Nr. 1 S. 4 EStG).

Möglichkeiten, die zum Zwecke der Bilanzpolitik genutzt werden können, resultieren aus folgenden Wahlrechten:

(1) **Wahl des Zeitpunktes der Zuwendung**; das "Deckungskapital" kann der Unterstützungskasse **sofort** bei Beginn der Leistungen *oder*, solange der Leistungsempfänger lebt, in einem **späteren** Wirtschaftsjahr zugewendet werden (vgl. R 27a Abs. 3 S. 1 EStR);

(2) **Wahl der Aufteilung des Zuwendungsbetrages**; das "Deckungskapital" kann entweder **in einem Betrag** *oder* verteilt auf **mehrere** Wirtschaftsjahre an die Unterstützungskasse gezahlt werden (vgl. R 27a Abs. 3 S. 1 EStR);

(3) **Wahl einer Zuführung zum "Reservepolster"**; zusätzlich zum "Deckungskapital" für bereits laufende Leistungen kann ein sog. "**Reservepolster**" nach § 4d Abs. 1 Nr. 1 Buchstabe b EStG für jeden Leistungs**anwärter** durch jährliche Zuwendungen an die Unterstützungskasse angelegt werden; dabei besteht für die Ermittlung der Höhe der zulässigen Zuwendungen zum "Reservepolster" seit 1992 ein (weiteres) **Wahlrecht** (vgl. R 27a Abs. 4 EStR): das Trägerunternehmen kann *entweder* vom "Durchschnittsbetrag" der jährlichen Versorgungsleistungen ausgehen, „den die Leitungsanwärter... im letzten Zeitpunkt der Anwartschaft, spätestens im Zeitpunkt der Vollendung des 65. Lebensjahres erhalten können" (§ 4d Abs. 1 Nr. 1 Buchstabe b S. 1 EStG) *oder* aber den "Durchschnittsbetrag" der von der Kasse im Wirtschaftsjahr tatsächlich gewährten lebenslänglich laufenden Leistungen zugrundelegen (vgl. § 4d Abs. 1 Nr. 1 Buchstabe b S. 3 EStG); das Trägerunternehmen muß sich nach R 27a Abs. 4 S. 4 EStR für eine dieser beiden Möglichkeiten entscheiden und ist dann an die getroffene Wahl grundsätzlich 5 Jahre ge-

bunden, wobei diese Bindungswirkung ab 1994 gilt (vgl. R 27a Abs. 4 S. 5 EStR); als jährliche **Höchst**beträge dürfen für jeden Leistungsanwärter der Unterstützungskasse zugewendet werden (vgl. § 4d Abs. 1 Nr. 1 Buchstabe b EStG):

- 6 % des "Durchschnittsbetrages", wenn die Kasse nur Invaliditätsversorgung oder nur Hinterbliebenenversorgung gewährt;
- 25 % des "Durchschnittsbetrages", wenn die Kasse Altersversorgung mit oder ohne Einschluß von Invaliditäts- oder Hinterbliebenenversorgung gewährt.

Voraussetzung für die Abzugsfähigkeit der Zuwendungen und damit die Möglichkeit, von den genannten Wahlrechten für bilanzpolitische Zwecke Gebrauch zu machen, ist schließlich, daß das Vermögen der Unterstützungskasse am Schluß des Wirtschaftsjahres das – oben definierte – "zulässige Kassenvermögen" nicht übersteigt (vgl. § 4d Abs. 1 Nr. 1 S. 2 EStG).

Betrachtet sei nunmehr der (zweite) Fall, daß die Unterstützungskasse **keine** lebenslänglich laufenden Leistungen gewährt. Nach § 4d Abs. 1 Nr. 2 EStG wird in diesem Falle die Höhe der abzugsfähigen Zuwendungen nach der Lohn- und Gehaltssumme bemessen: Die jährlichen Zuwendungen an derartige Kassen dürfen **bis zu** 0,2 % der Lohn- und Gehaltssummen des Trägerunternehmens betragen, und zwar so lange, bis das Vermögen der Kasse am Schluß eines Wirtschaftsjahres das "zulässige Kassenvermögen" (= 1 % der durchschnittlichen jährlichen Lohn- und Gehaltssumme der jeweils letzten drei Wirtschaftsjahre des Trägerunternehmens) erreicht. Aus unserer Formulierung "bis zu" wird schon deutlich, daß dem Trägerunternehmen hier wieder ein **Wahlrecht** bezüglich der pauschalen Bemessung von Zuwendungen an derartige Unterstützungskassen eingeräumt wird; für die Annahme eines derartigen Wahlrechts spricht auch das erläuternde Rechen-Beispiel in H 27a (11) EStH, in dem für das Jahr 01 mit einer Zuwendung gerechnet wird, die „*unter* der möglichen Zuwendung von 0,2 %" der Lohn- und Gehaltssumme des Jahres 01 liegt. Schließlich sei als weiteres **Wahlrecht** erwähnt, daß das Trägerunternehmen – **an Stelle** der pauschalen Zuwendungen bis zu 0,2 % der Lohn- und Gehaltssumme – der Kasse auch einen höheren Betrag zuwenden kann, wenn dieser zum Ersatz der tatsächlichen Kassenleistungen im Wirtschaftsjahr erforderlich ist; im einzelnen sei hierzu auf § 4d Abs. 1 Nr. 2 S. 1 EStG und nochmals auf das durchgerechnete Beispiel in H 27a (11) EStH verwiesen.

B. Betriebliche Maßnahmen, die nur wegen ihrer Auswirkung auf den Jahresabschluß ergriffen werden

Zu den betrieblichen Maßnahmen, die nur aus bilanztaktischen Gründen, d. h. wegen ihrer Auswirkung auf den Jahresabschluß ergriffen werden, kann u. a. die **Einlagen- bzw. Entnahmepolitik des Unternehmers** gehören.

Bei Einzelunternehmen und Personengesellschaften unterscheidet das Bilanzsteuerrecht (vgl. RFH v. 7.11.1929, RStBl. 1930, S. 39) zwischen

- notwendigem Betriebsvermögen,
- gewillkürtem Betriebsvermögen und
- notwendigem Privatvermögen.

Bilanztaktisch genutzt werden kann allein das **gewillkürte** Betriebsvermögen; denn bei den betreffenden Wirtschaftsgütern besitzt der Steuerpflichtige ein Wahlrecht, sie entweder als gewillkürtes Betriebsvermögen in die Bilanz aufzunehmen oder dem Privatvermögen zuzurechnen. Im Falle der Zurechnung der Wirtschaftsgüter zum gewillkürten Betriebsvermögen beeinflussen die zugehörigen Aufwendungen und Erträge den steuerpflichtigen Gewinn.

Damit ein Wirtschaftsgut zum gewillkürten Betriebsvermögen gezählt werden kann, müssen folgende Voraussetzungen erfüllt sein (vgl. Biergans, S. 261 ff.; Scheffler, Steuerbilanztaktik, S. 57):

(1) Das Wirtschaftsgut darf nicht unmittelbar und ausschließlich dem Betrieb dienen (= notwendiges Betriebsvermögen).

(2) Das Wirtschaftsgut darf weder seiner Natur nach nur privat genutzt werden können noch tatsächlich ausschließlich privat genutzt werden (= notwendiges Privatvermögen).

(3) Das Wirtschaftsgut muß „in einem **gewissen objektiven Zusammenhang** mit dem Betrieb stehen, d. h., objektiv dem Betrieb des Kaufmannes zu dienen geeignet und

(4) subjektiv ... ihm zu dienen oder ihn zu fördern bestimmt" sein (BFH-Urteil v. 27.3.1968, BStBl. II, S. 522); d. h., das Wirtschaftsgut muß in der Buchhaltung des Unternehmers entsprechend verbucht und allen steuerlichen Konsequenzen ausgesetzt sein.

(5) Es muß ein Vermögensvergleich nach § 4 Abs. 1 oder § 5 EStG durchgeführt werden.

Demnach können zum gewillkürten Betriebsvermögen insbes. *Wertpapiere, Grundstücke mit Mietshäusern* und *Kraftfahrzeuge* gehören; weitere Einzelheiten finden sich in R 13 der EStR. Mit der Möglichkeit, Wirtschaftsgüter als gewillkürtes Betriebsvermögen zu behandeln, wird dem Steuerpflichtigen ein „verhältnismäßig großer Spielraum eingeräumt, da die Rechtsprechung für den gebotenen objektiven Zusammenhang eine weite Auslegung zuläßt" (Scheffler, Steuerbilanztaktik, S. 58; vgl. auch BFH-Urteil vom 10.12.1964, BStBl. 1965 III, S. 377).
Allerdings lassen sich bereits eingetretene Wertsteigerungen oder -minderungen nicht mehr bilanzpolitisch nutzen, sondern nur künftig zu erwartende Wertveränderungen.

So kann z. B. die Einbringung von Wertpapieren, deren Kurs voraussichtlich fallen wird, aus dem Privatvermögen in das (gewillkürte) Betriebsvermögen dazu genutzt werden, den sonst auszuweisenden Gewinn zu mindern.
Oder es kann umgekehrt sinnvoll sein, bei voraussichtlichen Kurssteigerungen Wertpapiere aus dem Betriebsvermögen zu entnehmen und in den Privatbereich zu überführen, um auf diese Weise einen steuer*freien* Veräußerungsgewinn zu realisieren. Allerdings ist ab 1.1.1999 zu beachten: Ein solcher Veräußerungsgewinn ist dann steuer*pflichtig*, wenn die Veräußerung innerhalb von *12* Monaten nach dem Erwerb der Wertpapiere erfolgt (§ 23 Abs. 1 Nr. 2 EStG n. F.) oder wenn es sich um die Veräußerung einer "wesentlichen Beteiligung" handelt, die aufgrund der Neufassung von § 17 Abs. 1 S. 4 EStG n. F. durch das Steuerentlastungsgesetz 1999/2000/2002 jetzt bereits dann gegeben ist, wenn der Veräußerer an der Kapitalgesellschaft zu mindestens *10 %* beteiligt war.

Zu den betriebspolitischen Maßnahmen, die nur wegen ihrer Auswirkungen auf den Jahresabschluß vorgenomen werden, gehören auch **Transaktionen in Zusammenarbeit mit Geschäftspartnern**. Hier ist zum einen die Darlehensgewährung zur Erhöhung der Bilanzsumme – besonders beliebt bei Banken – zu erwähnen. Ferner gehören hierher der Verkauf von Gegenständen des Anlagevermögens oder des Umlaufvermögens mit Rücknahmeverpflichtung.

Zu den bilanztaktischen Maßnahmen ist ferner der **Verkauf von Gegenständen des Anlagevermögens** zu zählen. Ziel dieser Politik kann es einmal sein, das Anlagevermögen zu senken und die liquiden Mittel zu erhöhen. Zum anderen ist es möglich, z. B. durch den Verkauf von Grundstücken evtl. beträchtliche Gewinne zu realisieren, die anschließend ausgeschüttet werden (so beispielsweise vor Jahren bei der Rheinstahl AG geschehen).

Um das Bilanzbild am Bilanzstichtag zu verbessern, werden von einigen Unternehmen ihre **Kontokorrentkredite** für wenige Tage um den Bilanzstichtag herum weitgehend **abgedeckt**; dies ist auch interessant unter dem Aspekt, daß Kontokorrentkredite dann *nicht* zu den sog. "Dauerschulden" i. S. des Gewerbesteuerrechtes zählen, wenn das Konto mindestens 8 Tage im Jahr ein Guthaben aufweist.

Außerdem werden bisweilen **Umschichtungen von Anlagevermögen in Umlaufvermögen** oder **umgekehrt** vorgenommen. Zu denken ist hier beispielsweise an den Ausweis von Wertpapieren je nach angestrebtem Zweck (vgl. die sog. "Bilanzstrukturregeln" bei der Bilanzanalyse) einmal als ein Posten des Umlaufvermögens, ein anderes Mal als ein Posten des Anlagevermögens. Oder es ist die Umwandlung von kurzfristigen Forderungen (Ausleihungen) in langfristige Darlehen an Tochtergesellschaften zu erwähnen, um aus einem Gegenstand des Umlaufvermögens ein Wirtschaftsgut des Anlagevermögens zu machen. Diese Möglichkeit hat beispielsweise die Esso AG 1979 (vgl. Geschäftsbericht 1979, S. 24) genutzt.

In der Praxis ist bisweilen auch zu beobachten, daß Unternehmen kurz vor dem Bilanzstichtag **nicht benötigte Kredite aufnehmen**. Mit dieser betriebspolitischen Maßnahme wird eine Verbesserung des Liquiditätsgrades bezweckt und gleichzeitig eine Erhöhung der Bilanzsumme erreicht.

Ferner zählen Baetge/Ballwieser (S. 201) auch noch folgende Sachverhaltsgestaltung zu den bilanztaktischen Maßnahmen: **Selbsterstellte Patente** werden über eine Sachgründung in eine Nicht-Aktiengesellschaft eingebracht, an der die Bilanzpolitik treibende AG eine **Beteiligung** erwirbt. Auf diese Weise erscheinen die selbsterstellten Patente in der Bilanz der AG als Beteiligung, obwohl die Bilanzierung selbsterstellter immaterieller Anlagewerte – wie bereits in Kapitel 2 Abschnitt B IIId ausgeführt wurde – sonst nach § 248 Abs. 2 HGB verboten ist.

Schließlich kann auch mit **Verlusten** Bilanzpolitik betrieben werden. Denn § 10d EStG gewährt dem steuerpflichtigen Bilanzierenden das Recht, "negative Einkünfte" (Verluste) eines Geschäftsjahres mit "positiven Einkünften" (Gewinnen) anderer Geschäftsjahre **steuermindernd** zu verrechnen. Zu beachten ist, daß die Möglichkeit, einen derartigen "*Verlustabzug*" nach § 10d EStG vorzunehmen, durch das Steuerentlastungsgesetz 1999/2000/2002 v. 24.3.1999 neu geregelt wurde. Gegenüber den bisherigen Regelungen enthält der § 10d EStG n. F. vor allem folgende **Änderungen**:

- Für die Veranlagungszeiträume 1999 und 2000 wird der im Wege eines sog. "**Verlustrücktrages**" abzugsfähige Verlust auf einen Betrag bis zu *2 Mio. DM* (bisher: 10 Mio. DM) begrenzt (vgl. § 10d Abs. 1 S. 1 EStG n. F.); allerdings gilt auch für diesen gesenkten Betrag – wie für den bisherigen Betrag – , daß er pro Person einer Personengsellschaft in Anspruch genommen werden kann (vgl. R 115 Abs. 3 S. 2 EStR). Ab Veranlagungszeitraum 2001 wird der durch Verlustrücktrag abzugsfähige Betrag auf 1 Mio. DM gesenkt (vgl. § 52 Abs. 25 S. 2 EStG 1999).
- Der Verlust (bzw. die negativen Einkünfte) bis zum genannten Betrag von 2 Mio. DM kann (bzw. können) nach § 10d Abs. 1 S. 1 EStG n. F. im Wege des Verlustrücktrages 1999 und 2000 nur noch vom Gesamtbetrag der Einkünfte *des unmittelbar vorangegangenen* Veranlagungszeitraumes (bisher: der zwei vorangegangenen Veranlagungszeiträume) abgezogen werden, und zwar *vorrangig vor* Sonderausgaben, außerordentlichen Belastungen und sonstigen Abzugsbeträgen (bisher: wie Sonderausgaben).
- Außerdem sind die negativen Einkünfte (Verluste) zunächst von den positiven Einkünften *derselben* Einkunsfart abzuziehen; die eventuell verbleibenden negativen Einkünfte mindern die positiven Einkünfte aus *anderen* Einkunftsarten *nur bis zu einem Betrag von 100.000,– DM*, darüber hinaus bis zur Hälfte des 100.000,–

DM übersteigenden Teils der Summe der positiven Einkünfte aus anderen Einkunftsarten (vgl. § 10d Abs. 1 S. 2 und S. 3 EStG n. F.). Diese *Begrenzung der Verlustverrechnung zwischen* den Einkunftsarten bzw. die daraus resultierende "*Mindestbesteuerung*" ist neu. Zur Verdeutlichung möge das in Übungs-Aufgabe 42 durchgerechnete Beispiel dienen.

- Sind die negativen Einkünfte durch den Verlustrücktrag nach § 10d Abs. 1 EStG noch nicht ausgeglichen, so ist – wie bisher – der Rest-Verlust im Wege eines sog. "**Verlustvortrages**" von dem Gesamtbetrag der Einkünfte der folgenden (zukünftigen) Veranlagungszeiträume abzuziehen (vgl. § 10d Abs. 2 S. 1 EStG). Allerdings gilt ab Veranlagungszeitraum 1999 auch für den Verlustvortrag die zuvor beschriebene Begrenzung der Verlustverrechnung zwischen den Einkunftsarten (vgl. § 10d Abs. 2 S. 2 ff. EStG 1999).

Nicht geändert hat sich das **Wahlrecht** des Steuerpflichtigen nach § 10d Abs. 1 S. 7 EStG, auf einen Verlustrücktrag *ganz oder teilweise* zugunsten eines Verlustvortrages zu verzichten. Dieses Wahlrecht, das erst durch das StandOG (BGBl. I 1993, S. 1569) ab Veranlagungszeitraum 1994 eingeräumt wurde, bedeutet: Der Steuerpflichtige kann frei entscheiden, ob und in welcher Höhe er den Verlust in das vorangegangene Jahr zurückübertragen möchte oder aber ob er den Verlust ganz oder teilweise in den zeitlich unbegrenzten Verlustvortrag übernehmen will (vgl. Franz/Rupp, S. 24). Mit der "richtigen" Nutzung dieses Wahlrechtes kann der Steuerpflichtige erhebliche Steuerersparnisse erreichen (vgl. für die bisher geltenden Regelungen: Schlarb, S. 187 ff.).

C. Bilanzierungswahlrechte

Für ein Unternehmen resultiert die Möglichkeit, aktive Bilanzpolitik zu betreiben, vor allem daraus, daß die handelsrechtlichen und steuerrechtlichen Bilanzierungsvorschriften eine Reihe von Wahlrechten der Rechnungslegung einräumen. Es handelt sich dabei erstens um sog. "Bilanzierungswahlrechte", zweitens um sog. "Bewertungswahlrechte" und drittens um sog. "Ausweiswahlrechte". Wir wollen uns in diesem Abschnitt C zunächst den Bilanzierungswahlrechten zuwenden.

I. Kennzeichnung und Übersicht

Wie bereits in Kapitel 2 Abschnitt B III bei den "Ansatzvorschriften" der §§ 246 bis 251 HGB im Zusammenhang mit der "Bilanzierung dem Grunde nach" erwähnt, kann für ein Wirtschaftsgut entweder

(a) eine Bilanzierungs*pflicht* bestehen, d. h., es *muß* aktiviert bzw. passiviert werden, oder

(b) ein Bilanzierungs*wahlrecht* existieren, d. h., es *kann* (*darf*) aktiviert bzw. passiviert werden, oder

(c) ein Bilanzierungs*verbot* gelten, d. h., es *darf nicht* aktiviert bzw. passiviert werden; auf derartige Bilanzierungsverbote nach § 248 HGB wurde bereits in Kapitel 2 Abschnitt B IIId eingegangen.

Bei den hier interessierenden "**Bilanzierungswahlrechten**" kann der Bilanzierende also selbst entscheiden, **ob** er ein Wirtschaftsgut, das bilanzierungsfähig, nicht aber bilanzierungspflichtig ist, in **die Bilanz aufnehmen** will oder nicht. Den beiden Seiten der Beständebilanz entsprechend, kann dabei zwischen Aktivierungswahlrechten und Passivierungswahlrechten unterschieden werden.

Aktivierungswahlrechte gewähren dem Bilanzierenden die Freiheit der Entscheidung, ob er neben den aktivierungspflichtigen Posten in die Beständebilanz **zusätzliche Aktivposten** für bilanzierungsfähige Wirtschaftsgüter aufnehmen will oder nicht. Im Falle der Aktivierung wird in der Beständebilanz ein um diesen Aktivposten höheres Vermögen ausgewiesen und in der G+V-Rechnung im Jahr der Aktivierung i. d. R. ein entsprechend niedrigerer Aufwand verrechnet, so daß sich ein höherer Gewinn ergibt als im entgegengesetzten Fall der Nicht-Aktivierung. Denn der Verzicht auf die Aktivierung bedeutet nicht nur, daß das Vermögen um diesen nicht-aktivierten Posten niedriger ist; vielmehr gehen dann die Anschaffungs- oder Herstellungskosten für das bilanzierungsfähige Wirtschaftsgut als Aufwand direkt in die G+V-Rechnung und kürzen den auszuweisenden Gewinn.

Umgekehrt verhält es sich bei den **Passivierungswahlrechten**. Entscheidet sich der Bilanzierende für eine Passivierung (z. B. einer Aufwandsrückstellung), so erhöht sich um diesen **zusätzlichen Passivposten** die Passivseite der Beständebilanz und um denselben Betrag der Aufwand in der G+V-Rechnung; der Periodenerfolg vermindert sich entsprechend (vgl. Wöhe, Bilanzierung, S. 62). Umgekehrt würde eine Nicht-Passivierung die Passivseite um einen Posten verringern und in gleicher Höhe den verrechneten Aufwand senken, also den ausgewiesenen Gewinn erhöhen.

Um die Übersicht zu erleichtern, sind in Abbildung 10 bedeutende Bilanzierungswahlrechte für die **Handelsbilanz** zusammengestellt worden.

Dabei wurden zum einen in diese Übersicht nur die nach dem aktuellen HGB zulässigen Aktivierungs- und Passivierungswahlrechte für die Handelsbilanz aufgenommen. Bekanntlich sind durch das BiRiLiG einerseits *einige* der früher gewährten Bilanzierungswahlrechte *abgeschafft* worden (so z. B. für entgeltlich erworbene immaterielle Anlagewerte und für Pensionsrückstellungen, für die jetzt jeweils Bilanzierungspflicht besteht), andererseits sind *zusätzliche* Bilanzierungswahlrechte *eingeräumt* worden (so z. B. für aktivische latente Steuern und für Aufwandsrückstellungen). Es würde zu weit führen, an dieser Stelle noch einmal die Bilanzierungswahlrechte nach altem und neuem Recht einander vergleichend gegenüberzustellen; der daran interessierte Leser sei deshalb auf die entsprechende Literatur verwiesen (vgl. u. a.: Hilke, Bilanzierungswahlrechte).

Bilanzierungswahlrechte für die Handelsbilanz	
Aktivierungswahlrechte	Passivierungswahlrechte
(1) Derivativer Firmenwert (§ 255 Abs. 4 HGB)	(1) Steuerfreie Rücklagen nach § 6b EStG (§ 247 Abs. 3 HGB)
(2) Firmenwert im Verschmelzungsfall (§ 24 UmwG i. V. m. § 255 Abs. 4 HGB)	(2) Steuerfreie Rücklagen für Ersatzbeschaffung nach R 35 EStR (§ 247 Abs. 3 HGB)
(3) Aufwendungen für die Ingangsetzung und Erweiterung des Geschäftsbetriebes (§§ 269, 282 HGB)	(3) Steuerfreie "Wertaufholungs-Rücklage" nach § 52 Abs. 16 S. 3 EStG (§ 247 Abs. 3 HGB)
(4) Aufwendungen für die Währungsumstellung auf den Euro (Artikel 44 Abs. 1 EGHGB)	(4) Steuerfreie Rücklagen wegen Ansparabschreibung nach § 7g Abs. 3 ff. EStG (§ 247 Abs. 3 HGB)
(5) Disagio (§ 250 Abs. 3 HGB)	(5) Sonderposten ("Wertberichtigung") für steuerrechtliche Abschreibungen nach § 254 HGB (§ 281 Abs. 1 HGB)
(6) Aktivische latente Steuern (§ 274 Abs. 2 HGB)	(6) Rückstellungen für bestimmte Verpflichtungen aus Versorgungszusagen (Artikel 28 EGHGB)
	(7) Rückstellungen für bestimmte unterlassene Instandhaltungen (§ 249 Abs. 1 S. 3 HGB)
	(8) Aufwandsrückstellungen (§ 249 Abs. 2 HGB)

Abb. 10: Wichtige Bilanzierungswahlrechte für die Handelsbilanz im Überblick

Zum anderen zählen wir die sog. "**Sonderposten mit Rücklageanteil**" (§ 247 Abs. 3 HGB) mit zu den Passivierungswahlrechten; denn der Bilanzierende kann darüber entscheiden, ob er diese – in der Übersicht unter (1) bis (5) beispielhaft genannten – Posten als *zusätzliche* Passivposten in die Beständebilanz aufnehmen will oder nicht. Den genannten "Sonderposten mit Rücklageanteil" ist gemeinsam, daß durch ihre Passivierung eine sog. "steuerfreie Rücklage" gebildet, also der steuerpflichtige Gewinn im Jahr der Rücklagebildung gesenkt wird; erst mit der Auflösung der Sonderposten mit Rücklageanteil in einer oder mehreren Folgeperioden werden die darin "gespeicherten" Gewinne (sukzessive) der Besteuerung unterworfen. Hieraus erklärt sich auch die Bezeichnung "Sonderposten mit Rücklage*anteil*": Nur derjenige Teil, der eines Tages nach Abzug der

Ertragsteuern verbleibt, stellt eine Rücklage dar und kann zum Eigenkapital gezählt werden (vgl. Wöhe, Bilanzierung, S. 767).

Bevor nach dieser Übersicht auf die wichtigsten Bilanzierungswahlrechte im einzelnen eingegangen werden kann, ist zum Verhältnis von Handelsbilanz zu Steuerbilanz noch generell folgendes zu sagen:

Handelsrechtliche Aktivierungs- und Passivierungs**verbote** gelten nach herrschender Auffassung auch für die Steuerbilanz (vgl. Pougin, Bilanzpolitik, S. 11). Dies folgt aus dem "Prinzip der **Maßgeblichkeit** der Handelsbilanz für die Steuerbilanz" (vgl. dazu Kapitel 2 Abschnitt B I).

Ebenso folgte bisher aus dem Maßgeblichkeitsprinzip, daß handelsrechtliche Aktivierungs- und Passivierungs**gebote** auch für die Steuerbilanz gelten. Hier kam es aber – wie bereits in Kapitel 2 Abschnitt B IIIe ausgeführt – zum einen durch das *Gesetz zur Fortsetzung der Unternehmenssteuerreform* v. 19.10.1997 zu einer *Änderung*: Rückstellungen für drohende Verluste aus schwebenden Geschäften dürfen nach § 5 Abs. 4a EStG ab 1997 in der Steuerbilanz *nicht* mehr gebildet werden, obwohl für sie in der Handelsbilanz nach § 249 Abs. 1 S. 1 HGB weiterhin eine Passivierungs*pflicht* besteht. Das steuerrechtliche Verbot der Bildung von "Drohverlust-Rückstellungen" stellt insofern ab 1997 eine **Durchbrechung** des "Prinzips der Maßgeblichkeit der Handelsbilanz für die Steuerbilanz" dar.

Zu einer weiteren Durchbrechung des Maßgeblichkeitsprinzips führt zum anderen der neue § 5 Abs. 4b EStG n. F., der erst durch das *Steuerentlastungsgesetz 1999/2000/2002* v. 24.3.1999 in das EStG eingefügt wurde. § 5 Abs. 4b EStG n. F. *verbietet* in der Steuerbilanz ab 1999 die Bildung bestimmter Rückstellungen, die im Zusammenhang mit Aufwendungen für die Wiederaufbereitung von Kernbrennelementen stehen; im einzelnen sei dazu auf die Ausführungen in Kapitel 2 Abschnitt B IIIe verwiesen.

Schließlich sind auch handelsrechtliche und steuerrechtliche Bilanzierungs**wahlrechte** keineswegs identisch; vielmehr gilt:
– Handelsrechtliche **Aktivierungs-Wahlrechte** werden für die Steuerbilanz i. d. R. zu Aktivierungs**pflichten**; demnach wird aus dem handelsrechtlichen "kann" bzw. "darf aktiviert werden" ein steuerrechtliches "muß aktiviert werden". Eine *Ausnahme* von diesem Grundsatz bilden, wie noch zu zeigen sein wird, die "Aufwendungen für die Ingangsetzung und Erweiterung des Geschäftsbetriebes".
– Andererseits werden handelsrechtliche **Passivierungs-Wahlrechte** i. d. R. für die Steuerbilanz zu Passivierungs**verboten** *oder* aber eine Passivierung darf in der Steuerbilanz nur dann erfolgen, wenn zuvor in der Handelsbilanz ein entsprechender Passivposten angesetzt wurde (**Umkehrung** des Maßgeblichkeitsprinzips).

Den generellen Ausgangspunkt zur Beurteilung handelsrechtlicher Bilanzierungswahlrechte im Steuerrecht bildet für den BFH der Zweck der steuerlichen Gewinnermittlung, als welcher die Erfassung des "vollen" Gewinnes gesehen wird (vgl. Linn, S. 189). Aus diesem Grunde könne es **nicht** dem Bilanzierenden überlassen bleiben, „... sich durch Nichtaktivieren von Wirtschaftsgütern, die handelsrechtlich aktiviert werden dürfen, oder durch den Ansatz eines Passivpostens, der handelsrechtlich nicht geboten ist, ärmer zu machen, als er ist ..." (Großer Senat des BFH v. 3.2.1969, BStBl. II, S. 293). Ähnlich lautet eine Stellungnahme des I. Senats des BFH: „Was handelsrechtlich aktiviert werden kann, muß steuerrechtlich grundsätzlich aktiviert werden. Dem entspricht für die Passivseite der Bilanz, was handelsrechtlich nicht passiviert werden muß, steuerrechtlich im allgemeinen nicht passiviert werden darf" (BFH-Urteil v. 24.6.1969, BStBl. II, S. 581; für die Passivseite vgl. auch BFH-Urteil v. 28.4.1971, BStBl. I, S. 601 und BFH-Urteil v. 23.11.1983, BStBl. II 1984, S. 277).

Diese Argumentation des BFH erscheint nicht überzeugend. Denn sie läßt m. E. zum einen völlig außer acht, daß die Wertansätze für solche Wirtschaftsgüter, für welche handelsrechtliche Bilanzierungswahlrechte eingeräumt werden, mit besonders großer Unsicherheit behaftet sind und gerade deshalb dem Bilanzierenden überlassen werden soll, ob er diese Wirtschaftsgüter in seine (Handels-)Bilanz aufnehmen will oder nicht. Zum anderen führt die Argumentation und Entscheidung des BFH zu weiteren – m. E. unnötigen – Durchbrechungen oder Umkehrungen des Maßgeblichkeitsprinzips der Handelsbilanz für die Steuerbilanz, und zwar hier nach dem Motto: "Recht ist, was die Kasse des Finanzamtes füllt". Zur Kritik an der Argumentation des BFH in der Literatur sei insbes. auf Maaßen (S. 1285 ff.) hingewiesen.

*Bilanzierungs*wahlrechte dürfen nicht verwechselt werden mit *Bewertungs*wahlrechten. Bei ersteren geht es – wie dargestellt – um die Entscheidung, ob bestimmte bilanzierungsfähige, aber nicht -pflichtige Aktiv- oder Passivposten in die Beständebilanz aufgenommen werden oder nicht; bei letzteren geht es um die Frage, **mit welchem Wert** ein Aktiv- oder Passivposten, der in die Bilanz aufgenommen werden muß oder kann, dort angesetzt werden soll (vgl. Abschnitt D).

Im folgenden sollen zunächst die wichtigsten Bilanzierungswahlrechte dargestellt werden, und zwar zuerst Aktivierungs-, dann Passivierungswahlrechte.

II. Derivativer Firmenwert (§ 255 Abs. 4 HGB)

Der **Geschäfts- oder Firmenwert** gibt theoretisch den Betrag an, um den das gesamte Unternehmen – gemessen an seinem Ertragswert – mehr wert ist als die Summe der *Zeitwerte* seiner aktivierbaren Vermögensteile, vermindert um die passivierungsfähigen Schulden. Er bringt diejenigen Gewinnchancen eines Unternehmens zum Ausdruck, die nicht in einzelnen (selbständigen) Vermögensgegenständen verkörpert sind (vgl. BFH-Urteil v. 1.4.1982, BStBl. II 1982, S. 621) und deshalb nicht in der Bilanz erscheinen. Insofern setzt sich der Geschäfts- oder Firmenwert aus mehreren Komponenten zusammen und repräsentiert insbes. folgende – den ertragsabhängigen Gesamtwert der Unternehmung beeinflussende – Faktoren: den treuen Kundenstamm des Unternehmens, spezielle Fertigungsverfahren, eine besondere Qualität der Belegschaft, den guten Ruf der

Firma, das Vertriebsnetz, Standortvorteile, Marktmacht, die Produktpalette und deren Bekanntheitsgrad (vgl. Küting/Weber, Bd. Ia, S. 1129; Biergans, S. 208).

Betrachten wir zunächst, wie ein derartiger Geschäfts- oder Firmenwert in der **Handelsbilanz** zu behandeln ist. Dabei muß zum einen berücksichtigt werden, daß der Geschäfts- oder Firmenwert zu den *immateriellen* Gegenständen des *Anlage*vermögens gehört (vgl. Position A I 2. der Bilanzgliederung nach § 266 Abs. 2 HGB). Zum anderen muß zwischen dem "originären" und dem "derivativen" Firmenwert unterschieden werden (vgl. Döring).

Für den sog. "**originären**", d. h. den *selbstgeschaffenen* Geschäfts- oder Firmenwert zieht das Bilanzierungs**verbot** des § 248 Abs. 2 HGB: Für ihn darf ein Aktivposten **nicht** angesetzt werden.

Hingegen gilt für den sog. "**derivativen**" Firmenwert nach § 255 Abs. 4 HGB: „Als Geschäfts- oder Firmenwert **darf** der Unterschiedsbetrag angesetzt werden, um den die für die Übernahme eines Unternehmens bewirkte Gegenleistung den Wert der einzelnen Vermögensgegenstände des Unternehmens abzüglich der Schulden im Zeitpunkt der Übernahme übersteigt." Kennzeichen des "derivativen" Firmenwertes ist also, daß er **entgeltlich** beim Kauf der gesamten Unternehmung (oder eines selbständigen Teilbetriebes) **erworben** wurde. Für diesen entgeltlich erworbenen ("derivativen") Firmenwert räumt § 255 Abs. 4 HGB ausdrücklich ein Aktivierungs**wahlrecht** für die Handelsbilanz ein: Ein "derivativer" Firmenwert *darf*, *muß* jedoch *nicht* in der Handelsbilanz aktiviert werden. So findet sich ein solcher Aktivposten in der **Praxis** beispielsweise in den Jahresabschlüssen für 1998 der BASF AG, des Bayer Konzerns, der Siemens AG, der Schering AG, der Sto AG und des Veba Konzerns. Im Bayer Konzern z. B. wurden 1998 erworbene Firmenwerte aus Akquisitionen in Höhe von 1,467 Mrd. DM aktiviert (vgl. Bayer AG, Konzern-Geschäftsbericht 1998, S. 88).

In diesem Zusammenhang sei auf ein erstes **Bewertungswahlrecht** hingewiesen: Selbst dann, wenn ein "derivativer" Firmenwert aktiviert wird, muß er **nicht in voller Höhe** angesetzt werden. Das Aktivierungswahlrecht für den "derivativen" Firmenwert kann ganz oder teilweise in Anspruch genommen werden: „Auch eine nur teilweise Aktivierung ist zulässig" (Adler/Düring/Schmaltz, Erl. zu § 255 HGB Tz 274); d. h., vom Bilanzierenden kann auch jeder beliebige Wert zwischen Null und der Wertobergrenze aktiviert werden.
Allerdings ist zu beachten: Wird im Jahr des Zugangs auf eine Aktivierung des Geschäfts- oder Firmenwertes ganz oder teilweise verzichtet, so kommt eine **Nachaktivierung** (Zuschreibung) in folgenden Geshäftsjahren **nicht** in Betracht (vgl. Küting/Weber, Bd. Ia, S. 1134).

Wird in der Handelsbilanz das Aktivierungswahlrecht dahingehend genutzt, daß der derivative Firmenwert – ganz oder teilweise – im Zugangsjahr aktiviert wird, so verlangt § 255 Abs. 4 S. 2 HGB: „Der Betrag ist in jedem folgenden Geschäftsjahr zu **mindestens einem Viertel** durch Abschreibungen zu tilgen". Ein in der Handelsbilanz aktivierter Firmenwert **muß** also **abgeschrieben** werden. Dabei besteht hier ein weiteres

Bewertungswahlrecht darin, daß dieser Firmenwert auch in weniger als 4 Jahren abgeschrieben werden darf, denn die Abschreibungen müssen nur jedes Jahr "*mindestens*" ein Viertel des ursprünglich aktivierten Betrages ausmachen, dürfen also auch höher sein. Beispielsweise wäre auch folgende „*unregelmäßige* Abschreibung" (Küting/ Weber, Bd. Ia, S. 1140) zulässig: 50 % im 1. Jahr, 30 % im 2. Jahr und 20 % im 3. Jahr.

Ein drittes **Bewertungswahlrecht**, das erst durch das BiRiLiG geschaffen wurde (vgl. Hilke, Bewertungswahlrechte, S. 247), räumt schließlich § 255 Abs. 4 S. 3 HGB mit folgender *Abschreibungsalternative* ein: Danach **kann** ein derivativer Firmenwert – anstatt auf 4 Jahre – auch planmäßig **auf die Geschäftsjahre** verteilt (abgeschrieben) werden, in denen er **voraussichtlich genutzt** wird; dies werden oftmals mehr als 4 Jahre, also z. B. 8 oder 12 Jahre sein. So heißt es in der **Praxis** z. B. beim Schering-Konzern (Geschäftsbericht 1998, S. 57): „Erworbene Geschäftswerte ... werden aktiviert und planmäßig überwiegend in *fünfzehn*, ansonsten in *zehn* Jahren gleichmäßig abgeschrieben". Vom Hoechst-Konzern wird der durch den Kauf von Marion Merrell Dow 1995 entstandene und voll aktivierte Geschäfts- oder Firmenwert in Höhe von 8,1 Mrd. (!) DM sogar über *zwanzig* Jahre abgeschrieben (vgl. Hoechst AG, Konzern-Geschäftsbericht 1995, S. 61 und S. 63). Die Wahl der längeren Abschreibungsdauer nach § 255 Abs. 4 S. 3 HGB für den Geschäfts- oder Firmenwert muß von Kapitalgesellschaften im Anhang begründet werden (vgl. § 285 Nr. 13 HGB). Beispielsweise lautet die Begründung im genannten Fall von Hoechst: „Wegen der strategischen Auswirkung dieser Akquisition für das globale Pharmageschäft von Hoechst schreiben wir den Geschäftswert entsprechend IAS 22 in 20 Jahren ab" (Hoechst AG, Konzern-Geschäftsbericht 1995, S. 63).

Demgegenüber gilt für die **Steuerbilanz**: Aus dem Aktivierungswahlrecht für den "derivativen" Geschäfts- oder Firmenwert in der Handelsbilanz wird für die Steuerbilanz zum einen eine Aktivierungs**pflicht**, weil das Steuerrecht den "derivativen" Geschäfts- oder Firmenwert als ein – seit dem 1.1.1987 abnutzbares – Wirtschaftsgut i. S. des § 6 Abs. 1 Nr. 1 EStG betrachtet. In der Steuerbilanz **muß** also ein "derivativer" Firmenwert aktiviert werden; Voraussetzung ist wiederum, daß der Firmen- oder Geschäftswert durch Kauf eines ganzen Unternehmens oder eines selbständigen, lebensfähigen Teilbetriebes entgeltlich erworben wurde (vgl. hierzu insbes. BFH-Urteil v. 17.3.1977 – IV R 218/72, abgedruckt in: Der Betrieb, 25/1977, S. 1168 f.).

Weil als abnutzbares Wirtschaftsgut angesehen, **muß** der Geschäfts- oder Firmenwert in der Steuerbilanz zum anderen planmäßig gem. § 7 Abs. 1 S. 1 EStG **abgeschrieben** werden, und zwar **linear** über einen Zeitraum von **15 Jahren** (vgl. BMF-Schreiben v. 20.11.1986, BStBl. I, S. 532). Denn in § 7 Abs. 1 S. 3 EStG heißt es: „Als betriebsgewöhnliche Nutzungsdauer des Geschäfts- oder Firmenwertes eines Gewerbebetriebes oder eines Betriebes der Land- und Fortswirtschaft gilt ein Zeitraum von 15 Jahren".
Erst vor diesem Hintergrund wird die Abschreibungsalternative des § 255 Abs. 4 S. 3 HGB verständlich: Sie soll den Bilanzierenden ermöglichen, die Regelung des § 7 Abs. 1 S. 3 EStG für die Handelsbilanz zu übernehmen, d. h., den Geschäfts- oder Firmenwert **in der Handelsbilanz wie in der Steuerbilanz** über 15 Jahre abzuschreiben (vgl. Küting/Weber, Bd. Ia, S. 1141).

Interessanterweise durfte bis Ende 1986 ein in der Steuerbilanz aktivierter Geschäfts- oder Firmenwert nicht planmäßig abgeschrieben werden, weil er bis dahin zu den nichtabnutzbaren Anlagegütern gezählt wurde. Aufgrund der Neuregelung durch das BiRiLiG sind jedoch ab 1987 auch alle vor Ende 1986 entgeltlich erworbenen Geschäfts- oder Firmenwerte in der Steuerbilanz über einen Zeitraum von 15 Jahren abzuschreiben und werden somit erst Ende des Jahres 2001 aus der Steuerbilanz verschwunden sein; es sei denn, es wird vorher eine (außerplanmäßige) Teilwertabschreibung erforderlich.

Ergänzend sei noch auf folgendes hingewiesen: Auch der sog. "**Praxiswert**", der bei Übernahme einer Praxis für den Wert des Kundenstammes eines freiberuflich Tätigen (z. B. eines Arztes, Steuerberaters oder Rechtsanwaltes) bezahlt wurde, ist als immaterielles Wirtschaftsgut gem. § 5 Abs. 2 EStG zu aktivieren, gilt *grundsätzlich* als abnutzbar und ist deshalb planmäßig abzuschreiben; nach der Rechtsprechung sind analog dazu auch auf den entgeltlich erworbenen Kundenstamm eines Handelsvertreters, eines Reisebüros und einer Versicherungsagentur planmäßige Abschreibungen zugelassen (vgl. Biergans, S. 210).

Gemäß BMF-Schreiben v. 20.11.1986 (BStBl. I, S. 532) sind die Abschreibungen "entsprechend der bisherigen Rechtsprechung des BFH (vgl. Urteil v. 15.4.1958, BStBl. III, S. 330) nach der im Einzelfall zu schätzenden Nutzungsdauer zu bemessen". Aus dem Wortlaut ist zu entnehmen, daß die in § 7 Abs. 1 S. 3 EStG für den derivativen Geschäfts- oder Firmenwert festgelegte Abschreibungsdauer von 15 Jahren für den entgeltlich erworbenen "Praxiswert" *nicht* gelten soll. „Offensichtlich ist der Gesetzgeber für den Praxiswert von einer generellen Abschreibungsfähigkeit in einem **kürzeren** Zeitraum ausgegangen" (Glade, S. 713). Mit Verweis auf das BFH-Urteil v. 24.2.1994 (BStBl. II, S. 590) nennt Glade als Nutzungsdauer (= Abschreibungsdauer) des Wertes einer erworbenen Einzelpraxis einen Zeitraum von *3 bis 5 Jahren* (vgl. Glade, S. 714). Allerdings setzt eine derartig kurze Abschreibungsdauer für den Praxiswert voraus, daß der bisherige Betriebsinhaber *ausscheidet*. Sie gilt dann jedoch „auch, wenn der Praxiserwerber keine natürliche, sondern eine juristische Person (z. B. Wirtschaftsprüfungs- oder Steuerberatungs-GmbH) ist" (Biergans, S. 210).

Wenn hingegen der bisherige Praxisinhaber weiterhin entscheidenden Einfluß auf das Unternehmen ausübt, weil er z. B. seine Praxis in eine Sozietät einbringt, in der er anschließend auch weiter selbst tätig ist, so nutzt sich nach Rechtsprechung des BFH (vgl. Urteil v. 23.1.1975, BStBl. II, S. 381) der erworbene Praxiswert *nicht* ab und durfte deshalb bis 1986 nicht abgeschrieben werden. Seit 1987 jedoch ist es auch in diesen Fällen nach Auffassung der Finanzverwaltung nicht zu beanstanden, wenn die für den derivativen Geschäfts- oder Firmenwert maßgebende Vorschrift über die Nutzungsdauer (§ 7 Abs. 1 S. 3 EStG) *analog angewandt* wird (vgl. BMF-Schreiben v. 20.11.1986, BStBl. I, S. 532). Biergans (S. 210) versteht diese "Analogie der Anwendung" so, daß der entgeltlich erworbene Praxiswert in diesen Fällen über *15 Jahre* abschreibbar ist. Küting/Weber hingegen lehnen die Anwendung der fiktiven 15-jährigen Nutzungsdauer auf den im Vergleich zum Geschäfts- oder Firmenwert i. d. R. sehr viel kurzlebigeren Praxiswert als unzulässige Analogie ab, da für den Praxiswert eine fiktive Nutzungsdauer expressis verbis nicht eingeführt worden ist. Sie wollen die "analoge Anwendung" so verstanden wissen, daß „zukünftig auch für die bislang nicht abschreibungsfähigen Praxiswerte eine Abschreibung über die tatsächliche, im Einzelfall zu schätzende, i. d. R. drei- bis fünfjährige betriebsgewöhnliche Nutzungsdauer in Betracht kommt, auch wenn der persönliche Einfluß des früheren Praxisinhabers weiterhin in entscheidendem Maße erhalten bleibt" (Küting/Weber, Bd. Ia, S. 1146 mit weiteren Nachweisen).

III. Firmenwert im Verschmelzungsfall (§ 24 UmwG)

Dem "derivativen" Firmenwert verwandt war der sog. **"Verschmelzungsmehrwert"**. Er konnte bis Ende 1994 bei der Verschmelzung von Aktiengesellschaften dadurch entstehen, daß nach § 348 Abs. 1 AktG die in der Schlußbilanz der übertragenden Gesellschaft angesetzten Werte für die übernehmende Gesellschaft als Anschaffungskosten galten, „eine Neubewertung der übernommenen Vermögenswerte also nicht zulässig war (Buchwertansatz)" (Wöhe, Bilanzierung, S. 707) und deshalb die von der übernehmenden Gesellschaft – meist in Aktien – gewährte Gegenleistung *höher* war als die Summe der Bilanzwerte der übertragenden Gesellschaft.

Die Vorschriften des § 348 Abs. 3 AktG zum "Verschmelzungsmehrwert" wurden durch das Gesetz zur Bereinigung des Umwandlungsrechts (UmwBerG) vom 28.10.1994 (BGBl. I 1994, S. 3210) zum 1.1.1995 aufgehoben. Der entsprechende Sachverhalt ist jetzt im Umwandlungsgesetz (UmwG) vom 28.10.1994 (BGBl. I 1994, S. 3210; BGBl. I 1995, S. 428) geregelt, und zwar in § 24 UmwG.
Hiernach hat die übernehmende Gesellschaft ein *Wahlrecht* zwischen dem bisherigen "Buchwertansatz" und einem "Neubewertungsansatz" (vgl. Wöhe, Bilanzierung, S. 708 und – sehr detailliert – Mujkanovic, S. 1735 ff.; auch Knop/Küting, S. 1023 ff.).

Entscheidet sich die übernehmende Gesellschaft für den **"Buchwertansatz"** des § 24 UmwG, so ist die Aktivierung eines "Geschäfts- oder Firmenwertes" **nicht möglich**. Vielmehr kommt es dann, wenn die Gegenleistung der übernehmenden Gesellschaft die in der Schlußbilanz des übertragenden Unternehmens angesetzten Werte (= Buchwerte) der übernommenen Vermögensgegenstände und Schulden übersteigt, zwingend zum Ausweis eines "*Umwandlungsverlustes*" (vgl. Küting/Weber, Bd. Ia, S. 1148). Ein solcher Unwandlungsverlust ist im Übernahmejahr in voller Höhe als Periodenaufwand in der G+V-Rechnung der übernehmenden Gesellschaft zu erfassen (vgl. Wöhe, Bilanzierung, S. 708).

Beim **Neubewertungsansatz** kann es durch die Neubewertung zur *Aufdeckung von stillen Reserven* kommen, die im Vermögen des übertragenden Unternehmens stecken. Sind derartige stille Reserven vorhanden, lassen sie sich beim Neubewertungsansatz bilanzpolitisch auf zweierlei Art und Weise nutzen (vgl. Wöhe, Bilanzierung, S. 708 f.):

Im ersten Fall entscheidet sich die übernehmende Gesellschaft, die stillen Reserven *voll aufzudecken*, indem die übernommenen Vermögensgegenstände und Schulden mit ihren **Zeitwerten** als *Obergrenze* in der Bilanz der übernehmenden Gesellschaft angesetzt werden. Übersteigt die von der übernehmenden Gesellschaft bewirkte Gegenleistung diese – in Höhe der Obergrenze angesetzten – Zeitwerte, so besteht ein echtes Aktivierungs**wahlrecht** (vgl. Küting/Weber, Bd. Ia, S. 1148 f.; so auch: Mujkanovic, S. 1740): Der übersteigende Differenzbetrag **kann**, **muß** aber **nicht** in der Handelsbilanz der übernehmenden Gesellschaft als derivativer "Geschäfts- oder Firmenwert" nach § 255 Abs. 4 HGB aktiviert werden.

Dieses Aktivierungswahlrecht geht dann mit den **drei** – im vorherigen Abschnitt II bereits behandelten – **Bewertungswahlrechten** einher:
(1) Der Geschäfts- oder Firmenwert (hier: aus Verschmelzung bzw. Umwandlung) kann entweder *voll oder teilweise* aktiviert werden. (2) Der aktivierte Geschäfts- oder Firmenwert kann nach § 255 Abs. 4 S. 2 HGB zu *mindestens* einem Viertel pro Jahr abgeschrieben werden. Oder er wird (3) nach § 255 Abs. 4 S. 3 HGB planmäßig auf die (längere) *voraussichtliche Nutzungsdauer* verteilt.

Im zweiten Fall entscheidet man sich dafür, die stillen Reserven *nur teilweise aufzudecken*, d. h., die übernehmende Gesellschaft setzt die übernommenen Vermögensgegenstände und Schulden in ihrer Handelsbilanz mit **Zwischenwerten** an, die zwischen den Buchwerten (als Untergrenze) und den Zeitwerten (als Obergrenze) liegen. In diesem Falle ist die Aktivierung eines derivativen Geschäfts- oder Firmenwertes **nicht** zulässig (vgl. Küting/Weber, Bd. Ia, S. 1149). Dies läßt sich damit begründen: Der externe Bilanzadressat muß beim Ausweis eines Geschäfts- oder Firmenwertes in der Handelsbilanz darauf vertrauen können, „daß der derivative Geschäfts- oder Firmenwert nicht nur auf der Basis von Zeitwerten *errechnet* wird, sondern auch *mit einer Bilanzierung dieser Zeitwerte einhergeht*" (Küting/Weber, Bd. Ia, S. 1149). Im hier betrachteten Fall, daß nur Zwischenwerte angesetzt werden, ist der Betrag, um den die Gegenleistung der übernehmenden Gesellschaft die *Summe der angesetzten Zwischenwerte* übersteigt, als Aufwand des Übernahmejahres in der G+V-Rechnung zu verbuchen (vgl. Wöhe, Bilanzierung, S. 708 f.).

Für die **Steuerbilanz** der übernehmenden Kapitalgesellschaft gilt folgendes:
Nach § 12 Abs. 1 i. V. m. § 4 Abs. 1 UmwStG *muß* die übernehmende Gesellschaft die auf sie übergegangenen Wirtschaftsgüter in ihre Steuerbilanz mit dem Wert übernehmen, mit dem die übertragenen Wirtschaftsgüter in der *steuerlichen* Schlußbilanz des übertragenden Unternehmens angesetzt waren. Somit besitzt die übernehmende Gesellschaft für ihre Steuerbilanz – im Unterschied zur Handelsbilanz – **kein** Bewertungswahlrecht, auch **kein** Ansatzwahlrecht (vgl. Dehmer, Erl. zu § 12 UmwStG Rdn. 7 und Rdn. 10); vielmehr besteht für die übernehmende Gesellschaft eine *zwingende* Bindung an die steuerliche Schlußbilanz des übertragenden Unternehmens (vgl. Knop/Küting, S. 1028; Mujkanovic, S. 1739).

Ferner bestimmt § 12 Abs. 2 S. 1 UmwStG, daß ein Übernahmegewinn oder ein Übernahmeverlust bei der Ermittlung des Gewinnes der übernehmenden Gesellschaft „*außer Ansatz*" bleibt (vgl. dazu ausführlich: Dehmer, Erl. zu § 12 UmwStG Rdn. 21 ff.). Eine

Verschmelzung wird also steuerlich i. d. R. „**erfolgsneutral** vollzogen" (Dehmer, Erl. zu § 12 UmwStG Rdn. 1).

IV. Aufwendungen für die Ingangsetzung und Erweiterung des Geschäftsbetriebes (§§ 269 und 282 HGB)

In der **Handelsbilanz** von **Kapitalgesellschaften** besteht durch § 269 HGB ein weiteres Aktivierungs**wahlrecht** für die sog. "**Aufwendungen für die Ingangsetzung und Erweiterung des Geschäftsbetriebes**". Dieses Aktivierungswahlrecht wird auch den **Genossenschaften** (vgl. § 336 Abs. 2 HGB) und den **publizitätspflichtigen Unternehmen** (vgl. § 5 Abs. 1 S. 2 PublG) eingeräumt. Außerdem wird wohl ab 1999 dieses Aktivierungswahlrecht auch von Unternehmen in der Rechtsform der **GmbH & Co KG** genutzt werden können (vgl. § 264a HGB nach dem Entwurf des KapCoRiLiG). Hingegen gilt dieses Aktivierungswahlrecht nach § 269 HGB grundsätzlich *nicht* für andere Personengesellschaften und *nicht* für Einzelunternehmen (vgl. Küting/Weber, Bd. Ia, S. 1427 f.).

Zu den Aufwendungen für die **Ingangsetzung** „zählen alle Aufwendungen, die zum Anlaufen des Betriebes bei der Gründung erforderlich sind und nicht als selbständig bilanzierungsfähige Wirtschaftsgüter aktiviert werden müssen, z. B. Aufwendungen zum Aufbau der Betriebsorganisation, für Einführungswerbung, für Entwicklungsarbeiten, die mit der Aufnahme des Geschäftsbetriebes in Zusammenhang stehen ..." (Wöhe, Bilanzierung, S. 709), aber auch Anlaufkosten der Fertigung und Kosten für den Aufbau der Verwaltungs- und Vertriebsorganisation (vgl. Glade, S. 1493).

Nach früherem Aktienrecht (vgl. § 153 Abs. 4 AktG 1965) durften nur Aufwendungen für die **erstmalige Ingangsetzung**, also nicht für die Betriebserweiterung oder für die Aufnahme neuer Betriebszweige aktiviert werden (vgl. Hilke, Bilanzierungswahlrechte, S. 540). Demgegenüber räumt § 269 HGB nunmehr **auch** ein Aktivierungswahlrecht für Aufwendungen für die **Erweiterung** des Geschäftsbetriebes ein. Die Erweiterung des Geschäftsbetriebes bezieht sich dabei nicht nur auf *Produktions-*, d. h. Sachleistungsunternehmen, sondern auch auf *Dienstleistungsunternehmen* (vgl. Küting/Weber, Bd. Ia, S. 1433); so gehört dazu etwa bei Filialbetrieben (wie Banken, Autovermietern oder Reisebüros) auch die Errichtung neuer Filialen. Generell kann eine *Erweiterung* des Geschäftsbetriebes „nur für solche Maßnahmen angenommen werden, die zu neuen verkaufsfähigen Produkten, zu neuen Produktionsstätten und ähnlichem führen. Bei der Einrichtung von Zweigniederlassungen oder anderen selbständigen Betriebsstätten dürfte die Abgrenzung einfach sein" (Glade, S. 1494).
Als typische Aufwendungen für die Erweiterung lassen sich nennen (vgl. Küting/Weber, Bd. Ia, S. 1439): Aufwendungen für die Beschaffung von zusätzlichen Arbeitskräften, Aufwendungen für die Inbetriebnahme (Test- oder Probeläufe) neuer Fertigungsanlagen,

welche die Kapazität des Betriebes erweitern, Aufwendungen für die Erschließung neuer Märkte (wie z. B. Kosten für Marktanalysen oder Mieten für zusätzliche Filialen) und Aufwendungen für die Einführungswerbung auf neuen Märkten oder für neue Produkte. Andererseits kommen laufende Ausgaben zur Aufrechterhaltung und Verbesserung der Betriebsorganisation sowie des Vertriebssystems für eine Aktivierung als Erweiterungsaufwendungen *nicht* in Betracht.

Die genannten Aufwendungen **dürfen** unter der Bezeichnung "Aufwendungen für die Ingangsetzung und Erweiterung des Geschäftsbetriebes" nach § 269 S. 1 HGB als sog. "**Bilanzierungshilfe**" aktiviert werden; ein entsprechender Posten ist dann als "Bilanzhauptposten" (Glade, S. 1496) **vor** dem Anlagevermögen **gesondert** auszuweisen und im *Anhang* zu *erläutern* (vgl. § 269 S. 1 HGB). Zu den im Anhang notwendigen Erläuterungen gehören auch Ausführungen zu Art und Ermittlung der aktivierten Kosten (vgl. Glade, S. 1496).

Die Bezeichnung dieses Aktivierungswahlrechtes als "Bilanzierungshilfe" weist zum einen auf den Zweck der Vorschrift hin: Durch eine Aktivierung der Aufwendungen für Ingangsetzung und Erweiterung des Geschäftsbetriebes soll vermieden werden können, daß in der (evtl. mehrperiodigen) Anlaufzeit hohe Verluste ausgewiesen werden müssen, die evtl. zu einer Überschuldung und damit zu einem Insolvenzgrund für die Kapitalgesellschaft führen (vgl. Glade, S. 1493), weil in dieser Zeit erheblichen Aufwendungen noch keine Erträge gegenüberstehen.

Zum anderen soll die Bezeichnung "Bilanzierungshilfe" erkennen lassen, daß es sich bei diesem Posten nicht um einen Vermögensgegenstand im strengen Sinne handelt. Vielmehr werden hier durch Ausnutzung des Aktivierungswahlrechtes nur bestimmte Ausgaben, nämlich für die Ingangsetzung und Erweiterung des Geschäftsbetriebes, die in der Gewinn- und Verlustrechnung zu Aufwendungen geführt haben bzw. führen, aktiviert. Diese Aktivierung bewirkt, daß Aufwendungen neutralisiert werden, indem ihnen in der Gewinn- und Verlustrechnung "Erträge" – in Gestalt "anderer aktivierter Eigenleistungen" beim Gesamtkostenverfahren (vgl. Position Nr. 3 in § 275 Abs. 2 HGB) bzw. als "sonstige betriebliche Erträge" beim Umsatzkostenverfahren – gegenübergestellt werden (vgl. Küting/Weber, Bd. Ia, S. 1442).

Mit dieser "Bilanzierungshilfe" geht wiederum ein erstes **Wertansatzwahlrecht** einher (vgl. Hilke, Bewertungswahlrechte, S. 247): Die Ingangsetzungs- und die Erweiterungs-Aufwendungen brauchen *nicht* etwa *in vollem Umfange* in der Handelsbilanz aktiviert zu werden, wenn ein Unternehmen das Aktivierungswahlrecht in Anspruch nimmt; vielmehr bedeutet das Aktivierungswahlrecht „daß auch irgendein beliebiger Zwischenwert zwischen dem aktivierungsfähigen Höchstbetrag und Null DM bilanziert werden kann" (Glade, S. 1494; so auch: Küting/Weber, Bd. Ia, S. 1440). Wird nur ein Teil der Aufwendungen für Ingangsetzung und Erweiterung des Geschäftsbetriebes aktiviert, so ist ein "**Nachholverbot**" zu beachten, d. h., der Restbetrag darf dann in den nachfolgenden Geschäftsjahren *nicht* (mehr) aktiviert werden. Dieses "Nachholverbot" gilt auch für den Fall der Nicht-Aktivierung der Aufwendungen für Ingangsetzung und Erweiterung des Geschäftsbetriebes (vgl. Küting/Weber, Bd. Ia, S. 1440 f.).

Wird für die Aufwendungen der Ingangsetzung und Erweiterung des Geschäftsbetriebes das beschriebene Aktivierungswahlrecht nach § 269 S. 1 HGB ganz oder teilweise genutzt, so **muß** der in der Handelsbilanz ausgewiesene Betrag in jedem folgenden Geschäftsjahr zu **mindestens einem Viertel** durch **Abschreibungen** getilgt werden (vgl. § 282 HGB). Eine *schnellere* Abschreibung ist – wie beim derivativen Firmenwert – *zulässig*; auch hier besteht also zusätzlich ein **Bewertungswahlrecht**. Der Beginn der Abschreibungen kann insbesondere bei der Ingangsetzung fraglich sein. Es wird erst begonnen werden müssen, „wenn die Einrichtung des Betriebes im wesentlichen abgeschlossen ist" (WP-Handbuch 1985/86, Bd. I, S. 592). Nach Wortlaut des Gesetzes genügt es sogar, erst in dem auf die Ingangsetzung *folgenden* Geschäftsjahr zu beginnen.

Kapitalgesellschaften und andere Unternehmen, die von dieser "Bilanzierungshilfe" zulässigerweise Gebrauch machen, also einen entsprechenden Aktivposten in ihrer Handelsbilanz ansetzen, müssen ferner eine sog. "**Ausschüttungssperre**" beachten; d. h., solange ein Posten für Ingangsetzungs- und Erweiterungsaufwendungen ausgewiesen wird, dürfen „Gewinne nur ausgeschüttet werden, wenn die nach der Ausschüttung verbleibenden jederzeit auflösbaren Gewinnrücklagen zuzüglich eines Gewinnvortrages und abzüglich eines Verlustvortrages dem angesetzten Betrag mindestens entsprechen" (§ 269 S. 2 HGB). Ein anschauliches Rechen-Beispiel zur Erläuterung dieses Rechtsgrundsatzes der Ausschüttungssperre findet sich bei Glade (S. 1498 f.).

Zur bisherigen Handhabung dieses Aktivierungswahlrechtes in der **Praxis** ist folgendes festzustellen: Von 100 untersuchten großen Kapitalgesellschaften bzw. Konzernen hatte zwar *kein* Unternehmen in den Handelsbilanzen für 1987 und 1988 einen entsprechenden Aktivposten angesetzt (vgl. Treuarbeit, Jahresabschlüsse, S. 45 sowie Jahres- und Konzernabschlüsse, S. 41). Im Konzernabschluß der BBS Kraftfahrzeugtechnik AG wurde jedoch für 1988 ein Posten "Aufwendungen für die Erweiterung des Geschäftsbetriebes" in Höhe von 216.278,– DM gebildet (vgl. BBS-Geschäftsbericht 1988, S. 30); dieser Posten wurde 1989 mit einem Viertel (= 54.069,– DM) abgeschrieben (vgl. BBS-Geschäftsbericht 1989, S. 32 f.). Auch bei der Deutschen Bundesbahn wurde bereits 1988 von diesem Aktivierungswahlrecht Gebrauch gemacht. Im DB-Geschäftsbericht 1989 (S. 45) hieß es dazu: „In der Position Aufwendungen für die Ingangsetzung und Erweiterung des Geschäftsbetriebes sollen Aufwendungen von erheblicher Bedeutung bei der Aufnahme neuer Geschäftszweige und Produkte oder der Erweiterung von Produktionsanlagen (z. B. Neubaustrecken) aktiviert und planmäßig in höchstens 4 Jahren abgeschrieben werden". Die aktivierten Anschaffungs- bzw. Herstellungskosten betrugen am 1.1.1989 genau 1.949.799,50 DM; davon wurden 1989 und 1990 jeweils exakt 25 % (= 487.449,88 DM) als Abschreibungen verrechnet. Hingegen wurden im Geschäftsjahr 1991 – in Ausübung des Bewertungswahlrechtes einer höheren Abschreibung als 25 % – die noch bestehenden Restbuchwerte in Höhe von rd. 0,9 Mio. DM voll abgeschrieben (vgl. DB-Geschäftsbericht 1991, S. 82). Eine Auswertung von 100 Konzernabschlüssen für 1995 ergab, daß nur in 2 Fällen (Klöckner-Humboldt Deutz AG und Wünsche AG) über aktivierte Aufwendungen für Ingangsetzung und Erweiterung des Geschäftsbetriebs berichtet wurde (vgl. C & L Deutsche Revision, S. 119 f.). Im Konzernabschluß der BBS Kraftfahrzeugtechnik AG ist auch für 1998 wieder ein

Posten "Aufwendungen für die Erweiterung des Geschäftsbetriebes" zu finden (vgl. BBS-Gechäftsbericht 1998, S. 22 und S. 33)

Für die **Steuerbilanz** stellen die "Aufwendungen für die Ingangsetzung und Erweiterung des Geschäftsbetriebes" die *Ausnahme* von der Regel dar, daß handelsrechtliche Aktivierungswahlrechte zu steuerrechtlichen Aktivierungspflichten werden. Denn – im Gegensatz zum derivativen Geschäfts- oder Firmenwert – gilt für Ingangsetzungs- und Erweiterungsaufwendungen in der Steuerbilanz in der Regel ein Aktivierungs**verbot**, d. h., sie sind i. d. R. als *Betriebsausgaben* zu behandeln, dürfen also nicht aktiviert werden (vgl. z. B. BGH-Urteil v. 14.6.1955, BStBl. III, S. 221). „Eine Aktivierung derartiger Aufwendungen würde voraussetzen, daß durch sie ein aktivierungsfähiges Wirtschaftsgut geschaffen worden ist" (Wöhe, Bilanzierung, S. 711). Ergeben sich aus der steuerlichen Behandlung der Aufwendungen für Ingangsetzung und Erweiterung des Geschäftsbetriebes als Betriebsausgaben aber Ersparnisse bei den Ertragsteuern, ist evtl. in der Handelsbilanz gem. § 274 HGB in Höhe dieser Ersparnisse eine gesondert auszuweisende *Rückstellung für latente Ertragsteuern* zu bilden (vgl. Glade, S. 1496 f. und S. 698).

V. Aufwendungen für die Währungsumstellung auf den Euro (Artikel 44 Abs. 1 EGHGB)

Erst durch das EuroEG v. 9.6.1998 (BGBl. I 1998, S. 1242) wurde für die **Handelsbilanz** ein neues **Aktivierungswahlrecht** eingeräumt: Nach Artikel 44 Abs. 1 S. 1 EGHGB *dürfen* die **Aufwendungen für die Währungsumstellung auf den Euro** aktiviert werden, soweit es sich um Herstellungskosten für *selbst geschaffene immaterielle* Vermögensgegenstände des *Anlage*vermögens handelt.

Zu denken ist hierbei insbes. an teure Software, die ein Unternehmen für die Umstellung seines Rechnungswesens selbst entwickelt hat (vgl. Meyer, S. 173). *Andere* Aufwendungen, die wegen der Einführung des Euro anfallen, aber nicht zu den Herstellungskosten für immaterielle Vermögensgegenstände gehören, sind im Jahr ihrer Entstehung sofort als *Aufwand* zu verbuchen.

Bemerkenswert ist, daß mit dem neuen Aktivierungswahlrecht nach Artikel 44 Abs. 1 EGHGB – als einzige Ausnahme – das ansonsten zwingende Bilanzierungs*verbot* für selbst geschaffenes immaterielles Anlagevermögen nach § 248 Abs. 2 HGB *durchbrochen* wird (vgl. Kapitel 2 Abschnitt B IIId). Die hohen Kosten, die den Unternehmen durch die Umstellung ihres Rechnungswesens auf den Euro entstanden sind und z. Zt. noch entstehen, rechtfertigen aber wohl eine solche Ausnahme-Regelung (so auch: Meyer, S. 172), zumal in anderen Mitgliedsstaaten der EU die Aktivierung selbst geschaffener immaterieller Vermögensgegenstände des Anlagevermögens überwiegend zulässig ist (vgl. zu dieser Begründung: BT-Drs. 13/9347; BR-Drs. 725/97).

Dieses neue Aktivierungswahlrecht nach Artikel 44 Abs. 1 S. 1 EGHGB ist – wie das im vorherigen Abschnitt IV dargestellte Bilanzierungswahlrecht für Aufwendungen für Ingangsetzung und Erweiterung des Geschäftsbetriebes – als "**Bilanzierungshilfe**" für die Handelsbilanz gedacht. Im *Unterschied* zum zuvor behandelten Wahlrecht nach § 269 HGB gilt das Aktivierungswahlrecht nach Artikel 44 Abs. 1 EGHGB jedoch für *alle* Kaufleute (vgl. BT-Drs. 13/9347; BR-Drs. 725/97).

Nach Artikel 44 Abs. 2 EGHGB ist das neue Aktivierungswahlrecht erstmals für das nach dem 31.12.1997 endende Geschäftsjahr – also i. d. R. *ab 1998* – anwendbar.

Entscheidet sich das Unternehmen für die Aktivierung, so ist ein **gesonderter** Bilanzposten mit der Bezeichnung "Aufwendungen für die Währungsumstellung auf den Euro" *vor* dem Anlagevermögen auszuweisen (vgl. Artikel 44 Abs. 1 S. 2 EGHGB). Die als Bilanzierungshilfe angesetzten Beträge **müssen abgeschrieben** werden, und zwar in jedem folgenden Geschäftsjahr zu *mindestens einem Viertel* (vgl. Artikel 44 Abs. 1 S. 3 EGHGB).
Kapitalgesellschaften haben den Posten im *Anhang* zu erläutern (vgl. Artikel 44 Abs. 1 S. 4 EGHGB). Außerdem müssen sie nach Artikel 44 Abs. 1 S. 5 EGHGB eine "**Ausschüttungssperre**" in Höhe der ausgewiesenen Bilanzierungshilfe beachten.

Wie der aufmerksame Leser sicherlich erkennt, wurde das neue Aktivierungswahlrecht des Artikels 44 Abs. 1 EGHGB für Euroumstellungs-Aufwendungen weitestgehend den Regelungen der §§ 269 und 282 HGB für Ingangsetzungs- und Erweiterungsaufwendungen nachgebildet. Um Wiederholungen zu vermeiden, sei auf die Ausführungen im vorhergehenden Abschnitt IV verwiesen.

Somit bleibt nur noch zu erwähnen, daß das Aktivierungswahlrecht des Artikels 44 Abs. 1 EGHGB in der **Steuerbilanz** wiederum **nicht** gilt, weil die Bilanzierungshilfe kein Wirtschaftsgut im Sinne des Steuerrechts ist (vgl. BT-Drs. 13/9347; BR-Drs. 725/97). Der Euroumstellungs-Aufwand wird in dem Wirtschaftsjahr, in dem er anfällt, in voller Höhe als Aufwand (Betriebsausgabe) erfolgswirksam (vgl. Meyer, S. 173).

VI. Disagio (§ 250 Abs. 3 HGB)

Gemäß § 253 Abs. 1 S. 2 HGB sind **Verbindlichkeiten** grundsätzlich mit ihrem **Rückzahlungsbetrag** anzusetzen. Der Rückzahlungsbetrag ist selbst dann zu passivieren, wenn er **über** dem Nennwert oder dem Ausgabebetrag liegt ("Rückzahlungs-Agio" bzw. "Auszahlungs-Disagio").

Das sog. "**Disagio**" – auch "Damnum" genannt –, also der Unterschiedsbetrag zwischen dem Rückzahlungs- und dem niedrigeren Ausgabebetrag, **darf** nach § 250 Abs. 3 S. 1 HGB in den Rechnungsabgrenzungsposten aktiviert werden; Entsprechendes gilt für das Rückzahlungs-"Agio".

Der Bilanzierende besitzt damit in der **Handelsbilanz** ein weiteres Aktivierungs**wahlrecht**: Er kann entweder das "Disagio" (bzw. "Agio") aktivieren oder aber es im Jahr der Entstehung der Verbindlichkeit sofort zu Lasten der G+V-Position "Zinsen und ähnliche Aufwendungen" verbuchen. Ein Wahlrecht zur Aktivierung des Disagios besteht jedoch nur im Jahre der Kreditaufnahme; auch hier gilt also ein "**Nachholverbot**".

Dieses Aktivierungswahlrecht wird in der **Praxis** recht häufig ausgeübt: So hatten immerhin 41 von 100 großen Kapitalgesellschaften 1987 einen entsprechenden Aktivposten für das Disagio ausgewiesen (vgl. Treuarbeit, Jahresabschlüsse, S. 47); im Jahre 1988 fand sich ein solcher Aktivposten für das Disagio in 31 Jahresabschlüssen von 100 großen Kapitalgesellschaften bzw. Konzernen (vgl. Treuarbeit, Jahres- und Konzernabschlüsse, S. 42). In den Geschäftsberichten für 1998 finden sich Posten für ein aktiviertes Disagio z. B. bei BASF (Konzern), BBS (AG und Konzern), Degussa (Konzern), Thyssen (Konzern), Ruhrkohle (Konzern), Sto (AG und Konzern), Südzucker und Deutsche Telekom (Konzern). Auch die Deutsche Bank AG hat Disagiobeträge (in Höhe von 295 Mio. DM) aus aufgenommenen Krediten aktiviert; gleichzeitig hat sie vereinnahmte Disagiobeträge (in Höhe von 685 Mio. DM) "gemäß § 340e Abs. 2 HGB" in den passiven RAP ausgewiesen (AG-Geschäftsbericht 1998, S. 29). Bemerkenswert erscheint schließlich folgende Handhabung des Disagios: Während im Drägerwerk-Konzernabschluß Disagiobeträge (in Höhe von 1,123 Mio. DM) aktiviert werden, sind bei der Drägerwerk AG in den aktiven RAP „... keine Darlehensabgelder angesetzt. Diese werden unmittelbar als Aufwand verrechnet" (Geschäftsbericht 1998, S. 52, 54 und 68).

Streng genommen stellt das Disagio kein realisierbares Aktivum dar, sondern nur einen Aufwandsverteilungsposten. Deshalb ist nach § 268 Abs. 6 HGB das Disagio bei mittelgroßen und großen **Kapitalgesellschaften** entweder in der Bilanz unter den sog. "Rechnungsabgrenzungsposten" *gesondert* auszuweisen **oder** aber *im Anhang* anzugeben (Ausweis-Wahlrecht). Von den zuvor genannten 41 Unternehmen hatten 1987 nur 9 Kapitalgesellschaften den gesonderten Ausweis des Disagios in der Bilanz durch Untergliederung des Rechnungsabgrenzungspostens auf der Aktivseite gewählt, während 32 Unternehmen den auf das Disagio entfallenden Betrag im Anhang angaben (vgl. Treuarbeit, Jahresabschlüsse, S. 47). Schließlich sei nochmals daran erinnert: **Kleine Kapitalgesellschaften** sind ab 1994 nach § 274a Nr. 4 HGB von der Pflicht des gesonderten Ausweises eines aktivierten Disagios bzw. seiner Erläuterung im Anhang *befreit*.

Das Aktivierungswahlrecht in der Handelsbilanz ist rechtsform*un*abhängig, kann also von *allen* Kaufleuten genutzt werden. Dabei besteht ein erstes **Bewertungswahlrecht** darin, daß das Disagio im Jahr der Kreditaufnahme in der Handelsbilanz entweder *ganz oder* auch nur *teilweise* aktiviert werden darf (vgl. Glade, S. 617).

Ein (ganz oder teilweise) aktiviertes Disagio in der Handelsbilanz **muß** planmäßig abgeschrieben werden; dabei lassen sich jedoch zwei weitere **Bewertungs-Wahlrechte** nutzen:

Zum einen darf als Abschreibungs**zeitraum** entweder die *Gesamtlaufzeit* der Verbindlichkeit oder aber ein *kürzerer* Zeitraum gewählt werden (vgl. Adler/Düring/Schmaltz, Erl. zu § 250 HGB Tz 90). Dies geht deutlich aus der Formulierung hervor, daß die Abschreibungen „auf die gesamte Laufzeit der Verbindlichkeit verteilt werden *können*" (§ 250 Abs. 3 S. 2 HGB). Auch ist eine außerplanmäßige (Voll-)Abschreibung möglich (vgl. Adler/Düring/Schmaltz, Erl. zu § 250 HGB Tz 90 und Tz 98 ff.). Bei vorzeitiger Rückzahlung des Darlehens *muß* der Restbuchwert des Disagios voll abgeschrieben werden.

Zum anderen besteht in der Handelsbilanz ein Wahlrecht bezüglich der Abschreibungs**methode**: Das Disagio braucht nicht *linear* über die gesamte (oder eine kürzere) Laufzeit abgeschrieben zu werden. Vielmehr ist auch eine *degressive* Abschreibung zulässig, um der Gefahr sinkender Zinsen zu begegnen, die evtl. eine vorzeitige Zurückzahlung der Verbindlichkeit opportun erscheinen lassen. Ferner können die planmäßigen Abschreibungen auf das Disagio bei Tilgungsdarlehen mit konstanter Tilgung pro Jahr arithmetisch-degressiv oder aber bei Annuitätendarlehen geometrisch-degressiv erfolgen (zu Formeln und Beispielen hierzu: vgl. Glade, S. 619 f.).

In der **Steuerbilanz muß** – im Gegensatz zur Handelsbilanz – ein Disagio *in voller Höhe* aktiviert werden (vgl. H 37 EStH). Aus dem Aktivierungswahlrecht für die Handelsbilanz wird in der Steuerbilanz (wiederum) eine Aktivierungs**pflicht**.

Ferner **muß** nach H 37 EStH das Disagio in der Steuerbilanz grundsätzlich auf die **Laufzeit** des Darlehens verteilt und gleichmäßig, d. h. **linear** abgeschrieben werden. Eine Verteilung des Disagios auf eine kürzere Zeitspanne als die Laufzeit des Darlehens ist steuerrechtlich nur dann zulässig, wenn der Zinsfestschreibungszeitraum kürzer als die Darlehenslaufzeit ist; in diesem Falle ist das Disagio auf diesen kürzeren Zeitraum zu verteilen (vgl. H 37 EStH mit Verweis auf BFH-Urteil v. 21.4.1988, BStBl. II 1989, S. 722).

VII. Aktivische latente Steuern (§ 274 Abs. 2 HGB)

In § 274 Abs. 2 S. 1 HGB heißt es: „Ist der dem Geschäftsjahr und früheren Geschäftsjahren zuzurechnende Steueraufwand zu hoch, weil der nach den steuerrechtlichen Vorschriften zu versteuernde Gewinn höher als das handelsrechtliche Ergebnis ist, und gleicht sich der zu hohe Steueraufwand des Geschäftsjahres und früherer Geschäftsjahre in späteren Geschäftsjahren voraussichtlich aus, so **darf** in Höhe der voraussichtlichen Steuerentlastung nachfolgender Geschäftsjahre ein **Abgrenzungsposten** als *Bilanzierungshilfe* auf der *Aktiv*seite der Bilanz gebildet werden."

Wie aus dem zitierten Gesetzestext zu entnehmen ist, räumt § 274 Abs. 2 S. 1 HGB dem Bilanzierenden ein Aktivierungs**wahlrecht** für sog. "aktivische latente Steuern" ein. Da § 274 HGB rechtssystematisch im zweiten Abschnitt des HGB ("Ergänzende Vorschriften für Kapitalgesellschaften") angesiedelt wurde, ist die gesamte Vorschrift – und damit auch das Aktivierungswahlrecht nach § 274 Abs. 2 HGB – grundsätzlich zunächst von **Kapitalgesellschaften** anzuwenden. Allerdings bestimmt § 5 Abs. 1 S. 2 PublG für *Unternehmen*, die dem *PublG* unterliegen, die sinngemäße Anwendung dieser Vorschrift. Aufgrund dieser Regelung begegnet es keinen Bedenken, die Grundsätze des § 274 HGB bezüglich der Steuerabgrenzung sinngemäß *auch* auf *andere Unternehmen* anzuwenden (vgl. Adler/Düring/Schmaltz, Erl. zu § 274 Tz 7). Für eine solche Auffassung spricht aus aktuellem Anlaß, daß nach dem Entwurf des KapCoRiLiG (gem. § 264a HGB) der § 274 HGB auch auf die **GmbH & Co KG** Anwendung finden soll.

Entscheidet sich eines der genannten Unternehmen, einen Abgrenzungsposten nach § 274 Abs. 2 HGB zu bilden, weil die – im folgenden noch darzustellenden – Voraussetzungen erfüllt sind, so ist der Posten unter entsprechender Bezeichnung, also etwa "Abgrenzungsposten für aktivische latente Steuern" oder "Bilanzierungshilfe nach § 274 Abs. 2 HGB", **gesondert** auszuweisen (vgl. § 274 Abs. 2 S. 2 HGB). Adler/Düring/Schmaltz (Erl. zu § 274 Tz 50) präferieren einen Ausweis *vor* oder *nach* den Rechnungsabgrenzungsposten. Nach § 274 Abs. 2 S. 2 HGB ist ein solcher Abgrenzungsposten außerdem im **Anhang** zu erläutern.

Dieses Aktivierungswahlrecht bezüglich aktivischer latenter Steuern setzt zum einen voraus, daß

Steuerbilanzgewinn > Handelsbilanzgewinn

ist. In diesem Zusammenhang ist zunächst daran zu erinnern, daß der tatsächliche Ertragsteueraufwand (Körperschaftsteuer und Gewerbeertragsteuer) nach dem Gewinn in der *Steuer*bilanz bemessen wird. Ist nun der steuerrechtliche Gewinn (vor Ertragsteuern) *höher* als der handelsrechtliche Gewinn (vor Ertragsteuern), so ist auch der effektive Steueraufwand des betrachteten Geschäftsjahres und früherer Geschäftsjahre höher, als es dem (fiktiven) Steueraufwand für den ausgewiesenen Handelsbilanzgewinn entsprechen würde. Das Aktivierungswahlrecht des § 274 Abs. 2 HGB, der auf Artikel 43 Abs. 1 Nr. 11 der 4. EG-Richtlinie zurückgeht, soll daher einer „periodengerechten Zuordnung des Steueraufwandes entsprechend den in der Handelsbilanz ausgewiesenen Ergebnissen" (Deutsche Treuhand-Gesellschaft, Einführung, S. 88) dienen. Oder etwas anders ausgedrückt: Durch die bilanzielle Berücksichtigung der *Steuerabgrenzung* soll ein sinnvoller und erklärbarer Zusammenhang zwischen dem Ertragsteueraufwand in der handelsrechtlichen G+V-Rechnung und dem handelsrechtlichen Ergebnis vor Ertragsteuern hergestellt werden (vgl. Adler/Düring/Schmaltz, Erl. zu § 274 Tz 2).

Gründe dafür, warum der Steuerbilanzgewinn (zunächst) höher sein kann als der Handelsbilanzgewinn, liegen in der *Durchbrechung* des Maßgeblichkeitsprinzips der Handelsbilanz für die Steuerbilanz. Wie z. T. bereits in Kapitel 2 (Abschnitt B IIIe und Abschnitt B Ve) geschildert, haben diese Durchbrechungen des Maßgeblichkeitsprinzips aufgrund der jüngeren und jüngsten Steuerrechts-Änderungen – so z. B. duch das Gesetz zur Fortsetzung der Unternehmensteuerreform v. 29.10.1997 und das Steuerentlastungsgesetz 1999/2000/2002 v. 24.3.1999 – erheblich zugenommen. Deshalb lassen sich immer mehr Fälle anführen, in denen der Gewinn in der Steuerbilanz (zunächst) höher sein kann als der Gewinn in der Handelsbilanz. Somit bestehen derzeit – bei isolierter Betrachtung – zahlreiche Gründe für eine Abgrenzung aktivischer latenter Steuern. Zu nennen sind insbes. folgende Beispiele:

- Pflicht-Aktivierung eines "derivativen" **Geschäfts- oder Firmenwertes** in der Steuerbilanz und Abschreibung linear über 15 Jahre; demgegenüber braucht ein derivativer Geschäfts- oder Firmenwert in der Handelsbilanz nicht aktiviert zu werden oder darf, wenn aktiviert, schneller abgeschrieben werden als in der Steuerbilanz (vgl. § 255 Abs. 4 HGB);
- Pflicht-Aktivierung eines **Disagios** in der Steuerbilanz, während das Disagio in der Handelsbilanz in der Periode seines Anfalls sofort als Aufwand verrechnet werden darf (vgl. § 250 Abs. 3 HGB);
- Verbot einer **Abschreibung** auf den niedrigeren **Teilwert** bei voraussichtlich nur *vorübergehender* Wertminderung in der Steuerbilanz ab 1999 (vgl. § 6 Abs. 1 Nr. 1 und Nr. 2 EStG n. F.); demgegenüber besteht in der Handelsbilanz für Gegenstände des Umlaufvermögens wegen des strengen Niederstwertprinzipes nach § 253 Abs. 3 HGB eine Abschreibungspflicht und für Gegenstände des Anlagevermögens ein Abschreibungswahlrecht nach § 253 Abs. 2 S. 3 HGB;
- Vornahme einer **Abschreibung** bei Gegenständen des Umlaufvermögens, um diese Gegenstände mit einem erst "in Zukunft erwarteten niedrigeren Wert" nach § 253 Abs. 3 S. 3 HGB in der Handelsbilanz anzusetzen; ein solcher Wertansatz ist in der Steuerbilanz unzulässig;
- **Abschreibungen** "im Rahmen vernünftiger kaufmännischer Beurteilung", die § 253 Abs. 4 HGB für die Handelsbilanz ausdrücklich erlaubt, sind in der Steuerbilanz nicht zulässig;
- Ansatz höherer **Herstellungskosten** bei der Bewertung von Anlage- und Umlaufvermögen in der Steuerbilanz, weil § 255 Abs. 2 HGB handelsrechtliche Ansatzwahlrechte für verschiedene Kostenarten (Materialgemeinkosten, Fertigungsgemeinkosten, Abschreibungen) einräumt, für die nach Steuerrecht Aktivierungspflicht besteht;
- Passivierungs-Pflicht für **Rückstellungen** für drohende Verluste aus schwebenden Geschäften in der Handelsbilanz nach § 249 Abs. 1 S. 1 HGB; hingegen ist in der Steuerbilanz zum einen die Bildung derartiger "Drohverlust-Rückstellungen" seit 1997 verboten (vgl. § 5 Abs. 4a EStG), zum anderen müssen die bis 1996 zulässigerweise gebildeten Drohverlust-Rückstellungen in der Steuerbilanz nach § 52 Abs. 13 EStG seit 1997 erfolgswirksam – verteilbar auf höchstens 6 Jahre – aufgelöst werden;
- Verbot der Bildung von **Rückstellungen** für Aufwendungen, die im Zusammenhang mit der schadlosen Verwertung radioaktiver Reststoffe nach der Wiederaufbereitung stehen, nach dem neuen § 5 Abs. 4b EStG n. F. in der Steuerbilanz (zusätzlich: Auflösungspflicht für bereits in der Steuerbilanz gebildete Rückstellungen nach § 52 Abs. 14 EStG 1999); im Unterschied dazu müssen in der Handelsbilanz derartige Rückstellungen für ungewisse Verbindlichkeiten nach § 249 Abs. 1 S. 1 HGB gebildet werden;

- Gebot der Abzinsung (mit 5,5 %) für **Verbindlichkeiten** und **Rückstellungen** in der Steuerbilanz ab 1999 (vgl. § 6 Abs. 1 Nr. 3 und Nr. 3a Buchstabe e EStG n. F.), während in der Handelsbilanz grundsätzlich ein Abzinsungsverbot für Rückstellungen zu beachten ist (vgl. § 253 Abs. 1 S. 2 HGB);
- Bildung von **Instandhaltungs-Rückstellungen** nach § 249 Abs. 1 S. 3 HGB in der Handelsbilanz, die aber steuerrechtlich nicht anerkannt werden;
- Bildung von "**Aufwands-Rückstellungen**", die nach § 249 Abs. 2 HGB für die Handelsbilanz ausdrücklich erlaubt, in der Steuerbilanz hingegen nicht zulässig sind.

Zum zweiten ist nach dem Wortlaut des § 274 Abs. 2 HGB bei der Ermittlung der latenten Steuern **keine Einzel**betrachtung bei denjenigen Posten durchzuführen, die in der Handelsbilanz anders angesetzt oder bewertet sind als in der Steuerbilanz. Vielmehr ist eine **Gesamtbetrachtung** der Handels- und Steuerbilanzergebnisse und des Steueraufwandes für das jeweilige Geschäftsjahr vorzunehmen. Somit erfolgt bei der Ermittlung der latenten Steuern eine *Durchbrechung* des Brutto-Prinzips. Denn die Bilanzierungs- und Bewertungsdifferenzen zwischen Handels- und Steuerbilanz des zu bilanzierenden Geschäftsjahres werden *saldiert*, um die Höhe latenter Steuern zu errechnen. Damit aber nicht genug: Das Gesetz verlangt sogar eine **mehrperiodige** Betrachtungsweise für das abzuschließende und alle vorangegangenen ("früheren") Geschäftsjahre und somit auch eine geschäftsjahre-übergreifende Saldierung der Bewertungsdifferenzen (so auch: Göllert/Ringling, S. 10).

Nur dann, wenn diese mehrperiodige Gesamtbetrachtung erkennen läßt, daß der Steueraufwand des Geschäftsjahres und früherer Geschäftsjahre – gemessen an den Gewinnen laut Handelsbilanz – zu hoch ist, **darf** (= Aktivierungs**wahlrecht**) ein Abgrenzungsposten in Höhe der erwarteten Steuerentlastung auf der Aktivseite der Handelsbilanz nach § 274 Abs. 2 HGB gebildet werden.

Ergibt die Gesamtbetrachtung hingegen, daß in nachfolgenden Geschäftsjahren mit höheren Steuerbelastungen zu rechnen ist, **muß** (= Passivierungs**pflicht**) eine **Rückstellung** *für (passivische) latente Steuern* gebildet werden (vgl. § 274 Abs. 1 HGB).

Dieser Idee der Gesamtschau entsprechend, erscheint nicht nur „eine **Saldierung** von aktiven und passiven Abgrenzungsposten *zulässig*" (so: Deutsche Treuhand-Gesellschaft, Einführung, S. 89), sondern stets **geboten**, wenn sich aus Unterschieden zwischen Handels- und Steuerbilanz in einem (oder mehreren früheren) Geschäftsjahr(en) einerseits künftige Steuerbelastungen und andererseits künftige Steuerentlastungen ergeben. Dies bedeutet: Der **Saldo** der Steuerabgrenzung ist *entweder* in einem aktiven Abgrenzungsposten (Wahlrecht) *oder* in einem Passivposten (Pflicht) auszuweisen (so auch: Meyer, S. 178). Anderer Ansicht sind Adler/Düring/Schmaltz, die den gleichzeitigen Ausweis eines Passiv- *und* eines Aktivpostens für zulässig halten (vgl. Adler/Düring/Schmaltz, Erl. zu § 274 HGB Tz 22). Interessanterweise überwiegt in der **Praxis** deutlich die Saldierung: Denn nach einer Untersuchung von 100 Konzernabschlüssen für 1995 war nur in **6** Fällen ein *Parallelausweis* aktiver und passiver Steuerabgrenzungsposten zu beobachten; hingegen ließen **33** Konzerne in ihren Postenerläuterungen erkennen, daß sie eine *Saldierung* vorgenommen haben (vgl. C & L Deutsche Revision, S. 86).

Zum dritten ist Voraussetzung für die Bildung eines aktivischen Abgrenzungspostens für latente Steuern, daß „sich der zu hohe Steueraufwand des Geschäftsjahres und früherer Geschäftsjahre in späteren Geschäftsjahren voraussichtlich **ausgleicht**" (§ 274 Abs. 2 HGB). Wenn also Prognoserechnungen der bilanzierenden Unternehmung für kommende Jahre *keine* Steuer*ent*lastungen erwarten lassen (z. B., weil auch in Zukunft mit einem höheren Gewinn in der Steuerbilanz als in der Handelsbilanz gerechnet wird), dürfte somit nach dem Gesetzeswortlaut *kein* Aktivposten gebildet werden (vgl. Deutsche Treuhand-Gesellschaft, Einführung, S. 89).

Gesetzlich *nicht* geregelt ist die Frage, welcher **Steuersatz** bei der Berechnung der Steuerabgrenzungen anzuwenden ist (zu möglichen – pragmatischen – Lösungen dieser Frage vgl. Adler/Düring/Schmaltz, Erl. zu § 274 HGB Tz 23 ff.). *Offen*gelassen hat der Gesetzgeber auch die **Anzahl** der in die Überlegungen einzubeziehenden Geschäftsjahre, d. h., wie weit die "späteren Geschäftsjahre" in die Zukunft reichen sollen (so auch: Adler/Düring/Schmaltz, Erl. zu § 274 HGB Tz 17). Nach Biener/Berneke (S. 204) wird dann, wenn die Entlastung später als 10 Jahre eintritt, das Vorsichtsprinzip die Annahme einer voraussichtlichen Entlastung kaum mehr zulassen.

Das Aktivierungswahlrecht für einen Abgrenzungsposten für aktivische latente Steuern ist – wie die Wahlrechte bei "Aufwendungen für Ingangsetzung und Erweiterung des Geschäftsbetriebes" nach § 269 HGB und bei den "Aufwendungen für die Währungsumstellung auf den Euro" nach Artikel 44 Abs. 1 EGHGB – ausdrücklich als "Bilanzierungshilfe" gedacht. Deshalb ist nach § 274 Abs. 2 S. 3 HGB wiederum eine sog. "**Ausschüttungssperre**" zu beachten, wenn ein aktiver Abgrenzungsposten für latente Steuern gebildet wird: Gewinne dürfen dann nur ausgeschüttet werden, „wenn die nach der Ausschüttung verbleibenden jederzeit auflösbaren Gewinnrücklagen zuzüglich eines Gewinnvortrages und abzüglich eines Verlustvortrages dem angesetzten Betrag mindestens entsprechen" (§ 274 Abs. 2 S. 3 HGB).

Diese Bilanzierungshilfe wird, obwohl sich in vielen Unternehmen ein aktivisch abzugrenzender Steuerbetrag errechnet, von der **Praxis** *selten* in Anspruch genommen. So hatte von der Bilanzierungshilfe nach einer Auswertung der Jahresabschlüsse von 100 großen Kapitalgesellschaften 1987 nur ein Unternehmen – die PWA (Papierwerke Waldhof-Aschaffenburg) AG – Gebrauch gemacht; demgegenüber hatten sich mehrere Unternehmen (z. B. Bayer AG, Continental AG, Esso AG, Hoechst AG, Rütgerswerke AG) entschieden, aktivische latente Steuern grundsätzlich *nicht* zu aktivieren (vgl. Treuarbeit, Jahresabschlüsse, S. 80 f.). Allerdings wurde bei der Hoechst AG im Einzelabschluß für 1994 erstmalig ein Posten für aktivische latente Steuern angesetzt. Auch findet sich im Konzernabschluß der Bayer AG z. B. für 1995 und 1998 ein Posten für aktivische latente Steuern, die nach § 274 Abs. 2 HGB aus zeitlich abweichenden Wertansätzen in Handels- und Steuerbilanz der Einzelgesellschaften resultieren (vgl. Bayer AG, Konzern-Geschäftsbericht 1998, S. 71 i. V. m. S. 93). Ferner wurde im Einzelabschluß der BASF AG für 1998 von dem Aktivierungswahlrecht nach § 274 Abs. 2 HGB Gebrauch gemacht und ein aktivischer Abgrenzungsposten in Höhe von 931 Mio. DM ausgewiesen, dessen Zusammensetzung im Anhang detailliert erläutert wird (vgl. BASF AG, Geschäftsbericht 1998, S. 38 und S. 50).

Abschließend ist noch darauf hinzuweisen: Die Bildung eines Abgrenzungspostens für aktivische latente Steuern kann nur in der Handelsbilanz erfolgen, **nicht** aber in der **Steuerbilanz**.

Bei den bisher in den Abschnitten C II bis VII dargestellten Bilanzierungswahlrechten handelte es sich jeweils um **Aktivierungs**wahlrechte. Im folgenden kommen wir nun zu **Passivierungs**wahlrechten, und zwar zunächst in den Abschnitten VIII bis XII zu den sog. "**Sonderposten mit Rücklageanteil**" nach § 247 Abs. 3 bzw. § 281 Abs. 1 HGB.

VIII. Steuerfreie Rücklagen nach § 6b EStG (§ 247 Abs. 3 HGB)

Bei der Veräußerung von Wirtschaftsgütern können sog. "stille Reserven" aufgedeckt werden, d. h., es können sog. "**Veräußerungsgewinne**" dadurch entstehen, daß im Falle eines Verkaufs dieser Wirtschaftsgüter ein Verkaufspreis erzielt wird, der über dem letzten Buchwert der Wirtschaftsgüter liegt. Ein derartiger Veräußerungsgewinn läßt sich wie folgt ermitteln (vgl. § 6b Abs. 2 EStG):

>   Veräußerungspreis
> − Veräußerungskosten
> − Buchwert des veräußerten Wirtschaftsgutes
> = Veräußerungsgewinn.

Grundsätzlich unterliegen solche Veräußerungsgewinne – wie alle anderen Gewinne auch – im Jahr ihrer Entstehung der Besteuerung. Eine Möglichkeit, von diesem Grundsatz periodengerechter Besteuerung abzuweichen, eröffnet seit Jahrzehnten **§ 6b EStG**. Allerdings ist zu beachten, daß § 6b EStG durch das *Steuerentlastungsgesetz 1999/ 2000/2002* in wesentlichen Punkten gegenüber der bis Ende 1998 gültigen Fassung **geändert** wurde. So ist es **ab 1999** u. a. *nicht mehr* möglich, Veräußerungsgewinne, die aus einem Verkauf von *Schiffen* oder *Anteilen an Kapitalgesellschaften* nach dem 31.12.1998 resultieren, der sofortigen Besteuerung zu entziehen. Eine weitere wichtige Einschränkung enthält auch der neue § 6b Abs. 10 EStG n. F., weil nunmehr die Übertragung der personenbezogenen Steuerbegünstigung des § 6b EStG vom Gesamthandsvermögen einer Personengesellschaft auf das Betriebsvermögen eines an dieser Gesellschaft beteiligten Mitunternehmers oder umgekehrt nicht mehr möglich ist (vgl. Hoffmann, Steuerentlastungsgesetz, S. 390).

Insgesamt erlaubt § 6b Abs. 1 EStG n. F. nur noch für wesentlich weniger Wirtschaftsgüter als bisher, die Veräußerungsgewinne entweder im Jahr ihrer Entstehung auf bestimmte andere Wirtschaftsgüter, die *im* Jahr der Veräußerung oder im *vorangegangenen* Wirtschaftsjahr angeschafft oder hergestellt worden sind, durch Verrechnung mit deren Anschaffungs- oder Herstellungskosten erfolgsneutral zu *übertragen* (vgl. zu diesem **Bewertungs**wahlrecht auch Abschnitt D Ib dieses Kapitels 3). Oder aber die Veräußerungsgewinne **dürfen** (= **Bilanzierungswahlrecht**) nach § 6b Abs. 3 EStG in einen "**Sonderposten mit Rücklageanteil**" (vgl. § 247 Abs. 3 HGB) *zeitlich begrenzt* eingestellt werden, und zwar als **steuerfreie** "**Rücklage nach § 6b EStG**".

Der Bilanzierende kann dieses Passivierungswahlrecht in **Handels- und Steuerbilanz** immer dann – unter Beachtung der **umgekehrten** Maßgeblichkeit – nutzen, wenn insbes. die im folgenden genannten *Voraussetzungen* erfüllt sind:

Zum ersten müssen die Veräußerungsgewinne durch den Verkauf ganz **bestimmter** Gegenstände des **Anlagevermögens** entstanden sein. In § 6b Abs. 1 EStG n. F. werden diese Wirtschaftsgüter erschöpfend aufgezählt; es sind dies ab 1999 nur noch:

- Grund und Boden;
- Aufwuchs auf Grund und Boden mit dem dazugehörigen Grund und Boden, wenn der Aufwuchs zu einem land- und forstwirtschaftlichen Betriebsvermögen gehört;
- Gebäude (auch: Eigentumswohnungen).

Zum zweiten müssen die veräußerten Wirtschaftsgüter im Zeitpunkt der Veräußerung **mindestens sechs Jahre** ununterbrochen zum Anlagevermögen einer inländischen Betriebsstätte gehört haben (vgl. § 6b Abs. 4 S. 1 Nr. 2 EStG).

Zum dritten muß der Steuerpflichtige den **Gewinn nach § 4 Abs. 1 oder § 5 EStG** ermitteln und die **Bildung sowie Auflösung** der Rücklage in seiner Buchführung **verfolgbar** sein lassen (vgl. § 6b Abs. 4 S. 1 Nr. 1 und Nr. 5 EStG).

Für die **Höhe** einer evtl. zu bildenden steuerfreien Rücklage gilt nach § 6b Abs. 3 S. 1 EStG n. F. zum vierten: Bei Veräußerungen nach dem 31.12.1998 können bis zu **100 % des Veräußerungsgewinnes** in eine Rücklage eingestellt werden und auf diese Weise den steuerpflichtigen Gewinn entsprechend mindern.

Als fünfte Bedingung ist zu beachten, daß Veräußerungsgewinne – direkt oder aus der gebildeten Rücklage – nur auf solche angeschafften oder hergestellten Wirtschaftsgüter übertragen werden dürfen, die zum **Anlage**vermögen einer **inländischen** Betriebsstätte **des Steuerpflichtigen** gehören (vgl. § 6b Abs. 4 S. 1 Nr. 3 EStG n. F.).

Als sechste Bedingung läßt sich folgender Grundsatz formulieren: Eine **Übertragung** der steuerfreien Rücklage kann nur **auf solche Wirtschaftsgüter** erfolgen, die entweder **der Art nach** dem **veräußerten** Wirtschaftsgut **entsprechen** (z. B. bei der Übertragung der Veräußerungsgewinne von Gebäuden auf Gebäude) oder aber die – bei Andersartigkeit – eine **Nutzungsdauer** aufweisen, welche **nicht länger** ist als diejenige des veräußerten Gegenstandes (z. B. bei der Übertragung der Veräußerungsgewinne von Grund und Boden auf Gebäude; der umgekehrte Fall wäre unzulässig). Zu Einzelheiten sei auf

§ 6b Abs. 1 S. 2 und S. 3 EStG und die Übungs-Aufgaben 53 und 54 dieses Buches verwiesen.

Ferner sind folgende **Übertragungsfristen** (Reinvestitionsfristen) zu beachten: Eine *Verrechnung* (bzw. ein *Abzug*) der steuerfreien Rücklage *mit* (bzw. *von*) den *Anschaffungs- oder Herstellungskosten* ist zulässig, wenn die genannten Wirtschaftsgüter in den auf die Bildung der Rücklage folgenden **vier** Wirtschaftsjahren angeschafft oder hergestellt worden sind (vgl. § 6b Abs. 3 S. 2 EStG). Eine verlängerte Frist von **sechs** Jahren gilt für neu herzustellende Gebäude, wenn mit ihrer Herstellung vor dem Schluß des vierten auf die Bildung der Rücklage folgenden Wirtschaftsjahres begonnen wurde (vgl. § 6b Abs. 3 S. 3 EStG).

Schließlich gilt bei **Auflösung** der gebildeten steuerfreien Rücklage: Ist die "Rücklage nach § 6b EStG" bis zum Ende der genannten Fristen nicht übertragen worden, so muß sie **gewinnerhöhend** aufgelöst werden (vgl. § 6b Abs. 3 S. 5 EStG). Dabei ist der steuerpflichtige Gewinn des Wirtschaftsjahres, in dem die Auflösung der steuerfreien Rücklage zu erfolgen hat, **zusätzlich um 6 %** des aufzulösenden Rücklagenbetrages für jedes volle Wirtschaftsjahr des Bestehens der Rücklage zu erhöhen (vgl. § 6b Abs. 7 EStG). Damit wird eine Art "pauschalierter Stundungszinsen" für den Rücklagezeitraum erhoben (vgl. Zeitler, S. 283 f.); auf diese Weise wird der erzielte Zinsvorteil aus der Bildung der steuerfreien "Rücklage nach § 6b EStG" zumindest teilweise wieder rückgängig gemacht (vgl. hierzu ausführlicher: Wittmann, S. 1422 ff.).

Die Möglichkeit, eine steuerfreie "Rücklage nach § 6b EStG" selbst dann zu bilden, wenn eine spätere Übertragung gar nicht beabsichtigt ist, war schon zulässig (vgl. Wöhe, Bilanzierung, S. 775) und ist zulässig geblieben. Somit dürfte – trotz der "Strafzinsen" nach § 6b Abs. 7 EStG – das Passivierungswahlrecht, eine steuerfreie "Rücklage nach § 6b EStG" zu bilden, auch ab 1999 kaum etwas von seiner Attraktivität für die Handels- und Steuerbilanzpolitik der Unternehmung verlieren; wenngleich seine Möglichkeiten, wie beschrieben, durch das Steuerentlastungsgesetz 1999/2000/2002 eingeschränkt wurden.

Daß das bisherige Passivierungswahlrecht in der **Praxis** häufig genutzt wurde, zeigt ein kurzer Blick in einige Handelsbilanzen: So finden sich Hinweise auf eine "Rücklage nach § 6b EStG" beispielsweise in den Jahresabschlüssen für 1997 bzw. 1998 von BASF AG, Beiersdorf AG, Robert Bosch GmbH, Brau und Brunnen AG, Th. Goldschmidt AG, Karstadt AG, Preussag AG, Reemtsma Cigarettenfabriken GmbH, Quelle Schickedanz AG & Co., Ruhrkohle-Konzern, RWE-Konzern, Siemens AG, Südzucker (AG und Konzern) und Volkswagen-Konzern. So weist z. B. die Beiersdorf AG darauf hin, daß der „Sonderposten mit Rücklageanteil" in voller Höhe (17 Mio. DM) Rücklagen betrifft, „die gemäß § 6b EStG gebildet werden" (Geschäftsbericht 1998, S. 11). Bei der Th. Goldschmidt AG wird der hohe Anstieg gegenüber dem Vorjahr um mehr als 18 Mio. DM begründet mit der „Bildung eines Sonderpostens gemäß § 6b EStG ..., die wir im Zusammenhang mit dem Buchgewinn aus dem Verkauf der Elektro-Thermit GmbH, Essen, vorgenommen haben" (Geschäftsbericht 1998, S. 64).

IX. Steuerfreie Rücklagen für Ersatzbeschaffung nach R 35 EStR (§ 247 Abs. 3 HGB)

Ein zweites Passivierungswahlrecht für einen "Sonderposten mit Rücklageanteil" resultiert aus **R 35 EStR**: Die Auflösung stiller Reserven soll bei buchführenden Land- und Forstwirten, Gewerbetreibenden und selbständig Tätigen, deren Gewinn durch Vermögensvergleich ermittelt wird, unter bestimmten Voraussetzungen **nicht** zu einem steuerpflichtigen Gewinn im Jahr der Auflösung der stillen Reserve führen. Nach R 35 Abs. 1 bis 5 EStR lassen sich folgende Bedingungen nennen:

(1) Ein Wirtschaftsgut des Anlage- oder Umlaufvermögens muß im Laufe des Wirtschaftsjahres **infolge höherer Gewalt** (z. B. Brand, Diebstahl) oder infolge oder zur Vermeidung eines **behördlichen Eingriffs** (z. B. drohende Enteignung, Inanspruchnahme für Verteidigungszwecke) aus dem Betriebsvermögen **ausscheiden**.

(2) Für das ausgeschiedene Wirtschaftsgut muß eine **direkte Entschädigung** gezahlt worden sein, die über dem Buchwert des ausgeschiedenen Wirtschaftsgutes liegt und daher zu einem "**Entschädigungsgewinn**" führt. Dieser ist wie folgt zu ermitteln:

      Entschädigungszahlung für das ausgeschiedene Wirtschaftsgut
   – Buchwert des ausgeschiedenen Wirtschaftsgutes
    = "Entschädigungsgewinn".

(3) Im Jahr des Ausscheidens des Wirtschaftsgutes muß ein *funktionsgleiches* **Ersatzwirtschaftsgut** angeschafft bzw. hergestellt worden sein oder zumindest die feste Absicht bestehen, ein funktionsgleiches Ersatzwirtschaftsgut anzuschaffen bzw. herzustellen.

(4) Ist ein Ersatzwirtschaftsgut in **demselben Geschäftsjahr,** in welchem das andere Wirtschaftsgut zwangsweise ausgeschieden ist, angeschafft oder hergestellt worden, so existiert ein **Bewertungs**wahlrecht (vgl. R 35 Abs. 5 S. 2 EStR): Der Entschädigungsgewinn "**darf**" ganz – evtl. auch nur anteilig – auf das Ersatzwirtschaftsgut erfolgsneutral übertragen werden, indem die *Anschaffungs- oder Herstellungskosten* des Ersatzwirtschaftsgutes entsprechend *gekürzt* werden (vgl. hierzu auch noch Abschnitt D Ib dieses Kapitels). Für den speziellen Fall, daß ein Betriebsgrundstück mit einem aufstehenden Gebäude ausscheidet, können die beim Grund und Boden und die beim Gebäude aufgedeckten stillen Reserven jeweils auf neu angeschafften Grund und Boden oder auf ein neu angeschafftes oder hergestelltes Gebäude übertragen werden, eventuelle Restbeträge sogar gegenseitig (vgl. R 35 Abs. 3 S. 1 bis 3).

(5) Ist eine **Ersatzbeschaffung** noch nicht vorgenommen worden, aber **ernstlich geplant**, so wird dem Steuerpflichtigen nach R 35 Abs. 4 EStR ein **Bilanzierungswahlrecht** eingeräumt: Er **darf** am Schluß des Wirtschaftsjahres, in dem ein Wirtschaftsgut aus den oben genannten Gründen ausgeschieden ist, in der Steuerbilanz eine steuerfreie "**Rücklage für Ersatzbeschaffung**" maximal in Höhe des Entschädigungsgewinnes bilden; Voraussetzung ist, daß auch in der **Handels**bilanz ein entsprechender Passivposten in mindestens gleicher Höhe angesetzt wird (vgl. R 35 Abs. 1 S. 2 Nr. 3 EStR und § 5 Abs. 1 S. 2 EStG). Die *Nachholung* einer derartigen Rücklage in einem späteren Wirtschaftsjahr ist allerdings *nicht* zulässig (vgl. R 35 Abs. 4 S. 2 EStR).

Somit kann der Bilanzierende im Jahr der Bildung einer derartigen "**Rücklage für Ersatzbeschaffung**" den Entschädigungsgewinn einer Besteuerung entziehen. Bei *beweglichen Wirtschaftsgütern* muß er die Rücklage dann i. d. R. spätestens bis zum Ende des **Folgejahres**, bei Grundstücken und Gebäuden grundsätzlich bis zum Schluß des **zweiten** auf ihre Bildung folgenden Wirtschaftsjahres auf das Ersatzwirtschaftsgut **übertragen** haben (vgl. R 35 Abs. 4 S. 3 und S. 4 EStR); eine Fristverlängerung ist in begründeten Einzelfällen möglich (vgl. R 35 Abs. 4 S. 5 EStR). Andernfalls – wie auch bei Aufgabe der Ersatzbeschaffungsabsicht – ist die **gesamte** Rücklage **gewinnerhöhend** aufzulösen.

Bisweilen kommt auch nur eine **anteilige** Übertragung der gebildeten Rücklage in Betracht. Dies ist immer dann der Fall, wenn die Entschädigungszahlung die Anschaffungs- oder Herstellungskosten für das Ersatzwirtschaftsgut übersteigt. Der übertragungsfähige Betrag läßt sich in derartigen Fällen ermitteln als:

$$\frac{\text{Anschaffungskosten des Ersatzwirtschaftsgutes}}{\text{Entschädigungszahlung}} \times \text{Rücklagenbetrag};$$

in Höhe des Restbetrages, der nicht übertragbar ist, entsteht ein steuerpflichtiger Gewinn (vgl. dazu den in H 35 (3) EStH durchgerechneten Beispiels-Fall).

Schließlich ist noch folgender **Unterschied** zwischen der hier behandelten "Rücklage für Ersatzbeschaffung" und der zuvor dargestellten "Rücklage nach § 6b EStG" zu erwähnen: Das Passivierungswahlrecht, in Handels- und Steuerbilanz eine "Rücklage für Ersatzbeschaffung" nach R 35 EStR bilden zu dürfen, existiert – unter den genannten Voraussetzungen – sowohl für Gegenstände des **Anlagevermögens** als auch für Gegenstände des **Umlaufvermögens** (vgl. R 35 Abs. 1 S. 2 Nr. 1 EStR; siehe hierzu auch die späteren Ausführungen in Abschnitt D XVII dieses Kapitels 3); hingegen kann der Bilanzierende das Passivierungswahlrecht bezüglich einer "Rücklage nach § 6b EStG" **nur** für die im Gesetz angeführten Wirtschaftsgüter des **Anlagevermögens** ausüben.

Hinweise auf die Nutzung des Wahlrechtes, nach R 35 EStR Entschädigungsgewinne auf Ersatzwirtschaftsgüter zu übertragen bzw. eine "Rücklage für Ersatzbeschaffung" zu bilden, finden sich in der **Praxis** in einigen Jahresabschlüssen für 1997 oder 1998, so z. B. bei Th.Goldschmidt AG, Ruhrkohle-Konzern und Volkswagen-Konzern.

X. Steuerfreie "Wertaufholungs-Rücklage" nach § 52 Abs. 16 S. 3 EStG 1999 (§ 247 Abs. 3 HGB)

Ein **neues** Passivierungswahlrecht für einen "**Sonderposten mit Rücklageanteil**" resultiert aus dem *Steuerenlastungsgesetz 1999/2000/2002*: Im ersten nach dem 31.12. 1998 endenden Wirtschaftsjahr, d. h. **1999**, darf eine steuerfreie "**Wertaufholungs-Rücklage**" nach **§ 52 Abs. 16 S. 3 EStG** (1999) gebildet werden. Die Bezeichnung "Wertaufholungs-Rücklage" wurde gewählt, weil der Grund für die Bildung dieser Rücklage in dem *neuen steuerlichen Wertaufholungsgebot* liegt.

Durch die *Neufassung* von § 6 Abs. 1 Nr. 1 S. 4 und Nr. 2 S. 3 EStG (1999) wurde das seit 1990 geltende steuerliche Wertbeibehaltungswahlrecht durch ein **zwingendes Wertaufholungsgebot** für die **Steuerbilanz** substituiert (vgl. Herzig/Rieck, Wertaufholungsgebot, S. 307). Dieses strenge Wertaufholungsgebot verlangt ab 1999, daß in der Steuerbilanz für alle Wirtschaftsgüter, bei denen in der Vergangenheit seit ihrer Anschaffung oder Herstellung (d. h. im Extremfall ab 31.6.1998 bzw. für die neuen Bundesländer ab 1.7.1990) irgendwann einmal *Teilwertabschreibungen* vorgenommen worden sind und bei denen die *Wertminderungen inzwischen* ganz oder teilweise *entfallen* sind, eine Wertaufholung, d. h. Zuschreibung erfolgt. Als Wertobergrenze für die Zuschreibung kommen maximal die Anschaffungskosten (z. B. bei nicht abnutzbarem Anlagevermögen – wie Grundstücken, langfristigen Ausleihungen oder Beteiligungen – und bei Wertpapieren des Umlaufvermögens) bzw. die "fortgeführten Anschaffungs- oder Herstellungskosten" beim abnutzbaren Anlagevermögen in Betracht, d. h. die Anschaffungs- oder Herstellungskosten, vermindert um planmäßige Absetzungen für Abnutzung, erhöhte Absetzungen, Sonderabschreibungen oder Abzüge nach § 6b EStG u. ä. (vgl. dazu ausführlicher: Herzig/Rieck, Wertaufholungsgebot, S. 311 ff. und Hoffmann, Steuerentlastungsgesetz, S. 382 ff.; siehe auch die späteren Ausführungen in den Abschnitten D IX und D XVIII dieses Kapitels 3).

Durch das nunmehr geltende steuerliche Wertaufholungsgebot kann es in der Steuerbilanz für das erste nach dem 31.12.1998 endende Wirtschaftsjahr, d. h. **1999**, zu einem enormen "Aufstockungsgewinn" (Herzig/Rieck, Wertaufholungsgebot, S. 308) bzw. hohen "Zuschreibungsgewinnen" (Hoffmann, Steuerentlastungsgesetz, S. 386) infolge der kumulierten Aufdeckung von stillen Reserven kommen. Um den mit der Besteuerung dieses Aufstockungsgewinnes einhergehenden Liquiditätsentzug abzumildern und ggf. die Steuerprogression bei Einzelunternehmen oder Personengesellschaften zu brechen, wurde die "Übergangsregelung" (Herzig/Rieck, Wertaufholungsgebot, S. 308) des § 52 Abs. 16 S. 3 EStG (1999) geschaffen und damit das neue Passivierungswahlrecht für eine "Wertaufholungs-Rücklage" eingeräumt.

Denn nach § 52 Abs. 16 S. 3 EStG (1999) **kann** (= Wahlrecht) der Steuerpflichtige in seiner **Steuerbilanz** für **1999** in Höhe von **vier Fünftel** (= 80 %) des durch die Wertaufholung entstehenden (Aufstockungs-)Gewinns eine **den steuerlichen Gewinn mindernde Rücklage** bilden; nur das "restliche" Fünftel (= 20 %) des Aufstockungsgewinnes muß 1999 sofort versteuert werden. Wird eine derartige "Wertaufholungs-Rücklage" in der Steuerbilanz für 1999 gebildet, so ist sie in den „folgenden **vier** Wirtschaftsjahren jeweils mit **mindestens einem Viertel** gewinnerhöhend aufzulösen" (§ 52 Abs. 16 S. 3 EStG 1999). Das Wörtchen "mindestens" weist dabei auf ein weiteres Wahlrecht hin: Die Auflösung der "Wertaufholungs-Rücklage" kann auch mit *mehr* als einem Viertel pro Jahr und damit in einem *kürzeren* Zeitraum als 4 Jahre erfolgen.

Ohne den Ausführungen über Beibehaltungswahlrechte bzw. Wertaufholungsgebote in den späteren Abschnitten D IX und D XVIII dieses Kapitels 3 zu weit vorgreifen zu wollen, muß an dieser Stelle bereits auf folgende Konsequenzen des nunmehr geltenden steuerlichen Wertaufholungsgebotes hingewiesen werden:

Für **Kapitalgesellschaften** gilt *ab 1999* nicht nur für die Steuerbilanz, sondern **auch** für die **Handelsbilanz** das strikte *Wertaufholungsgebot* nach § 280 Abs. 1 HGB. Denn der § 280 Abs. 2 HGB, der bisher ein faktisches Beibehaltungswahlrecht begründete, hat wegen der Streichung des steuerlichen Beibehaltungswahlrechtes ab 1999 *keine* Bedeutung mehr (so auch: Hoffmann, Anmerkungen, S. 1199; Hoffmann, Steuerentlastungsgesetz, S. 383; Herzig/Rieck, Wertaufholungsgebot, S. 308).

Für die "Wertaufholungs-Rücklage" nach § 52 Abs. 16 S. 3 EStG (1999) müssen Kapitalgesellschaften die **umgekehrte** Maßgeblichkeit (gem. § 5 Abs. 1 S. 2 EStG) beachten (vgl. Herzig/Rieck, Wertaufholungsgebot, S. 309; Hoffmann, Steuerentlastungsgesetz, S. 386). Dies bedeutet: Kapitalgesellschaften können das Wahlrecht, in der **Steuerbilanz** durch die Bildung einer "Wertaufholungs-Rücklage" die Besteuerung der im Zuge der Wertaufholung aufgedeckten stillen Reserven auf bis zu 5 Jahre (von 1999 bis 2003) zu verteilen, nur in Übereinstimmung mit der Handelsbilanz ausüben. Kapitalgesellschaften müssen also (auch) in der **Handelsbilanz** für 1999 eine erfolgswirksame "Wertaufholungs-Rücklage" in derselben Höhe bilden, wie sie in der Steuerbilanz beabsichtigt ist, und unter den "Sonderposten mit Rücklageanteil" (gem. § 247 Abs. 3 i. V. m. § 273 HGB) ausweisen.

Für **Nicht-Kapitalgesellschaften** erweist sich die Situation als komplizierter. Denn einerseits bleibt es für Einzelunternehmen und Personengesellschaften *handelsrechtlich* auch in Zukunft beim *Beibehaltungswahlrecht* (siehe dazu näher die Abschnitte D IX und D XVIII von Kapitel 3); andererseits gilt *steuerrechtlich* ab 1999 auch für sie das strenge Wertaufholungsgebot des § 6 Abs. 1 Nr. 1 S. 4 und Nr. 2 S. 3 EStG n. F., also *Zuschreibungspflicht*. Somit können Handelsbilanz und Steuerbilanz bei Nicht-Kapitalgesellschaften künftig (noch) weiter auseinanderdriften (vgl. Hoffmann, Anmerkungen, S. 1199, Hoffmann, Steuerentlastungsgesetz, S. 383).

Vor diesem Hintergrund würde die strikte Anwendung der **umgekehrten** Maßgeblichkeit (gem. § 5 Abs. 1 S. 2 EStG) im Falle der "Wertaufholungs-Rücklage" nach § 52

Abs. 16 S. 3 EStG (1999) für Nicht-Kapitalgesellschaften zu einem widersinnigen Ergebnis führen:
In der *Steuerbilanz* 1999 würde der Gewinn (vor EE-Steuern) wegen des Zuschreibungszwangs bei gleichzeitiger maximaler Dotierung der "Wertaufholungs-Rücklage" (mit 80 % des Zuschreibungsbetrages) *um 20 %* des Zuschreibungsbetrages *steigen*; in der *Handelsbilanz* aber würde der Gewinn (vor EE-Steurn) bei *Beibehaltung* der *niedrigeren* Wertansätze für die Vermögensgegenstände und bei gleichzeitiger Übernahme der aus steuerlichen Gründen voll dotierten "Wertaufholungs-Rücklage" in den "Sonderposten mit Rücklageanteil" *um 80 %* des Zuschreibungsbetrages *sinken* (vgl. Herzig/Rieck, Wertaufholungsgebot, S. 309 f.).

Herzig/Rieck plädieren deshalb für eine "**Durchbrechung** der **umgekehrten** Maßgeblichkeit": Die Finanzverwaltung sollte Nicht-Kapitalgesellschaften die steuerliche Anerkennung der "Wertaufholungs-Rücklage" in der Steuerbilanz ausnahmsweise auch dann nicht versagen, wenn Einzelunternehmen oder Personengesellschaften in der Handelsbilanz **keine** (oder eine niedrigere) "Wertaufholungs-Rücklage" bilden (vgl. Herzig/ Rieck, Wertaufholungsgebot, S. 310).
Zur Zeit ist allerdings noch völlig ungeklärt, ob sich die Finanzverwaltung dazu durchringen kann, den Nicht-Kapitalgesellschaften bei der steuerlichen Gewinnermittlung – also in der Steuerbilanz – eine steuermindernde "Wertaufholungs-Rücklage" nach § 52 Abs. 16 S. 3 EStG (1999) auch dann anzuerkennen, wenn sie in ihrer Handelsbilanz die niedrigeren Werte der Vermögensgegenstände beibehalten – also *keine* Zuschreibung (Wertaufholung) vornehmen – und auch *keinen* entsprechenden "Sonderposten mit Rücklageanteil" in der Handelsbilanz bilden.
Daher gehen Herzig/Rieck davon aus, daß Nicht-Kapitalgesellschaften *freiwillig* in der Handelsbilanz für 1999 die Bildung einer "Wertaufholungs-Rücklage" – trotz Beibehaltung der niedrigeren Wertansätze der Vermögensgegenstände – im Sinne einer Rücklagenbildung vornehmen werden, da anderenfalls erhebliche steuerliche Risiken drohen können (vgl. Herzig/Rieck, Wertaufholungsgebot, S. 310). Unbefriedigend an einer solchen Vorsichtsmaßnahme, in der Handelsbilanz eine steuerfreie "Wertaufholungs-Rücklage" zu bilden, obwohl mangels Wertaufholung handelsrechtlich gar keine (Zuschreibungs-)Erträge angefallen sind, bleibt jedoch, daß sie zu einer erheblichen Verzerrung des Vermögens- und Erfolgsausweises führt und bei Personengesellschaften zur Beschneidung des Gewinnanspruchs der Gesellschafter mißbraucht werden kann (vgl. Herzig/Rieck, Wertaufholungsgebot, S. 310).

XI. Steuerfreie Rücklagen wegen Ansparabschreibung nach § 7g Abs. 3 ff. EStG (§ 247 Abs. 3 HGB)

Der bis Ende 1994 geltende § 7g EStG wurde zunächst mit Wirkung ab 1.1.1995 durch das StandOG v. 13.9.1993 (BGBl. I, S. 1569) und das StMBG v. 21.12.1993 (BGBl. I., S. 2310) dahingehend geändert, daß die Abs. 3 bis Abs. 6 angefügt wurden. Aufgrund dieser Änderung wird bestimmten **kleinen und mittleren** Betrieben **seit 1995** ein neues **Passivierungswahlrecht** eingeräumt. Denn nach § 7g Abs. 3 S. 1 EStG **dürfen** sie seit 1995 für die künftige Anschaffung oder Herstellung von **neuen beweglichen** Wirtschaftsgütern des **Anlage**vermögens (vgl. § 7g Abs. 1 EStG) „eine den Gewinn mindernde **Rücklage** bilden (Ansparabschreibung)". Zu beachten ist allerdings, daß die Vorschriften des § 7g EStG inzwischen mehrmals geändert wurden, und zwar u. a. durch das Jahressteuergesetz 1996 und zuletzt durch das Steuerentlastungsgesetz 1999/ 2000/2002.

Die vom Gesetzgeber gewählte Bezeichnung "**Ansparabschreibung**" signalisiert bereits, daß durch die **Bildung** dieser steuerfreien Rücklage in gewissem Umfange (Sonder-) Abschreibungen in die Zeit *vor* Erwerb oder Herstellung des Anlagegutes, also in die Ansparphase, vorgezogen werden können (vgl. Franz/Rupp, S. 14). Der **Höhe** nach wird die Rücklage auf maximal **50 % der Anschaffungs- oder Herstellungskosten** desjenigen begünstigten Wirtschaftsgutes begrenzt, das der Steuerpflichtige *voraussichtlich* bis zum Ende des **zweiten** auf die Bildung der Rücklage folgenden Wirtschaftsjahres anschaffen oder herstellen wird (vgl. § 7g Abs. 3 S. 2 EStG).

Folgende **Voraussetzungen** müssen erfüllt sein, damit diese "Rücklage wegen Ansparabschreibung" – im folgenden bisweilen auch kurz als "Anspar-Rücklage" bezeichnet – gebildet werden darf (vgl. § 7g Abs. 3 S. 3 EStG):

(1) Der Steuerpflichtige muß den Gewinn nach § 4 Abs. 1 oder § 5 EStG – bzw. nach § 4 Abs. 3 EStG (vgl. § 7g Abs. 6 EStG) – ermitteln.

(2) Der Betrieb darf am Schluß des der Rücklagebildung *vorausgehenden* Wirtschaftsjahres die vermögensmäßige Grenze des § 7g Abs. 2 EStG – Betriebsvermögen des Gewerbebetriebes bis zu max. 400.000,– DM bzw. Einheitswert des land- und forstwirtschaftlichen Betriebes bis zu max. 240.000,– DM – nicht überschreiten (siehe auch R 83 EStR).

(3) Bildung und Auflösung der Anspar-Rücklage müssen in der Buchführung verfolgt werden können.

(4) Der Steuerpflichtige darf *keine* Rücklage nach § 3 Abs. 1 und Abs. 2a ZRFG ausweisen.

Hingegen ist es *nicht* Voraussetzung für die Bildung einer "Anspar-Rücklage", daß der Betrieb im betrachteten Wirtschaftsjahr einen Gewinn erzielt. Denn nach § 7g Abs. 3 S. 4 EStG kann diese Rücklage ausdrücklich „auch gebildet werden, wenn dadurch ein Verlust entsteht oder sich erhöht".

Neben der Einschränkung, daß eine "Anspar-Rücklage" nach § 7g Abs. 3 ff. EStG nur von kleinen und mittleren Betrieben gebildet werden kann, muß eine *Beschränkung der Höhe nach* beachtet werden: Nach § 7g Abs. 3 S. 5 EStG – eingefügt durch das Jahressteuergesetz 1996 – dürfen am jeweiligen Bilanzstichtag die insgesamt gebildeten "Anspar-Rücklagen" je Betrieb des Steuerpflichtigen den Betrag von **300.000,– DM** nicht übersteigen.

Für die **Auflösung** der "Anspar-Rücklage" gilt folgendes:
Sobald für das begünstigte Wirtschaftsgut Abschreibungen vorgenommen werden können, **ist** die Rücklage in Höhe von **50 %** der Anschaffungs- oder Herstellungskosten gewinnerhöhend aufzulösen (vgl. § 7g Abs. 4 S. 1 EStG). „Abschreibungsbeginn ist i. d. R. der Zeitpunkt der Anschaffung (= Erlangung des wirtschaftlichen Eigentums) oder Fertigstellung, bei Anzahlungen oder Teilherstellungskosten bereits der Zeitpunkt, ab dem für die Anzahlungen oder Teilherstellungskosten Abschreibungen vorgenommen werden dürfen" (Franz/Rupp, S. 15). Angenommen, die Anschaffungs- oder Herstellungskosten des Wirtschaftsgutes erreichen genau den Betrag, der bei Bildung der "Anspar-Rücklage" zugrundegelegt wurde, dann kann der Auflösungsbetrag der Rücklage in Höhe von 50 % der Anschaffungs- oder Herstellungskosten durch die *degressive* Absetzung für Abnutzung von 30 % (nach § 7 Abs. 2 EStG) und die *Sonderabschreibung* von 20 % (nach § 7g Abs. 1 EStG) im Jahr der Rücklagen-Auflösung in seiner Gewinnwirkung vollständig *kompensiert* werden (vgl. hierzu auch Aufgabe 56 in Kapitel 4).

Wird jedoch *kein* begünstigtes Wirtschaftsgut angeschafft oder hergestellt, so ist die "Anspar-Rücklage" **spätestens** am Ende des **zweiten** auf ihre Bildung folgenden Wirtschaftsjahres gewinnerhöhend aufzulösen (vgl. § 7 g Abs. 4 S. 2 EStG). In diesem Fall ist (in der Steuerbilanz) „der **Gewinn** des Wirtschaftsjahres, in dem die Rücklage aufgelöst wird, für jedes volle Wirtschaftsjahr, in dem die Rücklage bestanden hat, **um 6 % des aufgelösten Rücklagenbetrages zu erhöhen**" (§ 7g Abs. 5 EStG). Wie sich ein solcher *"Gewinnzuschlag"* (Franz/Rupp, S. 15) bei Auflösung der "Anspar-Rücklage" errechnet, wenn die Zwei-Jahres-Frist abgelaufen ist oder aber die Anschaffungs- oder Herstellungskosten des begünstigten Wirtschaftsgutes niedriger als bei der Rücklagen-Bildung erwartet ausgefallen sind, ist an Hand von Beispielen in Aufgabe 56 von Kapitel 4 dargestellt.

Die Idee, einen "Gewinnzuschlag" in Höhe von 6 % p. a. auf den aufzulösenden Rücklagenbetrag zu erheben, ist im übrigen nicht neu; sie entspricht vielmehr der – bereits in Abschnitt C VIII dieses Kapitels 3 behandelten – "Strafzins"-Regelung des § 6b Abs. 7 EStG für den Fall, daß eine "Rücklage nach § 6b EStG" *nicht* auf ein anderes Wirtschaftsgut übertragen wird, sondern freiwillig oder zwangsweise wegen Fristablaufs aufgelöst wird.

Bezüglich des *Nachweises* der *geplanten* Investitionen, für die "Anspar-Rücklagen" gebildet werden dürfen, finden sich im "BMF-Schreiben betr. Zweifelsfragen zur Anwendung des § 7g Abs. 3 bis 6 EStG (Ansparrücklage)" v. 12.12.1996 (BStBl. I 1996, S. 1441) in Tz 3 folgende bemerkenswerte Ausführungen: Für die Inanspruchnahme der Ansparabschreibung nach § 7g Abs. 3 ff. EStG muß **weder** mit der Investition **begonnen** worden sein, **noch** muß ein **Investitionsplan** vorgelegt werden, **noch** muß an Hand von Unterlagen eine **feste Bestellung** eines bestimmten Wirtschaftsgutes nachgewiesen werden. Nur die *Investitionsabsicht* ist jeweils *glaubhaft zu machen*. Dazu reicht es aus, „wenn das Wirtschaftsgut, das angeschafft oder hergestellt werden soll, seiner Funktion nach benannt und der beabsichtigte Investitionszeitpunkt sowie die Höhe der voraussichtlichen Anschaffungs- oder Herstellungskosten angegeben werden" (BMF-Schreiben v. 19.12.1998, Tz 3).

Vor diesem Hintergrund ist nach Franz/Rupp (S. 15 f.) zu erwarten: Unternehmer, welche die vermögensmäßigen Voraussetzungen erfüllen, können und werden die Ansparabschreibung nach § 7g Abs. 3 EStG zum Zwecke einer *dauerhaften Steuerstundung* in Anspruch nehmen. Denn trotz Auflösungspflicht für die "Anspar-Rücklage" nach zwei Jahren und trotz der Gefahr eines "Gewinnzuschlages" bei der steuerlichen Gewinnermittlung werden sich diese Unternehmer von der Überlegung leiten lassen, zunächst durch Bildung der "Anspar-Rücklage" Steuerzahlungen zu vermeiden, zumal in gewissem Umfang immer neue bewegliche Anlagegüter angeschafft oder hergestellt werden und insoweit der "Gewinnzuschlag" evtl. gar *nicht* relevant wird. „Außerdem könnte der Unternehmer im Auflösungsjahr erneut eine entsprechende Ansparabschreibung bilden ..., durch die ggf. auch ein im Zusammenhang mit der Auflösung der bisherigen Ansparabschreibung stehender Gewinnzuschlag kompensiert wird; dies würde dann sogar zu einer Dynamisierung der Ansparabschreibung führen" (Franz/Rupp, S. 16). Allerdings muß die bereits genannte Obergrenze von 300.000,- DM für die Summe der gebildeten "Anspar-Rücklagen" am jeweiligen Bilanzstichtag beachtet werden (vgl. § 7g Abs. 3 S. 5 EStG).

Ergänzend sei darauf hingewiesen, daß durch das Steueränderungsgesetz 1997 bei § 7g EStG der Abs. 7 angehängt worden ist. Er erlaubt **ab 1997** auch **Existenzgründern**, *im Jahr der Betriebseröffnung und in den folgenden 5 Wirtschaftsjahren* (Gründungszeitraum) eine "Anspar-Rücklage" nach § 7g Abs. 3 bis Abs. 6 EStG zu bilden. Nach § 7g Abs. 7 S. 1 EStG dürfen Existenzgründer derartige "Anspar-Rücklagen" mit der Maßgabe bilden, daß

(1) das begünstigte Wirtschaftsgut voraussichtlich bis zum Ende des *fünften* auf die Bildung der Rücklage folgenden Wirtschaftsjahres angeschafft oder hergestellt wird,

(2) der *Höchstbetrag* für im Gründungszeitraum gebildete Rücklagen *600.000,– DM* beträgt und

(3) die Rücklage spätestens am Ende des *fünften* auf ihre Bildung folgenden Wirtschaftsjahres gewinnerhöhend aufzulösen ist.

Bemerkenswert ist dabei, daß für Existenzgründer bei Auflösung der "Anspar-Rücklagen" die beschriebene "Gewinnzuschlags"-Regelung des § 7g Abs. 5 EStG ausdrücklich *keine* Anwendung findet (vgl. § 7g Abs. 7 S. 1 letzter Halbsatz EStG).

Schließlich sei hier schon kurz auf eine erneute Änderung des § 7g EStG durch das Steuerentlastungsgesetz 1999/2000/2002 hingewiesen: In § 7g Abs. 2 EStG wurde eine neue Nr. 3 eingefügt. Danach kann eine *Sonderabschreibung* nach § 7g Abs. 1 EStG *in Zukunft* (ab 2001) nur noch dann in Anspruch genommen werden, wenn der Steuerpflichtige für das Wirtschaftsjahr zuvor (z. B. in 1999 oder 2000) eine "Anspar-Rücklage" nach § 7g Abs. 3 bis Abs. 7 EStG gebildet hat (siehe dazu die späteren Ausführungen in Abschnitt D VIIIb von Kapitel 3).

XII. Sonderposten ("Wertberichtigung") für steuerrechtliche Abschreibungen nach § 254 HGB (§ 281 Abs. 1 HGB)

Aus Gründen einer gewissen Vollständigkeit sei hier ein **Passivierungswahlrecht** bereits kurz erwähnt, das im Zusammenhang mit eigentlich "nur steuerrechtlich zulässigen Abschreibungen" nach § 254 HGB steht; auf die *Bewertungs*wahlrechte, die aus § 254 HGB resultieren, wird später – in Kapitel 3 Abschnitt D VIII und XVII – noch ausführlich eingegangen.

Das Passivierungswahlrecht, das § 281 Abs. 1 i. V. m. § 273 HGB den **Kapitalgesellschaften** einräumt, besteht in folgendem: Der **Unterschiedsbetrag** zwischen einem nach **handels**rechtlichen Vorschriften (gem. § 253 i. V. m. § 279 Abs. 1 HGB) **gebotenen** oder zulässigen Wertansatz und einem (eigentlich nur) nach **Steuerrecht zulässigen,** (z. B. aufgrund von Sonderabschreibungen, erhöhten Absetzungen u. ä.) *niedrigeren* Wertansatz nach § 254 HGB *darf* in einen "**Sonderposten mit Rücklageanteil**" (gem. § 247 Abs. 3 HGB) eingestellt werden.

Dieses Vorgehen bedeutet eine "**Wertberichtigung**" des entsprechenden – dann nach Handelsrecht angesetzten – Postens auf der Aktivseite und entspricht somit einer **indirekten** Abschreibung des Vermögensgegenstandes. Eine solche indirekte Abschreibung tritt, wenn das Wahlrecht des § 281 Abs. 1 HGB genutzt wird, *an die Stelle* einer *direkten* (steuerrechtlich zulässigen) Abschreibung des Anlagevermögens im Anlagegitter bzw. des Umlaufvermögens nach § 254 HGB. Interessanterweise war nach altem Recht nur die direkte Berücksichtigung steuerrechtlich zulässiger Abschreibungen beim Wertansatz von Vermögensgegenständen in der Handelsbilanz zulässig.

Ein Blick in die **Praxis** zeigt: Von 100 großen deutschen Kapitalgesellschaften hatten 1987 immerhin 23 Unternehmen von dem Passivierungswahlrecht des § 281 Abs. 1 HGB Gebrauch gemacht und neben den "steuerfreien Rücklagen" auch den Mehrbetrag der nur steuerrechtlichen Abschreibungen gegenüber den handelsrechtlich gebotenen Abschreibungen in den "Sonderposten mit Rücklageanteil" eingestellt (vgl. Treuarbeit, Jahresabschlüsse, S. 119), so z. B. Deutsche Lufthansa AG, Felten & Guilleaume Energietechnik AG, Hoechst AG und Schering AG. 1988 waren es 26 von 100 großen Kapitalgesellschaften, die dieses Passivierungswahlrecht des § 281 Abs. 1 HGB nutzten (vgl. Treuarbeit, Jahres- und Konzernabschlüsse, S. 77). Im Berichtsjahr 1998 finden sich Hinweise auf die Nutzung dieses Passivierungswahlrechtes u. a. bei Th. Goldschmidt AG, Preussag AG, Reemtsma Cigarettenfabriken GmbH, Ruhrkohle-Konzern, RWE-Konzern, Siemens AG, Südzucker (AG und Konzern) und Volkswagen-Konzern. Wörtlich heißt es z. B. bei der Th. Goldschmidt AG: „Bei den Sonderposten mit Rücklageanteil im Abschluß der Th. Goldschmidt AG handelt es sich um Wertberichtigungen gemäß § 6b EStG, Abschnitt 35 EStR, § 7d EStG sowie § 4 FördG, die in Ausnutzung des Wahlrechtes nach § 281 Abs. 1 HGB auf der Passivseite ausgewiesen werden" (Geschäftsbericht 1998, S. 64). Im Jahresabschluß 1997/98 des RWE-Konzerns beläuft sich dieser Sonderposten für "steuerrechtliche Sonderabschreibungen" immerhin auf 3,653 Mrd. DM; erläuternd heißt es dazu: „Die steuerrechtlichen Sonderabschreibungen wurden fast ausschließlich gem. §§ 6b, 7d EStG, § 81 EStDV, § 4 FördG sowie gem. § 14 BerlinFG vorgenommen" (Konzern-Geschäftsbericht 1997/98, S. 93).

Die nach § 281 Abs. 1 HGB erlaubte Einstellung der Bewertungsdifferenz in den "Sonderposten mit Rücklageanteil" hat den *Vorteil*, daß der Einblick in die Vermögenslage nicht durch das Prinzip der sog. "umgekehrten Maßgeblichkeit" verzerrt wird. Das neue Wahlrecht verbessert, wenn es zur Bildung eines "Sonderpostens mit Rücklageanteil" genutzt wird, die Aussagekraft des Jahresabschlusses. Insofern erscheint es sinnvoll und zulässig, wenn **auch Nicht**-Kapitalgesellschaften von diesem Wahlrecht bei der Aufstellung ihrer Jahresabschlüsse Gebrauch machen, obwohl es sich bei § 281 HGB eigentlich um eine ergänzende Vorschrift für Kapitalgesellschaften handelt (in diesem Sinne auch: Glade, S. 1715; Adler/Düring/Schmaltz, Erl. zu § 281 HGB Tz 7).

Die **Vorschriften** des Steuerrechts, nach denen die "Wertberichtigungen" im "Sonderposten mit Rücklageanteil" gebildet werden, **sind** von Kapitalgesellschaften nach § 281 Abs. 1 S. 2 HGB im Jahresabschluß **anzugeben**, und zwar entweder direkt in der *Bilanz* oder im *Anhang* (= "**Ausweiswahlrecht**"; vgl. Kapitel 3 Abschnitt E). Die meisten Unternehmen, die von dem Passivierungswahlrecht des § 281 Abs. 1 HGB durch Bildung eines entsprechenden "Sonderpostens mit Rücklageanteil" 1987 und 1988 Gebrauch machten, haben das damit verbundene Ausweiswahlrecht dahingehend genutzt, die verlangten erläuternden Vorschriften nicht in der Bilanz, sondern erst im Anhang zu nennen (vgl. Treuarbeit, Jahresabschlüsse, S. 119 f.; dies., Jahres- und Konzernabschlüsse, S. 77 f.). Gleiches ist für 1997 und 1998 festzustellen, so z. B. bei Th. Goldschmidt AG, Reemtsma Cigarettenfabriken GmbH, Ruhrkohle-Konzern, RWE-Konzern, Siemens AG, Südzucker (AG und Konzern) und Volkswagen-Konzern.

Die **Bildung** eines "Sonderpostens mit Rücklageanteil" für "Wertberichtigungen" nach § 281 Abs. 1 HGB erfolgt zu Lasten der G+V-Postition "**sonstige betriebliche Aufwendungen**", die **Auflösung** entsprechend zugunsten der Position "**sonstige betriebliche Erträge**". Derartige Aufwendungen bzw. Erträge aus der Bildung bzw. Auflösung des "Sonderpostens mit Rücklageanteil" sind nach § 281 Abs. 2 S. 2 HGB **gesondert** auszuweisen, und zwar entweder in der *Gewinn- und Verlustrechnung* oder aber im *Anhang* anzugeben (= "**Ausweiswahlrecht**").

Ein nach § 281 Abs. 1 HGB gebildeter "Sonderposten mit Rücklageanteil" ist dann *ganz* **aufzulösen**, wenn der Vermögensgegenstand, für den die "Wertberichtigung" gebildet wurde, aus dem Betrieb *ausscheidet*, oder *in dem Maße aufzulösen*, wie die steuerrechtliche Wertberichtigung *durch handelsrechtliche Abschreibungen ersetzt* wird (vgl. § 281 Abs. 1 S. 3 HGB).

XIII. Rückstellungen für bestimmte Verpflichtungen aus Versorgungszusagen (Artikel 28 EGHGB)

Während nach *altem* Recht für *alle* Verpflichtungen aus Versorgungszusagen ein Passivierungs*wahlrecht* in der Handelsbilanz bestand, ist seit dem 1.1.1987 dreierlei zu beachten: Zum einen ist danach zu differenzieren, ob die Verpflichtungen aus unmittelbaren Zusagen ("**Direktzusagen**") des bilanzierenden Unternehmens oder nur aus mittelbaren Zusagen resultieren. Zum anderen ist zwischen laufenden Pensionen und Pensionsanwartschaften einerseits und "pensions-ähnlichen Verpflichtungen" andererseits zu unterscheiden. Schließlich wird bedeutsam, ob die Versorgungszusagen vor oder nach dem 31.12.1986 gemacht wurden. Hieraus ergaben sich nach *neuem* Recht für die **Handelsbilanz** *eine* neue *Pflicht* und *vier* – weiterhin gültige – *Wahlrechte* zur Bildung von Rückstellungen für Verpflichtungen aus Versorgungszusagen. Im einzelnen gilt folgendes:

(1) Für Verpflichtungen für laufende **Pensionen** und **Pensionsanwartschaften**, die auf **unmittelbaren Zusagen** (Direktzusagen) **nach** dem **31.12.1986** beruhen, besteht eine Passivierungs**pflicht**; d. h., für derartige "neue" Pensionsverpflichtungen **muß** das bilanzierende Unternehmen ab dem 1.1.1987 eine **Rückstellung** nach § 249 HGB bilden. Manche Autoren sehen in der ab 1987 geltenden Passivierungspflicht für solche "**Neuzusagen**" die materiell größte Änderung der Bilanzierungsvorschriften durch das BiRiLiG (vgl. etwa Busse von Colbe/Chmielewicz, S. 296 f.). Diese neue Passivierungspflicht für unmittelbare Pensions-Neuzusagen gilt nicht nur für die **Handelsbilanz**, sondern wegen des "Maßgeblichkeitsprinzips" *dem Grunde nach* auch für die **Steuerbilanz**. Allerdings kann es trotzdem *der Höhe nach* zu erheblichen Abweichungen zwischen diesen Pensionsrückstellungen in der Handelsbilanz einerseits und in der Steuerbilanz andererseits kommen, nicht zuletzt wegen der *Änderung* von § 6a Abs. 4 EStG durch das *Steuerentlastungsgesetz 1999/2000/2002* (vgl. dazu ausführlicher: Abschnitt D XIX von Kapitel 3).

(2) Hingegen besteht für sog. "Pensions-**Altzusagen**", d. h. für Rechtsansprüche, die der **Pensions**berechtigte aus **unmittelbaren** Versorgungszusagen *vor dem 1.1.1987* erworben hat, weiterhin ein Passivierungs**wahlrecht** (vgl. Artikel 28 Abs. 1 S. 1 EGHGB). Das bilanzierende Unternehmen kann also – wie bisher – frei entscheiden, ob es in der **Handelsbilanz** eine Rückstellung für unmittelbare Pensions-Altzusagen *voll* oder auch nur *teilweise* oder eben *nicht* bilden will. Dabei gibt es für die Handelsbilanz „auch **kein Nachholverbot**, so daß zunächst unterlassene Rückstellungen bzw. Zuführungen zur Rückstellung zu einem beliebigen späteren Zeitpunkt nachgeholt werden können" (Küting/Weber, Bd. Ia, S. 749).

In der **Steuerbilanz** besteht im Gegensatz dazu ein **Nachholverbot** (vgl. BFH-Urteil v. 27.5.1964, BStBl. III, S. 489).

Außerdem müßte das handelsrechtliche Passivierungswahlrecht nach den Grundsätzen der höchstrichterlichen Rechtsprechung (vgl. BFH-Urteil v. 20.3.1980,

BStBl. II 1980, S. 297 ff.) eigentlich dazu führen, daß in der Steuerbilanz keine Pensionsrückstellungen für "Altzusagen" gebildet werden dürfen; denn eine steuerrechtliche Passivierung setzt an sich eine handelsrechtliche Passivierungspflicht voraus. In diesem Falle kommen die allgemeinen Bilanzierungsgrundsätze jedoch aufgrund der speziellen Vorschrift des § 6a EStG *nicht* zum Tragen (vgl. Küting/Weber, Bd. Ia, S. 749). Das bedeutet: Auch in der Steuerbilanz dürfen Rückstellungen für Pensions-Altzusagen gebildet werden, allerdings nur dann, wenn sie zuvor in der Handelsbilanz gebildet wurden (= **umgekehrte Maßgeblichkeit**).

(3) Ein Passivierungs**wahlrecht** besteht nach Artikel 28 Abs. 1 S. 1 EGHGB außerdem – wie bisher – für die Verpflichtungen aus nach dem 1.1.1987 erfolgenden **Erhöhungen** der zuvor beschriebenen Pensions-**Altzusagen** (vgl. Wöhe, Bilanzierung, S. 541 und S. 543). Für die Möglichkeiten, die aus diesem Wahlrecht für die Gestaltung von Handels- und Steuerbilanz resultieren, gelten die unter dem vorhergehenden Punkt (2) gemachten Ausführungen analog.

(4) Ein **generelles** Passivierungs**wahlrecht** wird ferner für die **Handelsbilanz** durch Artikel 28 Abs. 1 S. 2 EGHGB auch für **Pensions**verpflichtungen aufgrund (nur) **mittelbarer** Zusagen gewährt. "Generelles" Passivierungswahlrecht heißt in diesem Zusammenhang, daß es für "mittelbare" Pensionsverpflichtungen – im Gegensatz zu den Direktzusagen (vgl. Punkt 1) – *unerheblich* ist, ob sie auf "Neuzusagen" ab dem 1.1.1987 oder auf "Altzusagen" vor dem 31.12.1986 beruhen. Derartige "mittelbare" Pensionsverpflichtungen liegen vor, wenn nicht das bilanzierende Unternehmen selbst, sondern ein – von dem Unternehmen entsprechend dotierter – **selbständiger Versorgungsträger** die Leistungszusagen erteilt hat und deshalb primär leistungspflichtig ist. Als selbständige Versorgungsträger kommen entweder *Versicherungsunternehmen* als Träger einer Direktversicherung oder aber *Pensions-* und *Unterstützungskassen* in Betracht (vgl. Glade, S. 589 und S. 1050).

Das **handelsrechtliche** Passivierungs**wahlrecht** hat in diesem Falle allerdings die Konsequenz, daß in der **Steuerbilanz** ein Passivierungs**verbot** für mittelbare Pensionsverpflichtungen besteht; denn § 6a EStG erfaßt – im Gegensatz zu den unmittelbaren Pensionszusagen – die mögliche Einstandspflicht des bilanzierenden Unternehmens aus nur mittelbaren Pensionsverpflichtungen *nicht* (vgl. Küting/Weber, Bd. Ia, S. 754 f.). Dementsprechend können die in der Handelsbilanz zulässigen Rückstellungen für derartige Verpflichtungen nur aus *versteuertem* Gewinn gebildet werden; d. h., derartige Rückstellungen mindern zwar den Gewinn in der Handelsbilanz, *nicht* jedoch den steuerpflichtigen Gewinn in der Steuerbilanz.

(5) Schließlich räumt Artikel 28 Abs. 1 S. 2 EGHGB auch für "**pensions-ähnliche Verpflichtungen**" ein Passivierungs**wahlrecht** ein. Derartige pensions-ähnliche Verpflichtungen können z. B. die Zahlung von einmaligen Beträgen für die Altersversorgung, von Sterbegeldern und von "Überbrückungsgeldern" bei Pensionierung oder Invalidität (vgl. Küting/Weber, Bd. Ia, S. 758) betreffen. Im Einzelfall kann die – für die Bilanzpolitik wichtige – Abgrenzung zwischen solchen pensions-ähnlichen Verpflichtungen einerseits und Pensionsverpflichtungen andererseits

schwierig sein. So ist beispielsweise derzeit in Praxis und Theorie gleichermaßen umstritten, ob *Vorruhestandsverpflichtungen* zu den rückstellungsfähigen, aber nicht rückstellungspflichtigen pensions-ähnlichen Verpflichtungen oder aber zu den unmittelbaren Pensionszusagen zu zählen sind, für die nunmehr eine Rückstellungspflicht besteht, wenn sie nach dem 31.12.1986 erteilt wurden.

Das **Wahlrecht**, in der **Handelsbilanz** eine Rückstellung für pensions-ähnliche Verpflichtungen bilden zu dürfen, aber nicht zu müssen, sollte *eigentlich* ein Passivierungs*verbot* in der **Steuerbilanz** zur Folge haben, zumal § 6a EStG in diesem Falle (wiederum) *nicht* greift (vgl. Küting/Weber, Bd. Ia S. 759). Umso bemerkenswerter ist, daß die *Finanzverwaltung* zumindest für die genannten Überbrückungs- und Vorruhestandsgelder eine Rückstellungsbildung auch in der Steuerbilanz mit der entsprechenden steuerrechtlichen Wirkung **ausdrücklich zugelassen** hat (vgl. Küting/ Weber, Bd. Ia, S. 759).

Abschließend ist zu den vier – in den Punkten (2) bis (5) – geschilderten Passivierungswahlrechten noch auf folgendes hinzuweisen: Macht eine **Kapitalgesellschaft** von einem oder mehreren dieser Wahlrechte dahingehend Gebrauch, daß sie entsprechende Rückstellungen in der Handelsbilanz **nicht** bildet, so **muß** sie nach Artikel 28 Abs. 2 EGHGB den sog. "**Fehlbetrag**" für die nicht ausgewiesenen Rückstellungen in einer Summe im **Anhang angeben**. Hingegen gibt es für **Personengesellschaften** eine vergleichbare Hinweispflicht auf einen solchen Rückstellungs-Fehlbetrag *nicht* (vgl. Glade, S. 586).

Wie ein Blick in die **Bilanzierungspraxis** zeigt, hatten von 100 großen Kapitalgesellschaften 24 Unternehmen im Jahre 1987 und 21 Unternehmen im Jahre 1988 einen *Fehlbetrag* im Sinne von Art. 28 Abs. 2 EGHGB im Anhang angegeben (vgl. Treuarbeit, Jahresabschlüsse, S. 122; dies., Jahres- und Konzernabschlüsse, S. 80). Dabei wurden die Angaben an ganz unterschiedlichen Stellen im Anhang plaziert: In den meisten Fällen erfolgten sie im Rahmen der Postenerläuterungen zu den *Pensionsrückstellungen*, in mehreren Fällen waren sie Bestandteil der Angaben zum Gesamtbetrag der *sonstigen finanziellen Verpflichtungen* im Sinne des § 285 Nr. 3 HGB, in einigen Fällen erschienen sie gar bei den Erläuterungen zu den angewandten *Bilanzierungs- und Bewertungsmethoden* oder an noch anderen Stellen (vgl. Treuarbeit, Jahresabschlüsse, S. 122; dies., Jahres- und Konzernabschlüsse, S. 80). Ähnliches war 1995 bei den 7 Konzernen festzustellen, die von den 100 untersuchten Unternehmen in ihren Geschäftsberichten für 1995 Angaben über einen Fehlbetrag machten (vgl. C & L Deutsche Revision, S. 166).

Ein Beispiel für den Umfang derartiger Fehlbeträge gibt der Geschäftsbericht der ASKO Deutsche Kaufhaus AG (Geschäftsbericht 1994/95, S. 48), in dem es u. a. heißt: „Die sich bei den Rentenzuschußkassen ergebenden Deckungslücken belaufen sich auf 44 Mio. DM". Ähnlich lautet der Hinweis bei Asea Brown Boveri AG: „Im Konzern bestehen aus unmittelbaren Versorgungsverpflichtungen keine Fehlbeträge. Aus mittelbaren Versorgungsverpflichtungen (Unterstützungskassen) besteht eine Unterdeckung von insgesamt 28,5 Mio. DM (Vorjahr: 30,9 Mio. DM)" (Konzern-Geschäftsbericht 1998, S. 53).

XIV. Rückstellungen für bestimmte unterlassene Instandhaltungen (§ 249 Abs. 1 S. 3 HGB)

Ein weiteres Passivierungs**wahlrecht** in der **Handelsbilanz** besteht für Rückstellungen wegen im Geschäftsjahr unterlassener Aufwendungen für Instandhaltung dann, wenn die Instandhaltung erst innerhalb des **4. bis 12. Monats** des folgenden Geschäftsjahres nachgeholt wird (vgl. § 249 Abs. 1 S. 3 HGB).

Demgegenüber gilt – wie in Kapitel 2 Abschnitt B IIIe bereits ausgeführt – nach § 249 Abs. 1 S. 2 Nr. 1 HGB eine Passivierungs*pflicht* für solche im Geschäftsjahr unterlassenen Instandhaltungen, die bereits innerhalb der *ersten drei* Monate nachgeholt werden.

Ob und in welchem Umfange in der **Praxis** von dem Passivierungswahlrecht nach § 249 Abs. 1 S. 3 HGB in der Handelsbilanz Gebrauch gemacht wird, läßt sich aus den Jahresabschlüssen ab 1987 kaum noch entnehmen. Denn eine Instandhaltungs-Rückstellung nach § 249 Abs. 1 S. 3 HGB ist, wenn sie gebildet wird, unter den "Sonstigen Rückstellungen" auszuweisen und "verschwindet" dann in diesem Sammelposten, weil i. d. R. ein gesonderter Ausweis *nicht* verlangt wird. Selbst dann, wenn die "Sonstigen Rückstellungen" im Anhang betragsmäßig aufgegliedert werden und ein Posten für "Instandhaltungs-Rückstellungen" auftritt (so z. B. bei Hugo Boss AG im Geschäftsbericht 1998), ist daraus (noch) *nicht* zu erkennen, ob es sich hierbei um Aufwendungen für unterlassene Instandhaltungen handelt, für die ein Rückstellungsposten nach § 249 Abs. 1 S. 2 Nr. 1 HGB gebildet werden *muß* oder aber nach § 249 Abs. 1 S. 3 HGB gebildet werden *darf*. Auch folgende verbale "Erläuterung" läßt diese Frage unbeantwortet: Die sonstigen Rückstellungen enthalten „... die Rückstellung für im Geschäftsjahr unterlassene Aufwendungen für Instandhaltung, die im folgenden Geschäftsjahr nachgeholt wird" (Thyssen AG, Konzern-Geschäftsbericht 1997/98, S. 108; ähnlich ungenau auch: BMW AG, Konzern-Geschäftsbericht 1998, S. 222; Asea Brown Boveri AG, Konzern-Geschäftsbericht 1998, S. 53). Hingegen war folgender Hinweis der Robert Bosch GmbH vorbildlich: „Für unterlassene Aufwendungen für Instandhaltung haben wir auch für die Aufwendungen, die zwischen vier und zwölf Monaten nach Ablauf des Geschäftsjahres nachgeholt werden, eine Rückstellung gebildet" (Geschäftsbericht 1993, S. 51). Ähnlich deutlich heißt es bei der Hugo Boss AG: „Für unterlassene Instandhaltungsaufwendungen wurden Rückstellungen nach § 249 Abs. 1 S. 3 HGB gebildet" (Konzern-Geschäftsbericht 1998, S. 100).

In der **Steuerbilanz** wird aus dem handelsrechtlichen Passivierungswahlrecht für Rückstellungen wegen unterlassener Instandhaltungen, die erst innerhalb des 4. bis 12. Monats des folgenden Geschäftsjahres nachgeholt werden, ein Passivierungs**verbot**. Im Urteil v. 23.11.1983 (BStBl. II, 1984, S. 277) begründet der BFH das Passivierungsverbot für derartige Instandhaltungs-Rückstellungen damit, daß das Steuerrecht an handelsrechtliche Passivierungswahlrechte *nicht gebunden* sei. Wird also in der Handelsbilanz von dem Passivierungswahlrecht durch die Bildung einer "Instandhaltungs-Rückstellung" nach § 249 Abs. 1 S. 3 HGB Gebrauch gemacht, so liegt wegen des Passivierungsverbotes in der Steuerbilanz ein weiterer Fall der "**Durchbrechung**" des Maßgeblichkeitsprinzipes vor.

XV. Aufwands-Rückstellungen (§ 249 Abs. 2 HGB)

Ein gegenüber dem AktG 1965 neues Passivierungs**wahlrecht** stellt die neue Vorschrift des § 249 Abs. 2 HGB dar, die ein Wahlrecht aus Artikel 20 der 4. EG-Richtlinie umsetzt. Danach **dürfen** in der **Handelsbilanz** Rückstellungen „für ihrer Eigenart nach genau umschriebene, dem Geschäftsjahr oder einem früheren Geschäftsjahr zuzuordnende Aufwendungen gebildet werden, die am Abschlußstichtag wahrscheinlich oder sicher, aber hinsichtlich ihrer Höhe oder des Zeitpunktes ihres Eintritts unbestimmt sind" (§ 249 Abs. 2 HGB).

Als typische Beispiele für derartige "**Aufwandsrückstellungen**" sind Rückstellungen für *Großreparaturen*, die in früheren Gesetzesentwürfen ausdrücklich erwähnt werden, und vor allem Aufwendungen für *Generalüberholung*, wie z. B. bei Flugzeugen, zu nennen. Der mit dieser neuen Vorschrift geschaffene Rechtszustand knüpft an das AktG 1937 an. „Danach war es zulässig, zur periodengerechten Erfolgsermittlung im Sinne der dynamischen Bilanzauffassung auch dann Aufwandsrückstellungen zu bilden, wenn den Aufwendungen *keine* Verbindlichkeit zugrunde lag" (Deutsche Treuhand-Gesellschaft, S. 24).

Neu ist jedoch, daß derartige Aufwandsrückstellungen **nicht** unmittelbar **im** Geschäftsjahr ihrer Verursachung gebildet werden müssen; sie lassen sich vielmehr in späteren Geschäftsjahren **jederzeit nachholen**. Denn nach dem Gesetzeswortlaut können die genau umschriebenen Aufwendungen auch "einem *früheren* Geschäftsjahr" zuzuordnen sein (vgl. § 249 Abs. 2 HGB).

Dementsprechend war eine derartige Nachholung der Rückstellungen für frühere Geschäftsjahre wohl auch (bereits) im ersten Geschäftsjahr zulässig, in dem die neuen Rechnungslegungsvorschriften des BiRiLiG angewandt werden, also i. d. R. für das Jahr 1987. Hieraus schlossen Göllert/Ringling (S. 9): „Die Rückstellung für Großreparaturen dürfte sich ... in anlageintensiven Branchen zu einem der bedeutsamsten bilanzpolitischen Instrumente des neuen Rechts entwickeln".

Dies gilt vielleicht umso mehr, als das neue "Passivierungswahlrecht **ohne Nachholverbot**" durch Unterlassen der Bildung der Aufwandsrückstellung in einem Jahr und Nachholungen der Rückstellungen in einem (oder mehreren) späteren Geschäftsjahr(en) den ausgewiesenen Gewinn in der Handelsbilanz zu beeinflussen hilft.

In der Literatur wird die neue Rückstellungsart recht kontrovers diskutiert (vgl. u. a. Siegel, Aufwandsrückstellungen, S. 841 ff.). Einige Autoren betrachten sie sogar als "Fremdkörper im deutschen Bilanzrecht" und sehen sie als „reine Finanzierungserleichterung .. im Rahmen der Gewinnermittlung ..." an (Göllert/Ringling, S. 9). Denn die Aufwendungen in Höhe der jeweils gebildeten Rückstellungen mindern den in der Handelsbilanz ausgewiesenen und somit ausschüttungsfähigen Gewinn.

Fraglich erscheint einigen Autoren auch, ob eine Rückstellungsbildung bereits in Geschäftsjahren möglich sein wird, in denen für den Vermögensgegenstand noch planmäßige Abschreibungen verrechnet werden, da insofern eine doppelte Aufwandserfassung erfolgen würde (in diesem Sinne: Deutsche Treuhand-Gesellschaft, S. 25). Wir können diese Bedenken nicht teilen, weil m. E. von einer "doppelten" Aufwandserfassung überhaupt keine Rede sein kann. Denn es handelt sich um zwei ganz verschiedene Aufwandsarten: einmal um **Abschreibungen** (als zeitlich verteilte Anschaffungs- oder Herstellungskosten) und zum anderen um **Erhaltungsaufwendungen**.

Für eine Rückstellungsbildung nach § 249 Abs. 2 HGB kommen nämlich nur solche Aufwendungen in Betracht, die nicht aktivierungspflichtig sind, also der sog. **"Erhaltungsaufwand"**, nicht aber der (aktivierungspflichtige!) "Herstellungsaufwand" (zur Abgrenzung zwischen Herstellungsaufwand und Erhaltungsaufwand vgl. auch den Abschnitt D IId dieses Kapitels 3). Nach bisherigem Recht durften diese Erhaltungsaufwendungen erst im Jahre ihres tatsächlichen (ausgabewirksamen) Anfalls berücksichtigt werden und belasteten dann in voller Höhe das Handelsbilanz-Ergebnis des *einen* Geschäftsjahres. Nach neuem Recht ist durch die Bildung der Aufwandsrückstellungen nach § 249 Abs. 2 HGB eine periodengerechte(re) Verteilung des Erhaltungsaufwandes auf mehrere Geschäftsjahre möglich.

Die gebildete – und unter dem Sammelposten **"Sonstige Rückstellungen"** ausgewiesene – Rückstellung ist dann im Jahre der Durchführung der Großreparatur oder Generalüberholung aufzulösen; Entsprechendes gilt, wenn die Absicht, derartige Erhaltungsarbeiten durchzuführen, aufgegeben wird und somit der Grund für die Rückstellungsbildung weggefallen ist (§ 249 Abs. 3 S. 2 HGB).

Hinweise darauf, daß von diesem Passivierungswahlrecht zur Bildung von "Aufwandsrückstellungen" in der **Praxis** Gebrauch gemacht wird, fanden sich 1987 bei 10 und 1988 bei 15 von 100 großen deutschen Kapitalgesellschaften (vgl. Treuarbeit, Jahresabschlüsse, S. 91; dies., Jahres- und Konzernabschlüsse, S. 59). Es handelte sich dabei u. a. um folgende Unternehmen: BMW AG, Hugo Boss AG, Daimler-Benz AG, Deutsche Texaco AG, Enka AG, Leifheit AG, Mannesmann AG, Saarbergwerk AG, Salamander AG, Thyssen AG, Otto Wolff AG und Zahnradfabrik Friedrichshafen AG (vgl. auch Reige, S. 1651). In den Geschäftsberichten für 1998 weisen u. a. BASF AG, BMW AG, Hugo Boss AG, Drägerwerk AG, Preussag-Konzern, Quelle Schickedanz AG & Co., Thyssen-Konzern und Volkswagen-Konzern darauf hin, daß bei ihnen "Aufwandsrückstellungen" bestehen. So heißt es z. B. bei der Hugo Boss AG: „Außerdem wurden Rückstellungen für bestimmte Aufwendungen im Sinne des § 249 Abs. 2 HGB gebildet" (Konzern-Geschäftsbericht 1998, S. 100).

In der **Steuerbilanz** besteht für Aufwandsrückstellungen im Sinne des § 249 Abs. 2 HGB ein Passivierungs**verbot**, weil das Steuerrecht nicht an handelsrechtliche Passivierungswahlrechte gebunden ist. Wird in der Handelsbilanz eine derartige Aufwandsrückstellung gebildet, so liegt also ein weiterer Fall der **"Durchbrechung"** des Maßgeblichkeitsprinzipes der Handelsbilanz für die Steuerbilanz vor. Treffend wird dies formuliert von der Volkswagen AG: „Im Konzernabschluß wurden wie in den Vorjahren nach § 249 Abs. 2 HGB ... *steuerlich nicht abzugsfähige* Aufwandsrückstellungen als Vorsorge für bestimmte wirtschaftlich bereits verursachte Belastungen, u. a. aus Modellumstellungen und eingeleiteten Restrukturierungsmaßnahmen, gebildet" (Konzern-Geschäftsbericht 1998, S. 88).

XVI. Rücklagen nach § 52 Abs. 16 S. 7 und S. 10 EStG 1999 in der Steuerbilanz

Wie bereits im Zusammenhang mit den allgemeinen Bewertungsgrundsätzen in Kapitel 2 ausgeführt, kommt es **ab 1999** durch das *Steuerentlastungsgesetz 1999/2000/2002* bezüglich der Bewertung von **Verbindlichkeiten** und der Bemessung von **Rückstellungen** zu gravierenden *Änderungen*. Sie haben sich in § 6 Abs. 1 Nr. 3 und Nr. 3a EStG n. F. niedergeschlagen (siehe dazu: Abschnitt B Ve von Kapitel 2) und betreffen vor allem das neue steuerliche *Abzinsungsgebot* (mit 5,5 %) für Verbindlichkeiten und Rückstellungen, aber auch die "*Gegenrechnung künftiger Vorteile*" und das Gebot der "*ratierlichen Ansammlung*" bei der Bemessung von Rückstellungen.

An dieser Stelle ist nunmehr das Augenmerk darauf zu richten, daß die neuen Vorschriften von § 6 Abs. 1 Nr. 3 und Nr. 3a EStG n. F. *auch* auf Verbindlichkeiten und Rückstellungen anzuwenden sind, die bereits am Ende eines *vor* dem 1.1.1999 endenden Wirtschaftsjahres angesetzt bzw. gebildet worden sind (vgl. § 52 Abs. 16 S. 6 und S. 8 EStG 1999). Durch die erstmalige Anwendung des § 6 Abs. 1 Nr. 3 und Nr. 3a EStG n. F. – insbes. durch die Abzinsung der "Alt"-Verbindlichkeiten und "Alt"-Rückstellungen mit 5,5 % p. a. – wird es in vielen Unternehmen **1999** zwangsläufig zu einer erheblichen Reduzierung der (Bar-)Werte – gleichbedeutend mit einer Teilauflösung – dieser Bilanzpositionen und infolgedessen (c. p.) zu beträchtlichen (Buch-)**Gewinnen** in der *Steuerbilanz* kommen.

Um nun die Besteuerung dieser (Buch-)Gewinne, die eigentlich 1999 zu erfolgen hätte, abzufedern, wurde ein **neues Passivierungswahlrecht** für die **Steuerbilanz** geschaffen: denn der Steuerpflichtige **kann** (= Wahlrecht) nach **§ 52 Abs. 16 S. 7 und S. 10 EStG** (1999) in seiner Steuerbilanz jeweils in Höhe von *neun Zehntel* der (Buch-)Gewinne eine *den Gewinn mindernde* **Rücklage** bilden. Dies heißt, 1999 braucht nur ein Zehntel (= 10 %) der aus der erstmaligen Anwendung § 6 Abs. 1 Nr. 3 und Nr. 3a EStG n. F. resultierenden (Buch-)Gewinne versteuert zu werden; die restlichen neun Zehntel (= 90 %) dürfen 1999 in eine Rücklage eingestellt werden. Allerdings ist diese Rücklage in den *folgenden neun* Wirtschaftsjahren (d. h. ab 2000 bis 2008) jeweils mit *mindestens einem Neuntel* gewinnerhöhend aufzulösen (vgl. § 52 Abs. 16 S. 7 und S. 10 EStG 1999). Das Wörtchen "mindestens" verdeutlicht, daß dem Steuerpflichtigen ein *weiteres Wahlrecht* eingeräumt wird: Er darf die Rücklagen nach § 52 Abs. 16 S. 7 und S. 10 EStG (1999) auch schneller, d. h. in weniger als 9 Jahren auflösen.

Ähnlichkeiten dieser Rücklage nach § 52 Abs. 16 S. 7 und S. 10 EStG (1999) mit der bereits an anderer Stelle (siehe Abschnitt C X von Kapitel 3) behandelten "*Wertaufholungs-Rücklage*" nach § 52 Abs. 16 S. 3 EStG (1999) sind nicht zu übersehen. Beide Rücklagen-Gruppen resultieren aus den Änderungen von § 6 Abs. 1 EStG. Danach werden ab 1999 zum einen mit dem neuen steuerlichen "Wertaufholungsgebot" vorrangig eine *höhere* Bewertung von Anlage- und Umlaufvermögen, zum anderen insbes. mit dem neuen steuerlichen "Abzinsungsgebot" eine *niedrigere* Bewertung von Verbindlichkeiten und Rückstellungen in der Steuerbilanz vorgeschrieben. Trotz unterschiedlicher Stoßrichtung – einerseits die Aktivseite, andererseits die Passivseite der Bilanz betreffend – haben alle Änderungen des § 6 Abs. 1 EStG ein gemeinsames Ziel: den Ausweis höherer Gewinne in der Steuerbilanz. Allerdings haben sie auch gemeinsam, daß es "Übergangsregelungen" nach § 52 Abs. 16 EStG (1999) gibt. Denn alle Gewinne, die aus der erstmaligen Anwendung von § 6 Abs. 1 EStG n. F. resultieren und in der Steuerbilanz 1999 eigentlich auszuweisen wären, müssen *nicht* sofort – d. h. 1999 – in voller Höhe versteuert werden; diese Gewinne können vielmehr – wie dargestellt – 1999 zum größten Teil in Rücklagen nach § 52 Abs. 16 EStG (1999) eingestellt werden, die erst über mehrere Jahre verteilt gewinnerhöhend aufzulösen sind.

Jedoch weisen die beiden Rücklagen-Gruppen *Unterschiede* auf bezüglich des maximalen Satzes der Dotierung und des Auflösungszeitraumes: In die "Wertaufholungs-Rücklage" können maximal vier Fünftel (**= 80 %**) der "Aufstockungsgewinne" eingestellt werden; die gewinnerhöhende Auflösung der "Wertaufholungs-Rücklage" hat mit mindestens einem Viertel pro Jahr, also in längstens **4** Jahren zu erfolgen (vgl. § 52 Abs. 16 S. 3 EStG 1999). Hingegen dürfen die Rücklagen nach § 52 Abs. 16 S. 7 und S. 10 EStG (1999) mit maximal **90 %** der (Buch-)Gewinne dotiert und gleichmäßig über **9** Jahre verteilt aufgelöst werden. Diese unterschiedlichen Regelungen für die beiden Rücklagen-Gruppen waren im ersten Entwurf des Steuerentlastungsgesetzes 1999/2000/2002 nicht vorgesehen und tragen auch wohl kaum zur Vereinfachung des (Bilanz-)Steuerrechts bei.

Kritisch ist aber vor allem folgendes anzumerken: Probleme und offene (von Finanzverwaltung oder Gerichten erst noch zu beantwortende) Fragen, wie sie bereits für die "Wertaufholungs-Rücklage" in Abschnitt C X von Kapitel 3 geschildert wurden und deren Kreis in Abschnitt D IX von Kapitel 3 noch erweitert werden wird, sind auch bezüglich der Rücklagen nach § 52 Abs. 16 S. 7 und S. 10 EStG (1999) zu konstatieren. So ist m. E. noch durchaus offen, ob auch für die Ausübung dieses Wahlrechtes, in der *Steuerbilanz* Rücklagen nach § 52 Abs. 16 S. 7 und S. 10 EStG (1999) bilden zu dürfen, die *umgekehrte* Maßgeblichkeit nach § 5 Abs. 1 S. 2 EStG gilt – oder ob es künftig die berühmte "Ausnahme von der Regel" darstellt.

Sollte die umgekehrte Maßgeblichkeit gelten, so wäre die Bildung der Rücklagen nach § 52 Abs. 16 S. 7 und S. 10 EStG (1999) in der Steuerbilanz nur dann erlaubt, wenn (zuvor) in der Handelsbilanz ebenfalls derartige Rücklagen als "Sonderposten mit Rücklageanteil" gebildet werden. Unter dieser Voraussetzung wäre das neue steuerliche Wahlrecht m. E. für die Steuerpflichtigen weitgehend wertlos: In der *Handelsbilanz* können nämlich solche Gewinne, wie sie für die Steuerbilanz 1999 durch die erstmalige Anwendung des Abzinsungs*gebotes* auf "Alt"-Verbindlichkeiten und "Alt"-Rückstellungen ermittelt werden, gar nicht entstehen; denn für die Handelsbilanz existiert ein weitgehendes Abzinsungs*verbot* für die Rückstellungen (vgl. § 253 Abs. 1 S. 2 2. Teilsatz HGB; siehe dazu auch die Ausführungen in Abschnitt B Ve von Kapitel 2). Wenn nun aber in der Handelsbilanz gar *keine* Gewinne aus der Teilauflösung von Rückstellungen (und Abzinsung von Verbindlichkeiten) entstehen, kommt eigentlich auch eine Rücklagenbildung *nicht* in Betracht. Die Nicht-Bildung einer Rücklage in der Handelsbilanz hätte dann, wenn die umgekehrte Maßgeblichkeit beachtet werden müßte, aber letztlich weitreichende Konsequenzen: Auch in der Steuerbilanz dürften dann die Rücklagen nach § 52 Abs. 16 S. 7 und S. 10 EStG (1999) gar nicht gebildet werden. Das neue steuerliche Wahlrecht wäre *obsolet*; die aus der erstmaligen Anwendung des § 6 Abs. 1 Nr. 3 und Nr. 3a EStG n. F. in der Steuerbilanz entstehenden Gewinne müßten 1999 in voller Höhe versteuert werden.

Da diese Konsequenzen nach Sinn und Wortlaut von § 52 Abs. 16 S. 7 und S. 10 EStG (1999) aber wohl nicht beabsichtigt sein dürften – anderenfalls hätte man sich die genannten Sätze im Steuerentlastungsgesetz schenken können ! – , bleibt m. E. nur der Umkehrschluß: Die Bildung der Rücklagen nach § 52 Abs. 16 S. 7 und S. 10 EStG (1999) ist in der Steuerbilanz zulässig, *ohne daß* in der Handelsbilanz entsprechende Rücklagen gebildet werden. Die umgekehrte Maßgeblichkeit nach § 5 Abs. 1 S. 2 EStG gilt in diesem Falle *ausnahmsweise nicht;* vielmehr kommt es zur "**Durchbrechung der umgekehrten** Maßgeblichkeit" (analog zu den Überlegungen von Herzig/Rieck im Zusammenhang mit der "Wertaufholungs-Rücklage" für Nicht-Kapitalgesellschaften; vgl. dazu Abschnitt C X dieses Kapitels 3). Ob diese Gesetzesauslegung zutreffend ist, wird sich erst in Zukunft zeigen – sei es durch die Handhabung von § 52 Abs. 16 S. 7 und S. 10 EStG (1999) durch die Finanzverwaltung, sei es – im Streitfalle – durch Gerichtsentscheidung.

D. Bewertungswahlrechte

Bei den zuvor behandelten Bilanzierungswahlrechten interessierte die Frage, **ob** bestimmte bilanzierungsfähige, aber nicht -pflichtige Aktiv- oder Passivposten in die Beständebilanz aufgenommen werden sollen. Demgegenüber geht es nunmehr bei den **Bewertungswahlrechten** um die Frage, mit **welchem Wert** ein in die Bilanz aufgenommenes Wirtschaftsgut angesetzt werden soll.

Generell läßt sich bei den Bewertungswahlrechten zwischen den sog. *Wertansatzwahlrechten* und den sog. *Methodenwahlrechten* unterscheiden:

Mit den **Wertansatzwahlrechten** gestattet der Gesetzgeber, in bestimmten, ausdrücklich genannten Fällen zwischen mehreren Wertansätzen zu wählen, sich insbesondere für einen niedrigeren Wertansatz des Vermögens zu entscheiden. Derartige Wertansatzwahlrechte werden dem Bilanzierenden beispielsweise bezüglich der *Herstellungskosten* zur Bewertung unfertiger und fertiger Erzeugnisse (vgl. Abschnitt D II) oder bezüglich der Berücksichtigung eines *Rest- oder Schrottwertes* bei der Bemessung planmäßiger Abschreibungen für Gegenstände des Anlagevermögens (vgl. Abschnitt D V) eingeräumt.

Mit Hilfe der sog. **Methodenwahlrechte** kann insofern Bilanzpolitik betrieben werden, als sie die Wahl bestimmter Bewertungs- und Abschreibungsmethoden in das Ermessen des Bilanzierenden stellen. So kann man für die Handelsbilanz beispielsweise frei wählen zwischen verschiedenen *Methoden der planmäßigen Abschreibung* für Gegenstände des abnutzbaren Anlagevermögens (vgl. Abschnitt D V) oder zwischen verschiedenen "*Bewertungsvereinfachungsverfahren*", z. B. bei der sog. "Sammelbewertung" gleichartiger Gegenstände des Vorratsvermögens (vgl. Abschnitt D X).

Wichtig sind an dieser Stelle bereits folgende Hinweise: Auch bezüglich der Bewertungswahlrechte ist es durch das BiRiLiG für die **Handelsbilanz** zu zahlreichen **Änderungen** gegenüber dem alten Recht gekommen (vgl. dazu ausführlicher u. a.: Hilke, Bewertungswahlrechte). Diese Änderungen trafen Nicht-Kapitalgesellschaften einerseits und Kapitalgesellschaften andererseits *nicht gleichermaßen*. Vielmehr gibt es, wie die folgenden Ausführungen verdeutlichen werden, nunmehr eine ganze Reihe von Bewertungswahlrechten, die **nur** (noch) **für Nicht-Kapitalgesellschaften** gelten; andere Bewertungswahlrechte hingegen können von **allen** Unternehmen – also unabhängig von ihrer Rechtsform – genutzt werden. Zu weiteren **Änderungen** kam es durch die zahlreichen neuen Vorschriften des Steuerrechts, die zwar primär die **Steuerbilanz** betreffen, sich aber auch auf die *Handelsbilanz* (vor allem von Kapitalgesellschaften) *auswirken*. Zu denken ist in diesem Zusammenhang insbes. an das neue steuerrechtliche "**Wertaufholungsgebot**", das erst durch das Steuerentlastungsgesetz 1999/2000/2002 eingeführt wurde.

Bei der Darstellung der wichtigsten Bewertungswahlrechte wollen wir uns – wie bei den in Abschnitt C von Kapitel 3 zuvor behandelten Bilanzierungswahlrechten – grundsätzlich auf solche Wahlrechte beschränken, die nach geltendem Handels- und Steuerrecht auch noch für Wirtschaftsgüter genutzt werden können, die erst 1998 (oder später) angeschafft oder hergestellt werden. Dabei sei zur Strukturierung der Bewertungswahlrechte wie folgt vorgegangen: Zunächst werden solche Bewertungswahlrechte behandelt, die für Anlage- und Umlaufvermögen gemeinsam gelten. Sodann werden spezielle Bewertungswahlrechte für das Anlagevermögen, anschließend spezielle Bewertungswahlrechte für Gegenstände des Umlaufvermögens dargestellt. Schließlich folgen noch einige wichtige Bewertungswahlrechte für Rückstellungen.

I. Ansatz der Anschaffungskosten (§ 255 Abs. 1 HGB)

a) Legaldefinition der "Anschaffungskosten"

Weder im Handelsrecht noch im Steuerrecht gab es bis zum BiRiLiG eine Legaldefinition für den Begriff "**Anschaffungskosten**". Insofern stellt es ein Novum dar, daß der Inhalt der Anschaffungskosten seitdem in § 255 Abs. 1 HGB ausdrücklich fixiert wird: „Anschaffungskosten sind Aufwendungen, die geleistet werden, um einen Vermögensgegenstand zu erwerben und ihn in einen betriebsbereiten Zustand zu versetzen, soweit sie dem Vermögensgegenstand einzeln zugeordnet werden können. Zu den Anschaffungskosten gehören auch die Nebenkosten sowie die nachträglichen Anschaffungskosten. Anschaffungspreisminderungen sind abzusetzen."

Im einzelnen sind demnach bei der Ermittlung der Anschaffungskosten zu berücksichtigen:

(1) der **Anschaffungspreis**, d. h. der Kaufpreis ohne die als Vorsteuer abzugsfähige Mehrwertsteuer (vgl. § 9b EStG, auch R 86 EStR sowie 5 UStG),

(2) die **Anschaffungsnebenkosten**: Zu den Anschaffungsnebenkosten gehören alle im Zusammenhang mit dem Erwerb anfallenden Kosten bis zur Betriebsbereitschaft, also insbesondere Provisionen, Transportkosten, Beurkundungsgebühren, Grunderwerbsteuer, Montagekosten, Zölle, Abgaben, Versicherungen, Fundamente, Anschlußkosten (vgl. hierzu: Wöhe, Bilanzierung, S. 379 ff.). Hingegen gehören grundsätzlich *nicht* zu den Anschaffungsnebenkosten anteilige Betriebs- und Verwaltungsgemeinkosten sowie Finanzierungskosten, weil sie i. d. R. nicht dem einzelnen Vermögensgegenstand zugerechnet werden können (sog. "Gemeinkostenschlüsselungsproblem"), wie es § 255 Abs. 1 S. 1 HGB („soweit ... ") verlangt. „Die Anschaffungsnebenkosten verursachen Ausgaben, durch deren Aktivierung eine Erhöhung des Bilanzansatzes der gekauften Vermögensgegenstände über den Anschaffungspreis hinaus erfolgt. Der Zweck der Einbeziehung der Nebenkosten in die Anschaffungskosten ist eine periodenrichtige Verteilung des Aufwandes" (Wöhe, Bilanzierung, S. 379).

(3) die **nachträglichen Anschaffungskosten**, die mit dem Anschaffungsvorgang zwar in Zusammenhang stehen, aber erst einige Zeit nach dem Erwerb des Vermögensgegenstandes anfallen (vgl. hierzu: Adler/Düring/Schmaltz, Erl. zu § 255 HGB Tz 40 ff.).

(4) die **Anschaffungspreisminderungen**; hierbei handelt es sich um Minderungen des Kaufpreises, wie z. B. Skonti, Rabatte, Boni; sie *müssen* nach § 255 Abs. 1 S. 3 HGB von der Summe aus Anschaffungspreis, Anschaffungsnebenkosten und nachträglichen Anschaffungskosten *abgezogen* werden, um zu den Anschaffungskosten des Vermögensgegenstandes zu gelangen.

Die genannten vier Größen **muß** (= Pflicht) der Bilanzierende bei der Ermittlung der Anschaffungskosten berücksichtigen. Demgegenüber **kann** er die Höhe der anzusetzenden Anschaffungskosten dadurch beeinflussen, daß er die **Bewertungswahlrechte** nutzt, die ihm zum einen bei der Übertragung von Rücklagen nach § 6b EStG bzw. nach R 35 EStR und zum anderen bei der Behandlung von erhaltenen Zuschüssen und Investitionszulagen eingeräumt werden. Hierauf soll in den beiden folgenden Abschnitten kurz eingegangen werden.

b) Übertragung von Rücklagen nach § 6b EStG und nach R 35 EStR

Wie auch schon beim derivativen Firmenwert und beim Disagio zeigen sich hier ein weiteres Mal die Interdependenzen zwischen Bilanzierungswahlrechten und Bewertungswahlrechten: Die beiden Passivierungswahlrechte, nach § 6b EStG oder nach R 35 EStR entsprechende "Sonderposten mit Rücklageanteil" **bilden** zu dürfen, ermöglichen entsprechende Bewertungswahlrechte; denn durch die **Übertragung** der zuvor gebildeten Rücklagen auf neu angeschaffte Wirtschaftsgüter **kann** (= Wahlrecht) der Bilanzierende die **Anschaffungskosten** – Entsprechendes gilt für die Herstellungskosten – dieser neuen Wirtschaftsgüter um den gesamten zulässigen Rücklagebetrag oder – nach freier Wahl – auch nur einen Teil davon **mindern**. In § 6 Abs. 1 Nr. 1 und Nr. 2 EStG n. F. wird dies als „**Abzüge** nach § 6b und ähnliche Abzüge" bezeichnet.

Im einzelnen wurde bereits in Abschnitt C VIII dieses Kapitels 3 dargestellt, daß nach **§ 6b EStG** die Übertragung stiller Reserven, die bei der Veräußerung bestimmter Wirtschaftsgüter des Anlagevermögens frei werden, auch sofort auf andere im Gesetz aufgezählte neu angeschaffte oder hergestellte Wirtschaftsgüter möglich ist. Entscheidet sich der Bilanzierende für die sofortige Übertragung, so bewirkt dies ebenfalls, daß der durch Aufdeckung der stillen Reserve entstandene Gewinn im Jahre der Auflösung nicht der Besteuerung unterworfen, sondern von den Anschaffungs- oder Herstellungskosten der neu angeschafften oder hergestellten Wirtschaftsgüter **abgezogen** wird (vgl. hierzu die detaillierten Ausführungen in Abschnitt C VIII von Kapitel 3).

Analog können steuerfreie Rücklagen für Ersatzbeschaffung nach **R 35 EStR** gebildet und auf Ersatzwirtschaftsgüter (bis zu 100 %) durch „Verrechnung" mit den Anschaffungs- oder Herstellungskosten der neuen Wirtschaftsgüter übertragen werden; im einzelnen sei hierzu auf die Ausführungen in Abschnitt C IX dieses Kapitels 3 verwiesen.

Festzuhalten ist: In beiden Fällen (§ 6b EStG und R 35 EStR) **kann** der Bilanzierende den **Wertansatz** der neuen Wirtschaftsgüter dadurch **beeinflussen**, daß er im Wege eines **Bewertungswahlrechts** von der Übertragung der Rücklagen Gebrauch macht oder nicht. Tut er dies, so werden die angeschafften (bzw. hergestellten) Wirtschaftsgüter mit – um den Betrag der übertragenen Rücklage – **verminderten Anschaffungskosten** (bzw. Herstellungskosten) in der Bilanz angesetzt. Handelt es sich dabei um *abnutzbare* Gegenstände des Anlagevermögens, so sind dementsprechend auch die *Abschreibungen* nur nach diesen verminderten Anschaffungskosten (bzw. Herstellungskosten) zu bemessen; die Abschreibungen fallen also in den Jahren der Nutzung der Anlagegüter entsprechend *niedriger* aus als dann, wenn von der Übertragung der Rücklagen nicht Gebrauch gemacht wird.

c) Behandlung von Zuschüssen und Investitionszulagen

Grundsätzlich darf nur derjenige Betrag als Anschaffungskosten aktiviert werden, den der Betrieb auch tatsächlich **ausgegeben** hat. Aus diesem Grunde sind – wie oben bereits erwähnt – Rabatte und Skonti, die von Lieferanten gewährt werden, als Anschaffungskosten**minderungen** von den Anschaffungskosten abzusetzen.

Obwohl nun auch Zuschüsse und Zulagen von dritter Seite den Betrag mindern, den ein Betrieb für ein bestimmtes Wirtschaftsgut auszugeben hat, ist strittig, wie diese Zulagen bzw. Zuschüsse im handelsrechtlichen Jahresabschluß behandelt werden sollen.

Für die folgenden Ausführungen erscheint es sinnvoll, zwischen steuerbaren Zuschüssen aus öffentlichen oder privaten Mitteln einerseits und steuerfreien Zulagen andererseits zu unterscheiden. Wir wenden uns zunächst den **steuerbaren** (= steuerpflichtigen) **Zuschüssen** zu.

Durch das BFH-Urteil vom 22.01.1992 (BStBl. II, S. 488) bestätigt, wird dem Steuerpflichtigen in R 34 Abs. 2 EStR wie bisher für die **Steuerbilanz** ein **Wahlrecht** für die Berücksichtigung von steuerbaren Zuschüssen bei der Bewertung von Anlagegütern eingeräumt. Die zur Anschaffung von Gegenständen des Anlagevermögens gewährten Zuschüsse aus öffentlichen und privaten Mitteln können entweder als *Betriebseinnahmen* – d. h. **erfolgswirksam** – behandelt und somit die Anschaffungskosten der mit diesen Zuschüssen erworbenen Anlagegüter ungekürzt aktiviert werden (vgl. R 34 Abs. 2 S. 2 EStR). Oder aber es können die Anschaffungs- oder Herstellungskosten um diese steuerbaren Zuschüsse *gekürzt* werden; in diesem Falle werden also die Zuschüsse in der Periode der Anschaffung **erfolgsneutral** behandelt (vgl. Wöhe, Bilanzierung, S. 381; R 34 Abs. 2 S. 3 EStR).

Bei erfolgswirksamer Verbuchung des Zuschusses entsteht bereits im Jahre des Zuflusses eine entsprechende Steuerschuld. Demgegenüber läßt sich durch eine erfolgsneutrale

Verrechnung, d. h. durch die Absetzung des Zuschusses von den Anschaffungs- oder Herstellungskosten, eine Steuerstundung erreichen; die steuerlichen Abschreibungen werden von den gekürzten Anschaffungskosten vorgenommen und führen somit über die Jahre der Nutzungsdauer verteilt zu einem höheren Gewinnausweis.

Aufgrund der **Maßgeblichkeit** der Handelsbilanz für die Steuerbilanz ist mit der Entscheidung über die ertragsteuerliche Behandlung zugleich die handelsrechtliche Bilanzierung determiniert, d. h., um einen Aufschub der Ertragsrealisation zu erreichen, ist der steuerbare Zuschuß **auch** in der **Handelsbilanz erfolgsneutral** zu verrechnen. In bezug auf die handelsrechtliche Handhabung steuerbarer Zuschüsse kann somit davon ausgegangen werden, daß wegen der steuerlichen Konsequenz in der Regel kein Interesse an einer sofortigen erfolgswirksamen Vereinnahmung besteht (vgl. Kupsch, Steuerfreie Investitionszulagen, S. 365).

Eine Kürzung der Anschaffungskosten um Zuschüsse erscheint Wöhe betriebswirtschaftlich nicht gerechtfertigt. Er begründet dies wie folgt: „ ... da nun der Abschreibungsaufwand um den Betrag der Subventionen geringer ist, entsteht während der Nutzungsdauer ein um diesen Betrag höherer Erfolg. Wird er als Gewinn und Steuern an Gesellschafter und Finanzbehörden ausbezahlt, so ist am Ende der wirtschaftlichen Nutzungsdauer eine Wiederbeschaffung der subventionierten Anlage nicht möglich. Es wird in der Regel nicht der Sinn einer Subvention aus öffentlichen Mitteln sein, daß in ihrer Höhe die Gewinnausschüttungen und Gewinnsteuerzahlungen vergrößert werden" (Wöhe, Bilanzierung, S. 381 f.).
Diese Argumentation von Wöhe zur Ablehnung einer erfolgsneutralen Verrechnung steuerbarer Zuschüsse erscheint m. E. nicht überzeugend. Denn bei der erfolgswirksamen Behandlung des Zuschusses – als Alternative zu der von Wöhe abgelehnten erfolgsneutralen Verrechnung – wird die Höhe der Gewinnausschüttung und der Gewinnsteuerzahlungen ebenfalls vergrößert, in diesem Falle sogar früher, nämlich im Wirtschaftsjahr der Vereinnahmung des Zuschusses.

Das Problem der erfolgswirksamen bzw. -neutralen Verrechnung von **steuerfreien Zulagen** hat mit der Einführung der Steuerfreiheit für bestimmte **Investitionszulagen** besondere Bedeutung erlangt. Zu denken ist hier insbesondere an die Investitionszulagen, die nach dem Investitionszulagengesetz (InvZulG) gewährt werden und die „Kraft ausdrücklicher gesetzlicher Regelungen nicht zu den Einkünften i. S. d. EStG gehören und auch **nicht** die **steuerlichen** Anschaffungs- oder Herstellungskosten mindern, so daß nicht nur eine temporäre, sondern eine endgültige Steuerfreiheit erreicht wird" (Kupsch, Steuerfreie Investitionszulagen, S. 365; vgl. auch: H 34 EStH; § 9 InvZulG 1999).

Im Gegensatz zu den steuerbaren Zuschüssen, deren Behandlung in der Handelsbilanz von steuerpolitischen Erwägungen beherrscht wird, handelt es sich bei der Frage der **steuerfreien Investitionszulagen** um ein autonomes **handelsrechtliches** Bilanzierungsproblem. „Strittig ist insbesondere, ob eine sofortige erfolgswirksame Vereinnahmung im Jahr der Zulagengewährung oder eine zunächst erfolgsneutrale Behandlung mit anschließender ratierlicher Auflösung in Betracht kommt" (Kupsch, Steuerfreie Investitionszulagen, S. 365).

So wollen z. B. Adler/Düring/Schmaltz (vgl. Erl. zu § 255 HGB Tz 56) Investitionszulagen und -zuschüsse in der Handelsbilanz *grundsätzlich* als Anschaffungskosten**minderungen** behandelt wissen, weil die Aktivierung in der Bilanz auf den Betrag beschränkt sei, den das Unternehmen effektiv aufgewendet hat. Auch nach Kropff (vgl. Aktiengesetz, Erl. zu § 153 Tz 11) sollten Zuschüsse und steuerfreie Investitionszulagen grundsätzlich von den Anschaffungs- oder Herstellungskosten abgesetzt werden. Kropff begründete seine Auffassung damit, daß gerade diese Zulagen Merkmale aufweisen, die gegen eine sofortige erfolgswirksame Verrechnung sprächen, wie etwa Schaffung zusätzlicher Investitionsanreize für Unternehmen in standortbenachteiligten Gebieten.

Demgegenüber sei hier mit Kupsch folgende Auffassung vertreten: „Aus der Beschaffungsmarktorientierung der Anschaffungskosten und ihrer daraus resultierenden Bindung an Ausgabenverpflichtungen anläßlich des Beschaffungsvorganges folgt ... , daß steuerfreie Investitionszulagen **keine** eigentliche Anschaffungskostenminderung sein können" (Kupsch, Steuerfreie Investitionszulagen, S. 367). Demzufolge hat – wie nach § 9 InvZulG 1999 für die Steuerbilanz ausdrücklich verlangt – eine aktivische *Absetzung* des Zulagenbetrages von den Anschaffungskosten auch in der Handelsbilanz zu *unterbleiben.* Vielmehr handelt es sich bei den steuerfreien Investitionszulagen m. E. um eine **einseitige Vermögensmehrung**, die dem Realisationsprinzip entsprechend **erfolgswirksam** zu behandeln ist. Bei einer derartigen erfolgswirksamen Verbuchung steuerfreier Investitionszulagen ist dann die Zulage in der Gewinn- und Verlustrechnung unter der Position "Sonstige betriebliche Erträge" zu erfassen. „Damit entfällt die mit der erfolgsneutralen Behandlung von Investitionszulagen verbundene Problematik des bilanziellen Ausweises" (Kupsch, Steuerfreie Investitionszulagen, S. 371).

Ein Blick in die **Praxis** zeigt, daß von 100 untersuchten großen deutschen Kapitalgesellschaften die Zulagen und Zuschüsse bilanziell keineswegs einheitlich behandelt wurden: Von 24 bzw. 19 Unternehmen, die 1988 bzw. 1987 in ihren Geschäftsberichten Angaben über die Behandlung von Zulagen und Zuschüssen für Gegenstände des Anlagevermögens machten, hatten 13 Unternehmen 1988 (Vorjahr: 11 Unternehmen) die erhaltenen Beträge von den Anschaffungs- oder Herstellungskosten *abgesetzt,* so z. B. Daimler Benz AG, HEW AG, Preussag AG, Ruhrkohle AG, VEW AG und Volkswagen AG (vgl. Treuarbeit, Jahresabschlüsse, S. 103; dies., Jahres- und Konzernabschlüsse, S. 65). Hingegen haben 9 Unternehmen 1988 (Vorjahr: 8 Unternehmen) die Zulagen und Zuschüsse auf der *Passivseite* ausgewiesen, und zwar entweder in einem *eigenständigen Sonderposten* (so z. B. Hoesch AG) oder in dem "*Sonderposten mit Rücklageanteil*" (so z. B. Henkel KGaA für steuerpflichtige Investitionszuschüsse) oder aber – wie z. B. bei Mannesmann AG – unter den *Rechnungsabgrenzungsposten* (vgl. Treuarbeit, Jahresabschlüsse, S. 103 f.; dies., Jahres- und Konzernabschlüsse, S. 65); die Auflösung dieser Passivposten erfolgt dann entweder über die Nutzungsdauer der Vermögensgegenstände, für welche die Zulagen bzw. Zuschüsse gewährt wurden, gleichmäßig verteilt oder abschreibungssynchron. Ein ähnlich uneinheitliches Bild zeigt ein Blick in Geschäftsberichte für 1997/98 bzw. 1998: So werden z. B. bei Alcatel SEL AG, Th. Goldschmidt AG, Ruhrkohle-Konzern, Schering-Konzern, VEW AG und (z. T.) im Volkswagen-Konzern die erhaltenen *Zuschüsse erfolgsneutral* behandelt, d. h. von den Anschaffungs- oder Herstellungskosten der bezuschußten Anlagegüter abgezogen. Im Südzucker-Konzern werden Zuschüsse durch Einstellung in einen „Sonderposten für Investitionszuschüsse zum Anlagevermögen" neutralisiert (Geschäftsbericht 1998, S. 67). Hingegen werden im Henkel Konzern „*Zuschüsse* für zurückliegende Aufwendungen ... im Geschäftsjahr *erfolgswirksam* vereinnahmt" (Geschäftsbericht 1998, S. 56). Bei der Siemens AG werden Zuschüsse (in Höhe von 139 Mio. DM) von den Forschungs- und Entwicklungskosten „abgesetzt" (Geschäftsbericht 1997/98, S. 8). Im VW-Konzern (Geschäftsbericht 1998, S. 88) findet sich der Hinweis, daß ein „Sonderposten für Investitions*zulagen* in Höhe von 7 Mio. DM in den Abschlüssen dreier ausländischer Gesellschaften gebildet worden" ist. Ähnlich hat die RWE AG einen „Sonderposten für Investitionszuwendungen zum Anlagevermögen" gebildet, diesen Posten dann jedoch sehr deutlich in „steuerpflichtige Zuschüsse" (1998: 78 Mio. DM) einerseits und „steuerfreie Zulagen" (1998: 87 Mio. DM) andererseits aufgespalten (vgl. Geschäftsbericht 1998, S. 93). Die Quelle Schickedanz AG & Co hat „erhaltene Investitionszulagen gem. InvZulG, insbes. für das neue Versandzentrum in Leipzig, ... passiviert" (Geschäftsbericht 1997/98, S. 43). Aber beim Preussag-Konzern heißt es wiederum: „Investitionszuschüsse und -zulagen werden ergebnisneutral behandelt" (Konzern-Geschäftsbericht 1997/98, S. 99).

II. Ansatz der Herstellungskosten (§ 255 Abs. 2 HGB)

a) Zum Begriff "Herstellungskosten"

„Der Begriff der Herstellungskosten wurde ebenso wie der Begriff der Anschaffungskosten in den Bewertungsvorschriften des HGB alter Fassung nicht erwähnt. Erst das Aktiengesetz 1937 führte diesen Begriff in die Handelsbilanz ein, ohne ihn jedoch erschöpfend zu definieren oder seinen Umfang abzugrenzen" (Wöhe, Bilanzierung, S. 386). Der § 133 Nr. 1 Abs. 3 AktG von 1937 wurde wörtlich in den § 153 Abs. 2 AktG von 1965 übernommen.

Erstmals findet sich nun in § 255 Abs. 2 HGB eine **Legaldefinition** für Herstellungskosten. Danach sind **Herstellungskosten** „ ... die Aufwendungen, die durch den Verbrauch von Gütern und die Inanspruchnahme von Diensten für die *Herstellung* eines Vermögensgegenstandes, seine *Erweiterung* oder für eine über seinen ursprünglichen Zustand hinausgehende wesentliche *Verbesserung* entstehen" (§ 255 Abs. 2 S. 1 HGB).

Terminologisch ist die Bezeichnung "Herstellungskosten" ebenso ungenau wie die Bezeichnung "Anschaffungskosten". Es müßte "Herstellungs**ausgaben**" heißen, da nur diejenigen Kosten, die aufwands- und ausgabengleich sind, in die Herstellungskosten eingehen dürfen. **Nicht** zu den Herstellungskosten gehören insbesondere alle kalkulatorischen Zusatzkosten, da ihnen **keine** Ausgaben gegenüberstehen. Somit sind die Herstellungskosten im bilanzrechtlichen Sinne *pagatorischer* Natur.

Deshalb ist streng zwischen "Herstellungskosten" des Bilanzrechts einerseits und dem Begriff "Herstellkosten" der Kostenrechnung zu trennen. Die in den **"Herstellkosten"** der Kostenrechnung enthaltenen Kostenarten können nur insoweit in die handelsrechtlichen Herstellungskosten eingehen, als ihnen *Ausgaben* bzw. Aufwendungen entsprechen. Diese Aufwendungen können wiederum nur in dem Umfange in die steuerlichen Herstellungskosten einbezogen werden, wie sie steuerlich abzugsfähige *Betriebsausgaben* sind (vgl. Wöhe, Bilanzierung, S. 388 und S. 24 f.).

Die "Herstellkosten" der Kostenrechnung sind ein Teil der sog. **"Selbstkosten"**. Herstellkosten bilden somit lediglich eine *Zwischensumme* im allgemeinen Kalkulationsschema, wie Abbildung 11 verdeutlicht.

	Fertigungsmaterial	
+	Materialgemeinkosten	
=		Materialkosten
+	Fertigungslohn	
+	Fertigungsgemeinkosten	
=		Fertigungskosten
+	Sondereinzelkosten der Fertigung	
=		"Herstellkosten"
+	Verwaltungsgemeinkosten	
+	Vertriebsgemeinkosten	
+	Sondereinzelkosten des Vertriebs	
=		"Selbstkosten"

Abb. 11: "Herstellkosten" und "Selbstkosten" in der Kostenrechnung

b) Untere und obere Wertgrenze der handelsrechtlichen Herstellungskosten

Wesentlich deutlicher als aus dem bisherigen § 153 Abs. 1 AktG 1965 geht aus den Sätzen 2 bis 6 des neuen § 255 Abs. 2 HGB hervor, aus welchen **Bestandteilen** sich die **Herstellungskosten** in der Handelsbilanz zusammensetzen (können). So heißt es:

(1) Zu den Herstellungskosten „gehören die **Materialkosten**, die **Fertigungskosten** und die **Sondereinzelkosten der Fertigung**" (§ 255 Abs. 2 S. 2 HGB).

(2) „Bei der Berechnung der Herstellungskosten dürfen auch angemessene Teile der notwendigen **Materialgemeinkosten**, der notwendigen **Fertigungsgemeinkosten**

und des **Wertverzehrs des Anlagevermögens**, soweit er durch die Fertigung veranlaßt ist, eingerechnet werden" (§ 255 Abs. 2 S. 3 HGB).

(3) „Kosten der **allgemeinen Verwaltung** sowie **Aufwendungen für soziale Einrichtungen** des Betriebes, für **freiwillige soziale Leistungen** und für betriebliche **Altersversorgung** brauchen nicht eingerechnet zu werden" (§ 255 Abs. 2 S. 4 HGB).

(4) „Aufwendungen im Sinne der Sätze 3 und 4 dürfen nur insoweit berücksichtigt werden, als sie auf den Zeitraum der Herstellung entfallen" (§ 255 Abs. 2 S. 5 HGB; ähnlich auch bisher schon § 153 Abs. 2 AktG 1965).

Schließlich wird in § 255 Abs. 3 S. 1 HGB klargestellt, daß Zinsen für Fremdkapital *grundsätzlich nicht* zu den Herstellungskosten gehören. Eine *Ausnahme* von diesem Grundsatz bilden jedoch

(5) **Zinsen für Fremdkapital**, das zur Finanzierung der Herstellung eines Vermögensgegenstandes verwendet wird; derartige Zinsen „dürfen angesetzt werden, soweit sie auf den Zeitraum der Herstellung entfallen; in diesem Falle gelten sie als Herstellungskosten des Vermögensgegenstandes" (§ 255 Abs. 3 S. 2 HGB).

Der Wortlaut des § 255 Abs. 2 und 3 HGB läßt zugleich erkennen, daß der Bilanzierende beim Ansatz der Herstellungskosten zwischen einer **unteren** Wertgrenze (= Summe der Pflichtbestandteile der Herstellungskosten) und einer **oberen** Wertgrenze wählen kann. Die Ermittlung dieser Wertobergrenze verdeutlicht Abbildung 12.

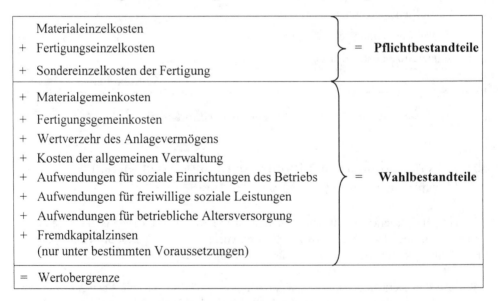

Abb. 12: Ermittlung der Wertobergrenze der Herstellungskosten nach § 255 Abs. 2 und Abs. 3 HGB

Demnach wird die **Untergrenze** für die *handelsrechtlichen* Herstellungskosten durch die Summe der Einzelkosten (Materialeinzelkosten, Fertigungseinzelkosten, Sondereinzelkosten der Fertigung) gebildet, die in der Abbildung 12 als "**Pflichtbestandteile**" bezeichnet sind.

Bewertungswahlrechte bestehen hingegen bezüglich der in Abbildung 12 genannten "**Wahlbestandteile**", die nach dem Gesetzeswortlaut in die handelsrechtlichen Herstellungskosten eingerechnet werden **dürfen** bzw. nicht eingerechnet zu werden brauchen; sie *müssen* also *nicht* einbezogen werden. Werden diese "Wahlbestandteile" bei der Ermittlung der Herstellungskosten für die Handelsbilanz insgesamt und in voller Höhe berücksichtigt, so erhalten wir die **Wertobergrenze**. Dabei ist zu beachten:

Die sog. "**Selbstkosten**" bilden **nicht** die Obergrenze für die handelsrechtlichen Herstellungskosten; die obere Wertgrenze liegt vielmehr i. d. R. **unter** den "Selbstkosten". Denn zum einen gehören gem. § 255 Abs. 2 S. 6 HGB die **Vertriebskosten** (also die Sondereinzelkosten des Vertriebs und die Vertriebsgemeinkosten) **nicht** zu den Herstellungskosten. Zum anderen müssen die "Selbstkosten" noch bei den Gemeinkosten **gekürzt** werden um die "*Zusatzkosten*" wie z. B. kalkulatorische Abschreibungen bzw. kalkulatorische Zinsen, soweit sie die bilanziell zulässigen Abschreibungen auf historische Anschaffungswerte bzw. die Fremdkapitalzinsen übersteigen (vgl. Wöhe, Bilanzierung, S. 393 f.; Coenenberg, Jahresabschluß, S. 87); auch gehört der kalkulatorische Unternehmerlohn nicht zu den "Herstellungskosten".

Den Unterschied zwischen unterer bzw. oberer Wertgrenze der handelsrechtlichen Herstellungskosten verdeutlicht Abbildung 13.

	Material-Einzelkosten
+	Fertigungslohn-Einzelkosten
+	Sondereinzelkosten der Fertigung
=	**"Herstellungskosten I" als Untergrenze**
+	variable Material-Gemeinkosten
+	variable Fertigungs-Gemeinkosten
=	**"Herstellungskosten II"**
+	fixe Material-Gemeinkosten
+	fixe Fertigungs-Gemeinkosten
+	Sondergemeinkosten der Fertigung
=	**"Herstellungskosten III"**
+	Verwaltungsgemeinkosten
+	Aufwendungen für soz. Leistungen
=	**"Herstellungskosten IV" als Obergrenze**

Abb. 13: "Herstellungskosten I bis IV" in der Handelsbilanz

Die in Abbildung 13 aufgeführten Positionen der "Herstellungskosten" umfassen im einzelnen folgende Kostenarten:

Material-Einzelkosten: Hierher gehören insbesondere die Roh- und Hilfsstoffe. Dabei sind wegen der Beschränkung der Herstellungskosten auf ausgaben- bzw. aufwandsgleiche Kosten für die Bewertung des Materialverbrauchs die historischen Einstandspreise, nicht etwa die Wiederbeschaffungspreise maßgebend (vgl. Coenenberg, Jahresabschluß, S. 87).

Fertigungslohn-Einzelkosten: Löhne (auch Überstunden-, Feiertagszuschläge) und Sozialabgaben für im Fertigungsbereich tätige Mitarbeiter sowie auch Gehälter für Werkmeister, Techniker u. ä., soweit sie den einzelnen Erzeugnissen unmittelbar zurechenbar sind (vgl. Adler/Düring/Schmaltz, Erl. zu § 255 HGB Tz 147).

Sondereinzelkosten der Fertigung: Hierher gehören Kosten für Modelle, Spezialwerkzeuge, Schablonen und Schnitte sowie Lizenzgebühren für bestimmte Fertigungsverfahren oder Rezepturen (vgl. Adler/Düring/Schmaltz, Erl. zu § 255 HGB Tz 149); diese Kosten müssen einbezogen werden. Hingegen dürfen Versuchs- und Konstruktionskosten nur dann aktiviert werden, wenn sie auftragsgebunden angefallen sind (vgl. Adler/Düring/Schmaltz, Erl. zu § 255 HGB Tz 151).

Material-Gemeinkosten: Zu ihnen zählen u. a. Kosten der Beschaffungs-Lagerhaltung, Kosten für innerbetrieblichen Transport und Prüfung des Fertigungs-Materials, Kosten der Rechnungsprüfung (vgl. R 33 Abs. 2 EStR).

Fertigungs-Gemeinkosten: Hierher gehören Kosten für die Vorbereitung und Kontrolle der Fertigung, Kosten des Werkzeuglagers (incl. Gehälter für Lagerverwaltung), Kosten für Betriebsleitung, Raumkosten, Sachversicherungen, Energie- und Brennstoffkosten, Betriebsstoffkosten, Kosten der laufenden Instandhaltung von Betriebsbauten und -einrichtungen, Kosten der betrieblichen Altersversorgung für in der Fertigung tätige Mitarbeiter, sowie in angemessenem Umfang sonstige Wertminderungen und *Abschreibungen* auf das der **Fertigung** dienende Anlagevermögen, soweit es zur Produktion der Erzeugnisse herangezogen wurde (vgl. R 33 Abs. 2 und Abs. 3 EStR). Ferner sind hier die Gehälter leitender Angestellter im Fertigungsbereich sowie Post- und Telefongebühren u. ä. zu nennen.

Nicht dazu gehören hingegen Eigenkapital-Zinsen, Steuern vom Einkommen, Mehrwertsteuer. Auch sind Aufwendungen für die sog. Grundlagenforschung, für die Neuentwicklung bestimmter Erzeugnisse oder Herstellungsverfahren und für die Weiterentwicklung der laufenden Fertigung **keine** aktivierungsfähigen Herstellungskosten (vgl. Adler/Düring/Schmaltz, Erl. zu § 255 HGB Tz 151). Nur Aufwendungen für die Wieterentwicklung von Erzeugnissen der laufenden Produktion *können* zu den Fertigungsgemeinkosten und daher zu den Herstellungskosten gezählt werden (= „*Einbeziehungswahlrecht*" nach Adler/Düring/Schmaltz, Erl. zu § 255 HGB Tz 151). Anderer Ansicht ist Wöhe; seiner Meinung nach gehören die letztgenannten Aufwendungen zu den Fertigungsgemeinkosten „und *sind* bei der *steuerlichen* Bilanzierung der Halb- oder Fertigfabrikate anteilig zu aktivieren" (Wöhe, Bilanzierung, S. 402 f.).

Verwaltungs(gemein)kosten: Zu den *allgemeinen* Verwaltungsgemeinkosten zählen insbesondere Aufwendungen für Gehälter der Geschäftsführung, Rechnungswesen, Büromaterial, Abschreibungen auf Verwaltungsgebäude und -inventar, aber auch Kosten des Personalwesens, der Rechts- und Versicherungsabteilung, für Werkschutz, Betriebskrankenkasse und Betriebsrat (vgl. R 33 Abs. 4 S. 2 EStR). Ferner werden bestimmte Kostenarten in § 255 Abs. 2 S. 4 HGB als „**Aufwendungen für soziale Einrichtungen des Betriebes, für freiwillige soziale Leistungen** und für **betriebliche Altersversorgung**" gesondert erwähnt. Zu ihnen gehören z. B. die Aufwendungen für Kantine (einschließlich der Essenzuschüsse) sowie für Freizeitgestaltung der Arbeitnehmer, Jubiläumsgeschenke, Wohnungs- und andere freiwillige Beihilfen sowie Aufwendungen für Direktversicherungen der Arbeitnehmer, Zuwendungen an Pensions- und Unterstützungskassen oder Zuführungen zu Pensionsrückstellungen (vgl. R 33 Abs. 4 S. 3 bis S. 5 EStR).

Gemäß § 255 Abs. 2 S. 6 HGB gehören **Vertriebskosten nicht** zu den Herstellungskosten. Allerdings bereitet insbesondere bei kleineren Betrieben die Abgrenzung der Verwaltungsgemeinkosten von den Vertriebsgemeinkosten Schwierigkeiten. „Erfolgt in einem Betrieb keine räumliche oder personelle Trennung von Verwaltungs- und Vertriebsbereich, so ist eine Bestimmung der Verwaltungsgemeinkosten nur durch Schätzung möglich" (Wöhe, Bilanzierung, S. 401).

Bisweilen ist auch eine Trennung von Vertriebsgemeinkosten und Fertigungsgemeinkosten nicht eindeutig durchführbar. So gehören i. d. R. Kosten der Lagerung von Fertigfabrikaten zu den Vertriebskosten; sie zählen jedoch dann zu den Herstellungskosten, wenn sie Bestandteil des Produktionsprozesses sind, z. B. Kosten für die Lagerzeit bei Gärung alkoholischer Getränke (vgl. Blümich-Falk, Einkommensteuergesetz, S. 564). „Ebenso zählen auch Verpackungskosten bei bestimmten Gütern zu den Herstellungskosten, wenn – wie z. B. bei Markenartikeln (Zigaretten, Schokolade, Waschmittel) oder bei Konserven – die Verpackung die Güter erst absatzreif macht" (Wöhe, Bilanzierung, S. 401).

Schließlich ist zu beachten: Nach § 255 Abs. 2 S. 3 HGB **dürfen** Material- und Fertigungsgemeinkosten sowie der Wertverzehr des Anlagevermögens (= Abschreibungen) nur **in angemessenem Umfange** in die Herstellungskosten eingerechnet werden (vgl. dazu ausführlicher: Adler/Düring/Schmaltz, Erl. zu § 255 HGB Tz 156 ff.). Diese Forderung nach Angemessenheit der berücksichtigten Abschreibungen und Gemeinkosten beinhaltet zweierlei:

Zum einen ist es z. B. *nicht* zulässig, *neben* den *normalen* Abschreibungen auch noch besondere Abschreibungen für Katastrophenverschleiß (außerplanmäßige Abschreibung) oder steuerliche Sonderabschreibungen in den Herstellungskosten zu aktivieren (vgl. Coenenberg, Jahresabschluß, S. 90 f.). Da in die Herstellungskosten ferner nur aufwandsgleiche Kosten eingehen dürfen, müssen die Abschreibungen aus den historischen

Anschaffungskosten abgeleitet werden, dürfen also insbesondere *nicht* an den *Wiederbeschaffungskosten* orientiert sein.

Zum zweiten muß bei der Berechnung der angemessenen Material- und Fertigungsgemeinkosten von einer **Normalbeschäftigung** mit einer bestimmten Schwankungsbreite ausgegangen werden. Damit kommen wir auf das Problem zu sprechen, daß Beschäftigungsschwankungen sich auf die Höhe der Herstellungskosten auswirken können; je nach Beschäftigungslage ergeben sich in der Vollkostenrechnung unterschiedliche Gemeinkostenzuschläge. Die Folge ist, daß ein bei Vollbeschäftigung erstellter Vermögensgegenstand niedrigere Herstellungskosten "verursacht" hat als ein gleichartiger Gegenstand bei Unterbeschäftigung. Nach Adler/Düring/Schmaltz (Erl. zu § 255 HGB Tz 161 f.) besteht für die **Handelsbilanz** so lange *keine Pflicht* zur Eliminierung derartiger "**Unterbeschäftigungskosten**", die bei einer zwar genutzten, aber nicht voll ausgelasteten Kapazität zu höheren Herstellungskosten führen, „wie die Kosten nicht durch eine *offenbare Unterbeschäftigung* überhöht sind"; ein Indikator für „offenbare Unterbeschäftigung" wäre etwa Kurzarbeit. Eine Ausschaltung von "Unterbeschäftigungskosten" ist möglich, indem die Gemeinkosten auf der Basis einer Normal- oder Optimal-Beschäftigung angesetzt werden (vgl. hierzu auch: Betriebswirtschaftlicher und Finanzausschuß des Verbandes der Chemischen Industrie e.V., S. 1810 ff.).

c) Herstellungskosten nach Steuerrecht

Das **Steuerrecht** gewährt bei der Ermittlung und späteren Aktivierung von Herstellungskosten erheblich *weniger Spielraum* als das Handelsrecht. Werden nur die Einzelkosten bzw. nur die Einzel- und variablen Gemeinkosten als "Herstellungskosten" (I bzw. II) in der *Handelsbilanz* angesetzt, so sind diese Herstellungskosten für die **Steuerbilanz nicht** maßgeblich (= "**Durchbrechung** des Maßgeblichkeitsprinzips").

Nach R 33 EStR sind als **untere Wertgrenze** die "**Herstellungskosten III**" (vgl. Abb. 13) anzusetzen: Materialkosten + Fertigungskosten (jeweils einschl. der dazugehörigen gesamten variablen und fixen Gemeinkosten).

Allerdings heißt es in R 33 Abs. 4 S. 1 EStR (1998): „Das *handelsrechtliche Bewertungswahlrecht* für Kosten der allgemeinen Verwaltung und Aufwendungen für soziale Einrichtungen des Betriebs, für freiwillige soziale Leistungen und für betriebliche Altersversorgung sowie für Zinsen für Fremdkapital *gilt auch für die Steuerbilanz*; Voraussetzung für die Berücksichtigung als Teil der Herstellungskosten ist, daß in der Handelsbilanz entsprechend verfahren wird". Im einzelnen werden also folgende **Wahlrechte** gewährt: Obwohl grundsätzlich auch **Aufwendungen für die betriebliche Altersversorgung** (Direktversicherungen, Pensionsrückstellungen, Zuwendungen an Pensions- und Unterstützungskassen) zu den Herstellungskosten gehören, brauchen diese Aufwendungen bei den (steuerrechtlichen) Herstellungskosten **nicht** berücksichtigt zu werden (vgl. R 33 Abs. 4 S. 1 und S. 5 EStR). Das gleiche gilt auch für Jubiläumszuwendungen, Weihnachtsgeld, Wohnungszuschüsse und ähnliche **freiwillige soziale Aufwendungen** sowie für die Beteiligung der Arbeitnehmer am Gewinn des Unternehmens (vgl. R 33 Abs. 4 S. 4 EStR). Ferner werden Einbeziehungswahlrechte für **Aufwendungen für Sozialeinrichtungen** des Betriebs (z. B. Kantine oder Sportanlage) eingeräumt (vgl. R 33 Abs. 4 S. 3 EStR).

Vor allem aber besteht für die Steuerbilanz – wie auch für die Handelsbilanz – bezüglich der Einbeziehung der gesamten **Verwaltungs(gemein)kosten** ein **Wahlrecht**, d. h., sie können, müssen aber nicht in die Herstellungskosten einbezogen werden (vgl. R 33 Abs. 4 S. 1 und S. 2 EStR).

Bei einer ganzen Reihe von Kostenarten ist allerdings die Trennung von Fertigungsgemeinkosten und Verwaltungsgemeinkosten schwierig und problematisch. „Die Kosten der technischen Verwaltung des Fertigungs- und Materialbereichs, der Arbeitsvorbereitung, der Lagerverwaltung, des Lohnbüros usw. sind zweifellos in die Fertigungs- und nicht in die Verwaltungsgemeinkosten einzubeziehen und damit in der **Steuerbilanz** im Gegensatz zur Handelsbilanz aktivierungs**pflichtig**; die Kosten des Lohnbüros allerdings nur in dem Umfange, wie sie auf die Lohn- und Gehaltsabrechnung für die im Fertigungsbereich tätigen Arbeitnehmer entfallen, und die Kosten der Lagerverwaltung nur insoweit, wie sie für die Fertigung tätig ist (Werkstofflager, Lager der Halbfabrikate). Sobald ein Produkt verkaufsreif den Fertigungsbereich verläßt, geht die weitere Lagerung zu Lasten des Vertriebsbereiches" (Wöhe, Bilanzierung, S. 401).

Im Gegensatz zur Handelsbilanz wird auch bezüglich der "**Unterbeschäftigungskosten**" in R 33 Abs. 6 S. 1 EStR für die Steuerbilanz verlangt: „Wird ein Betrieb infolge teilweiser Stillegung oder mangelnder Aufträge nicht voll ausgenutzt, so sind die dadurch verursachten Kosten bei der Berechnung der Herstellungskosten **nicht** zu berücksichtigen". Nach der Begründung des BFH-Urteils vom 15.2.1966 (BStBl. 1966, Teil III, S. 468) führen allerdings Schwankungen in der Kapazitätsausnutzung, die sich aus der Art der Produktion wie z. B. bei einer Zuckerfabrik als Folge der Abhängigkeit von natürlichen Verhältnissen ergeben, nicht zu einer Minderung der Herstellungskosten.

Die "**Herstellungskosten IV**" (vgl. Abb. 13) als Summe aus der steuerrechtlichen Wertuntergrenze, den Verwaltungs(gemein)kosten und den Aufwendungen für soziale Leistungen bilden – wie im Handelsrecht – die **Obergrenze** der steuerrechtlichen Herstellungskosten; d. h., *Vertriebskosten* dürfen auch nach Steuerrecht nicht in die Herstellungskosten einbezogen werden (vgl. R 33 Abs. 5 S. 4 EStR). Den Unterschied bezüglich der Untergrenze von handelsrechtlichen Herstellungskosten (I) und steuerrechtlichen Herstellungskosten (III) veranschaulicht zusammenfassend noch einmal die Gegenüberstellung in Abbildung 14.

Kostenarten	Einbeziehung in die Herstellungskosten der	
	Handelsbilanz	Steuerbilanz
Material-Einzelkosten	muß	muß
+ Fertigungslohn-Einzelkosten	muß	muß
+ Sondereinzelkosten der Fertigung	muß	muß
= "Herstellungskosten I"	muß	muß
+ variable Material-Gemeinkosten	darf	muß
+ variable Fertigungs-Gemeinkosten	darf	muß
= "Herstellungskosten II"	darf	muß
+ fixe Material-Gemeinkosten	darf	muß
+ fixe Fertigungs-Gemeinkosten	darf	muß
+ Sondergemeinkosten der Fertigung	darf	muß
= "Herstellungskosten III"	darf	muß
+ Verwaltungs-(Gemein-)kosten	darf	darf
+ Aufwendungen für soz. Leistungen u. ä.	darf	darf
= "Herstellungskosten IV"	darf	darf
Vertriebs-Einzelkosten	darf nicht	darf nicht
Vertriebs-Gemeinkosten	darf nicht	darf nicht

Abb. 14: Handels- und steuerrechtliche Herstellungskosten im Vergleich

Ein Blick in die **Bilanzierungspraxis** zeigt: Von 100 untersuchten großen Kapitalgesellschaften in der BRD hatten 59 (1987) bzw. 56 (1988) Unternehmen im Rahmen der Erläuterungen zu den angewandten Bilanzierungs- und Bewertungsmethoden auch Angaben zu den **Herstellungskosten** und damit zur **Inanspruchnahme** der in § 255 Abs. 2 HGB eingeräumten **Bewertungswahlrechte** gemacht. Davon haben 1987 nur 2 und 1988 sogar nur 1 Unternehmen die *handelsrechtliche Wertuntergrenze* (= "Herstellungskosten I") gewählt; in 34 (1987) bzw. 31 (1988) Fällen entsprachen die Herstellungskosten der *steuerrechtlichen Wertuntergrenze* (= "Herstellungskosten III"); bei 23 Unternehmen (1987 und 1988) deutet die Beschreibung der Herstellungskosten darauf hin, daß ein Wert *zwischen* handels- und steuerrechtlicher Wertuntergrenze, also zwischen Herstellungskosten I und III, gewählt wurde; nur in einem Fall (Bewag AG) lag der Wert *über* der steuerlichen Wertuntergrenze (vgl. zu diesen Auswertungsergebnissen: Treuarbeit, Jahresabschlüsse, S. 100 f.; dies., Jahres- und Konzernabschlüsse, S. 63 f.). Nach dem Ergebnis einer Auswertung der Geschäftsberichte für 1995 von 100 Konzernen haben 52 Unternehmen Angaben zum Umfang der angesetzten Herstellungskosten gemacht. Dabei wurde der Ansatz im Umfang der *handelsrechtlichen* Wertuntergrenze in keinem Fall, im Umfang der *steuerrechtlichen* Wertuntergrenze in 36 Fällen und ein Wertansatz *über* der steuerlichen Wertuntergrenze in 3 Fällen gewählt; in 13 Fällen lagen die angesetzten Herstellungskosten wohl *zwischen* der handels- und steuerrechtlichen Wertuntergrenze (vgl. zu diesen Ergebnissen: C&L Deutsche Revision, S. 147 f.).

d) Abgrenzung zwischen "Erhaltungsaufwand" und "Herstellungsaufwand"

Ein schwieriges Abgrenzungsproblem ergibt sich häufig bei der Frage, ob und inwieweit größere Instandhaltungsarbeiten oder Reparaturen von unbeweglichen bzw. beweglichen Wirtschaftsgütern zu aktivieren sind (vgl. Wöhe, Bilanzierunge, S. 404 ff.).

Zum steuerrechtlich als Betriebsausgabe sofort **abzugsfähigen "Erhaltungsaufwand"** gehören Aufwendungen, die

(1) die Wesensart des Wirtschaftsgutes nicht verändern,
(2) das Wirtschaftsgut in ordnungsmäßigem Zustand erhalten sollen und
(3) regelmäßig in ungefähr gleicher Höhe wiederkehren.

Demnach sind Aufwendungen für die Erneuerung von bereits vorhandenen Teilen, Einrichtungen oder Anlagen regelmäßig Erhaltungsaufwand, z. B. also (vgl. R 157 Abs. 1 EStR):

– Einbau meßtechnischer Anlagen zur verbrauchsabhängigen Abrechnung von Heiz- und Wasserkosten oder
– Einbau einer privaten Breitbandanlage bei bestehenden Gebäuden;
– Anschluß an das Erdgasnetz im Zusammenhang mit der Umstellung einer bereits vorhandenen Heizungsanlage (vlg. H 157 EStH).

Hingegen gehören zum "**Herstellungsaufwand**", der zu einer Aktivierungs**pflicht** führt, solche Aufwendungen, die

(1) die Substanz des Wirtschaftsgutes vermehren (Erweiterung),
(2) den Zustand des Wirtschaftsgutes erheblich verbessern oder
(3) die bisherige Nutzungsdauer des Wirtschaftsgutes verlängern.

So ist nach Adler/Düring/Schmaltz (Erl. zu § 255 HGB Tz 122 ff.) beispielsweise Herstellungsaufwand anzunehmen bei Aufwendungen für:

– Anbau oder Aufstockung bei einem bereits bestehenden Gebäude,
– Einbau einer Fahrstuhlanlage,
– Verlängerung eines Förderbandes,
– Umbau eines Lagerhauses in ein Verwaltungsgebäude,
– Aufteilung eines großen Raumes in mehrere kleine Räume.

Zur Abgrenzung zwischen Erhaltungs- und Herstellungsaufwendungen bei Instandsetzung und Modernisierung von Gebäuden sei auf das BMF-Schreiben vom 16.12.1996 (BStBl. I, S. 1442) verwiesen.

e) Restbuchwert und Abbruchkosten eines Gebäudes

Der Große Senat des Bundesfinanzhofes hat in seinem BFH-Beschluß vom 12.6.1978 (BStBl. 1978 II, S. 620) die Frage entschieden, wie beim Abbruch eines Gebäudes der Restwert dieses Gebäudes und die Kosten des Abbruchs einkommensteuerlich zu behandeln sind. Er beantwortet diese Frage unterschiedlich, je nachdem, ob der Eigentümer das Gebäude ohne die Absicht, es abzureißen, oder ob er es schon in Abbruchsabsicht erworben hat (vgl. H 33a EStH, Stichwort "Abbruchkosten"):

Läßt der Erwerber eines objektiv technisch oder wirtschaftlich noch nicht verbrauchten Gebäudes dieses nach dem Erwerb abreißen, so sind im Jahr des Abbruchs die Abbruchkosten und der Restbuchwert des abgebrochenen Gebäudes *sofort abziehbare Betriebsausgaben*, wenn er das Gebäude **ohne Abbruchsabsicht** erworben hat (vgl. H 33a EStH).

Hat er dagegen ein solches Gebäude in **Abbruchsabsicht** erworben, so gehören der (Buch-)Wert und die Abbruchkosten, wenn der Abbruch des Gebäudes mit der Herstellung eines neuen Wirtschaftsgutes in einem engen wirtschaftlichen Zusammenhang steht, zu den **Herstellungskosten** dieses Wirtschaftsgutes, sonst zu den **Anschaffungskosten** des Grund und Bodens (vgl. BFH-Urteil vom 4.12.1984 (BStBl. 1985 II, S. 208) und H 33a EStH).

Wird mit dem Abbruch eines Gebäudes innerhalb von drei Jahren nach dem Erwerb begonnen, so spricht der Beweis des ersten Anscheins dafür, daß der Erwerber das Gebäude in der Absicht erworben hat, es abzureißen. Diesen Anscheinsbeweis kann der Steuerpflichtige durch einen Gegenbeweis entkräften, z. B., daß der Erwerb nicht in Abbruchsabsicht erfolgte, es zu dem Abbruch vielmehr erst aufgrund eines ungewöhnlichen – nicht typischen – Geschehensablaufs gekommen ist (vgl. H 33a EStH).

III. Gruppenbewertung im Anlagevermögen (§ 240 Abs. 4 HGB)

Mit § 240 Abs. 4 HGB wird i. V. m. § 256 S. 2 HGB das *Prinzip der* **Einzelbewertung durchbrochen**; denn er gestattet, daß bei der Aufstellung des Inventars und der Bilanz bestimmte gleichartige oder annähernd gleichwertige bewegliche Vermögensgegenstände zu einer Gruppe zusammengefaßt werden können. Der Gesetzgeber hat diese sog. "Gruppenbewertung" in der **Handelsbilanz** zugelassen, „um die Bewertungsarbeiten bei der Aufstellung des Inventars und des Jahresabschlusses in den Fällen zu vereinfachen, in denen in der Regel die größere Genauigkeit der Einzelbewertung in keinem angemessenen Verhältnis zum zusätzlichen Arbeitsaufwand steht" (Wöhe, Bilanzierung, S. 496). Soweit dies den Grundsätzen ordnungsmäßiger Buchführung entspricht, ist eine Gruppenbewertung nach § 240 Abs. 4 HGB zulässig

(1) bei **gleichartigen** (beweglichen) Vermögensgegenständen und
(2) bei **annähernd gleichwertigen** beweglichen Vermögensgegenständen.

Der Begriff der **Gleichartigkeit** beinhaltet, daß die Wirtschaftsgüter entweder der gleichen Warengattung angehören oder dem gleichen Verwendungszweck dienen, also "funktionsgleich" sind (vgl. Wöhe, Bilanzierung, S 497; Glade, S. 434; Adler/Düring/Schmaltz, Erl. zu § 240 HGB Tz 120). Zu denken wäre hier z. B. an Webstühle oder Drehbänke in einer Fabrik oder Flaschentransportkästen in einer Brauerei (vgl. Glade, S. 434) oder Gartenstühle und -liegen in einem (Ferien-)Hotel, aber auch an Wertpapiere des Anlagevermögens. § 240 Abs. 4 HGB verlangt, daß die zusammengefaßte Gruppe von Vermögensgegenständen „mit dem **gewogenen Durchschnittswert** angesetzt werden" kann. Demnach müssen die Maßeinheiten der einzelnen Vermögensgegenstände aggregierbar sein, d. h., es können nur solche (gleichartigen) Vermögensgegenstände zu einer Gruppe zusammengefaßt werden, die z. B. in Stück gemessen werden (vgl. Wöhe, Bilanzierung, S. 497).

Das Merkmal der **annähernden Gleichwertigkeit** erfüllen Vermögensgegenstände dann, wenn ihre Preise (je nach Bewertungsverfahren Einkaufs- oder Verkaufspreise) nur geringfügig voneinander abweichen, wie es z. B. bei Schraubenschlüsseln, Schraubenziehern und Steckschlüsseln in einer Kfz-Werkstatt der Fall sein kann. „Je niedriger der Einzelwert eines Vermögensgegenstandes ist, desto höher darf die prozentuale Wertabweichung, je höher der Einzelwert eines Vermögensgegenstandes ist, desto niedriger darf die prozentuale Wertabweichung der zu einer Gruppe zusammengefaßten Vermögensgegenstände sein" (Wöhe, Bilanzierung, S. 497). Ein Spielraum von 20 % zwischen dem höchsten und dem niedrigsten Einzelwert der einzelnen Vermögensgegenstände kann bei einem geringen Einzelwert wohl noch als vertretbar angesehen werden (vgl. Glade, S. 434; Adler/Düring/Schmaltz, Erl. zu § 240 HGB Tz 127 f.). „Allerdings ist es mit den GoB nicht vereinbar und widerspräche dem Sinn der Vorschrift, wenn völlig ungleiche Posten nur deshalb zu einer Gruppe zusammengefaßt werden, weil sie zufälligerweise gleiche oder annähernd gleiche Anschaffungs- oder Herstellungskosten haben. Vielmehr ist eine Gruppenbewertung nur dann zulässig, wenn für die Zusammenfassung zu einer Gruppe auch *andere wichtige gemeinsame Merkmale* sprechen, z. B. die Zugehörigkeit zur gleichen Anlagengruppe" (Adler/Düring/Schmaltz, Erl. zu § 240 HGB Tz 126).

Eine Gruppenbewertung im Anlagevermögen ist auch in der **Steuerbilanz** zulässig, da sich aus den Vorschriften des EStG nichts Gegenteiliges ergibt.

IV. Festbewertung im Anlagevermögen (§ 240 Abs. 3 HGB)

Nach § 240 Abs. 3 HGB können Gegenstände des **Sach**-Anlagevermögens, „wenn sie regelmäßig ersetzt werden und ihr Gesamtwert für das Unternehmen von nachrangiger Bedeutung ist, mit einer gleichbleibenden Menge und mit einem gleichbleibenden Wert angesetzt werden, sofern ihr Bestand in seiner Größe, seinem Wert und seiner Zusammensetzung nur geringen Veränderungen unterliegt. Jedoch ist in der Regel alle drei Jahre eine körperliche Bestandsaufnahme durchzuführen".

Auch diese sog. "**Festbewertung**", die nach § 256 S. 2 HGB ausdrücklich „auf den Jahresabschluß anwendbar" ist, stellt eine **Durchbrechung** des *Grundsatzes der* **Einzelbewertung** dar. Wie das Verfahren der Gruppenbewertung, dient auch dieses **Wahlrecht,** einen Festwert anzusetzen, in erster Linie einer Vereinfachung der Bewertungsarbeit bei der Inventur und dem Jahresabschluß (vgl. Wöhe, Bilanzierung, S. 499). Voraussetzung für eine Festbewertung von Gegenständen des Sach-Anlagevermögens ist allerdings, daß „ihr Gesamtwert für das Unternehmen von **nachrangiger** Bedeutung ist" (§ 240 Abs. 3 HGB).

Aus Vereinfachungsgründen **darf** ein derartiger **Festwert** bei Gütern des Sach-Anlagevermögens, insbesondere also bei der Betriebs- und Geschäftsausstattung (z. B. Werkzeugen, Gleisanlagen, Schreibmaschinen, Gerüst- und Schalungsteilen, Hotelgeschirr) angesetzt werden, falls diese Anlagegüter *nicht* bereits als **geringwertige Wirtschaftsgüter** *voll abgeschrieben* wurden (vgl. Coenenberg, Jahresabschluß, S. 122).

Dem Festwertverfahren liegt die Vorstellung zugrunde, daß die Vermögensgegenstände „**regelmäßig ersetzt werden**" (§ 240 Abs. 3 HGB) und Zugänge und Abgänge (Verbrauch) der zu bewertenden Anlagegegenstände sich in etwa entsprechen, so daß die **Zugänge** (Ersatzbeschaffung) gleich als **Aufwand** verbucht werden können (vgl. Wöhe, Bilanzierung, S. 499; Coenenberg, Jahresabschluß, S. 122). Ob sich Verbrauch und Zugänge in etwa entsprechen, muß i. d. R. alle **drei** Jahre (nach R 31 Abs. 4 S. 1 EStR: *spätestens* alle **fünf** Jahre) durch eine körperliche Bestandsaufnahme geprüft werden.

Zeigt die körperliche Bestandsaufnahme, daß der ermittelte Wert den bisherigen Festwert um **nicht mehr als 10 %** übersteigt, so **kann** der bisherige Festwert beibehalten werden (vgl. R 31 Abs. 4 S. 5 EStR). In diesem Rahmen liegt also ein echtes **Bewertungswahlrecht** für die Handels- und Steuerbilanz vor.

Übersteigt hingegen der bei einer Inventur ermittelte Wert den bisherigen Festwert um **mehr als 10 %**, so ist nach R 31 Abs. 4 S. 2 f. EStR „der ermittelte Wert als neuer Festwert maßgebend; der bisherige Festwert ist so lange um die Anschaffungs- oder Herstellungskosten der im Festwert erfaßten und nach dem Bilanzstichtag des vorangegangenen Wirtschaftsjahres angeschafften oder hergestellten Wirtschaftsgüter aufzustocken, bis der neue Festwert erreicht ist". In diesem Falle **muß** also der neue Festwert angesetzt werden.

Für den Fall, daß bei der Inventur aufgrund niedrigerer Preise oder geringerer Mengen ein **niedrigerer** Festwert ermittelt wird, heißt es in R 31 Abs. 4 S. 4 EStR weiter: „Ist der ermittelte Wert niedriger als der bisherige Festwert, so **kann** der Steuerpflichtige den ermittelten Wert als neuen Festwert ansetzen". Aus der Verwendung des Wörtchens "kann" im vorhergehenden Zitat könnte geschlossen werden, daß der Bilanzierende ein Bewertungswahlrecht dahingehend besitzt, ob er den niedrigeren Festwert ansetzen will oder nicht. Das *Niederstwertprinzip* erfordert m. E. jedoch, daß eine Unternehmung einen evtl. niedrigeren Wert sofort durch Verminderung des bisherigen Festwertes in der **Handelsbilanz** berücksichtigen muß (in diesem Sinne auch Meyer, S. 123 und Coenenberg, Jahresabschluß, S. 122 f.). Demzufolge **muß** wegen des **Maßgeblichkeitsprinzips** der Handelsbilanz für die Steuerbilanz m. E. auch in der **Steuerbilanz** der niedrigere Festwert sofort angesetzt werden; ein Bewertungswahlrecht besteht in diesem Falle m. E. also **nicht**.

Schließlich ist noch zu beachten: „Ein Festwert kann nicht schon bei der Gründung eines Unternehmens oder beim erstmaligen Anschaffen bzw. Herstellen solcher Güter gebildet werden, sondern erst nach einer altersmäßigen Mischung der Vermögensgegenstände" (Meyer, S. 123). Die neu angeschafften Wirtschaftsgüter werden zunächst linear abgeschrieben, bis der Festwert erreicht ist. Dieser Festwert beträgt in der Regel 40-50 % der Anschaffungs- bzw. Herstellungskosten.

In der **Praxis** hatten von 100 untersuchten großen deutschen Kapitalgesellschaften 11 (1987) bzw. 13 (1988) Unternehmen von dem Wahlrecht, einen Festwert für Gegenstände des Sachanlagevermögens anzusetzen, Gebrauch gemacht, so z. B. Bilfinger + Berger Bau AG, Hoesch AG, Mannesmann AG, Kali-Chemie AG, Klöckner-Humboldt-Deutz AG, Krupp Stahl AG, Preussag AG, Ruhrkohle AG, Saarbergwerk AG, Schmalbach-Lubeca AG (vgl. Treuarbeit, Jahresabschlüsse, S. 101 f.; dies., Jahres- und Konzernabschlüsse, S. 64). Bei Bilfinger+Berger Bau AG z. B. wird genormtes Rüst- und Schalmaterial mit einem Festwert angesetzt (vgl. Geschäftsbericht 1997, S. 78). Für den Ruhrkohle-Konzern findet sich im Geschäftsbericht 1998 (S. 75) folgender Hinweis: „Nach ertragsteuerlichen Grundsätzen angesetzte *Festwerte* bestehen bei der RAG für bestimmte Teile der Betriebsausstattung unter und über Tage". Ähnlich lautet ein Hinweis im Konzern-Geschäftsbericht 1997/98 (S. 99) des Preussag-Konzerns. Und bei Thyssen AG heißt es: „Für Gleisanlagen, Werksgeräte und Reserveteile bestehen Festwerte in Höhe von 40 % der Anschaffungs- oder Herstellungskosten" (Konzern-Geschäftsbericht 1998, S. 100). Auch bei der Asea Brown Boveri Boveri AG sind „Teile des Anlagevermögens... mit Festwerten angesetzt" (Geschäftsbericht 1998, S. 45).

V. Planmäßige Abschreibungen beim Anlagevermögen (§ 253 Abs. 2 HGB)

Abschreibungen können als eine Verteilung der Anschaffungs- bzw. Herstellungskosten von Wirtschaftsgütern, deren Nutzungsdauer über das Ende eines Geschäftsjahres hinausgeht, auf die voraussichtliche Nutzungsdauer angesehen werden. Als Gründe für die Vornahme von Abschreibungen lassen sich nennen:

- Erfassung des Werteverzehrs (als "Kosten" für Kalkulationszwecke),
- Ermittlung des Perioden-Erfolges,
- Ausnutzung von Steuervorteilen (zum einen, um eine "Steuerstundung" = Zinsgewinn zu erreichen, d. h. eine Verschiebung des Zeitpunktes der Steuerzahlung in spätere Jahre bei einem konstanten Brutto-Gewinn vor Abschreibung; zum anderen, um evtl. sogar eine "Steuerersparnis" zu realisieren, indem durch einen "gleichmäßigen" Gewinnausweis für die einzelnen Jahre die Nachteile einer Steuerprogression vermieden werden).

Nach § 253 Abs. 2 S. 1 HGB **müssen** bei den Gegenständen des Anlagevermögens, deren *Nutzung zeitlich begrenzt* ist, die Anschaffungs- oder Herstellungskosten über die voraussichtliche Nutzungsdauer um **planmäßige** Abschreibungen vermindert werden. Somit besteht kein Bewertungswahlrecht dahingehend, ob ein Wirtschaftsgut des Anlagevermögens abgeschrieben werden soll oder nicht. Vielmehr ergeben sich **Bewertungswahlrechte** erst aus den einzelnen Determinanten, welche die Höhe der Abschreibungen in den einzelnen Jahren bestimmen.

a) Festlegung der Nutzungsdauer

In der **Handelsbilanz** sind nach § 253 Abs. 2 S. 2 HGB die Abschreibungen auf die voraussichtliche Nutzungsdauer des Vermögensgegenstandes zu verteilen. Dabei ist wichtig, daß mit "Nutzungsdauer" die **wirtschaftliche Nutzungsdauer**, *nicht* die *technische* Nutzungsdauer gemeint ist. Der Grundsatz der kaufmännischen Vorsicht gebietet hier im Zweifel den Ansatz einer eher zu kurzen als einer zu langen wirtschaftlichen Nutzungsdauer.

Im **Steuerrecht** wird von "betriebsgewöhnlicher Nutzungsdauer" gesprochen. Dazu heißt es in den Vorbemerkungen zu den AfA-Tabellen in Nr.4: „Bei der Ermittlung der Nutzungsdauer ist die technische und die wirtschaftliche Abnutzung berücksichtigt, die sich im **Durchschnitt** bei einem **unter üblichen Bedingungen** in **einer** Schicht arbeitenden Betrieb nach dem gegenwärtigen Stand der wirtschaftlichen und technischen Verhältnisse ergibt". Die AfA-Tabellen enthalten für die wichtigsten Wirtschaftsgüter die üblichen Nutzungszeiträume. In begründeten Fällen (z. B. Zwei-Schicht-Betrieb) darf hiervon abgewichen werden. Als Beginn der Nutzungsdauer gilt der Zeitpunkt der Anschaffung (Erlangung der Verfügungsgewalt) oder der Fertigstellung.

Ein **Beispiel** dafür, wie mit der Bemessung der Nutzungsdauer in der **Praxis** Bilanzpolitik betrieben werden kann, lieferte die Deutsche Lufthansa AG. Sie hatte bis 1991 neue Verkehrsflugzeuge und Reservetriebwerke linear über *10* Jahre mit 9,5 % p. a. bis auf einen Restwert von 5 % des Anschaffungswertes abgeschrieben (vgl. Geschäftsbericht 1991, S. 33). Ab 1992 jedoch hat sie für die genannten Wirtschaftsgüter eine Nutzungsdauer von *12* Jahren angesetzt und gleichzeitig den Restwert, auf den abgeschrieben wird, auf 15 % der Anschaffungskosten erhöht (vgl. Geschäftsbericht 1992, S. 33). Durch die daraus resultierende Änderung der linearen Abschreibung von bisher 9,5 % p. a. auf nunmehr rd. 7 % p. a. ergaben sich „positive Auswirkungen auf das Jahresergebnis von 349 Mio. DM in der AG" (Geschäftsbericht 1992, S. 33).

b) Wahl der Abschreibungsmethode

Nach **Handelsrecht** besteht die sog. "**Methodenfreiheit**", d. h., das HGB erlaubt die Anwendung aller **Abschreibungsmethoden**, sofern sie den GoB entsprechen. Der Bilanzierende besitzt also bei der Wahl der Abschreibungsmethode weitgehende Freiheiten; allerdings muß er den *"Grundsatz* der **Bewertungsmethoden-Stetigkeit**" beachten (vgl. hierzu die Ausführungen in Kapitel 2 Abschnitt B Vg). Für planmäßige Abschreibungen im Sinne des § 253 Abs. 2 HGB (i. V. m. § 243 Abs. 1 HGB) kommen folgende Methoden in Betracht:

- lineare Abschreibung,
- degressive Abschreibung, sowohl mit geometrischer als auch mit arithmetischer Degression,
- progressive Abschreibung,
- Abschreibung nach Maßgabe der Leistung,
- Abschreibung nach Maßgabe der Substanzverringerung,
- Kombination von Abschreibungsmethoden (insbesondere von der degressiven und der linearen Methode).

Bei der Methode der **linearen** Abschreibung werden die Anschaffungs- oder Herstellungskosten gleichmäßig auf die (voraussichtliche) Nutzungsdauer verteilt, indem der Gesamtbetrag der Anschaffungs- oder Herstellungskosten durch die Zahl der (voraussichtlichen) Nutzungsjahre dividiert wird.

Bei der Methode der **degressiven** Abschreibung (im Steuerrecht auch „Abschreibung in *fallenden* Jahresbeträgen" genannt) ist zu unterscheiden zwischen der geometrisch-degressiven Abschreibung, der arithmetisch-degressiven Abschreibung und der Abschreibung in unregelmäßig fallenden Jahresbeträgen.
Während die lineare Abschreibung mit einem festen Prozentsatz von den Anschaffungs- oder Herstellungskosten arbeitet, bezieht sich bei der **geometrisch-degressiven** Abschreibung der konstante Prozentsatz auf den sich jeweils ergebenden Restbuchwert. Deshalb wird die geometrisch-degressive Abschreibung auch als "*Buchwertabschreibung*" bezeichnet.

Es läßt sich zeigen (vgl. die Übungs-Aufgabe 66 in diesem Buch), daß die Methode der geometrisch-degressiven Abschreibung nicht zum Restwert von Null führt; vielmehr verbleibt in der Regel ein relativ hoher Restwert am Ende der Nutzungsdauer. Demzufolge muß der auf den jeweiligen Restbuchwert anzuwendende Abschreibungsprozentsatz umso höher sein, je niedriger der **Liquidationswert** am Ende der Nutzungsdauer ist, auf den abgeschrieben werden soll.

Zu dem Einfluß, den die Höhe des Liquidationswertes auf den Abschreibungsprozentsatz ausübt, und zu dem Unterschied im Abschreibungsverlauf bei geometrisch-degressiver Abschreibung einerseits und linearer Abschreibung andererseits sei auf die Übungs-Aufgaben 66 f. in diesem Buch verwiesen.

Bei der Methode der **arithmetisch-degressiven** Abschreibung verringern sich die jährlichen Abschreibungsbeträge um einen konstanten Betrag.

Die bekannteste Form der arithmetisch-degressiven Abschreibung ist die sog. "digitale" Abschreibung. Bei ihr wird dergestalt auf den Wert Null abgeschrieben, daß der Abschreibungsbetrag des letzten Jahres gerade gleich dem sog. "**Degressionsbetrag**" ist, um den die Abschreibungen von Jahr zu Jahr abnehmen.

Im Gegensatz zur geometrisch-degressiven Abschreibung und zur arithmetisch-degressiven Abschreibung sinken bei der dritten Form der degressiven Abschreibung die Abschreibungsbeträge von Jahr zu Jahr **unregelmäßig**. Anschauliche Beispiele für derartige unregelmäßig fallende Abschreibungsbeträge liefert § 7 Abs. 5 EStG. Eventuell resultiert die Unregelmäßigkeit aber auch erst daraus, daß der Bilanzierende *an Stelle* oder *neben* der normalen Abschreibung von steuerlich zulässigen "**erhöhten Absetzungen**" oder "**Sonderabschreibungen**" Gebrauch macht. Wie noch zu zeigen sein wird (vgl. Abschnitt D VIII von Kapitel 3), ist es dabei meist in das Belieben des Steuerpflichtigen gestellt, wie er die gesamten zulässigen Sonderabschreibungen auf mehrere Jahre verteilt.

Bei der sog. "**progressiven** Abschreibung" (= Abschreibung in steigenden Jahresbeträgen) ist im ersten Jahr der Nutzung der Abschreibungsbetrag am geringsten, im letzten Jahr der Nutzung am höchsten. „Die Ermittlung der Jahresquoten erfolgt in der gleichen Weise wie bei der degressiven Abschreibung, lediglich werden die Beträge in umgekehrter zeitlicher Reihenfolge verrechnet. Die jährlichen Abschreibungsquoten können also in geometrischer, arithmetischer oder unregelmäßiger Folge steigen" (Wöhe, Bilanzierung, S. 447). Progressive Abschreibungen könnten sinnvoll sein, wenn erst nach einer mehrjährigen Anlaufzeit eine volle Ausnutzung der abzuschreibenden Anlage und steigende Erträge erwartet werden; dies könnte z. B. bei Kraftwerken der Fall sein (vgl. Küting/Weber, Bd. Ia, S. 936). In der Praxis besitzt das Verfahren der progressiven Abschreibung jedoch kaum Bedeutung.

Einen gewissen Gegensatz zu den bisher behandelten Abschreibungs-Methoden, die alle sog. "**Zeitabschreibungen**" ermitteln, stellt die Methode der Abschreibung **nach Maßgabe der Leistung** dar, welche mit sog. "**Leistungsabschreibungen**" arbeitet. Die Anschaffungs- oder Herstellungskosten werden hier entsprechend der Beanspruchung, d. h. entsprechend der in einer Abschreibungsperiode mit dem abzuschreibenden Anlagegut produzierten Leistungen (Maschinenstunden, Kilometerleistung bei Kraftfahrzeugen, Stückzahl der gefertigten Produkte) verteilt. Die Höhe der jährlichen Abschreibung hängt somit vom jeweiligen Beschäftigungsgrad ab, so daß bei entsprechender Inanspruchnahme lineare, degressive, progressive oder aber unregelmäßige Abschreibungsverläufe möglich sind (ähnlich auch: Wöhe, Bilanzierung, S. 435). Ein Hinweis auf "Leistungs-Abschreibungen" in der **Praxis** findet sich z. B. im RWE-Geschäftsbericht 1998 (S. 87).

Ferner sind in der Handelsbilanz auch sog. Abschreibungen "nach Maßgabe der **Substanzverringerung**" zulässig bei Bergbauunternehmen, Steinbrüchen und anderen Betrieben, die einen Verbrauch der Substanz mit sich bringen (vgl. § 7 Abs. 6 EStG).

Schließlich sei noch erwähnt, daß die Methodenfreiheit, die das Handelsrecht bezüglich der Anwendung der Abschreibungsmethoden dem Bilanzierenden gewährt, auch eine **Kombination von Abschreibungsmethoden** erlaubt. Insbesondere der Übergang von der degressiven Abschreibung auf die lineare Abschreibung ist hier zu nennen; darauf wird in einem gesonderten Abschnitt noch eingegangen. In der Praxis findet sich außerdem noch die Kombination von Leistungsabschreibung und linearer Abschreibung; dabei wird die Mindestabschreibung nach der linearen Methode bemessen, bei höherer Inanspruchnahme wird nach Maßgabe der höheren Leistung entsprechend mehr abgeschrieben.

Nunmehr ist der Frage nachzugehen, inwieweit die Methodenfreiheit bezüglich der Wahl der Abschreibungsverfahren auch nach **Steuerrecht** gilt.

Nach § 7 EStG (vgl. auch R 44 EStR) sind folgende Abschreibungs-Methoden zulässig:

- lineare Abschreibung,
- degressive Abschreibung,
- Abschreibung nach Maßgabe der Leistung,
- Abschreibung nach Maßgabe der Substanzverringerung,
- Kombination von degressiver und linearer Abschreibung.

Während die *progressive Abschreibung* in der Steuerbilanz nach Wöhe (Bilanzierung, S. 435) als Zeitabschreibung und nach Küting/Weber (Bd. Ia, S. 935 f.) generell *nicht* zulässig sein soll, weist Biergans (S. 447) darauf hin: „Die progressive Abschreibung ist steuerrechtlich *weder* durch Gesetz *verboten noch* durch die Rechtsprechung *abgelehnt* worden". Von diesem umstrittenen Fall einmal abgesehen, scheint somit das Steuerrecht auf den ersten Blick die gleiche Freiheit bezüglich der Abschreibungsmethoden zu gewähren wie das Handelsrecht. Bei näherer Betrachtung zeigt sich jedoch, daß das **Steuerrecht** den aus der Methodenfreiheit resultierenden **Bewertungsspielraum** für die Steuerbilanz in einigen Punkten (wesentlich) **einengt**. Im einzelnen gelten folgende Vorschriften:

Die **lineare** Abschreibung oder – wie sie im Steuerrecht heißt – die **Absetzung für Abnutzung in gleichen Jahresbeträgen** (vgl. § 7 Abs. 1 S. 1 und S. 2 EStG) betrachtet der Steuergesetzgeber als Normalfall der Verteilung der Anschaffungs- oder Herstellungskosten. Dies zeigt sich nach Wöhe (Bilanzierung, S. 437) z. B. darin, daß ein Übergang von der linearen zur degressiven Abschreibung nicht erlaubt ist (vgl. § 7 Abs. 3 S. 3 EStG) und daß die unter bestimmten Voraussetzungen mögliche degressive Abschreibung von Gebäuden nur vom Steuerpflichtigen, der das Gebäude herstellt (= Bauherr) oder *bis zum* Ende des Jahres der Fertigstellung anschafft, nicht dagegen von einem späteren Erwerber in Anspruch genommen werden darf (vgl. § 7 Abs. 5 EStG).

1958 wurde durch den § 7 Abs. 2 EStG die **geometrisch-degressive** Abschreibung ("Buchwertabschreibung") für bewegliche Wirtschaftsgüter des Anlagevermögens erstmals ausdrücklich durch den Gesetzgeber erlaubt. Sie ist auch heute noch gemäß § 7 Abs. 2 EStG zulässig, jedoch muß der zu wählende Abschreibungsprozentsatz zwei Bedingungen erfüllen:

(1) Er darf *höchstens* das **3-fache** des bei der Absetzung für Abnutzung in gleichen Jahresbeträgen in Betracht kommenden Hundertsatzes betragen, und

(2) er darf unabhängig von der ersten Bedingung **30 %** *nicht übersteigen* (vgl. § 7 Abs. 2 S. 2 EStG).

Bis zu einer Nutzungsdauer von 10 Jahren ist die Höchstgrenze von 30 % maßgebend, denn hier beträgt das 3-fache des linearen Satzes genau 30 %. Bei längerer Laufzeit verliert die Höchstgrenze von 30 % ihre Bedeutung, jedoch ist dann die erste Bedingung zu beachten, daß der Prozentsatz bei geometrisch-degressiver Abschreibung das 3-fache des linearen Satzes nicht übersteigen darf. Die Begrenzung des Abschreibungsprozentsatzes führt vor allem bei Anlagegütern mit einer Nutzungsdauer unter 10 Jahren zu recht hohen Restwerten. Um ein Anlagegut auf den Wert Null abschreiben zu können, ist der Betrieb quasi gezwungen, von der degressiven auf die lineare Abschreibung überzugehen. Auf diesen Wechsel der Abschreibungsmethode wird im folgenden Abschnitt c) noch eingegangen.

Die **arithmetisch-degressive** bzw. **digitale** Abschreibung ist aufgrund des Steuerbereinigungsgesetzes 1985 ab Veranlagungszeitraum 1985 in der Steuerbilanz *nicht mehr* anwendbar.
Zulässig ist hingegen eine Sonderform der arithmetisch-degressiven Abschreibung: die „Abschreibung **in fallenden Staffelsätzen**" (in diesem Sinne auch: Weiße, Kommentar zu § 7 EStG Tz 103). Sie ist nach § 7 Abs. 5 EStG bei **Gebäuden** erlaubt, die vom Steuerpflichtigen hergestellt oder bis zum Ende des Jahres der Fertigstellung angeschafft worden sind. Hiernach darf der Bauherr von den Herstellungskosten eines Gebäudes, das zum Betriebsvermögen gehört und nicht Wohnzwecken dient und für das der Bauantrag vor dem 1.1.1994 gestellt wurde, beispielsweise folgende Beträge abschreiben: im Jahr der Fertigstellung oder Anschaffung und in den folgenden 3 Jahren jeweils 10 %, in den darauf folgenden 3 Jahren jeweils 5 % und in den darauf folgenden 18 Jahren jeweils 2,5 % (vgl. 7 Abs. 5 S. 1 Nr. 1 EStG). Es sei darauf hingewiesen, daß die soeben beschriebene Möglichkeit der degressiven Abschreibung für *Betriebsgebäude*, für die

der Bauantrag nach dem 31.12.1993 gestellt oder der Kaufvertrag nach dem 31.12.1993 abgeschlossen wurde, durch das StandOG *abgeschafft* wurde; für derartige Wirtschaftsgebäude ist nunmehr nur noch die lineare Abschreibung nach § 7 Abs. 4 EStG mit 4 % p. a. möglich (vgl. Franz/Rupp, S. 12).

Nach § 7 Abs. 1 S. 5 EStG n. F. ist bei *beweglichen* Gütern des Anlagevermögens eine Absetzung **nach Maßgabe der Leistung** dann zulässig, wenn folgende Voraussetzungen erfüllt sind:

(1) Eine solche Abschreibung muß sich wirtschaftlich begründen lassen. Nach R 44 Abs. 5 S. 2 EStR ist eine solche Absetzung nach Maßgabe der Leistung dann wirtschaftlich begründet, wenn „deren Leistung in der Regel erheblich schwankt und deren Verschleiß dementsprechend wesentliche Unterschiede aufweist".

(2) Der Leistungsumfang muß für das einzelne Jahr nachweisbar sein (vgl. R 44 Abs. 5 S. 3). Ein solcher Nachweis kann nach R 44 Abs. 5 S. 4 EStR „z. B. bei einer Spezialmaschine durch ein die Anzahl der Arbeitsvorgänge registrierendes Zählwerk oder bei einem Kraftfahrzeug durch den Kilometerzähler geführt werden".

Wie bereits an anderer Stelle erwähnt, ist eine Absetzung **nach Maßgabe des Substanzverzehrs** zulässig bei Bergbauunternehmen, Steinbrüchen und anderen Betrieben, die einen Verbrauch der Substanz mit sich bringen (vgl. § 7 Abs. 6 EStG). Voraussetzung für eine derartige Abschreibung beim Abbau von Bodenschätzen ist allerdings, daß der Steuerpflichtige die Bodenschätze entgeltlich erworben hat; lt. BFH-Urteil vom 5.6.1973 (BStBl. 1973 II, S. 702) sind selbst entdeckte Bodenschätze nicht abschreibungsfähig (vgl. Biergans, S. 48; siehe auch R 44a EStR).

Durch die Beschränkung der geometrisch-degressiven Abschreibung auf maximal 30 % und nicht mehr als das 3-fache des linearen Satzes würde eine geometrisch-degressive Abschreibung in vielen Fällen zu einem sehr hohen Restbuchwert am Ende der Nutzungsdauer führen. Deshalb ist nach § 7 Abs. 3 S. 1 EStG der **Übergang** auf die Absetzung für Abnutzung in gleichen Jahresbeträgen zulässig. Hierauf soll im folgenden Abschnitt c) noch etwas näher eingegangen werden.

c) Wechsel der Abschreibungsmethode

Wie schon mehrmals erwähnt, führt die geometrisch-degressive Abschreibungsmethode – insbesondere aufgrund der Begrenzung der steuerlich zulässigen Sätze nach oben – zu relativ hohen Restbuchwerten am Ende der Nutzungsdauer. Da diese zu hohen Restbuchwerte kein "wahres" Bild von den tatsächlichen Anlagewerten in den letzten Jahren der Nutzungsdauer wiedergeben, ist sowohl handelsrechtlich als auch steuerrechtlich (vgl. § 7 Abs. 3 S. 1 EStG) der **Übergang** von der (zunächst) **degressiven** Abschreibung auf die (dann) **lineare** Abschreibung zulässig. Verboten ist hingegen der umgekehrte Fall des Wechsels von der linearen zur degressiven Abschreibung (§ 7 Abs. 3 S. 3 EStG).

Von diesem Wahlrecht, die Abschreibungsmethode zu wechseln, macht die **Praxis** häufig Gebrauch. Entsprechende Hinweise finden sich 1998 beispielsweise bei Asea Brown Boveri AG, BASF AG, BBS Kraftfahrzeugtechnik AG, Beiersdorf AG, BMW AG, Hugo Boss AG, Daimler Chrysler AG, Drägerwerk AG, RWE-Konzern, Reemtsma Cigarettenfabriken GmbH, Ruhrkohle AG, Schering AG, Siemens AG, Südzucker AG, Quelle Schickedanz AG & Co. und Volkswagen-Konzern; so heißt es etwa im Geschäftsbericht der Siemens AG für 1998 (S. 6): „Auf die lineare Abschreibungsmethode gehen wir über, sobald diese zu höheren Abschreibungen führt".

Wie sich der optimale **Übergangszeitpunkt** von der degressiven auf die lineare Abschreibung ermitteln läßt, mit dem möglichst frühzeitige und möglichst hohe jährliche Abschreibungen durch einen Wechsel der Abschreibungsmethode erreicht werden, ist in der Übungs-Aufgabe 67 in diesem Buch dargestellt.

Auch ein *genereller* Wechsel bei den bisher angewandten Abschreibungsmethoden ist möglich, löst dann allerdings wegen der Abweichung vom "Gebot der Bewertungsmethoden-Stetigkeit" des § 252 Abs. 1 Nr. 6 HGB bei Kapitalgesellschaften entsprechende Erläuterungspflichten im Anhang aus (vgl. § 284 Abs. 2 Nr. 3 HGB). So findet sich z. B. bei der Ruhrkohle AG (Konzern-Geschäftsbericht 1998, S. 74) folgender Hinweis: „Im Bergbaubereich der RAG wird beginnend mit dem Geschäftsjahr 1998 die lineare Abschreibungsmethode ... angewendet; bei in Vorjahren *degressiv* abgeschriebenen Anlagegütern wurde vollständig auf die *lineare* Methode *gewechselt*"!

d) Ansatz eines Restwertes

Die Basis für die Berechnung der Abschreibungen bilden grundsätzlich die Anschaffungs- oder Herstellungskosten. Ein **Rest- oder Schrottwert** (voraussichtlicher Liquidationswert) **braucht** grundsätzlich **nicht** berücksichtigt zu werden (vgl. Meyer, S. 117; Wöhe, Bilanzierung, S. 431; so auch R 44 Abs. 3 EStR), **kann** aber angesetzt werden (**Bewertungswahlrecht**).

Nur dann, wenn der Schrottwert (Liquidationswert) im Verhältnis zum Gesamtabschreibungsbetrag außerordentlich hoch ist (z. B. mehr als 20 % der Anschaffungskosten ausmacht), ist der voraussichtliche Liquidationswert (Restwert R_n) vor Berechnung der Abschreibungen von den Anschaffungs- oder Herstellungskosten abzusetzen (vgl. Biergans, S. 452). Zu denken ist hier beispielsweise an Schiffe, Lokomotiven u. ä. (vgl. Meyer, S. 117). Ein interessantes Beispiel für die Ausnutzung des Wahlrechts in der **Praxis** liefert erneut die Deutsche Lufthansa AG. Sie weist in ihrem Geschäftsbericht für 1998 (S. 83) darauf hin, daß neue Verkehrsflugzeuge und Reservetriebwerke (seit 1992) linear über 12 Jahre *bis auf einen Restwert von 15 % der Anschaffungskosten* abgeschrieben werden; bis 1991 wurden lineare Abschreibungen in Höhe von 9,5 % p. a. – für 10 Jahre – bis auf einen Restwert von nur *5 %* des Anschaffungswertes vorgenommen (vgl. Geschäftsbericht 1991, S. 33). Hingegen wurden gebraucht erworbene Flugzeuge oder Reservetriebwerke weiterhin ebenso wie Schulflugzeuge degressiv *ohne* Berücksichtigung von Restwerten innerhalb von 8 Jahren abgeschrieben (vgl. Geschäftsbericht 1992, S. 33).

e) Vereinfachungsregel

Als letztes **Bewertungswahlrecht**, das im Zusammenhang mit planmäßigen Abschreibungen handels- und steuerrechtlich gewährt wird, sei die sog. "**Vereinfachungsregel**" gem. R 44 Abs. 2 S. 3 EStR genannt.

Hiernach **können** im Laufe des Wirtschaftsjahres angeschaffte **bewegliche** Gegenstände des Anlagevermögens aus Vereinfachungsgründen wie folgt behandelt werden:

– bei Anschaffung im 1. Halbjahr dürfen Abschreibungen in Höhe des auf das **gesamte** Jahr entfallenden Betrages vorgenommen werden;
– bei Anschaffung im 2. Halbjahr dürfen Abschreibungen in Höhe des **halben** Jahresbetrages verrechnet werden.

Daß die **Praxis** von dieser Vereinfachungsregel regen Gebrauch macht, zeigte beispielsweise folgende Formulierung im Geschäftsbericht 1988 (S. 33) der BSW-Badische Stahlwerke AG: „Bei beweglichen Wirtschaftsgütern des Anlagevermögens mit Zugang im ersten Halbjahr erfolgt die Abschreibung mit dem vollen, bei Zugang im zweiten Halbjahr mit dem halben Jahressatz"; ähnlich ausführliche Formulierungen finden sich in den Geschäftsberichten für 1998 von Asea Brown Boveri AG, BBS Kraftfahrzeugtechnik AG, Klöckner & Co AG, Friedrich Krupp AG Hoesch-Krupp, Quelle Schickedanz AG & Co, Ruhrkohle-Konzern, RWE-Konzern, Thyssen-Konzern und Volkswagen-Konzern.

VI. Außerplanmäßige Abschreibungen bzw. Absetzungen für außergewöhnliche Abnutzung beim Anlagevermögen (§ 253 Abs. 2 S. 3 HGB)

Neben den zuvor behandelten planmäßigen Abschreibungen sind nach **Handelsrecht** bei Gegenständen des Anlagevermögens auch "**außerplanmäßige** Abschreibungen" zulässig, „um die Vermögensgegenstände mit dem niedrigeren Wert anzusetzen, der ihnen am Abschlußstichtag beizulegen ist" (§ 253 Abs. 2 S. 3 HGB). Ebenso sind nach **Steuerrecht** sog. "Absetzungen für **außergewöhnliche** Abnutzung" (AfaA) nach § 7 Abs. 1 S. 6 EStG n. F. bzw. sogenannte "**Teilwertabschreibungen**" nach § 6 Abs. 1 Nr. 1 S. 2 und Nr. 2 S. 2 EStG zulässig.

Die Bezeichnungen "außerplanmäßig" bzw. "außergewöhnlich" besagen, „daß die dem Abschreibungsplan entsprechende Bewertung zu hoch ist, weil wertmindernde Tatbestände eingetreten sind, die im Plan nicht berücksichtigt wurden" (Wöhe, Bilanzierung, S. 451). Somit bilden also **Wertminderungen** den Grund für "außerplanmäßige" Abschreibungen bzw. Absetzungen für "außergewöhnliche Abnutzung".

Im Gegensatz dazu liegt der Grund für sog. eigentlich "nur steuerrechtlich zulässige Abschreibungen" *nicht* in Wertminderungen, sondern in bestimmten wirtschaftspolitischen Zielsetzungen, die durch steuerliche Erleichterungen oder Vorteile erreicht werden sollen. Im folgenden soll daher zwischen außerplanmäßigen Abschreibungen aufgrund von Wertminderungen einerseits und nur steuerrechtlichen zulässigen Abschreibungen andererseits unterschieden werden, auf die erst im übernächsten Abschnitt D VIII eingegangen wird.

Im einzelnen gilt für die **Handelsbilanz** folgendes:

Eine außerplanmäßige Abschreibung im Sinne des § 253 Abs. 2 S. 3 HGB kann notwendig werden, wenn bei **abnutzbaren** Gegenständen des Anlagevermögens der ihnen "am Bilanzstichtag **beizulegende Wert**" unter demjenigen Buchwert liegt, der mit Hilfe der planmäßigen Abschreibung ermittelt wurde. Analog dazu können beim **nicht abnutzbaren** Anlagevermögen (insbesondere Grund und Boden, Anlagen im Bau, Beteiligungen, Wertpapiere) außerplanmäßige Abschreibungen dann erforderlich werden, wenn der "am Bilanzstichtag beizulegende Wert" unter den Anschaffungs- bzw. Herstellungskosten liegt. In beiden Fällen **muß** die außerplanmäßige Abschreibung vorgenommen werden, wenn es sich um eine **dauernde** Wertminderung handelt (§ 253 Abs. 2 S. 3, 2. Halbsatz HGB).

Hingegen besteht ein **Bewertungswahlrecht** dann, wenn die Wertminderung voraussichtlich nur **vorübergehend** sein wird; in diesem Falle **darf** der niedrigere Wert angesetzt werden (sog. **gemildertes Niederstwertprinzip**). Dieses gemilderte Niederstwertprinzip gilt für **Nicht**-Kapitalgesellschaften uneingeschränkt, d. h. für Gegenstände des **Sach**- und des **Finanz**anlagevermögens. Hingegen müssen Kapitalgesellschaften zweierlei beachten: Nach § 279 Abs. 1 S. 2 HGB dürfen **Kapitalgesellschaften** außerplanmäßige Abschreibungen wegen vorübergehender Wertminderung **nur** (noch) bei **Finanz**anlagen, also nicht (mehr) bei Gegenständen des Sachanlagevermögens, vornehmen (vgl. Hilke, Bewertungswahlrechte, S. 247 f.); gleiches gilt ab 1999 nach dem KapCoRiLiG auch für die **GmbH & Co KG**. Ferner müssen Kapitalgesellschaften und GmbH & Co KGs nach § 277 Abs. 3 S. 1 HGB den **Betrag** der außerplanmäßigen Abschreibungen in der G+V-Rechnung **gesondert** ausweisen **oder** im **Anhang** angeben (= **Ausweiswahlrecht**), und zwar unabhängig davon, ob diese außerplanmäßigen Abschreibungen auf einer voraussichtlich dauernden oder einer nur vorübergehenden Wertminderung beruhen.

Für alle Rechtsformen lassen sich folgende **Ursachen** für die außerplanmäßigen (bzw. außergewöhnlichen) Wertminderungen nennen:

(1) **Technische Ursachen**: Eine außergewöhnliche, durch die planmäßige Abschreibung noch nicht berücksichtigte technische Abnutzung liegt dann vor, „wenn durch besondere Umstände ein erhöhter Verschleiß oder Substanzverzehr bei einem abnutzbaren Vermögensgegenstand (z. B. durch Brand, Explosion, Hochwasser, Bergschäden oder auch durch vorübergehende Mehrinanspruchnahme durch Einlegen einer zweiten Schicht) eingetreten ist" (Wöhe, Bilanzierung, S. 451).

(2) **Wirtschaftliche Ursachen**: Insbesondere der technische Fortschritt und die Einschränkung bzw. der Fortfall der Verwendungsmöglichkeit des Anlagegutes (z. B. durch Nachfrageveränderungen oder durch Verlust von Absatzgebieten infolge politischer Ereignisse) lassen sich als Gründe für eine außerordentliche wirtschaftliche Abnutzung anführen.

(3) **Sinken der Wiederbeschaffungskosten** oder des **Einzelveräußerungswertes**: Gesunkene *Wiederbeschaffungskosten* können den Wert einer Anlage im Hinblick auf die Konkurrenzfähigkeit des betrachteten Unternehmens beeinträchtigen. „Da Konkurrenzunternehmen, die mit neu erworbenen Anlagen arbeiten, geringere Abschreibungen zu verrechnen haben, werden die zukünftigen Nutzungsmöglichkeiten der eigenen Anlage (des betrachteten Unternehmens, Anm. d.Verf.) möglicherweise beschnitten, so daß aus Vorsichtsgründen eine außerplanmäßige Abschreibung geboten sein kann" (Adler/Düring/Schmaltz, Erl. zu § 253 HGB Tz 457).

Der *Einzelveräußerungswert* kommt nur in Frage für stillgelegte Anlagen, für die im Betrieb keine anderweitigen Verwendungsmöglichkeiten bestehen, sowie für Anlagen, die vor Ablauf derjenigen Nutzungsdauer, die dem Abschreibungsplan zugrunde lag, bald veräußert werden sollen (vgl. Adler/Düring/Schmaltz, Erl. zu § 253 HGB Tz 461). Läßt sich der Einzelveräußerungswert nicht ermitteln, so ist der Schrottwert anzusetzen.

Dieselben Ursachen können nach dem **Steuerrecht** entweder durch die „Absetzung für **außergewöhnliche** technische oder wirtschaftliche Abnutzung" (AfaA) nach § 7 Abs. 1 S. 6 EStG n. F. oder durch eine sog. "**Teilwertabschreibung**", d. h. den Ansatz eines *niedrigeren* Teilwertes nach § 6 Abs. 1 Nr. 1 S. 2 bzw. Nr. 2 S. 2 EStG n. F. berücksichtigt werden. Beide steuerlichen Abschreibungsverfahren führen i. d. R. zu demselben Wertansatz. Jedoch sind folgende *Unterschiede* zu beachten:

(1) Zum einen können "Absetzungen für außergewöhnliche **Ab**nutzung" nach § 7 EStG – ex definitione – nur vorgenommen werden für **abnutzbare** Wirtschaftsgüter des Anlagevermögens. Demgegenüber ist eine Teilwertabschreibung nach § 6 EStG für alle Wirtschaftsgüter möglich, also auch für **nicht-abnutzbares** Anlagevermögen (vgl. Meyer, S. 122; Wöhe, Bilanzierung, S. 457).

(2) Zum anderen erfaßt die AfA solche Wertminderungen, die ihre Ursache entweder in technischer oder wirtschaftlicher **Abnutzung** haben. Die Teilwertabschreibung hingegen berücksichtigt Wertminderungen, deren Ursachen in erster Linie in einem **Sinken der Wiederbeschaffungskosten** liegen (vgl. Wöhe, Bilanzierung, S. 457).

(3) Ferner sind nach § 7 Abs. 2 S. 4 EStG „Absetzungen für außergewöhnliche technische oder wirtschaftliche Abnutzung" **nicht zulässig** bei Wirtschaftsgütern, bei denen die Absetzung für Abnutzung in **fallenden** Jahresbeträgen bemessen wird. Dies heißt, daß § 7 EStG die "Absetzung für außergewöhnliche Abnutzung" nur für diejenigen abnutzbaren Gegenstände des beweglichen Anlagevermögens erlaubt, die linear oder nach Maßgabe der Leistung abgeschrieben werden. Demgegenüber ist die Möglichkeit der Abschreibung auf den "niedrigeren Teilwert" **nicht** an eine bestimmte Abschreibungsmethode gebunden (vgl. Wöhe, Bilanzierung, S. 458).

In diesem Zusammenhang weisen Herrmann/Heuer/Raupach m. E. zu Recht auf folgendes hin: Will ein Steuerpflichtiger bei einem Wirtschaftsgut, das er bisher degressiv abgeschrieben hat, dennoch – an Stelle der Teilwertabschreibung – die Möglichkeit einer Absetzung für außergewöhnliche technische oder wirtschaftliche Abnutzung nach § 7 EStG erlangen, so „muß der Steuerpflichtige ... **zuvor** von der degressiven zur linearen Abschreibung **übergehen**, was nach § 7 Abs. 3 S. 1 EStG jederzeit zulässig ist" (Herrmann/Heuer/Raupach, Anm. 300 zu § 7 EStG). Daß der Steuerpflichtige zuvor auf die lineare Absetzung für Abnutzung übergegangen ist, ergibt sich daraus, daß er von nun an nur noch linear abschreibt.

Um die außerplanmäßigen Wertminderungen bzw. außergewöhnlichen Abnutzungen bei abnutzbaren Wirtschaftsgütern des Anlagevermögens zu erfassen, kommen **zwei Verfahren** in Betracht (vgl. Wöhe, Bilanzierung, S. 452 f.):

(1) Der Buchwert, der sich bei bisher planmäßiger Abschreibung ergab, wird um eine außerplanmäßige Abschreibung gekürzt und der dann verbleibende Restwert auf die **unverkürzte** Restnutzungsdauer durch planmäßige Abschreibungen verteilt. Dieses Verfahren erscheint dann angebracht, wenn der Nutzungsvorrat des Wirtschaftsgutes nicht in seiner Menge, sondern infolge Nachfragerückgangs oder technischen Fortschritts in seinem Wert gesunken ist.

(2) Es wird neben einer außerplanmäßigen Abschreibung die **Restnutzungsdauer** zusätzlich **verkürzt**, so daß sich die zukünftigen planmäßigen Abschreibungen auf eine kürzere Nutzungsdauer beziehen. Dieses Verfahren erscheint dann sinnvoll, wenn z. B. durch Beschädigung der Anlage der Nutzungswert in seiner Menge so abgenommen hat, daß das Anlagegut voraussichtlich nicht mehr für die ursprüngliche Restnutzungsdauer im Betrieb eingesetzt werden kann.

Zu beachten ist jedoch: Eine außerordentliche Wertminderung, die zu einer Verkürzung der wirtschaftlichen Nutzungsdauer führt, kann nach Steuerrecht *nur* über eine "*Absetzung für außergewöhnliche Abnutzung*" nach § 7 EStG, nicht hingegen über eine Teilwertabschreibung nach § 6 EStG erfaßt werden (vgl. Littmann, Einkommensteuerrecht, S. 1068).

Wenn – wie in der Literatur üblich, so auch hier – verkürzt von "**Teilwertabschreibung**" gesprochen wird, so ist damit – genauer formuliert – der *Ansatz des niedrigeren Teilwertes* gemeint, d. h. eines Teilwertes, der *niedriger* ist als die (ggf. um planmäßige

Abschreibungen und/oder Abzüge verminderten) Anschaffungs- oder Herstellungskosten. In Höhe der Differenz zwischen diesen (fortgeführten) Anschaffungs- oder Herstellungskosten einerseits und dem niedrigeren Teilwert andererseits ist dann eine "Teilwertabschreibung" möglich.

Der "**Teilwert**" selbst wird in § 6 Abs. 1 Nr. 1 S. 3 EStG wie folgt definiert: „Teilwert ist der Betrag, den ein Erwerber des ganzen Betriebes im Rahmen des Gesamtkaufpreises für das einzelne Wirtschaftsgut ansetzen würde; dabei ist davon auszugehen, daß der Erwerber den Betrieb fortführt".

Die Möglichkeit, in der Steuerbilanz mit dem Teilwert einen niedrigeren Wert als die (ggf. um planmäßige Abschreibungen und/oder Abzüge verminderten) Anschaffungs- oder Herstellungskosten anzusetzen, eröffnen die § 6 Abs. 1 Nr. 1 S. 2 und Nr. 2 S. 2 EStG n. F., in denen es jeweils heißt: „Ist der Teilwert ... niedriger, so kann dieser angesetzt werden".

Auf den "Teilwert" und die sog. "Teilwertproblematik", also insbes. auf den Grundgedanken des Teilwertes, auf die Unmöglichkeit seiner rechnerischen Ermittlung, auf die sog. "Teilwertvermutungen" und auf die Gründe für eine Widerlegung dieser Vermutungen soll an anderer Stelle eingegangen werden (vgl. dazu die Übungs-Aufgabe 71 in Kapitel 4).

Hier ist jedoch aus aktuellem Anlaß darauf hinzuweisen, daß es bezüglich der **Teilwertabschreibungen** in der Steuerbilanz durch das *Steuerentlastungsgesetz 1999/2000/2002* zu *drei* wichtigen **Änderungen** gekommen ist:

Erstens ist in der Steuerbilanz **ab 1999** durch die *Neufassung* von § 6 Abs. 1 Nr. 1 S. 2 und Nr. 2 S. 2 EStG der Ansatz des niedrigeren Teilwertes bei Wirtschaftsgütern des Anlagevermögens (und des Umlaufvermögens) **nur** noch aufgrund einer „voraussichtlich **dauernden** Wertminderung" zulässig. Hingegen *darf* – wie eingangs dieses Abschnittes D VI ausgeführt – in der *Handelsbilanz* von Nicht-Kapitalgesellschaften eine außerplanmäßige Abschreibung auch bei *nur vorübergehender* Wertminderung vorgenommen werden, und zwar sowohl beim abnutzbaren als auch beim nicht abnutzbaren Anlagevermögen (= *gemildertes* Niederstwertprinzip); für Kapitalgesellschaften und GmbH & Co KGs besteht dieses Wahlrecht zumindest beim Finanz-Anlagevermögen. Machen die Unternehmen von diesem handelsrechtlichen Bewertungswahlrecht Gebrauch, d. h., nehmen sie entsprechende außerplanmäßige Abschreibungen in der Handelsbilanz vor, so kommt es ab 1999 zur weiteren Durchbrechung des Maßgeblichkeitsprinzips: Aufgrund des steuerrechtlichen *Verbots der Teilwertabschreibung* bei *nur vorübergehenden* Wertminderungen werden in diesen Fällen Handelsbilanz und Steuerbilanz (noch) weiter auseinanderfallen (so auch: Herzig/Rieck, Wertaufholungsgebot, S. 312).

Zweitens kommt es durch die Neufassung von § 6 Abs. 1 Nr. 1 S. 4 und Nr. 2 S. 3 EStG zu einer "**Umkehrung der Beweislast**" (Herzig/Rieck, Wertaufholungsgebot, S. 312). Dabei reicht es ab 1999 nicht aus, wenn der *Steuerpflichtige* nachweist, *daß* eine Wertminderung eingetreten ist; „es ist vielmehr erforderlich, die Teilwertminderung im Hinblick auf *ihre Dauerhaftigkeit* zu qualifizieren" (Herzig/Rieck, Wertaufholungsgebot, S. 312). Der Steuerpflichtige muß also – die Finanzverwaltung überzeugende – Argumente liefern, warum die Wertminderung voraussichtlich von Dauer ist. Und dieser Nachweis muß *zu jedem Bilanzstichtag* erneut erbracht werden. Dies erfordert, worauf Hoffmann zu Recht hinweist, z. B. bei Beteiligungen an Kapitalgesellschaften, daß zu jedem Bilanzstichtag eine Unternehmensbewertung durchgeführt werden muß (vgl. Hoffmann, Steuerentlastungsgesetz, S. 382 f.).

Drittens ist im ersten nach dem 31.12.1998 endenden Wirtschaftsjahr, also 1999, in der Steuerbilanz für alle Wirtschaftsgüter des Anlagevermögens das **neue** steuerliche **Wertaufholungsgebot** nach § 6 Abs. 1 Nr. 1 S. 4 und Nr. 2 S. 3 EStG n. F. und § 7 Abs. 1 S. 5 EStG n. F. zu beachten. Danach sind 1999 zum einen alle in der Vergangenheit aufgrund nur *vorübergehender* Wertminderung vorgenommenen *Teilwertabschreibungen* zwingend *rückgängig* zu machen (vgl. Herzig/Rieck, Wertaufholungsgebot, S. 312); zum anderen sind 1999 aber auch bei allen Wirtschaftsgütern des Anlagevermögens, bei denen in der Vergangenheit irgendwann einmal *Teilwertabschreibungen* wegen einer voraussichtlich *dauernden* Wertminderung vorgenommen worden sind, sich die Teilwerte inzwischen aber wieder ganz oder teilweise "erholt" haben, entsprechende *Zuschreibungen* vorzunehmen. Ferner gilt diese Zuschreibungspflicht nach § 7 Abs. 1 S. 6 EStG n. F. auch dann, wenn die Gründe für in der Vergangenheit vorgenommene "*Absetzungen für außergewöhnliche Abnutzung*" inzwischen weggefallen sind. Auf diese ab 1999 geltenden steuerlichen "Wertaufholungsgebote" wird in Abschnitt D IX von Kapitel 3 noch näher einzugehen sein; zugleich sei an die Ausführungen zur Bildung einer "Wertaufholungs-Rücklage" erinnert (siehe Kapitel 3 Abschnitt C X).

Nicht geändert hat sich hingegen, daß die Handelsbilanz grundsätzlich maßgeblich ist für die Steuerbilanz. Dies zeigt sich in diesem Zusammenhang in folgendem: Ist in der **Handelsbilanz** eine außerplanmäßige Wertminderung *nicht* beachtet worden, so kommt auch in der Steuerbilanz ein niedrigerer Wertansatz, als er sich bei planmäßiger Abschreibung ergibt, *nicht* in Betracht (so auch: Wöhe, Bilanzierung, S. 457). In der Handelsbilanz unterlassene außerplanmäßige Abschreibungen können also in der Steuerbilanz nicht "nachgeholt" werden.

Ein Blick in die Jahresabschlüsse deutscher Kapitalgesellschaften zeigt, daß in der **Praxis** *außerplanmäßige* Abschreibungen auf Gegenstände des Anlagevermögens recht **häufig** vorgenommen werden. So haben von 100 untersuchten großen Kapitalgesellschaften immerhin 50 Unternehmen (1987) bzw. 49 Unternehmen (1988) derartige außerplanmäßige Abschreibungen in der G+V-Rechnung oder im Anhang ausgewiesen (vgl. Treuarbeit, Jahresabschlüsse, S. 108; dies., Jahres- und Konzernabschlüsse, S. 67). 1995 taten dies sogar 59 von den 100 untersuchten Konzernen (vgl. C & L Deutsche Revision, S. 151). Häufig dürfte es sich dabei allerdings um außerplanmäßige Abschreibungen handeln, die vorgenommen werden *müssen*. Für 1997/98 findet sich z. B. im Anhang des Geschäftsberichtes des Degussa Konzerns folgender Hinweis: Abschreibungen auf immaterielle Vermögensgegenstände des Anlagevermögens und Sachanlagen „.... enthalten außerplanmäßige Abschreibungen von 15,2 Mio. DM. Die Abschreibungen waren wegen voraussichtlich dauerhafter Wertminderungen vorzunehmen" (Geschäftsbericht 1997/98, S. 47). Ähnlich – allerdings ohne Betragsangabe – formuliert es die Siemens AG (vgl. Geschäftsbericht 1998, S. 6): „Außerplanmäßige Abschreibungen (beim Sachanlagevermögen) werden vorgenommen, wenn voraussichtlich dauerhafte Wertminderungen vorliegen".

VII. Abschreibungen "im Rahmen vernünftiger kaufmännischer Beurteilung" beim Anlagevermögen (§ 253 Abs. 4 HGB)

Mit § 253 Abs. 4 HGB wurde durch das BiRiLiG ein neues – d. h. ein nach altem Recht nicht gewährtes – **Bewertungswahlrecht** für die **Handelsbilanz** eingeräumt. Aus der Formulierung „Abschreibungen sind *außerdem* im Rahmen vernünftiger kaufmännischer Beurteilung zulässig" (§ 253 Abs. 4 HGB) geht hervor, daß es dem Bilanzierenden gestattet wird, durch **zusätzliche** – also über die Abschreibungen nach § 253 Abs. 2 (und Abs. 3) HGB **hinausgehende** – Abschreibungen im Anlagevermögen (und im Umlaufvermögen) bewußt **stille Rücklagen** zu bilden (vgl. Küting/Weber, Bd. Ia, S. 962 und den dortigen Verweis auf die BT-Drucksache 10/4268, S. 100 f.; ebenso Glade, S. 678).

Von diesem zusätzlichen Abschreibungswahlrecht nach § 253 Abs. 4 HGB können allerdings **nur Nicht-Kapitalgesellschaften** Gebrauch machen, und zwar **auch** dann, **wenn** sie dem **Publizitätsgesetz** unterliegen; denn nach § 5 PublG bestimmen sich die Wertansätze in der offenzulegenden Handelsbilanz nach den für die Rechtsform geltenden Bestimmungen, also jetzt nach dem neuen HGB (vgl. Meyer, S. 124). Hingegen gilt diese zusätzliche Abschreibungsmöglichkeit **nicht** für **Kapitalgesellschaften;** denn in § 279 Abs. 1 S. 1 HGB heißt es für sie ausdrücklich: „§ 253 Abs. 4 HGB ist nicht anzuwenden". Damit wird den Kapitalgesellschaften untersagt, überhöhte Abschreibungen nach § 253 Abs. 4 HGB zu verrechnen. Entsprechendes gilt **ab 1999** auch für die **GmbH & Co KG** und AG & Co KG, denn nach dem **KapCoRiLiG** haben auch sie nunmehr die Vorschriften des § 279 Abs. 1 S. 1 HGB zu befolgen.

Das **Ausmaß** der zulässigen stillen Rücklagen, d. h., **wie weit** Nicht-Kapitalgesellschaften denjenigen Wert, der sich für Gegenstände des Anlagevermögens aus den Anschaffungs- oder Herstellungskosten, vermindert um planmäßige und außerplanmäßige Abschreibungen nach § 253 Abs. 2 HGB, ergibt, durch die zusätzliche Abschreibung nach § 253 Abs. 4 HGB **unterschreiten** dürfen, ist nicht ohne weiteres zu bestimmen. Vielmehr bedarf hierzu der *unbestimmte Rechtsbegriff* "vernünftige kaufmännische Beurteilung" der Auslegung. Nach Küting/Weber (Bd. Ia, S. 964) „ist eine kaufmännische Beurteilung so lange vernünftig, wie die Grenze zu willkürlicher Unterbewertung nicht überschritten wird"; ähnlich weist auch Meyer (S. 124) in diesem Zusammenhang auf das „Gebot der Willkürfreiheit" hin.

Probleme dürften sich ferner aus folgendem ergeben: Die Abschreibung zur Bildung stiller Rücklagen im Anlagevermögen nach § 253 Abs. 4 HGB läßt sich *zwar gedanklich* von den planmäßigen Abschreibungen nach § 253 Abs. 2 S. 1 und S. 2 HGB und den außerplanmäßigen Abschreibungen nach § 253 Abs. 2 S. 3 HGB trennen; denn die erstgenannte Abschreibung beruht auf einem Wahlrecht **zum Zwecke der Unterbewertung**, während die Abschreibungen nach § 253 Abs. 2 HGB teils zwangsweise, teils freiwillig zur **Verhinderung einer Überbewertung** dienen (vgl. Küting/Weber, Bd. Ia, S. 964). In der Praxis dürften sich diese Abschreibungen aber kaum trennen lassen: Die Abschreibung nach § 253 Abs. 4 HGB wird wohl meist **nicht separat** ermittelt und entsprechend auch nicht gesondert ausgewiesen; vielmehr dürfte sie wohl meist in Form einer **Überhöhung** der planmäßigen bzw. der außerplanmäßigen Abschreibungen vorgenommen werden (vgl. Küting/Weber, Bd. Ia, S. 964). Dies hat zur Folge, daß ein Außenstehender aus dem handelsrechtlichen Jahresabschluß einer Nicht-Kapitalgesellschaft i. d. R. nicht erkennen kann, ob die vorgenommenen Abschreibungen beim Anlagevermögen auf § 253 Abs. 2 oder auf § 253 Abs. 4 HGB basieren.

Schließlich ist darauf hinzuweisen, daß das zusätzliche Abschreibungswahlrecht des § 253 Abs. 4 HGB nur für die Handelsbilanz von Nicht-Kapitalgesellschaften gilt, **nicht** aber für deren **Steuerbilanz**: „Für die Zwecke der Steuern von Einkommen und Ertrag, also in der Steuerbilanz, müssen die Bestimmungen des EStG bzw. KStG beachtet werden, die eine derartige Abwertung *nicht* zulassen" (Meyer, S. 123 f.). Es liegt also ein Fall der "**Durchbrechung** des Maßgeblichkeitsprinzips" vor.

VIII. Eigentlich "nur steuerrechtlich zulässige Abschreibungen" beim Anlagevermögen (§ 254 HGB)

a) Kennzeichnung und allgemeine Vorschriften

Zweck der bereits behandelten außerplanmäßigen Abschreibungen nach § 253 Abs. 2 S. 3 HGB ist – wie in Abschnitt D VI dieses Kapitels 3 dargelegt – die Erfassung von *Wertminderungen*. Demgegenüber ist der Zweck der eigentlich "nur steuerrechtlich zulässigen Abschreibungen" nach **§ 254 HGB**, die im folgenden beschrieben werden, **nicht** die Erfassung einer Wertminderung, „sondern die wirtschaftspolitisch gewollte Veränderung einer Steuerbemessungsgrundlage" (Wöhe, Bilanzierung, S. 456).

Nach der *Zielsetzung*, die der Gesetzgeber mit den eigentlich "nur steuerrechtlich zulässigen Abschreibungen" jeweils verfolgt, lassen sich drei Gruppen unterscheiden (vgl. Biergans, S. 488):

(1) steuerrechtliche Abschreibungen zur *Unterstützung bestimmter Betriebe*,
(2) steuerrechtliche Abschreibungen zur *Förderung* der Anschaffung oder Herstellung *bestimmter Wirtschaftsgüter*,
(3) steuerrechtliche Abschreibungen zur *Begünstigung bestimmter Standorte*.

Zu den eigentlich "nur steuerrechtlich zulässigen Abschreibungen" im Sinne des § 254 HGB gehören vor allem "erhöhte Absetzungen" und "Sonderabschreibungen", aber auch die Sofortabschreibung geringwertiger Wirtschaftsgüter und die "Abzüge" nach § 6b EStG und R 35 EStR.

Dabei treten **"erhöhte Absetzungen"** grundsätzlich **an die Stelle** der planmäßigen Abschreibungen, während **"Sonderabschreibungen"** jeweils **neben** – d. h. zusätzlich zu – den planmäßigen (linearen oder Leistungs-)Abschreibungen nach § 7 Abs. 1 oder Abs. 4 EStG vorgenommen werden können. In beiden Fällen handelt es sich also um zeitlich "vorgezogene" Abschreibungen, mit denen eine bewußte Abkehr vom Ziel der Ermittlung des richtigen Periodengewinnes erfolgt.

Derartige "erhöhte Absetzungen" und "Sonderabschreibungen" auf Gegenstände des **Anlagevermögens** führen zu einem **steuerrechtlich** niedrigeren Wertansatz, der nicht durch Wertminderungen begründet und somit handelsrechtlich *an sich* **nicht** *zulässig* ist. Um dennoch diesen steuerlich niedrigeren Wertansatz auch in die **Handelsbilanz** übernehmen zu können, enthält das HGB für alle Kaufleute die Bestimmung des **§ 254 S. 1 HGB**; hiernach **dürfen** (= **Wahlrecht**) *außerplanmäßige* Abschreibungen in der Handelsbilanz auch vorgenommen werden, um die Gegenstände „mit dem niedrigeren Wert anzusetzen, der auf einer *nur steuerrechtlich zulässigen Abschreibung* beruht".

Für **Kapitalgesellschaften** wurde zwar die **Einschränkung** ausdrücklich formuliert, daß Abschreibungen nach § 254 HGB in der Handelsbilanz „nur insoweit vorgenommen werden (dürfen), als das Steuerrecht ihre Anerkennung bei der steuerrechtlichen Gewinnermittlung davon abhängig macht, daß sie sich aus der (Handels-)Bilanz ergeben" (§ 279 Abs. 2 HGB). Diese Einschränkung auf solche steuerrechtlichen Abschreibungen, für welche die **umgekehrte Maßgeblichkeit** zu beachten ist, ist jedoch **ohne praktische Bedeutung** (so auch: Glade, S. 1702; Küting/Weber, Bd. Ia, S. 1803). Denn in § 5 Abs. 1 S. 2 EStG heißt es, und zwar für **alle** bilanzierenden Kaufleute: „Steuerrechtliche Wahlrechte bei der Gewinnermittlung sind in Übereinstimmung mit der handelsrechtlichen Jahresbilanz auszuüben". Demnach gilt die umgekehrte Maßgeblichkeit für alle steuerrechtlichen Wahlrechte – und um solche handelt es sich bei den hier betrachteten "erhöhten Absetzungen" und "Sonderabschreibungen" auf Gegenstände des Anlagevermögens nach § 254 HGB. Deshalb können Kapitalgesellschaften letztlich in demselben Umfange steuerrechtlich bedingte Reserven im Anlagevermögen legen wie Nicht-Kapitalgesellschaften (vgl. Küting/Weber, Bd. Ia, S. 1803). Allerdings löst die Legung derartiger Reserven bei Kapitalgesellschaften – im Unterschied zu Nicht-Kapitalgesellschaften – bestimmte **Erläuterungspflichten** aus. So müssen *alle* Kapitalgesellschaften den „**Betrag** der im Geschäftsjahr allein nach steuerrechtlichen Vorschriften vorgenommenen Abschreibungen, getrennt nach Anlage- und Umlaufvermögen" (§ 281 Abs. 2 S. 1 HGB), im Anhang nennen. Ferner müssen *mittelgroße und große* Kapitalgesellschaften das **Ausmaß** der Beeinflussung des Jahresergebnisses durch nur steuerrechtlich zulässige Abschreibungen des Geschäftsjahres oder früherer Geschäftsjahre im **Anhang** angeben (vgl. § 285 Nr. 5 HGB); *kleine* Kapitalgesellschaften sind nach § 288 HGB von dieser Berichtspflicht *befreit*.

Die eigentlich nur steuerrechtlich zulässigen Mehrabschreibungen können in der Handelsbilanz entweder **direkt** nach § 254 HGB vorgenommen werden oder aber **indirekt** durch die Bildung eines entsprechenden "**Sonderpostens mit Rücklageanteil**" nach § 281 Abs. 1 HGB erfolgen. Auf dieses (Bilanzierungs-)**Wahlrecht** wurde bereits näher eingegangen (vgl. Kapitel 3 Abschnitt C XII).

Ein Blick in die Jahresabschlüsse von Kapitalgesellschaften zeigt folgende Handhabung in der **Praxis**: Das in § 254 HGB eingeräumte Wahlrecht, in der *Handelsbilanz* (eigentlich) "nur steuerrechtlich zulässige Abschreibungen" auf das **Anlagevermögen** vorzunehmen, wird in der Praxis – nicht zuletzt wegen der *umgekehrten* Maßgeblichkeit – relativ **häufig** genutzt. So haben 1987 immerhin 68 und 1988 sogar 76 der untersuchten 100 großen Kapitalgesellschaften derartige Mehr-Abschreibungen auf das Anlagevermögen berücksichtigt; dabei wählten die meisten Unternehmen die **direkte** Abschreibungsform, nämlich 54 (1987) bzw. 61 (1988) Kapitalgesellschaften, während nur 14 (1987) bzw. 15 (1988) Unternehmen sich für die **indirekte** Form durch Einstellung in einen Sonderposten mit Rücklageanteil nach § 281 Abs. 1 HGB entschieden (vgl. Treuarbeit, Jahresabschlüsse, S. 111; dies., Jahres- und Konzernabschlüsse, S. 69). Die aktivische Absetzung von nach steuerrechtlichen Vorschriften zulässigen Abschreibungen hat 1998 z. B. die Robert Bosch GmbH, und zwar in Höhe von 41 Mio. DM (vgl. Geschäftsbericht 1998, S. 49), gewählt. Als Beispiele für die Einstellung der Sonderabschreibungen in den "Sonderposten mit Rücklageanteil" nach § 281 Abs. 1 HGB lassen sich für 1998 u. a. Th. Goldschmidt AG, Reemtsma Cigarettenfabriken GmbH, RWE Konzern, Siemens AG, Südzucker (AG und Konzern) und Volkswagen-Konzern nennen (vgl. hierzu auch die Ausführungen in Kapitel 3 Abschnitt C XII). Bemerkenswert erscheint in diesem Zusammenhang noch folgende Formulierung: „Wir haben *alle* steuerlich wirksamen Sonderabschreibungsmöglichkeiten genutzt" (Siemens AG, Geschäftsbericht 1998, S. 6); eine ähnliche Aussage findet sich bei der Südzucker AG (Geschäftsbericht 1998/99, S. 69) und bei der Beiersdorf AG (Geschäftsbericht 1998, S. 8).

Gemeinsame Vorschriften für erhöhte Absetzungen und Sonderabschreibungen enthält § 7a EStG (siehe auch R 45 EStR). Hier sind insbesondere zwei Regelungen zu nennen:

(1) **Ausschluß** der **degressiven** Absetzung für Abnutzung bei beweglichen Wirtschaftsgütern, bei denen Sonderabschreibungen in Anspruch genommen werden; nach § 7a Abs. 4 EStG schließen Sonderabschreibungen und degressive Abschreibungen i. d. R. einander aus (*Ausnahme*: § 7g Abs. 1 EStG).

(2) **Kumulationsverbot**. Können bei einem Wirtschaftsgut verschiedene Abschreibungsvergünstigungen (z. B. erhöhte Absetzungen oder Sonderabschreibungen) nach mehreren Vorschriften gleichzeitig in Frage kommen, so hat der Steuerpflichtige einerseits ein **Wahlrecht**, welche dieser Möglichkeiten er in Anspruch

nehmen will; andererseits darf er nach § 7a Abs. 5 EStG nur **eine** der Vergünstigungen berücksichtigen (vgl. Wenzel, Kommentar zu § 7a EStG Tz 18).

In der Vergangenheit waren dem Steuerpflichtigen zahlreiche Möglichkeiten eingeräumt worden, **erhöhte Absetzungen** in Anspruch zu nehmen. Erinnert sei in diesem Zusammenhang u. a. an erhöhte Absetzungen nach:

- § 7b EStG für Ein- und Zweifamilienhäuser sowie Eigentumswohnungen (Anschaffung oder Herstellung bis Ende 1986);
- § 7c EStG für Baumaßnahmen an Gebäuden zur Schaffung neuer Mietwohnungen (Durchführung bis Ende 1995);
- § 7d EStG für Wirtschaftsgüter, die dem Umweltschutz dienen (Anschaffung oder Herstellung bis Ende 1990);
- § 7h EStG für bestimmte Instandsetzungsmaßnahmen an Gebäuden in Sanierungsgebieten und städtebaulichen Entwicklungsbereichen;
- § 7i EStG für Erhaltungsmaßnahmen an Baudenkmalen;
- § 7k EStG für Wohnungen mit Sozialbindung (Fertigstellung bis Ende 1995);
- § 82a EStDV für bestimmte Modernisierungs- und Wärmeschutzmaßnahmen (Durchführung bis Ende 1991);
- § 14 BerlinFG für bewegliche Wirtschaftsgüter (Bestellung bis 30.06.1994).

Mit Ausnahme von § 7h und § 7i EStG bestehen alle anderen Möglichkeiten, erhöhte Absetzungen für in 1998 oder später angeschaffte oder hergestellte Wirtschaftsgüter in Anspruch zu nehmen, inzwischen nicht mehr (vgl. auch Übungs-Aufgabe 75 in Kapitel 4).

Deshalb soll im folgenden nur auf verschiedene, für die Bilanzpolitik wichtige "**Sonderabschreibungen**" noch etwas näher eingegangen werden.

b) Sonderabschreibungen nach § 7g EStG, § 82f EStDV und § 4 FördG

Zu Beginn dieses Abschnittes sei nochmals daran erinnert, daß **Sonderabschreibungen** jeweils **neben** – d. h. zusätzlich zu – den planmäßigen (linearen oder Leistungs-) Abschreibungen nach 7 Abs. 1 EStG oder § 7 Abs. 4 EStG vorgenommen werden dürfen. Außerdem darf der Steuerpflichtige die Sonderabschreibungen auf den jeweiligen Begünstigungszeitraum i. d. R. **nach Belieben verteilen**. Der Gesetzgeber spricht deshalb im Zusammenhang mit Sonderabschreibungen zu Recht bisweilen von "**Bewertungsfreiheit**" (vgl. z. B. die Überschrift von § 82 f EStDV).

Wie bei den bisher behandelten Bewertungswahlrechten wollen wir uns auch bei den Sonderabschreibungen im folgenden auf solche beschränken, die auch für erst 1998 (oder später) hergestellte oder angeschaffte Wirtschaftsgüter noch in Anspruch genommen werden können. Beispiele für "auslaufende" Sonderabschreibungen, die nur noch für bereits früher angeschaffte oder hergestellte Wirtschaftsgüter genutzt werden können, werden deshalb in Übungs-Aufgabe 75 gegeben.

Zur *Unterstützung bestimmter Betriebe* dienen Sonderabschreibungen nach § **7g EStG.**

Wie bereits bei der "steuerfreien Rücklage wegen Ansparabschreibung" dargestellt (vgl. Abschnitt C XI dieses Kapitels 3), dient § 7g EStG allgemein der Förderung **kleiner und mittlerer Betriebe**, deren Betriebsvermögen bei Gewerbebetrieben nicht mehr als 400 000,– DM bzw. deren Einheitswert bei land- und forstwirtschaftlichen Betrieben nicht mehr als 240 000,– DM beträgt (vgl. § 7g Abs. 2 Nr. 1 EStG und R 83 Abs. 1, Abs. 2 und Abs. 4 EStR). Mit den hier interessierenden Sonderabschreibungen nach § 7g Abs. 1 EStG werden *neue bewegliche* Wirtschaftsgüter des Anlagevermögens begünstigt, die *(fast) ausschließlich betrieblich* genutzt werden und *mindestens ein Jahr* nach ihrer Anschaffung oder Herstellung in einer inländischen Betriebsstätte des geförderten Betriebes verbleiben (vgl. § 7g Abs. 1 und Abs. 2 Nr. 2 EStG; siehe auch R 83 EStR). Als weitere Voraussetzung muß zukünftig nach § 7g Abs. 2 Nr. 3 EStG erfüllt sein, daß für die Anschaffung oder Herstellung der Wirtschaftsgüter eine **Rücklage** nach § 7g Abs. 3 bis Abs. 7 EStG gebildet worden ist (vgl. dazu Abschnitt C XI von Kapitel 3). Diese neue Bedingung des § 7g Abs. 2 Nr. 3 EStG wurde erst durch das *Steuerentlastungsgesetz 1999/2000/2002* eingefügt und ist bei Wirtschaftsgütern anzuwenden, die nach dem 31.12.2000, also **ab 2001**, angeschafft oder hergestellt werden (vgl. § 52 Abs. 23 EStG 1999).

Der Steuerpflichtige kann *im Jahr* der Anschaffung oder Herstellung und in den *4* folgenden Jahren Sonderabschreibungen **bis zu insgesamt 20 %** der Anschaffungs- oder Herstellungskosten in Anspruch nehmen (vgl. § 7g Abs. 1 EStG). Als *Besonderheit* ist hervorzuheben, daß die Sonderabschreibungen nach § 7g Abs. 1 EStG nicht nur – wie üblich – neben den (linearen) Absetzungen für Abnutzung nach § 7 Abs. 1 EStG, sondern ausdrücklich **auch neben** Absetzungen für Abnutzung nach **§ 7 Abs. 2 EStG**, d. h. zusätzlich zu *degressiven* Abschreibungen vorgenommen werden dürfen (vgl. auch R 83 Abs. 8 EStR). Also gilt § 7a Abs. 4 EStG in diesem Falle *ausnahmsweise nicht* (so auch: Biergans, S. 498).

Zur *Förderung* der Anschaffung oder Herstellung *bestimmter Wirtschaftsgüter* läßt sich nur noch § **82f EStDV** i. V. m. **§ 51 Abs. 1 Nr. 2 Buchstabe w EStG** nennen: Hiernach können Steuerpflichtige, die den Gewinn nach § 5 EStG ermitteln, für selbst hergestellte oder ungebraucht angeschaffte **Handelsschiffe** und **Seefischereischiffe**, die in einem inländischen Seeschiffsregister eingetragen sind, *im Jahr* der Anschaffung oder Herstellung und in den folgenden *4* Jahren Sonderabschreibungen **bis zu insgesamt 40 %** der Anschaffungs- oder Herstellungskosten vornehmen (vgl. § 82f Abs. 1 und Abs. 6 S. 1 EStDV). Ferner wird durch § 82f EStDV die Anschaffung oder Herstellung von **Luftfahrzeugen** gefördert, und zwar dürfen für Luftfahrzeuge Sonderabschreibungen im genannten Begünstigungszeitraum von 5 Jahren **bis zu** einem Höchstsatz von **insgesamt 30 %** der Anschaffungs- oder Herstellungskosten in Anspruch genommen werden (vgl. § 82f Abs. 6 S. 2 EStDV).

Nach § 51 Abs. 1 Nr. 2 Buchstabe w EStG können die genannten Sonderabschreibungen vorgenommen werden für Handels-, Seefischereischiffe und Luftfahrzeuge, die *vor* dem 1.1.1999 angeschafft oder hergestellt worden sind. Voraussetzung für die Inanspruchnahme der Sonderabschreibungen nach § 82f EStDV ist, daß die Handels- und Seefischereischiffe innerhalb eines Zeitraumes von 8 Jahren, Luftfahrzeuge innerhalb eines Zeitraumes von 6 Jahren nach ihrer Anschaffung oder Herstellung nicht veräußert werden (vgl. § 82f Abs. 3 und Abs. 6 S. 2 EStDV; § 51 Abs. 1 Nr. 2 Buchstabe w S. 6 bis S. 8 EStG).

Bemerkenswert ist schließlich, daß diese Sonderabschreibungen nach § 82f Abs. 4 EStDV auch *bereits* für *Anzahlungen* auf Anschaffungskosten und für *Teilherstellungskosten* zugelassen sind (vgl. auch § 51 Abs. 1 Nr. 2 Buchstabe w S. 5 EStG).

Zu den Sonderabschreibungen, die der *Begünstigung bestimmter Standorte* dienen, gehören solche nach nach § 4 FördG.

Mit **§ 4 FördG** sollen Investitionen im sog. **Fördergebiet** durch Sonderabschreibungen begünstigt werden. „Fördergebiet sind die Länder Berlin, Brandenburg, Mecklenburg-Vorpommern, Sachsen, Sachsen-Anhalt und Thüringen nach dem Gebietsstand vom 3.10.1990" (§ 1 Abs. 2 FördG i. d. F. v. 19.12.1998).

Durch Sonderabschreibungen begünstigt werden zum einen die „Anschaffung und die Herstellung von abnutzbaren *beweglichen* Wirtschaftsgütern des Anlagevermögens sowie nachträgliche *Herstellungsarbeiten* an abnutzbaren beweglichen Wirtschaftsgütern des Anlagevermögens, die

(1) keine Luftfahrzeuge sind,
(2) mindestens *3 Jahre* nach ihrer Anschaffung oder Herstellung zum Anlagevermögen einer Betriebsstätte des Steuerpflichtigen im Fördergebiet gehören und während dieser Zeit in einer solchen Betriebsstätte *verbleiben* und
(3) in jedem Jahr des in Nr. 2 genannten Zeitraumes von Steuerpflichtigen zu *nicht mehr als 10 % privat* genutzt werden" (§ 2 FördG; vgl. auch BMF-Schreiben v. 29.3.1993, BGBl. I, S. 279).

Zum anderen sind nach § 3 FördG begünstigt die Anschaffung und die Herstellung von abnutzbaren *unbeweglichen* Wirtschaftsgütern sowie *Modernisierungsmaßnahmen* und andere nachträgliche *Herstellungsarbeiten* an abnutzbaren unbeweglichen Wirtschaftsgütern. Auch bei diesen unbeweglichen Wirtschaftsgütern müssen zahlreiche Voraussetzungen erfüllt sein, damit der Steuerpflichtige die Sonderabschreibungen vornehmen darf. So ist beispielsweise die Anschaffung eines abnutzbaren unbeweglichen Anlagegutes nur dann begünstigt, wenn es bis zum Ende des *Jahres der Fertigstellung* angeschafft worden ist und für das Wirtschaftsgut *keine* Absetzung für Abnutzung nach § 7 Abs. 5 EStG oder erhöhten Absetzungen oder Sonderabschreibungen in Anspruch genommen worden sind (vgl. § 3 S. 2 Nr. 1 FördG). Im einzelnen sei zu den Begünstigungs-Voraussetzungen auf § 3 FördG verwiesen (vgl. auch Franz/Rupp, S. 10 ff.).

Die Sonderabschreibungen betragen **bis zu 50 %** der Anschaffungs- oder Herstellungskosten der angeschafften oder hergestellten Wirtschaftsgüter oder der nachträglichen Herstellungskosten bzw. der Kosten für Modernisierungsmaßnahmen bei Investitionen, die nach dem 31.12.1990 und *vor* dem *1.1.1997* abgeschlossen worden sind (vgl. § 4 Abs. 2 S. 1 Nr. 1 FördG).

Bei Investitionen, die *nach* dem *31.12.1996* und *vor* dem *1.1.1999* abgeschlossen wurden, also z. B. 1998, betragen die Sonderabschreibungen

– bis zu 50 % der *vor* dem *1.1.1997* geleisteten Anzahlungen auf Anschaffungskosten oder entstandenen Teilherstellungskosten und

– bis zu 40 %, soweit die Bemessungsgrundlage (nach § 4 Abs. 1 S. 1 FördG) die *vor* dem *1.1.1997* geleisteten Anzahlungen auf Anschaffungskosten oder entstandenen Teilherstellungskosten übersteigt (vgl. § 4 Abs. 2 S. 1 Nr. 2 FördG).

Schließlich betragen die Sonderabschreibungen für Investitionen, die *nach* dem *31.12. 1998*, also z. B. 1999, abgeschlossen werden,

– bis zu 50 % der *vor* dem *1.1.1997* geleisteten Anzahlungen auf Anschaffungskosten oder entstandenen Teilherstellungskosten und

– bis zu 40 % der *nach* dem *31.12.1996* und *vor* dem *1.1.1999* geleisteten Anzahlungen auf Anschaffungskosten oder entstandenen Teilherstellungskosten (vgl. § 4 Abs. 2 S. 1 Nr. 3 FördG).

Für Baumaßnahmen im Sinne von § 3 FördG gelten z. T. geringere Sätze für die Sonderabschreibungen (vgl. im einzelnen § 4 Abs. 2 S. 2 FördG). Die Sonderabschreibungen können *im Jahr* des Investitionsabschlusses und in den *4* folgenden Wirtschaftsjahren in Anspruch genommen werden (vgl. § 4 Abs. 1 S. 2 FördG).

Daß die **Praxis** die Möglichkeiten der Vornahme von Sonderabschreibungen häufig nutzt, zeigt ein Blick in die Jahresabschlüsse bekannter Kapitalgesellschaften. Allerdings beschränken sich einige Unternehmen auf den nur *sehr allgemeinen* Hinweis, *daß* steuerrechtliche Sonderabschreibungen in Anspruch genommen werden (so z. B. bei BASF-Konzern, Beiersdorf-Konzern und Südzucker AG). Hingegen nennen andere Firmen die Vorschriften, nach denen sie (eigentlich) nur steuerrechtlich zulässige Abschreibungen in der Handelsbilanz vorgenommen haben. So finden sich Angaben über die Inanspruchnahme von Sonderabschreibungen nach **§ 4 FördG** u. a. in den Geschäftsberichten für 1998 bei: Robert Bosch GmbH, Th. Goldschmidt AG, Klöckner & Co AG, Quelle Schickedanz AG & Co, RWE AG, Siemens AG, Südzucker AG und Volkswagen-Konzern. So heißt es z. B. bei Quelle Schickedanz AG & Co: „Sonderabschreibungen gem. § 4 FördG haben wir mit 6 Mio. DM in steuerlich zulässigem Umfang in Anspruch genommen" (Geschäftsbericht 1997/98, S. 42). Sonderabschreibungen gemäß **§ 82 f EStDV** sind in den Einzelabschlüssen der Unternehmen des Preussag-Konzerns vorgenommen worden (vgl. Konzerngeschäftsbericht 1997/98, S. 98). Interessanterweise heißt es jedoch bei Drägerwerk AG: „... Abschreibungen aufgrund steuerrechtlicher Abschreibungswahlrechte wurden im Geschäftsjahr 1998 wie im Vorjahr *nicht* vorgenommen" (Geschäftsbericht 1998, S. 59 und S. 68).

Zum Abschluß sei nochmals betont: Auch die Sonderabschreibungen nach § 7g EStG, § 82f EStDV und § 4 FördG können in der Steuerbilanz nur dann den ausgewiesenen

Gewinn mindern, wenn diese als "außerplanmäßige Abschreibungen" zuvor in der **Handelsbilanz** vorgenommen wurden (= **umgekehrte Maßgeblichkeit** nach § 5 Abs. 1 S. 2 EStG). Eine Übernahme eigentlich nur steuerrechtlich zulässiger Abschreibungen und der daraus resultierenden niedrigeren Wertansätze in die Handelsbilanz zu ermöglichen, ist – wie bereits erwähnt – Sinn des § 254 HGB.

c) Sofortabschreibung geringwertiger Wirtschaftsgüter (§ 6 Abs. 2 EStG)

Bei den (eigentlich) "nur steuerrechtlich zulässigen Abschreibungen" im Sinne des § 254 HGB ist noch auf **§ 6 Abs. 2 EStG** hinzuweisen.

Bei den sog. "**geringwertigen Wirtschaftsgütern**" handelt es sich um bewegliche, abnutzbare Gegenstände des Anlagevermögens, die einer selbständigen Bewertung und selbständigen Nutzung fähig sind und deren Anschaffungs- oder Herstellungskosten 800,– DM nicht übersteigen. Die einzelnen Voraussetzungen, insbes. die Fähigkeit zur selbständigen Nutzung, sind in R 40 Abs. 1 und Abs. 2 EStR generell und an Beispielen erläutert.

Derartige geringwertige Wirtschaftsgüter **dürfen** in der **Steuerbilanz** im Jahr der Anschaffung bzw. Herstellung voll abgeschrieben werden (§ 6 Abs. 2 S. 1 EStG). Über § 254 HGB gilt dieses Wahlrecht auch für die **Handelsbilanz**.

Das Bewertungswahlrecht der Sofortabschreibung wird in der Bilanzierungs**praxis** häufig genutzt. So findet sich der Satz: „Geringwertige Wirtschaftsgüter (des Anlagevermögens) schreiben wir im Zugangsjahr voll ab" beispielsweise bei der Siemens AG (Geschäftsbericht 1998, S. 6) und bei der BMW AG (Geschäftsbericht 1998, S. 215). Entsprechende Hinweise auf die Ausnutzung dieses Bewertungswahlrechtes enthalten ferner u. a. die Geschäftsberichte für 1998 von Asea Brown Boveri AG, BASF AG, BBS-Kraftfahrzeugtechnik AG, Robert Bosch GmbH, Drägerwerk AG, Henkel KGaA, Klöckner & Co AG, Quelle Schickedanz AG & Co, Ruhrkohle-Konzern, RWE-Konzern, Südzucker AG, Thyssen-Konzern und Volkswagen-Konzern.

d) Abzüge nach § 6b EStG und R 35 EStR

Schließlich sei der Vollständigkeit halber noch einmal erwähnt (und zugleich daran erinnert), daß auch die Übertragung von "Veräußerungsgewinnen" nach § 6b EStG und von "Entschädigungsgewinnen" nach R 35 EStR auf Vermögensgegenstände des Anlagevermögens zu den eigentlich "nur steuerrechtlich zulässigen Abschreibungen" im Sinne des § 254 HGB gehört (so auch: Adler/Düring/Schmaltz, Erl. zu § 254 Tz 25). Der § 6 Abs. 1 Nr. 1 S. 1 EStG n. F. bezeichnet sie als „*Abzüge* nach § 6b und ähnliche Abzüge". Küting/Weber sprechen in diesem Zusammenhang von *„Bewertungsabschlägen"*, die als „... subventionelle Bewertungsvergünstigungen ... zu einer einmaligen Korrektur der Anschaffungs- oder Herstellungskosten eines Vermögensgegenstandes" (Küting/Weber, Bd. Ia, S. 985 und S. 989 f.) führen.

Um Wiederholungen zu vermeiden, sei ansonsten auf die Ausführungen in den Abschnitten C VIII, C IX, D Ib und D XVII dieses Kapitels 3 verwiesen.

IX. Beibehaltungswahlrecht bzw. "Wertaufholungsgebot" im Anlagevermögen (§ 253 Abs. 5, § 280 HGB)

Im **Handelsrecht** gilt für **Nicht-Kapitalgesellschaften** (wie bisher) ein sog. "**Beibehaltungswahlrecht**", d. h., der *niedrigere* Wertansatz *darf beibehalten* werden, auch wenn die Gründe für die außerplanmäßige Abschreibung nicht mehr bestehen (vgl. § 253 Abs. 5 HGB und § 254 S. 2 HGB). Umgekehrt ist Nicht-Kapitalgesellschaften aber auch eine "**Wertaufholung**" (d. h. "**Zuschreibung**") auf denjenigen Betrag *erlaubt*, der ohne die vorgenommene außerplanmäßige Abschreibung gelten würde. Eine Zuschreibung ist nach dem Gesetzeswortlaut nur zulässig, um eine *außer*planmäßige Abschreibung zu korrigieren, und nur bis zur Höhe desjenigen Restbuchwertes, der sich bei planmäßiger Abschreibung ergeben hätte.

Allerdings bezieht sich für Nicht-Kapitalgesellschaften dieses "Beibehaltungswahlrecht" (bzw. das entsprechende Recht auf Zuschreibung) in der Handelsbilanz zum einen auf **alle** – d. h. abnutzbare und nicht-abnutzbare – Wirtschaftsgüter des Anlagevermögens und zum anderen auf **alle** Formen außerplanmäßiger Abschreibungen, d. h. sowohl auf außerplanmäßige Abschreibungen wegen Wertminderungen nach § 253 Abs. 2 S. 3 HGB oder außerplanmäßige Abschreibungen im Rahmen vernünftiger kaufmännischer Beurteilung nach § 253 Abs. 4 HGB als auch auf außerplanmäßige Abschreibungen nach § 254 HGB, die auf einer nur steuerrechtlich zulässigen Abschreibung (wie z. B. erhöhte Absetzungen, Sonderabschreibungen, Sofortabschreibungen geringwertiger Wirtschaftsgüter) beruhen (so auch: Glade, S. 1059). § 254 S. 2 HGB stellt klar, daß auch bei Wegfall des Grundes für eine nur steuerrechtlich zulässige Abschreibung für Nicht-Kapitalgesellschaften das Beibehaltungswahlrecht nach § 253 Abs. 5 HGB gilt (vgl. Adler/Düring/Schmaltz, Erl. zu § 254 Tz 4).

Für die **Steuerbilanz** hingegen gilt aufgrund der jüngsten *Änderungen* des EStG durch das Steuerentlastungsgesetz 1999/2000/2002, durch das u. a. die § 6 Abs. 1 Nr. 1 S. 4 und Nr. 2 S. 3 EStG und § 7 Abs. 1 S. 6 EStG *neu* gefaßt wurden, ab dem ersten nach dem 31.12.1998 endenden Wirtschaftsjahr, also ab **1999**, folgendes:

Der Steuerpflichtige **muß** in der Steuerbilanz für Wirtschaftsgüter des Anlagevermögens, die der **Abnutzung** unterliegen, eine **Zuschreibung** vornehmen (sog. "**Wertaufholungsgebot**"), wenn in der Vergangenheit **Teilwertabschreibungen** vorgenommen worden sind und die Wertminderungen inzwischen ganz oder teilweise entfallen sind (vgl. § 6 Abs. 1 Nr. 1 S. 4 EStG n. F.). Die Zuschreibungs**pflicht** besteht außerdem nach § 7 Abs. 1 S. 6 EStG n. F. auch dann, wenn die Gründe für eine "Absetzung für **außer-**

gewöhnliche technische oder wirtschaftliche Abnutzung" (nach § 7 Abs. 1 S. 6 EStG) weggefallen sind (vgl. Herzig/Rieck, Wertaufholungsgebot, S. 313; Hoffmann, Steuerentlastungsgesetz, S. 383). Das früher (bis 1998) für derartige Wirtschaftsgüter geltende Wahlrecht, den niedrigeren Wertansatz beizubehalten, ist mit der Neuformulierung des § 6 Abs. 1 Nr. 1 S. 4 EStG und § 7 Abs. 1 S. 6 EStG aufgehoben worden (so auch: Herzig/Rieck, Wertaufholungsgebot, S. 307 und S. 313). Denn der neue § 6 Abs. 1 Nr. 1 S. 4 EStG n. F. verlangt ab 1999 ausdrücklich: Der Steuerpflichtige muß abnutzbare Wirtschaftsgüter des Anlagevermögens, die bereits im vorangegangenen Wirtschaftsjahr bilanziert worden sind, in den folgenden Wirtschaftsjahren gemäß § 6 Abs. 1 Nr. 1 S. 1 EStG n. F. ansetzen, d. h. mit den fortgeführten Anschaffungs- oder Herstellungskosten, die sich *ohne* Teilwertabschreibung ergeben hätten, „es sei denn, der Steuerpflichtige weist nach, daß ein niedrigerer Teilwert nach Satz 2 angesetzt werden kann" (§ 6 Abs. 1 Nr. 1 S. 4 EStG n. F.). Und in § 7 Abs. 1 S. 6 EStG n. F. heißt es: Soweit der Grund für Absetzungen für außergewöhnliche technische oder wirtschaftliche Absetzung (AfaA) „... in späteren Wirtschaftsjahren entfällt, ist in den Fällen der Gewinnermittlung nach § 4 Abs. 1 oder nach § 5 eine entsprechende Zuschreibung vorzunehmen".

Stark betroffen vom steuerlichen Wertaufholungsgebot sind insbes. die **nicht-abnutzbaren** Wirtschaftsgüter des Anlagevermögens, wie z. B. Grund und Boden, langfristige Ausleihungen oder Beteiligungen (vgl. Hoffmann, Anmerkungen, S. 1200). Auch für sie gilt ab 1999 aufgrund der Neufassung von § 6 Abs. 1 Nr. 2 S. 3 EStG – im Unterschied zur Handelsbilanz von Nicht-Kapitalgesellschaften – eine **Zuschreibungspflicht** für die Steuerbilanz: Der Steuerpflichtige **muß** eine **Zuschreibung** vornehmen, wenn nach Teilwertabschreibungen, die in früheren Geschäftsjahren durchgeführt worden sind, die Werte dieser Wirtschaftsgüter inzwischen wieder gestiegen sind.

Aus der Neufassung von § 6 Abs. 1 S. 1 EStG ist zu entnehmen: Die **Zuschreibungsobergrenze** bilden die „Anschaffungs- oder Herstellungskosten ..., *vermindert* um die Absetzungen für Abnutzung, erhöhte Absetzungen, Sonderabschreibungen, Abzüge nach § 6b und ähnliche Abzüge". Mit dieser Formulierung ist sichergestellt, daß die aufgrund ausgeübter steuerlicher Wahlrechte (wie Sonderabschreibungen oder Abzüge nach § 6b EStG) in früheren Geschäftsjahren erfolgten Unterbewertungen auch nach Einführung des Wertaufholungsgebotes grundsätzlich Bestand haben (vgl. Herzig/Rieck, Wertaufholungsgebot, S. 313). Niedrigere Wertansätze, die aus der Ausübung derartiger steuerlicher Wahlrechte resultieren, begrenzen also den Wert, bis zu dem zugeschrieben werden muß, falls der Teilwert wieder gestiegen oder der Grund für eine AfaA weggefallen ist. Zur Veranschaulichung kann folgendes Rechenschema dienen (vgl. dazu: Hoffmann, Steuerentlastungsgesetz, S. 383):

+ Anschaffungs- oder Herstellungskosten
− Erhöhte Absetzungen (z. B. nach früherem § 7d oder § 7b EStG)
− Sonderabschreibungen (z. B. nach § 4 FördG)
− Abzüge nach § 6b EStG oder R 35 EStR
− Planmäßige Abschreibungen (linear oder degressiv)
= Obergrenze für die Wertaufholung

Vorausgesetzt, der wieder gestiegene Teilwert oder der Wert nach Rückgängigmachung der AfaA erreicht (oder überschreitet) die nach diesem Rechenschema ermittelte Obergrenze, so hat die Zuschreibung (nur) bis zu dieser Obergrenze zu erfolgen (für ein durchgerechnetes Beispiel siehe Hoffmann, Steuerentlastungsgesetz, S. 384).

Das Rechenschema läßt zugleich erkennen: Der Umfang der erforderlichen Wertaufholung wird auch durch die ex ante zu treffende Entscheidung über die Methode beeinflußt, nach der planmäßig abgeschrieben wird; der erforderliche Zuschreibungsbetrag hängt also auch davon ab, ob sich der Bilanzierende für die lineare oder aber, falls zulässig, für die degressive Abschreibung entschieden hat.

Ferner ist darauf hinzuweisen, daß das bilanzierende Unternehmen zukünftig nach Inanspruchnahme einer Teilwertabschreibung zwingend eine „*Schatten-(Anlage-)buchhaltung*" führen muß; in dieser werden die planmäßigen Abschreibungen und die übrigen Abzüge so weitergerechnet, „als ob" es die Teilwertabschreibung nicht gegeben hätte (vgl. Hoffmann, Steuerentlastungsgesetz, S. 384). Nur mit Hilfe dieser "als ob"-Rechnung kann nach dem oben beschriebenen Rechenschema der "Schattenbuchwert" als Wertobergrenze für die ggf. erforderliche Wertaufholung ermittelt werden.

In der Praxis dürfte eine derartige "Schattenbuchhaltung" insbes. dann an Grenzen stoßen, wenn die notwendigen Unterlagen gar nicht mehr im Unternehmen vorhanden sind. Dies kann (und wird häufig) der Fall sein, weil einerseits die Aufbewahrungsfristen für Jahresabschlüsse "nur" 10 Jahre, für Buchungsbelege (bis 23.12.1998) sogar nur 6 Jahre betragen. Andererseits können aber einige der Wirtschaftsgüter (vor allem Grundstücke, Gebäude, Wertpapiere des Anlagevermögens und Beteiligungen) bereits vor Jahrzehnten angeschafft und bei ihnen vor entsprechend vielen Jahren eine Teilwertabschreibung vorgenommen worden sein. Die Unterlagen darüber sind wegen des Ablaufs der Aufbewahrungsfristen zulässigerweise bereits vernichtet worden. In diesen Fällen sind jetzt nahezu unlösbare Probleme – insbes. bei der Auseinandersetzung mit der Finanzverwaltung – vorprogrammiert. Denn das ab 1999 geltende strenge Wertaufholungsgebot für die Steuerbilanz sieht zwecks Erfassung *aller* in der Vergangenheit vorgenommenen Teilwertabschreibungen *keine zeitliche Begrenzung* vor. Deshalb müssen die Werte der in der Bilanz angesetzten Wirtschaftsgüter für die Ermittlung evtl. erforderlicher Wertaufholung bis zu ihrem Anschaffungszeitpunkt zurückverfolgt werden, im Extremfall für Unternehmen in den alten Bundesländern (mit Ausnahme des Saarlandes) bis zur DM-Eröffnungsbilanz per 31.6.1948 und für Unternehmen in den neuen Bundesländern bis zum 1.7.1990 (vgl. Herzig/Rieck, Wertaufholungsgebot, S. 316).

Dies ist aber nur der eine – die praktische (Un-)Möglichkeit der Durchführung betreffende – Aspekt der "*Rückwirkungs-Problematik*" des neuen steuerlichen Wertaufholungsgebotes. Der andere Aspekt betrifft verfassungsrechtliche Bedenken gegen die Rückwirkungen des Wertaufholungsgebotes (vgl. dazu: Herzig/Rieck, Wertaufholungsgebot, S. 316): Verfassungsrechtlich bedenklich könnte sein, daß Wertaufholungen *rückwirkend*, d. h. auch dann vorgenommen werden müssen, wenn nicht nur die Teilwertabschreibung in der Vergangenheit erfolgte, sondern sich der Wert der betreffenden Wirtschaftsgüter auch *bereits* in den *abgelaufenen* Wirtschaftsjahren (also vor 1999) erholt hat, aufgrund des bis 1998 geltenden *steuerlichen Beibehaltungswahlrechtes* aber zulässigerweise *nicht* zugeschrieben wurde. Eine endgültige Antwort auf die verfassungsrechtliche Grundsatzfrage, ob es sich bei der steuerlichen Erfassung von Wertsteigerungen, die in bereits abgelaufenen Veranlagungszeiträumen entstanden sind, um eine unter Vertrauensschutzgesichtspunkten unzulässige echte Rückwirkung handelt oder nicht, werden wohl erst die Gerichte geben (vgl. Herzig/Rieck, Wertaufholungsgebot, S. 316).

Bis dahin ist zunächst einmal davon auszugehen, daß es bei vielen Unternehmen durch das nunmehr geltende Wertaufholungsgebot in der Steuerbilanz für 1999 zu enormen "Aufstockungs-" oder "Zuschreibungsgewinnen" infolge der kumulierten Aufdeckung von stillen Reserven beim Anlagevermögen kommen wird. Um die daraus resultierende Steuerbelastung abzumildern, wurde mit der "Übergangsregelung" des § 52 Abs. 16 S. 3 EStG n. F. die Möglichkeit geschaffen, eine **"Wertaufholungs-Rücklage"** zu bilden. Auf dieses neue Bilanzierungs-Wahlrecht wurde bereits in Abschnitt C X dieses Kapitels 3 näher eingegangen; um Wiederholungen zu vermeiden, sei auf die dortigen Ausführungen verwiesen.

Ergänzend ist allerdings anzumerken: Die durch die Bildung einer "Wertaufholungs-Rücklage" dem Steuerpflichtigen eröffnete Möglichkeit, die Besteuerung der Aufstockungsgewinne auf fünf Jahre zu verteilen, gilt *nur für* Zuschreibungsgewinne aus der Rückgängigmachung von früheren *Teilwertabschreibungen* (nach § 6 Abs. 1 Nr. 1 S. 4 und Nr. 2 S. 3 EStG n. F.). Hingegen gibt es für Zuschreibungsgewinne, die daraus resultieren, daß nach § 7 Abs. 1 S. 6 EStG n. F. nunmehr auch bei Wegfall der Gründe für frühere Absetzungen für **außergewöhnliche** ... Abnutzung (AfaA) eine Zuschreibungspflicht besteht, **keine** dem § 52 Abs. 16 S. 3 EStG n. F. entsprechende "**Übergangsregelung**" (so auch: Herzig/Rieck, Wertaufholungsgebot, S. 313); derartige Zuschreibungsgewinne müssen also 1999 sofort *in voller Höhe* versteuert werden.

Die beschriebenen Änderungen des Steuerrechts wirken sich **ab 1999** nicht nur auf die Steuerbilanz aus, sondern haben zugleich Konsequenzen für die Handelsbilanz von Kapitalgesellschaften und GmbH & Co KGs. Denn nunmehr ist folgendes zu berücksichtigen:

Für die **Handelsbilanz** von **Kapitalgesellschaften** und – i. V. m. dem KapCoRiLiG – von **GmbH & Co KGs** gilt das den Nicht-Kapitalgesellschaften in § 253 Abs. 5 und § 254 S. 2 HGB gewährte Beibehaltungswahlrecht *nicht* (vgl. § 280 Abs. 1 S. 2 HGB); vielmehr **müssen** Kapitalgesellschaften (& Co) für ihre Handelsbilanz jetzt zwingend das "**Wertaufholungsgebot**" (= Zuschreibungsgebot) nach § 280 Abs. 1 HGB beachten: Wird bei einem Gegenstand des Anlagevermögens eine außerplanmäßige Abschreibung nach § 253 Abs. 2 S. 3 oder § 254 S. 1 HGB vorgenommen „und stellt sich in einem späteren Geschäftsjahr heraus, daß die Gründe dafür nicht mehr bestehen, so **ist** der Betrag dieser Abschreibung im Umfang der Werterhöhung unter Berücksichtigung der Abschreibungen, die inzwischen vorzunehmen gewesen wären, **zuzuschreiben**".

Ab 1999 dürfen also Kapitalgesellschaften (& Co) für ihre Handelsbilanz die **Ausnahmeregelung** des § 280 Abs. 2 HGB **nicht mehr** nutzen, in dem es heißt: „Von der Zuschreibung nach Abs. 1 kann abgesehen werden, wenn der niedrigere Wertansatz bei der steuerrechtlichen Gewinnermittlung beibehalten werden kann und wenn Voraussetzung für die Beibehaltung in der Steuerbilanz ist, daß der niedrigere Wertansatz auch in der (Handels-)Bilanz beibehalten wird". Unter Berücksichtigung der oben gemachten Ausführungen zum ab 1999 geltenden strengen **Wertaufholungsgebot** in der **Steuerbilanz** hat § 280 Abs. 2 HGB für Kapitalgesellschaften **keine** Bedeutung mehr (vgl. Hoffmann, Anmerkungen, S. 1199; Herzig/Rieck, Wertaufholungsgebot, S. 308; Hoffmann, Steuerentlastungsgesetz, S. 383).

Vielmehr ist jetzt (1999) für Kapitalgesellschaften, GmbH & Co KGs und Kaufleute, die dem PublG unterliegen, die Wertaufholung nach § 280 Abs. 1 HGB *handelsrechtlich und* – wie oben beschrieben – *steuerrechtlich zwingend* (vgl. Hoffmann, Anmerkungen, S. 1199). Damit wird ab 1999 für diesen Teilbereich die Deformation des handelsrechtlichen Jahresabschlusses durch die umgekehrte Maßgeblichkeit aufgehoben (vgl. Herzig/Rieck, Wertaufholungsgebot, S. 309): Kapitalgesellschaften können ab 1999 *nicht mehr* durch Verweis auf (bis 1998 gültige) steuerliche Beibehaltungswahlrechte mit Hilfe des § 280 Abs. 2 HGB das handelsrechtliche Wertaufholungsgebot des § 280 Abs. 1 HGB *ausheheln*. Mit Einführung der steuerlichen Zuschreibungspflicht, die den § 280 Abs. 2 HGB nunmehr bedeutungslos werden läßt, wird zugleich endlich auch in Deutschland eine Anpassung an die Vorgaben der 4. EG-Richtlinie erreicht (vgl. Hoffmann, Anmerkungen, S. 1199; Herzig/Rieck, Wertaufholungsgebot, S. 309 und S. 315); die mangelnde Konformität des § 280 Abs. 2 HGB mit der 4. EG-Richtlinie ist in der Vergangenheit zu Recht kritisiert worden.

Zur Verdeutlichung der geschilderten, von der Rechtsform (Nicht-Kapitalgesellschaft bzw. Kapitalgesellschaft) abhängigen Beibehaltungswahlrechte bzw. Wertaufholungsgebote bei Gegenständen des Anlagevermögens möge Abbildung 15 dienen. Dabei bedeuten die Abkürzungen StB = Steuerbilanz und HB = Handelsbilanz.

Schließlich können Kapitalgesellschaften bei der Wertaufholung ein weiteres (**Bilanzierungs-)Wahlrecht** nutzen: Nach § 58 Abs. 2a AktG bzw. § 29 Abs. 4 GmbHG kann im Rahmen der Gewinn*verwendung* der *Eigenkapitalanteil* der Wertaufholungen, d. h. der Zuschreibungsbetrag abzüglich der darauf entfallenden EE-Steuern, in die "**anderen Gewinnrücklagen**" eingestellt werden, bei der GmbH jedoch nur mit Zustimmung des Aufsichtsrates oder der Gesellschafter (vgl. Herzig/Rieck, Wertaufholungsgebot, S. 309). Nutzt eine Kapitalgesellschaft diese „Option, den Zuschreibungsgewinn ... für die Ausschüttung zu sperren" (Herzig/Rieck, Wertaufholungsgebot, S. 315), so ist der Betrag entweder in der **Bilanz gesondert** auszuweisen oder im **Anhang** anzugeben (= **Ausweiswahlrecht**; vgl. § 58 Abs. 2a S. 2 AktG).

In den vorhergehenden Abschnitten D III bis IX wurden Bewertungswahlrechte behandelt, die speziell für Gegenstände des Anlagevermögens gelten. Im folgenden wollen wir uns nunmehr solchen Bewertungswahlrechten zuwenden, die der Bilanzierende bei Gegenständen des **Umlaufvermögens** für seine Bilanzpolitik nutzen kann.

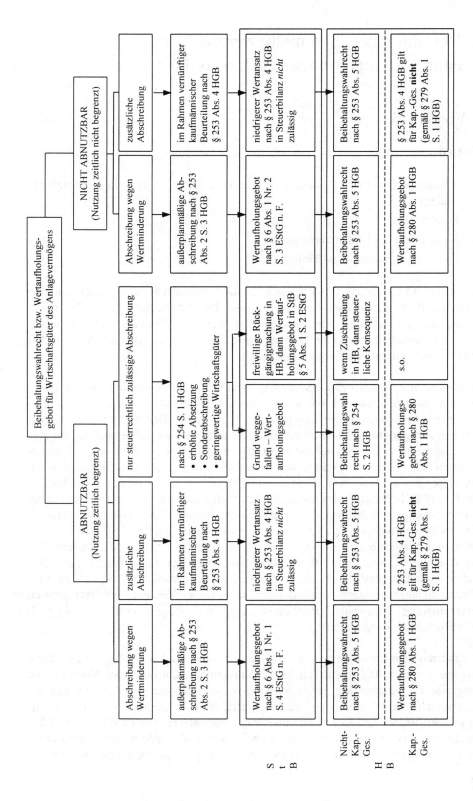

Abb. 15: *Beibehaltungswahlrecht bzw. Wertaufholungsgebot für Wirtschaftsgüter des Anlagevermögens*

X. Verfahren der "Sammelbewertung" beim Umlaufvermögen (§ 256 HGB)

a) Vorbemerkungen

Zum **Umlaufvermögen** gehören vor allem folgende Positionen:

- Vorräte (Roh-, Hilfs-, Betriebsstoffe, unfertige Erzeugnisse, fertige Erzeugnisse, Waren);
- Forderungen;
- Wertpapiere des Umlaufvermögens;
- Kasse, Bankguthaben und ähnliches.

Wie für das Anlagevermögen, so ist auch für die Gegenstände des Umlaufvermögens der Grundsatz der **Einzelbewertung** zu beachten. Dementsprechend gelten für die Ermittlung der Anschaffungs- oder Herstellungskosten als Wertobergrenze für Gegenstände des Umlaufvermögens die Überlegungen, die wir in den Abschnitten D I und II dieses Kapitels 3 dargestellt haben, unverändert.

Von diesem Grundsatz der Einzelbewertung kann bei Gegenständen des Umlaufvermögens zum einen dann **abgewichen** werden, wenn sich die individuellen Anschaffungskosten nur *mit erheblichen Schwierigkeiten* ermitteln lassen. Dies ist z. B. bei den Handelswaren in **Handelsbetrieben** oft der Fall. Bei ihnen bereitet die Feststellung der Anschaffungskosten von Waren anhand von Eingangsrechnungen oder sonstigen Unterlagen oft erhebliche Schwierigkeiten, weil sämtliche Waren schon beim Einkauf mit den Verkaufspreisen ausgezeichnet werden (vgl. Meyer, S. 134; Coenenberg, Jahresabschluß, S. 168). In diesen Fällen dürfen die Anschaffungskosten *retrograd* durch Abzug der Bruttospanne (= Rohgewinnaufschlag) und der Preisnachlässe vom Veräußerungspreis ermittelt werden (vgl. Adler/Düring/Schmaltz, Erl. zu § 255 HGB Tz 114). So heißt es in der **Praxis** beispielsweise im Geschäftsbericht 1998 (S. 65 f.) der Karstadt AG: „Die Warenvorräte wurden mit Einstandswerten ... bewertet. Dabei wurde ... der Einstandswert überwiegend *durch Abzug des Kalkulationsaufschlages* von den zu Verkaufspreisen aufgenommenen Beständen ermittelt". Dieses Verfahren der "**retrograden Wertermittlung**" ist sowohl handelsrechtlich als auch steuerrechtlich zulässig (vgl. H 32a EStH, Stichwort "Waren").

Zum anderen muß vom Prinzip der Einzelbewertung bisweilen aus folgendem Grund abgegangen werden: Bei einem Teil des Umlaufvermögens, nämlich den **Vorräten**, ist häufig eine Einzelbewertung gar *nicht möglich*, weil sich der jeweilige Bestand aus Teilen verschiedener Lieferungen zusammensetzt, die nicht getrennt, sondern gemeinsam gelagert werden und sich dabei miteinander vermischen; dies ist z. B. der Fall bei Flüssigkeiten, Gasen und Schüttgütern. Ist beim Vorrats-Vermögen eine Einzelbewertung aus dem genannten Grund nicht möglich, so sind für die Bewertung des Endbestandes und der Verbräuche die sog. Verfahren der "**Sammelbewertung**" (vgl. Coenenberg, Jahresabschluß, S. 160) heranzuziehen.

Zu diesen Verfahren der Sammelbewertung gehören zum einen die sog. "Durchschnittsmethode" und zum anderen verschiedene Verfahren, die eine bestimmte Verbrauchs- oder Veräußerungsfolge unterstellen. Da es sich bei der Verbrauchs- bzw. Veräußerungsfolge um eine **Fiktion** handelt, kann der Betrieb den Periodengewinn gezielt beeinflussen, indem er sich erst im Zeitpunkt der Erstellung der Handelsbilanz – nicht also bereits im Zeitpunkt des Verbrauchs – für eine der mehreren möglichen Verbrauchsfolge-Fiktionen entscheidet.

Es ist jedoch darauf hinzuweisen, daß die Werte, die mit Hilfe der einzelnen Verfahren der Sammelbewertung ermittelt wurden, „nicht ohne weiteres als Bilanzansätze in Frage kommen, sondern daß sie die **fiktiven Anschaffungs- oder Herstellungskosten** der als Bestände zu aktivierenden Vorräte sind. Sie kommen bei Anwendung des *strengen* Niederstwertprinzips nur zum Zuge, wenn sie **unter** dem Börsen- oder Marktwert (am Bilanzstichtag) liegen" (Wöhe, Bilanzierung, S. 477).

b) Die Durchschnittsmethode

Die sog. "**Durchschnittsmethode**" darf – sowohl in der Handelsbilanz als auch in der Steuerbilanz – für **gleichartige** Gegenstände des Umlaufvermögens mit unterschiedlichen Anschaffungs- bzw. Herstellungskosten angewandt werden. Hierbei bieten sich **zwei** Möglichkeiten der Durchschnittsbewertung an (vgl. Adler/Düring/Schmaltz, Erl. zu § 255 HGB Tz. 111 ff.):

Zum einen kann ein *gewogenes arithmetisches Mittel* errechnet werden, indem der Anfangsbestand und die einzelnen Zugänge mit ihren jeweiligen Anschaffungskosten bzw. Herstellungskosten bewertet werden und anschließend der so ermittelte Gesamtwert durch die Anzahl der gesamten Mengeneinheiten (Anfangsbestand + Zugänge) geteilt wird. Mit den so errechneten durchschnittlichen Anschaffungskosten bzw. Herstellungskosten werden dann sowohl die Verbrauchsmengen innerhalb der Periode als auch die am Ende der Periode vorhandenen Mengen (Endbestand) des betreffenden Vorratsgutes bewertet.

Zum anderen kann, statt die durchschnittlichen Anschaffungskosten bzw. Herstellungskosten nur einmalig am Ende der Periode zu errechnen, ein *gleitender Durchschnittspreis* ermittelt werden. Bei dieser sog. "**Skontration**" werden die durchschnittlichen Anschaffungskosten nach jedem Zugang erneut ermittelt. Die einzelnen Verbrauchsmengen werden jeweils zu demjenigen gleitenden Durchschnittswert angesetzt, der für den zugehörigen Abgangs-Zeitpunkt gerade gilt. Bei der Skontration kann der Inventurwert für den Endbestand sofort aus dem Lagerkonto entnommen werden, denn der Endbestand wird mit den für die Periode zuletzt ermittelten durchschnittlichen Anschaffungskosten bewertet.

Allerdings ist bei der Bewertung des Vorratsvermögens mit Hilfe der Durchschnitts-Methode eines zu beachten:
Sinken die Wiederbeschaffungskosten im Laufe der Periode, so wirken sich die höheren Anschaffungskosten zu Periodenbeginn bei der Durchschnittsbildung derart aus, daß der (gewogene bzw. gleitende) Durchschnittswert am Periodenende **höher** ist als der Tageswert am Bilanzstichtag. In diesem Falle würde die Bewertung des Endbestandes mit dem (zuletzt) errechneten Durchschnittspreis dem **strengen Niederstwertprinzip** (nach § 253 Abs. 3 S. 1 und S. 2 HGB) widersprechen. Um diesen Verstoß gegen das Niederstwertprinzip zu vermeiden, *muß* zum einen der Endbestand zu dem *niedrigeren Tageswert* angesetzt werden; gleichzeitig muß zum anderen der Differenzbetrag, der sich bei einer Bewertung des Endbestandes zum niedrigeren Tageswert einerseits und durchschnittlichen Anschaffungskosten nach der Durchschnitts-Methode andererseits ergibt, als *zusätzlicher Aufwand* in der G+V-Rechnung verbucht werden.

Eine Aufgabe für die Ermittlung der Anschaffungskosten nach den beiden Formen der Durchschnittsmethode befindet sich in Kapitel 4 "Aufgaben und Lösungen"; der interessierte Leser sei an dieser Stelle auf die Übungs-Aufgabe 77 verwiesen.

Wie ein Blick in die **Praxis** zeigt, wird die Durchschnittsmethode relativ häufig zur Bewertung von Gegenständen des Umlaufvermögens herangezogen. Nach einer Untersuchung der Treuarbeit (Jahres- und Konzernabschlüsse, S. 73) hatten von 100 großen Kapitalgesellschaften 1988 immerhin 36 (Vorjahr: 39) Unternehmen in ihren Jahresabschlüssen auf die Anwendung der Durchschnittsmethode hingewiesen. 1998 finden sich Angaben zur Anwendung der Durchschnittsmethode u. a. in den Geschäftsberichten von Asea Brown Boveri AG, BASF AG (insbes. bei Hilfs- und Betriebsstoffen), Bayer AG, Henkel KGaA, Hoechst AG, Klöckner & Co, Lufthansa AG, Quelle Schickedanz AG & Co, Ruhrkohle AG (für Roh-, Hilfs- und Betriebsstoffe) und Volkswagen-Konzern (für Roh-, Hilfs- und Betriebsstoffe). Bei der Bayer AG überwiegt bei der Bewertung der Vorräte die Durchschnittsmethode, denn es heißt dazu: „Grundsätzlich basiert die Bewertung auf der *Durchschnittsmethode*" (Konzern-Geschäftsbericht 1998, S. 92). Bei anderen Unternehmen werden mehrere Methoden verwendet. So heißt es z. B. bei der Henkel KGaA: „Bei der Bewertung der Vorräte kommen die *Fifo-* und die *Durchschnittsmethode* zum Ansatz" (Konzern-Geschäftsbericht 1998, S. 57).

c) Verfahren mit einer Verbrauchsfolge- oder Veräußerungsfolge-Fiktion

Nach der Durchschnitts-Methode wollen wir uns nun denjenigen Verfahren der Samelbewertung zuwenden, denen eine bestimmte Verbrauchsfolge- oder Veräußerungsfolge-**Fiktion** zugrunde liegt.

Rechtsgrundlage für die Zulässigkeit derartiger Fiktionen bildet **§ 256 HGB** für **gleichartige** Vermögensgegenstände des **Vorrats**vermögens. Aus dem Wortlaut: „... kann ... unterstellt werden ..." wird nach Adler/Düring/Schmaltz klar, daß auch das Gesetz von einer Fiktion ausgeht. Und „im Wesen jeder Fiktion liegt es, daß die zugrundeliegende

Annahme von der Wirklichkeit abweichen kann" (Adler/Düring/Schmaltz, Erl. zu § 256 HGB Tz 15). Demnach wird im **Handelsrecht** eine Übereinstimmung zwischen der tatsächlichen Verbrauchsfolge einerseits und der für die "Schätzung" der Anschaffungs- bzw. Herstellungskosten angenommenen (eben: fiktiven) Verbrauchsfolge **nicht** verlangt (so auch: Meyer, S. 138 f.).

Allerdings darf nach Coenenberg (Jahresabschluß, S. 161) die unterstellte Verbrauchsfolge nicht in krassem Widerspruch zur Wirklichkeit stehen; Adler/Düring/Schmaltz (Erl. zu § 256 HGB Tz 18) halten die Anwendung eines derartigen Verfahrens sogar nur in solchen Ausnahmefällen für unzulässig, in denen auch bei anderer Gestaltung des Betriebsablaufes eine Übereinstimmung von tatsächlichem Ablauf und Fiktion absolut **undenkbar** erscheint.

Soweit es den Grundsätzen ordnungsmäßiger Buchführung entspricht, kommen nach § 256 HGB für den Wertansatz gleichartiger Gegenstände des Vorratsvermögens insbesondere folgende Methoden in Frage:

- Lifo-Methode (lifo = last in, first out)
- Fifo-Methode (fifo = first in, first out)
- Hifo-Methode (hifo = highest in, first out)
- Lofo-Methode (lofo = lowest in, first out).

„Die einzelnen Werte können – wie bei der Durchschnittsbewertung – erst am Ende der Periode ermittelt werden (Perioden-Lifo usw.) oder aber bei jedem Zu- bzw. Abgang (permanentes Lifo usw.). Wegen des erheblichen Arbeitsaufwandes und damit hohen Kosten ist das permanente Lifo usw. in der Praxis kaum verbreitet" (Meyer, S. 139).

Im folgenden seien die vier verschiedenen Verfahren mit Verbrauchsfolge-Fiktion noch etwas näher erläutert und in ihrer Wirkung auf den Ausweis der Vermögenslage bzw. des Periodengewinnes untersucht.

Die **Lifo**-Methode arbeitet mit der Fiktion, daß die *zuletzt* angeschafften Mengeneinheiten eines Vorratsgutes stets *zuerst* verbraucht bzw. veräußert werden; demzufolge bilden die zuerst gekauften Gütermengen den Endbestand. Diese Methode führt bei **steigenden** Preisen zu einem niedrigen Vermögensausweis und gleichzeitig zu einer Verminderung der ausgewiesenen Gewinne. Denn zum einen werden die Endbestände mit den historisch ältesten und – bei Preissteigerungen im Verlauf der Periode – entsprechend niedrigen Preisen bewertet, da angenommen wird, daß die zuletzt eingekauften, teureren Gütermengen als erste wieder das Lager verlassen haben. Gleichzeitig werden zum anderen die Verbrauchsmengen zu den im Periodenablauf gestiegenen Anschaffungskosten angesetzt, so daß ein entsprechend hoher Aufwand den auszuweisenden Gewinn verringert.

Beim **Fifo**-Verfahren wird unterstellt, daß jeweils die *ältesten* (first in) Bestände *zuerst* das Lager wieder verlassen. Demzufolge können am Jahresende nur die Bestände der zuletzt eingetroffenen Lieferungen noch auf Lager sein, d. h., man bewertet den Endbestand in der Bilanz mit den Anschaffungskosten der zuletzt gekauften Waren.

Die Fifo-Methode erscheint bei **sinkenden** Preisen sinnvoll, um durch Verrechnung eines hohen Aufwandes einen niedrigen Gewinn auszuweisen; denn die zuerst angeschafften, teureren Vorräte werden als zuerst verbraucht angenommen. Gleichzeitig liegen nur noch die "billigeren", zuletzt eingekauften Vorräte auf Lager und führen zu einem niedrigeren Vermögensausweis in der Position "Vorräte".

Bei der **Hifo**-Methode werden die zu den *höchsten* Preisen angeschafften Güter als *zuerst* verbraucht bzw. veräußert angenommen. Dementsprechend können die Endbestände mit den niedrigsten Einkaufspreisen bewertet werden. „Diese Methode entspricht insbesondere dann dem Prinzip kaufmännischer Vorsicht, wenn der Trend der Anschaffungskosten innerhalb einer Periode nicht in einer Richtung läuft, also die Preise weder permanent steigen noch permanent sinken, sondern wenn innerhalb der Periode starke **Schwankungen der Preise** erfolgt sind" (Wöhe, Bilanzierung, S. 482).

Das **Lofo**-Verfahren arbeitet – im Gegensatz zur Hifo-Methode – mit der Fiktion, daß die am *billigsten* (lowest) eingekauften Mengen *zuerst* aus dem Lager gehen und demzufolge die Vorräte mit den höchsten Anschaffungskosten den Endbestand bilden.

„Bei monoton steigenden Preisen entspricht der mit Hilfe des Lofo-Verfahrens ermittelte Wertansatz dem Wertansatz bei Anwendung des Fifo-Verfahrens, bei monoton fallenden Preisen deckt er sich mit dem bei Lifo-Bewertung" (Coenenberg, Jahresabschluß, S. 166). In beiden Fällen, wie auch bei Preisschwankungen im Verlauf der Periode, **widerspricht** das Lofo-Verfahren deshalb dem **Prinzip der kaufmännischen Vorsicht**; denn eine Bewertung der Endbestände zu den jeweils höchsten Anschaffungskosten führt zum Ausweis eines hohen Gewinnes und zu einem hohen Wertansatz in der Position "Vorräte". Schließlich ist es zweifelhaft, ob die von der Lofo-Methode unterstellte Verbrauchsfolge dem Merkmal einer „sonstigen bestimmten Folge" des § 256 HGB entspricht (vgl. Adler/Düring/Schmaltz, Erl. zu § 256 HGB Tz 73).

Es bleibt noch zu erwähnen: Auch die **Kombination** von Verfahren der Sammelbewertung ist in der Handelsbilanz möglich, z. B. in der Weise, „daß die über den Anfangsbestand hinausgehende Menge des Endbestandes nach einem anderen Verfahren bewertet wird als die dem Anfangsbestand entsprechende Endbestandsmenge" (Wöhe, Bilanzierung, S. 482). Ferner erscheint auch eine Kombination der Lifo-Bewertung nach § 256 HGB mit der Gruppenbewertung im Vorratsvermögen nach § 240 Abs. 4 HGB in bestimmten Fällen vorteilhaft (vgl. dazu: Mayer-Wegelin, S. 2256 ff.; zur auch steuerrechtlichen Zulässigkeit dieser Kombination vgl. R 36a Abs. 3 S. 1 und R 36 Abs. 4 S. 6 EStR).

Von 100 untersuchten großen Kapitalgesellschaften hatten 15 Unternehmen in ihren Jahresabschlüssen für 1988 auf die Anwendung bestimmter Verbrauchsfolgeverfahren im Sinne des § 256 HGB hingewiesen (vgl. Treuarbeit, Jahres- und Konzernabschlüsse, S. 73). 1995 wurde nach einer Untersuchung von 100 deutschen Konzernen in 33 Fällen das Lifo-Verfahren und in 4 Fällen das Fifo-Verfahren angewendet (vgl. C & L Deutsche Revision, S. 158). Das *Lifo*-Verfahren haben nach den Geschäftsberichten für 1998 u. a. folgende Unternehmen angewandt: BASF AG (bei Rohstoffen, unfertigen und fertigen Erzeugnissen sowie Waren), Beiersdorf AG, Robert Bosch GmbH, Degussa AG (bei Edelmetallen), Th. Goldschmidt AG, Henkel KGaA, Hoechst AG, Ruhrkohle AG, RWE AG, Siemens AG, Südzucker AG und Thyssen AG. So heißt es z. B. bei der BASF AG: „Die Bewertung erfolgt überwiegend nach dem Lifo-Verbrauchsfolgeverfahren (Jahres-Perioden-Lifo). Insgesamt ... 91 % (im Konzern: 64 %) der Vorräte wurden nach der Lifo-Methode bewertet" (Konzern-Geschäftsbericht 1998, S. 46). Die Robert Bosch GmbH (Geschäftsbericht 1998, S. 48) schreibt: „Das Lifo-Verfahren wurde bei inländischen Gesellschaften grundsätzlich angewandt"; die Degussa AG gibt an: „Die Edelmetalle haben wir grundsätzlich nach der Lifo-Methode bilanziert" (Geschäftsbericht 1997/98, S. 42). Hinweise auf die Anwendung der *Fifo*-Methode finden sich z. B. bei der RWE AG, die den „Abraumverbrauch des Braunkohlenbergbaus nach dem Fifo-Verfahren ermittelt" (Konzern-Geschäftsbericht 1997/98, S. 88), und beim Ruhrkohle-Konzern, in dessen Geschäftsbericht für 1998 (S. 75) folgender interessante Satz steht: „Roh-, Hilfs- und Betriebsstoffe sind mit den *durchschnittlichen* Anschaffungskosten unter Beachtung des Niederstwertprinzips bewertet; teilweise wurde im RAG-Konzern auch die *Lifo*- oder die *Fifo*-Methode angewandt". Auch bei der Hoechst AG und bei der Daimler Chrysler AG kommt es bei bestimmten Teilen des Vorratsvermögens zur Anwendung der *Fifo*-Methode.

Mittelgroße und große **Kapitalgesellschaften** müssen, wenn sie von einem Bewertungsvereinfachungsverfahren nach § 256 S. 1 HGB Gebrauch machen, nach § 284 Abs. 2 Nr. 4 HGB im **Anhang** den Unterschiedsbetrag angeben, *wenn* diese Bewertung im Vergleich zu einer Bewertung auf der Basis des Börsen- oder Marktpreises am Bilanzstichtag einen *erheblichen* Unterschied aufweist. Deshalb findet sich bei der Degussa AG (Geschäftsbericht 1997/98, S. 51) folgender Hinweis: „Der Unterschiedsbetrag zwischen dem Tageswert und dem Wert, zu dem die Edelmetallvorräte in der Konzernbilanz angesetzt sind, beträgt 294,5 Mio. DM nach 292,3 Mio. DM im Vorjahr".

Ferner sei an dieser Stelle auf die umfassende Übungs-Aufgabe 77 in Kapitel 4 dieses Buches hingewiesen; sie verdeutlicht die unterschiedlichen Wertansätze nach den Verfahren der Sammelbewertung, die mit einer Verbrauchsfolge-Fiktion arbeiten, und zeigt für unterschiedliche Preisentwicklungen auf, wann die ermittelten Wertansätze in die Handelsbilanz übernommen werden dürfen bzw. wann *Korrekturen* erforderlich sind, um dem *strengen Niederstwertprinzip* zu entsprechen.

Bezüglich der Zulässigkeit der Verfahren der Sammelbewertung in der **Steuerbilanz** gilt folgendes:

In der Steuerbilanz ist – wie bisher – die **Durchschnittsmethode** generell anerkannt. Die Bewertung gleichartiger Wirtschaftsgüter des Vorratsvermögens nach der **Lifo**-Methode ist seit 1990 nach § 6 Abs. 1 Nr. 2a EStG dann zulässig, wenn dies den handelsrechtlichen GoBs entspricht und die Lifo-Methode auch in der Handelsbilanz angewandt wird. Wird die Lifo-Methode angewandt, so kann davon „in den folgenden Wirtschaftsjahren nur mit Zustimmung des Finanzamtes abgewichen werden" (§ 6 Abs. 1 Nr. 2a S. 3 EStG n. F.). Zu Einzelheiten der Bewertung nach unterstellten Verbrauchs- und Veräußerungsfolgen in der Steuerbilanz, insbes. dem Lifo-Verfahren, sei auf R 36a EStR verwiesen. Die **Fifo**-Methode ist steuerrechtlich dann – aber auch nur dann – anerkannt, wenn die tatsächliche Verbrauchsfolge dieser Methode entspricht und dies vom Steuerpflichtigen (z. B. bei Silo-Lagerung) glaubhaft gemacht werden kann (vgl. Coenenberg, Jahresabschluß, S. 164; Adler/Düring/Schmaltz, Erl. zu § 256 HGB Tz 76).

XI. Gruppenbewertung im Umlaufvermögen (§ 240 Abs. 4 HGB)

Nach § 240 Abs. 4 HGB dürfen bestimmte Wirtschaftsgüter des Umlaufvermögens zu einer Bewertungsgruppe zusammengefaßt und gemeinsam bewertet werden. Diese "**Gruppenbewertung**" im Umlaufvermögen, die nach § 256 S. 2 HGB ausdrücklich „auf den Jahresabschluß anwendbar" ist, stellt – wie die zuvor beschriebenen Verfahren der "Sammelbewertung" – eine weitere ***Durchbrechung*** des ***Prinzips der Einzelbewertung*** dar. Eine solche Gruppenbewertung wird vom Gesetzgeber zugelassen, um unter bestimmten Voraussetzungen die Inventur und die Bewertung von Gegenständen des Umlaufvermögens zu erleichtern.

Eine Gruppenbewertung **darf** nach § 240 Abs. 4 HGB bei Gegenständen des Umlaufvermögens in drei Fällen angewendet werden:

(1)   bei **gleichartigen** Gegenständen des **Vorrats**vermögens,
(2)   bei **anderen gleichartigen** Vermögensgegenständen und
(3)   bei **annähernd gleichwertigen** beweglichen Vermögensgegenständen.

In allen drei Fällen soll die Bewertung bei Zusammenfassung zu einer Gruppe jeweils „mit dem **gewogenen Durchschnitt**" (§ 240 Abs. 4 HGB) erfolgen.

Die Zulässigkeit der Gruppenbewertung nicht nur für gleichartige, sondern auch für (nur) annähernd **gleichwertige** Gegenstände des Vorratsvermögens bedeutet eine Erweiterung der Wahlrechte zur Bewertung der Vorräte; denn, wie im vorhergehenden Abschnitt D X dargestellt, dürfen die Verfahren der "Sammelbewertung", die mit einer Verbrauchs- oder Veräußerungsfolgefiktion arbeiten, nach § 256 HGB nur bei **gleichartigen** Vorratsgütern angewendet werden. Demgegenüber ist eine Gruppenbewertung auch bei gleichwertigen Gütern, die nicht gleichartig sind, erlaubt.

Welche Voraussetzungen erfüllt sein müssen, damit Gegenstände als gleichwertig bzw. gleichartig bezeichnet werden können, wurde bereits im Abschnitt D III von Kapitel 3 bei der Gruppenbewertung im Anlagevermögen dargestellt. Die dortigen Ausführungen gelten hier analog; es sei deshalb hier darauf verwiesen.

Ferner sei darauf hingewiesen, daß *mittelgroße* und *große* **Kapitalgesellschaften** auch bei Anwendung der Gruppenbewertung für Gegenstände des Umlaufvermögens § 284 Abs. 2 Nr. 4 HGB zu beachten haben: Sie müssen im **Anhang** die Unterschiedsbeträge pauschal für die jeweilige Gruppe ausweisen, wenn die Gruppenbewertung im Vergleich zu einer Bewertung auf der Grundlage des letzten vor dem Abschlußstichtag bekannten Börsen- oder Marktpreises einen *erheblichen* Unterschied aufweist; nach Adler/Düring/Schmaltz (Erl. zu § 284 HGB Tz 155) ist ein „erheblicher Unterschied" sicherlich bei 10 % und mehr gegeben, während ein Unterschiedsbetrag von weniger als 5 % des Bilanzpostens in aller Regel unerheblich sein dürfte (vgl. Küting/Weber, Bd. Ia, S. 1934). *Kleine* Kapitalgesellschaften sind von dieser Erläuterungspflicht nach § 288 S. 1 HGB seit 1994 *befreit*.

„Zur Erleichterung der Inventur und der Bewertung" ist nach R 36 Abs. 4 EStR eine Gruppenbewertung auch für die Gewinnermittlung in der **Steuerbilanz** erlaubt. Dabei ist – wie bereits erwähnt – auch die Anwendung der Lifo-Methode zur Bewertung der in Gruppen zusammengefaßten gleichartigen Wirtschaftsgüter erlaubt (vgl. R 36 Abs. 4 S. 6 und R 36a Abs. 3 S. 1 EStR).

XII. Festbewertung im Umlaufvermögen (§ 240 Abs. 3 HGB)

Wie für Gegenstände des Anlagevermögens (vgl. Abschnitt D IV dieses Kapitels 3) hat der Bilanzierende nach § 240 Abs. 3 HGB auch für bestimmte Gegenstände des Umlaufvermögens, nämlich für **Roh-, Hilfs-** und **Betriebsstoffe**, das Wahlrecht, einen **Festwert** anzusetzen. Für unfertige und fertige Fabrikate sowie Waren besteht dieses Wahlrecht also *nicht*.

Sind für Gegenstände der Roh-, Hilfs- und Betriebsstoffe die Voraussetzungen erfüllt, daß sie **regelmäßig ersetzt** werden, ihr Gesamtwert für das Unternehmen von **nachrangiger** Bedeutung ist und ihr „Bestand in seiner Größe, seinem Wert und seiner Zusammensetzung nur **geringen Veränderungen** unterliegt", so dürfen derartige Güter „mit einer gleichbleibenden Menge und mit einem gleichbleibenden Wert" (§ 240 Abs. 3 HGB) angesetzt werden. Nach § 256 S. 2 HGB ist diese Festbewertung ausdrücklich „auch auf den Jahresabschluß anwendbar".

Auch dieses Verfahren der Festbewertung soll der Vereinfachung der Inventur- und Bewertungsarbeiten bei Inventur und Jahresabschluß dienen; deshalb ist auch nur alle *drei* Jahre eine körperliche Bestandsaufnahme zur Überprüfung des bisherigen Wertansatzes durchzuführen (vgl. Coenenberg, Jahresabschluß, S. 161).

Dem Ansatz von Festwerten liegt die Vorstellung zugrunde, „daß Zugänge und Abgänge (Verbrauch) sich ungefähr entsprechen" (Wöhe, Bilanzierung, S. 499). Demzufolge dürfen Zugänge bei derartigen Roh-, Hilfs- und Betriebsstoffen *sofort als Aufwand* verrechnet werden.

Welche Maßnahmen ergriffen werden müssen, wenn die körperliche Bestandsaufnahme eine Abweichung des ermittelten Wertes von den bisherigen Festwerten zeigt, wurde in Kapitel 3 Abschnitt D IV bei der Festbewertung im Anlagevermögen ausführlich beschrieben. Die dortigen Ausführungen gelten für eine Festbewertung im Umlaufvermögen analog; um Wiederholungen zu vermeiden, sei auf den genannten Abschnitt verwiesen.

Von 100 untersuchten großen Kapitalgesellschaften machten 1988 nur 3 (Vorjahr: 4) Unternehmen in ihrem Jahresabschluß Angaben über eine Festbewertung von Gegenständen des Vorratsvermögens (vgl. Treuarbeit, Jahres- und Konzernabschlüsse, S. 73). 1998 finden sich Hinweise auf die Anwendung der Festbewertung für Gegenstände des Umlaufvermögens u. a. bei Asea Brown Boveri AG, Sto AG, Südzucker AG und Thyssen AG. So heißt es z. B. Sto AG: „Festwerte (bestehen) insbes. für Maschinenersatzteile, Etiketten, Büromaterial und Paletten" (Geschäftsbericht 1998, S. 57).

Nach H 36 Abs. 5 EStR (Stichwort "Festwert", mit Verweis auf R 31 EStR) ist der Ansatz eines Festwertes für Roh-, Hilfs- und Betriebsstoffe auch in der **Steuerbilanz** zulässig, wenn die genannten Voraussetzungen erfüllt sind.

XIII. Der "sich aus dem Börsen- oder Marktpreis am Abschlußstichtag ergebende Wert" im Umlaufvermögen (§ 253 Abs. 3 HGB)

Für die Bewertung des Umlaufvermögens stellen nach § 253 Abs. 1 S. 1 HGB die *Anschaffungs-* oder *Herstellungskosten* die oberste Grenze dar. Bei der Ermittlung dieser Anschaffungs- oder Herstellungskosten gilt grundsätzlich das "Prinzip der **Einzelbewertung**"; von diesem **darf** allerdings abgewichen werden in den drei zuvor behandelten Fällen: durch die Wahl eines Verfahrens der "Sammelbewertung", der "Gruppenbewertung" oder der "Festbewertung" (vgl. die Abschnitte D X, XI und XII). Wie dargestellt, werden nicht nur bei diesen drei Bewertungsverfahren, sondern auch bei der Einzelbewertung dem Bilanzierenden eine Reihe von **Bewertungswahlrechten** eingeräumt, insbes. bezüglich der **Wahl**bestandteile bei den Herstellungskosten (vgl. Kapitel 3 Abschnitt D IIb). Demzufolge hängt die Höhe der "ermittelten" Anschaffungs- oder Herstellungskosten entscheidend davon ab, in welchem Umfange der Bilanzierende von den Bewertungswahlrechten Gebrauch macht. Da nun aber die Anschaffungs- oder Herstellungskosten ihrerseits die oberste Grenze des Wertansatzes für Gegenstände des Umlaufvermögens darstellen, kann der Bilanzierende diese "Obergrenze" selbst durch die mehr oder minder umfangreiche Ausübung der Bewertungswahlrechte *beeinflussen*.

Die – wie auch immer – ermittelten Anschaffungs- oder Herstellungskosten stellen außerdem nach § 253 Abs. 3 S. 1 HGB dann **nicht** den zulässigen Bilanzansatz für Gegenstände des Umlaufvermögens dar, wenn sie **höher** sind als der **Wert, „der sich aus dem Börsen- oder Marktpreis am Abschlußstichtag ergibt"**. Das heißt: Der Bilanzierende **muß** die Anschaffungs- oder Herstellungskosten *vergleichen* mit dem aus dem Börsen- oder Marktpreis sich ergebenden Wert und anschließend den **niedrigeren** der beiden Werte ansetzen (so z. B. bei Wertpapieren des Umlaufvermögens). Dies folgt aus dem "**strengen Niederstwertprinzip**", welches bei der Bewertung des Umlaufvermögens zwingend zu beachten ist.

„Als **Börsenpreis** (Börsenkurs) gilt der an einer deutschen Börse amtlich festgestellte oder der im Freiverkehr ermittelte Preis (Kurs) am Bilanzstichtag" (Wöhe, Bilanzierung, S. 468). Angesichts der internationalen wirtschaftlichen Verflechtung sind allerdings nicht nur die Preise an deutschen Börsen, sondern auch die an Auslandsbörsen für dort gehandelte Wertpapiere und Waren festgestellten Kurse bzw. Preise zu berücksichtigen (vgl. Adler/Düring/Schmaltz, Erl. zu § 253 HGB Tz 504). Der **Marktpreis** hingegen ist ein Durchschnittspreis, der sich aus einer größeren Anzahl von Kaufverträgen über die Waren der entsprechenden Art und Güte am Abschlußstichtag an demjenigen Ort ergibt, an dem der Bilanzierende üblicherweise die zu bewertenden Güter des Umlaufvermögens beschafft bzw. absetzt.

In diesem Zusammenhang sei ausdrücklich darauf hingewiesen: Nach § 253 Abs. 3 S. 1 HGB wird **nicht** der Ansatz **des** (niedrigeren) Börsen- oder Marktpreises verlangt, sondern des Wertes, der sich **aus** dem Börsen- oder Marktpreis am Abschlußstichtag **ergibt**, d. h., der anzusetzende Wert kann erst durch "*Korrektur*" des Börsen- oder Marktpreises ermittelt werden. Dabei richten sich Art und Umfang der "Korrektur" danach, ob der **Beschaffungsmarkt oder** der **Absatzmarkt** für den sich aus dem Börsen- oder Marktpreis ergebenden Wert maßgebend ist.

Der jeweils maßgebliche Markt ist wiederum abhängig von der **Art des zu bewertenden Gutes** des Umlaufvermögens. Nach Adler/Düring/Schmaltz (Erl. zu § 253 HGB Tz 488) gilt:

(1) Maßgeblichkeit des Beschaffungsmarktes
 – für Roh-, Hilfs- und Betriebsstoffe,
 – für unfertige und fertige Erzeugnisse, soweit auch Fremdbezug möglich wäre;
(2) Maßgeblichkeit des Absatzmarktes
 – für unfertige und fertige Erzeugnisse sowie unfertige Leistungen,
 – für Überbestände an Roh-, Hilfs- und Betriebsstoffen,
 – für Wertpapiere (des Umlaufvermögens);
(3) doppelte Maßgeblichkeit (sowohl Beschaffungs- als auch Absatzmarkt)
 – für Handelswaren,
 – für Überbestände an unfertigen und fertigen Erzeugnissen.

Ist der Beschaffungsmarkt maßgeblich, so muß der auf diesem Markt am Abschlußstichtag geltende Börsen- oder Marktpreis um die (anteiligen) **Anschaffungsnebenkosten erhöht** werden, um zu den "**Wiederbeschaffungskosten**" zu gelangen, welche in diesem Falle den "sich aus dem Börsen- oder Marktpreis ergebenden Wert" darstellen.

Ist hingegen der Absatzmarkt maßgeblich, so ist vom *erwarteten Verkaufspreis* auszugehen, von dem alle **bis zum Absatz noch anfallenden Aufwendungen abzuziehen** sind. „Bei Fertigfabrikaten und Waren handelt es sich dabei vor allem um Erlösschmälerungen, Verpackungs-, Vertriebs- und Verwaltungskosten" (Wöhe, Bilanzierung, S. 469). Nach Adler/Düring/Schmaltz (Erl. zu § 253 HGB Tz 510) sind bei Waren beispielsweise auch Zölle und Transportkosten zu berücksichtigen, die normalerweise aufgewendet werden müssen, um die Güter an den Handelsplatz zu verbringen; ferner können auch noch Kapitaldienstkosten berücksichtigt werden, also entstehende Zinsverluste, wenn die Güter voraussichtlich erst nach einer längeren Lagerzeit abgesetzt werden können (vgl. Adler/Düring/Schmaltz, Erl. zu § 253 HGB, Tz 526).

Es erfolgt also eine **retrograde** Bewertung (vom Börsen- oder Marktpreis des Absatzmarktes her), die auch als sog. "**verlustfreie Bewertung**" bezeichnet wird (vgl. Wöhe, Bilanzierung, S. 468).

Der "verlustfreie" Wert, der sich aus dem Börsen- oder Marktpreis ergibt, läßt sich beispielsweise für fertige Erzeugnisse oder Handelswaren nach folgendem Schema errechnen (in Anlehnung an Adler/Düring/Schmaltz, Erl. zu § 253 HGB Tz 525 f.):

    Börsen- oder Marktpreis des Absatzmarktes
- Erlösschmälerungen (z. B. Skonti)
- Verpackungskosten
- Ausgangsfrachten
- Sonstige Vertriebskosten (z. B. Verkaufsprovisionen)
- noch anfallende Verwaltungskosten (z. B. Lagerkosten)
- Kapitaldienstkosten (insbes. Zinskosten)

= sich aus dem Börsen- oder Marktpreis ergebender ("verlustfreier") Wert.

Ist der so ermittelte "sich aus dem Börsen- oder Marktpreis ergebende Wert" niedriger als die Anschaffungs- oder Herstellungskosten, so **muß** dieser niedrigere "verlustfreie" Wert für Gegenstände des Umlaufvermögens in der **Handelsbilanz** angesetzt werden (vgl. § 253 Abs. 3 S. 1 HGB). Deshalb heißt es in der **Praxis** beispielsweise bei der Südzucker AG (Geschäftsbericht 1998/99, S. 69): „Die Bewertung der unfertigen und fertigen Erzeugnisse erfolgte ... zu den vom Verkaufspreis abgeleiteteten erzielbaren Reinerlösen unter Beachtung des *Prinzips der verlustfreien Bewertung* ...". Bei der Drägerwerk AG findet sich der Hinweis: „Der Grundsatz einer *verlustfreien Bewertung* ist für alle Bestände (des Vorratsvermögens) eingehalten" (Konzern-Geschäftsbericht 1998, S. 52). Entsprechende Angaben macht 1998 auch die Daimler Chrysler AG für Wertpapiere des Umlaufvermögens.

Wegen des "Maßgeblichkeitsprinzipes" ist der "verlustfreie" Wert dann eigentlich auch in die **Steuerbilanz** zu übernehmen. Auf die im Wort "eigentlich" steckende Einschränkung ist noch zurückzukommen.

In diesem Zusammenhang sei zunächst darauf hingewiesen, daß der auf die oben beschriebene Weise errechnete Wert für die Handelsbilanz **nicht** dem bisher nach Steuerrecht zulässigen *niedrigeren* "**Teilwert**" entspricht (vgl. Meyer, Bilanzierung, S. 135). Denn zur Ermittlung des Teilwertes war zusätzlich noch der *branchenübliche durchschnittliche Unternehmergewinn* abzuziehen (vgl. R 36 Abs. 2 S. 3 und S. 4 EStR 1998). Biergans (S. 426) begründet dies damit, daß ein fiktiver Erwerber des Betriebes die Erzeugnisse wahrscheinlich nur zu einem Preis übernehmen würde, der ihm gestattet, noch einen Unternehmergewinn zu erzielen. Steuerpflichtige, die den Gewinn nach § 5 EStG ermitteln, **mußten** diesen niedrigeren Teilwert in der **Steuerbilanz** ansetzen (vgl. R 36 Abs. 1 S. 3 EStR 1998).

Für die **Handelsbilanz** hingegen resultierte aus dem abzugsfähigen Unternehmergewinn stets ein Bewertungs**wahlrecht**; d. h., an Stelle des sich aus dem Börsen- oder Marktpreis ergebenden (nur) "verlustfreien" Wertes **konnte** der – zusätzlich um den Unternehmergewinn gekürzte – niedrigere Teilwert oder sogar ein Zwischenwert (vgl. Pougin, Bilanzpolitik, S. 20) angesetzt werden. Dieser niedrigere Teilwert (oder ein Zwischenwert) **darf** nämlich als ein **niedrigerer** Wert, der auf einer **nur steuerrechtlich zulässigen Abschreibung** beruht, in der Handelsbilanz berücksichtigt werden; mit § 254 HGB wird ein solches Bewertungswahlrecht ausdrücklich auch für Gegenstände des Umlaufvermögens eingeräumt (vgl. hierzu den späteren Abschnitt D XVII).

Zur Veranschaulichung möge folgendes **Beispiel** für ein absatzmarktorientiertes Fertig-Erzeugnis (oder eine Handelsware) dienen:

	Herstellungskosten (Anschaffungskosten)	1.000,– DM
+	Kosten bis zum Verkauf	200,– DM
+	Gewinnspanne (= 20 % vom Verkaufspreis)	300,– DM
=	Börsen- oder Marktpreis bisher	*1.500,– DM.*

Aus irgendwelchen Gründen möge es nunmehr zu einem Sinken des Börsen- oder Marktpreises auf 1.150,– DM gekommen sein. Dann gilt:

	gesunkener Verkaufspreis	1.150,– DM
–	Kosten bis zum Verkauf	200,– DM
=	"verlustfreier" Wert, der sich aus dem Börsen- oder Marktpreis ergibt	*950,– DM*
–	Gewinnspanne (20 % von 1.150,–)	230,– DM
=	niedrigerer "Teilwert"	720,– DM.

Somit **konnte** der Bilanzierende in der **Handelsbilanz** das Fertig-Erzeugnis (bzw. die Handelsware) entweder mit 950,– DM (= Obergrenze) oder mit 720,– DM (= Untergrenze) bewerten. Das Wahlrecht ließ darüber hinaus auch zu, evtl. einen Zwischenwert – also etwa 795,– oder 867,– DM – als Wertansatz für das betrachtete Wirtschaftsgut in der Handelsbilanz zu nutzen. In der **Steuerbilanz mußte** hingegen der niedrigere Teilwert dann angesetzt werden, *wenn* der Gewinn nach § 5 EStG ermittelt wird. Steuerpflichtige allerdings, die ihren Gewinn nach § 4 Abs. 1 EStG ermitteln, **konnten** – mußten aber nicht – den niedrigeren Teilwert ansetzen (vgl. R 36 Abs. 1 S. 5 EStR 1998).

Nach den beschriebenen, bis Ende 1998 gültigen Regelungen galt zumindest, daß ein sich aus dem Börsen- oder Marktpreis ergebener Wert, der *niedriger* ist als die Anschaffungs- oder Herstellungskosten, in jedem Fall aufgrund seines Ansatzes in der Handelsbilanz auch für die Steuerbilanz *maßgeblich* ist (Maßgeblichkeitsprinzip i. V. m. strengem Niederstwertprinzip). Ob diese Regelung auch ab 1999 noch Bestand hat, ist z. Zt. keineswegs sicher. Deshalb wurde in den letzten Absätzen die Vergangenheitsform (konnte, mußte u. ä.) und auf der vorhergehenden Seite die Einschränkung "eigentlich" gewählt.

Für diese Unsicherheit sorgt – aufgrund von Auslegungsproblemen – die Gesetzesformulierung des § 6 Abs. 1 Nr. 2 EStG in seiner Neufassung durch das Steuerentlastungsgesetz 1999/2000/2002. Dieser § 6 Abs. 1 Nr. 2 EStG n. F. betrifft – neben dem nichtabnutzbaren Anlagevermögen – das hier interessierende Umlaufvermögen.

Wie bereits in Abschnitt D VI dieses Kapitels 3 ausgeführt, ist eine "**Teilwertabschreibung**" in der Steuerbilanz **ab 1999** nur noch dann zulässig, wenn sie mit einer „voraussichtlich **dauernden** Wertminderung" begründet werden kann.

Auf die Probleme und Konsequenzen, die aus dieser Neuregelung von § 6 Abs. 1 Nr. 2 EStG n. F. für die Bewertung des *Anlage*vermögens in der Steuerbilanz und in der Handelsbilanz (insbes. von Kapitalgesellschaften) resultieren, wurde bereits eingegangen (vgl. vor allem die Abschnitte D VI und D IX von Kapitel 3). Zusätzlich dazu wirft die Neuregelung des § 6 Abs. 1 Nr. 2 EStG n. F. aber die für das *Umlauf*vermögen alles entscheidende Frage auf:
Wird die Finanzverwaltung ab 1999 bei Wirtschaftsgütern des Umlaufvermögens überhaupt noch eine Teilwertabschreibung akzeptieren?

Um auf den Zündstoff, der in der Auslegungsproblematik des neu formulierten § 6 Abs. 1 Nr. 2 EStG n. F. liegt, aufmerksam zu machen, läßt sich mit Hoffmann bewußt etwas pointiert das Problem wie folgt darstellen (vgl. Hoffmann, Steuerentlastungsgesetz, S. 382):

Umlaufvermögen ist (gem. § 247 Abs. 2 HGB) dadurch definiert, daß es dem Unternehmen *"nicht dauernd"* zur Verfügung steht. Hierzu will dann aber nicht recht passen, daß eine voraussichtlich **dauernde** Wertminderung vorliegen muß, damit nach Steuerrecht bei Gegenständen des Umlaufvermögens eine Teilwertabschreibung vorgenommen werden darf (z. B. auf einen sich aus dem Börsen- oder Marktpreis ergebenden

Wert, der niedriger ist als die Anschaffungskosten des Wirtschaftsgutes). Deshalb kann man sich drei Auslegungsfolgerungen der Finanzverwaltung vorstellen:

- Liegt am Bilanzstichtag ein sich aus dem Börsen- oder Marktpreis ergebender niedrigerer Wert als die Anschaffungs- oder Herstellungskosten vor (z. B. für Wertpapiere des Umlaufvermögens oder Edelmetalle), dann wird die Finanzverwaltung eine Teilwertabschreibung mit dem Argument verweigern können, daß diese Wertminderung *nicht* "dauernd" ist.
- „Bei Einzelwertberichtigungen im Bereich von (modischen) Handelswaren, Büchern, Ersatzteilen und Rohmaterialien könnte generell argumentiert werden, diese Vorräte dienen *nicht* "dauernd" dem Unternehmen, also kann es auch *keine* "dauernde" Wertminderung geben" (Hoffmann, Steuerentlastungsgesetz, S. 382).
- Mit demselben Argument können pauschale Bewertungsabschläge bei Gegenständen des Umlaufvermögens abgelehnt werden.

Manchem Leser mögen diese Auslegungsmöglichkeiten des § 6 Abs. 1 Nr. 2 EStG n. F. auf den ersten Blick als absurd erscheinen. Bei etwas "Nach"-Denken wird man sich aber vielleicht erinnern, daß im 1. Entwurf zum Steuerentlastungsgesetz 1999/2000/2002 vorgesehen war, die Möglichkeit einer Teilwertabschreibung *gänzlich*, d. h. für Anlage- *und* Umlaufvermögen, *abzuschaffen* (vgl. BT-Drs. 14/23 und 14/265 sowie BR-Drs. 910/98). Vor diesem Hintergrund kann dann wohl doch nicht völlig ausgeschlossen werden, daß mit der auslegungsbedürftigen Neuformulierung des § 6 Abs. 1 Nr. 2 EStG n. F. der Finanzverwaltung die Abschaffung der Teilwertabschreibung zumindest für das Umlaufvermögen doch noch – quasi durch die Hintertür – gelingen könnte.

Wie dem auch sei, eines erscheint sehr wahrscheinlich: Ab 1999 werden Handelsbilanz und Steuerbilanz im Bereich des Umlaufvermögens weiter auseinanderfallen. Denn für die *Handelsbilanz* gilt für das Umlaufvermögen weiterhin das **strenge** Niederstwertprinzip, d. h., es *muß* eine außerplanmäßige Abschreibung (z. B. auf einen niedrigeren, sich aus dem Börsen- oder Marktpreis ergebenden Wert) selbst dann vorgenommen werden, wenn diese Wertminderung voraussichtlich nur *vorübergehend* ist. In der *Steuerbilanz* werden zumindest derartige Teilwertabschreibungen nach dem Wortlaut des § 6 Abs. 1 Nr. 2 EStG n. F. ab 1999 **nicht** (mehr) **zulässig** sein: Es kommt in diesen Fällen zwangsläufig zu einer (weiteren) **Durchbrechung** des Maßgeblichkeitsprinzipes. Davon betroffen sind insbes. Wertpapiere des Umlaufvermögens, aber auch Edelmetalle und Waren (z. B. Getreide, Öle).

Bei extremer Auslegung des § 6 Abs. 1 Nr. 2 EStG n. F. durch die Finanzverwaltung – siehe obige Ausführungen – würden bei allen Wirtschaftsgütern des Umlaufvermögens gar **keine** Teilwertabschreibungen mehr möglich sein, was die Konsequenz hätte: Aushebelung des strengen Niederstwertprinzipes für Gegenstände des Umlaufvermögens. Diese Wirtschaftsgüter müßten dann stets mit ihren Anschaffungs- oder Herstellungskosten, ggf. vermindert um Abzüge nach R 35 EStR, in der Steuerbilanz angesetzt werden.

Endgültige Antworten auf die aufgeworfenen Auslegungsfragen, die aus der Neufassung von § 6 Abs. 1 Nr. 2 EStG n. F. in Bezug auf die Bewertung von Umlaufvermögen in der Steuerbilanz resultieren, werden wohl wieder erst die Gerichte in Zukunft geben (müssen).

XIV. Der den Gegenständen des Umlaufvermögens "am Abschlußstichtag beizulegende Wert" (§ 253 Abs. 3 HGB)

Läßt sich für Gegenstände des Umlaufvermögens ein Börsen- oder Marktpreis **nicht** feststellen, so muß derjenige Wert ermittelt werden, „der den Vermögensgegenständen **am Abschlußstichtag beizulegen** ist" (§ 253 Abs. 3 S. 2 HGB). Anschließend ist dieser "am Abschlußstichtag beizulegende Wert" wiederum mit den Anschaffungs- oder Herstellungskosten des Wirtschaftsgutes zu vergleichen. Übersteigen die Anschaffungs- oder Herstellungskosten den "am Bilanzstichtag beizulegenden Wert", so **muß** – dem strengen Niederstwertprinzip entsprechend – der Gegenstand mit dem (niedrigeren) "beizulegenden Wert" in der **Handelsbilanz** angesetzt werden (§ 253 Abs. 3 S. 2 HGB).

Bei der Ermittlung des "beizulegenden Wertes" ist ähnlich vorzugehen, wie es für den "aus dem Börsen- oder Marktpreis sich ergebenden Wert" im vorhergehenden Abschnitt D XIII dargestellt wurde. Demnach muß zunächst wiederum danach unterschieden werden, ob die Verhältnisse auf dem **Beschaffungsmarkt oder** auf dem **Absatzmarkt** oder auf beiden Märkten (bei doppelter Maßgeblichkeit) für den "am Abschlußstichtag beizulegenden Wert" maßgeblich sind. Welches der maßgebliche Wert ist, hängt dabei wiederum von der Art des zu bewertenden Gutes des Umlaufvermögens ab; die in Abschnitt D XIII vorgenommene Zuordnung der verschiedenen Gegenstände des Umlaufvermögens zu dem für ihre Bewertung maßgeblichen Markt (bzw. Märkten) gilt hier analog.

Demnach hat für **Roh-, Hilfs- und Betriebsstoffe** die Bewertung in der Regel vom **Beschaffungsmarkt** her zu erfolgen; d. h., der "am Abschlußstichtag beizulegende Wert" für derartige Güter des Umlaufvermögens ist ein vom Beschaffungsmarkt abgeleiteter Wert, der in den sog. "**Wiederbeschaffungskosten**" auch (anteilige) Anschaffungsnebenkosten enthält.

Immer dann, wenn die Roh-, Hilfs- und Betriebsstoffe im Betrieb noch uneingeschränkt verwendet werden können, entspricht der ihnen "beizulegende Wert" den Wiederbeschaffungskosten.

Handelt es sich hingegen um Roh-, Hilfs- und Betriebsstoffe (oder auch Handelswaren), deren **Verwendbarkeit** im Betrieb **eingeschränkt** ist, so verlangt das Vorsichtsprinzip vom Bilanzierenden, daß er Abschläge vornimmt (vgl. Wöhe, Bilanzierung, S. 469).

Derartige "**Gängigkeitsabschreibungen**" bedeuten, daß der "beizulegende Wert" **unter** den Wiederbeschaffungskosten liegt.

„Bei umfangreichen Lagerbeständen ist es oft nicht möglich, den Zustand und die Verwendbarkeit jedes einzelnen Vermögensgegenstandes festzustellen und bei der Bewertung zu berücksichtigen. In Fällen dieser Art ist es daher üblich ..., pauschale Abschläge von den Anschaffungskosten zu verrechnen ... " (Adler/Düring/Schmaltz, Erl. zu § 253 HGB Tz 518). Bei der Höhe solcher Abschläge kann sich der Bilanzierende in erster Linie an der Umschlaghäufigkeit und der damit verbundenen zeitlichen Reichweite des jeweiligen Lagerbestandes orientieren. So schlagen Adler/Düring/Schmaltz (Erl. zu § 253 HGB Tz 518) beispielsweise eine Gängigkeitsabschreibung in Höhe von 10 % der Anschaffungskosten vor für Artikel mit einer Umschlaghäufigkeit des 0,5- bis 1-fachen des Anfangsbestandes, hingegen eine Gängigkeitsabschreibung von bereits 70 % für Artikel, deren Umschlaghäufigkeit nur noch das 0,1- bis 0,25-fache des Anfangsbestandes erreicht.

Wenn die Roh-, Hilfs- und Betriebsstoffe hingegen im Betrieb gar **nicht mehr verwendbar** sind, so muß der "beizulegende Wert" vom **Absatzmarkt** her abgeleitet werden. Er ist dann – wie der sich aus dem Börsen- oder Marktpreis ergebende Wert – **retrograd** zu ermitteln: Von dem vorsichtig geschätzten erzielbaren Verkaufspreis (evtl. Schrottpreis) sind alle bis zum Verkauf noch anfallenden Kosten abzuziehen. Es ergibt sich dann wiederum ein sog. "**verlustfreier Wert**" als der "am Abschlußstichtag beizulegende Wert" derartiger (Über-)Bestände an Roh-, Hilfs- und Betriebsstoffen.

Analog dazu ist auch für **unfertige und fertige Erzeugnisse**, für die ein Börsen- oder Marktpreis nicht festgestellt werden kann, der "beizulegende Wert" in der Regel retrograd vom **Absatzmarkt** her abzuleiten (vgl. Wöhe, Bilanzierung, S. 469). Es ist wiederum eine sog. "**verlustfreie Bewertung**" vorzunehmen, und zwar nach dem gleichen Schema, wie es im vorhergehenden Abschnitt D XIII dargestellt wurde. Der einzige Unterschied besteht darin, daß für die Ermittlung des "beizulegenden Wertes" – in Ermangelung eines Börsen- oder Marktpreises – der vorsichtig geschätzte Verkaufserlös den Ausgangspunkt bildet. Von diesem sind bei einem Fertigerzeugnis (oder einer Handelsware) alle bis zum Verkauf noch anfallenden Aufwendungen abzuziehen, um zu einem "verlustfreien Wert" als dem "am Abschlußstichtag beizulegenden Wert" zu gelangen.

Das Schema muß noch erweitert werden, wenn es sich bei dem zu bewertenden Gut um ein **un**fertiges Erzeugnis handelt. In diesem Falle sind auch noch alle „Kosten bis dahin" (Pougin, Bilanzpolitik, S. 19 f.), d. h. alle bis zur Fertigstellung des Erzeugnisses noch anfallenden Produktionskosten, abzusetzen.

Zu erwähnen ist ferner: Für unfertige und fertige Erzeugnisse sind, wenn eine Bewertung vom Absatzmarkt her **nicht** möglich ist, hilfsweise die **Reproduktionskosten** (Wiederherstellungskosten) als "beizulegender Wert" heranzuziehen. Gleiches gilt auch dann, wenn die Reproduktionskosten **gesunken** sind (vgl. Adler/Düring/Schmaltz, Erl. zu § 253 HGB Tz 521).

In beiden Fällen erfolgt – als Ausnahme von der Regel – eine Bewertung der unfertigen und fertigen Erzeugnisse vom **Beschaffungsmarkt** her. Dabei können die Wiederherstellungskosten nur dann **unter** den tatsächlichen Herstellungskosten liegen und somit als "beizulegender Wert" für den Wertansatz in der Bilanz maßgeblich werden, wenn entweder die Faktorpreise für die verwendeten Materialien gesunken sind oder wenn die Kosten für den Produktionsprozeß durch Einführung neuer Verfahren u. ä. gesenkt werden konnten (vgl. Adler/Düring/Schmaltz, Erl. zu § 253 HGB Tz 522 und Biergans, S. 426).

Schließlich ist festzuhalten: Für **Handelswaren** (und Überbestände an unfertigen und fertigen Erzeugnissen) muß die **doppelte** Maßgeblichkeit von Beschaffungsmarkt **und** Absatzmarkt beachtet werden.

Vom Beschaffungsmarkt her sind zunächst die Wiederbeschaffungskosten abzuschätzen; gegebenenfalls sind aber auch – analog zu den Roh-, Hilfs- und Betriebsstoffen – die Anschaffungskosten um sog. "**Gängigkeitsabschreibungen**" zu kürzen. So ist dem Verfasser beispielsweise bekannt, daß in einem Textilhaus bei modischen Kleidungsstücken, die schon länger als ein Jahr nicht verkauft werden konnten, ein Gängigkeitsabschlag bis zu 80 % auf die Anschaffungskosten vorgenommen wurde. Bei der Quelle Schickedanz AG & Co heißt es im Geschäftsbericht 1997/98 (S. 48) beispielsweise zur Bewertung der Vorräte: „Modische, technische und saisonale Risiken sowie die Altersstruktur werden unter der Berücksichtigung der voraussichtlichen Verkaufsmöglichkeiten durch angemessene *Abschläge* berücksichtigt".

Liegen für Handelswaren Marktpreise nicht vor, weil derartige Waren am Markt nicht mehr gehandelt werden, sind aus den Marktpreisen ähnlicher Waren durch Zu- oder Abschläge die **Wiederbeschaffungskosten** abzuleiten. Diesen ist der erzielbare Veräußerungspreis abzüglich der noch entstehenden Lager- und Vertriebskosten gegenüberzustellen. Der **niedrigere** der beiden Beträge entspricht dem beizulegenden Wert für die Handelsbilanz (vgl. Biergans, S. 427).

Für einen vom Absatzmarkt her errechneten "verlustfreien Wert", der den Gegenständen am Abschlußstichtag beizulegen ist, galt bis 1998: Dieser "beizulegende Wert" war **nicht** identisch mit dem nach Steuerrecht zulässigen *niedrigeren* "**Teilwert**". Wie bereits im vorhergehenden Abschnitt D XIII beschrieben, war nämlich zur Ermittlung des Teilwertes zusätzlich noch der branchenübliche Unternehmergewinn abzuziehen (vgl. R 36 Abs. 2 S. 3 und S. 4 EStR 1998). Für Wirtschaftsgüter des *Vorrats*vermögens, die **keinen** Börsen- oder Marktpreis haben, **konnte** der Bilanzierende in der **Steuerbilanz** den "beizulegenden Wert" oder den niedrigeren Teilwert oder auch einen Zwischenwert ansetzen (vgl. R 36 Abs. 1 S. 4 EStR 1998).

Dieses steuerliche Bewertungswahlrecht konnte über § 254 HGB auch in der Handelsbilanz für Zwecke der Bilanzpolitik genutzt werden; d. h., an Stelle eines "verlustfreien beizulegenden Wertes" **durfte** der Bilanzierende auch den niedrigeren, „**auf einer nur steuerrechtlich zulässigen Abschreibung**" beruhenden **Teilwert** oder aber einen Zwischenwert zwischen dem beizulegenden Wert und dem (niedrigeren) Teilwert wählen (vgl. das Beispiel in Abschnitt D XIII, welches hier analog gilt).

Als ein Beispiel für die Ausübung dieses Wahlrechtes in der **Praxis** möge folgendes Zitat aus dem Geschäftsbericht der BASF AG dienen: „Als beizulegende Werte (werden) ... bei unfertigen und fertigen Erzeugnissen die Wiederherstellungskosten oder die voraussichtlich erzielbaren Verkaufserlöse *abzüglich* der bis zum Verkauf noch anfallenden Kosten *und* einer durchschnittlichen *Gewinnspanne* angesetzt" (Geschäftsbericht 1998, S. 46).

In den beiden Absätzen vor dem Praxis-Beispiel wurde wiederum die Vergangenheitsform gewählt, weil auch bezüglich des niedrigeren "am Abschlußstichtag beizulegenden Wertes" keineswegs sicher ist, ob die bis Ende 1998 gültige steuerliche Regelung auch noch ab 1999 Bestand hat. Denn die wohl z. Zt. berechtigten *Zweifel*, ob in der **Steuerbilanz** ab 1999 überhaupt noch "Teilwertabschreibungen" bei Gegenständen des Umlaufvermögens zulässig sind, betreffen auch den hier behandelten Fall des niedrigeren "beizulegenden Wertes", d. h. seine Übernahme aus der Handelsbilanz in die Steuerbilanz. Die Überlegungen zu der Auslegungsproblematik des neugefaßten § 6 Abs. 1 Nr. 2 EStG n. F. im vorhergehenden Abschnitt D XIII gelten hier also analog; um Wiederholungen zu vermeiden, sei auf die dortigen Ausführungen verwiesen.

XV. Ansatz des "in der nächsten Zukunft erwarteten niedrigeren Zeitwertes" im Umlaufvermögen (§ 253 Abs. 3 HGB)

Wie in Kapitel 2 Abschnitt B Vc dargestellt, ist das Bewertungsrecht vom sog. "**Stichtagsprinzip**" beherrscht. Eine **Durchbrechung** dieses Grundsatzes stellt der § 253 Abs. 3 S. 3 HGB dar, weil er dem Bilanzierenden folgendes Wahlrecht ("dürfen") für die **Handelsbilanz** einräumt:

Die Gegenstände des Umlaufvermögens **dürfen** mit einem **niedrigeren** als dem Wert nach § 253 Abs 1 HGB (= Anschaffungs- oder Herstellungskosten) oder nach § 253 Abs. 3 S. 1 und 2 HGB (= aus dem Börsen- oder Marktpreis sich ergebender Wert bzw. am Abschlußstichtag beizulegender Wert) angesetzt werden, soweit Abschreibungen „nach vernünftiger kaufmännischer Beurteilung notwendig sind, um zu verhindern, daß in der nächsten **Zukunft** der Wertansatz dieser Vermögensgegenstände aufgrund von Wertschwankungen geändert werden muß" (§ 253 Abs. 3 S. 3 HGB).

Ein derartiger Wertansatz stellt aus folgendem Grunde eine Durchbrechung des "Stichtagsprinzipes" dar: Bei diesem für erforderlich gehaltenen Wert handelt es sich **weder** um einen am **Stichtag der Bilanz** (z. B. 31.12.1999) **noch** am **Stichtag der Bilanzauf-**

stellung (z. B. 27.2.2000) festzustellenden Wert, sondern um einen **in nächster Zukunft zu erwartenden Wert**.

Aus dem Gesetzeswortlaut ist zu entnehmen: Um dieses **Bewertungswahlrecht** ausüben zu können, d. h., um einen im Hinblick auf zukünftige Wertschwankungen ermäßigten Wert ansetzen zu können, müssen drei Voraussetzungen erfüllt sein (so auch Meyer, S. 135 f.; Coenenberg, Jahresabschluß, S. 95 und 158):

(1) Es müssen **Wertschwankungen erwartet** werden, die sich auf den Wertansatz auswirken werden (z. B. Preisschwankungen bei den Roh-, Hilfs- und Betriebsstoffen, Bonitätsschwankungen bei den Forderungen).

(2) Die Wertschwankungen müssen **für die nächste Zukunft** erwartet werden; dabei kann ein Zeitraum bis zu maximal *zwei* Jahren als "nächste Zukunft" aufgefaßt werden.

(3) Der ermäßigte Wertansatz muß **nach vernünftiger kaufmännischer Beurteilung notwendig** sein; es sollten also objektive Anhaltspunkte für die Notwendigkeit eines niedrigeren Wertansatzes vorliegen.

Ein niedrigerer Wertansatz nach § 253 Abs. 3 S. 3 HGB kommt vor allem in Betracht bei erwartetem Preisverfall bei Roh-, Hilfs- und Betriebsstoffen, bei sinkenden Kursen für Wertpapiere des Umlaufvermögens, bei Absatzschwierigkeiten aufgrund von Modeänderungen oder Nachfrageverschiebungen für unfertige und fertige Erzeugnisse sowie bei Bonitätsschwankungen für Forderungen (vgl. Coenenberg, Jahresabschluß, S. 95).

Machen **Kapitalgesellschaften** von diesem Abschreibungs-Wahlrecht Gebrauch, in der Handelsbilanz Gegenstände des Umlaufvermögens nach § 253 Abs. 3 S. 3 HGB mit einem in Zukunft erwarteten niedrigeren Zeitwert anzusetzen, dann müssen sie den Betrag der entsprechenden Abschreibungen in der G+V-Rechnung **gesondert** ausweisen oder im **Anhang** angeben (= **Ausweiswahlrecht**; vgl. § 277 Abs. 3 S. 1 HGB). Entsprechende Angaben fanden sich 1988 in den Jahresabschlüssen von 3 Unternehmen (Degussa AG, Deutsche Texaco AG, PWA AG) und 1987 bei 6 von 100 untersuchten großen Kapitalgesellschaften (vgl. Treuarbeit, Jahres- und Konzernabschlüsse, S. 74). 1993 hieß es z. B. beim Schering-Konzern: „Beim Umlaufvermögen werden negative Wertschwankungen in der nächsten Zukunft durch Abschreibungen berücksichtigt" (Geschäftsbericht 1993, S. 35). 1995 waren nur bei 2 Unternehmen (Douglas Holding und RWE) von 100 untersuchten Konzernen Angaben zur Berücksichtigung von Wertschwankungen zu finden (vgl. C & L Deutsche Revision, S. 156). 1998 nahm z. B. auch die Robert Bosch GmbH „außerplanmäßige Abschreibungen auf Wertpapiere (des Umlaufvermögens) wegen zukünftiger Wertschwankungen ... in Höhe von 7 Mio. DM vor" (Geschäftsbericht 1998, S. 48).

Die nach § 253 Abs. 3 S. 3 HGB zulässige Durchbrechung des Stichtagsprinzips in der Handelsbilanz gilt für die **Steuerbilanz nicht**: „Das Steuerrecht hält das Stichtagsprinzip streng ein. Ein nach § 253 Abs. 3 S. 3 HGB in der Handelsbilanz angesetzter Wert kann *nicht* in die Steuerbilanz übernommen werden. An seine Stelle treten die Anschaffungs- bzw. Herstellungskosten oder der Teilwert" (Meyer, S. 136). Es liegen dann also

Fälle einer "**Durchbrechung**" des "Maßgeblichkeitsprinzipes der Handelsbilanz für die Steuerbilanz" vor.

XVI. Abschreibungen "im Rahmen vernünftiger kaufmännischer Beurteilung" beim Umlaufvermögen (§ 253 Abs. 4 HGB)

Das in § 253 Abs. 4 HGB für die **Handelsbilanz** gewährte **Bewertungswahlrecht**, Abschreibungen „außerdem im Rahmen vernünftiger kaufmännischer Beurteilung" vornehmen zu können (nicht aber zu müssen), ist nicht auf Gegenstände des *Anlagevermögens* (vgl. dazu Kapitel 3 Abschnitt D VII) beschränkt, sondern bezieht sich auch auf Gegenstände des *Umlaufvermögens*. Es wird dem Bilanzierenden damit gestattet, durch **zusätzliche Abschreibungen** im Umlaufvermögen, die über die Pflicht- bzw. Wahl-Abschreibungen nach § 253 Abs. 3 HGB (vgl. dazu die vorhergehenden Abschnitte D XIII bis D XV) hinausgehen, bewußt **stille Rücklagen** zu bilden.

Allerdings wird dieses neue Abschreibungswahlrecht des § 253 Abs. 4 HGB nur **Nicht-Kapitalgesellschaften** eingeräumt. Denn für **Kapitalgesellschaften** bestimmt § 279 Abs. 1 S. 1 HGB ausdrücklich: „§ 253 Abs. 4 ist *nicht* anzuwenden." Nach dem KapCoRiLiG werden Unternehmen in der Rechtsform der **GmbH & Co KG** oder AG & Co KG **ab 1999** den Kapitalgesellschaften gleichgestellt und müssen dann ebenfalls die Vorschrift des § 279 Abs. 1 S. 1 HGB beachten; d. h., auch sie können dann das Abschreibungswahlrecht des § 253 Abs. 4 HGB *nicht* mehr nutzen.

Auf die Probleme, zum einen als Bilanzierender das Ausmaß der zulässigen stillen Rücklagen nach § 253 Abs. 4 HGB zu bestimmen und zum anderen als externer Bilanzleser diese (außerplanmäßigen) Abschreibungen aus dem Jahresabschluß zu erkennen, wurde bereits in Kapitel 3 Abschnitt D VII eingegangen; die dort für das Anlagevermögen gemachten Aussagen zu den Abschreibungen "im Rahmen vernünftiger kaufmännischer Beurteilung" nach § 253 Abs. 4 HGB gelten gleichermaßen für das Umlaufvermögen. Es sei deshalb auf jene Ausführungen verwiesen.

Ebenso sei daran erinnert, daß das Abschreibungswahlrecht des § 253 Abs. 4 HGB für Gegenstände des Umlaufvermögens – wie für Gegenstände des Anlagevermögens – nur für die Handelsbilanz, **nicht** jedoch für die **Steuerbilanz** von Nicht-Kapitalgesellschaften eingeräumt wird.

XVII. Eigentlich "nur steuerrechtlich zulässige Abschreibungen" im Umlaufvermögen (§ 254 HGB)

Steuerrechtliche Vorschriften, die dem Bilanzierenden die Vornahme von besonderen **Abschreibungen** oder **Abzügen** erlauben, existieren nicht nur für das Anlagevermögen (vgl. Kapitel 3 Abschnitt D VIII), sondern in ähnlicher Form als "**Bewertungsabschläge**" auch für das **Umlaufvermögen**. Der Ausdruck "Bewertungsabschlag" findet sich u. a. in der Überschrift von R 233a EStR 1998 und § 80 EStDV. Küting/Weber (Bd. Ia, S. 993 ff.) sprechen von einem "Bewertungsabschlag" auch im Zusammenhang mit der Übertragung einer Ersatzbeschaffungsrücklage nach R 35 EStR auf das Ersatzwirtschaftsgut durch Abzug von dessen Anschaffungs- oder Herstellungskosten.

Auf die (steuerfreie) Rücklage für Ersatzbeschaffung nach R 35 EStR wurde bereits zum einen im Zusammenhang mit den **Bilanzierungs**wahlrechten ausführlich eingegangen (vgl. Abschnitt C IX dieses Kapitels 3). Zum anderen wurde in Abschnitt D Ib herausgearbeitet, daß aus der Übertragung derartiger Rücklagen für Ersatzbeschaffung ein **Bewertungs**wahlrecht bezüglich der Anschaffungs- oder Herstellungskosten des Ersatzwirtschaftsgutes resultiert.

Von der Rechtsprechung wurde die Übertragung stiller Rücklagen auf Ersatzwirtschaftsgüter zwar zunächst nur beim Anlagevermögen anerkannt, später jedoch auch beim Umlaufvermögen (vgl. RFH-Urteil vom 10.8.1938 – VI 494/38, RStBl. S. 915; RFH-Urteil vom 3.5.1944 – VI 11/44, RStBl. S. 619 f.). An dieser Stelle ist deshalb festzuhalten, daß die Bildung und die Übertragung (steuerfreier) Rücklagen für Ersatzbeschaffung nach R 35 EStR nicht nur für Gegenstände des Anlagevermögens, sondern auch für Gegenstände des **Umlaufvermögens** zulässig sind. Dies folgt schon aus dem Wortlaut von R 35 Abs. 1 S. 2 Nr. 1 EStR, in dem von einem „Wirtschaftsgut des Anlage- oder Umlaufvermögens" gesprochen wird.

Nach Herrmann/Heuer/Raupach (Anm. 68b zu § 4 EStG) kommt eine Bildung und Übertragung derartiger Ersatzbeschaffungs-Rücklagen bei **allen** Wirtschaftsgütern in Betracht, bei denen eine (erzwungene) Gewinnverwirklichung möglich ist, also sogar bei immateriellen Wirtschaftsgütern und bei gewillkürtem Betriebsvermögen.

Zu den Voraussetzungen für die Bildung und Übertragung bzw. Auflösung der steuerfreien Rücklage für Ersatzbeschaffung sei, um Wiederholungen zu vermeiden, auf die Ausführungen in Abschnitt C IX und D Ib von Kapitel 3 dieses Buches verwiesen.

Derartige Bewertungsabschläge im Umlaufvermögen lassen sich wiederum *nicht* durch *Wertminderungen* begründen, sondern sollen – wie bei den Sonderabschreibungen für das Anlagevermögen beschrieben – bestimmte wirtschaftspolitische Ziele erreichen helfen. Wie beim Anlagevermögen, so dürfen auch diese Abschreibungen im Umlaufvermögen nur dann in der Steuerbilanz vorgenommen werden, wenn sie (zuvor) auch in der

Handelsbilanz berücksichtigt worden sind; es gilt die "**umgekehrte Maßgeblichkeit**" nach § 5 Abs. 1 S. 2 EStG. Auf diese Weise geht wiederum ein "Zwang" von der Steuerbilanz auf die Handelsbilanz aus, der zu einem Wertansatz in der Handelsbilanz führt, der den Einblick in die wirtschaftliche Lage des Unternehmens eher verzerrt, als er ihm dient (vgl. hierzu Wöhe, Bilanzierung, S. 168 und die Ausführungen zu den Sonderabschreibungen im Anlagevermögen).

Um die Inanspruchnahme steuerlicher Vergünstigungen durch Bewertungsabschläge im Umlaufvermögen zu ermöglichen, räumt das HGB folgendes Bewertungs-**Wahlrecht** ein: Auch bei den Gegenständen des Umlaufvermögens **darf** – wie beim Anlagevermögen – in der Handelsbilanz ein niedrigerer Wert angesetzt werden, „der auf einer **nur steuerrechtlich zulässigen Abschreibung** beruht" (§ 254 S. 1 HGB).

Dieses Abschreibungswahlrecht des § 254 S. 1 HGB gilt für *alle* Unternehmen, also nicht nur für **Nicht-Kapitalgesellschaften**, sondern auch für **Kapitalgesellschaften**. Denn die Einschränkung des § 279 Abs. 2 HGB für Kapitalgesellschaften ist – wie bereits in Kapitel 3 Abschnitt D VIII dargestellt und begründet – wegen der umgekehrten Maßgeblichkeit nach § 5 Abs. 1 S. 2 EStG ohne praktische Bedeutung. Deshalb können Kapitalgesellschaften letztlich in demselben Umfange steuerrechtlich bedingte Reserven im Umlaufvermögen legen wie Nicht-Kapitalgesellschaften (vgl. Coenenberg, Jahresabschluß, S. 158). Allerdings löst die Legung derartiger Reserven bei **Kapitalgesellschaften** – im Unterschied zu Nicht-Kapitalgesellschaften – bestimmte **Erläuterungspflichten** aus. So müssen alle Kapitalgesellschaften den „**Betrag** der im Geschäftsjahr allein nach steuerrechtlichen Vorschriften vorgenommenen Abschreibungen, getrennt nach Anlage- und Umlaufvermögen" (§ 281 Abs. 2 S. 1 HGB), *mittelgroße* und *große* Kapitalgesellschaften zusätzlich auch das **Ausmaß** der Beeinflussung des Jahresergebnisses durch nur steuerrechtlich zulässige Abschreibungen des Geschäftsjahres oder früherer Geschäftsjahre im **Anhang** angeben (vgl. § 285 Nr. 5 HGB; *kleine* Kapitalgesellschaften sind nach § 288 S. 1 HGB von der letztgenannten Erläuterungspflicht befreit).

Die eigentlich nur steuerrechtlich zulässigen Mehrabschreibungen können in der Handelsbilanz entweder **direkt** nach § 254 HGB vorgenommen werden oder aber **indirekt** durch die Bildung eines entsprechenden "**Sonderpostens mit Rücklageanteil**" nach § 281 Abs. 1 HGB erfolgen. Auf dieses (Bilanzierungs-)**Wahlrecht** wurde bereits näher eingegangen (vgl. Kapitel 3 Abschnitt C XII generell und Abschnitt D VIII für Anlagevermögen).

Ein Blick in die Jahresabschlüsse von Kapitalgesellschaften zeigt: Das beschriebene Wahlrecht, in der Handelsbilanz nach § 254 HGB (eigentlich) nur steuerrechtlich zulässige Abschreibungen auf Gegenstände des **Umlaufvermögens** vorzunehmen, wird in der **Praxis** genutzt. So hatten 1987 immerhin 6 und 1988 sogar 11 der untersuchten 100 großen Kapitalgesellschaften über derartige Mehr-Abschreibungen auf das Umlaufvermögen berichtet (vgl. Treuarbeit, Jahres- und Konzernabschlüsse, S. 75), wie z. B. Robert Bosch GmbH, Daimler Benz AG, Deutsche Lufthansa AG, Enka AG, Hoesch AG, Klöckner & Co KGaA und RWE AG. Die meisten dieser Unternehmen hatten derartige Abschreibungen auf das Umlaufvermögen mit dem sog. "Importwarenabschlag" nach

§ 80 EStDV begründet; bei der Philip Morris GmbH z. B. wurde 1995 ein Importwarenabschlag nach § 80 EStDV in Höhe von 54,4 Mio. DM zur Beeinflussung des (Konzern-) Jahresergebnisses vor Steuern in Anspruch genommen (vgl. C & L Deutsche Revision, S. 156). Entsprechende Hinweise auf den Importwarenabschlag finden sich in den Geschäftsberichten für 1998 u. a. bei RWE AG und Volkswagen-Konzern.

Aus aktuellem Anlaß ist auf diesen "**Importwarenabschlag**" im folgenden noch etwas näher einzugehen. Durch das *Steuerentlastungsgesetz 1999/2000/2002* wurde nämlich der bisherige § 51 Abs. 1 Nr. 2 Buchstabe m EStG *gestrichen*; d. h., **ab 1999** besteht die Möglichkeit, einen "Importwarenabschlag" zu nutzen, **nicht mehr**. Der Bilanzierende konnte also *letztmalig 1998* nach § 80 EStDV bestimmte Wirtschaftsgüter des Vorratsvermögens, die in Anlage 3 zur EStDV abschließend aufgezählt waren, mit einem Wert ansetzen, der bis zu 10 % unter den Anschaffungskosten oder dem niedrigeren Börsen- oder Marktpreis (Wiederbeschaffungspreis) des Bilanzstichtages lag (vgl. § 80 Abs. 1 EStDV und § 51 Abs. 1 Nr. 2 Buchstabe m EStG 1998).
Zu den steuerlich begünstigten Waren gehörten Wirtschaftsgüter des Umlaufvermögens ausländischer Herkunft, die am Weltmarkt erfahrungsgemäß **starken Preisschwankungen** ausgesetzt sind; es „war jedoch für die Inanspruchnahme des Importwarenabschlages nicht erforderlich, daß Preisschwankungen in bestimmten Einzelfällen zu verzeichnen waren" (Huth/Hintzen, Grundsätze, S. 1661). Für welche **Art** von Waren im einzelnen ein Importwarenabschlag bis 1998 vorgenommen werden konnte, ist aus Anlage 3 zur EStDV zu entnehmen. Für die Inanspruchnahme des Importwarenabschlages mußten für jede Warenart ferner bestimmte **sachliche Voraussetzungen** erfüllt sein (vgl. dazu im einzelnen: Huth/Hintzen, Grundsätze, S. 1661 f. und § 80 Abs. 2 EStDV).

Abschließend sei darauf hingewiesen: Mit Streichung des § 51 Abs. 1 Nr. 2 Buchstabe m EStG 1998, der die Nutzung eines Importwarenabschlages bis 1998 ermöglichte, wurde durch das Steuerentlastungsgesetz 1999/2000/2002 konsequenterweise auch § 6 Abs. 1 Nr. 2a EStG *geändert*. Die bisherige Einschränkung, daß die **Lifo**-Methode nur dann für die Bewertung gleichartiger Wirtschaftsgüter des Vorratsvermögens gewählt werden darf, wenn „*kein* Bewertungsabschlag nach § 51 Abs. 1 Nr. 2 Buchstabe m vorgenommen wird", wurde gestrichen, ist also in § 6 Abs. 1 Nr. 2a EStG n. F. nicht mehr enthalten.

XVIII. Beibehaltungswahlrecht bzw. "Wertaufholungsgebot" im Umlaufvermögen (§ 253 Abs. 5, § 280 HGB)

In Abschnitt D IX haben wir bereits das Beibehaltungswahlrecht bzw. das "Wertaufholungsgebot" beim Anlagevermögen beschrieben. Analoge Überlegungen sind nunmehr für Gegenstände des Umlaufvermögens anzustellen.

Nach § 253 Abs. 5 und § 254 S. 2 HGB **darf** eine **Nicht-Kapitalgesellschaft** in der **Handelsbilanz** einen niedrigeren Wert, d. h. einen Wert, welcher aus einem der zuvor dargestellten Gründe (vgl. Abschnitte D XIII bis XVII dieses Kapitels) unter den Anschaffungs- oder Herstellungskosten liegt, auch dann **beibehalten** (= "**Beibehaltungswahlrech**t"), wenn die Gründe für die (außerplanmäßige) Abschreibung nicht mehr bestehen. Oder aber es **darf** von Nicht-Kapitalgesellschaften eine **Zuschreibung (Wertaufholung)** vorgenommen, d. h. zu dem an sich möglichen höheren Wert der Anschaffungs- oder Herstellungskosten zurückgekehrt werden. Diese Wahlmöglichkeit zwischen Beibehaltung des niedrigeren Wertansatzes oder aber Korrektur des Wertansatzes "nach oben" bleibt auch für folgende Geschäftsjahre erhalten. Sofern nämlich die Unternehmung das Wahlrecht im Sinne der Beibehaltung eines niedrigeren Wertansatzes ausgeübt hat, kann sie ceteris paribus in jedem folgenden Geschäftsjahr erneut entscheiden, ob der niedrigere Wertansatz fortgeführt oder ob auf einen möglichen höheren Wertansatz übergegangen werden soll. Das "Gebot der *Bewertungsmethoden-Stetigkeit*" des § 252 Abs. 1 Nr. 6 HGB greift hier also *nicht* (vgl. dazu ausführlich: Rümmele, S. 33 ff., insbes. S. 39; anderer Ansicht: Adler/Düring/Schmaltz, Erl. zu § 253 HGB Tz 600). Allerdings ist in späteren Jahresabschlüssen eine Rückkehr zum früheren niedrigeren Wert nicht möglich. Das heißt: Wird von einer Nicht-Kapitalgesellschaft bei einem Vermögensgegenstand einmal der niedrigere Wertansatz aufgrund einer zwischenzeitlichen Wertsteigerung durch Vornahme einer Zuschreibung verlassen, obwohl der niedrigere Wert nach § 253 Abs. 5 HGB in der Handelsbilanz auch hätte beibehalten werden dürfen, so kann in einem der folgenden Geschäftsjahren *nicht* mehr zu dem früher einmal zulässigen niedrigeren Wertansatz zurückgekehrt werden (vgl. Glade, S. 1058). „Das Beibehaltungswahlrecht erlischt durch Wertaufholung" (Adler/Düring/Schmaltz, Erl. zu § 253 HGB Tz 607).

Das seit 1990 bis 1998 gewährte *Beibehaltungswahlrecht* gilt ab 1999 für die **Steuerbilanz** *nicht mehr*; vielmehr **muß** der Bilanzierende **ab 1999** eine **Zuschreibung** vornehmen, wenn die Wertminderung nur vorübergehend war und inzwischen der Wert der Wirtschaftsgüter bis zum Bilanzstichtag wieder gestiegen ist. Denn durch das *Steuerentlastungsgesetz 1999/2000/2002* wurde auch § 6 Abs. 1 Nr. 2 S. 3 EStG *geändert*; er verlangt nunmehr auch für Gegenstände des Umlaufvermögens die Beachtung des **Wertaufholungsgebotes**. Für die Zuschreibung bzw. Wertaufholung bilden – wie in Kapitel 3 Abschnitt D IX für das Anlagevermögen ausführlich dargestellt – allerdings wiederum die Anschaffungs- oder Herstellungskosten, ggf. vermindert um Abzüge nach R 35 EStR oder um (bis 1998 zulässig) "Importwarenabschläge", die Wertobergrenze. Von einer solchen Zuschreibung dürften 1999 insbes. Wertpapiere des Umlaufvermögens betroffen sein (so z. B. bei Siemens AG), aber auch Roh-, Hilfs- und Betriebsstoffe (so z. B. bei RWE AG) oder Forderungen, bei denen bis 1998 zulässigerweise Wertaufholungen aus steuerlichen Gründen unterlassen worden sind.

Die soeben beschriebenen, ab 1999 geltenden neuen Regelungen für die Steuerbilanz haben nun wieder erhebliche Konsequenzen für die **Handelsbilanz** von **Kapitalgesellschaften** und **GmbH & Co KGs**. Denn für Kapitalgesellschaften (& Co) gilt jetzt *zwingend* nach § 280 Abs. 1 HGB – wie bereits für das Anlagevermögen dargestellt (vgl. dazu Kapitel 3 Abschnitt D IX) – auch bei Gegenständen des Umlaufvermögens ein

"**Wertaufholungsgebot**", d. h. eine *Pflicht zur Zuschreibung*, wenn die Gründe für die Abschreibungen nach § 253 Abs. 3 oder § 254 HGB weggefallen sind. Das bisherige (bis 1998 gültige) Wahlrecht für Kapitalgesellschaften, in ihrer Handelsbilanz nach § 280 Abs. 2 HGB von einer Zuschreibung abzusehen, gilt wegen der Streichung des steuerlichen Beibehaltungswahlrechtes ab 1999 *nicht mehr*; oder anders formuliert: § 280 Abs. 2 HGB läuft ab 1999 ins Leere, weil aufgrund des steuerlichen Wertaufholungsgebotes die Voraussetzung des § 280 Abs. 2 HGB entfallen ist (vgl. hierzu die Ausführungen in Kapitel 3 D IX zum Anlagevermögen, die für Umlaufvermögen analog gelten).

Schließlich greift das Wertaufholungsgebot für Kapitalgesellschaften und GmbH & Co KGs auch dann, wenn die Gründe weggefallen sind, die in der Handelsbilanz zu einem "**in Zukunft erwarteten niedrigeren Wertansatz**" nach § 253 Abs. 3 S. 3 HGB geführt hatten. Da ein solcher niedriger Wert in der Steuerbilanz gar *nicht* zulässig ist und deshalb auch *nicht* beibehalten werden kann, **muß** von der Kapitalgesellschaft (& Co) eine **Zuschreibung** in der Handelsbilanz vorgenommen werden.

Die Ergebnisse dieser Überlegungen zum Beibehaltungswahlrecht bzw. zum Wertaufholungsgebot für Wirtschaftsgüter des Umlaufvermögens sind in Abbildung 16 zusammenfassend dargestellt; dabei bedeuten die Abkürzungen StB = Steuerbilanz und HB = Handelsbilanz.

XIX. Zur Bemessung von Rückstellungen

Auf die Frage, wann und wofür Rückstellungen in der **Handelsbilanz** gebildet werden dürfen (= Passivierungswahlrechte) und ob diese auch für die Steuerbilanz gelten, wurde bereits in den Abschnitten C XIII bis XV dieses Kapitels 3 ausführlicher eingegangen. Ebenso wurden die *neuen* Vorschriften des § 6 Abs. 1 Nr. 3a EStG n. F. zur Bemessung von Rückstellungen in der **Steuerbilanz** bereits in Kapitel 2 Abschnitt B Ve behandelt.

Hier interessiert nunmehr, inwieweit – in Ergänzung zu den **Bilanzierungswahlrechten** – bei der Bemessung von Rückstellungen in Handels- und/oder Steuerbilanz zusätzlich noch **Bewertungswahlrechte** eingeräumt werden, die sich für bilanzpolitische Zwecke nutzen lassen. Dabei sei weniger an den Umstand gedacht, daß wegen der unvollkommenen Information über zukünftige Ereignisse (z. B. über den tatsächlichen Umfang der zu erfüllenden Garantieleistungen) mit der Bildung von Rückstellungen „zwangsläufig ein gewisser Schätzungsrahmen (Beurteilungsspielraum) mit Grenzen nach oben und unten" (Adler/Düring/Schmaltz, Erl. zu § 253 HGB Tz 177) verbunden ist. Derartige Schätzungsreserven existieren selbst bei solchen Rückstellungen, die gebildet werden **müssen** und für die gem. § 253 Abs. 1 HGB in der Handelsbilanz ein Betrag zurückgestellt werden muß, „der nach vernünftiger kaufmännischer Beurteilung notwendig ist" (§ 253 Abs. 1 S. 2 HGB). „Eine bewußte *Über*dotierung von Rückstellungen, insbes. der Ansatz von fiktiven Rückstellungen, ist danach ebenso *unzulässig* wie eine bewußte *Unter*dotierung" (Adler/Düring/Schmaltz, Erl. zu § 253 HGB Tz 177).

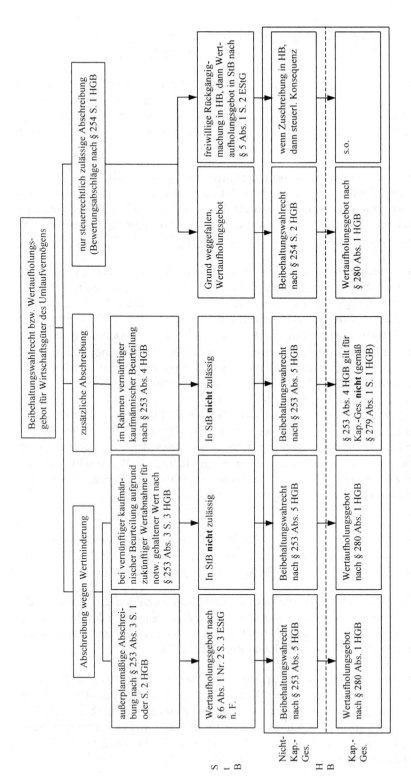

Abb. 16: Beibehaltungswahlrecht bzw. Wertaufholungsgebot für Wirtschaftsgüter des Umlaufvermögens

Über die Grenze des § 253 Abs. 1 S. 2 HGB hinausgehend sind allerdings zwei *Ausnahmen* zu nennen (Adler/Düring/Schmaltz, Erl. zu § 253 HGB Tz 178):

Zum einen *dürfen* **Kreditinstitute** nach § 340g HGB auf der Passivseite ihrer Bilanz zur Sicherung gegen allgemeine Bankrisiken einen Sonderposten „*Fonds für allgemeine Bankrisiken*" bilden, „soweit dies nach vernünftiger kaufmännischer Beurteilung wegen der besonderen Risiken des Geschäftszweigs der Kreditinstitute notwendig ist" (vgl. § 340g Abs. 1 HGB)

Zum anderen haben **Versicherungsunternehmen** nach § 341e HGB „*versicherungstechnische Rückstellungen* auch insoweit zu bilden, wie dies nach vernünftiger kaufmännischer Beurteilung notwendig ist, um die dauernde Erfüllbarkeit der Verpflichtungen aus Versicherungsverträgen sicherzustellen" (§ 341e Abs. 1 HGB; zu Beispielen für derartige "versicherungtechnische Rückstellungen" vgl. § 341e Abs. 2 HGB).

Bewertungswahlrechte im eigentlichen Sinne können vom Bilanzierenden vor allem bei solchen Rückstellungen genutzt werden, für die er ein Passivierungswahlrecht in der Handelsbilanz besitzt (vgl. die Abschnitte C XIII bis XV von Kapitel 3). Denn in diesen Fällen (z. B. bei den "**Aufwandsrückstellungen**" nach § 249 Abs. 2 HGB) besteht ein **Wertansatzwahlrecht dem Umfang nach**, d. h., es „ist auch die Dotierung der Rückstellung mit einem Betrag zulässig, der **zwischen** Null (keine Passivierung) und dem nach vernünftiger kaufmännischer Beurteilung gebotenen Wert (volle Passivierung) liegt" (Adler/Düring/Schmaltz, Erl. zu § 253 HGB Tz 179). Bei Ansatz eines solchen Zwischen-Wertes ist jedoch bei einer Kapitalgesellschaft evtl. eine Erläuterung im Anhang erforderlich (vgl. etwa Artikel 28 Abs. 2 EGHGB), damit nicht der falsche Eindruck entstehen kann, daß die ausgewiesene (Teil-)Rückstellung zur Deckung des Betrages bei voraussichtlicher Inanspruchnahme ausreicht. Erinnert sei ferner daran, daß dem Bilanzierenden z. B. bei den "**Aufwandsrückstellungen**" zusätzlich ein **Wahlrecht** bezüglich der **zeitlichen Zuordnung** auf **ein** oder **mehrere** Geschäftsjahre eingeräumt wird (vgl. Hilke, Bewertungswahlrechte, S. 249); denn es besteht kein Nachhol-Verbot (vgl. Kapitel 3 C XV).

Aber auch für die nunmehr passivierungspflichtigen "**Pensionsrückstellungen**" existieren seit vielen Jahren zwei Bewertungswahlrechte, und zwar bezüglich der Berechnungs-Methode für die Pensionsverpflichtung und bezüglich des Zinsfußes:

So kann der Bilanzierende als Bilanzwert der Pension**anwartschaften** z. B. entweder den *Gegenwartswert* (= Methode 1) oder den *Teilwert* (= Methode 2) der Pensionsverpflichtung wählen (zu diesen und weiteren Methoden im einzelnen vgl. Adler/Düring/ Schmaltz, Erl. zu § 253 HGB Tz 323 ff. und Rupp, S. 91 ff.).

Ferner besitzt der Bilanzierende für die **Handelsbilanz** ein Bewertungswahlrecht bezüglich des **Zinssatzes**, welcher bei der Abzinsung für die Ermittlung des Barwertes der Pensionsverpflichtungen zugrundegelegt wird. Dieser Zinssatz darf nach den GoB im allgemeinen 3 % p. a. *nicht unter*schreiten; er darf aber – und dies ist hier von Interesse – diesen Wert sehr wohl überschreiten, also beispielsweise 3,5 % oder 5 % oder 7 % betragen. Mit seiner freien Entscheidung über die Höhe des Abzinsungszinsfußes kann der

Bilanzierende somit den Wertansatz der Pensionsrückstellung in seiner Handelsbilanz beeinflussen.

In der **Praxis** haben von diesem Zinssatz-Wahlrecht für die Handelsbilanz verschiedene Unternehmen 1997 und 1998 Gebrauch gemacht: So wurden die Pensionsrückstellungen unter Zugrundelegung eines Zinssatzes von *3 %* bei der Stadtwerke Freiburg GmbH (Konzern-Geschäftsbericht 1998, S. 41), von *3,5 %* bei der Ruhrgas AG (Geschäftsbericht 1996, S. 69), von *4 %* bei der Hugo Boss AG (Konzern-Geschäftsbericht 1998, S. 89), von *5 %* bei der BMW AG (Konzern-Geschäftsbericht 19998, S. 216) und beim Volkswagen-Konzern (Konzern-Geschäftsbericht 1998, S. 84), von *5,5 %* bei der Heidelberger Zement AG (Konzern-Geschäftsbericht 1998, S. 74, von *5,75 %* beim BASF-Konzern (Geschäftsbericht 1998, S. 52) und von *6,5 %* (Vorjahr: *7 %*) bei der Hoechst AG (Konzern-Geschäftsbericht 1997, S. 83) errechnet; demgegenüber haben die meisten anderen bekannten deutschen Kapitalgesellschaften einen Abzinsungszinsfuß von 6 % zugrundegelegt.

Ein derartiges Bewertungswahlrecht bezüglich des Zinssatzes besteht in der **Steuerbilanz** jedoch **nich**t. Denn hier ist der Rechnungszinsfuß seit dem 2. HStruktG vom 22.12.1981 auf **6 % p. a.** festgelegt (vgl. § 6a Abs. 3 S. 3 EStG).

Im Zusammenhang mit den Pensionsrückstellungen ist aus aktuellem Anlaß auf eine weitere Besonderheit und – damit verbunden – auf ein möglicherweise **neues** Bewertungswahlrech hinzuweisen:
1998 sind *neue* **Richttafeln** zur Berechnung von Pensionsrückstellungen erschienen, die von *veränderten biometrischen Wahrscheinlichkeiten* (Tod, Invalidität, Hinterlassung pensionsberechtigter Hinterbliebener) ausgehen. Infolgedessen sind in allen Unternehmen die Pensionsrückstellungen neu zu berechnen, wobei sich i. d. R. herausstellt, daß die bisher angesetzten Pensionsrückstellungen zu niedrig sind. Die ermittelten *Erhöhungen* der Pensionsrückstellungen waren eigentlich bereits zum 31.12.1998 ergebniswirksam zu berücksichtigen, da m. E. das Vorsichtsprinzip diese Zuführung zu den Pensionsrückstellungen im Jahresabschluß für 1998 gebietet.

Umso mehr muß zum einen überraschen: Der Hauptfachausschuß des Instituts der Wirtschaftsprüfer (IDW) hält es für *zulässig,* daß die Anpassung der auszuweisenden Pensionsrückstellungen an die neuen Richttafeln in der **Handelsbilanz** stufenweise *über einen Zeitraum von maximal vier Jahren* verteilt erfolgt (vgl. o. V., Richttafeln, S. 2383). Nach Auffassung des IDW **kann** (= Wahlrecht) also der Bilanzierende die aufgrund der neuen biometrischen Daten notwendige Erhöhung der Pensionsrückstellungen in der Handelsbilanz auf die Jahre 1998 bis 2001 verteilen.
Bedenklich an dieser Wahlrechts-Auffassung des IDW erscheint, daß tatsächlich vorhandene (Pensions-)Verpflichtungen – ermittelt nach bisherigen Grundsätzen, aber aufgrund neuer tatsächlicher Erkenntnisse bezüglich der biometrischen Wahrscheinlichkeiten – als *nicht* bilanzierungs*pflichtig* erachtet werden (vlg. Hoffmann, Steuerentlastungsgesetz, S. 388 f.).

Zum anderen paßt es zwar zur Auffassung des IDW, muß aber dennoch überraschen: Mit dem *Steueränderungsgesetz 1998* wurden auch neue Bewertungsregeln für die Pensionsrückstellungen in der **Steuerbilanz** eingeführt. Obwohl die neuen biometrischen Berechnungsgrundlagen bereits *ab 1998 gültig* sind, darf der daraus resultierende Mehrbetrag für die Pensionsrückstellungen nach § 6a Abs. 4 S. 2 EStG n. F. **erst ab 1999** in der Steuerbilanz berücksichtigt werden (vgl. § 52 Abs. 17 EStG 1999). „Das bedeutet im Klartext, daß aus rein fiskalischen Gründen die an sich wirtschaftliche gebotenen Zuführungen zu den Pensionsrückstellungen auf drei Folgejahre verschoben werden" (Hoffmann, Steuerentlastungsgesetz, S. 388). Und zwar *muß* nach § 52 Abs. 17 S. 2 EStG (1999) die Verteilung dieses Mehrbetrages „*gleichmäßig* auf drei Wirtschaftsjahre", d. h. 1999, 2000 und 2001, vorgenommen werden.

Demnach können sich nunmehr folgende Situationen ergeben:

(1) In der *Handelsbilanz* werden bereits *1998* die aus den neuen biometrischen Daten resultierenden Erhöhungen der Pensionsrückstellungen *in voller Höhe* berücksichtigt. Wie ein Blick in die **Bilanzierungspraxis** für 1998 zeigt, wurde z. B. so verfahren bei der Deutschen Bank AG, Th. Goldschmidt AG, Reemtsma Cigarettenfabriken GmbH und beim Volkswagen-Konzern.

Wie zuvor dargelegt, darf diese Erhöhung der Pensionsrückstellungen in der *Steuerbilanz* für 1998 noch *nicht* vorgenommen werden (= Durchbrechung der Maßgeblichkeit), sondern erst 1999 – und dann auch nur mit einem Drittel des Mehrbetrages – erfolgen. Daher kommt es bei diesen Unternehmen zwangsläufig für 1998 bis 2001 zu einer (weiteren) Abweichung zwischen Handelsbilanz und Steuerbilanz bezüglich des Ansatzes der Pensionsrückstellungen.

(2) Zu einer analogen Abweichung kommt es auch dann, wenn sich ein Unternehmen entscheidet, der Empfehlung des IDW zu folgen und das Wahlrecht dahingehend zu nutzen, bereits *1998 einen Teil* (z. B. ein Viertel) des Erhöhungsbetrages bei den Pensionsrückstellungen in seiner Handelsbilanz zu berücksichtigen. Auch dazu ein aktuelles Beispiel aus der **Praxis**: So heißt es beim Asea Brown Boveri-Konzern: „Aus der Änderung der biometrischen Rechnungsgrundlagen in 1998 ergibt sich ein Anstieg der Pensionsverpflichtungen, den wir – *beginnend* mit dem Berichtsjahr *1998* – über einen Zeitraum von *maximal 4 Jahren* erfolgswirksam berücksichtigen. In den zum Berichtsjahresende ausgewiesenen Rückstellungen ist dieser zusätzliche Verpflichtungsumfang *zu einem Viertel* (25,271 Mio. DM) berücksichtigt" (ABB-Konzern-Geschäftsbericht 1998, S. 53).

(3) Nur dann, wenn sich ein Unternehmen entscheidet, die eigentlich gebotene Erhöhung der Pensionsrückstellungen 1998 in seiner Handelsbilanz noch *nicht* vorzunehmen, sondern *erst ab 1999* – und dann auch 2000 sowie 2001 – *je ein Drittel* des Mehrbetrages zu berücksichtigen, kann die Höherdotierung der Pensionsrückstellungen in Handels- und Steuerbilanz im Gleichschritt erfolgen.

In diese Richtung gehend – und mit der gerade beschriebenen Absicht -, hat zum **Beispiel** der Ruhrkohle-Konzern noch die *alten* Richttafeln von *1983* für die Handelsbilanz 1998 angewendet, d. h. die Pensionsrückstellungen noch nicht an die neuen biometrischen Daten angepaßt. Vielmehr ist im RAG-Geschäftsbericht 1998 (S. 75) folgender Hinweis zu finden: „Ende 1998 wurden neue Richttafeln veröffentlicht. Im RAG-Konzern wird beabsichtigt, die daraus resultierenden Rückstellungserhöhungen *von 1999 bis 2001 gleichmäßig*, entsprechend der *steuerlichen* Regelung, zu verteilen".

Schließlich ist auch noch einmal auf die **Rückstellungen für drohende Verluste aus schwebenden Geschäften** zurückzukommen. Wie im Kapitel 2 (Abschnitt B IIIe) dargestellt, *müssen* derartige Rückstellungen einerseits weiterhin in der Handelsbilanz gebildet werden, andererseits ist ihre Bildung in der **Steuerbilanz** seit 1997 gem. § 5 Abs. 4a EStG *verboten* (= Durchbrechung der Maßgeblichkeit).

Im Zusammenhang mit den hier interessierenden Bewertungswahlrechten bezüglich der Bemessung von Rückstellungen sind diese "Drohverlust-Rückstellungen" deshalb nochmals zu erwähnen, weil § 52 Abs. 13 EStG (1999) ein solches Wahlrecht einräumt: Es betrifft die **Auflösung** derjenigen "Drohverlust-Rückstellungen", die bis 1996 zulässigerweise auch in der **Steuerbilanz** gebildet wurden. Nach § 52 Abs. 13 S. 2 EStG (1999) sind derartige "Drohverlust-Rückstellungen" im ersten nach dem 31.12.1996 endenden Wirtschaftsjahr, i. d. R. also 1997, „mit mindestens 25 %" und in den folgenden 5 Wirtschaftsjahren – also 1998 bis 2002 – „mit mindestens 15 % gewinnerhöhend aufzulösen". Das Wörtchen "mindestens" offenbart das Wahlrecht: Die Auflösung darf in der Steuerbilanz also auch mit mehr als 25 % bzw. 15 % erfolgen.
Daß dieses Wahlrecht vom Steuerpflichtigen auch tatsächlich genutzt wird, darf wohl grundsätzlich bezweifelt werden, insbesondere von dem Hintergrund, daß in Zukunft die Steuersätze gesenkt werden sollen.

Mit diesen Darstellungen über Wahlrechte bei der Bemessung von Rückstellungen sollen die Ausführungen zu den Bewertungswahlrechten abgeschlossen werden. Es bleibt, sich dem wesentlich kleineren, aber trotzdem nicht unbedeutenden Bereich der "Ausweiswahlrechte" zuzuwenden.

E. Ausweiswahlrechte

Die sog. "**Ausweiswahlrechte**" gestatten es dem Bilanzierenden, zwischen verschiedenen Möglichkeiten der **formalen** Gestaltung des (erweiterten) Jahresabschlusses zu wählen; im Gegensatz dazu zielt die Ausübung der zuvor – in den Abschnitten C und D von Kapitel 3 – behandelten Bilanzierungs- und Bewertungswahlrechte primär auf die *materielle* Gestaltung der Bestände-Bilanz und der G+V-Rechnung.

Im weiteren Sinne umfassen "Ausweiswahlrechte" **alle** Wahlrechte, die der Gesetzgeber einem Unternehmen bezüglich der **Art des Ausweises** der vorgeschriebenen Positionen und Informationen seines Jahresabschlusses einräumt. Dazu gehört z. B. das Wahlrecht des § 275 Abs. 1 S. 1 HGB, die G+V-Rechnung entweder nach dem "*Gesamtkostenverfahren*" oder nach dem "*Umsatzkostenverfahren*" aufzustellen, ebenso wie das Wahlrecht nach § 272 Abs. 1 S. 2 und S 3 HGB zwischen einem aktivischen Ausweis *oder* einer passivischen Absetzung der "*ausstehenden Einlagen*", oder das Recht, nach § 265 Abs. 5 HGB bei der (Bestände-)Bilanz von der *Normalgliederung* durch eine weitergehende Untergliederung der Posten oder durch zusätzliche Posten abzuweichen, oder das Recht, nach § 286 HGB bestimmte *Angaben* im Anhang zu unterlassen, wenn diese Informationen geeignet wären, dem Unternehmen erhebliche Nachteile zuzufügen. Ferner bestehen zahlreiche Wahlrechte, bestimmte Positionen **entweder** in der **Bilanz** bzw. **G+V-Rechnung oder** aber im **Anhang** auszuweisen; diese Wahlrechte seien im folgenden aus "Ausweiswahlrechte i. e. S." bezeichnet.

Die "Ausweiswahlrechte i. e. S." betreffen nur die **Kapitalgesellschaften** und die ihnen ab 1999 aufgrund des KapCoRiLiG gleichgestellten **GmbH & Co KGs** oder AG & Co KGs; denn nur ihnen wird die Möglichkeit eingeräumt, bestimmte Positionen entweder in der Bilanz bzw. in der G+V-Rechnung oder aber im Anhang auszuweisen. Da Nicht-Kapitalgesellschaften i. d. R. keinen Anhang erstellen, können sie diese "Ausweiswahlrechte i. e. S." nicht nutzen.

Abbildung 17 gibt einen Überblick über die wichtigsten "Ausweiswahlrechte i. e. S.", die das **HGB** für Kapitalgesellschaften (& Co) gewährt (vgl. Gross/Schruff, S. 210).

Vorschrift im HGB	Sachverhalt
§ 265 Abs. 3 S. 1	Mitzugehörigkeit zu anderen Bilanzposten
§ 265 Abs. 7 Nr. 2	Aufgliederung von in Bilanz/G+V-Rechnung zusammengefaßten Posten
§ 268 Abs. 1 S. 2	Angabe eines Gewinn- oder Verlustvortrages bei Bilanzerstellung unter Berücksichtigung einer Ergebnisverwendung
§ 268 Abs. 2 S. 1	"Anlagespiegel"
§ 268 Abs. 2 S. 1	Entwicklung der "Aufwendungen für Ingangsetzung ... "
§ 268 Abs. 2 S. 3	Abschreibungen des Geschäftsjahres im Anlagevermögen
§ 268 Abs. 6	Angabe eines aktivierten Disagios
§ 268 Abs. 7	Aufgliederung der Haftungsverhältnisse gem. § 251 HGB
§ 273 S. 2	Angabe der Vorschriften, nach denen "Sonderposten mit Rücklageanteil" gebildet worden sind
§ 274 Abs. 1 S. 1	Rückstellung für passivische latente Steuern
§ 277 Abs. 3 S. 1	außerplanmäßige Abschreibungen auf den niedrigeren "am Abschlußstichtag beizulegenden Wert" im Anlagevermögen
§ 277 Abs. 3 S. 1	Abschreibungen auf den "in der nächsten Zukunft erwarteten niedrigeren Zeitwert" im Umlaufvermögen
§ 281 Abs. 1 S. 2	Angabe der Vorschriften, nach denen steuerrechtliche "Wertberichtigungen" gebildet wurden
§ 281 Abs. 2 S. 1	Angabe des Betrages nur "steuerrechtlich zulässiger Abschreibungen" im Anlagevermögen
§ 281 Abs. 2 S. 1	Angabe des Betrages nur "steuerrechtlich zulässiger Abschreibungen" im Umlaufvermögen
§ 281 Abs. 2 S. 2	Auflösung bzw. Einstellung in "Sonderposten mit Rücklageanteil"

Abb. 16: "Ausweiswahlrechte i. e. S." nach HGB

In Ergänzung zu Abbildung 17 ist darauf hinzuweisen, daß das **AktG** und das **GmbHG** weitere "Auswahlrechte i. e. S." einräumen, und zwar in:

§ 58 Abs. 2a AktG/
§ 29 Abs. 4 GmbHG: Angabe des Betrages der in andere Gewinnrücklagen eingestellten Eigenkapitalanteile von "Wertaufholung" bei Anlage- und Umlaufvermögen;
§ 152 Abs. 2 AktG: Angabe des Betrages der im Geschäftsjahr vorgenommenen Einstellungen in bzw. Entnahmen aus "Kapitalrücklagen";
§ 152 Abs. 3 AktG: Angabe der Beträge der im Geschäftsjahr vorgenommenen Einstellungen in bzw. Entnahmen aus "Gewinnrücklagen";
§ 42 Abs. 3 GmbHG: Angabe der Ausleihungen, Forderungen und Verbindlichkeiten gegenüber Gesellschaftern; dieses Ausweiswahlrecht wird nach dem KapCoRiLiG in den geplanten neuen § 264c HGB übernommen.

Da fast alle der genannten "Ausweiswahlrechte" bereits an entsprechender Stelle bei den jeweiligen Gliederungs-, Bewertungs- und Anhang-Vorschriften in den Kapiteln 1 bis 3 behandelt wurden, sei – um Wiederholungen zu vermeiden – auf die dortigen Ausführungen verwiesen, die sich mit Hilfe des Stichwortverzeichnisses recht schnell (wieder-) finden lassen dürften.

Unter dem Gesichtspunkt der "Bilanzpolitik" – und zwar hier: der gezielten *formalen* Gestaltung des *erweiterten* Jahresabschlusses – dürfte die Ausnutzung von "Ausweiswahlrechten i. e. S." für die bilanzierende Kapitalgesellschaft (& Co) vor allem aus zwei Gründen von Interesse sein:

(1) Im Gegensatz zu den detaillierten Gliederungsvorschriften für die (Bestände-)Bilanz (vgl. § 266 HGB) und für die G+V-Rechnung (vgl. § 275 HGB) ist ein **Gliederungsschema für den Anhang** durch den Gesetzgeber **nicht vorgegeben** worden (vgl. Treuarbeit, Jahres- und Konzernabschlüsse, S. 31). Der Bilanzierende kann also *frei* entscheiden, *an welcher Stelle* im Anhang er eine Information geben will, für die ein "Ausweiswahlrecht i. e. S." besteht.

(2) Der Grundsatz der **Darstellungsstetigkeit** bezieht sich in § 265 HGB ausdrücklich nur auf die Bilanz und die G+V-Rechnung, **nicht** aber auf den **Anhang** (vgl. Betge, S. 29). Deshalb kann eine (evtl. sogar inhaltlich gleiche) Information zu einer Position, die wegen der "Ausweiswahlrechte i. e. S." von der Bilanz bzw. G+V-Rechnung in den Anhang verlegt wurde, in aufeinanderfolgenden Jahren an ganz *unterschiedlichen* Stellen des jeweiligen Anhanges gegeben werden.

Vor diesem Hintergrund wagt Betge (S. 31) die Prognose, daß viele Kapitalgesellschaften zunehmend Informationen in den Anhang verlegen werden und deshalb die Bilanzanalyse ohne eine *sehr aufwendige* Auswertung des – immer umfangreicheren – Anhangs nicht möglich sein wird.

Damit sei die Darstellung zu den Möglichkeiten und Grenzen der Bilanzpolitik nach Handels- und Steuerrecht abgeschlossen. Während die Beschreibungen und Erklärungen in den bisherigen Kapiteln 1 bis 3 in erster Linie dazu dienen sollten, dem Leser – im Sinne einer Vermittlung des Lehrstoffes – einen systematischen und – soweit dies in einem Lehrbuch möglich ist – umfassenden Überblick über die wichtigsten bilanzpolitischen Maßnahmen zu geben, soll ihm mit dem anschließenden Kapitel 4 die Chance eröffnet werden, die Beherrschung des Lehrstoffes an Hand von Aufgaben und Lösungen zu trainieren und zu testen.

Viertes Kapitel

Aufgaben und Lösungen

Aufgabe 1:

Buchführung und Jahresabschluß haben zusammen mehrere **Funktionen** zu erfüllen. Nennen und erläutern Sie kurz *vier* derartige Funktionen.

Lösung:

Die vier wichtigsten Funktionen von Buchhaltung und Jahresabschluß sind (vgl. Meyer, S. 35 f.):

a) **Die Ermittlungsfunktion**
   (1) Die *Erfolgs*ermittlung ist Grundlage für die periodengerechte Erfolgszurechnung, die Erfolgsverwendung und die Besteuerung.
   (2) Die *Vermögens-* und *Kapital*ermittlung ist bei Auseinandersetzungen, Fusionen und im Insolvenzfall von Bedeutung.

b) **Die Informationsfunktion**
   Das HGB schreibt in § 264 Abs. 2 vor, daß der Jahresabschluß von Kapitalgesellschaften unter Beachtung der Grundsätze ordnungsmäßiger Buchführung „ein den tatsächlichen Verhältnissen entsprechendes Bild der Vermögens-, Finanz- und Ertragslage der Kapitalgesellschaft zu vermitteln" hat; dies kann geschehen durch Informationen über:
   (1) die *Vermögenslage,* d. h. insbes. Vermögens- und Kapitalstruktur, Investitionen;
   (2) die *Finanzlage,* also insbes. über "Liquidität" und "Finanzierung" (Veränderungen bei Eigen- und Fremdkapital);
   (3) die *Ertragslage,* d. h. insbes. Gewinnhöhe, Gewinnquellen, Gewinnverwendung;
   (4) die *Abhängigkeiten* von anderen Unternehmungen oder bestimmten Fremdkapitalgebern;
   (5) den *Wert der Unternehmung* als Ganzes oder eines Teils.

c) **Die Rechenschaftsfunktion**
   Gegenüber verschiedenen Adressatenkreisen wird über das abgelaufene Wirtschaftsjahr Rechenschaft abgelegt, und zwar gegenüber (vgl. Leffson, Grundsätze, S. 63 ff.):
   externen Adressaten: – Gläubiger;
   – Anteilseigner;
   – Steuerbehörde;
   – interessierte Öffentlichkeit;
   internen Adressaten: – Arbeitnehmer der Unternehmung;
   – Vorstand;
   – Aufsichtsrat.

d) **Die Dokumentationsfunktion**
   Eine Nachprüfbarkeit, vor allem in Hinblick auf tatsächliche oder vermeintliche Pflichtverletzungen des Bilanzerstellers, muß gewährleistet sein. Deshalb umfaßt die Dokumentationsfunktion vor allem (vgl. Brunnmeier, S. 3):
   – Sammlung, Sichtung und Aufbereitung von Material;

- zugriffsbereite Archivierung;
- zweckgerichtete, systematische Aufzeichnung;
- Schaffung eines Sicherungssystems;
- Ablieferung der Dokumentationsergebnisse für bestimmte Zwecke an berechtigte Adressaten.

Aufgabe 2:

Der Begriff "**Jahresabschluß**" wird im HGB mit zwei unterschiedlichen Inhalten verwendet. Worin liegt der Unterschied?

Lösung:

Einerseits heißt es in § 242 Abs. 3 HGB: „Die *(Bestände-)Bilanz* und die *Gewinn- und Verlustrechnung* bilden den Jahresabschluß". Diese Beschränkung auf **zwei** Bestandteile gilt jedoch nur für *Nicht*-Kapitalgesellschaften, also Einzelunternehmen und Personengesellschaften.

Denn für *Kapitalgesellschaften* – und für die ihnen nach dem Entwurf des KapCoRiLiG ab 1999 gleichgestellten *GmbH & Co KGs* – verlangt § 264 Abs. 1 HGB andererseits ausdrücklich, daß die Bestände-Bilanz und die Gewinn- und Verlustrechnung „um einen *Anhang* zu erweitern" sind, der mit den beiden zuerst genannten Bestandteilen „eine Einheit bildet". Der solchermaßen *erweiterte Jahresabschluß* umfaßt somit **drei** Teile.

Aufgabe 3:

Welchen unterschiedlichen Aufgaben dienen

a) die **Bestände-Bilanz**,
b) die **Gewinn- und Verlustrechnung**,
c) der **Anhang**?

Lösung:

a) Die Bestände-Bilanz ist eine **zeitpunkt**-bezogene Aufstellung, in der *Aktiva* (Vermögensgegenstände) und *Passiva* (Eigenkapital und Schulden) einander gegenübergestellt werden. Sie soll insbesondere Einblick gewähren in die **Vermögenslage** bzw. -**struktur** (Höhe und Zusammensetzung von *Anlage*vermögen und *Umlauf*vermögen) und in die **Finanzlage bzw. Kapitalstruktur** (Höhe und Zusammensetzung des *Eigen*kapitals und *Fremd*kapitals) zum Bilanzstichtag.

b) Hingegen ist die Gewinn- und Verlustrechnung eine **zeitraum**bezogene Gegenüberstellung der *Aufwendungen* und *Erträge* eines Wirtschaftsjahres. Sie soll vor allem Einblick in die **Ertragslage** des Unternehmens gewähren, also erkennen lassen, aus welchen *Quellen* der ausgewiesene Gewinn (oder Verlust) stammt. Zu diesem Zweck sind z. B. diejenigen Aufwendungen und Erträge, die zum „*Ergebnis der gewöhnlichen Geschäftstätigkeit*" führen, von solchen (außerordentlichen) Erträgen und Aufwendungen zu trennen, die zum „*außerordentlichen Ergebnis*" beitragen.

c) Der Anhang hat zum einen die Aufgabe zu erfüllen, die Bestände-Bilanz und die Gewinn- und Verlustrechnung zu **erläutern**; so müssen im Anhang insbesondere die angewandten *Bilanzierungs-* und *Bewertungsmethoden* angegeben werden. Zum anderen enthält der Anhang zahlreiche **zusätzliche Angaben**, so z. B. über die *Restlaufzeiten* der Verbindlichkeiten, die *Aufgliederung* der Umsatzerlöse nach Tätigkeitsbereichen und geographischen Märkten, die Art und den Umfang der *kapitalmäßigen Verflechtung* mit anderen Unternehmen und die *Mitarbeiterzahl*.

Aufgabe 4:

Welche Voraussetzung muß erfüllt sein, damit ein Wirtschaftsgut (z. B. Wertpapier) zum **Anlage**vermögen zu zählen ist?

Lösung:

Nach § 247 Abs. 2 HGB darf ein Wirtschaftsgut nur dann beim **Anlage**vermögen ausgewiesen werden, wenn es am Abschlußstichtag (Bilanzstichtag) dazu bestimmt ist, dem Geschäftsbetrieb der Gesellschaft **dauernd** zu dienen. Nach herrschender Rechtsauffassung ist dabei "dauernd" im Sinne von "länger als ein Jahr" zu interpretieren.

Aufgabe 5:

Nennen Sie mindestens *drei* Gründe dafür, warum eine Erhöhung der **Produktionskapazität** nicht zwangsläufig auch zu einer Erhöhung der Bilanzsumme führt.

Lösung:

Als Gründe dafür, warum eine Erhöhung der Produktionskapazität nicht zwangsläufig zu einer Erhöhung der Bilanzsumme führt, lassen sich u. a. nennen:

a) Eine neue Maschine, welche die Produktionskapazität erhöht, wird ohne Aufnahme zusätzlicher Kredite bar aus der Kasse oder per Überweisung aus Bankguthaben bezahlt, so daß nur ein Aktivtausch stattfindet.

b) Die Maschinen, welche zur Erhöhung der Produktionskapazität führen, wurden vom betrachteten Unternehmen geleast. Leasingobjekte werden i. d. R. beim Leasinggeber und nicht beim Leasingnehmer bilanziert (vgl. Hilke/Zinke, Zurechnung).

c) Die Produktionskapazität wird allein durch die Einstellung von zusätzlichen Arbeitskräften (z. B. für eine zweite Schicht) erhöht.

Aufgabe 6:

Erläutern Sie das **Kernproblem der Bilanzierung**.

Lösung:

Als Kernproblem der Bilanzierung muß das **Bewertungsproblem** bezeichnet werden, welches darin besteht, den einzelnen Wirtschaftsgütern eines Betriebes jeweils einen Geldbetrag zuzuordnen, der in seiner Höhe dem "Wert" des jeweiligen Gutes entspricht.

Der "**Wert**" des einzelnen Wirtschaftsgutes ist stets Ausdruck einer Subjekt-Objekt-Beziehung: In dem Maße, in dem das Objekt (hier: Wirtschaftsgut) für das Subjekt (hier: der Bilanzierende) nützlich ist, d. h. Nutzen zu stiften vermag, ist es für das Subjekt "wertvoll". Als Ausdruck einer derartigen Subjekt-Objekt-Beziehung liegt es in der Natur eines jeden Wertes, daß er stets nur "*subjektiv*", niemals "*objektiv*" sein kann. Denn "der Wert einer Sache ... ist keine dieser Sache ... anhaftende Eigenschaft, wie z. B. das Gewicht, das Volumen usw., auch kein Tatbestand, der von jedem beliebigen Betrachter in gleicher Weise festgehalten und registriert werden kann ..." (Jacob, Wert, S. 3).

Deswegen kann auch der Gesetzgeber keinen "objektiven" Wert für die zu bilanzierenden Wirtschaftsgüter angeben.

Aufgabe 7:

Was ist unter "**Bilanzpolitik**" zu verstehen? Woraus resultiert die Möglichkeit, Bilanzpolitik zu betreiben?

Lösung:

Unter "**Bilanzpolitik**" ist die gezielte Gestaltung des *Jahresabschlusses*, bestehend aus der Beständebilanz und der Gewinn- und Verlust-Rechnung sowie – bei Kapitalgesellschaften (& Co) – dem Anhang und ggf. des *Lageberichtes* im Rahmen der Bilanzierungs- und Bewertungsvorschriften zu verstehen. Mit Hilfe der ergriffenen bilanzpolitischen Maßnahmen sollen die Bilanzadressaten in ihrem Urteil und ihrem Verhalten in eine vom Bilanzierenden gewünschte Richtung beeinflußt werden.

Die Möglichkeit, Bilanzpolitik betreiben zu können, resultiert zum einen daraus, daß bei der Erstellung einer Bilanz in erster Linie ein umfangreiches, objektiv nicht lösbares "*Bewertungsproblem*" auftritt: Jede Bilanz ist Ausdruck einer "Subjekt-Objekt-Beziehung", d. h. der Beziehung eines Subjektes (hier: des Bilanzierenden) zu den verschiedenen Objekten (Wirtschaftsgütern) des Betriebes, für den eine Bilanz aufgestellt werden soll. Da jede Bewertung somit letztlich *subjektiv* bleibt, kann der Gesetzgeber mit Hilfe verschiedener Vorschriften den *Bewertungsspielraum* nur eingrenzen, jedoch nicht völlig beseitigen. Im Rahmen des schon aus der Natur der Sache stets verbleibenden Bewertungsspielraumes kann der Bilanzierende "Bilanzpolitik" betreiben.

Hinzu kommt, daß der Gesetzgeber den ohnehin vorhandenen Bewertungsspielraum durch zahlreiche *Bilanzierungs-, Bewertungs-* und *Ausweiswahlrechte* noch erweitert, so daß der Bilanzierende durch Ausübung dieser Wahlrechte in erheblichem Umfange seine Bilanz im Sinne seiner bilanzpolitischen Ziele gestalten kann.

Aufgabe 8:

Nach dem HGB hängen verschiedene Pflichten zur Erstellung, Prüfung und Offenlegung von Jahresabschluß und Lagebericht davon ab, in welche Größenklasse eine Kapitalgesellschaft einzuordnen ist.

a) Erläutern Sie, unter welchen *Voraussetzungen* eine **Kapitalgesellschaft** als "**klein**" bzw. als "**groß**" im Sinne des HGB bezeichnet wird. Beachten Sie bei Ihrer Antwort die *neuen* Schwellenwerte, die *ab 1999* nach dem Entwurf des KapCoRiLiG gelten sollen.

b) Welche konkreten "**Erleichterungen**" gelten für "**kleine**" Kapitalgesellschaften (im Vergleich zu "großen" Kapitalgesellschaften) bezüglich der Pflichten

   (1) zur **Erstellung** von

       – Beständebilanz,

       – Gewinn- und Verlustrechnung,

       – Anhang,

       – Lagebericht,

   (2) zur **Prüfung**,

   (3) zur **Offenlegung**?

Lösung:

a) Zur Einstufung einer Kapitalgesellschaft als "klein" bzw. "groß" werden grundsätzlich drei Kriterien mit folgenden – ab Geschäftsjahr 1999 vorgesehenen – Werten herangezogen:

Größenkriterium	kleine Kapital-gesellschaften	große Kapital-gesellschaften
Bilanzsumme	bis 6,72 Mio. DM	über 26,89 Mio. DM
Jahresumsatz	bis 13,44 Mio. DM	über 53,78 Mio. DM
ø jährliche Beschäftigtenzahl	bis 50 Arbeitnehmer	über 250 Arbeitnehmer

Von diesen drei Größenkriterien müssen *mindestens zwei* Kriterien in *zwei* aufeinander folgenden Geschäftsjahren erfüllt sein, um als "kleine" bzw. "große" Kapitalgesellschaft eingestuft zu werden.

Ferner gilt nach § 267 Abs. 3 S. 2 HGB n. F. gemäß KapCoRiLiG eine Kapitalgesellschaft *stets* als "groß", *wenn*
- sie einen organisierten Markt im Sinne des § 2 Abs. 5 des Wertpapierhandelsgesetzes
- durch von ihr ausgegebene Wertpapiere im Sinne des § 2 Abs. 1 S. 1 des Wertpapierhandelsgesetzes in Anspruch nimmt oder
- die Zulassung zum Handel an einem organisierten Markt beantragt worden ist.

b) Folgende wesentliche **Erleichterungen** werden **kleinen** Kapitalgesellschaften gewährt bezüglich der

(1) Erstellungspflicht:

- Beständebilanz: Es darf eine *kleinformatige* Bilanz erstellt werden, d. h., nach § 266 Abs. 2 und Abs. 3 HGB i. V. m. § 266 Abs. 1 S. 3 HGB sind nur die mit Buchstaben und römischen Zahlen bezeichneten Posten gesondert aufzuführen.

    Außerdem sind kleine Kapitalgesellschaften nach § 268 HGB i. V. m. § 274a HGB *befreit* von
    - § 268 Abs. 2 HGB: der Aufstellung eines Anlagegitters,
    - § 268 Abs. 6 HGB: dem gesonderten Ausweis eines Rechnungsabgrenzungspostens nach § 250 Abs. 3 HGB (Disagio).

- G+V-Rechnung: Es braucht nur eine *verkürzte* G+V-Rechnung erstellt zu werden, die mit dem sog. „**Rohergebnis**" beginnt (zu seiner Ermittlung siehe Übungs-Aufgabe 11).

- Anhang: Es braucht nur ein *stark verkürzter* Anhang erstellt zu werden. Dies bedeutet zum einen *Befreiung* von folgenden Vorschriften nach §§ 268 und 269 HGB i. V. m. § 274a HGB:
    - § 268 Abs. 2 HGB über die Aufstellung eines Anlagegitters;
    - § 268 Abs. 4 S. 2 HGB über die Pflicht zur Erläuterung von Forderungen, die erst nach dem Bilanzstichtag entstehen, im Anhang;
    - § 268 Abs. 5 S. 3 HGB über die Erläuterung von Verbindlichkeiten, die erst nach dem Bilanzstichtag entstehen, im Anhang;
    - § 268 Abs. 6 HGB über den Rechnungsabgrenzungsposten nach § 250 Abs. 3 HGB (Disagio);
    - § 269 S. 1 HGB insoweit, als die Aufwendungen für die Ingangsetzung und Erweiterung des Geschäftsbetriebes im Anhang erläutert werden müssen.

    Zum anderen brauchen kleine Kapitalgesellschaften nach § 276 S. 2 HGB die in § 277 Abs. 4 S. 2 und S. 3 HGB verlangten

Erläuterungen zu den Posten "außerordentliche Erträge" und "außerordentliche Aufwendungen" *nicht* zu machen.

Ferner sind kleine Kapitalgesellschaften nach §§ 284 und 285 HGB i. V. m. § 288 HGB von folgenden Vorschriften *befreit*:
- § 284 Abs. 2 Nr. 4 HGB über den Ausweis der Unterschiedsbeträge der Buchwerte zur Bewertung zu letzten Börsen- oder Marktpreisen bei Gruppen-, Lifo- oder Fifo-Bewertung;
- § 285 Nr. 2 HGB über die Aufgliederung der Verbindlichkeiten;
- § 285 Nr. 3 HGB über die Angabe der sonstigen finanziellen Verpflichtungen;
- § 285 Nr. 4 HGB über die Aufgliederung des Umsatzerlöses nach Tätigkeitsbereichen und regionalen Märkten;
- § 285 Nr. 5 HGB über den Einfluß steuerrechtlicher Vorschriften auf das Jahresergebnis;
- § 285 Nr. 6 HGB über den Umfang der Belastung durch Steuern vom Einkommen und Ertrag;
- § 285 Nr. 7 HGB über die durchschnittliche Anzahl der Arbeitnehmer, getrennt nach Gruppen;
- § 285 Nr. 8a HGB über die Angabe des Materialaufwandes beim Umsatzkostenverfahren;
- § 285 Nr. 9a und Nr. 9b HGB über die Angabe der Gesamtbezüge von Mitgliedern des Vorstandes, Aufsichtsrates u. ä.;
- § 285 Nr. 12 HGB über die Erläuterung des Postens "sonstige Rückstellungen".

- Lagebericht: Kleine Kapitalgesellschaften brauchen *keinen* Lagebericht zu erstellen (§ 264 Abs. 1 S. 3 HGB).

Die Frist zur Erstellung von Beständebilanz, G+V-Rechnung und Anhang beträgt *6 Monate* (§ 264 Abs. 1 S. 3 HGB).

(2) Prüfungspflicht: Eine Prüfung des erweiterten Jahresabschlusses von kleinen Kapitalgesellschaften *entfällt* (§ 316 Abs. 1 S. 1 HGB).

(3) Offenlegungspflicht:

- Umfang: Es müssen nur die *verkürzte Bilanz* und der *doppelt verkürzte Anhang*, d. h. der erstellte Anhang *ohne* die Erläuterungen zur G+V-Rechnung, offengelegt werden (§ 325 Abs. 1 i. V. m. § 326 HGB); wegen der Streichung von § 326 S. 2 HGB durch Art. 2 Nr. 9 ÄndG-DMBilG brauchen kleine Kapitalgesellschaften *keine* Gewinnverwendungsrechnung mehr offenzulegen;

- Ort: Offenlegung durch Einreichung der Unterlagen nur beim Handelsregister und Hinweis im Bundesanzeiger (§ 325 Abs. 1 HGB);
- Frist: 12 Monate (§ 326 S. 1 HGB).

Aufgabe 9:

Worin liegen die wesentlichen Unterschiede zwischen dem "**Gesamtkostenverfahren**" und dem "**Umsatzkostenverfahren**" für die Gliederung der Gewinn- und Verlustrechnung?

Lösung:

Die wesentlichen Unterschiede zwischen dem "Gesamtkostenverfahren" (GKV) und dem "Umsatzkostenverfahren" (UKV) gemäß § 275 Abs. 2 und Abs. 3 HGB liegen zum einen in den *Positionen 2 und 3* des Gesamtkostenverfahrens, denen kein Umsatz im Geschäftsjahr gegenübersteht und die deshalb beim Umsatzkostenverfahren fehlen, zum anderen in den *Positionen 5, 6 und 7* des Gesamtkostenverfahrens, die einer Koste**nar**tenrechnung entsprechen, während das Umsatzkostenverfahren mehr dem Aufbau einer Koste**nstellen**rechnung folgt.

Posten		Gesamtkostenverfahren (§ 275 Abs. 2 HGB)		Umsatzkostenverfahren (§ 275 Abs. 3 HGB)	Posten
1		Umsatzerlöse		Umsatzerlöse	1
2	+/./.	Bestandsveränderungen der fertigen und unfertigen Erzeugnisse	./.	Herstellungskosten der zur Erzielung der Umsatzerlöse erbrachten Leistungen	2
3	+	andere aktivierte Eigenleistungen	=	Bruttoergebnis vom Umsatz	3
4	+	sonstige betriebliche Erträge	./.	Vertriebskosten	4
5	./.	Materialaufwand	./.	allgemeine Verwaltungskosten	5
6	./.	Personalaufwand	+	sonstige betriebliche Erträge	6
7	./.	Abschreibungen	./.	sonstige betriebliche Aufwendungen	7
8	./.	sonstige betriebliche Aufwendungen			
9-13		= Betriebsergebnis + Finanzergebnis			8-12
14		= Ergebnis der gewöhnlichen Geschäftstätigkeit			13
15-17	+/./.	außerordentliches Ergebnis			14-16
18-19	./.	Steuern			17-18
20		= Jahresüberschuß/Jahresfehlbetrag			19

Aufgabe 10:

In welche G+V-Position gehören:
- Aufwendungen für Rohstoffe, die in die verkauften Erzeugnisse eingegangen sind,
- Mieten für das Verwaltungsgebäude,
- Provisionen für Handelsvertreter,
- Leasingraten für in der Produktion eingesetzte Maschinen,
- Zuführungen zu den Rückstellungen für Prozeßkosten,
- Abschreibungen auf Maschinen, die der (Grundlagen-)Forschung dienen,

nach dem "**Gesamtkostenverfahren**" (GKV) einerseits und nach dem "**Umsatzkostenverfahren**" (UKV) andererseits? Begründen Sie jeweils Ihre Antworten.

Lösung:

Aufwendungen für Rohstoffe, die in die verkauften Erzeugnisse eingegangen sind:

GKV-Position: "Materialaufwand"; Begründung: Aufwendungen für Rohstoffe gehören zu der Aufwandsart "Materialaufwand".

UKV-Position: "Herstellungskosten der zur Erzielung der Umsatzerlöse erbrachten Leistungen"; Begründung: Es handelt sich um Aufwendungen, die in bereits verkaufte Erzeugnisse eingegangen sind.

Mieten für das Verwaltungsgebäude:

GKV-Position: "sonstiger betrieblicher Aufwand"; Begründung: Es handelt sich weder um Material-, noch um Personal- oder Abschreibungsaufwand.

UKV-Position: "allgemeine Verwaltungskosten"; Begründung: Mieten für das Verwaltungsgebäude gehören zu der Kostenstelle "Verwaltung".

Provisionen für Handelsvertreter:

GKV-Position: "sonstiger betrieblicher Aufwand"; Begründung: Provisionen für Handelsvertreter gehören nicht zum Personalaufwand, weil Handelsvertreter nicht zu den Mitarbeitern (Beschäftigten) des bilanzierenden Unternehmens zählen (vgl. Küting/Weber, Bd. Ia, S. 1680).

UKV-Position: "Vertriebskosten"; Begründung: Handelsvertreter helfen dem Unternehmen beim Vertrieb; die Provisionen gehören somit zu den "Vertriebskosten" (vgl. Küting/Weber, Bd. Ia, S. 1721).

Leasingraten für in der Produktion eingesetzte Maschinen:

Unter der Annahme, daß das bilanzierende Unternehmen der Leasing-Nehmer ist, die Maschinen als Leasing-Objekte jedoch dem Leasing-Geber zugerechnet werden, gehören die Leasingraten in die

GKV-Position: "sonstiger betrieblicher Aufwand"; Begründung: Sie stellen weder Material-, Personal-, Abschreibungsaufwand noch (nur) Zinsaufwand dar (vgl. Küting/Weber, Bd. Ia, S. 1689).

UKV-Position: "Herstellungskosten der zur Erzielung der Umsatzerlöse erbrachten Leistungen"; Begründung: Laut Aufgabenstellung werden die Leasingraten für Maschinen gezahlt, die der Produktion (= Herstellung) dienen. Die Leasingraten sind also analog zu Abschreibungen für eine gekaufte Produktionsanlage zu behandeln (vgl. Küting/Weber, Bd. Ia, S. 1719 f.).

Zuführungen zu den Rückstellungen für Prozeßkosten:

GKV-Position: "sonstiger betrieblicher Aufwand"; Begründung: Es handelt sich nicht um Material-, Personal- oder Abschreibungsaufwand.

UKV-Position: "Herstellungs-" *oder* "Vertriebs-" *oder* "Verwaltungskosten" *oder* "sonstiger betrieblicher Aufwand"; Begründung: Es kommt darauf an, was Gegenstand des Prozesses ist und ob sich die Aufwendungen deshalb einem der drei Funktionsbereiche zuordnen lassen. Zum Beispiel: Prozeßkosten wegen Patentverletzung gehören zu den "Herstellungskosten"; Prozeßkosten wegen eines Unfalls, den ein Außendienstmitarbeiter mit dem Vertriebsfuhrpark verursacht hat, gehören in die "Vertriebskosten"; Prozeßkosten wegen Kündigung oder Abfindung eines Mitarbeiters der Verwaltung gehören zu den "Verwaltungskosten"; nur wenn sich die Aufwandsart (noch) nicht zurechnen läßt, gehören die Rückstellungsaufwendungen in den "sonstigen betrieblichen Aufwand".

Abschreibungen auf Maschinen, die der (Grundlagen-)Forschung dienen:

Grundsätzlich gilt: Aufwendungen für die sog. Grundlagenforschung sind keine aktivierungsfähigen Herstellungskosten. Sie werden im Jahr ihrer Entstehung in der G+V-Rechnung als Aufwand verbucht.

GKV-Position: "Abschreibungen" auf Sachanlagen; Begründung: Das nach den Aufwandsarten gegliederte GKV sieht für die Aufwandsart "Abschreibungen" einen gesonderten Posten vor.

UKV-Position: "sonstiger betrieblicher Aufwand"; Begründung: Aufwendungen für die Grundlagenforschung können der Produktion der Erzeugnisse nicht direkt zugeordnet werden. Somit sind Abschreibungen auf Maschinen, die der (Grundlagen-)Forschung dienen, weder den "Herstellungs-", noch den "Vertriebs-", noch den "Verwaltungskosten" zuzuordnen (vgl. Küting/Weber, Bd. Ia, S. 1724).

Aufgabe 11:

Nach § 276 S. 1 HGB dürfen *kleine* und *mittelgroße* Kapitalgesellschaften eine "verkürzte" Gewinn- und Verlust-Rechnung aufstellen, die mit dem Posten "**Rohergebnis**" beginnt.

a) Durch die Zusammenfassung welcher G+V-Positionen ergibt sich der Posten "Rohergebnis" nach dem "**Gesamtkostenverfahren**" einerseits und dem "**Umsatzkostenverfahren**" andererseits?

b) Warum ist ein "Rohergebnis", das sich nach dem Gesamtkostenverfahren errechnet, mit einem nach dem Umsatzkostenverfahren ermittelten "Rohergebnis" *nicht vergleichbar*?

Lösung:

a) Nach § 276 S. 1 HGB ergibt sich das "Rohergebnis" bei Anwendung des Gesamtkostenverfahrens (GKV) aus der Zusammenfassung folgender Positionen:

    Umsatzerlöse
± Erhöhung/ Verminderung des Bestandes an fertigen und unfertigen Erzeugnissen
+ andere aktivierte Eigenleistungen
+ sonstige betriebliche Erträge
− Materialaufwand
= **"Rohergebnis nach GKV"**

Hingegen erhält man das "Rohergebnis" nach § 276 S. 1 HGB für das Umsatzkostenverfahren (UKV) durch Zusammenfassung folgender Positionen:

    Umsatzerlöse
− Herstellungskosten der zur Erzielung der Umsatzerlöse erbrachten Leistungen
+ sonstige betriebliche Erträge
= **"Rohergebnis nach UKV"**

b) Wie die Lösung zu Teilaufgabe a) bereits offenbart, entsprechen sich die beiden Rohergebnisse inhaltlich nur bezüglich der Ausgangsposition "Umsatzerlöse" und des Postens "sonstige betriebliche Erträge". In allen weiteren Positionen unterscheiden sie sich. So gehen in das "Rohergebnis nach GKV" auch die "Bestandsveränderungen" und die "anderen aktivierten Eigenleistungen" ein, die beim "Rohergebnis nach UKV" gar nicht auftauchen. Außerdem wird für die Ermittlung des "Rohergebnisses nach GKV" der *gesamte Material*aufwand abgezogen, jedoch werden *keine* "Personalaufwendungen" und *keine* "Abschreibungen" berücksichtigt. Hingegen enthält der Posten "Herstellungskosten zur Erzielung der Umsatzerlöse" einerseits nur den *Teil* des "Materialaufwandes", der in der Produktion für die verkauften Erzeugnisse benötigt wurde, andererseits aber *auch* die auf die Herstellung entfallenden "*Personal*aufwendungen" *und* "*Abschreibungen*". Aus allen genannten Gründen sind die beiden Rohergebnisse inhaltlich nicht miteinander vergleichbar (so auch: Küting/Weber, Bd. Ia, S. 1739); oder anders ausgedrückt: Würde für ein und denselben Betrieb das Rohergebnis sowohl nach GKV als auch nach UKV ermittelt, so kämen i. d. R. ganz *unterschiedliche Beträge* heraus – trotz gleicher Bezeichnung!

Aufgabe 12:

Welche Gründe lassen sich dafür anführen, daß eine AG lt. Handelsbilanz in zwei aufeinander folgenden Geschäftsjahren (01 und 02) bei gleichem "Ergebnis der gewöhnlichen Geschäftstätigkeit" (von z. B. jeweils 44 Mio. DM) in ganz unterschiedlicher Höhe "Steuern vom Einkommen und Ertrag" (z. B. von 23 Mio. DM im Jahr 01 und 30 Mio. DM im Jahr 02) zahlt, obwohl der "Bilanzgewinn" (z. B. 16 Mio. DM in 01 und 13 Mio. DM in 02) nur wenig differiert? Die Ausschüttungen betragen 16 Mio. DM im Jahre 01, jedoch nur 5,7 Mio. DM im Jahre 02.

Lösung:

Gründe können vor allem sein:

(1) Im Jahre 02 ist z. B. ein höheres positives "**außerordentliches Ergebnis**" (a.o. Ertrag > a.o. Aufwand) erzielt worden als in 01, das den "Gewinn *vor* Steuern" (≠ "Ergebnis der gewöhnlichen Geschäftstätigkeit") erhöhte.
(2) Die höheren Steuern vom Einkommen und Ertrag im Jahre 02 betreffen nicht nur das Jahr 02, sondern resultieren auch aus **Steuernachzahlungen** für frühere Jahre.
(3) Der Gewinn vor Steuern in der **Steuerbilanz** des Jahres 02 war wesentlich **höher** als in der *Handelsbilanz*; denn die Steuerbemessungsgrundlage ist der *Steuerbilanz*-Gewinn, nicht der Handelsbilanz-Gewinn.
(4) Es erfolgen – wie im Beispielsfall – unterschiedlich hohe Ausschüttungen (Dividendenzahlungen in 01 und 02). Die Höhe der Steuern vom Einkommen und Ertrag hängt nämlich auch von der **Ausschüttungsquote** ab, da einbehaltene Gewinne ab 1999 mit 40 % (bis 1998: 45 %) KSt, auszuschüttende Gewinne aber nur mit 30 % KSt besteuert werden.

Aufgabe 13:

Welche Sachverhalte sind im **Lagebericht** darzustellen?

Lösung:

Im Lagebericht, den mittelgroße und große *Kapitalgesellschaften* zusätzlich zu ihrem "Jahresabschluß" zu erstellen haben, sind „zumindest der **Geschäftsverlauf** und die **Lage** der Kapitalgesellschaft so darzustellen, daß ein den tatsächlichen Verhältnissen entsprechendes Bild vermittelt wird; dabei ist auch auf die **Risiken** der künftigen Entwicklung einzugehen" (§ 289 Abs. 1 HGB).

Nach § 289 Abs. 2 HGB soll im Lagebericht außerdem berichtet werden über:

- **Vorgänge** von *besonderer* Bedeutung, die **nach** dem Schluß des Geschäftsjahres eingetreten sind;
- die **voraussichtliche Entwicklung** (*Prognose!*) der Kapitalgesellschaft;
- den Bereich "**Forschung und Entwicklung**";
- bestehende **Zweigniederlassungen** der Gesellschaft.

In der Praxis enthält der Lagebericht mancher Kapitalgesellschaft auch noch einen sog. "**Sozialbericht**"; dieser ist jedoch **nicht** gesetzlich vorgeschrieben.

Aufgabe 14:

Nennen Sie mindestens *fünf* konkrete Gründe, aus denen der Jahresabschluß seine **Ordnungsmäßigkeit** verlieren kann.

Lösung:

Gründe, aus denen der Jahresabschluß seine Ordnungsmäßigkeit verlieren kann, sind u. a. (vgl. Kapitel 2 Abschnitt B II):

a) Der Jahresabschluß ist vom Kaufmann nicht (oder ohne Datumsangabe) unterzeichnet worden.
b) In der Bestände-Bilanz sind Leerräume vorhanden.
c) Werte werden im Jahresabschluß in ausländischer Währung ausgewiesen; mit Wirkung ab 1.1.1999 ist der Jahresabschluß in *Euro* aufzustellen (zur übergangsweise noch erlaubten Aufstellung in Deutscher Mark siehe Artikel 42 Abs. 1 EGHGB).
d) Die der Bilanz zugrundeliegende Inventur war mangelhaft oder fehlerhaft.
e) Bei Erstellung des Jahresabschlusses wurde gegen das Belegprinzip ("keine Buchung ohne Beleg") verstoßen.

Aufgabe 15:

Ist es mit den **Grundsätzen ordnungsmäßiger Buchführung** vereinbar,

a) Forderungen gegen die Firma A mit Verbindlichkeiten bei der Bank Z zu saldieren?
b) den Jahresabschluß in japanischer Sprache aufzustellen?

c) den Bilanzstichtag vom 30.9.1998 auf den 31.12.1999 umzustellen?
d) auch solche Verbindlichkeiten, deren Entstehung und/oder tatsächliche Höhe am Bilanzstichtag noch ungewiß sind, in der Bilanz zu berücksichtigen?

Lösung:

a) Nein; eine solche Saldierung stellt einen Verstoß gegen das sog. "Brutto-Prinzip" (§ 246 Abs. 2 HGB) dar.
b) Nein; denn nach § 244 HGB wird ausdrücklich verlangt, daß der Jahresabschluß „in deutscher Sprache ... aufzustellen" ist; jedoch darf sich der Kaufmann bei der Führung der Handelsbücher einer "lebenden" Sprache bedienen (vgl. § 239 Abs. 1 HGB).
c) Nein; denn das Geschäftsjahr darf nicht mehr als 12 Monate umfassen.
d) Ja; denn derartige Verbindlichkeiten gehören typischerweise in die Position "Rückstellungen".

Aufgabe 16:

Nennen und erläutern Sie kurz die verschiedenen Möglichkeiten der **Bestandsaufnahme (Inventur)** bei Gegenständen des *Anlage*vermögens, und zwar

a) beim unbeweglichen Anlagevermögen und
b) beim beweglichen Anlagevermögen.

Geben Sie dabei auch jeweils die Rechtsgrundlage an.

Lösung:

Die Möglichkeiten der Bestandsaufnahme beim **Anlagevermögen** sind:

a) beim unbeweglichen Anlagevermögen
   1. Stichtags-Inventur
      Körperliche Bestandsaufnahme am Bilanzstichtag;
      Grundlage: § 240 Abs. 2 HGB.
   2. Führung eines lfd. Bestandsverzeichnisses
      (siehe: bewegliches Anlagevermögen).

b) beim beweglichen Anlagevermögen
   1. Stichtags-Inventur
      Körperliche Bestandsaufnahme am Bilanzstichtag;
      Grundlage: § 240 Abs. 2 HGB, R 31 Abs. 1 bis 5 EStR.
   2. Führung eines lfd. Bestandsverzeichnisses (*Anlagekartei*), verbunden mit dem Wegfall einer jährlichen Inventur; Inhalt des Bestandsverzeichnisses:
      (1) genaue Bezeichnung des Gegenstandes,
      (2) Bilanzwert am jeweiligen Bilanzstichtag,

(3) Tag der Anschaffung oder Herstellung,
(4) Höhe der Anschaffungs- oder Herstellungskosten,
(5) Tag des Abgangs;
Grundlage: § 241 Abs. 2 HGB, R 31 Abs. 5 EStR; zum Festwert vgl. § 240 Abs. 3 HGB, R 31 Abs. 3 und Abs. 4 EStR.

Aufgabe 17:

Nennen und charakterisieren Sie kurz die verschiedenen Möglichkeiten der **Bestandsaufnahme** für das *Vorrats*vermögen.

Lösung:

Als Möglichkeiten der Bestandsaufnahme beim **Vorratsvermögen** sind zu nennen:

1. Stichtags-Inventur
   Körperliche Bestandsaufnahme am Bilanzstichtag, generell zugelassen;
   Grundlage: § 240 Abs. 2 HGB, R 30 Abs. 1 EStR.

2. Ausgeweitete Stichtagsinventur
   Körperliche Bestandsaufnahme innerhalb von 10 Tagen vor oder nach dem Bilanzstichtag;
   Bestandsveränderungen zwischen Aufnahmetag und Bilanzstichtag sind mit Belegen mengenmäßig nachzuweisen;
   Grundlage: GoB, R 30 Abs. 1 EStR.

3. Permanente Inventur
   Bestandsaufnahme an irgendeinem Tag des Jahres; der Soll-Bestand lt. Lagerbuchführung bzw. -kartei am Bilanzstichtag gilt als effektiver Bestand;
   Voraussetzungen:
   (1) Lagerbuchführung; Bestände, Zu- und Abgänge sind einzeln nach Tag, Art und Menge einzutragen; belegmäßiger Nachweis;
   (2) mindestens einmal im Geschäftsjahr ist eine körperliche Bestandsaufnahme durchzuführen;
   (3) Anfertigung eines Protokolls über die körperliche Bestandsaufnahme unter Angabe des Zeitpunkts, des Ergebnisses und der beteiligten Personen; Aufbewahrung: 10 Jahre;
   (4) Berichtigung der Lagerbuchführung bzw. -kartei bei Bestandsdifferenzen;
   Grundlage: § 241 Abs. 2 HGB, H 30 EStH, Stichwort „Permanente Inventur";
   nicht anwendbar auf:
   – Bestände mit unkontrollierbarem Abgang durch Schwund, Verdunsten usw.;
   – Wirtschaftsgüter, die – abgestellt auf die Verhältnisse des jeweiligen Betriebes – besonders wertvoll sind;
   Grundlage: R 30 Abs. 3 EStR.

4. Vor- oder nachverlegte ("zeitverschobene") Stichtags-Inventur
   Bestandsaufnahme innerhalb der letzten drei Monate vor oder der beiden ersten Monate nach Schluß des Geschäftsjahres;
   Anwendung eines Fortschreibungs- oder Rückrechnungsverfahrens zur Feststellung des wertmäßigen Bestandes am Bilanzstichtag;
   Grundlage: § 241 Abs. 3 Nr. 1 HGB, R 30 Abs. 2 EStR;
   nur bedingt anwendbar, wenn vom Bewertungsvereinfachungsverfahren nach § 6 Abs. 1 Nr. 2a EStG (= Lifo-Methode) Gebrauch gemacht werden soll.

Aufgabe 18:

Erläutern Sie, auf welche Weise es möglich und warum es zulässig erscheint, für bestimmte Wirtschaftsgüter des Vorratsvermögens nur alle **zwei** Jahre eine körperliche **Bestandsaufnahme** durchzuführen?

Lösung:

Es erscheint zulässig, eine körperliche Bestandsaufnahme für bestimmte Wirtschaftsgüter des Vorratsvermögens nur alle zwei Jahre durchzuführen, weil im § 240 Abs. 2 HGB nur verlangt wird, daß der Kaufmann für den Schluß eines jeden Geschäftsjahres ein *Inventar* und eine Bilanz aufzustellen hat. Die körperliche Bestandsaufnahme der Vermögensgegenstände, die für die Aufstellung des Inventars notwendig ist, muß aber *nicht* zu demselben Zeitpunkt wie die Aufstellung des Inventars vorgenommen werden, „ ... soweit durch Anwendung eines den Grundsätzen ordnungsmäßiger Buchführung entsprechenden Fortschreibungs- oder Rückrechnungsverfahrens gesichert ist, daß der am Schluß des Geschäftsjahres vorhandene Bestand der Vermögensgegenstände für diesen Zeitpunkt ordnungsmäßig bewertet werden kann" (§ 241 Abs. 3 Nr. 2 HGB). Aus dieser Vorschrift ist zu ersehen, daß zum einen eine *Methodenfreiheit* für die Inventur gewährt wird und zum anderen ein *Wechsel* der Inventurmethoden nicht verboten ist. Wegen dieser Freiheit bezüglich der einzusetzenden Inventurmethode und des Methodenwechsels ist beim Vorratsvermögen eine Zwei-Jahres-Inventur möglich, indem man zwischen der *zeitlich nachverlegten Stichtagsinventur* und der *permanenten Inventur ständig wechselt*: Für das erste Geschäftsjahr wird die nachverlegte Stichtagsinventur vorgenommen und durch *Rückrechnung* bis zum Bilanzstichtag das Inventar für das erste Geschäftsjahr erstellt. Auf diese Weise wird erreicht, daß im ersten Jahr keine Inventur gemacht werden muß. Dieselbe Inventur wird anschließend für das zweite Geschäftsjahr noch einmal genutzt.

Durch *Fortschreibung* dieser Inventur (= permanente Inventur) bis zum zweiten Bilanzstichtag kann der neue Bestand rechnerisch ermittelt und damit ein Inventar für den zweiten Bilanzstichtag erstellt werden. Somit kann man mit *einer* einzigen körperlichen Bestandsaufnahme die Inventare für *zwei* Bilanzstichtage erstellen. Der erste Inventurzeitpunkt liegt im zweiten Geschäftsjahr, der zweite Inventurzeitpunkt erst im vierten Geschäftsjahr, wenn genauso verfahren wird (vgl. hierzu auch Abb. 9 in Kapitel 2 Abschnitt B IIb).

Aufgabe 19:

Erläutern Sie das "**Prinzip der Maßgeblichkeit der Handelsbilanz für die Steuerbilanz**" sowie die "**Durchbrechung**" und "**Umkehrung**" dieses Prinzips.

Lösung:

Nach diesem "**Maßgeblichkeitsprinzip**" sollen die Positionen und Wertansätze in der *Handelsbilanz* maßgeblich für die Positionen und Wertansätze in der *Steuerbilanz* sein, d. h., es ist zunächst eine (eigenständige) Handelsbilanz zu erstellen, aus der dann die Steuerbilanz abgeleitet wird (sog. "*derivative*" Steuerbilanz). Die Rechtsgrundlage des Maßgeblichkeitsprinzips der Handelsbilanz für die Steuerbilanz bildet § 5 Abs. 1 S. 1 EStG. Das Maßgeblichkeitsprinzip gilt unmittelbar für drei Bereiche (vgl. ausführlicher: Hilke/Mähling/Ringwald/Zinke, S. 75 f.):

– für Aktivierungs- und Passivierungs*gebote*,
– für Aktivierungs- und Passivierungs*verbote*,
– für einige Aktivierungs- und Passivierungs*wahlrechte*.

Von einer "**Durchbrechung**" des Maßgeblichkeitsprinzips wird dann gesprochen, wenn spezielle steuerrechtliche Vorschriften die *Übernahme* der Positionen und Wertansätze aus der Handelsbilanz in die Steuerbilanz *verhindern*. Jede Durchbrechung des Maßgeblichkeitsprinzips führt somit zwangsläufig zu Abweichungen zwischen Handels- und Steuerbilanz.

Derartige Durchbrechungen des Maßgeblichkeitsprinzipes lassen sich insbes. feststellen (vgl. Kapitel 2 Abschnitt B IIIe und Kapitel 3 Abschnitte C und D):

– bei dem *Passivierungsgebot* für "Drohverlust-Rückstellungen" in der Handelsbilanz, dem ein Passivierungs*verbot* in der Steuerbilanz gegenübersteht (vgl. § 5 Abs. 4a EStG);
– bei den *Bilanzierungswahlrechten*, weil aus bestimmten handelsrechtlichen Aktivierungs*wahlrechten* steuerrechtliche Aktivierungs*gebote* werden (z. B. beim derivativen Geschäfts- oder Firmenwert oder beim Disagio) oder aus einem handelsrechtlichen Passivierungs*wahlrecht* (z. B. für "Aufwandsrückstellungen") ein steuerrechtliches Passivierungs*verbot* wird;
– bei den *Methoden-Wahlrechten*, weil z. B. die handelsrechtlich gegebene "Methoden-Freiheit" für die *Abschreibungs-Methoden* beim Anlagevermögen und für die sog. Verfahren der *Sammelbewertung* bei Vorräten durch steuerrechtliche Vorschriften für die Steuerbilanz zum Teil eingeschränkt wird;
– bei den *Wertansatz-Wahlrechten*, weil z. B. bei Ermittlung der *Herstellungskosten* in der Steuerbilanz bestimmte Kostenarten einbezogen werden *müssen*, für die nach Handelsrecht ein Wertansatz-*Wahlrecht* eingeräumt wird.

Von der "**Umkehrung**" des Maßgeblichkeitsprinzips wird in solchen Fällen gesprochen, in denen sich aufgrund bestimmter steuerrechtlicher Vorschriften die *Handelsbilanz an der Steuerbilanz* ausrichten muß, wenn der Bilanzierende steuerliche Vorteile (wie geringere Steuerzahlungen) nutzen will (vgl. § 5 Abs. 1 S. 2 EStG). Zu einer derartigen Umkehrung des Maßgeblichkeitsprinzips kann es kommen (vgl. Kapitel 3 Abschnitt C VIII bis C XII, D VIII und D XVII):

– bei den Bilanzierungswahlrechten, z. B. bei der Bildung von *steuerfreien Rücklagen* nach § 6b EStG oder R 35 EStR in der Steuerbilanz;
– bei den Bewertungswahlrechten, z. B. bei *Sonderabschreibungen* nach § 7g EStG und § 4 FördG oder den *Abzügen* nach § 6b EStG bzw. R 35 EStR.

Aufgabe 20:

a) Was versteht man unter "**immateriellen** Gegenständen des **Anlagevermögens**"?
b) Welche *Bilanzierungsvorschriften* gelten für derartige immaterielle Anlagegüter?
c) Welche Vorschriften sind im Falle der Aktivierung immaterieller Anlagewerte bezüglich der *Abschreibungen* zu beachten?

Lösung:

a) Zur Gruppe der sog. "immateriellen Gegenstände des Anlagevermögens" – kurz auch "immaterielle Anlagegüter" genannt – gehören insbesondere Patente, Lizenzen, Konzessionen und gewerbliche Schutzrechte, wie Urheberrechte, Verlagsrechte oder Rechte aus Gebrauchsmustern und Marken. Ferner zählen zu den immateriellen Wirtschaftsgütern des Anlagevermögens auch entgeltlich erworbene Produktions- und Absatzrechte (Quoten), Nutzungs- und Wohnrechte und die Standardsoftware, die der Benutzer einer EDV-Anlage vom Hersteller gekauft hat; die vom BFH noch nicht entschiedene Frage, ob auch die sog. System-Software (= maschinenorientierte Programme) zu den immateriellen Wirtschaftsgütern zu rechnen ist, wird vom Finanzgericht Hamburg, der Finanzverwaltung sowie der Literatur bejaht (vgl. Biergans, S. 204 und die dort angegebenen Quellen). Hingegen handelt es sich bei Computerprogrammen, deren Anschaffungskosten DM 800,– nicht überschreiten, nach Auffassung der Finanzverwaltung um Trivial-Software, die abnutzbare bewegliche – und damit materielle – und selbständig nutzbare Wirtschaftsgüter darstellen (vgl. R 31a Abs. 1 EStR; Biergans, S. 204).

b) Für immaterielle Gegenstände des Anlagevermögens besteht nach § 248 Abs. 2 HGB ein Bilanzierungs**verbot**, *wenn* sie **nicht entgeltlich** (von einem Dritten) **erworben** wurden; demnach *darf* für *selbstgeschaffene* immaterielle Anlagegüter grundsätzlich *kein* Aktivposten angesetzt werden. Einzige *Ausnahme* bildet das Aktivierungswahlrecht für „Aufwendungen für die Währungsumstellung auf den Euro" nach Artikel 44 Abs. 1 EGHGB.

Hingegen *müssen* immaterielle Anlagegüter dann aktiviert werden, d. h., es besteht für sie eine Bilanzierungs**pflicht**, die sich nach herrschender Meinung aus dem "Vollständigkeitsgebot" des § 246 Abs. 1 HGB ergibt, *wenn*

(1) sie **entgeltlich** (von einem Dritten!) **erworben** worden sind und

(2) sie zusätzlich eine gewisse **Verkehrsfähigkeit** besitzen, d. h. selbständig verwertbar sind (vgl. Pougin, Bilanzpolitik, S. 12).

Die erstgenannte Anforderung eines Erwerbs gegen Entgelt von einem (fremden) Dritten muß insbes. bei der Konsolidierung in *Konzernbilanzen* beachtet werden; es ist nämlich möglich, daß immaterielle Anlagewerte, welche die Muttergesellschaft von einer Tochter erworben hat (oder umgekehrt), in der Einzelbilanz als von Dritten entgeltlich erworben aktiviert werden müssen, in der Konzernbilanz jedoch als originär vom Konzern (selbst-)geschaffen anzusehen sind und deshalb dort *nicht* aktiviert werden dürfen.

c) Folgende Vorschriften bezüglich einer evtl. Abschreibung eines immateriellen Anlagegutes, das aktiviert werden muß, sind zu beachten:

(1) Das aktivierte immaterielle Anlagegut **muß**, damit es abgeschrieben werden darf, **der Abnutzung unterliegen**.

(2) Es muß **planmäßig** (über die voraussichtliche Nutzungsdauer) abgeschrieben werden. Dabei ist der Bilanzierende in der *Handels*bilanz bezüglich der Wahl der Abschreibungs*methode frei*; in der *Steuer*bilanz ist hingegen nur die *lineare* AfA zulässig.

Aufgabe 21:

Wie ist **selbst-geschaffene Software** (Standardprogramme) in Handels- und Steuerbilanz zu behandeln?

Lösung:

Bei der Beantwortung der Frage ist danach zu *unterscheiden*, ob es sich bei der selbstgeschaffenen Software um *immaterielle* Wirtschaftsgüter des *Anlage-* oder des *Umlaufvermögens* handelt (vgl. dazu ausführlicher: Küting/Weber, Bd. Ia, S. 591 ff.):

Software, die ein *Benutzer* für seine EDV-Anlage selbst entwickelte und dem dafür Aufwendungen in seinem Unternehmen entstanden sind, stellt für ihn ein *immaterielles* Wirtschaftsgut des **Anlage**vermögens dar. Da diese Software vom betrachteten Unternehmen *selbst geschaffen,* d. h. nicht entgeltlich von einem Dritten erworben wurde, besteht für sie nach § 248 Abs. 2 HGB ein Bilanzierungs**verbot**; sie *darf* von dem betrachteten Benutzer also *nicht* aktiviert werden. Dieses Bilanzierungsverbot gilt nicht nur für die *Handelsbilanz*, sondern auch für die *Steuer*bilanz. Als einzige *Ausnahme* von diesem Aktivierungsverbot räumt Artikel 44 Abs. 1 EGHGB ein, daß „Aufwendungen für die Währungsumstellung auf den Euro" als Bilanzierungshilfe in der *Handelsbilanz* aktiviert werden *dürfen, soweit* es sich um selbstgeschaffene immaterielle Gegenstände des *Anlage*vermögens handelt (vgl. Kapitel 3 Abschnitt C V; siehe auch die vorhergehende Aufgabe).

Hingegen sind Standardprogramme (Software), die ein Hersteller von EDV-Anlagen seinen Kunden – etwa für die Produktionssteuerung – anbietet, beim Hersteller *immate-*

rielle Wirtschaftsgüter des **Umlauf**vermögens und als solche auch bei Selbsterstellung zu aktivieren, wenn die Herstellungskosten des Programmes den zu verkaufenden, auf Lager liegenden Software-Disketten zugerechnet werden (vgl. Küting/Weber, Bd. Ia, S. 589 und S. 593). Für immaterielle Wirtschaftsgüter des Umlaufvermögens greift also das Bilanzierungsverbot des § 248 Abs. 2 HGB *nicht*; vielmehr **müssen** sie stets aktiviert werden, *sogar* dann, wenn sie *selbsterstellt*, also nicht entgeltlich von Dritten erworben wurden. Diese Bilanzierungs**pflicht** für solche Software, die beim Bilanzierenden immaterielle Gegenstände des Umlaufvermögens darstellen, besteht für *Handels*- und *Steuer*bilanz gleichermaßen.

Aufgabe 22:

Nennen und erläutern Sie kurz die fünf Gruppen von **Rückstellungen**, für die in der **Handelsbilanz** eine Passivierungs*pflicht* besteht.

Lösung:

Rückstellungen **müssen** in der **Handelsbilanz** gebildet werden für (vgl. Kapitel 2 Abschnitt B IIIe):

(1) *ungewisse Verbindlichkeiten* (vgl. § 249 Abs. 1 S. 1 HGB)
    Voraussetzungen:
    – Es besteht eine rechtswirksame Verpflichtung gegenüber einem Dritten, aber Höhe (und Zeitpunkt) der späteren Zahlung ist ungewiß oder
    – das Bestehen einer Verpflichtung ist ungewiß;
    – die evtl. Verpflichtung muß vor dem Bilanzstichtag wirtschaftlich verursacht sein.
    Beispiele:
    – Pensionsrückstellungen für Neuzusagen,
    – Prozeßkostenrückstellungen,
    – Rückstellungen für Garantieleistungen,
    – Rückstellungen für Provisionen und Tantiemen,
    – Rückstellungen für Steuern (KSt, GewESt),
    – Umweltschutzverpflichtungen.

(2) *drohende Verluste aus schwebenden Geschäften*
    (vgl. § 249 Abs. 1 S. 1 HGB)
    "Schwebende Geschäfte" liegen vor bei Verträgen, die noch von keinem der beiden Vertragspartner erfüllt worden sind.
    Verluste aus schwebenden Geschäften können drohen,
    – wenn die Wiederbeschaffungskosten gesunken sind (bei Anschaffungsgeschäften),
    – wenn die Anschaffungs- oder Herstellungskosten gestiegen sind (bei Veräußerungsgeschäften).

(3) im Geschäftsjahr unterlassene Aufwendungen für *Instandhaltung, die in den ersten 3 Monaten des folgenden Geschäftsjahres nachgeholt werden* (vgl. § 249 Abs. 1 S. 2 Nr. 1 HGB)

Voraussetzungen:
- Es muß ein *unterlassener* Aufwand vorliegen, d. h., für die Durchführung der Instandhaltung muß eine Notwendigkeit bestanden haben;
- der Aufwand muß im *abzuschließenden* Geschäftsjahr unterlassen worden sein (Verbot der Nachholung unterlassener Rückstellungen);
- die Instandhaltungsarbeiten müssen in den *ersten 3 Monaten* des *folgenden* Geschäftsjahres durchgeführt werden (Verbot der Fortführung der Rückstellung).

(4) im Geschäftsjahr unterlassene Aufwendungen für *Abraumbeseitigung, die im folgenden Geschäftsjahr nachgeholt werden* (vgl. § 249 Abs. 1 S. 2 Nr. 1 HGB)
Voraussetzungen:
wie unter (3), allerdings hat der Bilanzierende 12 Monate Zeit, kann die Abraumbeseitigung also irgendwann im folgenden Geschäftsjahr nachholen.

(5) *Kulanzleistungen* (vgl. § 249 Abs. 1 S. 2 Nr. 2 HGB)
Rückstellungen für Gewährleistungen, die *ohne* rechtliche Verpflichtung erbracht werden. Der mit der Kulanzleistung verbundene Aufwand soll möglichst der Periode angelastet werden, in der auch der Ertrag vereinnahmt wurde.

Aufgabe 23:

Für welche **Rückstellungs**-Gruppen besteht in der **Handelsbilanz** ein Passivierungs-*wahlrecht*?

Lösung:

In der **Handelsbilanz dürfen** (= Passivierungs*wahlrecht*) Rückstellungen gebildet werden für:

(1) *bestimmte Verpflichtungen aus Versorgungszusagen* (vgl. Kapitel 3 Abschnitt C XIII);
(2) im Geschäftsjahr unterlassene Aufwendungen für *Instandhaltung, die im 4. bis 12. Monat* des folgenden Geschäftsjahres *nachgeholt* werden (vgl. § 249 Abs. 1 S. 3 HGB; siehe Kapitel 3 Abschnitt C XIV);
(3) ihrer Eigenart nach genau umschriebene, dem Geschäftsjahr oder einem früheren Geschäftsjahr zuzuordnende Aufwendungen, die am Abschlußstichtag wahrscheinlich oder sicher, aber hinsichtlich ihrer Höhe oder des Zeitpunkts ihres Eintritts unbestimmt sind, d. h. sog. *"Aufwands-Rückstellungen"* nach § 249 Abs. 2 HGB (vgl. dazu Kapitel 3 Abschnitt C XV).

Aufgabe 24:

Stellen Sie in einem geeigneten Schaubild dar, inwieweit die **Rückstellungen**, die in der *Handelsbilanz* gebildet werden *müssen* bzw. *dürfen* (vgl. die Übungs-Aufgaben 22 und 23) in die **Steuerbilanz** übernommen werden müssen bzw. nicht übernommen werden dürfen.

Lösung:

In Anlehnung an Meyer (S. 159) läßt sich die Übernahme der nach Handelsrecht gebotenen bzw. zulässigen Rückstellungen in die Steuerbilanz wie folgt darstellen:

Handelsbilanz	Steuerbilanz
(1) Rückstellungen für ungewisse Verbindlichkeiten Pflicht: § 249 Abs. 1 S. 1 HGB	grundsätzlich Übernahme (Maßgeblichkeit der Handelsbilanz, § 5 Abs. 1 EStG), aber: Sondervorschriften in § 5 Abs. 3, 4, 4b und § 6a EStG sowie R 31c Abs. 2 bis 7 EStR sind zu beachten!
(2) Rückstellungen für drohende Verluste aus schwebenden Geschäften Pflicht: § 249 Abs. 1 S. 1 HGB	Übernahme**verbot** § 5 Abs. 4a und § 52 Abs. 13 EStG (1999)
(3) Rückstellungen für im Geschäftsjahr unterlassene	
a) Instandhaltung, die innerhalb von 3 Monaten nachgeholt wird Pflicht: § 249 Abs. 1 S. 2 Nr. 1 HGB	Übernahme (Maßgeblichkeit der Handelsbilanz) § 5 Abs. 1 EStG, R 31c Abs. 11 EStR
b) Abraumbeseitigung, die im folgenden Geschäftsjahr nachgeholt wird Pflicht: § 249 Abs. 1 S. 2 Nr. 1 HGB	Übernahme (Maßgeblichkeit der Handelsbilanz) § 5 Abs. 1 EStG, R 31c Abs. 11 EStR
(4) Rückstellungen für Gewährleistungen, die ohne rechtliche Verpflichtung erbracht werden Pflicht: § 249 Abs.1 S. 2 Nr. 2 HGB	Übernahme (Maßgeblichkeit der Handelsbilanz) § 5 Abs. 1 EStG, R 31c Abs. 12 EStR
(5) Rückstellungen nach (3) a), die im 4. bis 12. Monat nachgeholt werden *Wahlrecht*: § 249 Abs. 1 S. 3 HGB	Übernahme**verbot** R 31c Abs. 11 S. 4 EStR
(6) Aufwandsrückstellungen *Wahlrecht*: § 249 Abs. 2 HGB	Übernahme**verbot** (da keine Drittverbindlichkeiten) R 31c Abs. 1 und Abs. 3 EStR, H 31c (1) und (3) EStH
(7) Rückstellung für Steuerabgrenzung (Latente Ertragsteuern) Pflicht: § 274 Abs. 1 HGB	Übernahme**verbot**

Aufgabe 25:

Zu welchen *Änderungen* ist es aufgrund des Steuerentlastungsgesetzes 1999/2000/2002 v. 24.3.1999 bezüglich der Bildung und Bemessung von **Rückstellungen** in der **Steuerbilanz** ab 1999 gekommen?

Lösung:

Durch das Steuerentlastungsgesetz 1999/2000/2002 ist zum einen § 5 Abs. 4b EStG eingefügt worden. Demzufolge gelten nunmehr folgende **Verbote** für die **Bildung** von Rückstellungen:

- für Aufwendungen, die *Anschaffungs- oder Herstellungskosten* für ein Wirtschaftsgut sind (vgl. § 5 Abs. 4b S. 1 EStG n. F.);
- für die Verpflichtung zur schadlosen Verwertung radioaktiver Reststoffe sowie ausgebauter oder abgebauter radioaktiver Anlagenteile, *soweit* Aufwendungen im Zusammenhang mit der Bearbeitung oder Verarbeitung von Kernbrennstoffen stehen, die *aus der Aufarbeitung* bestrahlter Kernbrennstoffe gewonnen worden sind und *keine* radioaktiven Abfälle darstellen (vgl. § 5 Abs. 4b S. 2 EStG n. F.).

Zum anderen wurde durch das Steuerentlastungsgesetz 1999/2000/2002 § 6 Abs. 1 Nr. 3a EStG eingefügt, der jetzt verlangt, daß folgende **Grundsätze** bei der **Bemessung** von Rückstellungen in der Steuerbilanz beachtet werden:

- „Bei Rückstellungen für gleichartige Verpflichtungen ist auf der Grundlage der Erfahrungen in der Vergangenheit aus der Abwicklung solcher Verpflichtungen die *Wahrscheinlichkeit* zu berücksichtigen, daß der Steuerpflichtige *nur zu einem Teil* der Summe dieser Verpflichtungen in Anspruch genommen wird" (§ 6 Abs. 1 Nr. 3a Buchstabe a EStG n. F.).
- „Rückstellungen für Sachleistungsverpflichtungen sind mit den Einzelkosten und den angemessenen Teilen der notwendigen Gemeinkosten zu bewerten" (§ 6 Abs. 1 Nr. 3a Buchstabe b EStG n. F.).
- Im Wege einer "*Gegenrechnung*" müssen *künftige Vorteile* (z. B. Einnahmen), die mit der Erfüllung der Verpflichtung voraussichtlich verbunden sein werden, bei der Bemessung der Rückstellung wertmindernd berücksichtigt werden, es sei denn, diese Vorteile sind als Forderungen zu aktivieren (vgl. § 6 Abs. 1 Nr. 3a Buchstabe c EStG n. F.).
- „Rückstellungen für Verpflichtungen, für deren Entstehen im wirtschaftlichen Sinne der laufende Betrieb ursächlich ist, sind zeitanteilig *in gleichen Raten* anzusammeln" (§ 6 Abs. 1 Nr. 3a Buchstabe d S. 1 EStG n. F.).
- Sowohl Rückstellungen für Geldleistungsverpflichtungen als auch Sachleistungsverpflichtungen *sind* mit einem Zinssatz von 5,5 % *abzuzinsen* (vgl. § 6 Abs. 1 Nr. 3a Buchstabe e S. 1 EStG n. F.). Von diesem Abzinsungs**gebot** ausgenommen sind kurzfristig (d. h. binnen 12 Monaten) fällige Rückstellungsverpflichtungen (vgl. § 6 Abs. 1 Nr. 3a Buchstabe e S. 1 2. Halbsatz EStG n. F.).

Aufgabe 26:

Einem am 2.1.1994 in den Betrieb eingetretenen leitenden Angestellten wurde am 2.1.1997 zugesagt, daß er ab dem 2.1.2001 fünf Jahre lang jeweils am Jahresende einen Betrag von 18.000,– DM/Jahr als Pension erhalten soll.

Der Betrieb möchte ab 1997 (Bilanzstichtag: 31.12.) die steuerrechtlichen Möglichkeiten wahrnehmen, durch Passivierung der entsprechenden Bilanz-Positionen den auszuweisenden Jahresüberschuß in der Steuerbilanz zu verringern. Im einzelnen sind folgende Teilaufgaben zu lösen:

(1) Ermittlung der **Pensionsrückstellung** für 1997;
(2) Ermittlung der auszuweisenden Pensionsrückstellung in der Bilanz für 1998;
(3) Errechnung der Pensionsrückstellungs-**Zuführung** für 1998.

Lösung:

Bei der Lösung der einzelnen Teilaufgaben ist wie folgt vorzugehen:

(1) *Ermittlung der Pensionsrückstellung für 1997*
Unter Zugrundelegung des ab 1982 geltenden Zinssatzes in Höhe von 6 % p. a. läßt sich die zu bildende Pensionsrückstellung für 1997 in folgenden sechs Schritten ermitteln (vgl. hierzu: § 6a EStG, R 41 EStR; Wöhe, G./Bilstein, J., S. 325 ff.):

(a) Ermittlung des Barwertes der Rente, bezogen auf den Eintritt des Versorgungsfalles (2.1.2001):

$Barwert_V$ = Rente x Abzinsungssummenfaktor (6 %; 5 Jahre)
= 18.000,– DM x 4,21235
= 75.822,– DM

(b) Dieser $Barwert_V$ ist auf den jeweiligen Bilanzstichtag abzuzinsen, hier auf den 31.12.1997:

$Barwert_B$ = $Barwert_V$ x Abzinsungsfaktor (6 %; 3 Jahre)
= 75.822,– DM x 0,83962
= 63.662,– DM

(c) Der Barwert der Rente, bezogen auf den Versorgungsfall, ist ferner auf den Zeitpunkt des Eintritts in das Unternehmen (2.1.1994) abzuzinsen:

$Barwert_E$ = $Barwert_V$ x Abzinsungsfaktor (6 %; 7 Jahre)
= 75.822,– DM x 0,66506
= 50.426,– DM

(d) Dieser $Barwert_E$ ist in gleiche Jahresbeträge (Annuitäten AN) umzurechnen, die vom Zeitpunkt des Eintritts in das Unternehmen die Ansammlung des Barwertes der Pensionsleistung, bezogen auf den Versorgungsfall, zulassen:

Annuität AN = $Barwert_E$ x Wiedergewinnungsfaktor (6 %; 7 Jahre)
= 50.426,– DM x 0,17914
= 9.033,– DM

(e) Bezogen auf jeden Bilanzstichtag ist der Barwert der auf die restlichen Jahre entfallenden gleichen Beträge zu ermitteln. Für den 31.12.1997 ergibt sich somit:

$$\begin{aligned} \text{Barwert}_A &= \text{Annuität} \times \text{Abzinsungssummenfaktor (6 \%; 3 Jahre)} \\ &= 9.033,- \text{ DM} \times 2{,}67301 \\ &= 24.145,- \text{ DM} \end{aligned}$$

(f) Die maximale Zuführung zur Pensionsrückstellung für das Jahr 1997 und damit der Bilanzausweis für die Pensionsrückstellung im ersten Jahr (1997) ergibt sich als Differenz zwischen Barwert$_B$ und Barwert$_A$:

$$\begin{aligned} \text{Barwert}_B \quad &- \quad \text{Barwert}_A \quad = \quad \text{Pensionsrückstellung 1997} \\ 63.662,- \text{ DM} \quad &- \quad 24.145,- \text{ DM} \quad = \quad \underline{39.517,- \text{ DM.}} \end{aligned}$$

(2) *Ermittlung der auszuweisenden Pensionsrückstellung in der Bilanz für 1998:*
Analog zu dem in der Lösung von Teilaufgabe (1) beschriebenen Verfahren läßt sich der Wert für die Pensionsrückstellung, der in der Bilanz zum 31.12.98 auszuweisen ist, mit Hilfe der Schritte (b) und (e) wie folgt ermitteln:

(b) $\begin{aligned} \text{Barwert}_B &= \text{Barwert}_V \times \text{Abzinsungsfaktor (6 \%; 2 Jahre)} \\ &= 75.822,- \text{ DM} \times 0{,}89000 \\ &= 67.482,- \text{ DM} \end{aligned}$

(e) $\begin{aligned} \text{Barwert}_A &= \text{Annuität} \times \text{Abzinsungssummenfaktor (6 \%; 2 Jahre)} \\ &= 9.033,- \text{ DM} \times 1{,}83338 \\ &= 16.561,- \text{ DM} \end{aligned}$

Hieraus folgt, daß die Pensionsrückstellung zum 31.12.98 anzusetzen ist mit:

(f) $\begin{aligned} \text{Barwert}_B \quad &- \quad \text{Barwert}_A \quad = \quad \text{Pensionsrückstellung 1998} \\ 67.482,- \text{ DM} \quad &- \quad 16.561,- \text{ DM} \quad = \quad \underline{50.921,- \text{ DM.}} \end{aligned}$

(3) *Errechnung der Pensionsrückstellungs-Zuführung für 1998:*
Die erforderliche – als gewinnmindernder Aufwand in der G+V-Rechnung zu berücksichtigende – *Zuführung* zu den Pensionsrückstellungen beträgt für 1998:

$$\begin{aligned} \text{PR 1998} \quad &- \quad \text{PR 1997} \quad = \quad \text{Zuführung zu den PR 1998} \\ 50.921,- \text{ DM} \quad &- \quad 39.517,- \text{ DM} \quad = \quad \underline{11.404,- \text{ DM.}} \end{aligned}$$

Aufgabe 27:

Erläutern Sie anhand von drei Beispielen den möglichen Inhalt der Position "**Sonstige Verbindlichkeiten**".

Lösung:

"Sonstige Verbindlichkeiten" sind ein Sammelposten für alle Verbindlichkeiten, die nicht unter andere Posten des Fremdkapitals fallen. Als Beispiele für den Inhalt dieser Position lassen sich nennen:

a) noch nicht ausbezahlte Löhne und Gehälter;
b) Verbindlichkeiten aus einbehaltenen, noch nicht abgeführten Sozial-Beiträgen;
c) einbehaltene und noch abzuführende Mehrwert-Steuer;
d) noch nicht eingelöste Zins- und Dividendenscheine;
e) Provisionsverpflichtungen;
f) Verbindlichkeiten aus Miet- und Pachtverträgen.

Aufgabe 28:

Erläutern Sie den Begriff "**Eventualverbindlichkeiten**" und geben Sie an, welche Eventualverbindlichkeiten nach § 251 HGB unter dem Stichwort "Haftungsverhältnisse" zu vermerken sind.

Lösung:

Eventualverbindlichkeiten werden nicht in, sondern *unter* der Bilanz ("*unter dem Strich*") gesondert vermerkt, gehen also **nicht** in die Bilanzsumme ein. Häufig werden sie in der Praxis auch erst im *Anhang* unter dem Stichwort "Haftungsverhältnisse" aufgeführt.

Nach § 251 HGB gehören zu den "Eventualverbindlichkeiten":

a) Verbindlichkeiten aus der Begebung und Übertragung von Wechseln;
b) Verbindlichkeiten aus Bürgschaften, Wechsel- und Scheckbürgschaften;
c) Verbindlichkeiten aus Gewährleistungsverträgen;
d) Haftung aus der Bestellung von Sicherheiten für fremde Verbindlichkeiten.

Aufgabe 29:

Nennen Sie die "**allgemeinen Bewertungsgrundsätze**" des § 252 Abs. 1 HGB.

Lösung:

§ 252 Abs. 1 HGB enthält folgende allgemeine Bewertungsgrundsätze (vgl. Kapitel 2 Abschnitt B V):

– Bilanzidentität	(Nr. 1)
– Going-Concern	(Nr. 2)
– Einzelbewertung	(Nr. 3)
– Stichtagsprinzip	(Nr. 3)
– Vorsichtsprinzip	(Nr. 4)
– Realisationsprinzip	(Nr. 4)
– Imparitätsprinzip	(Nr. 4)
– Wertaufhellung	(Nr. 4)
– Periodengerechte Abgrenzung	(Nr. 5)
– Bewertungsmethoden-Stetigkeit	(Nr. 6)

Aufgabe 30:

Was beinhaltet

a) der Grundsatz der **Bilanzklarheit**;
b) der Grundsatz der **Bilanzwahrheit**;
c) der Grundsatz der **Bilanzverknüpfung**?

Lösung:

a) Der Grundsatz der **Bilanzklarheit**
Nach § 243 Abs. 2 HGB soll der Jahresabschluß „klar und übersichtlich" sein. Den Maßstab dafür, ob dies der Fall ist, bildet der sachverständige Dritte (vgl. § 238 Abs. 1 S. 2 HGB und § 145 Abs. 1 AO). Im einzelnen verlangt der Grundsatz der Bilanzklarheit vor allem:
– eine *klare Bezeichnung* und inhaltliche Abgrenzung der Bilanzpositionen;
– eine *klare Gliederung* von Bestände-Bilanz und Gewinn- und Verlustrechnung (z. B. gem. § 266 und § 275 HGB);
– die *Übersichtlichkeit* des Jahresabschlusses; diese wird u. a. dadurch erreicht, daß der Aufbau der Bestände-Bilanz einem erkennbaren logischen Konzept (z. B. Liquidierbarkeitsgesichtspunkt oder Fristigkeit) folgt und das Brutto-Prinzip, d. h. das Verrechnungsverbot insbes. von Forderungen und Verbindlichkeiten (vgl. § 246 Abs. 2 HGB), beachtet wird.

b) Grundsatz der **Bilanzwahrheit**
Da es eine absolute, d. h. objektive Bilanzwahrheit schon wegen des generellen Bewertungsproblems nicht geben kann, geht es bei diesem Grundsatz um die "relative" Bilanzwahrheit, und zwar:
– in bezug auf die *Bewertung*, d. h. Einhaltung der Bewertungsvorschriften, wobei zahlreiche Bewertungswahlrechte genutzt werden können;
– in bezug auf die *Gliederung* (vgl. Grundsatz der Bilanzklarheit);
– in bezug auf die *Vollständigkeit* (vgl. § 246 Abs. 1 HGB), die wiederum durch die zulässige Ausnutzung verschiedener Bilanzierungswahlrechte "relativiert" wird.

c) Grundsatz der **Bilanzverknüpfung**
Dieser Grundsatz umfaßt insgesamt die folgenden vier (Teil-)Prinzipien:
– *Bilanzidentität*, d. h., die Eröffnungsbilanz des neuen Jahres muß identisch sein mit der Schlußbilanz des alten Jahres (vgl. § 252 Abs. 1 Nr. 1 HGB);
– *formelle Bilanzkontinuität* bzw. "*Darstellungsstetigkeit*" (vgl. § 265 Abs. 1 HGB); sie verlangt die Beibehaltung
  • des gleichen äußeren Aufbaus des Jahresabschlusses und
  • der gleichen inhaltlichen Abgrenzung der Positionen;
– *materielle Bilanzkontinuität;* nach dem Grundsatz der "Bewertungsmethoden-Stetigkeit" sollen die auf den vorhergehenden Jahresabschluß angewandten Bewertungsmethoden beibehalten werden (vgl. § 252 Abs. 1 Nr. 6 HGB);
– *Bilanzkongruenz;* danach muß das Ergebnis aus der Summe der Teilbilanzen mit dem Ergebnis der Totalbilanz übereinstimmen.

Aufgabe 31:

Nennen und erläutern Sie kurz die Bewertungsvorschrift, die eine **Ausnahme** vom "**Stichtagsprinzip**" darstellt.

Lösung:

Nach dem "**Stichtagsprinzip**" sind grundsätzlich die Verhältnisse *am* Bilanzstichtag für die Bewertung der Wirtschaftsgüter maßgeblich. Eine **Ausnahme** von diesem Grundsatz enthält § 253 Abs. 3 S. 3 HGB. Denn hiernach *dürfen* (= Bewertungswahlrecht!) Gegenstände des *Umlauf*vermögens sogar mit einem **zukünftigen** niedrigeren Wert angesetzt werden, wenn der niedrigere Wert bei vernünftiger kaufmännischer Beurteilung notwendig ist, um zu verhindern, daß in der *nächsten Zukunft* der Wertansatz dieser Gegenstände aufgrund von Wertschwankungen geändert werden muß. Auf diese Weise können Verhältnisse, die erst *nach* dem Bilanzstichtag – nämlich in der "nächsten Zukunft" von bis zu 2 Jahren – gelten, bereits beim Wertansatz der genannten Gegenstände in der Handelsbilanz berücksichtigt werden (vgl. hierzu auch Kapitel 3 Abschnitt D XV).

Aufgabe 32:

a) Was verlangt das sog. "**Going-concern-Prinzip**"?
b) Worin liegt seine Bedeutung für die Bewertung in der *Handelsbilanz*?
c) Gilt dieses Prinzip auch für die *Steuerbilanz*?

Lösung:

a) Das Going-concern-Prinzip verlangt, daß bei der Bilanzaufstellung von einer Fortführung der betrieblichen Tätigkeit auszugehen ist, sofern nicht
 – Tatsachen (z. B. Beschluß, den Betrieb oder Teile davon aufzugeben) oder
 – rechtliche Gegebenheiten (z. B. Insolvenzanmeldung) dem entgegenstehen (vgl. § 252 Abs. 1 Nr. 2 HGB).
In diesem Zusammenhang erscheint uns folgende Passage aus dem Anhang der Klöckner-Werke AG für das Geschäftsjahr 1991/92 bemerkenswert: „Bei der Bewertung wird davon ausgegangen, daß die von Klöckner-Werke AG, Klöckner Stahl GmbH und Klöckner Edelstahl GmbH am 11.12.1992 beantragten *Vergleiche* von den Gläubigern angenommen und vom Gericht bestätigt werden und somit die Unternehmenstätigkeit dieser Gesellschaften fortgeführt werden kann ("going concern"). Diese Annahme wird durch die erarbeiteten Fortführungskonzepte und die mit Gläubigern und Klöckner & Co AG, dem Hauptabnehmer unserer Stahlprodukte, geführten Gespräche gestützt" (Geschäftsbericht 1991/92, S. 34).

b) Die Bedeutung dieses Prinzips für die Bewertung in der *Handelsbilanz* liegt darin, daß der Wert eines Wirtschaftsgutes **nicht** bei **isolierter** Betrachtung des **einzelnen**

Gegenstandes zu ermitteln ist und somit der Marktwert des einzelnen Vermögensgegenstandes – anders als bei der Zerschlagungsbilanz im Falle der Unternehmensliquidation – ohne Bedeutung ist. Vielmehr muß die Bewertung im Hinblick auf die **Zugehörigkeit** des Wirtschaftsgutes **zum Betrieb als Ganzes** erfolgen. Unter Berücksichtigung der Bewertungsvorschriften (Anschaffungs- oder Herstellungskosten als Wertobergrenze) ist ein "ertragsabhängiger" Wert festzustellen.

c) Dieses Prinzip gilt auch für die *Steuerbilanz*; denn das Going-concern-Prinzip ist bei der **Teilwert**-Definition (vgl. § 6 Abs. 1 Nr. 1 S. 3 EStG) berücksichtigt: Dort heißt es, daß bei der Ermittlung des Gesamtkaufpreises durch einen fiktiven Erwerber „davon auszugehen (ist), daß der Erwerber den Betrieb fortführt".

Aufgabe 33:

Erläutern Sie den Grundsatz der **Einzelbewertung** und nennen Sie die Fälle, in denen der Gesetzgeber eine **Durchbrechung** dieses Prinzips zuläßt.

Lösung:

Vermögensgegenstände und Schulden sind grundsätzlich einzeln zu bewerten (vgl. § 252 Abs. 1 Nr. 3 HGB). Durch diesen Grundsatz der **Einzelbewertung** „sollen möglichst genaue und zutreffende Wertansätze in der Bilanz erreicht werden" (Meyer, S. 318).

Eine **Durchbrechung** des Prinzips der Einzelbewertung hat der Gesetzgeber in § 256 S. 2 HGB zum einen mit der "*Festbewertung*" nach § 240 Abs. 3 HGB und zum anderen mit der "*Gruppenbewertung*" nach § 240 Abs. 4 HGB für Gegenstände des Anlage- und Umlaufvermögens zugelassen. Ferner kann vom Grundsatz der Einzelbewertung abgewichen werden, wenn bei Gegenständen des Umlaufvermögens sich die individuellen Anschaffungskosten nur mit erheblichen Schwierigkeiten ermitteln lassen. Zu denken ist hier beispielsweise an Handelswaren in Handelsbetrieben, für die eine "*retrograde Wertermittlung*" zulässig ist.

Schließlich stellen auch die vom Gesetzgeber erlaubten Verfahren der "*Sammelbewertung*" (als weitere "Bewertungsvereinfachungsverfahren" nach § 256 S. 1 HGB) bei Vorräten eine – sich aus der Art der Lagerung evtl. zwangsläufig ergebende – Durchbrechung des Prinzips der Einzelbewertung dar.

Aufgabe 34:

Stellen Sie dar, inwiefern sich "**Tageswertprinzip**" und "**Niederstwertprinzip**" entsprechen, aber auch widersprechen können.

Lösung:

Das "**Tageswertprinzip**" verlangt die Bewertung eines Wirtschaftsgutes zum Wert (=Wiederbeschaffungs- oder Veräußerungswert) des Bilanzstichtages.

Ist dieser Tageswert für einen Vermögensgegenstand *höher* als dessen Anschaffungs- oder Herstellungskosten, so würde das "Tageswertprinzip" zum Ausweis eines *un*realisierten Gewinnes führen und somit dem "Niederstwertprinzip" *wider*sprechen. Denn nach dem "**Niederstwertprinzip**" ist ein Vermögensgegenstand grundsätzlich mit dem niedrigsten von mehreren möglichen Werten anzusetzen.

Liegt hingegen der Tageswert am Bilanzstichtag *unter* den Anschaffungs- oder Herstellungskosten des Vermögensgegenstandes, kann der Ansatz des Tageswertes einer Bewertung nach dem "Niederstwertprinzip" *entsprechen*.

Aufgabe 35:

Was versteht man unter dem sog. "**Imparitätsprinzip**". Was bewirkt es? Gilt es auch für die Steuerbilanz?

Lösung:

Das sog. "**Imparitätsprinzip**" umfaßt zum einen das Niederstwertprinzip und zum anderen das Höchstwertprinzip für die **Handelsbilanz**.

Das *Niederstwertprinzip*, welches sich auf die *Aktiv*seite der Bestände-Bilanz bezieht, fordert, daß die Vermögensteile am Bilanzstichtag mit dem niedrigsten von zwei oder mehr möglichen Wertansätzen zu bewerten sind. Dabei gilt für das Anlagevermögen das *gemilderte* Niederstwertprinzip (§ 253 Abs. 2 S. 3 HGB) und für das Umlaufvermögen das *strenge* Niederstwertprinzip (§ 253 Abs. 3 S. 1 HGB).

Als Pendant zum Niederstwertprinzip gilt das *Höchstwertprinzip* für die *Passiv*seite der Beständebilanz und verlangt, daß Schulden (Verbindlichkeiten) mit dem höchsten von zwei oder mehr möglichen Wertansätzen zu bewerten sind.

Das Imparitätsprinzip bewirkt in beiden Ausprägungen, daß in der Handelsbilanz unrealisierte Gewinne nicht ausgewiesen werden, unrealisierte Verluste jedoch in voller Höhe berücksichtigt werden. Die Bezeichnung "Imparitätsprinzip" resultiert somit aus der *ungleichen* Behandlung von noch nicht realisierten Gewinnen einerseits und noch nicht realisierten Verlusten andererseits.

Das Imparitätsprinzip entspricht dem "**Vorsichtsprinzip**" für die Erstellung der Handelsbilanz, dient aber gleichermaßen dem **Gläubigerschutz**. Denn es verhindert zum einen, daß noch nicht durch Umsatz realisierte Gewinne ausgeschüttet und der Besteuerung unterworfen werden können. Zum anderen wird erreicht, daß schon bei nur drohenden Verlusten ein – in Höhe der durch das Imparitätsprinzip erzwungenen Aufwandsantizipation – niedrigerer Gewinn in der Handelsbilanz ausgewiesen wird.

In der **Steuerbilanz** wird das "Imparitätsprinzip" (als "Prinzip der Verlustantizipation") der Handelsbilanz immer häufiger *durchbrochen*. So dürfen in der Steuerbilanz z. B. "Rückstellungen für drohende Verluste aus schwebenden Geschäften" seit 1997 nicht mehr gebildet werden (vgl. § 5 Abs. 4a EStG), obwohl sie in der Handelsbilanz auch weiterhin gebildet werden müssen. Auch müssen in der Steuerbilanz ab 1999 Verbindlichkeiten und Rückstellungen grundsätzlich mit einem Zinssatz von 5,5 % p. a. abgezinst werden (vgl. § 6 Abs. 1 Nr. 3 und Nr. 3a EStG n. F.); hingegen besteht in der Handelsbilanz ein weitgehendes Abzinsungsverbot. Schließlich ist nach § 6 Abs. 1 Nr. 1 S. 2 und Nr. 2 S. 2 EStG n. F. in der Steuerbilanz ab 1999 eine Abschreibung auf den niedrigeren "Teilwert" nur noch bei einer voraussichtlich dauernden Wertminderung zulässig; hingegen muß (beim Umlaufvermögen) bzw. darf (beim Anlagevermögen) in der Handelsbilanz auch eine nur vorübergehende Wertminderung durch Abschreibungen berücksichtigt werden.

Aufgabe 36:

Was verlangt die sog. "**Wert-Aufhellungstheorie**"?

Lösung:

Nach der "Wert-Aufhellungstheorie" müssen alle Informationen über (wertbeeinflussende) Ereignisse, die *vor* dem Bilanzstichtag eingetreten, jedoch *am* Bilanzstichtag noch nicht bekannt sind, in der Bilanz berücksichtigt werden, wenn der Bilanzierende von diesen Ereignissen *bis zur* Bilanzerstellung Kenntnis erhält (vgl. § 252 Abs. 1 Nr. 4 HGB). Zur Veranschaulichung der zeitlichen Abfolge kann die folgende Abbildung dienen:

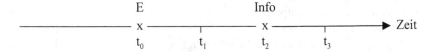

In der Abbildung bedeuten: E = Ereignis; t_0 = Zeitpunkt des Ereigniseintritts; t_1 = Bilanzstichtag; t_2 = Zeitpunkt, in dem der Bilanzierende Informationen über das Ereignis erhält; t_3 = Zeitpunkt der Bilanzerstellung.

Erlangt der Bilanzierende von dem Ereignis (E in t_0) erst *nach* dem Zeitpunkt der Bilanzerstellung (t_3) Kenntnis, so darf er diese Informationen für die Bilanz am Stichtag t_1 *nicht* mehr berücksichtigen.

Ferner dürfen auch Informationen über Ereignisse, die überhaupt erst *nach* dem Bilanzstichtag t_1 (evtl. aber vor dem Bilanzerstellungstag t_3) *eintreten*, grundsätzlich die Bilanz zum Stichtag t_1 nicht beeinflussen, da diese Ereignisse erst das folgende Wirtschaftsjahr betreffen (zur einzigen Ausnahme von diesem Grundsatz vgl. Aufgabe 31).

Aufgabe 37:

Seit dem Jahre 1996 wurde von einer Konkurrenzfirma ein Prozeß wegen Patentverletzung gegen die betrachtete Freiburger Maschinenbau AG geführt. Im Jahre 1996 wurde deshalb von der Freiburger Maschinenbau AG eine **Rückstellung** für evtl. Schadensersatzansprüche und Prozeßkosten über DM 500.000,- gebildet. Diese Rückstellung wurde auch in der Bilanz für 1997 ausgewiesen.

Am 15.2.1999 wurde der Prozeß von der AG in letzter Instanz *gewonnen*. Die Bilanz für 1998 wird erst am 18.3.1999 erstellt. Wie muß die Freiburger Maschinenbau AG den geschilderten Sachverhalt in ihrer Bilanz für den 31.12.1998 berücksichtigen?

Lösung:

Die Freiburger Maschinenbau AG *muß* die 1996 gebildeten und auch 1997 beibehaltenen Rückstellungen im Jahre 1998 gewinnerhöhend *auflösen*.

Zur Begründung ist die sog. "**Wert-Aufhellungstheorie**" heranzuziehen: Die Rückstellungen sind zum 31.12.1998 aufzulösen, weil zwar nach dem Bilanzstichtag (hier: 31.12.1998), aber noch vor der Bilanzerstellung (hier: 18.3.1999) solche Umstände bekannt werden, aus denen sich zweifelsfrei ergibt, daß mit einer Inanspruchnahme nicht mehr zu rechnen ist.

Aufgabe 38:

Eine Unternehmung erwirbt ein unbebautes Grundstück zum Kaufpreis von 500.000,- DM. Ferner fallen an:

– Beurkundungsgebühr für den Kaufvertrag	DM	3.200,-
– Beurkundungsgebühr für die Grundschuld zur Finanzierung des Kaufpreises	DM	400,-
– Grunderwerbsteuer (3,5 %)	DM	17.500,-
– Eintragungsgebühr für die Eigentumsübertragung	DM	1.000,-
– Eintragungsgebühr für die Grundschuld	DM	300,-
– Maklerprovision (3 % d. Kaufpreises + 16 % MwSt)	DM	17.400,-
– Grundsteuer ab Nutzungsübertragung jährlich	DM	1.500,-
– Anliegerbeiträge zu Straßenbaukosten	DM	20.000,-

Mit welchen "**Anschaffungskosten**" ist das Grundstück nach § 255 Abs. 1 HGB in der Bilanz anzusetzen?

Lösung:

Da nach § 255 Abs. 1 S. 2 HGB auch die sog. "**Nebenkosten**" berücksichtigt werden *müssen*, errechnen sich die "**Anschaffungskosten**" des Grundstücks wie folgt:

Grundstückspreis	DM	500.000,–
+ "Anschaffungsnebenkosten"		
a) Beurkundungsgebühr für Kaufvertrag	DM	3.200,–
b) Grunderwerbsteuer	DM	17.500,–
c) Eintragungsgebühr für die Eigentumsübertragung	DM	1.000,–
d) Maklerprovision (*ohne* MwSt)	DM	15.000,–
+ Anliegerbeiträge zu Straßenbaukosten	DM	20.000,–
	DM	556.700,–

Die Kosten der Finanzierung (400,– + 300,–), die Mehrwertsteuer auf die Maklerprovision und die Grundsteuer (1.500,–), die laufenden Aufwand darstellt, gehören *nicht* zu den Anschaffungskosten.

Aufgabe 39:

Ist es *handelsrechtlich* zulässig,

a) bei Roh- und Hilfsstoffen neben dem Kaufpreis auch Kosten für den Transport, Zölle sowie anteilige Lohn- und Raumkosten der Einkaufsabteilung in den **Anschaffungskosten** zu aktivieren?

b) bei Kauf einer Maschine trotz eines Skonto-Abzugs den vollen Kaufpreis zuzüglich angefallener Montagekosten zu aktivieren?

c) bei selbsterstellten Erzeugnissen des Umlaufvermögens anteilige Lohn- und Raumkosten der Einkaufsabteilung, Zusatzkosten, Materialkosten auf Basis gesunkener Wiederbeschaffungskosten und anteilige steuerrechtliche Sonderabschreibungen auf eine zur Produktion herangezogene Anlage in die **Herstellungskosten** einzubeziehen?

Begründen Sie Ihre Antworten!

Lösung:

a) Der *Kaufpreis* muß stets in die Anschaffungskosten von Roh- und Hilfsstoffen einbezogen werden. Die *Transportkosten* und *Zölle* stellen "Anschaffungs**nebenkosten**" dar; für sie besteht ebenfalls bei *allen* Unternehmen nach § 255 Abs. 1 S. 2 HGB eine Aktivierungspflicht.
Hingegen gehören die anteiligen *Lohn- und Raumkosten* der Einkaufsabteilung nach den GoB nicht zu den Anschaffungs(neben)kosten; sie dürfen also nicht aktiviert werden.

b) Es ist *nicht* zulässig, trotz eines Skonto-Abzugs den vollen Kaufpreis für die gekaufte Maschine zu aktivieren; denn nach § 255 Abs. 1 S. 3 HGB müssen *Skonti* als "Anschaffungskosten**minderungen**" berücksichtigt werden.
Hingegen gehören angefallene *Montagekosten* nach den GoB zu den "Anschaffungsnebenkosten". Wie unter a) ausgeführt, *müssen* sie daher bei Unternehmen aller Rechtsformen aktiviert werden.

c) In die "**Herstellungskosten**" selbst erstellter Erzeugnisse *dürfen* gem. § 255 Abs. 2 HGB anteilige *Lohn- und Raumkosten* der Einkaufsabteilung als "Kosten der allgemeinen Verwaltung" eingerechnet werden.
Hingegen gehören "*Zusatzkosten*" als kalkulatorische Kosten (wie z. B. kalkulatorischer Unternehmerlohn, kalkulatorische Pachten oder Eigenkapitalzinsen) *nicht* zu den "Herstellungskosten", weil ihnen keine Ausgaben und damit auch keine Aufwendungen zugrundeliegen.
Materialkosten müssen in die "Herstellungskosten" eingerechnet werden, und zwar hier auf Basis der gesunkenen Wiederbeschaffungskosten, weil die selbst erstellten Erzeugnisse gem. Aufgabenstellung zum *Umlauf*vermögen gehören, für welches das strenge Niederstwertprinzip gilt.
Anteilige *steuerrechtliche Sonderabschreibungen* auf eine zur Produktion herangezogene Anlage dürfen *nicht* in die "Herstellungskosten" einbezogen werden; sie gehören nicht zum aktivierungsfähigen "Wertverzehr des Anlagevermögens" im Sinne des § 255 Abs. 2 S. 3 HGB, da steuerrechtliche Sonderabschreibungen nicht durch Wertminderungen begründet sind, sondern allein der wirtschaftspolitisch gewollten Veränderung einer Steuerbemessungsgrundlage dienen.

Aufgabe 40:

Nennen Sie mindestens *zwei* Gründe und je ein konkretes Beispiel dafür, daß die **Summe der Aktiva** in der Handelsbilanz mit dem tatsächlichen **Wert des Vermögens** am Bilanzstichtag **nicht** übereinstimmt.

Lösung:

Gründe für Unterschiede zwischen der Summe der Aktiva einerseits und dem tatsächlichen Wert des Vermögens andererseits können u. a. in folgendem liegen:

a) in den **historischen** Anschaffungs- (oder Herstellungs-)Kosten als **Wertobergrenze** (vgl. § 253 Abs. 1 HGB);
Beispiel: Grundstücke müssen selbst dann mit ihren Anschaffungskosten (von z. B. 100.000,- DM) in der Beständebilanz angesetzt werden, wenn ihr Verkehrswert (von z. B. 700.000,- DM) am Bilanzstichtag wesentlich höher ist.
b) in **Bilanzierungsverboten** (vgl. § 248 HGB);
Beispiel: Für immaterielle Gegenstände des Anlagevermögens, die *nicht entgeltlich* von Dritten erworben wurden – wie etwa *selbstgeschaffene* Patente –, ist der Ansatz eines Aktivpostens verboten (vgl. § 248 Abs. 2 HGB), obwohl sie tatsächlich – evtl. sogar recht hohe – Vermögenswerte der Unternehmung darstellen.
c) in der Ausnutzung von **Bilanzierungswahlrechten**;
Beispiel: Ein entgeltlich erworbener Geschäfts- oder Firmenwert *darf, muß* aber *nicht* aktiviert werden; wird er nicht aktiviert, so wird ein tatsächlich am Bilanzstichtag vorhandener Vermögenswert in der Beständebilanz nicht ausgewiesen.

Aufgabe 41:

Zur **Bilanzpolitik** lassen sich auch **betriebliche Maßnahmen** zählen, die unter dem Gesichtspunkt ihrer Auswirkungen auf die Bilanz *überdacht* oder aber sogar nur *wegen* ihrer Auswirkungen auf die Bilanz *ergriffen* werden.
Nennen Sie jeweils fünf derartige Maßnahmen!

Lösung:

Zu den betrieblichen Maßnahmen, die unter dem Gesichtspunkt ihrer Auswirkungen auf die Bilanz *überdacht* werden sollten, gehören u. a. (vgl. Kapitel 3 Abschnitt A):

(1) die Wahl des Bilanzstichtages;
(2) die Entscheidung über den Zeitpunkt der Bilanzerstellung;
(3) das zeitliche Vorziehen von Investitionen;
(4) der zeitliche Aufschub von Investitionen;
(5) verschiedene Maßnahmen zur betrieblichen Altersversorgung der Arbeitnehmer.

Betriebliche Maßnahmen, die evtl. nur *wegen* ihrer Auswirkungen auf die Bilanz *ergriffen* werden, können sein (vgl. Kapitel 3 Abschnitt B):

(1) Maßnahmen der Einlage- bzw. Entnahmepolitik des Unternehmers;
(2) Transaktionen in Zusammenarbeit mit Geschäftspartnern;
(3) der Verkauf von Gegenständen des Anlagevermögens;
(4) der Umschichtung von Anlagevermögen in Umlaufvermögen oder umgekehrt;
(5) die Aufnahme eigentlich nicht benötigter Kredite kurz vor dem Bilanzstichtag.

Aufgabe 42:

Durch das *Steuerentlastungsgesetz 1999/2000/2002* wurde die Möglichkeit des **Verlustabzugs**, d. h. der steuermindernden Verrechnung von "negativen Einkünften" (Verlusten) eines Geschäftsjahres mit "positiven Einkünften" (Gewinnen) anderer Geschäftsjahre, nach § 2 Abs. 3 und § 10d EStG n. F. *neu geregelt* (vgl. Kapitel 3 Abschnitt B). Zur Verdeutlichung dieser komplizierten Neuregelungen, die ab Veranlagungszeitraum 1999 gelten, sei folgender Fall betrachtet:

Ein Steuerpflichtiger ist an einer Baustoff-KG beteiligt, die im Jahr 1999 einen Verlust in Höhe von DM 1.800.000,– erwirtschaftet, von dem DM 560.000,– auf ihn entfallen. Seine Einzelfirma, ein Malerbetrieb, erwirtschaftet im gleichen Geschäftsjahr einen Gewinn von DM 80.000,–. Neben gewerblichen Einkünften erzielt der Steuerpflichtige im Jahr 1999 noch Einkünfte aus Kapitalvermögen in Höhe von DM 100.000,–. Bedingt durch umfangreiche Sanierungsmaßnahmen fallen ferner Verluste aus der Vermietung privater Wohneinheiten in Höhe von DM 120.000,– an. Der Steuerpflichtige erwägt nunmehr die Möglickeit, die in der Summe „negativen" Einkünfte des Geschäftsjahres 1999 mit „positiven" Einkünften anderer Geschäftsjahre steuermindernd zu verrechnen. Seinen Steuererklärungen der beiden vorangegangenen Jahre kann er dabei die in der nachfolgenden Tabelle aufgelisteten Daten entnehmen.

Geschäftsjahr	Summe der Einkünfte	Gewerbliche Einkünfte	Einkünfte aus Kapitalvermögen	Einkünfte aus Vermietung
1997	650.000,–	250.000,–	230.000,–	170.000,–
1998	600.000,–	150.000,–	140.000,–	310.000,–

a) Welche Handhabung des **Verlustrück-** bzw. **-vortrages** ist dem Steuerpflichtigen anzuraten, wenn für das Geschäftsjahr 2000 erhebliche Liquiditätsengpässe zu befürchten sind?

b) Wie und in welcher Höhe sollten die negativen Einkünfte des Veranlagungszeitraumes 1999 angesichts der in a) erwähnten Situation von den positiven Einkünften der vorangegangenen und/oder nachfolgenden Geschäftsjahre abgezogen werden?

c) Welche Steuerentlastung ergibt sich für die relevanten Veranlagungszeiträume, sofern die Möglichkeiten eines Verlustrück- bzw. -vortrages in maximaler Höhe ausgeschöpft werden und vereinfachend ein durchschnittlicher Steuersatz von 45 % zugrundeliegt?

Lösung:

a) Zunächst sind die Beträge der einzelnen Einkunftsarten für das Geschäftsjahr 1999 zusammenzufassen:

Geschäftsjahr	Summe der Einkünfte	Gewerbliche Einkünfte	Einkünfte aus Kapitalvermögen	Einkünfte aus Vermietung
1999	./. 500.000,–	./. 480.000,– (= ./. 560.000,– + 80.000,–)	100.000,–	./. 120.000,–

Der Steuerpflichtige erzielt in der Summe aller Einkunftsarten im Geschäftsjahr 1999 ein „negatives" Ergebnis in Höhe von DM 500.000,–. Wegen der für das Geschäftsjahr 2000 befürchteten Liquiditätsengpässe ist dem Steuerpflichtigen die maximal mögliche Ausschöpfung eines **Verlustrücktrags** anzuraten. Die dann erfolgende Steuerrückerstattung führt (bei rechtzeitiger Steuererklärung) zum Zufluß liquider Mittel im Geschäftsjahr 2000. Allerdings ist hierbei zu beachten, daß aufgrund der *Neuregelung* des § 10d Abs. 1 S. 1 EStG durch das *Steuerentlastungsgesetz 1999/ 2000/2002* Verluste nur noch vom Gesamtbetrag der Einkünfte des **unmittelbar vorangegangenen** Veranlagungszeitraumes (bisher: der zwei vorangegangenen Veranlagungszeiträume) abgezogen werden dürfen. Insofern sind die („positiven") Gesamteinkünfte des Veranlagungszeitraumes 1997 für eine Anrechnung von Verlusten aus 1999 – und somit für die weitere Aufgabenstellung – irrelevant.

b) Aus a) folgt, daß ein möglichst umfassender Verlustrücktrag auf das Geschäftsjahr 1999 einem Verlustvortrag auf das Geschäftsjahr 2000 vorzuziehen ist. Dabei gebietet sich ein schrittweises Vorgehen, das zur Verdeutlichung in einer Graphik am Ende der Lösung dargestellt wird:

(1) Werden innerhalb einer Einkunftsart im gleichen Geschäftsjahr positive und negative Einkünfte erzielt, so sind diese zunächst zu saldieren. Die Verluste aus der Beteiligung an der KG in Höhe von DM 560.000,– ergeben durch Verrechnung mit den Gewinnen aus der Einzelfirma in Höhe von DM 80.000,– negative Einkünfte aus Gewerbebetrieb in Höhe von DM 480.000,–.

(2) Verbleiben nach Durchführung dieses (horizontalen) Verlustausgleichs für eine oder mehrere Einkunftsarten negative Einkünfte, so sind diese mit eventuellen positiven Einkünften *anderer* Einkunftsarten aufzurechnen (sog. „vertikaler Verlustausgleich"). Die Saldierung muß nach § 2 Abs. 3 EStG n. F. *quotal* erfolgen, d. h., positive Einkünfte sind entsprechend der jeweiligen Höhe der negativen Einkünfte anderer Einkunftsarten mit jenen zu verrechnen:
(2a) Die positiven Einkünfte aus Kapitalvermögen in Höhe von DM 100.000,– sind zu 4/5 (= 80.000,–) mit den negativen Einkünften aus Gewerbebetrieb und
(2b) zu 1/5 (= 20.000,–) mit den negativen Einkünften aus Vermietung aufzurechnen.

(3) Verbleiben nach diesem intratemporalen Verlustausgleich noch negative Einkünfte, so kann nach § 2 Abs. 3 EStG n. F. von der Möglichkeit des **Verlustrücktrags** gem. § 10d EStG n. F. Gebrauch gemacht werden. Dabei sind die negativen Einkünfte (Verluste) des Geschäftsjahres 1999 zunächst von den positiven Einkünften derselben Einkunftsart des Veranlagungszeitraumes 1998 abzuziehen:
(3a) Verlustrücktrag der negativen Einkünfte aus Gewerbebetrieb in Höhe von DM 150.000,– auf dieselbe Einkunftsart des Jahres 1998; ein höherer Abzug ist nicht möglich, da 1998 „nur" DM 150.000,– als Einkünfte aus Gewerbebetrieb erwirtschaftet wurden.
(3b) Verlustrücktrag der negativen Einkünfte aus Vermietung in (voller) Höhe von DM 100.000,– auf dieselbe Einkunftsart des Jahres 1998.
Die Basis für weitere Möglichkeiten des Verlustrücktrags bilden jetzt die noch nicht (gänzlich) ausgeschöpften positiven Einkünfte aus Kapitalvermögen (140.000,–) und aus Vermietung (310.000,– ./. 100.000,– = 210.000,–) des Geschäftsjahres 1998.

(4) Die verbleibenden negativen Einkünfte aus Gewerbebetrieb mindern die verbleibenden positiven Einkünfte aus anderen Einkunftsarten (Σ = 350.000,–) nur bis zu einem Betrag von DM 100.000,–. Auch hier erfolgt die Saldierung quotal. Basis bilden die verbleibenden positiven Einkünfte aus Kapitalvermögen (140.000,– = 2/5 von 350.000,–) und Vermietung (210.000,– = 3/5 von 350.000,–) des Geschäftsjahres 1998:
(4a) Verlustrücktrag weiterer negativer Einkünfte aus Gewerbebetrieb in Höhe von DM 40.000,– (= 2/5 von 100.000,–) auf Einkünfte aus Kapitalvermögen.
(4b) Verlustrücktrag weiterer negativer Einkünfte aus Gewerbebetrieb in Höhe von DM 60.000,– (= 3/5 von 100.000,–) auf Einkünfte aus Vermietung.

(5) Die darüber hinaus noch verbleibenden negativen Einkünfte (hier = 250.000,–) mindern die verbliebenen positiven Einkünfte aus anderen Einkunftsarten (hier ebenfalls 250.000,–) bis zur Hälfte (= 125.000,–):
   (5a) Verlustrücktrag weiterer negativer Einkünfte aus Gewerbebetrieb in Höhe von DM 50.000,– (= 2/5 von 125.000,–) auf Einkünfte aus Kapitalvermögen.
   (5b) Verlustrücktrag weiterer negativer Einkünfte aus Gewerbebetrieb in Höhe von DM 75.000,– (= 3/5 von 125.000,–) auf Einkünfte aus Vermietung.

Der Gesamtbetrag der auf das Geschäftsjahr 1998 zurückübertragbaren Verluste beläuft sich auf:

	150.000,–	gem.	(3a)
+	100.000,–	gem.	(3b)
+	40.000,–	gem.	(4a)
+	60.000,–	gem.	(4b)
+	50.000,–	gem.	(5a)
+	75.000,–	gem.	(5b)
=	475.000,–		

Von den „negativen" Einkünften des Geschäftsjahres 1999 (= ./. 500.000,–) können immerhin DM 475.000,– auf den Veranlagungszeitraum 1998 rückübertragen werden. Die verbleibenden DM 25.000,– sind im Wege eines **Verlustvortrages** nach § 10d EStG n. F. auf das Geschäftsjahr 2000 zu übertragen.

c) Zur Berechnung der Steuerentlastung empfiehlt sich zunächst die Ermittlung der Steuerlast für 1998 ohne Verlustrücktrag aus 1999:

Einkünfte vor Steuern (1998):	600.000,–	
./. Steuerbelastung:	270.000,–	(= 45 % von 600.000,–)
= Einkünfte nach Steuern (1998):	330.000,–	

Bei maximal möglichem Verlustrücktrag ändert sich die Steuerbemessungsgrundlage wie folgt:

Einkünfte vor Steuern (1998):	600.000,–
./. Verlustrücktrag aus 1999:	475.000,–
= „korrigierte" Steuerbemessungsgrundlage 1998:	125.000,–
./. 45 % Steuern:	56.250,–
= „korrigierte" Einkünfte nach Steuern (1998):	68.750,–

Durch die maximal mögliche Ausschöpfung des Verlustrücktrags ergibt sich c. p. eine Steuergutschrift von: 270.000 ./. 56.250 = 213.750,– DM.

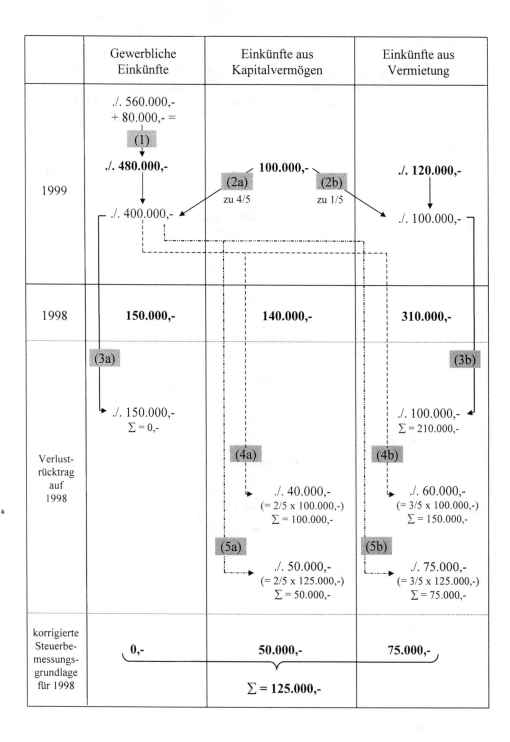

Aufgabe 43:

Stellen Sie mit Hilfe einer Ablaufskizze den **"bilanzpolitischen Entscheidungsprozeß"** dar, der insbesondere den Zusammenhang zwischen Bilanzierungsfähigkeit, Bilanzierungspflicht, Bilanzierungswahlrechten und Bewertungswahlrechten berücksichtigt.

Lösung:

Der Ablauf des "bilanzpolitischen Entscheidungsprozesses" kann wie folgt skizziert werden:

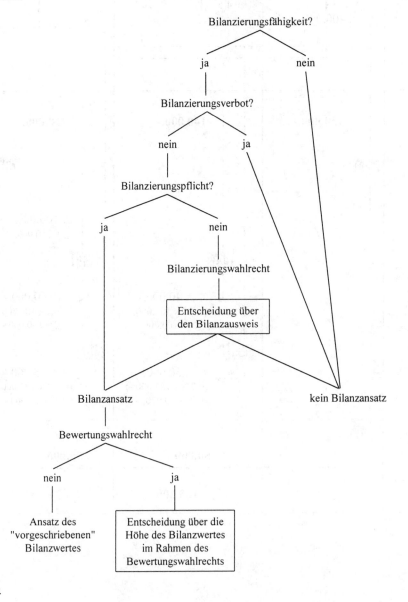

Aufgabe 44:

Erläutern Sie die Begriffe

- **"Bilanzierungsfähigkeit"**,
- **"Bilanzierungspflicht"**,
- **"Bilanzierungsverbot"**,
- **"Bilanzierungswahlrecht"**.

Lösung:

"Bilanzierungs**fähigkeit**" bedeutet, daß ein Wirtschaftsgut **grundsätzlich** in die (Bestände-)Bilanz eines Unternehmens aufgenommen werden **darf**, weil es zum Vermögen (Anlage- oder Umlaufvermögen) oder zum Kapital (Eigen- oder Fremdkapital) des betrachteten Unternehmens "gehört". Bilanzierungsfähig sind demnach **positive** und **negative** Wirtschaftsgüter, also

(1) Sachen,
(2) Rechte und Verpflichtungen,
(3) wirtschaftliche Vorteile, letztere jedoch nur dann, wenn sie
    - durch abgrenzbare Ausgaben erworben wurden,
    - selbständig bewertbar und
    - länger als eine Periode (Wirtschaftsjahr) nutzbar sind.

"Bilanzierungs**pflicht**" kann immer nur für ein bilanzierungsfähiges Wirtschaftsgut bestehen und heißt, daß ein Wirtschaftsgut aufgrund gesetzlicher Vorschriften oder GoB aktiviert bzw. passiviert werden **muß**.

Hingegen bedeutet "Bilanzierungs**verbot**", daß ein an sich bilanzierungsfähiges Wirtschaftsgut aufgrund gesetzlicher Vorschriften oder GoB **nicht** aktiviert bzw. passiviert werden **darf**.

Bei einem "Bilanzierungs**wahlrech**t" kann der Bilanzierende **frei entscheiden**, ob das bilanzierungsfähige (aber nicht bilanzierungspflichtige) Wirtschaftsgut in die Bestände-Bilanz aufgenommen wird oder nicht.

Zum Zusammenhang zwischen diesen Begriffen sei auf die vorhergehende Aufgabe zum "bilanzpolitischen Entscheidungsprozeß", für Beispiele auf die folgende Aufgabe verwiesen.

Aufgabe 45:

Nennen Sie je ein Beispiel für Vermögensgegenstände, die

a) **nicht bilanzierungsfähig** sind;
b) bilanzierungsfähig sind, aber **nicht bilanziert werden dürfen**;

c) bilanzierungsfähig und **bilanzierungspflichtig** sind;

d) bilanzierungsfähig, aber **nicht bilanzierungspflichtig** sind;

e) bilanzierungsfähig und bilanzierungspflichtig sind, trotzdem aber evtl. *nicht* in der Bestände-Bilanz "erscheinen".

Lösung:

a) **Nicht bilanzierungsfähig** sind Vermögensgegenstände, die zum "notwendigen Privatvermögen" gehören, d. h. Vermögensgegenstände, die ihrer Natur nach nur privat genutzt werden können oder tatsächlich ausschließlich privat genutzt werden, z. B. Schlafzimmer-Einrichtung, Gemälde-Sammlung, Privat-Auto, -Motorrad, -Segelboot. Ferner sind nicht bilanzierungfähig alle gar nicht existierenden Wirtschaftsgüter, also "fiktive" Forderungen oder Beteiligungen.

b) Obwohl bilanzierungsfähig, *dürfen nicht* bilanziert werden (=**Bilanzierungsverbot**): ein **selbst-geschaffener** ("originärer") Firmenwert, selbst-geschaffene Patente, selbst-geschaffene Marken(werte), Kosten für Werbefeldzug.

c) **Bilanzierungsfähig** und **-pflichtig** sind: Grundstücke, Gebäude, Vorräte, Forderungen, Kassenbestände, soweit sie zum Betriebsvermögen gehören; aber auch entgeltlich von Dritten erworbene, immaterielle Anlagewerte (Patente, Lizenzen).

d) Hier handelt es sich um Vermögensgegenstände des Betriebsvermögens, für die ein **Aktivierungswahlrecht** existiert, also z. B. um den derivativen Firmenwert.

e) Gemeint sind die sog. **geringwertigen Wirtschaftsgüter** (gWG), die im Jahr der Anschaffung **voll abgeschrieben** werden. Für sie erscheint zwar evtl. ein "Erinnerungsposten" in Höhe von 1,– DM in der Bilanz, dann aber für *mehrere* geringwertige Wirtschaftsgüter zusammen!

Aufgabe 46:

Wie wirkt sich die Ausübung eines **Aktivierungswahlrechtes** (Aktivierung bzw. Nicht-Aktivierung) nach Handelsrecht auf die Beständebilanzen und Erfolgsbilanzen des Berichtsjahres und der Folgejahre aus?

Lösung:

Die Ausübung eines Aktivierungswahlrechts wirkt sich folgendermaßen auf die Bestände- und Erfolgsbilanzen des Berichtsjahres und der Folgejahre aus:

a) Beständebilanz:
  (1) Aktivierung
  Im Berichtsjahr wird durch eine Aktivierung von Vermögensgegenständen – z. B. eines entgeltlich erworbenen Firmenwertes – die Bilanzsumme der Handelsbilanz ceteris paribus (c. p.) erhöht. In den Folgejahren verringert sich c. p. die Bilanzsumme sukzessive um die Abschreibungsbeträge.
  (2) Nicht-Aktivierung

Wenn nicht aktiviert wird, ist im Berichtsjahr die Summe des Vermögens und damit die Bilanzsumme der Handelsbilanz c. p. niedriger als bei Aktivierung. Für die Folgejahre gilt, daß die (konstante) Bilanzsumme so lange niedriger ist, bis die Vermögenswerte, wenn sie aktiviert worden wären, abgeschrieben sind.

b) Erfolgsbilanz:
(1) Aktivierung
Im Berichtsjahr ist bei Aktivierung der ausgewiesene Erfolg höher als bei Nicht-Aktivierung. Das bedeutet, daß evtl. mehr Gewinn ausgeschüttet werden muß. In den Folgejahren führt die frühere Aktivierung dazu, daß die dann vorgenommenen Abschreibungen als Aufwand verbucht werden und den auszuweisenden Gewinn in den Folgejahren verringern.

(2) Nicht-Aktivierung
Hier erscheinen die nicht aktivierten Beträge im Berichtsjahr als Aufwand, der den auszuweisenden Gewinn mindert und aufgrund dessen evtl. auch die Ausschüttungsbeträge verringert. Dafür kann man aber in den Folgejahren keine Abschreibungsbeträge mehr verrechnen und muß c. p. somit einen höheren Gewinn ausweisen als im Falle der Aktivierung.

Aufgabe 47:

Das Unternehmen A kauft am 31.12.1998 das Unternehmen B zum Preis von 10 Mio. DM. Die Bilanz des übernommenen Unternehmens B zeigt zum 31.12.1998 folgende Buchwerte:

Bestände-Bilanz B (in Mio. DM)

Grundstücke/Gebäude	2,5	Eigenkapital	7,5
Maschinen	1,0	Verbindlichkeiten	4,6
Betriebs-/Geschäftsausst.	0,5		
Beteiligungen	1,8		
Vorräte	3,5		
Forderungen	2,1		
Kasse	0,7		
	12,1		12,1

Ermitteln Sie den **derivativen Geschäfts- oder Firmenwert**, wenn die *Zeitwerte* für die vorhandenen Aktiva im Zeitpunkt der Übernahme – wiederum in Mio. DM – betragen:

Grundstücke/Gebäude:	3,3
Maschinen:	0,6
Betriebs-/Geschäftsausst.:	0,8
Beteiligungen:	2,2
Vorräte:	3,6
Forderungen:	2,3
Kasse:	0,7

und sich die Schulden unverändert auf 4,6 Mio DM belaufen.

Lösung:

Die bisherigen Buchwerte in der Bilanz des Unternehmens B sind völlig unbedeutend; für die Ermittlung des derivativen Geschäfts- oder Firmenwertes sind allein die Werte im Zeitpunkt der Übernahme maßgeblich (vgl. Küting/Weber, Bd. Ia, S. 1133). Da die Summe dieser Zeitwerte zu einem Reinvermögen von 8,9 Mio. DM (= 13,5 – 4,6) führt, ergibt sich (aus Kaufpreis von 10 Mio. DM minus Reinvermögen von 8,9 Mio. DM) ein Geschäfts- oder Firmenwert in Höhe von 1,1 Mio. DM.

Aufgabe 48:

Welche Wahlrechte räumt das HGB für den **"derivativen Firmenwert"** in der *Handelsbilanz* ein? Und wie ist der "derivative Firmenwert" in der *Steuerbilanz* zu behandeln?

Lösung:

Nach § 255 Abs. 4 HGB kann der Bilanzierende bei einem "derivativen" – d. h. einem *entgeltlich* bei Übernahme eines Unternehmens erworbenen – Firmenwert folgende Wahlrechte in seiner **Handelsbilanz** nutzen:

a) ein Bilanzierungswahlrecht:
   Ein derivativer Firmenwert *darf* aktiviert werden, muß aber nicht. Dieses Aktivierungswahlrecht kann nur im Geschäftsjahr des Erwerbs des Firmenwertes genutzt werden; unterbleibt in diesem Jahr eine Aktivierung, so kann sie *nicht* in einem Folgejahr "nachgeholt" werden.

b) drei Bewertungswahlrechte:
   Wenn der derivative Firmenwert aktiviert wird, braucht er *nicht in voller Höhe* angesetzt zu werden, sondern es kann auch jeder Wert, der geringer als der gezahlte Firmenwert ist, aktiviert werden.
   Ein zweites Bewertungswahlrecht resultiert daraus, daß der derivative Firmenwert in jedem folgenden Geschäftsjahr nur "zu *mindestens* einem Viertel pro Jahr" abgeschrieben werden muß. Somit kann er aber auch schneller, d. h. in weniger als 4 Jahren, abgeschrieben werden.
   Ein drittes Bewertungswahlrecht räumt schließlich § 255 Abs. 4 S. 3 HGB ein, wonach ein derivativer Firmenwert aber auch planmäßig *auf die Geschäftsjahre verteilt* werden kann, in denen er voraussichtlich genutzt wird. Dies können also z. B. 8 oder auch 12 Jahre sein.

Demgegenüber gilt für die **Steuerbilanz**: Ein "derivativer" Firmenwert *muß* in der Steuerbilanz in voller Höhe aktiviert werden (vgl. § 6 Abs. 1 Nr. 1 EStG) und *muß* in der Regel linear abgeschrieben werden *über 15 Jahre* (vgl. § 7 Abs. 1 S. 1 und S. 3 EStG). Ausführlicher hierzu siehe Kapitel 3 Abschnitt C II.

Aufgabe 49:

Inwiefern kann mit "Aufwendungen für die **Ingangsetzung und Erweiterung des Geschäftsbetriebes**" Bilanzpolitik betrieben werden? Unternehmen welcher Rechtsform besitzen diese Möglichkeit?

Lösung:

Nach § 269 HGB besteht für "Aufwendungen für die Ingangsetzung und Erweiterung des Geschäftsbetriebes" ein *Aktivierungswahlrecht* in der **Handelsbilanz** (vgl. Kapitel 3 Abschnitt C IV): Derartige Aufwendungen können entweder direkt als Aufwand in der G+V-Rechnung verbucht oder aber als sog. *"Bilanzierungshilfe"* aktiviert werden. Werden die Ingangsetzungs- und Erweiterungskosten aktiviert, so können bilanzpolitisch ein *Wertansatzwahlrecht* – die genannten Aufwendungen brauchen nicht in voller Höhe aktiviert zu werden – und ein *Bewertungswahlrecht* bezüglich der Abschreibung mit mehr als 25 % pro Jahr genutzt werden.

Von diesem Aktivierungswahlrecht in der Handelsbilanz können Gebrauch machen: Kapitalgesellschaften (vgl. § 269 HGB), Genossenschaften (vgl. § 336 Abs. 2 HGB), publizitätspflichtige Unternehmen (vgl. § 5 Abs. 1 S. 2 PublG) und ab 1999 wohl auch Unternehmen in der Rechtsform der GmbH & Co KG oder AG & Co KG (vgl. den neuen § 264a HGB nach dem Entwurf zum KapCoRiLiG v. 13.8.1999). Hingegen gilt das Aktivierungswahlrecht des § 269 HGB *nicht* für andere Personengesellschaften und *nicht* für Einzelunternehmen.

Ergänzend sei daran erinnert, daß in der **Steuerbilanz** für "Aufwendungen für die Ingangsetzung und Erweiterung des Geschäftsbetriebes" für alle Rechtsformen ein Aktivierungs*verbot* besteht (vgl. Kapitel 3 Abschnitt C IV)

Aufgabe 50:

Worin liegt die Besonderheit des *neuen* Aktivierungs*wahlrechtes*, das der Artikel 44 Abs. 1 EGHGB für bestimmte „Aufwendungen für die **Währungsumstellung auf den Euro**" in der Handelsbilanz einräumt?

Lösung:

Das als "Bilanzierungshilfe" ausgestaltete neue Aktivierungswahlrecht für die Handelsbilanz wurde erst durch das EuroEG v. 9.6.1998 eingeräumt: Nach Artikel 44 Abs. 1 S. 1 EGHGB *dürfen* Aufwendungen für die Währungsumstellung auf den Euro aktiviert werden, *soweit* es sich um Herstellungskosten für *selbstgeschaffene immaterielle* Vermögensgegenstände des *Anlage*vermögens handelt (vgl. Kapitel 3 Abschnitt C V).

Die Besonderheit liegt darin, daß mit diesem neuen Aktivierungswahlrecht nach Artikel 44 Abs. 1 EGHGB – als einzige *Ausnahme* – das ansonsten zwingende Bilanzierungs**verbot** für selbstgeschaffenes immaterielles Anlagevermögen nach § 248 Abs. 2

HGB **durchbrochen** wird. Zur Begründung für diese Ausnahme-Regelung sei auf die Ausführungen in Kapitel 3 Abschnitt C V verwiesen.

Aufgabe 51:

Erläutern Sie, welche Wahlrechte das HGB für das **Disagio** in der *Handelsbilanz* einräumt und wie das Disagio in der *Steuerbilanz* zu behandeln ist.

Lösung:

Für die **Handelsbilanz** räumt § 250 Abs. 3 HGB bezüglich des Disagios folgende Wahlrechte ein:

a) ein Bilanzierungswahlrecht:
   Der Bilanzierende *darf* ein Disagio (unter den Posten der Rechnungsabgrenzung) *aktivieren*; oder aber er kann das Disagio im Jahr der Kreditaufnahme sofort zu Lasten der G+V-Rechnung als Aufwand verbuchen.

b) zwei Bewertungswahlrechte:
   Wird ein Disagio aktiviert, so muß es zwar planmäßig abgeschrieben werden; allerdings bestehen dann zweierlei Bewertungswahlrechte: Zum einen darf die *Gesamtlaufzeit* der Verbindlichkeit *oder* eine *kürzere* Zeit für die Abschreibung zugrunde gelegt werden. Zum anderen braucht das Disagio *nicht linear* abgeschrieben zu werden; vielmehr ist z. B. auch eine degressive Abschreibung zulässig.

In der **Steuerbilanz** hingegen *muß* ein Disagio aktiviert werden (H 37 EStH). Ferner muß das Disagio grundsätzlich auf die *Laufzeit* des Darlehens verteilt und *linear* abgeschrieben werden.

Aufgabe 52:

In der Beständebilanz *dürfen* (=Wahlrecht) nach § 247 Abs. 3 und § 281 Abs. 1 HGB sog. "**Sonderposten mit Rücklageanteil**" gebildet werden.

a) Beschreiben Sie das Wesen derartiger "Sonderposten mit Rücklageanteil" und die möglichen Auswirkungen ihrer *Bildung* bzw. *Auflösung* auf Bilanzergebnis und Steuerbelastung.

b) Nennen Sie vier "Sonderposten mit Rücklageanteil", die auch 1999 noch gebildet werden dürfen, mit der zugehörigen Rechtsgrundlage.

c) Welcher "Sonderposten mit Rücklageanteil" darf 1999 erstmals gebildet werden?

Lösung:

a) Die Passivierungswahlrechte nach § 247 Abs. 3 HGB können entweder
   (1) **unversteuerte Gewinne** betreffen, die nach steuerrechtlichen Vorschriften (z. B. § 6b EStG) in einen "Sonderposten mit Rücklageanteil" zeitlich befristet eingestellt werden dürfen, oder aber

(2) **steuerrechtliche Mehrabschreibungen** (Wertberichtigungen). Im letzteren Fall werden eigentlich *nur steuerrechtlich zulässige Abschreibungen*, die gemäß § 254 HGB auch in der Handelsbilanz berücksichtigt werden dürfen, nach § 281 Abs. 1 HGB in der Weise vorgenommen, daß der aus der *höheren steuerrechtlichen* Abschreibung resultierende *Unterschiedsbetrag* zu einer nach § 253 HGB gebotenen *handelsrechtlichen* Bewertung in den Sonderposten eingestellt wird (sog. **"Wertberichtigungs-Sonderposten"**)

Zu (1): Wenn "Sonderposten mit Rücklageanteil" aus **un**versteuerten **Gewinnen** gebildet werden, wird im Jahre ihrer **Bildung** die Bemessungsgrundlage für die Ertragsteuern verkürzt. Dadurch wird jedoch häufig die Ertragsteuerlast nicht endgültig aufgehoben, sondern nur für einige Jahre hinausgeschoben. Aber schon die aus der Bildung von "Sonderposten mit Rücklageanteil" resultierende *Steuerstundung* stellt für das Unternehmen eine Liquiditätshilfe und – weil der "Steuerkredit" i. d. R. zinslos gewährt wird – eine Finanzierungshilfe dar. Die **Auflösung** eines "Sonderpostens mit Rücklageanteil" kann sich unterschiedlich auf das Jahresergebnis auswirken:
Eine *erfolgswirksame* Auflösung ergibt sich bei solchen Sonderposten, die nach Ablauf bestimmter Fristen so aufgelöst werden müssen, daß sich das Jahresergebnis verbessert. Die konkrete Steuerbelastung hängt dann von der im Zeitpunkt der Auflösung geltenden Erfolgslage des Unternehmens ab: Bei einem ohnehin schon auszuweisenden Jahresgewinn erhöht sich durch die Auflösung des "Sonderpostens mit Rücklageanteil" der steuerrechtliche Gewinn und damit die Steuerzahlung; wird hingegen durch die Auflösung des Sonderpostens nur ein sonst auszuweisender Verlust verringert, so kommt es im Jahre der Auflösung nicht zu einer steuerlichen Mehrbelastung, vielmehr ggf. zu einer endgültigen Steuerersparnis.
Andere Auswirkungen auf Bilanzergebnis und Steuerbelastung ergeben sich, wenn bei der Auflösung eines "Sonderpostens mit Rücklageanteil" eine *Übertragung* der aufgelösten Rücklage auf andere Wirtschaftsgüter möglich ist:
Bei der Übertragung auf *nicht* abnutzbare Wirtschaftsgüter des Anlagevermögens ergibt sich allenfalls erst sehr spät, nämlich erst beim Verkauf dieser Wirtschaftsgüter, eine Auswirkung auf das steuerliche Ergebnis. Bei Übertragung auf *abnutzbare* Gegenstände des Anlagevermögens vermindert sich hingegen die Basis für die zukünftigen Abschreibungen dieser Wirtschaftsgüter; infolge der niedrigeren Abschreibungsbeträge erhöht sich entsprechend der steuerpflichtige Gewinn in den Jahren der Abschreibungsdauer.

Zu (2): Auch die **Bildung** eines **"Wertberichtigungs-Sonderpostens"** *senkt* die Bemessungsgrundlage für die Ertragsteuern, denn die Einstellung der steuerrechtlichen Mehrabschreibung in den "Sonderposten mit Rücklageanteil" erhöht die "sonstigen betrieblichen Aufwendungen" in der G+V-Rechnung (und ist bei diesem Posten nach § 281 Abs. 2 HGB gesondert auszuweisen). Dafür *erhöht* die **Auflösung** des Wertberichtigungs-Sonderpostens in der Folgezeit das Jahresergebnis wieder. Die Auflösung hat zu erfolgen, wenn und soweit die steuerrechtliche Wertberichtigung durch handelsrechtliche Abschreibungen ersetzt wird (vgl. § 281 Abs. 1 S. 3 HGB). Dies bedeutet, daß die "sonstigen betrieblichen Erträge", die durch die Auflösung des Wertberichtigungs-Sonderpostens entstehen, die handelsrechtlichen Abschreibungen teilweise oder ganz kompensieren. Im allgemeinen ist also auch mit der Bildung eines Wertberichtigungs-Sonderpostens für steuerrechtliche Mehrabschreibungen nur eine *Steuerstundung* (zinsloser Steuerkredit) erreichbar. Wenn es allerdings im Zeitablauf zu einer Änderung des Steuersatzes kommt, kann bei einem in Zukunft niedrigeren Steuersatz eine echte Steuerersparnis eintreten, wie umgekehrt auch eine Steuermehrbelastung möglich ist, falls der Steuersatz in Zukunft erhöht wird.

b) Als "Sonderposten mit Rücklageanteil", die auch 1999 noch gebildet werden dürfen, lassen sich nennen:

(1) die "**§ 6b-Rücklage**"; Rechtsgrundlage: §§ 6b und 6c EStG, R 41a bis 41d EStR; (vgl. Kapitel 3 Abschnitt C VIII und die beiden folgenden Übungs-Aufgaben);

(2) die "**Ersatzbeschaffungs-Rücklage**"; Rechtsgrundlage: §§ 5 und 6 EStG, R 35 EStR; (vgl. Kapitel 3 Abschnitt C IX und die Übungs-Aufgaben 54 und 55);

(3) die "**Zuschuß-Rücklage**"; Rechtsgrundlage: R34 Abs. 4 EStR; (vgl. Übungs-Aufgabe 61);

(4) die sog. "**Anspar-Rücklage**" nach § 7g Abs. 3 ff. EStG (vgl. Kapitel 3 Abschnitt C XI und die Übungs-Aufgaben 56 und 57);

(5) der "**Wertberichtigungs-Sonderposten**" für zahlreiche eigentlich nur steuerrechtlich zulässige Abschreibungen nach § 254 HGB; Rechtsgrundlage: § 281 Abs. 1 HGB; (vgl. Kapitel 3 Abschnitt C XII).

c) Für die sog. "**Wertaufholungs-Rücklage** darf erst ab 1999 ein "Sonderposten mit Rücklageanteil" gebildet werden; Rechtsgrundlage: § 52 Abs. 16 S. 3 EStG 1999 (vgl. hierzu Kapitel 3 Abschnitt C X und die Übungs-Aufgabe 58).

Aufgabe 53:
Stellen Sie in einer tabellarischen Übersicht dar, von welchen Wirtschaftsgütern auf welche Wirtschaftsgüter **ab 1999** nach der *Neufassung* von *§ 6b EStG* durch das *Steuerentlastungsgesetz 1999/2000/2002* **Veräußerungsgewinne** oder **steuerfreie Rücklagen** übertragen (ja) bzw. nicht übertragen (nein) werden dürfen.

Lösung:

Durch das Steuerentlastungsgesetz 1999/2000/2002 wurden die Möglichkeiten der Übertragung von Veräußerungsgewinnen gegenüber der bis 1998 gültigen Regelung drastisch *eingeschränkt*.
Die folgende Abbildung zeigt in tabellarischer Form, inwiefern es nach § 6b EStG n. F. **ab 1999** zulässig bzw. nicht zulässig ist, die bei der Veräußerung bestimmter Wirtschaftsgüter aufgedeckten (stillen) Reserven auf andere Wirtschaftsgüter zu übertragen.

Übertragung von Veräußerungs-gewinnen von ＼ auf	Grund und Boden	Gebäude (auch: Eigentums-wohnungen)	Aufwuchs auf Grund und Boden mit dem dazugehörigen Grund und Boden von land- und forst-wirtschaftlichen Betrieben
Grund und Boden	ja	ja	ja
Gebäude (auch: Eigentums-wohnungen)	nein	ja	nein
Aufwuchs auf Grund und Boden mit dem dazugehörigen Grund und Boden von land- und forst-wirtschaftlichen Betrieben	nein	ja	ja

Aufgabe 54:

Stellen Sie (ggf. in Tabellenform) die Voraussetzungen vergleichend gegenüber, die jeweils erfüllt sein müssen, um einerseits eine "**Rücklage gem. § 6b EStG**" und andererseits eine "**Rücklage gem. R 35 EStR**" in der Handelsbilanz bilden und übertragen zu dürfen.

Lösung:

Merkmal	§ 6b EStG	R 35 EStR
a) Entstehungsgrund:	**Veräußerung** von Wirt-schaftsgütern und Entstehung von Veräußerungs**gewinnen** (Aufdeckung stiller Reserven);	**Ausscheiden** des Wirtschafts-gutes infolge **höherer Gewalt** oder **behördlichen Eingriffs** gegen **Entschädigung**;
b) Betroffene Güter:	nur **bestimmte** Güter des **An-lage**vermögens (Grund und Boden, Gebäude und Auf-wuchs auf Grund und Boden... von land- und forstwirtschaft-lichen Betrieben);	**alle** betrieblichen Güter des **Anlage-** und **Umlauf**ver-mögens;
c) Übertragungs-möglichkeit:	auf Wirtschaftsgüter **gleicher Art** oder auf bestimmte andere Wirtschaftsgüter mit gleicher oder **kürzerer** Laufzeit (vgl. die vorhergehende Aufgabe);	nur auf ein "**Ersatz**"-Wirt-schaftsgut, welches das ausge-schiedene ersetzen kann, weil es "**funktionsgleich**" ist;

Merkmal	§ 6b EStG	R 35 EStR
d) Fristen für die Übertragung:	Generell müssen die Wirtschaftsgüter in den auf die Bildung folgenden **vier** Wirtschaftsjahren angeschafft oder hergestellt werden; bei Gebäuden, mit deren Bau in der Vier-Jahresfrist begonnen wurde, ist Verlängerung der Frist auf **sechs** Jahre möglich.	Generell muß das Ersatzwirtschaftsgut bereits in **dem** auf die Bildung folgenden Wirtschaftsjahr angeschafft oder hergestellt werden; bei Grundstücken und Gebäuden verlängert sich die Frist auf **zwei** Jahre.

Aufgabe 55:

Bei einem Sägewerk werden im Herbst 1998 durch ein Feuer nach einem Blitzschlag verschiedene Rohhölzer vernichtet, die zu diesem Zeitpunkt mit einem Wert von 30.000,- DM zu Buche standen. Wegen der zwischenzeitlich gestiegenen Preise zahlt die Versicherung an das Sägewerk im Dezember 1998 einen Betrag von 38.000,- DM aus. Das Sägewerk plant ernsthaft eine **Ersatzbeschaffung** für die vernichteten Hölzer im Frühjahr 1999.

Wie ist der Schadensfall in der Bilanz zum 31.12.1998 zu behandeln, wenn es dem Sägewerk auf eine möglichst niedrige Steuerbelastung in 1998 ankommt?

Lösung:

Dem Sägewerk ist für die Bilanz zum 31.12.1998 die Bildung einer steuerfreien "**Rücklage für Ersatzbeschaffung**" nach R 35 EStR zu empfehlen. Die Voraussetzungen dafür, insbes. das Ausscheiden infolge höherer Gewalt (Blitzschlag) und die ernsthafte Planung einer Ersatzbeschaffung (im Frühjahr 1999), sind nach dem Sachverhalt erfüllt.

Aufgrund des Buchwertes von 30.000,- DM und der Entschädigungszahlung der Versicherung in Höhe von 38.000,- DM ist eine stille Reserve in Höhe von 8.000,- DM (zwangsweise) aufgedeckt worden. Somit kann 1998 ein Betrag von maximal 8.000,- DM in eine "Ersatzbeschaffungsrücklage" nach R 35 EStR eingestellt werden; in der Handelsbilanz wird sie als ein "**Sonderposten mit Rücklageanteil**" ausgewiesen.

Der andere Teil (= 30.000,- DM) der Versicherungszahlung ist 1998 als außerordentlicher Ertrag zu behandeln; durch ihn wird der außerordentliche Aufwand kompensiert, der durch Ausbuchung der vernichteten Hölzer zu ihrem Buchwert (30.000,-) entsteht.

Aufgabe 56:

Es sei folgende Situation betrachtet (in Anlehnung an Franz/Rupp, S. 15):

Ein Betrieb, der das vermögensmäßige Größenmerkmal des § 7g Abs. 2 EStG erfüllt, beabsichtigt, im Jahre 02 eine Maschine zu erwerben, die eine betriebsgewöhnliche Nutzungsdauer von 10 Jahren hat und deren Anschaffungskosten voraussichtlich 100.000,– DM betragen.

a) In welcher Höhe darf der Betrieb im Jahre 01 eine "**Anspar-Rücklage**" nach § 7g Abs. 3 EStG bilden?

b) Wie ist die "Anspar-Rücklage" in den Jahren 02 und 03 zu behandeln, wenn die Maschine tatsächlich erst im Januar des Jahres 03 angeschafft wird und – wider Erwarten – 120.000,– DM kostet? Welche Abschreibungen darf der Betrieb im Jahr 03 vornehmen?

c) Was ist zu beachten, wenn die Maschine erst im Jahr 04 angeschafft wird und im Jahr 03 bereits erwartet wird, daß ihre Anschaffungskosten 120.000,– DM betragen werden?

d) Wie ist die "Anspar-Rücklage" zu behandeln, wenn die Maschine bereits Anfang des Jahres 02 angeschafft wird, aber nur 80.000,– DM kostet und im Jahr 03 keine weitere Investition vorgenommen wird?

Lösung:

a) Nach § 7g Abs. 3 EStG darf der Betrieb im Jahr 01 eine "**Anspar-Rücklage**" in Höhe von 50 % der erwarteten Anschaffungskosten **bilden**, im Beispiel also in Höhe von **50.000,– DM**.

b) Die "Anspar-Rücklage" bleibt in der Bilanz des Jahres 02 unverändert bestehen. Erst im Jahre 03 ist sie wegen der Anschaffung der Maschine in **voller Höhe** (= 50.000,– DM) gewinnerhöhend **aufzulösen** (vgl. § 7g Abs. 4 S. 1 EStG). Ein "Gewinnzuschlag" fällt *nicht* an, da innerhalb der Zwei-Jahres-Frist nach Bildung der "Anspar-Rücklage" eine Investition – sogar zu höheren Kosten als erwartet – durchgeführt wird (vgl. aber Teilaufgabe d).
Gleichzeitig **darf** (= Wahlrecht) der Betrieb im Jahr 03 zum einen eine **degressive** Abschreibung nach § 7 Abs. 2 EStG in Höhe von 36.000,– DM (= 30 % von 120.000,– DM), zum anderen zusätzlich eine **Sonderabschreibung** nach § 7g Abs. 1 EStG in Höhe von 24.000,– DM (= **20 %** von 120.000,– DM) vornehmen. Der gewinnerhöhenden Auflösung der Rücklage in Höhe von 50.000,– DM steht im Jahre 03 dementsprechend ein Betrag von insgesamt 60.000,– DM als gewinnmindernde Betriebsausgabe gegenüber.

c) Da die Maschine erst im Jahre 04 angeschafft wird, **muß** die im Jahre 01 gebildete "Anspar-Rücklage" von 50.000,– DM am Ende des Jahres **03** gewinnerhöhend **aufgelöst** werden (vgl. § 7g Abs. 4 S. 2 EStG) und nach § 7g Abs. 5 EStG ein "**Gewinn-**

zuschlag" (Strafzins) in Höhe von 2 x 6 % = 12 % des Auflösungsbetrages, hier also in Höhe von **6.000,- DM**, berücksichtigt werden.

Andererseits hat der Unternehmer im Jahre 03 die Möglichkeit, eine **neue** "Anspar-Rücklage" nach § 7g Abs. 3 EStG zu bilden, sofern er am 31.12.02 noch die vermögensmäßige Voraussetzung erfüllt. Dieses einmal angenommen, wäre im Jahre 03 die Bildung einer neuen "Anspar-Rücklage" in Höhe von **60.000,- DM** (= 50 % von 120.000,- DM) zulässig.

d) In diesem Falle ist die "Anspar-Rücklage" im Jahr **02** in Höhe von **40.000,- DM** (= 50 % von 80.000,- DM) gewinnerhöhend aufzulösen, weil im Jahre 02 mit den Abschreibungen auf die erworbene Maschine begonnen werden kann. Der Restbetrag von **10.000,- DM** muß spätestens am Ende des Jahres 03 gewinnerhöhend aufgelöst werden. Auf diesen Restbetrag wäre dann zusätzlich ein "**Gewinnzuschlag**" (Strafzins) in Höhe von **1.200,- DM** (= 12 % von 10.000,- DM) vorzunehmen.

Aufgabe 57:

Welche Sonderregelungen gelten bezüglich der "**Anspar-Rücklage**" ab 1997 für **Existenzgründer**?

Lösung:

Durch den ab 1997 geltenden § 7g Abs. 7 EStG wird es **Existenzgründern** erlaubt, *im Jahr der Betriebseröffnung und in den folgenden 5 Wirtschaftsjahren* (Gründungszeitraum) eine "Anspar-Rücklage" nach § 7g Abs. 3 ff. EStG zu bilden. Nach § 7g Abs. 7 S. 1 EStG gelten dabei für Existenzgründer folgende erleichternde Sonderregelungen:

(1) Eine "Anspar-Rücklage" darf gebildet werden für begünstigte Wirtschaftsgüter, die voraussichtlich bis zum Ende des **fünften** (statt: zweiten) auf die Bildung der Rücklage folgenden Wirtschaftsjahres angeschafft oder hergestellt werden.
(2) Der **Höchstbetrag** für im Gründungszeitraum gebildete Rücklagen beträgt **600.000,- DM** (statt: 300.000,- DM).
(3) Die Rücklage muß erst spätestens am Ende des **fünften** (statt: zweiten) auf ihre Bildung folgenden Wirtschaftsjahres gewinnerhöhend aufgelöst werden.
(4) Die "Gewinnzuschlags"-Regelung des § 7g Abs. 5 EStG bei Auflösung der Anspar-Rücklage findet für Existenzgründer **keine** Anwendung (vgl. § 7g Abs. 7 S. 1 letzter Halbsatz EStG).

Aufgabe 58:

Durch das *Steuerentlastungsgesetz 1999/2000/2002* wird dem Bilanzierenden ab 1999 ein **neues** Passivierungswahlrecht für eine steuermindernde "**Wertaufholungs-Rücklage**" nach § 52 Abs. 16 S. 3 EStG (1999) in der **Steuerbilanz** eingeräumt.

a) Aus welchem Grunde wird dieses neue Passivierungswahlrecht gewährt?

b) In welcher Höhe kann die "Wertaufholungs-Rücklage" gebildet werden? Wie ist eine gebildete "Wertaufholungs-Rücklage" aufzulösen?

c) Zu welchem Auslegungsproblem führt das neue steuerliche Passivierungswahlrecht nach § 52 Abs. 16 S. 3 EStG (1999) für die **Handelsbilanz** von **Nicht-Kapitalgesellschaften**?

Lösung:

a) Durch die *Neufassung* von § 6 Abs. 1 Nr. 1 S. 4 und Nr. 2 S. 3 EStG (1999) wurde das seit 1990 geltende steuerliche Wertbeibehaltungswahlrecht durch ein **zwingendes Wertaufholungsgebot** für die **Steuerbilanz** substituiert (vgl. dazu im einzelnen Kapitel 3 Abschnitt D IX und D XVIII). Deshalb kann es in der Steuerbilanz für das erste nach dem 31.12.1998 endende Wirtschaftsjahr, d. h. 1999, zu enormen "Aufstockungs-" bzw. "Zuschreibungsgewinnen" infolge der kumulierten Aufdeckung von stillen Reserven kommen. Um nun den mit der Besteuerung dieses Aufstockungsgewinnes einhergehenden *Liquiditätsentzug abzumildern* und ggf. die *Steuerprogression* bei Einzelunternehmen und Personengesellschaften zu *brechen*, wurde die "Übergangsregelung" (Herzig/Rieck, Wertaufholungsgebot, S. 308) des § 52 Abs. 16 S. 3 EStG (1999) geschaffen und damit das **neue** Passivierungswahlrecht für eine "**Wertaufholungs-Rücklage**" eingeräumt (vgl. Kapitel 3 Abschnitt C X).

b) Nach § 52 Abs. 16 S. 3 EStG (1999) darf in der **Steuerbilanz** für **1999** eine den steuerlichen Gewinn mindernde Rücklage in Höhe von **vier Fünftel** des durch die Wertaufholung entstehenden Aufstockungsgewinnes gebildet werden.
Wird eine derartige "Wertaufholungs-Rücklage" in der Steuerbilanz für 1999 gebildet, so ist sie in den „folgenden **vier** Wirtschaftsjahren jeweils mit **mindestens einem Viertel** gewinnerhöhend aufzulösen" (§ 52 Abs. 16 S. 3 EStG 1999).

c) Es stellt sich das Auslegungsproblem, ob bezüglich der "Wertaufholungs-Rücklage" auch für **Nicht-Kapitalgesellschaften** die "**umgekehrte** Maßgeblichkeit" nach § 5 Abs. 1 S. 2 EStG gilt, wie sie von Kapitalgesellschaften zweifelsohne beachtet werden muß (vgl. Kapitel 3 Abschnitt C X). Das heißt, es ist noch ungeklärt, ob Nicht-Kapitalgesellschaften in ihrer *Steuerbilanz* von dem Wahlrecht, eine steuermindernde "Wertaufholungs-Rücklage" nach § 52 Abs. 16 S. 3 EStG (1999) bilden zu dürfen, *nur dann* Gebrauch machen können, *wenn* sie (zuvor) auch in der **Handelsbilanz** einen entsprechenden "Sonderposten mit Rücklageanteil" *gebildet* haben – oder aber, ob für Nicht-Kapitalgesellschaften *ausnahmsweise* eine "**Durchbrechung der umgekehrten** Maßgeblichkeit" (Herzig/Rieck, Wertaufholungsgebot, S. 310) in Betracht kommt. Zur Begründung und zu Einzelheiten sei auf die Ausführungen in Kapitel 3 Abschnitt C X (sowie D IX und D XVIII) verwiesen.

Aufgabe 59:

Stellen Sie in einem Schaubild systematisch dar, welche **Rückstellungen für bestimmte Verpflichtungen aus Versorgungszusagen** nach Artikel 28 EGHGB in der **Handelsbilanz** gebildet werden **dürfen**.

Lösung:

Die **Passivierungswahlrechte**, die Artikel 28 EGHGB dem Bilanzierenden für Rückstellungen für bestimmte Verpflichtungen aus Versorgungszusagen in der Handelsbilanz einräumt, zeigt das folgende Schaubild (in Anlehnung an Luik, S. 736).

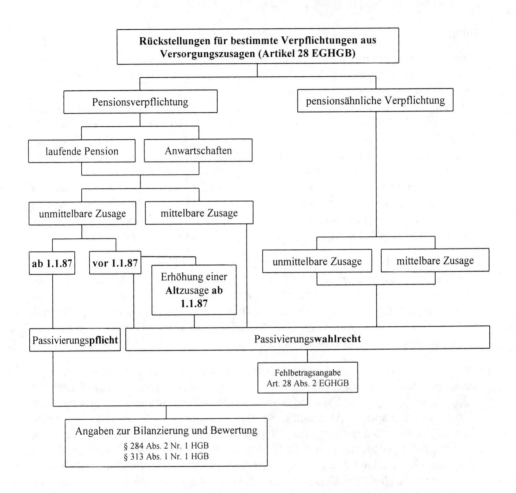

Aufgabe 60:

In welcher Weise kann mit erhaltenen steuerbaren **Zuschüssen** Bilanzpolitik betrieben werden?

Lösung:

Dem Steuerpflichtigen wird in R 34 Abs. 2 EStR für die *Steuerbilanz* ein **Wahlrecht** bezüglich der Berücksichtigung von Zuschüssen im Rahmen der Bewertung von Anlagegütern eingeräumt: Dieses Wahlrecht ermöglicht es dem Bilanzierenden, die gewährten Zuschüsse *entweder* als Betriebseinnahmen zu behandeln *oder* von den Anschaffungs- oder Herstellungskosten des geförderten Wirtschaftsgutes abzusetzen.

Die Verrechnung des steuerbaren Zuschusses als *Betriebseinnahme* ist *erfolgswirksam*, also gewinnerhöhend, und bewirkt eine erhöhte Steuerzahlung im Jahr der Zuschußgewährung. Werden hingegen die steuerbaren Zuschüsse *von den Anschaffungs- oder Herstellungskosten* der subventionierten Anlage *abgezogen*, so werden die Zuschüsse in der Periode der Anschaffung *erfolgsneutral* behandelt; der Bilanzierende erreicht auf diesem Wege über den Ausweis eines niedrigeren Gewinnes eine Steuerstundung. In den folgenden Jahren können die Abschreibungen allerdings nur auf die um den Zuschuß gekürzten Anschaffungs- oder Herstellungskosten vorgenommen werden; demzufolge wird in den Folgejahren jeweils ein höherer Perioden-Gewinn ausgewiesen, als er sich bei Behandlung des Zuschusses als Betriebseinnahme ergeben hätte. Voraussetzung für die erfolgsneutrale Behandlung des Zuschusses in der Steuerbilanz ist nach R 34 Abs. 2 S. 4 EStR, daß im handelsrechtlichen Jahresabschluß entsprechend verfahren wird (= **umgekehrte** Maßgeblichkeit).

Aufgabe 61:

Betrachtet sei folgender Sachverhalt (vgl. Koltermann, S. 184 ff.): Ein Tiefkühlkost-Hersteller leistet an einen Lebensmitteleinzelhändler einen **Zuschuß** von 1.000,– DM zur Anschaffung einer Gefriertruhe, die der Einzelhändler am 10.12.1998 zu Anschaffungskosten von 10.000,– DM kauft. Konkrete Verpflichtungen seitens des Einzelhändlers sind mit der Annahme des Zuschusses nicht verbunden. Die Gefriertruhe ist über die betriebsgewöhnliche Nutzungsdauer von 10 Jahren abzuschreiben.

a) Wie ist der Zuschuß vom Einzelhändler zu behandeln, wenn er für 1998 den Ausweis eines *möglichst niedrigen steuerlichen Gewinnes* anstrebt und der Zuschuß am 18.12.1998 geleistet wird?
Errechnen und begründen Sie den Bilanzansatz zum 31.12.1998!

b) Wie lauten die **Bilanzansätze** zum 31.12.1998 und zum 31.12.1999, wenn die in a) genannte Zielsetzung des Steuerpflichtigen unverändert gilt, aber der Zuschuß erst am 10.1.1999 geleistet wird?

c) Wie ist – unter unveränderter Zielsetzung – mit dem Zuschuß zu verfahren, wenn die Zuschußgewährung bereits zum 15.10.1998 erfolgt, der Einzelhändler die Gefriertruhe aber erst am 5.1.1999 anschafft?

Lösung:

a) Im Falle dieses steuerbaren Zuschusses sollte der Einzelhändler im Hinblick auf seine Absicht, einen möglichst niedrigen steuerlichen Gewinn auszuweisen, von dem – in der vorhergehenden Aufgabe beschriebenen – Wahlrecht dahingehend Gebrauch machen, daß er die Anschaffungskosten der Gefrieranlage um den Zuschuß "erfolgsneutral" kürzt:

Kaufpreis	DM	10.000,–
Zuschuß ./.	DM	1.000,–
	DM	9.000,–
AfA ./.	DM	1.350,–
Bilanzansatz zum 31.12.1998	DM	7.650,–

Dabei sollte er die Absetzung für Abnutzung (AfA) gem. § 7 Abs. 2 EStG mit dem höchstmöglichen Satz (= 30 % für 1998) *geometrisch-degressiv* und unter Inanspruchnahme der "**Vereinfachungsregel**" für das gesamte 2. Halbjahr 1998 (also für 6 Monate) vornehmen.

b) In diesem Falle darf der Zuschuß gem. R 34 Abs. 3 EStR erst *nachträglich,* d. h. 1998 berücksichtigt werden, und zwar darf er dann auch nur von den *fortgeführten* Anschaffungskosten abgesetzt werden:

Kaufpreis	DM	10.000,–
AfA (30 % für 1/2 Jahr) ./.	DM	1.500,–
Bilanzansatz zum 31.12.1998	DM	8.500,–
Zuschuß am 10.1.1999 ./.	DM	1.000,–
	DM	7.500,–
AfA (30 % von 7.500,–) ./.	DM	2.250,–
Bilanzansatz zum 31.12.1999	DM	5.250,–

c) Nach R 34 Abs. 4 EStR *darf* (= Bilanzierungswahlrecht) eine steuerfreie "**Zuschußrücklage**" gebildet werden, wenn das Anlagegut erst ganz oder teilweise in einem auf die Zuschußgewährung *folgenden* Wirtschaftsjahr angeschafft oder hergestellt wird und deshalb der Abzug von den Anschaffungs- oder Herstellungskosten erst dann erfolgen kann.

Deshalb sollte der Einzelhändler in diesem Falle die Bildung einer derartigen "Zuschußrücklage" im Jahre 1998 vornehmen und sie im Jahre 1999 mit dem Auflösungsbetrag gegen die Anschaffungskosten der dann erworbenen Gefriertruhe verrechnen:

Zuschußrücklage zum 31.12.1998	DM	1.000,–
Im Folgejahr:		
Kaufpreis am 5.1.1999	DM	10.000,–
Zuschußrücklage (Auflösung) ./.	DM	1.000,–
	DM	9.000,–
AfA (30 % von 9.000,–) ./.	DM	2.700,–
Bilanzansatz zum 31.12.1999	DM	6.300,–

Aufgabe 62:

Die Polsterei "Schauinsland" hat von den im Wirtschaftsjahr 1998 fertiggestellten Sesseln des Typs "Dreaming Cloud" lt. Inventur am 31. 12. 1998 noch einen Bestand von 70 Stück auf Lager. Um die bilanziellen **"Herstellungskosten"** zu ermitteln, greift der Oberbuchhalter auf die Nachkalkulation für den Sesseltyp "Dreaming Cloud" zurück. Hiernach wurden die in der folgenden Tabelle zusammengefaßten *"Selbstkosten"* pro *Sessel* errechnet.

Kostenarten	variable Kosten in DM/ME	fixe Kosten in DM/ME	Gesamtkosten in DM/ME
Fertigungsmaterial			
– bezogene Teile	100,–	—	100,–
– Rohstoffe	50,–	—	50,–
Materialgemeinkosten	10,–	10,–	20,–
Fertigungslohnkosten	80,–	—	80,–
Fertigungsgemeinkosten	50,–	150,–	200,–
Sondereinzelkosten der Fertigung (Lizenz)	30,–	—	30,–
anteilige Kosten für Grundlagenforschung	—	15,–	15,–
Verwaltungsgemeinkosten	—	55,–	55,–
Vertriebsgemeinkosten	60,–	20,–	80,–
Verkaufsprovision	25,–	—	25,–
	405,–	250,–	655,–

In der Nachkalkulation wurde das Fertigungsmaterial zu Wiederbeschaffungspreisen bewertet. Die historischen Anschaffungspreise sind um 20 % niedriger. Ferner sind in die Fertigungsmaterialkosten pro Sessel 10 % Materialabfälle eingerechnet worden; diese Abfälle konnten zu den Anschaffungskosten verkauft werden. Von den fixen Fertigungsgemeinkosten sind 30 % kalkulatorische Kosten, denen keine Ausgaben gegenüberstehen.

Die Unternehmensleitung möchte wissen:

a) Mit welchem Wert für die Herstellungskosten/ME dürfen die genannten Fertigerzeugnisse in der **Handelsbilanz höchstens** angesetzt werden?
b) Welcher Betrag bildet die **Untergrenze** für die Herstellungskosten/ME in der **Handelsbilanz**?

c) Mit welchem Betrag müßten die Herstellungskosten/ME in die **Steuerbilanz mindestens** aufgenommen werden?

Lösung:

Den Ausführungen in Kapitel 3 Abschnitt D II zu § 255 Abs. 2 und Abs. 3 HGB entsprechend, lassen sich die drei Fragen wie folgt beantworten:

a) Zunächst sind die auf der Basis von Wiederbeschaffungspreisen errechneten *Material-Einzelkosten* ("Fertigungsmaterialkosten") der Nachkalkulation um 20 % zu *kürzen*, weil die historischen Anschaffungskosten nicht überschritten werden dürfen. Ferner müssen von den historischen Anschaffungskosten noch die "Verkaufserlöse" für die *Materialabfälle* abgezogen werden.
Ebenso sind die fixen Fertigungsgemeinkosten um die *kalkulatorischen Kosten* zu *mindern*, da ihnen keine Ausgaben gegenüberstehen.
Auch gehören die anteiligen *Kosten der Grundlagenforschung nicht* zu den aktivierungsfähigen Herstellungskosten, weil sie nicht in einem zwangsläufigen Zusammenhang mit der Produktion des Wirtschaftsjahres stehen (vgl. § 255 Abs. 2 S. 5 HGB).
Schließlich dürfen auch die *Vertriebsgemeinkosten* und die *Verkaufsprovision* gem. § 255 Abs. 2 S. 6 HGB *nicht* in die Herstellungskosten einbezogen werden.
Als **Obergrenze** für die Herstellungskosten in der **Handels**bilanz ist im Beispielsfall somit folgender Wert zu ermitteln:

			DM/ME
	Material-Einzelkosten auf Basis der Wiederbeschaffungspreise	150,–	
./.	20 %	30,–	
=	histor. Anschaffungskosten	120,–	
./.	10 % für Abfall-Erlöse	12,–	
=	Material-Einzelkosten	108,–	108,–
+	Fertigungs-Lohnkosten		80,–
+	Sondereinzelkosten der Fertigung		30,–
=	**Herstellungskosten I**		218,–
+	variable Material-Gemeinkosten		10,–
+	variable Fertigungs-Gemeinkosten		50,–
=	**Herstellungskosten II**		278,–
+	fixe Material-Gemeinkosten		10,–
+	fixe Fertigungsgemeinkosten	150,–	
./.	30 % kalkulatorische Kosten	45,–	
		105,–	105,–
=	**Herstellungskosten III**		393,–
+	Verwaltungs-Gemeinkosten		55,–
=	**Herstellungskosten IV**		448,–

Der einzelne Sessel "Dreaming Cloud" darf in der Handelsbilanz also höchstens mit den "**Herstellungskosten IV**" in Höhe von 448,– DM/ME angesetzt werden.

b) Die **Untergrenze** für den Wertansatz in der **Handels**bilanz bilden die "**Herstellungskosten I**", hier also ein Betrag von 218,– DM/ME; denn für alle Gemeinkostenarten bestehen nach § 255 Abs. 2 S. 3 und S. 4 HGB *Ansatzwahlrechte* für die Handelsbilanz.

c) In der **Steuerbilanz** muß der einzelne Sessel hingegen **mindestens** mit den "**Herstellungskosten III**" bewertet werden (vgl. Kapitel 3 Abschnitt D IIc), im Beispielsfall demnach mit 393,– DM/ME.

Aufgabe 63:

Es sei folgende Situation (in Anlehnung an eine von Küting im SS 1991 gestellte Klausur-Aufgabe) betrachtet:

Die "Iris GmbH" stellt als einziges Produkt Geschirrspüler her. In den Jahren 01 und 02 werden jeweils 500 Geschirrspüler produziert. Im Jahr 01 können 400 Stück, im Jahr 02 jedoch 450 Stück zum Preis von 700,– DM/Stück verkauft werden. Dabei werden im Jahr 02 diejenigen Geschirrspüler, die im Vorjahr nicht verkauft wurden, zuerst abgesetzt. Angenommen, die **Bestandsbewertung** erfolgt im Jahr 01 zur handelsrechtlichen *Wertuntergrenze*, im Jahr 02 jedoch zur *Wertobergrenze*.

Die Kostensituation stellt sich in beiden Jahren wie folgt dar:

- Im Herstellungsbereich fallen pro Geschirrspüler an:

Materialeinzelkosten:	50,– DM
Materialgemeinkosten:	120,– DM
Fertigungs(lohn)einzelkosten:	60,– DM
Fertigungsgemeinkosten:	140,– DM
	370,– DM.

- Im Vertriebsbereich entstehen in jedem Jahr Vertriebskosten von 20,– DM pro verkauften Geschirrspüler.
- Die im Verwaltungsbereich angefallenen 25.000,– DM/Jahr können proportional auf die hergestellten Geschirrspüler verteilt werden.
- In jedem Jahr werden 10.000,– DM für Fremdkapitalzinsen gezahlt, die ausschließlich durch die Herstellung der Geschirrspüler verursacht sind.

Schließlich werden in jedem Jahr 15.000,– DM in den "Sonderposten mit Rücklageanteil" eingestellt.

a) Mit welchem Betrag werden in den Jahren 01 und 02 die nicht verkauften Geschirrspüler in die Bilanzposition "fertige Erzeugnisse und Waren" eingestellt? Begründen Sie Ihre Ergebnisse!

b) Stellen Sie für beide Jahre die G+V-Rechnung nach dem "**Umsatzkostenverfahren**" auf. Ermitteln Sie das jeweilige "**Ergebnis der gewöhnlichen Geschäftstätigkeit**" für das Jahr 01 und das Jahr 02.

Lösung:

a) Als *handelsrechtliche Wertuntergrenze* für die **Herstellungskosten** im Jahre 01 ergibt sich ein Betrag pro Geschirrspüler von:

Materialeinzelkosten:	50,– DM
+ Fertigungs(lohn)einzelkosten:	60,– DM
=	110,– DM/Stück.

Da im Jahre 01 insgesamt 500 – 400 = 100 Stück auf Lager gehen, ist für diese nicht verkauften Geschirrspüler insgesamt ein Betrag von 110,– x 100 = **11.000,– DM** in die Bilanzposition "fertige Erzeugnisse und Waren" einzustellen.

Im Jahre 02 sollen die nicht verkauften Geschirrspüler zur *Wertobergrenze* der Herstellungskosten bewertet werden. Es errechnet sich ein Betrag pro Geschirrspüler in Höhe von:

Materialeinzelkosten:	50,– DM
+ Materialgemeinkosten:	120,– DM
+ Fertigungs(lohn)einzelkosten:	60,– DM
+ Fertigungsgemeinkosten:	140,– DM
+ anteilige Verwaltungskosten:	50,– DM
+ anteilige FK-Zinsen:	20,– DM
=	440,– DM /Stück.

Am Ende des Jahres 02 sind insgesamt noch 150 Geschirrspüler vorhanden; denn es werden in beiden Jahren zusammen 1.000 Stück hergestellt, aber nur 850 Stück verkauft. Diese 150 Stück bewertet zu 440,– DM/Stück führen zu einem Bestandswert von **66.000,– DM**. Unter Berücksichtigung der 11.000,– DM aus dem Jahre 01 ist als "*Bestandserhöhung*" ein Betrag von 66.000 – 11.000 = *55.000,– DM* im Jahr 02 in die Position "fertige Erzeugnisse und Waren" (zusätzlich) einzustellen.

b) Im Jahr 01 werden Umsatzerlöse von 400 x 700,– = 280.000,– DM erzielt; im Jahre 02 betragen die Umsätze 450 x 700,– = 315.000,– DM. Die "Herstellungskosten zur Erzielung der Umsatzerlöse" belaufen sich im Jahre 01 auf 174.000,– DM; sie errechnen sich aus den Kosten des Herstellungsbereiches in Höhe von 500 x 370,– = 185.000,– DM, von denen der Betrag von 11.000,– DM für die 100 nicht verkauften Geschirrspüler abzuziehen ist. Entsprechend betragen – unter Berücksichtigung der in a) errechneten "Bestandserhöhung" von 55.000,– DM – die "Herstellungskosten zur Erzielung der Umsatzerlöse" im Jahre 02 nur 185.000 – 55.000 = 130.000,– DM. Als Vertriebskosten sind im Jahre 01 insgesamt 400 x 20,– = 8.000,– DM, im Jahre 02 insgesamt 450 x 20,– = 9.000,– DM zu berücksichtigen. Die Einstellung in den "Sonderposten mit Rücklageanteil" ist in beiden Jahren als "sonstiger betrieblicher Aufwand" in Höhe von jeweils 15.000,– DM zu erfassen. Schließlich sind in beiden Jahren noch die jeweils unveränderten "Verwaltungskosten" (mit 25.000,– DM/Jahr) und die Fremdkapitalzinsen als "Zinsen und ähnliche Aufwendungen" (mit 10.000,– DM/Jahr) zu berücksichtigen. Demnach zeigt die G+V-Rechnung nach dem "Umsatzkostenverfahren" für die Jahre 01 und 02 folgendes Bild:

G+V-Rechnung	Jahr 01 (in DM)	Jahr 02 (in DM)
Umsatzerlöse	280.000,–	315.000,–
./. Herstellungskosten zur Erzielung der Umsätze	174.000,–	130.000,–
= Bruttoergebnis vom Umsatz	106.000,–	185.000,–
./. Vertriebskosten	8.000,–	9.000,–
./. (Allgem.) Verwaltungskosten	25.000,–	25.000,–
./. sonstige betriebliche Aufwendungen	15.000,–	15.000,–
./. Zinsen u. ä. Aufwendungen	10.000,–	10.000,–
= Ergebnis der gewöhnlichen Geschäftstätigkeit	48.000,–	126.000,–

Hieraus wird ersichtlich, daß das "Ergebnis der gewöhnlichen Geschäftstätigkeit" **48.000,– DM** (Jahr 01) bzw. **126.000,– DM** (Jahr 02) beträgt.

Aufgabe 64:

Stellen Sie – in einem Schaubild geordnet – die (fünf) **Wertansätze** für Gegenstände des *Anlagevermögens* in der **Handelsbilanz** dar.

Lösung:

Die (fünf) Wertansätze für Gegenstände des Anlagevermögens lassen sich folgendermaßen ordnen:

1. "Anschaffungs- oder Herstellungskosten" (AK/HK) als Wertobergrenze
2. "Fortgeführte AK/HK" als niedrigerer Wertansatz aufgrund von *plan*mäßigen Abschreibungen, wenn die Wirtschaftsgüter der Abnutzung (Wertminderung) unterliegen (§ 253 Abs. 2 S. 1 HGB);
3. ein (noch) niedrigerer Wertansatz, wenn *außerplanmäßige* Abschreibungen berücksichtigt werden (§ 253 Abs. 2 S. 3 HGB): a. bei dauernder Wertminderung (= "strenges" Niederstwertprinzip) b. bei nur vorübergehender Wertminderung (= "gemildertes" Niederstwertprinzip);

4. ein noch niedrigerer Wertansatz, der aufgrund eigentlich "*nur steuerrechtlich zulässiger Abschreibungen*" gewählt werden darf (§ 254 HGB):
   a. "Sofortabschreibung" bei geringwertigen Wirtschaftsgütern;
   b. "erhöhte Absetzungen", die an die Stelle der planmäßigen Abschreibungen (siehe 2.) treten;
   c. "Sonderabschreibungen", die neben den planmäßigen Abschreibungen (siehe 2.) vorgenommen werden können;
   d. Abzüge nach § 6b EStG oder R 35 EStR;

5. ein noch niedrigerer Wertansatz, den nur Nicht-Kapitalgesellschaften wählen dürfen, indem sie zusätzlich Abschreibungen "*im Rahmen vernünftiger kaufmännischer Beurteilung*" vornehmen (§ 253 Abs. 4 HGB).

Aufgabe 65:

Nennen Sie die Möglichkeiten der Bilanzpolitik, die bei "**planmäßigen Abschreibungen**" von Gegenständen des **Anlage**vermögens in der *Handels*bilanz existieren.

Lösung:

Als Möglichkeiten der Bilanzpolitik, die bei "planmäßigen Abschreibungen" von Gegenständen des Anlagevermögens in der Handelsbilanz bestehen, lassen sich insbesondere nennen:

(1) Ausschöpfung eines gewissen *Spielraumes* bei der Festlegung der wirtschaftlichen **Nutzungsdauer** (= Abschreibungsdauer) des Anlagegutes;
(2) die freie Wahl der Abschreibungsmethode (sog. "**Methodenfreiheit**");
(3) der zulässige **Wechsel** der Abschreibungsmethode, z. B. von der geometrisch-degressiven Abschreibung zur linearen Abschreibung;
(4) der Ansatz eines **Schrottwertes** (Liquidationswertes);
(5) die Anwendung der "**Vereinfachungsregel**" (gem. R 44 Abs. 2 S. 3 EStR).

Aufgabe 66:

Die "Colombo AG" hat zu Beginn des Jahres 1999 eine Maschine zu Anschaffungskosten a_0 = 100.000,– DM gekauft. Die wirtschaftliche Nutzungsdauer betrage n = 10 Jahre.

a) Ermitteln Sie den Abschreibungsplan bei **geometrisch-degressiver Abschreibung** (= "Buchwertabschreibung") für den Fall, daß für die **Handelsbilanz** ein konstanter Abschreibungsprozentsatz von p = 0,20 (20 %) zugrundegelegt wird. Wie hoch ist der Restbuchwert R_n am Ende der Nutzungsdauer?

b) Mit welchem **Abschreibungsprozentsatz** müßte gerechnet werden, um bei geometrisch-degressiver Abschreibung (Buchwertabschreibung) am Ende der Nutzungsdauer auf einen Restwert von R_n = 1,– DM zu kommen?

c) Wie lautet der Abschreibungsplan für die **Steuerbilanz**, wenn mit dem steuerlich maximal zulässigen Prozentsatz für die geometrisch-degressive Absetzung für Abnutzung (AfA) gearbeitet wird?

Lösung:

a) Bei einem Abschreibungsprozentsatz von p = 20 % auf den jeweiligen Restbuchwert ergibt sich folgender Verlauf der geometrisch-degressiven Abschreibungen für die **Handelsbilanz**:

Jahr (Ende) t	Abschreibung in t	Restbuchwert R_t
1	20.000,—	80.000,—
2	16.000,—	64.000,—
3	12.800,—	51.200,—
4	10.240,—	40.960,—
5	8.192,—	32.768,—
6	6.553,60	26.214,40
7	5.242,88	20.971,52
8	4.194,30	16.777,22
9	3.355,44	13.421,78
10	2.684,36	10.737,42

Wie aus der Tabelle zu entnehmen ist, würde bei einem derartigen Prozentsatz von p = 0,2 die Methode der geometrisch-degressiven Abschreibung am Ende der Nutzungsdauer noch zu einem erheblichen **Restbuchwert** von R_n = 10.737,42 DM führen.

b) Der Abschreibungsprozentsatz p, der bei geometrisch-degressiver Abschreibung (Buchwertabschreibung) einen Restwert von R_n = 1,- DM am Ende der Nutzungsdauer erreichen läßt, ist nach folgender *Formel* zu errechnen:

$$p = \left(1 - \sqrt[n]{\frac{R_n}{a_0}}\right)$$

Hierin bedeuten: n = Anzahl der Jahre der Nutzungsdauer, a_0 = die Anschaffungskosten und R_n den Restwert am Ende der Nutzungsdauer. Für das Beispiel der Maschine der "Colombo AG" beträgt dieser Abschreibungsprozentsatz demnach

$$p = \left(1 - \sqrt[10]{\frac{1}{100.000}}\right) = (1 - 0,316227)$$

p = 0,68377   (also rund 68,38 %).

Handelsrechtlich wäre ein solch hoher Abschreibungsprozentsatz noch zulässig, steuerrechtlich jedoch nicht, wie unter c) ausgeführt wird.

Ergänzung: Bei einem angestrebten Restwert von $R_n = 1.000,-$ DM würde sich der Abschreibungsprozentsatz immer noch auf $p = 0{,}3690$, also 36,9 % belaufen.

c) Nach § 7 Abs. 2 EStG *darf* ein bewegliches Wirtschaftsgut des Anlagevermögens, wie es die Maschine der "Colombo AG" darstellt, auch in der **Steuerbilanz** geometrisch-degressiv abgeschrieben werden. Voraussetzung ist, daß der dabei anzuwendende Prozentsatz **höchstens** das **Dreifache** des bei *linearer* Abschreibung in Betracht kommenden Prozentsatzes beträgt *und* **30 %** *nicht* übersteigt (vgl. § 7 Abs. 2 S. 2 EStG).

Im Beispielsfall würde der Prozentsatz bei linearer Abschreibung wegen der 10-jährigen Nutzungsdauer genau 10 % betragen, so daß hier für die geometrisch-degressive Absetzung für Abnutzung in der Steuerbilanz mit $p = 0{,}3$ (30 %) gerechnet werden darf. Demzufolge ergibt sich folgender Abschreibungs- bzw. AfA-Plan:

Jahr (Ende) t	AfA in t	Restbuchwert R_t
1	30.000,—	70.000,—
2	21.000,—	49.000,—
3	14.700,—	34.300,—
4	10.290,—	24.010,—
5	7.203,—	16.807,—
6	5.042,10	11.764,90
7	3.529,47	8.235,43
8	2.470,63	5.764,80
9	1.729,44	4.035,36
10	1.210,61	2.824,75

Aufgabe 67:

Angenommen, die Anschaffungskosten (a_0) eines 1999 gekauften beweglichen Wirtschaftsgutes betragen 80.000,– DM, die Nutzungsdauer belaufe sich auf $n = 8$ Jahre und es wird ein Restwert (Liquidationswert) von $R_n = 0$ am Ende der Nutzungsdauer erwartet. Ermitteln Sie für die einzelnen Jahre der Nutzungsdauer den **steuerlich zulässigen Abschreibungsplan**, mit welchem möglichst frühzeitige und möglichst hohe jährliche Abschreibungen durch einen **Wechsel der Abschreibungsmethode** erreicht werden.

Lösung:

Wie auch die vorhergehenden Beispiele zeigen, führt die geometrisch-degressive Abschreibungsmethode – insbes. aufgrund der Begrenzung der steuerlich zulässigen Sätze nach oben – zu relativ hohen Restbuchwerten am Ende der Nutzungsdauer. Da diese zu hohen Restbuchwerte kein "wahres" Bild von den tatsächlichen Anlagenwerten in den letzten Jahren der Nutzungsdauer wiedergeben, ist sowohl handelsrechtlich als auch steuerrechtlich (vgl. § 7 Abs. 3 S. 1 EStG) der **Übergang** von der (zunächst) **degressiven** Abschreibung auf die (dann) **lineare** Abschreibung zulässig; damit ist eine Abschreibung auf Null möglich.

Um unter Beachtung der steuerlichen Höchstgrenzen möglichst frühzeitige und möglichst hohe jährliche Abschreibungen zu erreichen, sollte von der geometrisch-degressiven Abschreibung auf die lineare Abschreibung *in dem Jahr* übergegangen wer-den, in welchem der Abschreibungsbetrag bei *linearer* Abschreibung **höher** ist als bei Fortführung der *degressiven* Abschreibung. Zur Ermittlung dieses optimalen Übergangszeitpunktes kann wie folgt vorgegangen werden (so z. B. bei Coenenberg, Jahresabschluß, S. 138): Der jeweilige Abschreibungsbetrag bei geometrisch-degressiver Abschreibung wird verglichen mit demjenigen Betrag, der sich pro Jahr ergibt, wenn jeweils der für die noch verbleibende Nutzungsdauer aus der Buchwertabschreibung resultierende Restbuchwert linear abgeschrieben wird, d. h. durch die Anzahl der verbleibenden Nutzungsjahre geteilt wird.

Für den Beispielsfall ergibt sich dann der in der folgenden Tabelle dargestellte Abschreibungsverlauf:

Jahr t	geom.-degr. AfA in t	Restbuchwert am **Ende** des Jahres	Restbuchwert zu **Beginn** des Jahres	Rest-nutzungs-dauer	lineare Abschreibung bei Übergang
1	24.000,—	56.000,—	80.000,—	8	10.000,—
2	16.800,—	39.200,—	56.000,—	7	8.000,—
3	11.760,—	27.440,—	39.200,—	6	6.533,33
4	8.232,—	19.208,—	27.440,—	5	5.488,—
5	5.762,40	13.445,60	19.208,—	4	4.802,—
6	**4.033,68**	9.411,92	13.445,60	3	**4.481,87**
7	2.823,58	6.588,34	9.411,92	2	4.705,96
8	1.976,50	4.611,84	6.588,34	1	6.588,34

Bei der Berechung der dargestellten geometrisch-degressiven AfA ist zu beachten: Der lineare Abschreibungssatz beträgt zwar $1/8 = 0,125$ (also 12,5 %); demnach beliefe sich das Dreifache des linearen Satzes auf $3 \times 0,125 = 0,375$, also 37,5 %. Da nach § 7 Abs. 2 S. 2 EStG jedoch der Prozentsatz für die geometrisch-degressive Abschreibung 30 % *nicht* übersteigen darf, ist für den Beispielsfall mit dem höchst-zulässigen Satz von 30 % zu rechnen.

Die letzte Spalte der Tabelle zeigt sodann, daß im Beispielsfall der *Übergang* von der geometrisch-degressiven Abschreibung auf die lineare Abschreibung im 6. Jahr vollzogen werden sollte. Denn hier ist die Buchwertabschreibung (4.033,68 DM) erstmalig *kleiner* als der Betrag (4.481,87 DM) bei linearer Abschreibung für die Restnutzungsdauer. Das Wirtschaftsgut sollte im Beispielsfall demnach 5 Jahre lang mit 30 % geometrisch-degressiv und anschließend 3 Jahre lang linear – in Höhe von 4.481,87 DM pro Jahr – abgeschrieben werden.

Aufgabe 68:

In der "Falken-AG" wird im Januar 1999 eine Maschine zu Anschaffungskosten in Höhe von 78.000,- DM gekauft, die eine Nutzungsdauer von 12 Jahren hat. Der Schrottwert sei Null.

a) Stellen Sie den Abschreibungsplan für die *Handels*bilanz nach der Methode der "**digitalen Abschreibung**" auf.
b) Wäre dieser in Teilaufgabe a) ermittelte Abschreibungsplan auch für die *Steuer*bilanz zulässig?

Lösung:

Die "**digitale Abschreibung**" ist eine Form der arithmetisch-*degressiven* Abschreibung. Bei der digitalen Abschreibung ist der Abschreibungsbetrag des letzten Jahres gerade gleich dem sog. "Degressionsbetrag", um den die Abschreibungsbeträge von Jahr zu Jahr fallen. Im Gegensatz zur Methode der geometrisch-degressiven Abschreibung (= "Buchwertabschreibung") führt die Methode der digitalen Abschreibung i. d. R. zu einem Restwert von $R_n = 0$ am Ende der Nutzungsdauer.

a) Allgemein läßt sich der "Degressionsbetrag" (D) der digitalen Abschreibung errechnen, indem man die Anschaffungs- oder Herstellungskosten durch die Summe der Jahresziffern der (geschätzten) Nutzungsdauer dividiert. Es gilt also folgende Beziehung:

$$\text{Degressionsbetrag (D)} = \frac{\text{Anschaffungskosten}}{\text{Summe der Jahresziffern}}$$

$$D = \frac{a_0}{\frac{n(n+1)}{2}} = \frac{2 \times a_0}{n(n+1)}$$

Die jährlichen Abschreibungsbeträge ergeben sich sodann, wenn man den "Degressionsbetrag" mit den Jahresziffern in umgekehrter Reihenfolge multipliziert:

$$AfA_1 = D \times n$$
$$AfA_2 = D \times (n-1)$$
$$AfA_3 = D \times (n-2)$$
$$\vdots$$
$$AfA_n = D \times (n-(n-1)) = D$$

Für die Daten des Beispiels der "Falken-AG" beläuft sich der "Degressionsbetrag" somit auf:

$$D = \frac{2 \times 78.000}{12(12+1)} = \frac{156.000}{156} = 1.000$$

Dementsprechend läßt sich für die *Handels*bilanz folgender Abschreibungsplan für die 12 Jahre der voraussichtlichen Nutzungsdauer aufstellen:

Jahr (Ende) t	Abschreibungsbetrag in t	Restbuchwert
1	12.000,–	66.000,–
2	11.000,–	55.000,–
3	10.000,–	45.000,–
4	9.000,–	36.000,–
5	8.000,–	28.000,–
6	7.000,–	21.000,–
7	6.000,–	15.000,–
8	5.000,–	10.000,–
9	4.000,–	6.000,–
10	3.000,–	3.000,–
11	2.000,–	1.000,–
12	1.000,–	0,–

b) Nein! Denn die Vornahme einer digitalen Abschreibung ist in der *Steuerbilanz* **nicht** zulässig. Ab Veranlagungszeitraum 1985 ist nämlich der alte § 7 Abs. 2 S. 3 EStG, der die digitale Abschreibung früher auch für die Steuerbilanz – allerdings unter gewissen Einschränkungen – erlaubte, durch das 2. Haushaltsstruktur-Gesetz aufgehoben worden; begründet wurde diese Aufhebung insbes. mit der Vereinfachung des Steuerrechts.

Aufgabe 69:

Erläutern Sie anhand einiger Beispiele die Ursachen für eine **außerplanmäßige Abschreibung** (wegen Wertminderung) bei Gegenständen des *Anlage*vermögens.

Lösung:

Wie in Kapitel 3 Abschnitt D VI ausgeführt, können insbesondere **technische** und **wirtschaftliche** Ursachen sowie das **Sinken der Wiederbeschaffungskosten** für eine außerplanmäßige Abschreibung bei Gegenständen des Anlagevermögens verantwortlich sein. Beispielsweise können zu außerplanmäßigen Abschreibungen führen: Brand, Explosion, Mehr-Inanspruchnahme durch zeitweiligen Zweischicht-Betrieb, Diebstahl von Wirtschaftsgütern, Entwicklung eines neuen Patentes durch die Konkurrenz, technischer Fortschritt, Fortfall der Verwendungsmöglichkeiten von Anlagegütern durch Mode- oder Einkommensänderung bei den Nachfragern oder durch Verlust von Absatzgebieten infolge politischer Ereignisse, Fehlschätzung der Nutzungsdauer, Sinken des Börsenkurses bei Beteiligungen oder anderen Wertpapieren des Anlagevermögens.

Aufgabe 70:

Worin entsprechen und worin unterscheiden sich "**außerplanmäßige Abschreibungen**" und "**Absetzungen für außergewöhnliche ... Abnutzung**"?

Lösung:

"Außerplanmäßige Abschreibungen" und "Absetzungen für außergewöhnliche ... Abnutzung" *entsprechen* sich in zwei (von drei) Abschreibungs-Ursachen: Beide **müssen** vorgenommen werden bei voraussichtlich **dauernden** zusätzlichen **Wertminderungen** aufgrund *technischer* oder *wirtschaftlicher* Ursachen (vgl. hierzu die vorhergehende Aufgabe und § 7 Abs. 1 S. 6 EStG). Außerdem **müssen** ab 1999 bei **Kapitalgesellschaften** sowohl "außerplanmäßige Abschreibungen" (in der Handelsbilanz) als auch "Absetzungen für außergewöhnliche ... Abnutzung" (in der Steuerbilanz) durch "**Zuschreibung**" (**Wertaufholung**) rückgängig gemacht werden, wenn die Gründe für die "außerplanmäßige Abschreibung" bzw. die "Absetzungen für außergewöhnliche ... Abnutzung" nicht mehr bestehen (vgl. § 280 Abs. 1 HGB und § 7 Abs. 1 S. 6 EStG n. F.).

Als *Unterschiede* zwischen beiden Formen der Berücksichtigung von Wertminderungen lassen sich nennen:

(1) "Außerplanmäßige Abschreibungen" gehören begrifflich in das Handelsrecht; sie sind also in der **Handelsbilanz** zu berücksichtigen. Demgegenüber stellen "Absetzungen für außergewöhnliche ... Abnutzung" einen Begriff des Steuerrechts dar und sind daher für die **Steuerbilanz** relevant.

(2) "Außerplanmäßige Abschreibungen" dürfen auch bei Sinken der Wiederbeschaffungskosten oder des Einzelveräußerungspreises vorgenommen werden. Im Steuerrecht ist es hingegen *nicht* möglich, aus diesem Grunde eine "Absetzung für außergewöhnliche ... Abnutzung" vorzunehmen. Hier käme stattdessen nur eine "**Teilwertabschreibung**" in Betracht.

(3) Im Handelsrecht ist die Art der vorangegangenen Abschreibung (= **Abschreibungs-Methode**) unerheblich, solange sie planmäßig war. Im Steuerrecht ist eine "Absetzung für außergewöhnliche ... Abnutzung" *nur* dann erlaubt, wenn das Wirtschaftsgut *linear* oder *nach Maßgabe der Leistung* abgeschrieben wird (vgl. § 7 Abs. 2 S. 4 EStG).

(4) "Außerplanmäßige Abschreibungen" müssen bzw. dürfen sowohl bei **abnutzbaren** als auch bei **nicht abnutzbaren** Wirtschaftsgütern des Anlagevermögens vorgenommen werden. Eine "Absetzung für außergewöhnliche ... Abnutzung" ist ex definitione *nur* bei **abnutzbaren** Gütern des Anlagevermögens möglich und zulässig. Bei nicht abnutzbaren Wirtschaftsgütern des Anlagevermögens käme gegebenenfalls (wiederum) nur eine "Teilwertabschreibung" in Frage.

Aufgabe 71:

Erläutern Sie den Grundgedanken des "**Teilwertes**" und die sog. "**Teilwertproblematik**". Nennen Sie dabei auch die sog. "**Teilwertvermutungen**" und die Gründe für eine **Widerlegung** dieser Vermutungen.

Lösung:

Den Ausgangspunkt der Überlegungen bildet die **Legal-Definition** des "Teilwertes": Der "Teilwert" ist der Betrag, den ein Erwerber des gesamten Betriebes im Rahmen des Gesamtkaufpreises für das einzelne Wirtschaftsgut ansetzen würde; dabei ist davon auszugehen, daß der Erwerber den Betrieb fortführt (vgl. § 6 Abs. 1 Nr. 1 S. 3 EStG).

Der **Grundgedanke** dabei ist, daß der Wert eines Wirtschaftsgutes nicht bei isolierter Betrachtung des einzelnen Gegenstandes ermittelt werden soll; der Wert soll vielmehr unter Berücksichtigung der Tatsache, daß das Wirtschaftsgut *Teil einer wirtschaftlichen Einheit* ist, d. h. unter Berücksichtigung der Zugehörigkeit des Wirtschaftsgutes zum Betrieb als einem Ganzen angesetzt werden: Der einzelne Gegenstand soll mit dem auf ihn entfallenden *Teil* des *Gesamtwertes* des Betriebes bewertet werden.

Dieser Gesamtwert im Sinne eines Gesamtkaufpreises, den ein fiktiver Bewerber für den Betrieb als Ganzes zu zahlen bereit wäre, kann i. d. R. nur ein *ertrags*-abhängiger Wert der ganzen Unternehmung sein. Denn die Ermittlung des Gesamtkaufpreises soll – wie aus der Definition des Teilwertes in § 6 Abs. 1 EStG zu entnehmen ist – unter dem Gesichtspunkt der Fortführung des Betriebes (vgl. "going concern-Prinzip"), also insbes. unter Berücksichtigung der zukünftig zu erwartenden *Erträge* erfolgen.

Die sog. "**Teilwertproblematik**" besteht nun darin, daß das Ziel einer ertrags-abhängigen Bewertung des einzelnen Wirtschaftsgutes mit dem "Teilwert" gar *nicht* realisiert werden kann, weil sich die rechnerische Ermittlung eines derartigen "Teilwertes" aus zwei Gründen als *unmöglich* erweist (vgl. Jacob, Bewertungsproblem): Zum einen ist bereits eine exakte Berechnung des Gesamtwertes des Betriebes als Ganzes i. d. R. nicht möglich, weil dies vollkommene Information über die zukünftige Entwicklung der Ertragslage der Unternehmung voraussetzen würde. Zum anderen ist aber vor allem eine "richtige" *Verteilung* des ertrags-abhängigen Gesamtwertes auf die einzelnen Wirtschaftsgüter *un*möglich; denn ein derartiges "Zurechnungsproblem" ist generell unlösbar!

Wohl in Erkenntnis dieser Tatsachen hat bereits der RFH sog. "**Teilwertvermutungen**" aufgestellt, die vom BFH übernommen wurden. Diese "Teilwertvermutungen" stehen aber im Widerspruch zu dem ursprünglichen Konzept einer ertrags-abhängigen Bewertung des einzelnen Wirtschaftsgutes; denn aufgrund dieser "Teilwertvermutungen" kommt es i. d. R. zu einer *preis*- bzw. *kosten*-orientierten (Einzel-)Bewertung des Wirtschaftsgutes (vgl. hierzu ausführlicher: Jacob, Bewertungsproblem).

Im einzelnen gelten für die verschiedenen Gruppen von Wirtschaftsgütern folgende "Teilwertvermutungen":

(1) Im Zeitpunkt der Anschaffung oder Herstellung ist der Teilwert gleich den tatsächlichen Anschaffungs- oder Herstellungskosten.
(2) Bei nicht abnutzbaren Wirtschaftsgütern des Anlagevermögens gilt die Vermutung, daß der Teilwert gleich den Anschaffungskosten ist, auch für spätere Stichtage.
(3) Bei Abnutzungsgütern des Anlagevermögens entspricht der Teilwert den um die AfA verminderten Anschaffungs- oder Herstellungskosten.
(4) Für Gegenstände des Anlagevermögens ist die untere Grenze des Teilwertes der Einzelveräußerungspreis.
(5) Für Güter des Umlaufvermögens, die einen Börsen- oder Marktpreis besitzen, ist der Teilwert i. d. R. gleich den Wiederbeschaffungskosten.
(6) Die Wiederbeschaffungskosten bilden grundsätzlich die obere Grenze des Teilwerts.

Diese "Teilwertvermutungen" für die Ermittlung des "Teilwertes" gelten, solange sie nicht vom Steuerpflichtigen widerlegt werden. Als Gründe für eine **Widerlegung** der "Teilwertvermutungen" lassen sich insbesondere nennen:

(1) Sinken der Wiederbeschaffungskosten;
(2) Unrentierlichkeit des gesamten Betriebes;
(3) Unrentierlichkeit des einzelnen Gegenstandes im Betrieb.

Aufgabe 72:

Zu welchen Neuregelungen ist es bezüglich der Vornahme von "**Teilwertabschreibungen**" durch das *Steuerentlastungsgesetz 1999/2000/2002* für die Steuerbilanz gekommen? Wie sind diese Neuregelungen zu beurteilen?

Lösung:

Durch das Steuerentlastungsgesetz 1999/2000/2002 wurden § 6 Abs. 1 Nr. 1 S. 2 und Nr. 2 S. 2 EStG neu gefaßt. Danach dürfen **ab 1999** in der Steuerbilanz nur noch dann Abschreibungen auf den niedrigeren Teilwert vorgenommen werden, wenn die Wertminderungen voraussichtlich **von Dauer** sind.

Diese Neuregelungen werden dem Steuerpflichtigen schon bei der Bewertung von abnutzbarem und nicht-abnutzbarem *Anlage*vermögen einige Probleme bereiten, zum einen bezüglich der Qualifizierung einer Wertminderung als voraussichtlich "dauerhaft", zum anderen wegen der "*Umkehrung der Beweislast*" nach § 6 Abs. 1 Nr. 1 S. 4 EStG n. F. für die Beibehaltung eines niedrigeren Teilwertes in Folgejahren (vgl. Kapitel 3 Abschnitt D VI).

Vor allem aber erscheint diese Neuregelung problematisch bezüglich der Bewertung von Wirtschaftsgütern des *Umlauf*vermögens. So ist durchaus offen, ob die Finanzverwaltung in Zukunft überhaupt noch Teilwertabschreibungen im Umlaufvermögen akzeptieren wird; zur Begründung für diese pessimistische, aber wohl nicht ganz abwegig erscheinende Sichtweise sei auf die Ausführungen in Kapitel 3 Abschnitt D XIII verwiesen.

Auf jeden Fall wird es durch die Neuregelung noch häufiger als bisher zur **Durchbrechung** der Maßgeblichkeit und damit zu Abweichungen zwischen Handels- und Steuerbilanz kommen. Denn in der Handelsbilanz ist für das Umlaufvermögen das strenge Niederstwertprinzip weiterhin zu beachten, das einen niedrigeren Wertansatz auch bei einer *nicht dauernden* (also nur vorübergehenden) Wertminderung gebietet.

Aufgabe 73:

Eingeführt durch das neue *Steuerentlastungsgesetz 1999/2000/2002*, gilt ab 1999 das neue **steuerrechtliche Wertaufholungsgebot** (nach § 6 Abs. 1 Nr. 1 S. 4 und Nr. 2 S. 3 EStG n. F.).

a) Welche Konsequenzen hat es für die Bilanzen von *Kapitalgesellschaften (& Co)* und *Nicht-Kapitalgesellschaften*?
b) Welche Probleme ergeben sich aus dieser steuerrechtlichen Neuregelung?

Lösung:

a) Das neue Wertaufholungsgebot des § 6 Abs. 1 Nr. 1 S. 4 und Nr. 2 S. 3 EStG n. F. bezieht sich zunächst einmal auf die **Steuerbilanz**. Danach **müssen** (= Pflicht) alle Kaufleute, also rechtsform*un*abhängig, in ihrer Steuerbilanz eine **Teilwertabschreibung** dann durch eine **Zuschreibung** rückgängig machen, *wenn* der *Grund* für die in einem früheren Geschäftsjahr vorgenommene Abschreibung auf den niedrigeren Teilwert *weggefallen* ist. Diese Zuschreibungspflicht gilt ab 1999 in der Steuerbilanz sowohl für abnutzbare Wirtschaftsgüter des Anlagevermögens (vgl. § 6 Abs. 1 Nr. 1 S. 4 EStG n. F.) als auch für Wirtschaftsgüter des nicht-abnutzbaren Anlagevermögens und des Umlaufvermögens (vgl. § 6 Abs. 1 Nr. 2 S. 3 EStG n. F.).

Das neue steuerrechtliche Wertaufholungsgebot hat ferner die Konsequenz, daß **Kapitalgesellschaften** – und die ihnen nach dem Entwurf zum KapCoRiLiG gleichgestellten **GmbH & Co KGs** oder AG & Co KGs – ab 1999 auch für ihre **Handelsbilanz** das Wertaufholungs**gebot** nach § 280 Abs. 1 HGB zwingend beachten müssen. Das bis 1998 nutzbare faktische Beibehaltungswahlrecht für einen niedrigeren Wertansatz nach § 280 Abs. 2 HGB ist damit für Kapitalgesellschaften (& Co) ab 1999 aufgehoben (vgl. Hoffmann, Anmerkungen, S. 1199); der § 280 Abs. 2 HGB läuft nunmehr ins Leere, weil es ab 1999 ein steuerrechtliches Beibehaltungswahlrecht nicht mehr gibt.

Für **Nicht-Kapitalgesellschaften** bleibt es hingegen bei den bisherigen generellen Beibehaltungswahlrechten (vgl. Kapitel 3 Abschnitte D IX und D XVIII).

b) Probleme resultieren aus dem neuen steuerrechtlichen Wertaufholungsgebot zum einen deshalb, weil es die bilanzierenden Unternehmen zur Führung einer arbeitsintensiven *"Schatten-(Anlage-)buchhaltung"* zwingt. Denn nur mit ihrer Hilfe kann die Wertobergrenze ermittelt werden, bis zu der wieder zugeschrieben werden muß, wenn der Grund für eine Teilwertabschreibung weggefallen ist (vgl. Kapitel 3 Abschnitt D IX). Dabei wird sich wegen der zeitlichen *Rückwirkung* des steuerrechtlichen Wertaufholungsgebotes als besonderes Problem erweisen, daß häufig die notwendigen Unterlagen wegen Ablaufs der Aufbewahrungsfristen in den Unternehmen gar nicht mehr vorhanden sind.

Zum anderen löst die *"Rückwirkungs-Problematik"* der neuen steuerrechtlichen Zuschreibungspflicht auch verfassungsrechtliche Bedenken aus (vgl. Herzig/Rieck, Wertaufholungsgebot, S. 316): Verfassungsrechtlich bedenklich erscheint, daß Wertaufholungen *rückwirkend*, d. h. auch dann vorgenommen werden müssen, wenn nicht nur die Teilwertabschreibung in der Vergangenheit erfolgte, sondern sich der Wert der betreffenden Wirtschaftsgüter auch *bereits* in den *abgelaufenen* Wirtschaftsjahren (also vor 1999) erholt hat, aufgrund des bis 1998 geltenden *steuerrechtlichen Beibehaltungswahlrechtes* aber zulässigerweise *nicht* zugeschrieben wurde (vgl. Kapitel 3 Abschnitte D IX und D XVIII).

Schließlich sind noch die – bisher ungelösten – Probleme zu erwähnen, die insbes. für *Nicht-Kapitalgesellschaften* im Zusammenhang mit dem Wahlrecht auftreten, eine *"Wertaufholungs-Rücklage"* nach § 52 Abs. 16 S. 3 EStG (1999) zu bilden (vgl. dazu Kapitel 3 Abschnitt C X und die Übungs-Aufgabe 58c).

Aufgabe 74:

Ein Unternehmen mit Sitz in Leipzig kauft im Januar 1996 eine Maschine für 120.000,– DM; die Nutzungsdauer betrage 6 Jahre.

Wie wirkt sich die sog. **"Zweischneidigkeit der Bilanz"** auf die Periodengewinne und auf den Totalgewinn aus, wenn einerseits nur die lineare AfA, andererseits im ersten Jahr eine **Sonderabschreibung** in Höhe von 50 % der Anschaffungskosten **nach § 4 Abs. 2 FördG** neben der linearen AfA vorgenommen wird?

Lösung:

Bei der Ermittlung des Abschreibungsverlaufes ist zu berücksichtigen: Die Sonderabschreibungen treten *während* des *Begünstigungszeitraumes* (im hier betrachteten Fall: 5 Jahre; vgl. § 4 Abs. 1 S. 2 FördG) **neben** die planmäßige **lineare** Abschreibung. Deshalb beträgt die AfA im 2. und 3. Jahr – trotz der Sonderabschreibung im 1. Jahr – unverändert jeweils 20.000,– DM. Nach drei Jahren ist damit die Maschine in Handels- *und* Steuerbilanz bereits voll abgeschrieben.

Die folgende Tabelle zeigt die unterschiedlichen Abschreibungsverläufe und deren Einfluß auf die Periodengewinne:

Jahr	lineare AfA	Sonderabschreibung + lineare AfA	Gewinn- änderung
1	20.000	80.000	− 60.000
2	20.000	20.000	—
3	20.000	20.000	—
4	20.000	—	+ 20.000
5	20.000	—	+ 20.000
6	20.000	—	+ 20.000
Summe	120.000	120.000	0

Die Gewinnminderung des ersten Jahres durch die Sonderabschreibung von 60.000,– DM wird durch erhöhte Gewinne von 20.000,– DM/Jahr im 4. bis 6. Jahr wieder ausgeglichen. Der Totalgewinn bleibt unverändert.

Aufgabe 75:

Einige deutsche Unternehmen erwähnen in ihren Geschäftsberichten für 1998 (eigentlich) **nur steuerrechtlich zulässige Abschreibungen**, die auf in *früheren* Geschäftsjahren (häufig vor 1991) angeschaffte oder hergestellte langlebige Anlagegüter vorgenommen wurden bzw. werden, aber für im Wirtschaftsjahr 1998 durchgeführte Investitionen *nicht mehr* genutzt werden können.

Nennen Sie einige Beispiele für derartige ausgelaufene

a) **erhöhte Absetzungen** und

b) **Sonderabschreibungen**.

Geben Sie dabei auch kurz an, *welche Investitionen* bzw. Maßnahmen gefördert wurden und *in welchem Umfange* die nur steuerrechtlich zulässigen Abschreibungen jeweils in Anspruch genommen werden durften.

Lösung:

a) In den Geschäftsberichten 1998 häufiger noch erwähnt werden insbes. folgende **erhöhte Absetzungen**:

Rechts- grundlage	begünstigte Tatbestände	Umfang der Förderung
§ 7d EStG	Wirtschaftsgüter, die dem Umweltschutz dienen und die vor dem 1.1.91 angeschafft oder hergestellt worden sind.	Im Jahr der Anschaffung oder Herstellung bis zu 60 % der Anschaffungs- oder Herstellungskosten; Rest bis zu 10 % p. a.
§ 82a EStDV	Gebäudebezogene Maßnahmen zur Energieeinsparung, die vor dem 1.1.92 abgeschlossen worden sind.	Im Jahr der Durchführung und in den folgenden 9 Jahren jeweils bis zu 10 % der Herstellungskosten.

Rechts-grundlage	begünstigte Tatbestände	Umfang der Förderung
§ 82g EStDV	Bestimmte Sanierungs- und Modernisierungsmaßnahmen, die vor dem 1.1.91 abgeschlossen worden sind.	Im Jahr der Durchführung und in den folgenden 9 Jahren jeweils bis zu 10 % der Herstellungskosten.
§ 82i EStDV	Erhaltungsmaßnahmen für Baudenkmäler, die vor dem 1.1.91 abgeschlossen worden sind.	Im Jahr der Durchführung und in den folgenden 9 Jahren jeweils bis zu 10 % der Herstellungskosten.
§ 14 BerlinFG	Bestimmte Wirtschaftsgüter des Anlagevermögens einer in Berlin (West) und im Gebiet der ehem. DDR (seit 1.1.91) gelegenen Betriebsstätte, wenn diese nach dem 31.12.89 und vor dem 1.7.91 bestellt wurden bzw. mit deren Herstellung vor diesem Zeitpunkt begonnen worden ist.	Im Jahr der Anschaffung oder Herstellung und in den folgenden 4 Jahren bis zur Höhe von insgesamt 75 % der Anschaffungs- oder Herstellungskosten.

b) Insbesondere auf die folgenden **Sonderabschreibungen** wird häufiger hingewiesen:

Rechts-grundlage	begünstigte Tatbestände	Umfang der Förderung
§ 7f EStG	Abnutzbare Wirtschaftsgüter des Anlagevermögens von Krankenhäusern, die vor dem 1.1.96 bestellt oder hergestellt wurden.	Im Jahr der Anschaffung oder Herstellung und in den 4 Folgejahren: bei beweglichen Anlagegütern bis zu insgesamt 50 % der Anschaffungs- oder Herstellungskosten, bei unbeweglichen Anlagegütern bis zu insgesamt 30 % der Anschaffungs- oder Herstellungskosten.
§ 3 Abs. 2 ZRFG	Abnutzbare Wirtschaftsgüter des Anlagevermögens in einer Betriebsstätte im Zonenrandgebiet, die vor dem 1.1.95 angeschafft oder hergestellt wurden.	Im Jahr der Anschaffung oder Herstellung und in den 4 Folgejahren bis zu insgesamt 50 % der Anschaffungs- oder Herstellungskosten.
§ 81 EStDV	Abnutzbare Wirtschaftsgüter des Anlagevermögens im Kohlen- und Erzbergbau, die vor dem 1.1.90 angeschafft oder hergestellt wurden.	Im Jahr der Anschaffung oder Herstellung und in den 4 Folgejahren: bei beweglichen Wirtschaftsgütern bis zur Höhe von insgesamt 50 % der Anschaffungs- oder Herstellungskosten, bei unbeweglichen Wirtschaftsgütern bis zur Höhe von insgesamt 30 % der Anschaffungs- oder Herstellungskosten.
§ 82d EStDV	Bestimmte abnutzbare Wirtschaftsgüter, die der Forschung und Entwicklung dienen, welche vor dem 1.1.90 angeschafft oder hergestellt wurden.	Im Jahr der Anschaffung oder Herstellung und in den 4 Folgejahren: bei beweglichen Wirtschaftsgütern bis zur Höhe von insgesamt 40 % der Anschaffungs- oder Herstellungskosten, bei unbeweglichen Wirtschaftsgütern bis zur Höhe von insgesamt 15 % (bzw. 10 %) der Anschaffungs- oder Herstellungskosten.

Aufgabe 76:

Erläutern Sie, weshalb und wie steuerliche "**Sonderabschreibungen**" auch in der *Handelsbilanz* zu berücksichtigen sind und welche *Problematik* damit verbunden ist.

Lösung:

Sonderabschreibungen dürfen – aufgrund des "Maßgeblichkeitsprinzipes" – *nur dann* in der Steuerbilanz durchgeführt werden, wenn sie *zuvor* auch in der Handelsbilanz – und zwar dort als "außerplanmäßige Abschreibungen" im Sinne einer eigentlich "nur steuerrechtlich zulässigen Abschreibung" nach § 254 HGB – vorgenommen wurden (sog. "**umgekehrte** Maßgeblichkeit" gem. § 5 Abs. 1 S. 2 EStG). Hieraus resultiert folgende Problematik:

In der Handelsbilanz soll die Abschreibung bewirken, daß – im Interesse des Gläubigerschutzes – die Anlagegüter, die einer Abnutzung unterliegen und somit in ihrem Wert gemindert werden, nicht zu hoch bewertet werden, d. h., die Abschreibungen dürfen einerseits nicht zu gering sein. Zur Gewährleistung eines den tatsächlichen Verhältnissen entsprechenden Bildes von der Vermögens-, Finanz- und Ertragslage darf die Abschreibung aber andererseits auch nicht willkürlich beliebig hoch angesetzt werden. Im Idealfall sollten die Abschreibungen der tatsächlichen Wertminderung entsprechen.

Sonderabschreibungen, die für eine begrenzte Zeit und auch für einen begrenzten Personenkreis aus Gründen der Konjunktur- und Strukturpolitik zugelassen werden, stehen aber in keiner Beziehung zum angenommenen Wertminderungsverlauf. Sie dienen allein der Beinflussung der Steuerbemessungsgrundlage "Gewinn", zumal sie noch *neben* den planmäßigen Abschreibungen in Anspruch genommen werden dürfen (vgl. Übungs-Aufgabe 74).

Die **Aussagefähigkeit** der Handelsbilanz wird dadurch stark **beeinträchtigt:** Der Wertansatz in der Beständebilanz und das Ergebnis der Gewinn- und Verlustrechnung werden wegen der Sonderabschreibung durch steuerliche Überlegungen bestimmt; somit entsteht ein verzerrtes Bild von der Lage der Unternehmung.

Aus diesem Grunde wird verständlich, daß § 281 Abs. 2 S. 1 HGB für alle *Kapitalgesellschaften* und – ab 1999 nach dem Entwurf zum KapCoRiLiG – *GmbH & Co KGs* verlangt, den *Betrag* der im Geschäftsjahr "allein nach steuerrechtlichen Vorschriften vorgenommenen Abschreibungen" im *Anhang* zu nennen und hinreichend zu begründen; außerdem müssen mittelgroße und große Kapitalgesellschaften nach § 285 Nr. 5 HGB im Anhang auch das *Ausmaß* angeben, in dem das Jahresergebnis durch Abschreibungen aufgrund steuerrechtlicher Vorschriften beeinflußt wurde. Für *Nicht-Kapitalgesellschaften* gibt es derartige Erläuterungs-Vorschriften jedoch *nicht*.

Aufgabe 77:

Bei einem bestimmten Material des *Vorrats*vermögens ist im gerade zu Ende gehenden Wirtschaftsjahr folgende Lagerbewegung erfolgt:

Anfangsbestand:	100 ME	zu 24,— DM/ME
Abgang	50 ME	
Zugang	100 ME	zu 25,— DM/ME
Zugang	100 ME	zu 27,— DM/ME
Abgang	200 ME	
Zugang	100 ME	zu 26,— DM/ME
Abgang	50 ME	
Zugang	300 ME	zu 29,— DM/ME
Abgang	200 ME	
Zugang	200 ME	zu 27,99 DM/ME
Abgang	100 ME	
Endbestand:	300 ME	

a) Ermitteln Sie die Werte, die sich pro Mengeneinheit und für den Endbestand insgesamt ergeben, wenn folgende Verfahren der "**Sammelbewertung**" angewendet werden:
   (1) Methode des gewogenen Durchschnittspreises,
   (2) Methode des gleitenden Durchschnittspreises,
   (3) Fifo-Verfahren,
   (4) Lifo-Verfahren,
   (5) Hifo-Verfahren,
   (6) Lofo-Verfahren.

b) Geben Sie an, welcher Wert/ME von den unter a) errechneten Werten als Wertansatz in der Handelsbilanz zulässig ist, wenn der Wiederbeschaffungspreis am Bilanzstichtag
   (1) im Falle A auf 28,15 DM/ME gestiegen ist,
   (2) im Falle B auf 26,50 DM/ME gesunken ist.

Lösung:

a) Die gesuchten Werte sind nach den einzelnen Verfahren der Sammelbewertung wie folgt zu errechnen:

   (1) **Methode des gewogenen Durchschnittspreises**
   Die einzelnen Einstandspreise werden mit den jeweiligen Mengen gewichtet und daraus der gewogene Durchschnittspreis errechnet. Mit diesem Preis werden sowohl die Abgänge innerhalb der Periode als auch die am Ende der Periode vorhandenen Mengen des betreffenden Gutes multipliziert. Im Beispielsfall gilt also:

Anfangsbestand	100 ME	zu 24,— DM/ME =	2.400,— DM
Zugang	100 ME	zu 25,— DM/ME =	2.500,— DM
Zugang	100 ME	zu 27,— DM/ME =	2.700,— DM
Zugang	100 ME	zu 26,— DM/ME =	2.600,— DM
Zugang	300 ME	zu 29,— DM/ME =	8.700,— DM
Zugang	200 ME	zu 27,99 DM/ME =	5.598,— DM
	900 ME		24.498,— DM

Der gewogene Durchschnittspreis beträgt demnach:

$$\frac{24.498}{900} = \underline{27{,}22 \text{ DM/ME}}.$$

Bei einem Endbestand von 300 ME beläuft sich der Wert des Endbestandes demnach auf
$$300 \times 27{,}22 = \underline{8.166{,}- \text{ DM}}.$$

(2) **Methode des gleitenden Durchschnittspreises**
Sie stellt eine Verfeinerung der ersten Methode dar. Die durchschnittlichen Anschaffungskosten werden nicht nur einmal am Ende der Periode, sondern laufend (d. h. nach jedem Zugang) ermittelt.

Der Endbestand wird mit den zuletzt ermittelten durchschnittlichen Anschaffungskosten bewertet; der Inventurwert kann hier sofort aus dem Lagerkonto entnommen werden. Für das Beispiel ist folgende Rechnung (mit Rundungen) durchzuführen:

Anfangsbestand	100 ME	zu 24,— DM/ME =	2.400,— DM
Abgang	50 ME	zu 24,— DM/ME =	1.200,— DM
Zugang	50 ME	zu 24,— DM/ME =	1.200,— DM
	100 ME	zu 25,— DM/ME =	2.500,— DM
Zugang	150 ME	zu 24,67 DM/ME =	3.700,— DM
	100 ME	zu 27,— DM/ME =	2.700,— DM
Abgang	250 ME	zu 25,60 DM/ME =	6.400,— DM
	200 ME	zu 25,60 DM/ME =	5.120,— DM
Zugang	50 ME	zu 25,60 DM/ME =	1.280,— DM
	100 ME	zu 26,— DM/ME =	2.600,— DM
Abgang	150 ME	zu 25,87 DM/ME =	3.880,— DM
	50 ME	zu 25,87 DM/ME =	1.293,— DM
Zugang	100 ME	zu 25,87 DM/ME =	2.587,— DM
	300 ME	zu 29,— DM/ME =	8.700,— DM
Abgang	400 ME	zu 28,22 DM/ME =	11.287,— DM
	200 ME	zu 28,22 DM/ME =	5.643,50 DM
Zugang	200 ME	zu 28,22 DM/ME =	5.643,50 DM
	200 ME	zu 27,99 DM/ME =	5.598,— DM
Abgang	400 ME	zu 28,10 DM/ME =	11.241,50 DM
	100 ME	zu 28,10 DM/ME =	2.810,— DM
Endbestand	300 ME	zu 28,10 DM/ME =	8.431,50 DM

Es ergibt sich ein Wert von (rd.) 28,10 DM/ME bzw. von 8.431,50 DM für den Endbestand von 300 ME.

(3) **Fifo-Verfahren**

Es wird unterstellt, daß jeweils die *ältesten* Bestände *zuerst* das Lager verlassen. Am Jahresende sind nur die Bestände der zuletzt eingetroffenen Lieferungen auf Lager, d. h., man bewertet den Endbestand in der Bilanz mit den Anschaffungskosten der zuletzt gekauften Waren.

Mit den Zahlen des Beispiels führt diese Verbrauchsfolge-Fiktion zu:

```
    200 ME zu 27,99 DM/ME = 5.598,— DM
+   100 ME zu 29,— DM/ME = 2.900,— DM
=   300 ME (Endbestand)    8.498,— DM
```

Hieraus ergibt sich ein Wert von 8.498 : 300 = 28,33 DM/ME.

(4) **Lifo-Verfahren**

Es wird angenommen, daß jeweils die Waren als *erste* wieder das Lager verlassen, die *zuletzt* beschafft worden sind. Die Endbestände sind daher mit den historisch ältesten Preisen zu bewerten.

Demnach ist im Beispielsfall folgender Betrag für den Endbestand zu ermitteln:

```
    100 ME zu 24,— DM/ME = 2.400,— DM
+   100 ME zu 25,— DM/ME = 2.500,— DM
+   100 ME zu 27,— DM/ME = 2.700,— DM
=   300 ME (Endbestand)    7.600,— DM
```

Dies entspricht einem Wert von 7.600 : 300 = 25,33 DM/ME.

(5) **Hifo-Verfahren**

Es wird unterstellt, daß *zuerst* die am *teuersten* eingekauften Bestände das Lager wieder verlassen. Der Endbestand wird daher mit den niedrigsten Einkaufspreisen bewertet.

Nach dieser Fiktion setzt sich der Endbestand wie folgt zusammen:

```
    100 ME zu 24,— DM/ME = 2.400,— DM
+   100 ME zu 25,— DM/ME = 2.500,— DM
+   100 ME zu 26,— DM/ME = 2.600,— DM
=   300 ME (Endbestand)    7.500,— DM
```

Dies führt zu einem Betrag von 7.500 : 300 = 25,— DM/ME.

(6) **Lofo-Verfahren**

Entsprechend der Fiktion dieses Verfahrens, daß die *billigsten* (lowest) Einkaufsmengen als *erste* das Lager wieder verlassen haben, ergibt sich im Beispielsfall bei Anwendung des Perioden-Lofo-Verfahrens für den Endbestand:

```
300 ME zu 29,— DM/ME = 8.700,— DM.
```

Anzumerken bleibt noch, daß es durchaus einmal möglich sein könnte, daß zwei der Verfahren (z. B. Lofo und Fifo) zu demselben Ergebnis führen. Dies ist dann allerdings nicht zu verallgemeinern, sondern ist durch die Preis-Mengen-Konstellation des konkreten Falles bedingt.

b) Bei der Beantwortung der Frage, welche der zuvor errechneten Werte als *zulässige* Wertansätze für die Handelsbilanz gewählt werden können, ist stets noch das "**strenge Niederstwertprinzip**" zu beachten:

Die nach den verschiedenen Verfahren der Sammelbewertung ermittelten Anschaffungskosten dürfen nur dann in die Handelsbilanz aufgenommen werden, wenn sie *unter* den Wiederbeschaffungskosten am Bilanzstichtag liegen. Diese Überlegungen führen zu den Ergebnissen der folgenden Tabelle:

Verfahren	errechneter Wert/ME	zulässiger Bilanzansatz im ...	
		Fall A	Fall B
(1) gewogener Durchschnitt	27,22	27,22	26,50
(2) gleitender Durchschnitt	28,10	28,10	26,50
(3) Fifo-Methode	28,33	28,15	26,50
(4) Lifo-Methode	25,33	25,33	25,33
(5) Hifo-Methode	25,—	25,—	25,—
(6) Lofo-Methode	29,—	28,15	26,50

Aufgabe 78:

Nach § 240 Abs. 3 i. V. m. § 256 S. 2 HGB darf der Bilanzierende für bestimmte Vermögens-Gegenstände einen "**Festwert**" ansetzen.

a) Für welche Gegenstände des *Umlaufvermögens* wird dieses Wahlrecht eingeräumt?

b) Welche *Vorteile* bietet eine solche Bewertung mit einem "Festwert"?

Lösung:

a) Bei den Gegenständen des Umlaufvermögens darf nach § 240 Abs. 3 HGB ein "Festwert" nur angesetzt werden für **Roh-, Hilfs- und Betriebsstoffe**. Für unfertige und fertige Fabrikate sowie Waren besteht dieses Wahlrecht also *nicht*.

b) Die Vorteile einer "Festbewertung" liegen zum einen in der *Arbeitserleichterung* bei der **Inventur**; denn eine Inventur braucht dann grundsätzlich nur alle 3 Jahre durchgeführt zu werden (vgl. § 240 Abs. 3 S. 2 HGB). Zum anderen bedeutet der Ansatz eines "Festwertes" eine *Vereinfachung* der **Bewertung**.

Aufgabe 79:

Erläutern Sie die **Wertmaßstäbe**, welche das HGB für die Bewertung des *Umlaufvermögens* bei *Nicht*-Kapitalgesellschaften unterscheidet, und die Beziehungen, die zwischen diesen Wertmaßstäben bestehen.

Lösung:

Bei der Bewertung des Umlaufvermögens von Nicht-Kapitalgesellschaften sind insgesamt 6 **Wertmaßstäbe** zu unterscheiden:

(1) die Anschaffungs- oder Herstellungskosten (vgl. § 253 Abs. 1 HGB);
(2) der sich aus dem Börsen- oder Marktpreis ergebende Wert (vgl. § 253 Abs. 3 S. 1 HGB);
(3) der den Gegenständen am Abschlußstichtag beizulegende Wert (vgl. § 253 Abs. 3 S. 2 HGB);
(4) der bei vernünftiger kaufmännischer Beurteilung aufgrund *zukünftiger* Wertschwankungen für notwendig gehaltene Wert (vgl. § 253 Abs. 3 S. 3 HGB);
(5) der niedrigere Wert, der auf einer nur steuerrechtlich zulässigen Abschreibung beruht (vgl. § 254 HGB);
(6) der niedrigere Wert, der im Rahmen vernünftiger kaufmännischer Beurteilung für notwendig gehalten wird (vgl. § 253 Abs. 4 HGB).

Die Beziehungen zwischen diesen sechs Wertmaßstäben lassen sich vor allem in folgender *Rangfolge* ausdrücken:

Grundsätzlich sind die Gegenstände des Umlaufvermögens mit den unter Punkt (1) genannten Anschaffungs- oder Herstellungskosten zu bewerten; sie bilden zugleich die *Wertobergrenze*. Sind jedoch die Anschaffungs- oder Herstellungskosten *höher* als der unter Punkt (2) oder Punkt (3) genannte Wert, so **muß** entweder der "sich aus dem Börsen- oder Marktpreis ergebende Wert" oder der "den Gegenständen beizulegende Wert" angesetzt werden; dies folgt aus dem **strengen Niederstwertprinzip**, welches für die Bewertung des Umlaufvermögens gilt. Dabei ist zu beachten, daß der in Punkt (3) genannte "beizulegende Wert" nur dann zum Zuge kommt, wenn ein Börsen- oder Marktpreis *nicht* festzustellen ist und somit auch *kein* Wert existiert, "der sich aus dem Börsen- oder Marktpreis ergibt".

Schließlich **dürfen** (= **Bewertungswahlrechte**) die unter Punkt (4), (5) und (6) genannten Werte dann angesetzt werden, wenn sie *niedriger* sind als der Wert nach Punkt (1), (2) oder (3). Dabei bedeutet ein Wertansatz gem. Punkt (4) eine Durchbrechung des Stichtagsprinzips. Eine Bewertung gem. Punkt (5) führt zu einem noch niedrigeren Wertansatz als nach (2) bzw. (3) oder (4). Das Wahlrecht, einen noch niedrigeren Wertansatz gem. Punkt (6) zu wählen, besteht *nur* für *Nicht*-Kapitalgesellschaften (vgl. § 279 Abs. 1 S. 1 HGB).

Aufgabe 80:

Für die Ermittlung eines "**sich aus dem Börsen- oder Marktpreis ergebenden Wertes**" oder eines "den Gegenständen am Abschlußstichtag **beizulegenden Wertes**" ist zunächst der *maßgebliche Markt* festzustellen. Beantworten Sie deshalb folgende Frage:

Für welche Gegenstände des *Vorratsvermögens* ist
a) der Beschaffungsmarkt,
b) der Absatzmarkt,
c) der Beschaffungs- und der Absatzmarkt
maßgeblich?

Lösung:

a) Der Beschaffungsmarkt ist maßgeblich für:
 - Roh-, Hilfs-, Betriebsstoffe;
 - unfertige und fertige Erzeugnisse, wenn auch Fremdbezug möglich ist.

b) Der Absatzmarkt ist maßgeblich für:
 - Überbestände an Roh-, Hilfs- und Betriebsstoffen;
 - unfertige und fertige Erzeugnisse.

c) eine "doppelte Maßgeblichkeit" von Beschaffungs- *und* Absatzmarkt besteht für:
 - Handelswaren;
 - Überbestände an unfertigen und fertigen Erzeugnissen.

Aufgabe 81:

Was versteht man unter "**verlustfreier Bewertung**"?

Lösung:

Eine "**verlustfreie Bewertung**" kommt für alle Gegenstände des Umlaufvermögens in Betracht, für deren Bewertung die Verhältnisse am *Absatzmarkt* maßgeblich sind. Vom Börsen- oder Marktpreis bzw. vom vorsichtig geschätzten Verkaufspreis werden alle bis zum endgültigen Absatz noch anfallenden Aufwendungen (wie z. B. Erlösschmälerungen, Verpackungskosten und Ausgangsfrachten, Verwaltungskosten) abgezogen, um den sog. "verlustfreien Wert" zu erhalten (vgl. hierzu das durchgerechnete Beispiel in Abschnitt D XIII und die ergänzenden Ausführungen in Abschnitt D XIV von Kapitel 3).

Aufgabe 82:

Bei der "Ki-Fa" AG befindet sich am Bilanzstichtag *nicht* marktfähiges unfertiges Spielzeug auf Lager, dessen bisherige Herstellungskosten sich auf 60,– DM pro Stück belaufen. Für die fertigen Erzeugnisse, in welche die unfertigen Erzeugnisse eingehen sollen, ist voraussichtlich ein Marktpreis von 94,- DM/ME zu erzielen.

Bis zur Fertigstellung des Spielzeugs werden noch Produktionskosten von 22,- DM/ME, anteilige Verwaltungskosten von 8,- DM/ME und bis zur Verkaufsreife noch Verpackungs- und Vertriebskosten von zusammen 10,- DM/ME anfallen.

a) Mit welchem Bilanzansatz ist das unfertige Spielzeug in der Handelsbilanz anzusetzen?

b) Wie lautet der Bilanzansatz, wenn die AG ihren Kunden je nach Abnahmemenge einen *Rabatt* von 2 %, 5 % oder 10 % auf den Verkaufspreis von 94,- DM einräumt.

Lösung:

a) Da das unfertige Spielzeug *nicht* marktfähig ist, läßt sich ein Börsen- oder Marktpreis nicht ermitteln. Deshalb ist der "den Gegenständen am Abschlußstichtag **beizulegende Wert**" (§ 253 Abs. 3 S. 2 HGB) zu errechnen und mit den bisher schon angefallenen Herstellungskosten zu vergleichen.

Der "beizulegende Wert" für das unfertige Spielzeug ist vom *Absatzmarkt* her nach dem Prinzip der **verlustfreien Bewertung** wie folgt zu berechnen:

	DM/ME
voraussichtlicher Verkaufserlös	94,-
./. noch anfallende Produktionskosten	22,-
./. noch anfallende Verwaltungskosten	8,-
./. noch anfallende Verpackungs- und Vertriebskosten	10,-
am Bilanzstichtag beizulegender Wert	54,-

Da dieser beizulegende Wert mit 54,- DM/ME *niedriger* ist als die bisher schon angefallenen Herstellungskosten in Höhe von 60,- DM/ME, **muß** das unfertige Spielzeug mit diesem "verlustfreien Wert" von 54,- DM/ME in der Handelsbilanz angesetzt werden.

b) In dieser Situation ist der voraussichtliche Verkaufspreis zunächst noch um die Erlösschmälerung aus der Rabatt-Gewährung zu kürzen. Dabei ist zu beachten: Der *Grundsatz der Vorsicht* erfordert im übrigen, daß innerhalb einer möglicherweise in Betracht kommenden Preisspanne deren *niedrigster* Wert auch dann gewählt wird, wenn die Wahrscheinlichkeit für ihn geringer ist als für einen höheren Wert (ähnlich: Adler/Düring/Schmaltz, Erl. zu § 253 Tz 526).

Deshalb errechnet sich jetzt folgender "beizulegender Wert":

	DM/ME
voraussichtlicher Verkaufspreis	94,—
./. 10 % Rabatt	9,40
./. alle noch anfallenden Kosten	40,—
am Bilanzstichtag beizulegender Wert	44,60

Dieser Wert *muß* nach § 253 Abs. 3 S. 2 HGB angesetzt werden, da er niedriger ist als die Herstellungskosten.

Aufgabe 83:

Die "Roth-Papier" AG hat am 14.11.1998 **Handelswaren** zu Anschaffungskosten von 30.000,– DM erworben. Am Bilanzstichtag (31.12.1998) betragen die gesunkenen Wiederbeschaffungskosten nur noch 24.000,– DM, während am selben Tag auf dem Absatzmarkt ein Preis von 26.000,– DM gehandelt wird. Der Vorstand rechnet aufgrund der bisherigen Preisentwicklung ernsthaft damit, daß bis zum tatsächlichen Verkauf im April 1999 der Verkaufspreis weiter auf 22.500,– DM fallen wird.

Wie können bzw. müssen die **Handelswaren**

a) in der Handelsbilanz,

b) in der Steuerbilanz

zum 31.12.1998 aktiviert werden?

Lösung:

a) Für Handelswaren gilt die sog. "**doppelte Maßgeblichkeit**", d. h. die Anschaffungskosten (= 30.000,–) müssen verglichen werden mit den Wiederbeschaffungskosten (= 24.000,–) des Beschaffungsmarktes *und* dem voraussichtlichen Verkaufspreis (= 26.000,–) am Bilanzstichtag. Nach § 253 Abs. 3 S. 1 und 2 HGB **muß** der *niedrigste* dieser drei Werte gewählt werden; demnach sind die Handelswaren höchstens mit 24.000,– in der Handelsbilanz anzusetzen.

Allerdings **darf** die "Roth-Papier" AG auch noch das *Wahlrecht* nach § 253 Abs. 3 S. 3 HGB ausüben und die Handelswaren – mit dem "**in Zukunft erwarteten niedrigen Zeitwert**" von nur 22.500,– DM in der Handelsbilanz ausweisen.

b) In der Steuerbilanz 1998 ist als (niedrigerer) "**Teilwert**" der Handelswaren allein der Wertansatz zu 24.000,– DM erlaubt; der erst für die Zukunft (April 1998) erwartete Wert von 22.500,– DM darf **nicht** berücksichtigt werden.

Ergänzend sei auf folgende Neuregelung durch das *Steuerentlastungsgesetz 1999/2000/2002* hingewiesen: Nach § 6 Abs. 1 Nr. 2 S. 2 EStG n. F. soll ab 1999 eine Abschreibung auf den niedrigeren Teilwert bei Gegenständen des Umlaufvermögens nur noch im Falle einer voraussichtlich *dauernden* Wertminderung zulässig sein. Zu den Auslegungsproblemen, die aus dieser Vorschrift resultieren, sei auf die Ausführungen in Kapitel 3 Abschnitt D XIII verwiesen.

Aufgabe 84:

Quasi als "großes Finale" sei in Anlehnung an eine Fallstudie, die W. Bartram in gemeinsam mit dem Verfasser durchgeführten Unternehmer-Seminaren verwendet, folgende komplexe Situation betrachtet, in der zahlreiche – bisher meist einzeln betrachtete – Ansatzpunkte der Bilanzpolitik nach Handels- und Steuerrecht gemeinsam zu berücksichtigen sind:

Der Geschäftsführer der "*Rhetnutan®-Pharma-GmbH*" erläutert Ihnen die unten genannten Positionen des "vorläufigen handelsrechtlichen Jahresabschlusses" zum **31.12. 1999** und bittet Sie um Ihre Mithilfe bei der Lösung folgender Fragen:

a) Sind die vorgesehenen Bilanzierungs- und Bewertungsmaßnahmen 1999 (!) **zulässig**? Begründen Sie jeweils Ihre Antworten!

b) Um sich der schlechten konjunkturellen Lage anzupassen, möchte der Vorstand in diesem Geschäftsjahr einen **möglichst "bescheidenen Gewinn"** ausweisen. Nehmen Sie die dazu erforderliche Bewertung (im Rahmen der gesetzlichen Möglichkeiten) der vorliegenden Positionen des "vorläufigen Jahresabschlusses" vor. Begründen Sie jeweils Ihre Maßnahmen!

c) Durch welche (zulässigen) Bilanzierungs- und Bewertungsmaßnahmen ließe sich der Gewinn erhöhen, wenn wegen eines möglichen Verkaufs das Unternehmen dem potentiellen Käufer "von seiner besten Seite" präsentiert werden soll (der Geschäftsführer möchte deshalb einen **möglichst hohen Gewinn** in der Handelsbilanz ausweisen)? Begründen Sie auch hier jeweils Ihre Antworten!

d) Welcher Gesamtbetrag ergibt sich als "**bilanzpolitischer Spielraum**" aus der Lösung von Teilaufgaben b) und c)?

e) Welche der Bilanzierungs- und Bewertungsmaßnahmen können in dieser Form in der **Steuerbilanz** 1999 *nicht* vorgenommen werden?

Erläuterungen zum "vorläufigen handelsrechtlichen Jahresabschluß"
(per 31.12.1999):

(1) Ausstehende Einlagen:
Hierbei handelt es sich um noch nicht voll einbezahlte Gesellschafteranteile; ausstehender Betrag: **250.000,– DM** (dieser Betrag wurde von der Gesellschaft noch nicht eingefordert).

(2) Patente und Lizenzen:
Bei den Zugängen des Geschäftsjahres handelt es sich zum einen um eine erworbene Lizenz (Anschaffungskosten: **1.200.000,– DM**) und zum anderen um ein selbst geschaffenes Patent (Entwicklungskosten: **800.000,– DM**). Die Lizenz wurde für **5 Jahre** erworben. Der Patentschutz beträgt **10 Jahre**. Eine planmäßige Abschreibung beider Zugänge ist nicht vorgesehen.

(3) Grundstücke und Gebäude:

Bereits im Jahre **1996** entstand durch den Verkauf eines Betriebsgrundstückes ein Veräußerungsgewinn in Höhe von **612.000,– DM**. Ein Teil dieses Veräußerungsgewinnes wurde in demselben Jahr (1996) mit den Herstellungskosten einer neuen Lagerhalle (Herstellungskosten: **242.000,– DM**) *voll* und dem Erwerb eines neuen Grundstückes (Anschaffungskosten: **500.000,– DM**) mit **170.000,– DM** *nur zum Teil* verrechnet. Die Lagerhalle (fertiggestellt am 31.12.96) kann ca. **25 Jahre** genutzt werden und hätte linear abgeschrieben werden sollen. Der verbleibende Betrag des Veräußerungsgewinnes wurde 1996 in den "Sonderposten mit Rücklageanteil" eingestellt. Zu Beginn (1.1.) des abzuschließenden Geschäftsjahres (**1999**) wurde ein neues Verwaltungsgebäude fertiggestellt (Herstellungskosten: **1.500.000,– DM**). Das Gebäude soll linear über **50** Jahre abgeschrieben werden.

(4) Technische Anlagen und Maschinen:

Von den gesamten Zugängen des Geschäftsjahres (= **2.900.000,– DM**) soll ein Teil mit der degressiven Abschreibungsmethode unter Anwendung des steuerlich zulässigen Höchstsatzes und der andere Teil (**1.600.000,– DM**) linear abgeschrieben werden (Nutzungsdauer: jeweils **10** Jahre).

(5) Andere Anlagen:

Im Geschäftsjahr wurden 100 Computer angeschafft. Bei der Berechnung der planmäßigen Abschreibungen (lineare Methode) wurde eine Nutzungsdauer von **3 Jahren** zugrunde gelegt. Die Investitionssumme (**266.400,– DM**) verteilt sich wie folgt:

31. Januar	129.600,– DM
30. November	136.800,– DM

Von der Vereinfachungsregel nach R 44 Abs. 2 S. 3 EStR soll Gebrauch gemacht werden. In den nächsten 2 Jahren muß, sehr zum Ärger des Geschäftsführers, mit einem Rückgang der Wiederbeschaffungskosten um **25 %** gerechnet werden.

(6) Betriebs- und Geschäftsausstattung:

Soweit es sich bei den Zugängen (**900.000,– DM**) um *geringwertige Wirtschaftsgüter* (Anschaffungskosten: **60.000,– DM**) handelt, wird von der Möglichkeit des § 6 Abs. 2 EStG, die Anschaffungskosten sofort in voller Höhe abzuschreiben, Gebrauch gemacht. Die restlichen Zugänge werden linear abgeschrieben. Die Nutzungsdauer der Gegenstände dieser Bilanzposition wird auf **6 Jahre** geschätzt. Der Geschäftsführer hält den sich ergebenden Wert für zu hoch angesetzt und zieht einen "pauschalen Wertabschlag im Rahmen vernünftiger kaufmännischer Beurteilung" **in Höhe von 10 %** dieses Wertes in Erwägung.

(7) Wertpapiere des Anlagevermögens:

Im Frühjahr des Betrachtungsjahres wurden Aktien (**nom. 100.000,– DM**) zu einem Kurs von **320 %** erworben. Es wird ein Bilanzansatz zu diesem Kurs ins Auge gefaßt, obwohl die Notierung am Bilanzstichtag mit **270 %** deutlich niedriger liegt. Mit einem Wiederanstieg des Kurses wird gerechnet.

(8) Roh-, Hilfs- und Betriebsstoffe:
Eine Bewertung der Rohstoffbestände des Zentrallagers führt zu einem Wert von **937.000,– DM**; dieser Wert ergibt sich bei Anwendung der *Lifo-Methode*. Die in den vergangenen Jahren gewählte *Durchschnittsmethode* hätte zu einer Bewertung dieser Rohstoffe mit **985.000,– DM** geführt. Der Zeitwert am Jahresende 1999 betrug **1.000.000,– DM**. Im laufenden Geschäftsjahr wurde ein Teil des Rohstofflagers (**Buchwert: 575.000,– DM**) durch Blitzschlag vernichtet. Erfreulicherweise wurden von der Versicherung Entschädigungszahlungen in Höhe von **650.000,– DM** überwiesen. Aufgrund von Lieferschwierigkeiten der Lieferanten "aus Übersee" war die dringend notwendige Ersatzbeschaffung im abzuschließenden Geschäftsjahr noch nicht möglich.

(9) Fertige Erzeugnisse und Waren:
Nach den Büchern sollten **1.257.000 Stück** eines bestimmten *Fertigerzeugnisses* noch auf Lager liegen. Die Inventur ergab jedoch einen Lagerbestand von nur **1.250.000 Stück**. In den letzten Jahren wurden die Erzeugnisse mit der steuerlichen Untergrenze der Herstellungskosten angesetzt. Sie liegt 1999 bei **2,30 DM** pro Stück. Die Summe der nach Handelsrecht aktivierungspflichtigen Einzelkosten beträgt **1,10 DM** pro Stück. Die Verwaltungsgemeinkosten betragen **0,90 DM** pro Stück. Die Werbeaufwendungen belaufen sich auf anteilig **0,75 DM** pro Stück, die anteiligen Kosten der Grundlagenforschung zur Entwicklung dieses Produktes betragen **1,– DM** pro Stück.

Der Inventurbestand der *Handelswaren* stimmt mit dem Buchbestand überein; er beträgt **74.300 Stück**. Bei der Inventur wurde allerdings festgestellt, daß davon **300 Stück** nicht mehr verwertbar sind. Die Anschaffungskosten betrugen durchschnittlich **1,65 DM** pro Stück. Der Zeitwert am Bilanzstichtag beläuft sich auf **1,50 DM** pro Stück. Der Geschäftsführer geht davon aus, daß die Wiederbeschaffungskosten innerhalb des nächsten Jahres auf **1,40 DM** absinken. Aus diesem Grunde soll eine "Rückstellung für drohende Verluste" gebildet werden.

(10) Erhaltene Anzahlungen:
Der Buchhalter schlägt vor, von den Vorratspositionen (Pos. 8 und 9) die Verbindlichkeiten aus den erhaltenen Anzahlungen auf Bestellungen abzusetzen. Diese betragen **124.000,– DM**.

(11) Forderungen:
Die Forderungen sollen mit dem Nennwert unter Abzug von Einzelwertberichtigungen angesetzt werden. Dem allgemeinen Kreditrisiko soll durch aktivisch abgesetzte Pauschalbeträge (**in Höhe von 1 %**) Rechnung getragen werden. Der so bewertete Forderungsbestand beträgt **375.000,– DM**.

(12) Wertpapiere des Umlaufvermögens:
Der Bestand an **1.000 Stück** eines Wertpapieres hat sich seit 3 Jahren nicht verändert. Sie wurden seinerzeit zu einem Kurs von **203,– DM** pro Stück eingekauft, mußten jedoch am 31.12.98 auf den Zeitwert von **112,– DM** pro Stück abgeschrieben werden. Der Börsenkurs am **31.12.99** notiert bei **237,– DM** pro Stück.

(13) Rechnungsabgrenzungsposten:

Die zur periodengerechten Gewinnermittlung erforderlichen Rechnungsabgrenzungsposten betragen:

- aktive Rechnungsabgrenzungsposten: **152.000,– DM**,
- passive Rechnungsabgrenzungsposten: **34.000,– DM**.

Aus Vereinfachungsgründen ist beabsichtigt, beide Posten zu saldieren und nur den Saldo (= **118.000,– DM**) auf der Aktivseite der Bilanz auszuweisen. In dem Rechnungsabgrenzungsposten sind in voller Höhe aktivierte Darlehensabgelder enthalten (Bilanzansatz am 31.12.98: **109.000,– DM**), die – wie in der Gesellschaft üblich – gleichmäßig auf die Laufzeit der Kredite verteilt werden. Der letztjährige Abschreibungsbetrag hat **19.000,– DM** betragen.

(14) Eigenkapital:

Im abzuschließenden Geschäftsjahr wurde ein neuer Gesellschafter aufgenommen. Sein Anteil (**nom. 50.000,– DM**) mußte – wie in der Gesellschaft üblich – nur zu **80 %** des Nominalbetrages eingezahlt werden. Vereinbarungsgemäß sind der Gesellschaft aus dieser Transaktion bisher **325.000,– DM**(= 335.000,– DM abzüglich 10.000,– DM noch nicht einbezahlter Betrag) zugeflossen. Der Buchhalter möchte den Gesamtbetrag von **335.000,– DM** unter der Position "Stammkapital" ausweisen.

(15) Sonderposten mit Rücklageanteil:

Die im Vorjahr ausgewiesenen **200.000,– DM** resultieren noch aus den oben unter Position 3 erläuterten Bilanzierungsmaßnahmen des Wirtschaftsjahres 1996.

(16) Rückstellungen:

Die Rückstellungen für ungewisse Verbindlichkeiten betragen **401.000,– DM**. Die für das letzte Quartal des Geschäftsjahres geplanten Reparaturarbeiten konnten nicht ausgeführt werden. Die Arbeiten hätten zu einem Aufwand von ungefähr **290.000,– DM** geführt. Die Reparaturen sind dringend erforderlich und werden zur Mitte des nächsten Geschäftsjahres nachgeholt.

(17) Verbindlichkeiten gegenüber Kreditinstituten:

Im Geschäftsjahr ist unter anderem ein langfristiges Bankdarlehen (Laufzeit: **10 Jahre**) aufgenommen worden. Das Darlehen ist am Ende der Laufzeit in einer Summe (**4.800.000,– DM**) zurückzuzahlen. Eine Zinsfestschreibung wurde nicht vereinbart. Es ist beabsichtigt, das Disagio (**3 % des Rückzahlungsbetrages**) wie üblich (siehe Pos. 13) in voller Höhe zu aktivieren und gleichmäßig auf die Laufzeit des Kredites zu verteilen.

(18) Sonstige betriebliche Erträge:

Beim Verkauf des alten Verwaltungsgebäudes (siehe Pos. 3) wurde im abzuschließenden Geschäftsjahr ein Verkaufserlös erzielt, der erheblich über dem Buchwert lag. Die aufgedeckten stillen Reserven betragen **500.000,– DM**. Dieser Betrag soll als "sonstiger betrieblicher Ertrag" verbucht werden.

Lösung:

a) *Zulässigkeit* **der vorgesehenen Bilanzierungs- und Bewertungsmaßnahmen:**

Pos. 1: Ausstehende Einlagen

Der vorgeschlagene Ausweis ist zulässig (Ausweiswahlrecht nach § 272 Abs. 1 S. 2 und S. 3 HGB).

Pos. 2: Patente und Lizenzen:

Lizenz: Aktivierungspflicht (vgl. § 246 Abs. 1 HGB), jedoch *muß* eine planmäßige Abschreibung (vgl. § 253 Abs. 2 S. 1 und S. 2 HGB) erfolgen, da es sich um ein abnutzbares Wirtschaftsgut handelt; für das selbstgeschaffene Patent besteht ein Aktivierungsverbot (vgl. § 248 Abs. 2 HGB).

Pos. 3: Grundstücke und Gebäude

Die 1996 vorgenommenen Maßnahmen sind allesamt zulässig (vgl. § 6b EStG i. V. m. § 5 Abs. 1 S. 2 EStG, § 247 Abs. 3 und § 273 HGB).

Neues Verwaltungsgebäude: Aktivierungspflicht (vgl. § 246 Abs. 1 HGB); eine planmäßige Abschreibung muß erfolgen, da es sich hier um ein abnutzbares Wirtschaftsgut handelt (vgl. § 253 Abs. 2 S. 1 und S. 2 HGB).

Pos. 4: Technische Anlagen und Maschinen

Planmäßige Abschreibung der Zugänge: Sie ist in der vorgeschlagenen Form zulässig, da für die Handelsbilanz Methodenfreiheit besteht [wobei die planmäßige Abschreibung der Zugänge unabhängig von der des Bestandes erfolgen kann – es handelt sich dabei um die Bewertung "neuer" Wirtschaftsgüter; deshalb liegt kein Verstoß gegen die Bewertungsmethoden-Stetigkeit (vgl. § 252 Abs. 1 Nr. 6 HGB) vor].

Pos. 5: Andere Anlagen

Aktivierungspflicht (vgl. § 246 Abs. 1 HGB); eine planmäßige Abschreibung (vgl. § 253 Abs. 2 S. 1 und S. 2 HGB) muß erfolgen, da es sich um abnutzbare Wirtschaftsgüter handelt; die Nutzung der Vereinfachungsregel bei der planmäßigen Abschreibung ist zulässig (vgl. R 44 Abs. 2 S. 3 EStR i. V. m. § 5 Abs. 1 S. 2 EStG).

Der Ansatz eines "in der nächsten Zukunft erwarteten niedrigeren Zeitwertes" ist im Anlagevermögen unzulässig.

Pos. 6: Betriebs- und Geschäftsausstattung

Eine Sofortabschreibung von geringwertigen Wirtschaftsgütern ist zulässig (vgl. § 6 Abs. 2 EStG i. V. m. § 5 Abs. 1 S. 2 EStG, § 254 und § 279 Abs. 2 HGB; zur planmäßigen Abschreibung der "restlichen Zugänge" siehe Pos. 5). Ein pauschaler Wertabschlag im Rahmen vernünftiger kaufmännischer Beurteilung wäre nur für Nicht-Kapitalgesellschaften zulässig (vgl. § 253 Abs. 4 HGB i. V. m. § 279 Abs. 1 S. 1 HGB), bei dem betrachteten Unternehmen handelt es sich jedoch um eine GmbH.

Pos. 7: Wertpapiere des Anlagevermögens

Der Verzicht auf eine außerplanmäßige Abschreibung ist zulässig, da die Wertminderung nicht von Dauer zu sein scheint (vgl. § 253 Abs. 2 S. 3 HGB, siehe auch § 279 Abs. 1 S. 2 HGB).

Pos. 8: Roh-, Hilfs- und Betriebsstoffe

Sowohl die Durchschnittsmethode als auch die Lifo-Methode (vgl. § 256 S. 1 HGB) sind bei der Bewertung des Vorratsvermögens zulässig.

Der Entschädigungsgewinn kann als "Ersatzbeschaffungs-Rücklage" in einen "Sonderposten mit Rücklageanteil" eingestellt (vgl. R 35 EStR i. V. m. § 5 Abs. 1 S. 2 EStG, § 247 Abs. 3 und § 273 HGB) oder aber in der G+V als "sonstiger betrieblicher Ertrag" ausgewiesen werden.

Pos. 9: Fertige Erzeugnisse und Waren

Zu bilanzieren sind nur die Inventurbestände, d. h. die Fehlbestände sind auszubuchen (vgl. § 253 Abs. 3 HGB). Eine Bewertung des Fertigerzeugnisses zu Herstellunskosten III (= 2,30 DM pro Stück) ist zulässig; nicht zulässig ist eine Miteinbeziehung der anteiligen Werbeaufwendungen und anteiligen Kosten der Grundlagenforschung (vgl. § 255 Abs. 2 HGB).

Bei der Bewertung der Handelswaren dürfen nur 74.000 Stück bilanziert werden, die unbrauchbaren Handelswaren sind auszubuchen (siehe oben Pos. 9). Wegen des strengen Niederstwertprinzips, das für das Umlaufvermögen gilt (vgl. § 253 Abs. 3 HGB), muß in der Handelsbilanz auf den niedrigeren Zeitwert am Bilanzstichtag (= 1,50 DM pro Stück) abgeschrieben werden. Der Ansatz eines "in der nächsten Zukunft erwarteten niedrigeren Zeitwertes" (= 1,40 DM pro Stück) wäre zulässig – nicht zulässig ist jedoch die Bildung einer "Rückstellung für drohende Verluste".

Pos. 10: Erhaltene Anzahlungen

Solange diese Absetzung offen geschieht, ist sie zulässig (Ausweiswahlrecht gem. § 268 Abs. 5 S. 2 HGB).

Pos. 11: Forderungen

Außerplanmäßige Abschreibungen auf einen niedrigeren "beizulegenden Wert" müssen vorgenommen werden, falls dieser Wert niedriger ist als der Nennwert bzw. die Anschaffungskosten (bzw. der bisherige Bilanzansatz), unabhängig davon, ob die Wertminderung von Dauer ist oder nicht (= strenges Niederstwertprinzip für das Umlaufvermögen in der Handelsbilanz, vgl. § 253 Abs. 3 HGB).

Für erkennbare Einzelrisiken müssen Einzelwertberichtigungen vorgenommen werden; wegen des allgemeinen Kreditrisikos müssen (aufgrund von Erfahrungssätzen) Pauschalwertberichtigungen erfolgen – in beiden Fällen muß eine *direkte* Absetzung vom Nennwert erfolgen, da eine indirekte Abschreibung für Kapitalgesellschaften i. d. R. unzulässig ist.

Pos. 12: Wertpapiere des Umlaufvermögens

Der letzte Bilanzansatz von 112,- DM pro Stück darf *nicht* beibehalten werden, denn **ab 1999** gilt für Kapitalgesellschaften das zwingende **Wertaufholungsgebot** (vgl. Kapitel 3 Abschnitt D XVIII). Es **muß** also zugeschrieben werden (vgl. § 280 Abs. 1 HGB i. V. m. § 6 Abs. 1 Nr. 2 S. 3 EStG n. F.), jedoch nur bis maximal zu den Anschaffungskosten (hier: 203,- DM/Stück) als Wertobergrenze gem. § 253 Abs. 1 S. 1 HGB; ein Ansatz des höheren Börsenkurses am Bilanzstichtag ist deshalb unzulässig.

Pos. 13: Rechnungsabgrenzungsposten

Eine Saldierung der aktiven und der passiven Rechnungsabgrenzungsposten ist unzulässig, da sie einen Verstoß gegen das Brutto-Prinzip (vgl. § 246 Abs. 2 HGB) darstellt, d. h., beide Posten müssen gesondert ausgewiesen werden.

Für Darlehensabgelder (Disagien) besteht nach § 250 Abs. 3 HGB für die Handelsbilanz ein Aktivierungswahlrecht: Sie können (müssen aber nicht) in voller Höhe (oder auch nur zu einem Teil) aktiviert werden, müssen dann aber planmäßig auf die Laufzeit der Verbindlichkeit (oder einen kürzeren Zeitraum) verteilt werden, wobei bezüglich der Wahl der Abschreibungsmethode Methodenfreiheit in der Handelsbilanz besteht.

Pos. 14: Eigenkapital

Ein Ausweis der 335.000,- DM unter der Position "Stammkapital" wäre unzulässig. Vielmehr darf nur der Nominalbetrag (= 50.000,- DM) unter dem Stammkapital ausgewiesen werden; der noch nicht eingezahlte Betrag (= 10.000,- DM) sollte – wie bei der Gesellschaft üblich (siehe Pos. 1) – unter den "ausstehenden Einlagen" und das Agio (= 285.000,- DM) muß unter der Position "Kapitalrücklage" ausgewiesen werden.

Pos. 15: Sonderposten mit Rücklageanteil

Die Vierjahresfrist (bzw. Sechsjahresfrist, vgl. § 6b EStG), in der eine Übertragung des in den Sonderposten eingestellten Teils des Veräußerungsgewinnes aus dem Jahr 1996 möglich ist, ist noch nicht abgelaufen. Deshalb braucht der Sonderposten im abzuschließenden Wirtschaftsjahr noch nicht gewinnerhöhend aufgelöst zu werden, sondern kann (muß aber nicht) weiterbestehen.

Pos. 16: Rückstellungen

Die Rückstellungen für ungewisse Verbindlichkeiten mußten gebildet werden (vgl. § 249 Abs. 1 S. 1 HGB). Eine Rückstellung für im Geschäftsjahr unterlassene Aufwendungen für Instandhaltung hingegen darf (muß aber nicht) in der Handelsbilanz gebildet werden, wenn diese erst im 4. bis 12. Monat des neuen Geschäftsjahres nachgeholt werden (vgl. § 249 Abs. 1 S. 3 HGB).

Pos. 17: Verbindlichkeiten gegenüber Kreditinstituten

Das Darlehen ist (gem. § 253 Abs. 1 S. 2 HGB) mit seinem Rückzahlungsbetrag anzusetzen, zumal im Geschäftsjahr vereinbarungsgemäß keine Tilgungszahlungen geleistet werden mußten.

Auch für das "neue" Disagio gelten die unter Pos. 13 erläuterten Möglichkeiten, wobei die bilanzielle Behandlung des "neuen" Disagios unabhängig von der bisherigen Bilanzierungspraxis im Unternehmen erfolgen kann.

Pos. 18: Sonstige betriebliche Erträge
Der Veräußerungserlös ist grundsätzlich unter dieser G+V-Position auszuweisen; die aufgedeckten stillen Reserven können aber auch in einen "Sonderposten mit Rücklageanteil" nach § 6b EStG eingestellt werden (vgl. § 6b EStG i.V.m. § 5 Abs. 1 S. 2 EStG, § 247 Abs. 3 und § 273 HGB).

b) **Maßnahmen zum Ausweis eines "*möglichst bescheidenen*" Gewinnes:**

Pos. 1: Ausstehende Einlagen
Wertansatz: 260.000,– DM; da es sich um ein Ausweiswahlrecht handelt, besteht kein Einfluß auf die Höhe des ausgewiesenen Gewinns; zur Bewertung siehe Pos. 1 und Pos. 14 in Aufgabenteil a).

Pos. 2: Patente und Lizenzen
Wertansatz der Lizenz: 720.000,– DM; er ergibt sich bei einer planmäßigen Abschreibung nach der geometrisch-degressiven Abschreibungsmethode. Um einen möglichst niedrigen Gewinn auszuweisen, wurde ein Abschreibungssatz von 40 % gewählt (höhere Abschreibungssätze sind denkbar – ihre Zulässigkeit muß jedoch im Einzelfall geprüft werden, Referenzrahmen sind die GoB).

Pos. 3: Grundstücke und Gebäude
Wertansatz für das Grundstück: 330.000,– DM; er entspricht dem Ansatz des Grundstückes mit den "fiktiven Anschaffungskosten" (= Anschaffungskosten abzüglich der Übertragung nach § 6b EStG).
Bewertung des neuen Verwaltungsgebäudes: 1.440.000,– DM; sie ergibt sich bei einer planmäßigen Abschreibung des neuen Verwaltungsgebäudes nach § 7 Abs. 4 Nr. 1 EStG mit einem Abschreibungssatz von 4 % im Jahr der Fertigstellung.

Pos. 4: Technische Anlagen und Maschinen
Wertansatz: 1.740.000,– DM; er ergibt sich bei einer geometrisch-degressiven Abschreibung aller Zugänge, wenn ein Abschreibungssatz von 40 % gewählt wird (da über den Zugangszeitpunkt nichts ausgesagt wurde, Annahme: Abschreibung für das ganze Jahr).

Pos. 5: Andere Anlagen
Wertansatz für die Computer: 187.200,– DM; er resultiert aus einer geometrisch-degressiven Abschreibung mit einem Abschreibungssatz von 40 % unter Ausnutzung der Vereinfachungsregel.

Pos. 6: Betriebs- und Geschäftsausstattung
Wertansatz: 504.000,– DM; es wird eine Sofortabschreibung der geringwertigen Wirtschaftsgüter vorgenommen; der Rest der Zugänge des Geschäftsjahres wird

geometrisch-degressiv abgeschrieben mit einem Abschreibungssatz von 40 % (da über den Zugangszeitpunkt nichts ausgesagt wurde, Annahme: Abschreibung für das ganze Jahr).

Pos. 7: Wertpapiere des Anlagevermögens

Bewertung: 270.000,– DM; sie ergibt sich als Folge einer außerplanmäßigen Abschreibung auf den niedrigeren Zeitwert (Ausnutzung des Wahlrechtes in der Handelsbilanz gem. § 253 Abs. 2 S. 3 HGB i. V. m. § 279 Abs. 1 S. 2 HGB für Finanz-Anlagevermögen).

Pos. 8: Roh-, Hilfs- und Betriebsstoffe

Wertansatz der R/H/B: 937.000,– DM; er wird erreicht durch einen Wechsel von der bisher angewandten Durchschnittsmethode zur Lifo-Methode (Hinweis: Die Methodenänderung muß im Anhang erläutert werden).

Der Entschädigungsgewinn in Höhe von 75.000,– DM wird zur Minderung des ausgewiesenen Gewinns in einem "Sonderposten mit Rücklageanteil" als "Ersatzbeschaffungs-Rücklage" gem. R 35 EStR eingestellt (siehe Pos. 15).

Pos. 9: Fertige Erzeugnisse und Waren

Wertansatz für das Fertigerzeugnis: 1.375.000,– DM; er ergibt sich aus einer Bewertung zu Herstellungskosten I (= 1,10 DM pro Stück); auch hier resultiert aus der Änderung der Bewertungsmethode eine Erläuterungspflicht im Anhang.

Wertansatz für die Handelswaren: 103.600,– DM; es wird der "in der nächsten Zukunft erwartete niedrigere Zeitwert" nach § 253 Abs. 3 S. 3 HGB (= 1,40 DM pro Stück) angesetzt.

Pos. 10: Erhaltene Anzahlungen

Bewertung: 124.000,– DM; da es sich um ein Ausweiswahlrecht handelt, besteht kein Einfluß auf die Höhe des ausgewiesenen Gewinns.

Pos. 11: Forderungen

Bewertung: 375.000,– DM; es könnte an eine Erhöhung der Pauschalwertberichtigungen gedacht werden, diese ist jedoch – zumindest für eine kurze Frist – nicht unproblematisch, da Erfahrungssätze nur längerfristig begründbar erscheinen.

Pos. 12: Wertpapiere des Umlaufvermögens

Wertansatz: 203.000,– DM, weil ab 1999 für Kapitalgesellschaften das Wertaufholungsgebot nach § 280 Abs. 1 HGB i. V. m. § 6 Abs. 1 Nr. 2 S. 3 EStG n. F. zwingend ist.

Pos. 13: Rechnungsabgrenzungsposten

Wertansatz für den Bestand an Disagien: 90.000,– DM; wegen der Bewertungsmethoden-Stetigkeit sollten vorhandene Disagien weiter linear abgeschrieben werden; eine Änderung der Abschreibungsmethode ist aus diesem Grunde nicht unproblematisch (falls die Abschreibungsmethode dennoch geändert werden sollte, Erläuterungspflicht im Anhang).

Wertansatz des "neuen" Disagios: 0,– DM; d. h., es wird in voller Höhe als Aufwand in der G+V verbucht.

Die sonstigen aktiven und die passiven Rechnungsabgrenzungsposten haben keinen Einfluß auf die Höhe des ausgewiesenen Gewinns.

Pos. 14: Eigenkapital

Zur Passivierung siehe Aufgabenteil a); es besteht kein Einfluß auf die Höhe des ausgewiesenen Gewinns.

Pos. 15: Sonderposten mit Rücklageanteil

Wertansatz: 775.000,– DM; davon 200.000,– DM aus letztem Bilanzansatz (weitergeführt, siehe Pos. 3), 75.000,– DM aus Pos. 8 und 500.000,– DM aus Pos. 18.

Pos. 16: Rückstellungen

Wertansatz: 691.000,– DM; er ergibt sich aus der Passivierung der Pflichtrückstellungen (401.000,– DM) und durch Nutzung des Passivierungswahlrechtes zur Bildung einer Rückstellung für unterlassene Aufwendungen für Instandhaltung (290.000,– DM).

Pos. 17: Verbindlichkeiten gegenüber Kreditinstituten

Bewertung: 4.800.000,– DM; die Bewertung der Verbindlichkeit zum Rückzahlungsbetrag hat keinen Einfluß auf die Höhe des ausgewiesenen Gewinns (zur Bewertung des Disagios siehe Pos. 13).

Pos. 18: Sonstige betriebliche Erträge

Die 500.000,– DM werden nicht als "sonstige betriebliche Erträge" verbucht, sondern in den "Sonderposten mit Rücklageanteil" eingestellt (siehe Pos. 15).

c) **Maßnahmen zum Ausweis eines *möglichst hohen Gewinnes:***

Pos. 1: Ausstehende Einlagen

Es besteht kein Einfluß auf die Höhe des ausgewiesenen Gewinns.

Pos. 2: Patente und Lizenzen

Wertansatz der Lizenz: 960.000,– DM; er resultiert aus einer planmäßigen linearen Abschreibung.

Pos. 3: Grundstücke und Gebäude

Wertansatz insgesamt: 2.182.960,– DM; er ergibt sich bei einem *freiwilligen Rückgängigmachen* der Übertragung des Jahres 1996, d. h. Zuschreibung auf die Anschaffungskosten beim Grundstück (Wertansatz also: 500.000,– DM) sowie auf die "fortgeführten Anschaffungskosten" (= Anschaffungskosten abzüglich der planmäßigen Abschreibung) bei der Lagerhalle (Wertansatz also: 212.960,– DM), und einem Wertansatz für das neue Verwaltungsgebäude in Höhe von 1.470.000,– DM (Hinweis: Wenn die Zuschreibungen in der Handelsbilanz erfolgen, dann muß auch in der Steuerbilanz zugeschrieben werden); die Lagerhalle wird für 3 Jahre linear mit 4 % p. a. abgeschrieben; auch das Verwaltungsgebäude wird linear, allerdings mit 2 % p. a. über 50 Jahre (gemäß Aufgabenstellung), abgeschrieben.

Pos. 4: Technische Anlagen und Maschinen

Wertansatz für die Zugänge: 2.610.000,– DM; es wird nur eine 10 %ige *lineare* Abschreibung der gesamten Zugänge des Geschäftsjahres vorgenommen (da über den Zugangszeitpunkt nichts ausgesagt wurde, Annahme: Abschreibung für das ganze Jahr).

Pos. 5: Andere Anlagen

Wertansatz: 223.000,– DM; er resultiert aus einer linearen Abschreibung *pro rata temporis*, also Abschreibungen in Höhe von 11/36 auf 129.600,– DM und 1/36 auf 136.800,– DM, zusammen demnach 43.400,– DM Abschreibungen, die von den gesamten Anschaffungskosten (266.400,– DM) abzusetzen sind.

Pos. 6: Betriebs- und Geschäftsausstattung

Wertansatz: 750.000,– DM; er ergibt sich – bei einem Verzicht auf die Sofortabschreibung der geringwertigen Wirtschaftsgüter – durch lineare Abschreibung der gesamten Zugänge des Wirtschaftsjahres (da über den Zugangszeitpunkt nichts ausgesagt wurde, Annahme: Abschreibung für das ganze Jahr).

Pos. 7: Wertpapiere des Anlagevermögens

Bewertung: 320.000,– DM; Ansatz zu den Anschaffungskosten, d. h., auf das Bewertungswahlrecht, den niedrigeren Tageswert anzusetzen, wird verzichtet.

Pos. 8: Roh-, Hilfs- und Betriebsstoffe

Wertansatz für die R/H/B: 985.000,– DM; die bisher angewandte Bewertungsmethode (Durchschnittsmethode) wird beibehalten.

Der Entschädigungsgewinn wird als "sonstiger betrieblicher Ertrag" verbucht, auf die Bildung des "Sonderpostens mit Rücklageanteil" gem. R 35 EStR wird also verzichtet.

Pos. 9: Fertige Erzeugnisse und Waren

Wertansatz für das Fertigerzeugnis: 4.000.000,– DM; er ergibt sich beim Ansatz der Herstellungskosten IV (= 3,20 DM pro Stück); die Änderung der Bewertungsmethode verlangt eine Erläuterung im Anhang.

Bewertung der Handelswaren: 111.000,– DM; Ansatz des niedrigeren Zeitwertes (= 1,50 DM pro Stück); auf den Ansatz des "in der nächsten Zukunft erwarteten niedrigeren Zeitwertes" wird verzichtet.

Pos. 10: Erhaltene Anzahlungen

Es besteht kein Einfluß auf die Höhe des ausgewiesenen Gewinns.

Pos. 11: Forderungen
Bewertung: 375.000,– DM

Pos. 12: Wertpapiere des Umlaufvermögens
Wertansatz: 203.000,– DM; ab 1999 Zuschreibungspflicht (vgl. § 280 Abs. 1 HGB) bis zu den Anschaffungskosten als Wertobergrenze.

Pos. 13: Rechnungsabgrenzungsposten
Wertansatz für den Bestand an Disagien: 90.000,– DM; wegen der Bewertungsmethoden-Stetigkeit sollte der Bestand an Disagien weiter linear abgeschrieben werden.
Wertansatz für das "neue" Disagio (siehe Pos. 17 der Aufgabenstellung): 129.600,– DM; das Disagio wird in voller Höhe aktiviert und über die Laufzeit (10 Jahre) der Verbindlichkeit linear (also mit 14.400,– DM/Jahr) abgeschrieben (da über den genauen Zeitpunkt der Kreditaufnahme nichts ausgesagt wurde, Annahme: Abschreibung für das ganze Jahr). Die sonstigen aktiven und die passiven Rechnungsabgrenzungsposten ergeben keinen Spielraum für die Höhe des ausgewiesenen Gewinns.

Pos. 14: Eigenkapital
Die Kapitalzuführung durch den neuen Gesellschafter hat keinen Einfluß auf die Höhe des ausgewiesenen Gewinns.

Pos. 15: Sonderposten mit Rücklageanteil
Wertansatz: 0,– DM; der Sonderposten mit Rücklageanteil wird gewinnerhöhend aufgelöst (siehe Pos. 3 und Pos. 18).

Pos. 16: Rückstellungen
Bewertung: 401.000,– DM; es werden nur die Pflichtrückstellungen passiviert; auf die Bildung einer Rückstellung für die unterlassenen Aufwendungen für Instandhaltung wird verzichtet.

Pos. 17: Verbindlichkeiten gegenüber Kreditinstituten
Die Bewertung der Verbindlichkeit zum Rückzahlungsbetrag hat keinen Einfluß auf die Höhe des ausgewiesenen Gewinns; zum Wertansatz des Disagios siehe Pos. 13.

Pos. 18: Sonstige betriebliche Erträge
Die sonstigen betrieblichen Erträge betragen insgesamt 1.187.000,– DM; davon stammen 412.000,– DM aus der Rückgängigmachung der Übertragungen nach § 6b EStG im Jahr 1996, aus dem Entschädigungsgewinn 75.000,– DM, aus der Auflösung des Sonderpostens mit Rücklageanteil 200.000,– DM und aus dem Veräußerungsgewinn für das alte Verwaltungsgebäude 500.000,– DM.

d) Der **"bilanzpolitische Spielraum"** wird ermittelt, indem die (absoluten) Bewertungsdifferenzen, die sich aus den vorgeschlagenen Bilanzierungs- und Bewertungsmaßnahmen zur Lösung der Teilaufgaben b) und c) ergeben, addiert werden. Er gibt an, in welchem Umfange der auszuweisende Gewinn (oder Verlust) im Beispielsfall variiert werden kann, ohne daß gegen handelsrechtliche Bilanzierungs- und Bewertungsvorschriften verstoßen wird.

	Bewertung zum Ausweis eines möglichst bescheidenen Gewinns:	Bewertung zum Ausweis eines möglichst hohen Gewinns:	Spielraum bei der Bewertung (= |Differenz|):
Pos. 2: Patente u. Lizenzen	720.000,- DM	960.000,- DM	240.000,- DM
Pos. 3: Grundstücke und Gebäude	1.770.000,- DM	2.182.960,- DM	412.960,- DM
Pos. 4: Technische Anlagen und Maschinen	1.740.000,- DM	2.610.000,- DM	870.000,- DM
Pos. 5: Andere Anlagen	187.200,- DM	223.000,- DM	35.800,- DM
Pos. 6: Betriebs- und Geschäftsausstattung	504.000,- DM	750.000,- DM	246.000,- DM
Pos. 7: Wertpapiere des Anlagevermögens	270.000,- DM	320.000,- DM	50.000,- DM
Pos. 8: Roh-, Hilfs- und Betriebsstoffe	937.000,- DM	985.000,- DM	48.000,- DM
Pos. 9: Fertige Erzeugnisse und Waren	1.478.600,- DM	4.111.000,- DM	2.632.400,- DM
Pos. 12: Wertpapiere des Umlaufvermögens	203.000,- DM	203.000,- DM	0,- DM
Pos. 13: Disagien	90.000,- DM	219.600,- DM	129.600,- DM
Pos. 15: Sonderposten mit Rücklageanteil	775.000,- DM	0,- DM	775.000,- DM
Pos.16: Rückstellungen	691.000,- DM	401.000,- DM	290.000,- DM
bilanzpolitischer Spielraum (= Summe)			**5.729.760,- DM**

Der bilanzpolitische Spielraum beträgt im Beispielsfall **5.729.760,- DM**.

e) Von den **Bilanzierungs- und Bewertungsmaßnahmen**, die zur Lösung der Teilaufgaben a) bis c) für die Handelsbilanz beschrieben bzw. ergriffen wurden, sind folgende Maßnahmen in der *Steuerbilanz 1999 nicht zulässig*:

Pos. 2: Patente und Lizenzen

Eine degressive Abschreibung nach § 7 Abs. 2 EStG ist bei den Lizenzen steuerrechtlich nicht zulässig, weil eine Lizenz als immaterielles Anlagegut nicht zu den beweglichen Wirtschaftsgütern des Anlagevermögens zählt (vgl. Biergans, S. 204, FN 71). Die Lizenz muß in der Steuerbilanz also linear abgeschrieben werden.

Pos. 3 Grundstücke und Gebäude

Das Verwaltungsgebäude dürfte nach § 7 Abs. 4 Nr. 1 EStG in der Steuerbilanz mit 4 % p. a. abgeschrieben werden. Wird es in der Handelsbilanz nur mit 2 % p. a. abgeschrieben, (siehe Lösung der Teilaufgabe c), zieht die Maßgeblichkeit der Handelsbilanz für die Steuerbilanz.

Pos. 4: Technische Anlagen und Maschinen

Die geometrisch-degressive Abschreibung der Zugänge ist zwar dann, wenn es sich bei ihnen um bewegliche Wirtschaftsgüter des Anlagevermögens handelt (was angenommen wurde), auch steuerrechtlich zulässig, jedoch *nicht* mit dem (in der Handelsbilanz) gewählten Abschreibungssatz von *40 %*. Denn nach § 7 Abs. 2 S. 2 EStG darf in der Steuerbilanz der anzuwendende Prozentsatz höchstens das Dreifache des linearen Satzes betragen und 30 % nicht übersteigen. Im Beispielsfall wäre wegen der Nutzungsdauer von 10 Jahren deshalb in der Steuerbilanz eine Absetzung für Abnutzung (AfA) in fallenden Jahresbeträgen auf die Zugänge nur in Höhe von maximal 30 % der Anschaffungskosten zulässig.

Pos. 5: Andere Anlagen

Eine geometrisch-degressive Abschreibung der 100 Computer mit 40 % ist steuerrechtlich unzulässig (zur Begründung siehe Pos. 4).

Pos. 6: Betriebs- und Geschäftsausstattung

Auch hier ist die geometrisch-degressive Abschreibung mit 40 % in der Steuerbilanz unzulässig (siehe Pos. 4).

Eine "Abschreibung im Rahmen vernünftiger kaufmännischer Beurteilung", die Nicht-Kapitalgesellschaften nach § 253 Abs. 4 HGB in der Handelsbilanz vornehmen dürften, ist nach Steuerrecht generell unzulässig, weil ihnen keine Wertminderung zugrunde liegt.

Pos. 7: Wertpapiere des Anlagevermögens

Eine Abschreibung auf den niedrigeren Tageswert, wie sie in der Lösung von Teilaufgabe c) in der Handelsbilanz vorgenommen wird, ist in der Steuerbilanz nicht (mehr) zulässig, weil die Wertminderung gemäß Aufgabenstellung voraussichtlich nur *vorübergehend* ist. **Ab 1999** ist in der Steuerbilanz eine Abschreibung auf den niedrigeren Teilwert nur noch zulässig bei einer voraussichtlich **dauernden** Wertminderung (vgl. § 6 Abs. 1 Nr. 2 S. 2 EStG n. F.).

Pos. 9: Fertige Erzeugnisse und Waren

Die Bewertung des Fertigerzeugnisses zu Herstellungskosten I (= 1,10 DM pro Stück) ist nach Steuerrecht unzulässig. In der Steuerbilanz muß das Fertigerzeugnis mindestens zu Herstellungskosten III (= 2,30 DM pro Stück) bewertet werden; es dürfte jedoch auch mit den Herstellungskosten IV (= 3,20 DM/Stück) als Wertobergrenze – oder jedem Wert zwischen Herstellungskosten III und IV – angesetzt werden (vgl. R 33 EStR).

Der Ansatz eines "in der nächsten Zukunft erwarteten niedrigeren Zeitwertes", der für die Handelswaren nach § 253 Abs. 3 S. 3 HGB in der Handelsbilanz erlaubt ist, ist in der Steuerbilanz unzulässig. Das Steuerrecht hält das Stichtagsprinzip streng ein.

Pos. 13: Rechnungsabgrenzungsposten

Eine sofortige (vollständige oder teilweise) Verrechnung des Disagios als Aufwand ist in der Steuerbilanz unzulässig. Vielmehr muß das Disagio in der Steuerbilanz zunächst in voller Höhe aktiviert und anschließend über die Laufzeit der Verbindlichkeit linear abgeschrieben werden (vgl. R 37 Abs. 3 EStR).

Pos. 16: Rückstellungen

Eine Rückstellung für im Geschäftsjahr unterlassene Aufwendungen für solche Instandhaltungen, die erst im 4. bis 12. Monat des neuen Geschäftsjahres nachgeholt werden, darf in der Steuerbilanz *nicht* gebildet werden; das Steuerrecht ist an handelsrechtliche (Passivierungs-)Wahlrechte nicht gebunden.

Ferner kommt für die angesetzten "Rückstellungen für ungewisse Verbindlichkeiten" evtl. eine Abzinsung in Betracht. Denn nach § 6 Abs. 1 Nr. 3a Buchstabe e EStG n. F. ist **ab 1999** für die Bemessung von Rückstellungen in der Steuerbilanz ein **Abzinsungsgebot** zu beachten. Auch aus anderen Gründen (z. B. Gebot der Gegenrechnung zukünftiger Vorteile, Gebot der ratierlichen Ansammlung) könnte die Übernahme des handelsrechtlichen Wertansatzes für die Rückstellungen in die Steuerbilanz scheitern (vgl. hierzu im einzelnen § 6 Abs. 1 Nr. 3a EStG n. F. und die Ausführungen in Kapitel 2 Abschnitte B IIIe und B Ve sowie in Kapitel 3 Abschnitt D XIX).

Literaturverzeichnis

1. Bücher, Beiträge in Sammelwerken und Aufsätze

Adler, H./Düring, W./Schmaltz, K.: Rechnungslegung und Prüfung der Unternehmen, Teilbände 1 und 2, 6. Aufl., Stuttgart 1995, Teilband 3, 6. Aufl., Stuttgart 1996, Teilbände 4 und 5, 6. Aufl., Stuttgart 1997, Teilband 6, 6. Aufl., Stuttgart 1998.

Albach, H./Forster, K.-H. (Hrsg.): Bilanzrichtlinien-Gesetz, ZfB-Ergänzungsheft 1/1987, Wiesbaden 1987.

Albach, H./Klein, G. (Hrsg.): Harmonisierung der Rechnungslegung in Europa, ZfB-Ergänzungsheft 1/1988, Wiesbaden 1988.

Alsheimer, H.: Einhundert Jahre Prinzip der Maßgeblichkeit der Handelsbilanz für die Steuerbilanz, in: Zeitschrift für Betriebswirtschaft, 44. Jg. (1974), S. 841 ff.

Baden, K./Wilhelm, W.: Zeit der Bilanzartisten, in: manager magazin, 23. Jg., 10/1993, S. 152 ff.

Baetge, J. (Hrsg.): (Jahresabschluß) Der Jahresabschluß im Widerstreit der Interessen, Düsseldorf 1983.

Baetge, J. (Hrsg.): (Abschlußprüfung) Abschlußprüfung nach neuem Recht, Stuttgart 1988.

Baetge, J. (Bilanzen) Bilanzen, 4. Aufl., Düsseldorf 1996.

Baetge, J. (Bilanzanalyse) Bilanzanalyse, Düsseldorf 1998.

Baetge, J./Ballwieser, W.: Zum bilanzpolitischen Spielraum der Unternehmensleitung, in: Betriebswirtschaftliche Forschung und Praxis (BFuP), 3/1977, S. 199 ff.

Baetge, J./Fischer, Th.: Zur Aussagefähigkeit der Gewinn- und Verlustrechnung nach neuem Recht, in: Zeitschrift für Betriebswirtschaft, Ergänzungsheft 1/1987, S. 175 ff.

Baetge, J./Fischer, Th./Paskert, D.: Der Lagebericht, Stuttgart 1989.

Bartram, W.: (Zahlungsunfähigkeit) Zur Prognose der Zahlungsunfähigkeit eines Unternehmens auf der Grundlage von Jahresabschlußinformationen, in: Neuere Entwicklungen in der Produktions- und Investitionspolitik, hrsg. von D. Adam, Wiesbaden 1987, S. 217 ff.

Bartram, W.: (Finanzlage) Einblick in die Finanzlage eines Unternehmens aufgrund seiner Jahresabschlüsse, in: Der Betrieb, 48/1989, S. 2389 ff.

Bartram, W.: (Liquiditätsanalysen) Dynamische Liquiditätsanalysen mit Hilfe von Kapitalflußrechnungen, in: Praxis der GmbH-Rechnungslegung, hrsg. von H.-H. Otte, Herne/Berlin 1994, S. 746 ff.

Bauer, J.: Zur Rechtfertigung von Wahlrechten in der Bilanz, in: Betriebs-Berater, 13/1981, S. 766 ff.

Beck'scher Bilanz-Kommentar: Der Jahresabschluß nach Handels- und Steuerrecht, 3. Aufl., München 1995.

Betge, P.: Zur Bedeutung des Anhangs innerhalb der Rechnungslegung nach dem Bilanzrichtlinien-Gesetz, in: Das Wirtschaftsstudium (WISU), 1/1988, S. 26 ff.

Betriebswirtschaftlicher und Finanzausschuß des Verbandes der Chemischen Industrie e.V.: Erfassung und Verrechnung von Kosten der Unterbeschäftigung, in: Der Betrieb, 39/1977, S. 1810 ff.

Biener, H./Berneke, W.: Bilanzrichtlinien-Gesetz, Düsseldorf 1986.

Biergans, E.: Einkommensteuer, 6. Aufl., München 1992.

Bluemich, W. u.a.: Kommentar zum Einkommensteuergesetz, Körperschaftsteuergesetz und Gewerbesteuergesetz, Loseblatt, München 1999, Stand: Juni 1999.

Brüning, G.: Die Bilanz als Vergangenheits- oder Zukunftsrechnung, in: Zeitschrift für Betriebswirtschaft, 49. Jg. (1979), S. 1099 ff.

Brunnmeier, A. J.: Laufende Buchführung und Buchführungstätigkeit nach den Grundsätzen ordnungsmäßiger Buchführung, in: Der Betrieb, Beilage Nr. 12/1977 zu Nr. 32/1977.

Budde, W. D./Förschle, G.: Immaterielles Vermögen, in: Handwörterbuch des Rechnungswesens (HWR), 3. Aufl., Stuttgart 1993, Sp. 897 ff.

Bundesministerium der Finanzen (Hrsg.): Das Standortsicherungsgesetz, Bonn 1993.

Busse von Colbe, W./Chmielewicz, K.: Das neue Bilanzrichtliniengesetz, in: Die Betriebswirtschaft, 46. Jg. (1986), S. 289 ff.

Busse von Colbe, W. u.a. (Hrsg.): Aufstellung von Konzernabschlüssen, ZfbF-Sonderheft 21/1987, Düsseldorf 1987.

Castan, E.: Rechnungslegung der Unternehmung, 3. Aufl., München 1990.

Cattelaens, H./Niermann, W./Tausch, W.: Steuerentlastungsgesetz 1999/2000/2002, einschließlich Steuerentlastungsgesetz 1999 und Steueränderungsgesetz 1998, Düsseldorf 1999.

Ciric, D.: Grundsätze ordnungsgemäßer Wertaufhellung, Düsseldorf 1995.

C & L Deutsche Revision (Hrsg.): Konzernabschlüsse '95 – Ausweis, Gestaltung, Berichterstattung, Düsseldorf 1997.

Coenenberg, A. G. u.a.: (Einzelbilanz) Die Einzelbilanz nach neuem Handelsrecht, Düsseldorf 1986.

Coenenberg, A. G.: (Jahresabschluß) Jahresabschluß und Jahresabschlußanalyse, 16. Aufl., Landsberg am Lech 1997.

Coenenberg, A. G.: (Aufgaben) Jahresabschluß und Jahresabschlußanalyse – Aufgaben und Lösungen, 9. Aufl., München 1997.

Dehmer, H.: Umwandlungsgesetz – Umwandlungssteuergesetz, 2. Aufl., München 1996.

Delfs, E.: Derivativer oder originärer Geschäftswert (§ 153 Abs. 5 AktG)?, in: Der Betrieb, 25/1987, S. 194.

Deutsche Treuhand-Gesellschaft (Hrsg.): Einführung in das Bilanzrichtlinien-Gesetz, Berlin/Frankfurt a. M. (1986).

Deutsches wissenschaftliches Steuerinstitut der Steuerberater e.V. (Hrsg.): Handbuch zur Einkommensteuerveranlagung 1998, München 1999.

Döring, U.: Goodwill, in: Handwörterbuch des Rechnungswesens (HWR), 3. Aufl., Stuttgart 1993, Sp. 810 ff.

Dziadkowski, D.: Das höchstrichterliche Passivierungsverbot für Rückstellungen wegen unterlassener Instandhaltung in der Steuerbilanz, in: Der Betrieb, 25/1984, S. 1315.

Eisolt, D.: Neuregelung der Sonder-Afa in den neuen Bundesländern durch das Jahressteuergesetz 1996, in: Betriebs-Berater, 12/1996, S. 618 ff.

Faller, E.: Der Grundsatz der Einzelbewertung und die Notwendigkeit zu seiner Durchbrechung unter Berücksichtigung des Bilanzrichtlinien-Gesetzentwurfs, in: Betriebs-Berater, 31/1985, S. 2017 ff.

Federmann, R.: Bilanzierung nach Handels- und Steuerrecht, 10. Aufl., Berlin 1994.

Fey, G.: Die Angabe bestehender Zweigniederlassungen im Lagebericht nach § 289 Abs. 2 Nr. 4 HGB, in: Der Betrieb, 10/1994, S. 485 ff.

Fleck, A./Tietze, H.: 4. EG-Richtlinie und Bilanzsteuerrecht, in: Der Betrieb, Beilage Nr. 15/1978 zu Nr. 37/1978.

Förschle, G./Kropp, M.: Die Bewertungsstetigkeit im Bilanzrichtlinien-Gesetz, in: Zeitschrift für Betriebswirtschaft, 56. Jg. (1986), S. 873 ff.

Forster, K.-H.: (Bilanzpolitik) Bilanzpolitik und Bilanzrichtlinie-Gesetz – welche Freiräume bleiben noch?, in: Betriebs-Berater, 1/1983, S. 32 ff.

Forster, K.-H.: (Bewertungsstetigkeit) Bewertungsstetigkeit – was sie ist und was sie nicht ist, in: Der Wirtschaftsprüfer im Schnittpunkt nationaler und internationaler Entwicklung, FS zum 60. Geb. von K. v. Wysocki, hrsg. v. Gross, G., Düsseldorf 1985, S. 29 ff.

Franz, R./Rupp, Th.: Das Standortsicherungsgesetz, in: Betriebs-Berater, Beilage 20 zu 31/1993.

Freidank, C.-Chr.: Zielsetzungen und Instrumente der Bilanzpolitik bei Aktiengesellschaften, in: Der Betrieb, 7/1982, S. 337 ff.

Gail, W./Greth, M./Schumann, R.: Die Maßgeblichkeit der Handelsbilanz für die Steuerbilanz in den Mitgliedstaaten der Europäischen Gemeinschaft, in: Der Betrieb, 27/28/1991, S. 1389 ff.

Gimpel-Kloos, B.: Die Ausübung nationaler Wahlrechte im Hinblick auf die Zielsetzungen der 4. EG-Richtlinie, Heidelberg 1990.

Glade, A.: Praxishandbuch der Rechnungslegung und Prüfung, 2. Aufl., Herne/Berlin 1995.

Göllert, K./Ringling, W.: Bilanzrichtlinien-Gesetz – Einführung, Texte, Materialien, 2. Aufl., Heidelberg 1986.

Gräfer, H.: (Bilanzanalyse) Bilanzanalyse nach der neueren Rechnungslegung, 7. Aufl., Herne 1997.

Gräfer, H.: (Jahresabschluß) Der Jahresabschluß der GmbH unter besonderer Berücksichtigung der kleinen und mittelgroßen Gesellschaften, 3. Aufl., Herne/Berlin 1991.

Gross, G./Schruff, L.: Der Jahresabschluß nach neuem Recht, 3. Aufl., Düsseldorf 1986.

Haas, G.: Die Nutzungsdauer von Gebäuden – Ein Beispiel gesetzlicher Vermutung im Steuerrecht – , in: Der Betrieb, 5/1977, S. 2346 f.

Haeger, B.: Zur Aufhebung des strengen Wertzusammenhangs im Steuerrecht, in: Der Betrieb, 11/1990, S. 541 ff.

Hahn, J.: EG-Mittelstandsrichtlinie und EG-Bilanzrichtlinien-Ergänzungsrichtlinie, in: Zeitschrift für Praxis und Wissenschaft des gesamten Steuerrechts (DStR), 4/1991, S. 121 ff.

Heim, M.: Zur Ermittlung der partiellen Steuerpflicht von überdotierten Unterstützungskassen, in: Der Betrieb, 10/1979, S. 472 ff.

Heinen, E.: Handelsbilanzen, 12. Aufl., Wiesbaden 1986.

Heinhold, M.: (Bilanzpolitik) Bilanzpolitik – Wesen, Ziele und Stellung in der Unternehmensplanung, in: Wirtschaftswissenschaftliches Studium (WiST), 8/1984, S. 388 ff.

Heinhold, M.: (Instrumente) Instrumente der unternehmerischen Bilanzpolitik, in: Wirtschaftswissenschaftliches Studium (WiST), 9/1984, S. 449 f.

Herrmann, C./Heuer, G./Raupach, A.: Kommentar zur Einkommensteuer und Körperschaftsteuer, 20. Aufl., Köln 1993.

Herzig, N./Rieck, U.: (Rückstellungen) Die Rückstellungen für drohende Verluste aus schwebenden Geschäften im Steuerrecht – Übergangsfragen und Grundsätzliches, in: Betriebs-Berater, 6/1998, S. 311 ff.

Herzig, N./Rieck, U.: (Wertaufholungsgebot) Bilanzsteuerliche Aspekte des Wertaufholungsgebotes im Steuerentlastungsgesetz, in: Die Wirtschaftsprüfung, 8/1999, S. 305 ff.

Herzig, N./Rieck, U./Gehring, N.: Vermeidung steuerpflichtiger Zuschreibungen bei Beteiligungen an Kapitalgesellschaften, in: Betriebs-Berater, 11/1999, S. 575 ff.

HFA des IDW: (Kapitalflußrechnung) Die Kapitalflußrechnung als Ergänzung des Jahres- und Konzernabschlusses, Stellungnahme HFA 1/1995, in: Die Wirtschaftsprüfung, 6/1995, S. 210 ff.

HFA des IDW: (Verlautbarung) Verlautbarung des HFA "Auswirkungen der steuerlichen Nichtanerkennung von Rückstellungen für drohende Verluste aus schwebenden Geschäften auf den handelsrechtlichen Jahresabschluß", in: Die Wirtschaftsprüfung, 3/1998, S. 113 f.

Hilke, W.: (Bilanzierungswahlrechte) Bilanzierungswahlrechte nach neuem und altem Recht – ein vergleichender Überblick, in: Das Wirtschaftsstudium (WISU), 11/1986, S. 539 ff.

Hilke, W.: (Bewertungswahlrechte) Änderungen bei den Bewertungswahlrechten durch das Bilanzrichtlinien-Gesetz, in: Das Wirtschaftsstudium (WISU), 5/1987, S. 245 ff.

Hilke, W.: (Development) Development of External Accounting in the FRG According to the 4th and 7th EC Directives – The New German Accounting and Reporting Law, in: Adjustment Problems in Advanced Open Economies: Japan and Germany, hrsg. v. Th. Dams/T. Matsugi, Berlin 1989, S. 119 ff.

Hilke, W.: (Bilanzieren I) Bilanzieren nach Handels- und Steuerrecht, Teil 1, Wiesbaden 1991.

Hilke, W.: (Bilanzieren II) Bilanzieren nach Handels- und Steuerrecht, Teil 2, Wiesbaden 1991.

Hilke, W.: (Forschung und Entwicklung) Die Darstellung von ‚Forschung und Entwicklung' (F.u.E.) in Geschäftsberichten deutscher Unternehmen, in: Praxis und Theorie der Unternehmung, Festschrift für H. Jacob, hrsg. v. K. W. Hansmann/A.-W. Scheer, Wiesbaden 1992, S. 123 ff.

Hilke, W.: Bilanzpolitik, in: Lexikon der Betriebswirtschaftslehre, hrsg. v. H. Corsten, 3. Aufl., München/Wien 1993, S. 146 ff.

Hilke, W.: (Marketing Asset Accounting) Marketing Asset Accounting für Marketing-Investitionen, Diskussionsbeiträge des Betriebswirtschaftlichen Seminars der Universität Freiburg, Freiburg 1994.

Hilke, W.: Marketing-Investitionen, in: Handwörterbuch des Marketing (HWM), 2. Aufl., Stuttgart 1995, Sp. 1566 ff.

Hilke, W./Zinke, D.: (Zurechnung) Steuerliche Zurechnung von Wirtschaftsgütern bei Mobilien-Leasing-Verträgen, in: Das Wirtschaftsstudium (WISU), 4/1983, S. 163 ff.

Hilke, W./Zinke, D.: (Mobilien-Leasing) Mobilien-Leasing in der Steuerbilanz, in: Das Wirtschaftsstudium (WISU), 6/1983, S. 256 ff.

Hilke, W./Mähling, F.-W./Ringwald, R./Zinke, D.: Die Examensklausur aus der Betriebswirtschaftslehre – A. Zum Maßgeblichkeitsprinzip der Handelsbilanz für die Steuerbilanz –, in: Das Wirtschaftsstudium (WISU), 1/1981, S. 26 und 2/1981, S. 75 ff.

Hilke, W./Rümmele, J.: Neutrale Aufwendungen und Erträge, in: Handwörterbuch des Rechnungswesens (HWR), 3. Aufl., Stuttgart 1993, Sp. 1415 ff.

Hoffmann, W.-D.: (Beurteilungsvermögen) Das abschließende Beurteilungsvermögen des Abschlußprüfers und der Bestätigungsvermerk, in: Betriebs-Berater, 25/1994, S. 1743 ff.

Hoffmann, W.-D.: (Wertaufhellung) Wertaufhellung – das Bilanzierungsproblem schlechthin, in: Betriebs-Berater, 22/1996, S. 1157 ff.

Hoffmann, W.-D.: (Anmerkungen) Anmerkungen zum bilanzrechtlichen Teil des Steuerreformgesetzes 1998, in: Betriebs-Berater, 23/1997, S. 1195 ff.

Hoffmann, W.-D.: (Steuerentlastungsgesetz) Die Auswirkungen des Steuerentlastungsgesetzes 1999/2000/2002 auf die Steuerbilanz, in: GmbH-Rundschau, 8/1999, S. 380 ff.

Huppertz, E.: Stille Reserven im aktienrechtlichen Jahresabschluß, in: Der Betrieb, 26/1979, S. 1243 ff.

Huth, H./Hintzen, L.: Grundsätze der Bilanzierung von im Außenhandel gelieferten Waren – Importwarenabschlag, Preissteigerungsrücklage und Teilwertabschreibung, in: Der Betrieb, 35/1978, S. 1660 ff.

Institut der Wirtschaftsprüfer in Deutschland e. V. (Hrsg.): Wirtschaftsprüfer-Handbuch 1996, Bd. I, 11. Aufl., Düsseldorf 1996.

Institut der Wirtschaftsprüfer in Deutschland e. V. (Hrsg.): Wirtschaftsprüfer-Handbuch 1998, Bd. II, 11. Aufl., Düsseldorf 1998.

Jacob, H.: (Bewertungsproblem) Das Bewertungsproblem in den Steuerbilanzen, Wiesbaden 1961.

Jacob, H.: (Wert) Wert und Wertansätze in der Betriebswirtschaftslehre, in: Das Wirtschaftsstudium (WISU), 1/1972, S. 3 ff.

Jacob, H.: (Gewinnbegriffe) Gewinnbegriffe und Kapitalerhaltung, in: Das Wirtschaftsstudium (WISU), 8/1972, S. 355 ff.

Jacobs, O. H.: (Bilanzierungsproblem) Das Bilanzierungsproblem in der Ertragsteuerbilanz, Stuttgart 1971.

Jacobs, O. H.: (Gebäuderestwert und Abbruchkosten) Die Behandlung von Gebäuderestwert und Abbruchkosten in der Steuerbilanz, in: Steuerberater-Kongreß-Report 1979, Hrsg.: Bundessteuerberaterkammer und Deutsches wissenschaftliches Steuerinstitut der Steuerberater und Steuerbevollmächtigten, München 1979.

Janssen, H.: Die Zweijahresinventur des Vorratsvermögens, in: Die Wirtschaftsprüfung, 10/1978, S. 296 ff.

Kessler, H.: Entwicklungskosten für Software in der Bilanz des Herstellers, in: Betriebs-Berater, Beilage 12 zu 19/1994.

Kloos, G.: Die Transformation der 4. EG-Richtlinie (Bilanzrichtlinie) in den Mitgliedstaaten der Europäischen Gemeinschaft, Berlin 1993.

Knop, W./Küting, K.: Anschaffungskosten im Umwandlungsrecht, in: Betriebs-Berater, 20/1995, S. 1023 ff.

Knopp, L.: Rückstellungen für Altlasten, in: Betriebs-Berater, 14/1994, S. 967 ff.

Kobs, E.: Rückstellungen und Rücklagen in Steuerbilanz und Vermögensaufstellung, 3. Aufl., Herne/Berlin 1977.

Koch, H.: Die Problematik des Niederstwertprinzips, in: Die Wirtschaftsprüfung, 1957, S. 1 ff., S. 31 ff. und S. 60 ff.

Koll, W.: Zur Auswirkung von Preisänderungen auf den Unternehmenserfolg, in: Zeitschrift für Betriebswirtschaft, 49. Jg. (1979), S. 1126 ff.

Koltermann, J.: Fallsammlung Bilanzsteuerrecht, 9. Aufl., Herne/Berlin 1995.

Kommission Rechnungswesen im Verband der Hochschullehrer für Betriebswirtschaft e.V.: Reformvorschläge zur handelsrechtlichen Rechnungslegung, in: Die Betriebswirtschaft, 39. Jg. (1979), H. 1a.

Kottke, K.: (Bilanzstrategie) Bilanzstrategie und Steuertaktik, 3. Aufl., Herne/Berlin 1978.

Kresse, W./Kotsch-Faßhauer, L./Leuz, N.: Neues Bilanzieren, Prüfung und Buchen nach dem Bilanzrichtlinien-Gesetz, 2. Aufl., Stuttgart 1988.

Kropff, B.: Aktiengesetz 1965, Düsseldorf 1965.

Küting, K.: Fauler Zauber, in: manager magazin, 23. Jg., 10/1993, S. 172 f.

Küting, K.: (Konzerne) Wenn sich Konzerne schönrechnen, in: Blick durch die Wirtschaft v. 8.9.1993, S. 7.

Küting, K./Weber, C.-P. (Hrsg.): Handbuch der Rechnungslegung, Kommentar zur Bilanzierung und Prüfung, Bd. Ia, 4. Aufl., Stuttgart 1995.

Kupsch, P.: (Steuerfreie Investitionszulagen) Die Behandlung steuerfreier Investitionszulagen im Jahresabschluß, in: Der Betrieb, 8/1979, S. 365 ff.

Kupsch, P.: (Überschuldung) Zur Problematik der Überschuldungsmessung, in: Betriebs-Berater, 3/1984, S. 159 ff.

Kupsch, P.: (Aufwandsrückstellungen) Bilanzierung und Bewertung von Aufwandsrückstellungen nach § 249 Abs. 2 HGB, in: ZfB-Ergänzungsheft 1/1987, S. 67 ff.

Leffson, U.: (Grundsätze) Die Grundsätze ordnungsmäßiger Buchführung, 7. Aufl., Düsseldorf 1987.

Leffson, U.: (Vorschriften) Ausformulierte und nicht ausformulierte gesetzliche Vorschriften im Bilanzrecht des HGB, in: Die Betriebswirtschaft, 47. Jg. (1987), S. 3 ff.

Leffson, U. (Hrsg.): (Handwörterbuch) Handwörterbuch unbestimmter Rechtsbegriffe im Bilanzrecht des HGB, Köln 1986.

Linn, D.: Offene Fragen beim Maßgeblichkeitsprinzip der Handelsbilanz für die Steuerbilanz bei handelsrechtlichen Bilanzierungswahlrechten, in: Betriebs-Berater, 4/1973, S. 186 ff.

Littmann, E.: Das Einkommensteuerrecht – Kommentar zum Einkommensteuergesetz, 3 Bde., 15. Aufl., Stuttgart 1990.

Ludewig, R.: Möglichkeiten der verdeckten Bilanzpolitik für Kapitalgesellschaften auf der Grundlage des neuen Rechts, in: Zeitschrift für Betriebswirtschaft, 57. Jg. (1987), S. 426 ff.

Luik, H.: Aktuelle Fragen zur Behandlung von Pensionsverpflichtungen im Jahres- und Konzernabschluß, in: Die Wirtschaftsprüfung, 24/1987, S. 733 ff.

Lutter, M.: Europäisches Unternehmensrecht, 3. Aufl., Berlin/New York 1991.

Maaßen, K.: Gilt der Maßgeblichkeitsgrundsatz (§ 5 EStG) nicht für Bilanzierungswahlrechte?, in: Der Betrieb, 28/1970, S. 1285 ff.

Maul, K.-H.: Geschäfts- und Konzernlagetäuschungen als Bilanzdelikte, in: Der Betrieb, 4/1989, S. 185 ff.

Mayer-Wegelin, E.: (Lifo-Verfahren) Die praktische Anwendung der Lifo-Verfahren nach § 256 HGB, in: Betriebs-Berater, 32/1991, S. 2256 ff.

Mayer-Wegelin, E.: (Verbindlichkeitsrückstellungen) Die wirtschaftliche Verursachung von Verbindlichkeitsrückstellungen – Wie kann die Meinungsvielfalt überwunden werden?, in: Der Betrieb, 25/1995, S. 1241 ff.

Meyer, C.: Bilanzierung nach Handels- und Steuerrecht unter Einschluß der Konzernrechnungslegung und der internationalen Rechnungslegung, 12. Aufl., Herne/Berlin 1998.

Moxter, A.: (Bilanzpolitik) Bilanzpolitik und Wahlrechtsproblematik, in: Die Führung des Betriebes, Festschrift für C. Sandig, hrsg. v. M. Geist/R. Köhler, Stuttgart 1981, S. 447 ff.

Moxter, A.: (Bilanzlehre I) Bilanzlehre, Bd. I: Einführung in die Bilanztheorie, 3. Aufl., Wiesbaden 1984.

Moxter, A.: (Bilanzlehre II) Bilanzlehre, Bd. II: Einführung in das neue Bilanzrecht, 3. Aufl., Wiesbaden 1986.

Moxter, A.: (Rückstellungskriterien) Rückstellungskriterien im Streit, in: Schmalenbachs Zeitschrift für betriebswirtschaftliche Forschung, 4/1995, S. 311 ff.

Moxter, A.: (Bilanzrechtsprechung) Bilanzrechtsprechung, 5. Aufl., Tübingen 1999.

Mujkanovic, R.: Zur Bewertung bei Verschmelzung am Beispiel von AG und GmbH – Existiert das Wahlrecht des § 24 UmwG?, in: Betriebs-Berater, 34/1995, S. 1735 ff.

Neuburger, E.: Zur Rechnungslegung beim Sachanlagevermögen von Krankenhäusern, in: Zeitschrift für Betriebswirtschaft, 50. Jg. (1980), S. 875 ff.

Niehaus, R. J.: True and Fair View – in Zukunft auch ein Bestandteil der deutschen Rechnungslegung?, in: Der Betrieb, 5/1979, S. 221 ff.

Ossadnik, W.: Zur Diskussion um den "negativen Geschäftswert", in: Betriebs-Berater, 11/1994, S. 747 ff.

Peat/Marwick/Mitchell & Co. (Hrsg.): Executive Overview New German Accounting and Reporting Legislation, München 1986.

Perlitz, M.: Empirische Bilanzanalyse, in: Zeitschrift für Betriebswirtschaft, 49. Jg. (1979), S. 835 ff.

Philipp, W.: Pensionsrückstellungen als Wundertüte, in: Frankfurter Allgemeine Zeitung, Nr. 218 v. 21.9.1981, S. 13 und 15.

Pieper, W.: Steuerliche Herstellungskosten – Erzeugnisbewertung in der Ertragsteuerbilanz aus der Sicht der Betriebswirtschaftslehre, Wiesbaden 1975.

Pougin, E.: Bilanzpolitik, in: Schriften zur Unternehmensführung, Bd. 10: Bilanzpolitik und Bilanztaktik, Wiesbaden 1969, S. 5 ff.

Preusker, P. M./Schloßarek, G.: Die Problematik der Scheingewinne und ihre Durchleuchtung am Beispiel der Mineralölindustrie, in: WSI-Mitteilungen 9/1975, S. 474 ff.

Räuber, D.: Der Lagebericht, in: Betriebs-Berater, 19/1988, S. 1285 ff.

Rau, H.-G.: Übertragung von Pensionsverpflichtungen auf eine Unterstützungskasse, in: Der Betrieb, 11/1979, S. 520 ff.

Reige, J.: Publizitätspraxis und Nutzung ausgewählter handelsrechtlicher Wahlrechte, in: Betriebs-Berater, 24/1989, S. 1648 ff.

Ringwald, R.: (Sonderposten) Sonderposten mit Rücklageanteil, in: Betriebs-Berater, 35 und 36/1984, S. 2235 ff.

Ringwald, R.: (Rückstellungen) Rückstellungen, in: Das Wirtschaftsstudium (WISU), 6/1986, Studienblatt.

Rümmele, J.: Die Bedeutung der Bewertungsstetigkeit für die Bilanzierung, Berlin 1991.

Rupp, R.: Pensionsrückstellungen – Änderungen nach dem 2. Haushaltsstrukturgesetz 1982, in: Wirtschaftswissenschaftliches Studium (WiSt), 2/1983, S. 90 ff.

Scheffler, H. E.: Steuerbilanztaktik – Bilanztaktische Möglichkeiten in der Steuerbilanz, in: Schriften zur Unternehmensführung, Bd. 10: Bilanzpolitik und Bilanztaktik, Wiesbaden 1969, S. 47 ff.

Schellhorn, M.: Ausweis eines Verschmelzungsmehrwerts nach § 348 Abs. 2 S. 2 AktG, in: Betriebs-Berater, 6/1992, S. 395 ff.

Scherrer, G./Obermeier, I.: Zur Zulässigkeit alternativer Verfahren der Stichprobeninventur. Anmerkungen zur IDW-Verlautbarung: Stichprobenverfahren für die Vorratsinventur zum Jahresabschluß, in: Zeitschrift für Betriebswirtschaft, 50. Jg. (1980), S. 500 ff.

Schlarb, E.: Das Wahlrecht beim Verlustrücktrag ab 1994 – Körperschaftsteuer/Einkommensteuer, in: Betriebs-Berater, 3/1994, S. 187 ff.

Schmalenbach, E.: Dynamische Bilanz, 13. Aufl., Köln 1962.

Schmidt, E.: Steuerliche Behandlung von Altlasten und deren Sanierung, in: Betriebs-Berater, 10/1992, S. 674 ff.

Schmidt, F.: Die organische Bilanz im Rahmen der Wirtschaft, Faksimile-Druck der Ausgabe v. 1921, Wiesbaden 1979.

Schneider, D.: (Problematik) Die Problematik betriebswirtschaftlicher Teilwertlehren, in: Die Wirtschaftsprüfung, 11/1969, S. 305 ff.

Schneider, D.: (Maßgeblichkeit) Maßgeblichkeit der Handelsbilanz für die Steuerbilanz und Besteuerung nach der Leistungsfähigkeit, in: Betriebs-Berater, 32/1978, S. 1577 ff.

Schneider, D.: (Steuerbilanzen) Steuerbilanzen, Wiesbaden 1978.

Schnicker, H.: Devisenterminkurse und die Bewertung von Fremdwährungsforderungen – Einige Bemerkungen zum Abwertungswahlrecht gem. § 155 Abs. 3 Nr. 1 AktG, in: Die Wirtschaftsprüfung, 11/1978, S. 325 ff.

Schult, E.: Bilanzanalyse, 10. Aufl., Berlin 1999.

Schulte, K.-W.: Das Imparitätsprinzip als Grundsatz ordnungsmäßiger Buchführung, in: Das Wirtschaftsstudium (WISU), 2/1979, S. 63 ff.

Siegel, Th.: (Aufwandsrückstellungen) Echte Aufwandsrückstellungen und der Wandel des Gesellschafterschutzes im neuen Bilanzrecht, in: Betriebs-Berater, 13/1986, S. 841 ff.

Siegel, Th.: (Latente Steuern) Latente Steuern: Konzeptionsprobleme und Anwendungsfragen zur Bilanzierung nach § 247 HGB, in: Zeitschrift für Betriebswirtschaft, Ergänzungsheft 1/1987, S. 137 ff.

Sobotka, St.: Der neue Teilamortisationserlaß im Immobilien-Leasing, in: Betriebs-Berater, 12/1992, S. 827 ff.

Streim, H./Klaus, H.: Zur Rechnungslegung, Prüfung und Publizität der GmbH & Co KG, in: Betriebs-Berater, 16/1994, S. 1109 ff.

Surmann, F./Tietje, A.-W.: Anschaffungskosten für Anlagegüter bei Kaufpreis in Fremdwährung und schwankenden Wechselkursen, in: Der Betrieb, 3/1979, S. 124 f.

Taupitz, J.: Die Entwicklung von Grundsätzen ordnungsmäßiger Buchführung durch die Wirtschaftsprüferkammer, in: Betriebs-Berater, 34/1990, S. 2367 ff.

Tiedemann, K.: (Bilanzstrafrecht) Bilanzstrafrecht, in: Handwörterbuch des Wirtschafts- und Steuerstrafrechts, hrsg. v. Krekeler, W. et al., Köln 1987, S. 1 ff.

Tiedemann, K.: (GmbH-Strafrecht) GmbH und Strafrecht, in: Scholz, F. (Hrsg.): Kommentar zum GmbH-Gesetz, Bd. 2, §§ 45 - 85, 8. Aufl., Köln 1995, S. 3422 ff.

Tiedemann, K.: (Insolvenz-Strafrecht) Insolvenz-Strafrecht, 2. Aufl., Berlin/New York 1996.

Tietze, H.: Aktuelle Probleme des Sonderpostens mit Rücklageanteil, in: Der Betrieb, 12/1990, S. 593 ff.

Tödtmann, C. U.: Jetzt hilft die Produkthaftung Steuern sparen, in: impulse, 6/1991, S. 169 ff.

Toth, G.-M.: Die steuerliche Zurechnung des Leasingobjektes beim Immobilien-Leasing, in: Betriebs-Berater, 4/1994, S. 263 ff.

Treuarbeit (Hrsg.): (Jahresabschlüsse) Jahresabschlüsse '87 – Ausweis, Gestaltung, Berichterstattung, Düsseldorf 1989.

Treuarbeit (Hrsg.): (Jahres- und Konzernabschlüsse) Jahres- und Konzernabschlüsse '88 – Ausweis, Gestaltung, Berichterstattung, Düsseldorf 1990.

Treuberg, H. von: Die Bedeutung der Wertaufholung aus betriebswirtschaftlicher und bilanzpolitischer Sicht, in: Zeitschrift für Betriebswirtschaft, Ergänzungsheft 1/1987, S. 119 ff.

Tubbesing, G.: (True and Fair View) A True and Fair View im englischen Verständnis und 4. EG-Richtlinie, in: Die Aktiengesellschaft, 4/1979, S. 91 ff.

Tuchenhagen, H.: Vom Trägerunternehmen willkürlich überhöhte Dotierungen sind keine Betriebsausgaben, in: Handelsblatt Nr. 200 v. 19./20.10.1984, S. 27.

Vogt, St.: Die Maßgeblichkeit des Handelsbilanzrechts für die Steuerbilanz – Reichweite, Rechtfertigung und Perspektiven eines Eckpfeilers unseres Bilanzrechts, Diss. Münster 1991

Weilbach, E.: Der Sonderposten mit Rücklageanteil – Scharnier der Maßgeblichkeit der Handelsbilanz, in: Betriebs-Berater, 26/1989, S.1788 ff.

Weisbrodt, M.: GmbH: Europa zwingt zu gläsernen Taschen, in: impulse, 4/1999, S. 178 ff.

Weiße, G.: Kommentar zu § 7 EStG, in: Bordewin/Charlier/Gérard (Hrsg.): NWB-Handkommentar zum Einkommensteuergesetz, Herne/Berlin 1982, S. 351 ff.

Wenzel, H.: Kommentar zu § 7a EStG, in: Bordewin/Charlier/Gérard (Hrsg.): NWB-Handkommentar zum Einkommensteuergesetz, Herne/Berlin 1982, S. 395 ff.

Wittmann, F.: Betriebswirtschaftliche Aspekte der Novellierung des § 6b EStG durch das 2. Haushaltsstrukturgesetz, in: Der Betrieb, 28/1982, S. 1421 ff.

Wöhe, G.: (Steuerlehre) Betriebswirtschaftliche Steuerlehre, Bd. II/1: Der Einfluß der Besteuerung auf die Wahl und den Wechsel der Rechtsform des Betriebes, 7. Aufl., München 1992.

Wöhe, G.: (Bilanzierung) Bilanzierung und Bilanzpolitik, 9. Aufl., München 1997.

Wöhe, G./Bilstein, J.: Grundzüge der Unternehmensfinanzierung, 8. Aufl., München 1998.

Woltmann, A./Riesterer, D.: Zur Bilanzierung unter Inflationsbedingungen, in: Der Betrieb, 12/1976, S. 541 ff.

Wysocki, K. v.: Aussagefähigkeit des Lageberichts, in: Coenenberg, A. G. (Hrsg.): Bilanzanalyse nach neuem Recht, Landsberg 1989, S. 257 ff.

Wysocki, K. v./Wohlgemuth, M.: Konzernrechnungslegung, 4. Aufl., Düsseldorf 1996.

Zeitler, F.-Chr.: Änderung des § 6 EStG im Haushaltsstrukturgesetz, in: Betriebs-Berater, 5/1982, S. 283 ff.

Zinke, D.: (Leasing-Formen) Leasing-Formen, in: Das Wirtschaftsstudium (WISU), 8/1980, Studienblatt.

Zinke, D.: (Mobilien-Leasing) Mobilien-Leasing – Eine kritische Analyse und Beurteilung des Leasings aus der Sicht des Leasing-Nehmers, Hamburg/Freiburg 1983.

o. V.: (Herstellungs- und Erhaltungsaufwand) Abgrenzung zwischen Herstellungs- und Erhaltungsaufwand bei Gebäuden, in: Die Wirtschaftsprüfung, 9/1978, S. 278.

o. V.: (Gebäuderestwert, Abbruchkosten) Entscheidung des Großen Senates zur Frage, ob der Erwerber eines bebauten Grundstücks, der nachher das Gebäude abreißt, den Restbuchwert des abgebrochenen Gebäudes und die Abbruchkosten als Betriebsausgaben (Werbungskosten) absetzen kann, in: Der Betrieb, 48/1978, S. 2296 ff.

o. V.: (Arbeitsplätze) Die Publizitätspflicht kostet Arbeitsplätze, in: Handelsblatt, Nr. 189 v. 2./3.10.1987, S. 1.

o. V.: (Umsatzkostenverfahren) Umsatzkostenverfahren, in: Der Betrieb, 45/1988, S. XI.

o. V.: (Publizitätspflicht) 93 % aller GmbHs pfeifen auf die Publizitätspflicht, in: impulse, 4/1989, S. 166 ff.

o. V.: (Bilanz-Veröffentlichung) Nur wenige Firmen in Südbaden veröffentlichen ihre Bilanz, in: Badische Zeitung v. 3.10.1989, S. 10.

o. V.: (Lifo) Die Zauberformel Lifo macht Ihr Lager zur Goldgrube, in: impulse, 10/1989, S. 197 ff.

o. V.: (Löschung) So vermeiden GmbH-Chefs die Löschung ihres Unternehmens, in: impulse, 6/1991, S. 138 ff.

o. V.: (Wirtschaftsförderung) Wirtschaftsförderung. Beihilfe-Ströme gen Osten, in: Informationsdienst des Instituts der deutschen Wirtschaft, Heft 33/1997, S. 4 f.

o. V.: (Richttafeln) Anwendung neuer Richttafeln zur Berechnung von Pensionsrückstellungen, in: Der Betrieb, 48/1998, S. 2383.

2. Geschäftsberichte

Adam Opel AG
Adidas AG
Alcatel SEL AG
Alldephi – Allgemeine Deutsche Philips Industrie GmbH
Asea Brown Boveri AG (und Konzern)
ASKO Deutsche Kaufhaus AG
Badische Beamtenbank eG
BASF AG (und Konzern)
Batig Gesellschaft für Beteiligungen mbH
Bayer AG (und Konzern)
BBS Kraftfahrzeugtechnik AG (und Konzern)
Beiersdorf AG (und Konzern)
Benckiser GmbH
Bewag AG

Bilfinger + Berger Bau AG
BMW AG (und Konzern)
Brigitta Erdgas und Erdöl GmbH
BSW–Badische Stahlwerke AG
Commerzbank AG
Continental AG
Daimler Chrysler AG (und Konzern)
Degussa AG (und Konzern)
Deutsche Bank AG (und Konzern)
Deutsche BP AG
Deutsche Lufthansa AG
Deutsche Texaco AG
Douglas Holding AG
Drägerwerk AG (und Konzern)
Dresdner Bank AG
Elwerath Erdgas und Erdöl GmbH
Enka AG

Esso AG
Felten & Guilleaume Energietechnik AG
Ford-Werke AG
Fried. Krupp AG Hoesch-Krupp
Gehe AG
Grundig AG
Haniel & Cie GmbH
Hapag Lloyd AG
Henkel KGaA
HEW AG
Hochtief AG
Hoechst AG (und Konzern)
Hugo Boss AG
IBM GmbH
Industrie-Kredit-Bank (IKB)
Kali-Chemie AG
Karstadt AG
Kaufring AG
Klöckner & Co. AG
Klöckner-Humboldt-Deutz AG
Klöckner-Werke AG
Kraus-Maffei AG
Leifheit AG
Linde AG
MAN AG
Mannesmann AG
Minolta Camera Handelsgesellschaft mbH
Otto Wolff AG
Preussag AG
PWA AG

PWO (Progress-Werk Oberkirch) AG
Quelle Schickedanz AG & Co.
Reemtsma Cigarettenfabriken GmbH
Rheinstahl AG
Robert Bosch GmbH
Ruhrgas AG (und Konzern)
Ruhrkohle AG (und Konzern)
RWE AG (und Konzern)
Saarbergwerke AG
Salamander AG
Salzgitter AG
Schering AG (und Konzern)
Schmalbach-Lubeca AG
Siemens AG (und Konzern)
Stadtwerke Freiburg GmbH
Sto AG (und Konzern)
Strabag-Konzern
Südmilch AG
Südzucker AG (und Konzern)
Th. Goldschmidt AG
Thyssen AG (und Konzern)
Überlandwerk Nord-Hannover AG
Union Carbide GmbH
VEBA AG (und Konzern)
VEW AG
Volkswagen AG (und Konzern)
VOLVO Deutschland GmbH
Wella AG
Ymos AG
Zahnradfabrik Friedrichshafen AG

3. Gesetze, Verordnungen u.a.

ÄndG-DMBilG	Gesetz zur Änderung des DMBilG und anderer handelsrechtlicher Bestimmungen vom 16.06.1994
AktG	Aktiengesetz
AO	Abgabenordnung
Bank BiRiLiG	Bankbilanzrichtlinie-Gesetz vom 30.11.1990
Berlin FG	Berlinförderungsgesetz
BiRiLiG	Bilanzrichtlinien-Gesetz vom 19.12.1985
DDR-IG	DDR-Investitionsgesetz vom 26.06.1990
DMBilG	D-Mark-Bilanzgesetz vom 18.04.1991
EGHGB	Einführungsgesetz zum Handelsgesetzbuch i. d. F. vom 22.06.1998

EStDV	Einkommensteuerdurchführungsverordnung
EStG	Einkommensteuergesetz i. d. F. vom 24.03.1999
EStH	Einkommensteuer-Hinweise
EStR	Einkommensteuer-Richtlinien (1998)
EuroEG	Gesetz zur Einführung des Euro vom 9.06.1998
FKPG	Gesetz zur Umsetzung des föderalen Konsolidierungsprogrammes und Solidaritätszuschlaggesetz 1995 vom 23.06.1993
FördG	Fördergebietsgesetz vom 23.09.1993 i. d. F. v. 18.08.1997
GenG	Genossenschaftsgesetz
GmbHG	Gesetz betreffend die Gesellschaften mit beschränkter Haftung
GmbH & Co. KG-Richtlinie	EG-Richtlinie vom 8.11.1990 (90/605/EWG)
HGB	Handelsgesetzbuch i. d. F. vom 19.12.1998
HStruktG	Haushaltsstrukturgesetz
InsO	Insolvenzordnung i. d. F. vom 19.12.1998
InvZulG	Investitionszulagengesetz 1999 vom 18.8.1997
JStG	Jahressteuergesetz
KapAEG	Kapitalaufnahmeerleichterungs-Gesetz vom 20.04.1998
KapCoRiLiG	Entwurf zum Kapitalgesellschaften- und Co-Richtlinie-Gesetz, BR-Drs. 458/99 v. 13.08.1999
KonTraG	Gesetz zur Kontrolle und Transparenz im Unternehmensbereich vom 27.04.1998
KWG	Kreditwesengesetz
Mittelstands-Richtlinie	EG-Richtlinie vom 8.11.1990 (90/604/EWG)
OWiG	Gesetz über Ordnungswidrigkeiten
PublG	Publizitätsgesetz
RechKredV	Verordnung über die Rechnungslegung der Kreditinstitute und Finanzdienstleistungsinstitute v. 10.02.1992 i. d. F. vom 11.12.1998
RechVersV	Verordnung über die Rechnungslegung von Versicherungsunternehmen vom 8.11.1994 i. d. F. vom 9.06.1998
SolZG	Solidaritätszuschlaggesetz
StandOG	Standortsicherungsgesetz vom 13.09.1993
StGB	Strafgesetzbuch
StMBG	Mißbrauchsbekämpfungs- und Steuerbereinigungsgesetz vom 21.12.1993
StRefG	Steuerreformgesetz
StückAG	Stückaktien-Gesetz vom 25.03.1998
UmwG	Umwandlungsgesetz i. d. F. vom 1.08.1998
UmwStG	Umwandlungsteuergesetz i. d. F. vom 24.03.1999
UStG	Umsatzsteuergesetz
VAG	Versicherungs-Aufsichts-Gesetz
VerbStBG	Verbrauchsteuer-Binnenmarktgesetz vom 21.12.1992
VersBiRiLiG	Versicherungsbilanzrichtlinie-Gesetz vom 24.06. 1994
ZRFG	Zonenrandförderungsgesetz

Stichwortverzeichnis

A

Abbruchkosten 158
Abgänge 27, 31, 160, 197
Abgrenzungsprinzip 67, **74 f.**, 250
Abraumbeseitigung, Rückstellungen für **59**, 245, 246
Absatzmarkt **199 f.**, 201, **204 ff.**, 305 f.
Abschlußprüferdelikt 82, **84 f.**
Abschreibung 27 f., 29 f., 69, 76, 77 f., 79, 80, 92, 101, 104, 111, 115, 117 f., 127 ff., 131 f., 138, 142, 145, 152, 153, **162 ff.**, **169 ff.**, **175 f.**, **176 ff.**, **184 ff.**, 210, 215, 220, 232, 234 f., 236, 241, 243, 266, 267, 268, 269, 270, 271 f., 275 f., 279, **285 ff.**, 308 ff.
- Anspar- 101, **127 ff.**, 180, 272, **275 f.**
- auf in der nächsten Zukunft erwarteten niedrigeren Zeitwert 65 f., 75, 117, **207 f.**, 214, 215, 220, **252**, 304, 307, 312, 313, 316, 318, 322
- außerplanmäßige 69, 76, 79, 106, 115, 153, **169 ff.**, **176 ff.**, 184, 189, 215, 220, 285, **291 f.**, 299, 313, 316
- Buchwert- 163, **286 ff.**
- Dauer der 105 f., **162 f.**, 166, 172, 268, 270, 286, 309
- degressive 77, 115, **163 f.**, 164, 165, **166 f.**, 167 f., 172, 178, 180, 186, 270, 275, 280, **286 ff.**, 309, 315
- digitale **164**, 166, **290 f.**
- direkte **131**, 178, 211, 313
- Gängigkeits- **205**, 206
- im Anlagespiegel 27
- im Rahmen vernünftiger kaufmännischer Beurteilung 78, 117, **175 f.**, 184, 189, **209**, 215, 286, 304, 309, 312, 321
- in der Gewinn- und Verlustrechnung 30, 170, 208, 234 f.
- indirekte **131**, 178, 211, 313
- kalkulatorische 151
- Kombination von Abschreibungs-Methoden 163, **165**, 167 f., 172, **288 f.**
- kumulierte 27
- Leistungs- 163, **164 f.**, 165, 167, 172, 177, 179, 292
- lineare 76, 77, 105, 106, 115, 161, **163**, 165, 166, 167, 168, 172, 177, 179, 186, 268, 270, 286, 287, 296 f., 308 ff.
- Methoden der 142, **163 ff.**, 241, 243, **286 ff.**, 292, 308 ff.
- planmäßige 76, 79, 92, 105, 114, 138, 142, 153, **162 ff.**, 169, 176, 177, 180, 243, **286 ff.**, 299, 308 ff.
- progressive 163, **164**, 165
- Sofort- 160, **183**, 184, 189, 286, 309, 312, 315, 318
- Sonder- 125, 128, 129, 130, 131, 153, 164, **177 f.**, **179 ff.**, 184, 185, 189, 210, 242, 258, 275, 286, **296 f.**, 298, **299**
- steuerrechtlich zulässige 35, 75, 101, 131 f., 153, 164, 165, 166, 170, **176 ff.**, **179 ff.**, 184 ff., 201, 206 f., **210 ff.**, 215, 220, 258, 271, 275, 286, **296 ff.**, 304, 308 ff.
- Substanzverringerungs- 163, **165**, 167
- Teilwert- 70, 106, 117, 169, **171 ff.**, 184 f., 187, 202 f., 206 f., **292 f.**, **294 f.**, 321
- Ursachen der 162, **170 f.**, 291, 292
- Wechsel der Abschreibungs-Methode 77, 165, 166, **167 f.**, 172, 286, **288 f.**
- Zeit- 106 f., **164**, 165

Abschreibungsspiegel 28

Absetzung für Abnutzung (AfA) 125, 129, **165 ff.**, **169 ff.**, 185, 243, 280, **286 ff.**, 321
- AfA-Tabelle 162
- außergewöhnliche **169 ff.**, 174, 184 f., 187, **292**
- degressive 129, 163 f., 165, **166 f.**, 167 f., 172, 178, 180, 186, 275, 280, **286 ff.**, 309, 320 f.
- digitale 166, **290 f.**
- erhöhte 125, 131, 164, **177 ff.**, 184, 185, 286, 297 f.
- in fallenden Staffelsätzen 163, 164, **166 f.**
- Leistungs- 163, 164 f., 165, **167**, 172, 177, 179, 292
- lineare 105, 115, 165, **166**, 167 f., 172, 177, 180, 186, 243, 286, 287, 292, 296 f., 309, 320 f.
- planmäßige 125, 129, **165 ff.**, 171, 172, 177, 180, 186, 286 ff., 296 f., 321
- progressive 165
- von Gebäuden 166 f., 182, 186, 297 f.
- wegen Substanzverringerung 163, 165, **167**

Abzinsungsgebot, steuerrechtliches 71 f., 118, 139 f., 247, 255, 322
ÄndG-DMBilG 4, 19, 21 f., 33
Äußerungsdelikte 83, 84
Agio 113, 314
Aktivierungswahlrechte (siehe Bilanzierungswahlrechte)
Aktivische latente Steuern 100, 101, **115 ff.**
Altersversorgung, betriebliche **93 ff.**, 133 ff., 150, 152, 153, 154, **247 f.**, 259
Anhang **9 f.**, 11, 12, 17, 21 ff., 26 ff., 31, **32 ff.**, 51, 78 f., 81, 86, 105, 110, 113, 114, 116, 132, 135, 136, 168, 170, 174, 178, 188, 195, 197, 208, 211, **219 ff.**, 226, **227**, 228, 229, 230 f., 250, 299, 316, 317, 318

- Anlagespiegel im **27 f.**, 34, 131, 220, 230
- Erläuterungsbericht **9 f.**, 12, **32 ff.**, 78 f., 86, 177 f.
- freiwillige Angaben 32 f.
- Mengenangaben **10**, 34 f.
- mittelformatiger 21, 23, **36**
- Offenlegung **21 ff.**, 36, 81, 231 f.
- Pflichtangaben 12, **32 ff.**, 105, 110, 114, 135, 177 f., 188, 195, 197, 211, 227, 299, 316, 317, 318
- Prüfung **21**, 23, 84, 86, 231
- Schutzklausel **10 f.**, 33, 38 f.
- Verbindlichkeitenspiegel im 28 f.
- verkürzter 21, 23, **36**, **230 f.**
- Vorschriften zum 26 ff., **32 ff.**
- Wahlpflichtangaben **32 ff.**, 170, 188, 208, **219 ff.**, 250
- zusätzliche Angaben 32

Anlagegitter (siehe Anlagespiegel)
Anlagekartei **46**, **238 f.**
Anlagespiegel 21, **27 f.**, 34, 131, 220, 230
Anlagevermögen 8, **25 f.**, 27, 53 f., 67, 69, 79, 97 f., 104, 106, 112, 121, 124, 128, 131, 142, 143, 144, 145, 147, 148, 153, 158 f., 160 f., 162 ff., 169 ff., 175 f., 176 ff., 179 ff., 184 ff., 226, **227**, 238 f., 242 f., 243 f., 253, 254, 255, 258, 259, 269 f., 271, 273, 278 ff., 285 ff., 294, 296 ff., 308 ff.
- abnutzbares 92, 104 f., 125, 127, 142, 145, 162 ff., 169 ff., 176 ff., 179 ff., 184, 271, 285 ff., 292, 294, 295, 296 ff., 308 ff.
- Begriff **8, 227**
- Bestandsaufnahme **45 f.**, **238 f.**
- bewegliches 128, 130, 166 f., 169 ff., 179 ff., 238 f., 286 f., 288, 298, 320 f.
- Bewertung 69 f., 79, 142, 144 f., 145 ff., 147, 158 f., 160 f., 162 ff., 169 ff., 175 f., 176 ff., 179 ff., 184 ff., 254, 255, 256 f., 273, 278 ff., **285 ff.**, 308 ff.

- Bilanzierung 25, 242, 308 ff.
- Entwicklung im Anlagespiegel 27, 34
- Finanz- **25 f.**, 69, 70, 170, 173, 316
- immaterielles 25, **54**, 67, 100, 104, 106, 112, 210, **242 f.**, 258, 266, 269 f., 320
- nicht abnutzbares 70, 104 f., 170, 171, 173, 184, 185, 271, 292, 294, 295
- Sach- **25 f.**, 160 f., 170, 308 ff.
- unbewegliches 181 f., 238, 298

Ansatzvorschriften **50 ff.**, 61

Anschaffungskosten 27, 68, 69, **79 f.**, 100, 111, 120 f., 123, 125, 128 f., 138, **143 f.**, 144 f., 145 ff., 148, 154, 158, 161, 162 ff., 168, 170, 180 ff., 190, 191 f., 193 f., 198, 200 f., 203, 204, 207, 212, 213, 253, **256 f.**, 258, 275 f., 279 f., 285 ff., 300 ff., 304, 307, 308 ff.
- Bestandteile **143 f.**, 256 f.
- fiktive 191, 315
- Legaldefinition 143
- nachträgliche 144

Anschaffungskostenminderung 143, **144**, 145, 147, 257

Anschaffungsnebenkosten **143**, 144, 200, 204, 256 f.

Anschaffungspreis **143**, 257

Ansparabschreibung 101, **127 ff.**, 180, 272, **275 f.**

Anzahlungen
- erhaltene 52, 310, 313, 316, 318
- geleistete 182

Aufbewahrungsfristen 44, **49**, 186, 296

Aufhellungstheorie 66, **73 f.**, 92, 250, **255 f.**

Aufwandsrückstellungen 59, 75, 100, 101, 118, **137 ff.**, 216, 241, 245, 246

Aufwendungen
- außerordentliche 30 f., 34, 227, 231, 274
- für die Ingangsetzung und Erweiterung des Geschäftsbetriebes (siehe Ingangsetzung)
- für soziale Einrichtungen 150, 153, 154
- für soziale Leistungen 150, 151, 153, 154, 155
- für Währungsumstellung auf Euro 54, 101, **112 f.**, 119, 237, 242, 243, **269 f.**
- sonstige betriebliche **30 f.**, 132, 232, 233 ff., 271, 285

Ausleihungen, langfristige 98, 125, 185

Ausschüttungsquote 236

Ausschüttungssperre **111**, 113, 119

Ausweiswahlrechte **25 ff.**, 29, 31, 32, 48, 91, 99, 114, 132, 170, 188, 208, **219 ff.**, 229, 311, 313, 315, 316

B

BankBiRiLiG **4 f.**, 6, 28

Bankrisiken, Fonds für 216

Barwert von Pensionsrückstellungen 216 f., **248 f.**

Beibehaltungswahlrechte 70, 78, 125 ff., **184 ff.**, **212 ff.**, 215, 295
- im Anlagevermögen **184 ff.**, 295
- im Umlaufvermögen **212 ff.**, 215, 295

Belegprinzip **80**, 237

Beschäftigtenzahl 10, **19 f.**, 35, 227, 229, 231

Beschaffungsmarkt 147, **199 f.**, **204 ff.**, 305

Beständebilanz (siehe auch Bilanz) 8 f., 11 ff., **24 ff.**, 29, 34, 37, 47, 51, 53, 64, 100 f., 219, 226, 227, 228, 229, 230, 231, 251, 254, 258, 265, 266, 267, 270, 299, 308 ff.
- Gliederung **24 ff.**, 47 f., 52, 86, 219, 251
- kleinformatige 21, **25 ff.**, 230, 231
- Offenlegung 18, **21 ff.**, 229, 231 f.
- Prüfung der 20, 21, 23, 229, 231

Bestätigungsvermerk 40, 44, 84, 85, 86

Bestandsaufnahme 44, **46 f.**, 160, 197, **238 ff.**

339

Bestandsveränderungen 29 f., 232, 235, 239, **283 ff.**
Bestandsverzeichnis **46**, **238 f.**
Beteiligung 25, 98, 125, 170, 174, 185, 186, 291
Betriebsausgabe 94, 149, 157, 158
Betriebseinnahme 145, 279
Betriebsergebnis **30 f.**, 232
Betriebsvermögen 40, 44, 96 f., 128, 166, 210, 266
- gewillkürtes **96 f.**, 210
- notwendiges 96
Beweislast, Umkehrung der **173 f.**, 294
Bewertung 40 f., **61 ff.**, 75 ff., 79, 81, 142 ff., 228 f., 250, 251, 281 ff., 285 ff., 300 ff., 308 ff.
- Anlagevermögen 69, 79, 142, 144, 145, **158 f.**, **160 f.**, **162 ff.**, **169 ff.**, **175 f.**, **176 ff.**, **179 ff.**, **184 ff.**, 254, 255, 256 f., 273, 278 ff., **285 ff.**, 293 f., 308 ff.
- Einzel- 64, **66**, 158, 159, 160, 190 f., 196, 198, 250, **253**
- Fest- 66, **160 f.**, **197 f.**, 253, 303
- Grundsätze der **62 ff.**, 250
- Gruppen- 34, 66, **158 f.**, 194, **196 f.**, 231, 253
- Maßstäbe der **285 f.**, **304**
- retrograde (siehe Wertermittlung)
- Sammel- 66, 142, **190 ff.**, 195 f., 253, **300 ff.**, 309 f.
- Umlaufvermögen 69, 79, 117, 142, **190 ff.**, **196 f.**, **197 f.**, **198 ff.**, **204 ff.**, **207 f.**, **209**, **210 ff.**, **212 ff.**, 220, 252, 253, 254, 257 f., 273, **281 ff.**, 295, **300 ff.**
- Verbindlichkeiten **70 ff.**, 113 f., 254, 255, 310, 311, 314
- verlustfreie 69, **200 ff.**, **205 f.**, **305 f.**
Bewertungsabschläge 183 f., 203, 205, 206, **210 ff.**, 215
Bewertungsgrundsätze **62 ff.**, 139, 250
- Abgrenzungsprinzip 67, **74 f.**, 250
- Anschaffungswertprinzip 62, 68, **79 f.**
- Bewertungsmethoden-Stetigkeit **75 ff.**, 163, 168, 213, 250, 251, 312, 316, 319
- Bilanzidentität **63**, 250
- Einzelbewertung 64, **66**, 158, 160, 190 f., 191 ff., 196, 198, 250, **253**
- Gläubigerschutzprinzip 74, 254
- Going-concern-Prinzip **63 f.**, 82, 250, **252 f.**, 293
- Höchstwertprinzip 65, 68, **70 ff.**, 254
- Imparitätsprinzip 57, **68 f.**, 71, 250, **254 f.**
- Niederstwertprinzip 65, **68 ff.**, 79, 161, 170, 173, 191, **192**, 195, **199 ff.**, 202, 203, **204 ff.**, 253 f., 258, 285, 295, 303, 304, 313
- Realisationsprinzip **67 f.**, 147, 250
- Stichtagsprinzip **64 ff.**, 92, 207 f., 250, 252, 304, 321
- Tageswertprinzip 65, **68**, 253 f.
- Vorsichtsprinzip 54, 65, **66 ff.**, 74, 92, 119, 171, 194, 204, 217, 250, 254, 306
Bewertungsmethode 32, 34, 76 f., 135, 142, 156, 163, 193 ff., 227, 316, 318
Bewertungsmethoden-Stetigkeit **75 ff.**, 163, 168, 213, 250, 251, 312, 316, 319
Bewertungsproblem **61 f.**, 228 f., 251
Bewertungsspielraum 62, 165, 228, 229, 308 ff.
Bewertungsvereinfachungs-Verfahren 44, 66, 142, **190 ff.**, 195, **196 f.**, **197 f.**, 240, 253, **300 ff.**
Bewertungsvorschriften 86, 251
Bewertungswahlrechte 58, 66, 75, 77, 80, 91, 99, 103, 104 f., 110 f., 114 f., 123, 130, **142 f.**, 144, **150 ff.**, **154 ff.**, 158 f., 160 f., **162 ff.**, 168, 169, 170, 175, **176 ff.**, **184 ff.**, **191 ff.**, 198 ff., 204 ff., **207 f.**, **209**, **210 ff.**, **212 ff.**, 214, **216 ff.**, 229, 251, 252, 264, 268, 269, 270, 275 f., 300 ff., 304, 308 ff.

Bilanz **8 f.**, 17 ff., 25 ff., 32, 34, 46, 47, 51 f., 61 f., 64, 80 f., 85 f., 132, 142, 145, 147, 158, 188, 219, 226 ff., 264 ff., 299, 308 ff.
- adressat 37, 76, 225
- änderung 44, 74
- aufbau 25 f.
- begriff **8 f.**, 11 f.
- berichtigung 74
- erstellung 17 ff., 43, **47 ff.**, 64, 66, 92, 255, 259
- fälschung **81**, 82, 85
- funktionen 225 f.
- gewinn 236
- gliederung **24 ff.**, 34, 48, 80, 86, 110, 219, 220, 221, 251
- identität **63**, 250, 251
- im engeren Sinne 9
- im weiteren Sinne 9
- inhalt **25 f.**, 47, **53 ff.**
- klarheit 26, **47 f.**, 52, 80, 86, 251
- kleinformatige 21, **25 ff.**, 230, 231
- kongruenz 251
- kontinuität 76, 251
- prüfung 18, 21, 231
- stichtag **64 ff.**, 73 f., 91, 92, 97, 161, 169, 174, 207, 226, 227, 238, 251, 255, 259, 300, 303, 309
- summe 19 f., 52, 97, 227, 229, 250, 266, 267
- übersichtlichkeit 48, 80, 251
- verknüpfung 251
- verkürzte 21, **25 f.**, 231
- verschleierung **80**, 84, 85
- vollständigkeit 45, **50 ff.**, 54, 61, 81, 86, 242, 251
- wahrheit **50 ff.**, 81, 251
- zweischneidigkeit **63**, 296 f.
Bilanzierung
- als Bewertungsproblem **61 f.**, 228 f.
- dem Grunde nach **50 f.**, 61, 99
- der Höhe nach 61 ff.
- Grundsätze ordnungsmäßiger **42 ff.**, 225 f., 237 f., 315
Bilanzierungsfähigkeit 51, **264 ff**

Bilanzierungshilfe **110 f.**, 113, 115, 119, 243, 269
Bilanzierungspflicht **50 f.**, 55 ff., 99, 115, 157, 241, 242 f., 244 f., 246, 264 ff., 278, 312
Bilanzierungsprinzipien 40 ff., 50 ff.
- Ansatzvorschriften **50 ff.**, 61
- Bruttoprinzip (Verrechnungsverbot) 30, 48, **52**, 60, 66, 80, 86, 118, 238, 251, 314
- Grundsätze ordnungsmäßiger Buchführung 3, **42 ff.**, 47, 63, 66, 68, 74, 76, 86, 159, 163, 193, 195, 216, 225, 237 f., 257, 265, 315
- Grundsatz der Bilanzklarheit 26, **47 f.**, 52, 80, 86, 251
- Grundsatz der Bilanzwahrheit **50 ff.**, 81, 251
- Vollständigkeitsprinzip **50 ff.**, 54, 61, 74 f., 81, 86, 242, 251
Bilanzierungsverbot 50, 51, **53**, 60, 61, 67, 100, 102, 104, 112, 134, 136, 138, 241, 242, 243, 246, 247, 255, 258, 264 ff., 269, 312
Bilanzierungswahlrechte 50 f., 52, 53, 59, 60, 75, 77, 91, **99 ff.**, 133, 139 f., 142, 144, 178, 188, 210, 214, 229, 241, 242, 243, 245, 246, 251, 258, 264 ff., 268, 269, 270 ff., 275 f., 276 ff., 280, 314, 317, 319, 322
Bilanzpolitik **11 ff.**, 62, **91 ff.**, **99 ff.**, 142 ff., 163, 221, 228 f., 259, 269, 278 f., 279 f., 300 ff., 308 ff.
- Begriff **11 ff.**, 228 f.
- Maßnahmen 91 ff., 99 ff., 142 ff., 228, 259, 269, 278 f., 279 f., 285 f., 300 ff., 308 ff.
- Ziele der 11 f., 229, 308
- Zielkonflikte bei der 12
Bilanzrichtlinien-Gesetz (BiRiLiG) **3 f.**, 74, 100, 105, 106, 133, 137, 142, 143, 175
Bilanzstrafrecht 81 ff.
Bilanzverschleierung **80**, 84, 85
Bilanzwahrheit **50 ff.**, 81, 251

Börsen- oder Marktpreis 69, 79, 191, 195, 197, **198 ff.**, 204, 207, 212, 231, 294, 304, **305**, 309, 310, 314
Bohrungen 48
Bruttoergebnis vom Umsatz **30**, 232
Bruttomethode beim Anlagespiegel 27
Bruttoprinzip 30, 48, **52**, 60, 66, 80, 86, 118, 238, 251, 314
Buchführung
- Bestimmungen zur **44 ff.**, 49 f.
- Folgen der Verletzung **80 ff.**, **84**, 87 f.
- Funktionen 225 f.
- Grundsätze ordnungsmäßiger 3, **42 ff.**, 47, 63, 66, 68, 74, 76, 86, 159, 163, 193, 195, 216, 225 f., 237 f., 257, 265, 315
- System der 43

Buchwert 27, 34, 107, 108, 120, 123, 158, 170, 172
Buchwertansatz 107
Bußgeldvorschriften 85 ff.

D

Damnum (siehe Disagio)
Darstellungsstetigkeit 221
Deckungskapital 94,
Degressionsbetrag 164, **290**
Direktversicherung 93, 134, 153, 154
Direktzusagen **133 f.**, 134, 278
Disagio 34, 60, 75, 77, 101, **113 ff.**, 117, 144, 220, 230, 241, **270**, 311, 314, 315, 316 f., 319, 321
Dokumentationsfunktion 225 f.
Durchschnittsbetrag 95,
Durchschnittsbewertung 159, **191 f.**, 195 f., **300 f.**, 310, 313, 316, 318
- gewogener Durchschnittswert 159, **191**, 196, **300 f.**, 303
- gleitender Durchschnittswert **191**, **301**, 303

E

EG-Richtlinie
- achte 3 f.
- GmbH & Co. KG- 4, **18**, 82
- Mittelstands- 4, 33
- siebte 3 f.
- vierte 3 f., 19, 116, 137, 188
Eigenkapital 9, 51, 53, **85**, 102, 225, 226, 311, 314
Eigenkapitalanteil 188, 221
Eigenleistungen, andere aktivierte 29, 110, 232, 235, 236
Eigentum
- juristisches 51
- wirtschaftliches 51, 129
Einlagen, ausstehende 26, 219, 308, 312, 314, 315, 317
Einlagepolitik 96 f., 259
Einzelbewertung
- Durchbrechung des Grundsatzes der 66, 158, 160, **190 ff.**, **196 f.**, **197 f.**, 198, **253**
- Grundsatz der 64, **66**, 190, 198, 250, 253
Einzelveräußerungswert 63, 171, 292, 294
Entnahmepolitik 96 f., 259
Entschädigungsgewinn **123**, 310, 313, 316, 318, 319
Entscheidungsprozeß, bilanzpolitischer 264
Erfolgsbilanz (siehe Gewinn- und Verlustrechnung)
Ergebnis
- außerordentliches 30, **31**, 34, 227, 232, 236
- Betriebs- 30, **31**, 232
- der gewöhnlichen Geschäftstätigkeit 30, **31**, 35, 227, 232, 236, 284 f.
- Finanz- 30, 232
- Roh- **30**, 230, **235 f.**
Erhaltungsaufwand 138, **157 f.**
Erläuterungsbericht **9 f.**, 12, **32 ff.**, 78 f., 86, 177 f.

342

Erläuterungspflicht 78 f., 168, 177 f., 188, 195, 197, 208, 211, 299, 316, 317, 318
Ermittlungsfunktion 225
Eröffnungsbilanz 5, 48, 63, 84, 85 f.
Ersatzbeschaffungsrücklage 101, **123 ff.**, 144 f., 183, 210, 272, **273 f.**, 313, 316
Erstellungspflichten **20 f.**, 23, 229, 230 f.
Erträge
- aus Anlageabgängen 31, 311
- außerordentliche **30 f.**, 35, 227, 231, 274
- sonstige betriebliche **30 f.**, 110, 132, 147, 232, 235, 271, 311, 313, 315, 317, 318, 319

Ertragslage 18, 32, 34, 38, 73, 79, 225, 226, 299
Erweiterung, Aufwendungen für 25 f., 27, 101, 102, **109 ff.**, 113, 119, 220, 230, **269**
Erzeugnisse
- fertige 76, 190, 199, 200, 201 f., 205 f., 208, 257 f., **281 ff.**, 303, 305, 306, 310, 313, 316, 318, 320, 321
- unfertige 76, 190, 199, 200, 205 f., 208, 303, 305, 306
- vermietete 48

Euro 45, **48 f.**, 50, 54, 101, 112, 119, 237, 242, 243, 269 f.
- EuroEG 5, 45, 48, 50, 112, 269
- Währungsumstellung auf 54, 101, **112 f.**, 119, 237, 242, 243, **269 f.**

Eventualverbindlichkeiten **61**, 250
Existenzgründer 130, **276**

F

Fehlbetrag 135, 278
Fertigungskosten 149 ff., 154 ff., 281 ff.
- Einzelkosten 149, 150, 151, **152**, 154, 156, 281 ff.
- Gemeinkosten 149, 150, 151, **152 f.**, 153, 154, 156, 281 ff.
- Sondereinzelkosten der Fertigung 149, 150, 151, **152**, 156, 281, 282

Festbewertung 66
- im Anlagevermögen **160 f.**, 253
- im Umlaufvermögen 4, **197 f.**, 253, 303

Festwert 160 f., 197 f., 239, 253, 303
Fifo-Methode 34, **193 f.**, 195, 196, 231, 300, **302**, 303
Finanzdienstleistungsinstitute 5, 6, 8, 20, 25, 28, 29, 52
Finanzergebnis 30, 232
Finanzlage 18, 25 f., 32, 34, 38, 79, 225, 226, 299
Firmenwert
- derivativer 25 f., 35, 75, 77, 101, **103 ff.**, 111, 112, 117, 144, 241, 258, 266, **267 ff.**
- im Verschmelzungsfall **107 ff.**
- originärer 54, 104, 266

Fördergebiet 181
Forderungen 25 f., 31, 190, 208, 213, 310, 313, 316
Formblätter 5, 25, **29**
Forschung und Entwicklung 33, **37 ff.**, 54, 234, 235, 237
Forschungskosten 33, 48, 281, 282
Fremdkapital (siehe Verbindlichkeiten)
Fremdkapitalzinsen 34, 113, **150**, 151, 154, 283 ff.

G

Gängigkeitsabschreibung **205**, 206
Garantieleistung 55, **59**, 244
Gebäude 25, 79, 121 f., 123, 158, 166, 182, 186, 273, 274, 297 f., 309, 312, 315, 317 f., 320
Gefährdungsdelikte 83
Gegenwartswert 216, 248 f.
Generalnorm **18**, 32, 44
Gesamtkostenverfahren **29 ff.**, 35, 110, 219, **232**, 233 ff.

343

Geschäftsjahr **64 f.**, 74 f., 238
Geschäftstätigkeit, gewöhnliche **30**, 35
Geschäftswert (siehe Firmenwert)
Gewährleistungsverträge 61, 250
Gewinn- und Verlustrechnung 8, **9**, 12, 17, 21, 23, **29 ff.**, 33, 36, 47, 51, 64, 100, 110, 132, 147, 170, 192, 208, 219, 220, 226 f., 228, 229, 230, 232 ff., 251, 266 f., 270, 284 f., 299
- Aufstellung 17, 47, 64, 230
- Gesamtkostenverfahren **29 ff.**, 35, 110, 219, **232**, 233 ff.
- Gliederung **29 ff.**, 34, 48, 220, 221, 232, 251
- Offenlegung 20 ff., 23
- Prüfung 21, 23
- Umsatzkostenverfahren **29 ff.**, 35, 110, 219, 231, **232**, 233 ff., **284 f.**
- verkürzte 21, 23, 230, 235
Gewinnrücklage 25, 111, 188, 221
Gewinnvortrag 25, 111, 220
Gewinnzuschlag (siehe Strafzins)
Gläubigerschutzprinzip 73, **74**, 254, 299
Gliederung
- Bilanz **24 ff.**, 34, 48, 53, 80, 86, 110, 219, 220, 221, 251
- Gewinn- und Verlustrechnung **29 ff.**, 34 f., 48, 220, 221, **232**, 251
GmbH & Co KG-Richtlinie (siehe KapCoRiLiG)
Going-concern-Prinzip **63 f.**, 82, 250, **252**, 293
Größenklassen für Kapitalgesellschaften **19 ff.**, 53, **229 ff.**
Gründungskosten 53 f.
Grundsätze ordnungsmäßiger Buchführung (und Bilanzierung) 3, **42 ff.**, 47, 63, 66 f., 68, 74, 76, 86, 159, 163, 193, 195, 216, 225 f., 237 f., 257, 265, 315
Grundstücke (Grund und Boden) 25, 62, 79, 97, 121, 123, 125, 158, 170, 185 f., 256 f., 258, 273, 274, 309, 312, 315, 317 f.

Gruppenbewertung 34, 66, **158 f.**, 194, **196 f.**, 231, 253
- im Anlagevermögen **158 f.**, 253
- im Umlaufvermögen 194, **196 f.**, 253

H

Haftungsverhältnisse 34, **61**, 220, 250
Handelsbilanz **10 f.**, 40 ff., 50 ff., 66, 74 f., 79 f., 82 ff., 100 ff., 104 f., 109 ff., 112 f., 114 f., 126 f., 131 f., 133 ff., 136 f., 137 ff., 142 ff., 149 ff., 159, 161, 187 f., 191, 193, 236, 241 f., 243 f., 245, 251, 254 f., 268, 269, 270, 277 f., 279 f., 281 ff., 290 f., 299, 300 ff., 308 ff., 320 f.
Handelswaren 190, 199, 201, 203, 205, 206, 253, 305, 307, 310, 313, 316, 318, 321
Herstellkosten **149**, 161, 180 f., 183, 190 f., 198, 200, 203, 204, 207, 281 ff.
Herstellungsaufwand 138, **157**, 158
Herstellungskosten 27, 30, 34, 68, 75, 76, **79 f.**, 100, 111, 117, 120 f., 123, 125, 128 f., 142, 144, 146, **148 ff.**, **154 ff.**, 158, 161, 162 ff., 169 ff., 180 f., 183, 190 f., 198, 200, 203, 204, 207, 232, 233, 241, 244, 252, 254, 257, 258, 269, 279, **281 ff.**, 285, 294, 304, 310, 313, 316, 318, 321
- Bestandteile **149 ff.**, **258, 281 ff.**, 313
- fiktive 191
- handelsrechtliche **149 ff.**, 258, **281 ff.**, 310, 313, 316, 318
- Legaldefinition 148
- nachträgliche 182
- steuerrechtliche 152 f., **154 ff.**, **281 ff.**, 310, 321
- Teil- 129, 181, 182
- Wertobergrenze 68, **79 f.**, **150 ff.**, **155 f.**, 198, 252, 258, **281 ff.**, 285, 304, 321

- Wertuntergrenze **150 ff.**, **154 f.**, 156, **281 ff.**, 316, 321
Hifo-Methode 193, **194**, 300, **302**, 303
Höchstwertprinzip 65, 68, **70 ff.**, 254

I

Immaterielle Gegenstände des Anlagevermögens 25, **54**, 67, 100, 104, 106, 112, 210, **242 ff.**, 258, 266, 269, 320
Imparitätsprinzip 57, **68**, 71, 250, **254 f.**
Importwarenabschlag **211 f.**, 213
Informationsfunktion 225
Ingangsetzung, Aufwendungen für 25 f., 27, 34, 101, 102, **109 ff.**, 113, 119, 220, 230, **269**
Insolvenz 64, 82, 110
Instandhaltungs-Rückstellung **58**, 59, 101, **136 f.**, 244 f., 246, 311, 314, 317, 319, 322
Inventar 7, **45 ff.**, 80, 158, 240
Inventur 43, 44, **46 f.**, 65, 80, 159, 160 f., 196, 197, **238 ff.**, 281, 303, 310, 313
- Maßgeblichkeit der 46, 313
- Methoden 44, **46 f.**, **238 ff.**
- Stichproben- 44, 46
- Zweijahres- **46 f.**, 240
Investitionszulagen 145, **146 f.**

J

Jahresabschluß **9**, 10 ff., **17 ff.**, 22 f., 32, 39, 43, 47 ff., 55 ff., 66 ff., 80 f., 84, 85, 86, 91, 132, 145, 219, 221, 225, 226, 251, 308 ff.
- Aufstellung **17 ff.**, 23, 24 f., 32, 43 f., 44, 48 ff., 66 ff., 84, 229 ff., 237 f.
- Begriff **9**, 17, **226**
- Bestandteile 9, **17**, 32, 39 f., 84, **226**
- erweiterter **17**, 20 f., 32, 39 f., 87, 219, 221, 226, 231

- Funktionen 225 f.
- Generalnorm **18**, 32, 44, 225
- Offenlegung **20 ff.**, 36, 37, 40, 80, 81, 83, 85, 87, 229, 231 f.
- Ordnungsmäßigkeit 46, 85, 86, 237 f.
- Prüfung **20 f.**, 23, 37, 231
Jahresfehlbetrag 25, 30, 75, 232
Jahresüberschuß 25, 30, 75, 232, 236

K

KapAEG 5
KapCoRiLiG **4**, 5 f., **17**, 19 f., 21, 24, 36, 85, 109, 116, 170, 175, 187, 209, 220, 221, 226, 229, 230, 269, 295, 299
Kapitaldienstkosten 200
Kapitalgesellschaften 3, 6, 7, 10, 17, 18, **19 ff.**, 24, 27 ff., 30, 33, 36, 37 ff., 53, 69, 78, 82, 107, 109, 114, 126, 130, 132, 135, 142, 147 f., 156, 161, 168, 170, 175, 177 f., **187 ff.**, 195, 197, 208, 209, 211, 213 f., 220 f., 225, 226, 228, 229 ff., 235, 237, 269, 277, 292, 295 f., 299, 312, 313, 314
- Anlagespiegel für 27 f.
- Generalnorm für **18**, 32, 44
- Größenklassen **19 f.**, 53, **229 ff.**
- Größenkriterien **19 f.**, 229 f.
- große 10, 19, **20 ff.**, 27 f., 30, 32, 33, 36, 37, 39, 114, 178, 195, 197, 211, 229 f., 237, 299
- kleine 4, 18, **20 ff.**, 25 ff., 30 ff., 32 ff., 37, 39, 114, 178, 197, 211, **229 ff.**, 235
- mittelgroße 10, 19, **20 ff.**, 27 f., 30, 33, 34 f., 37, 39, 114, 178, 195, 197, 211, 235, 237, 299
- Verbindlichkeitenspiegel 28 f.
Kapitalrücklage 25
Kassenvermögen 94
Kernbrennelemente 48, 56
Konkurs (siehe Insolvenz)

Konto-Form
- Bilanz 8
- Gewinn- und Verlustrechnung 9, 29

KonTraG 5, 6, 32, 36, 38, 84, 86, 87

Konzessionen 54

Kosten, kalkulatorische 148, 151, **258**, 281, 282

Kreditinstitute 5, 6, 8, 9, 20, 25, 28, 29, 52, 216

Kulanzleistung **59**, 245

Kumulationsverbot 178 f.

L

Lagebericht 10, 12, 17, 18, 20, 21, 25, 33, **37 ff.**, 80 f., 84, 85, 86, 91, 228, 229, 231, 236 f.
- Aufstellung 10, 17, **37 ff.**, 85, 237
- Forschungs- und Entwicklungsbericht 10, 32, **37 ff.**, 237
- Geschäftsverlauf und Lage 10, 37 f., 81, 237
- Inhalt 10, **37 ff.**, 237
- Nachtragsbericht 10, **37 f.**, 237
- Offenlegung **21 ff.**, 37, **40**, 80, 81, 85, 86, 229
- Prognosebericht 37, **38**, 237
- Prüfung 20, **37**, 38, **39 f.**, 84, 229
- Wirtschaftsbericht 37 f.
- Zweigniederlassungsbericht 10, 37, **39**, 237

Leasing 44, 51, 227, 234

Lifo-Methode 34, **193**, 194, 195, 197, 212, 231, 240, 300, **302**, 303, 310, 313, 316

Liquidationswert 63, 164, 168, 288

Liquidierbarkeitsprinzip 25, 251

Liquidität 93, 98, 225

Lofo-Methode 193, **194**, 300, **302**, 303

M

Markenwert 38, 54, 266

Marketing-Investitionen 38

Marktpreis 199 ff.

Maßgeblichkeit
- der Handelsbilanz für die Steuerbilanz (siehe Maßgeblichkeitsprinzip)
- der Inventur 46, 313
- des Absatzmarktes **199 f.**, 201, **204 ff.**, **305 ff.**
- des Beschaffungsmarktes 147, **199 f.**, **204 ff.**, 305
- doppelte **199**, 204, **206**, 305, **307**

Maßgeblichkeitsprinzip 11, **40 ff.**, 50, 53, 56, 57, 70, 73, 102 f., 133, 137 ff., 146, 161, 174, 177, 183, 188, 200, 202, 203, 209, 211, 218, **241 f.**, 246, 277, 279, 295, 299, 320
- Durchbrechung **41**, 56, 58, 70, 73, 102, 103, 116 f., 127, 137, 139, 154, 173, 176, 203, 209, 218, 219, **241**, 268, 269, 270, 277, 283, 288, 291, 295, 320
- Kennzeichnung 11, **40 f.**, **241**
- Umkehrung **41**, 53, 102 f., 121, 126 f., 132, 134, 140 f., 146, 177, 183, 188, 211, **241 f.**, 277, 279, 299

Materialaufwand 29 f., 231, 232, 233, 235, 236

Materialkosten **149 f.**, 258, **281 ff.**
- Einzelkosten 149 ff., **152**, 281 ff.
- Gemeinkosten 149 ff., **152**, 281 ff.

Methodenfreiheit 163, 165, 240, 241, 286, 312, 314

Methodenwahlrecht **142**, 216, 241, 275, 286

Mieten 233

Mindestbesteuerung 98 f.

Mittelstands-Richtlinie 4, 33

N

Nachholverbot **58**, 110, 113, 124, 133, 137, 216, 245

Nachtragsbericht **37 f.**, 237

Neubewertungsansatz 107 f.

Nicht-Kapitalgesellschaften **3**, 4, **17 f.**, 24, 29, 69, 126 f., 132, 142, 170, 175 f., 184, 185, 189, 209, 211, 213, 215, 226, 277, 286, 295 f., 299, 304, 312, 321
Niederstwertprinzip 65, **68 ff.**, 79, 117, 161, 170, 173, 191, 192, 195, **199 ff.**, 202, 203, **204 ff.**, 253 f., 258, 285, 295, 303, 304, 313
– gemildertes **69**, 70, 170, 254, 285
– strenges **69**, 70, 79, 117, 191, **192**, 195, **199**, 202, 203, **204 f.**, 254, 258, 285, 295, 303, 304, 313
Normalbeschäftigung 154
Normalgliederung **25 ff.**, 48, 219
Nutzungsdauer 105, 106, 108, 146, 147, **162 f.**, 164, 166, 167, 171, **172**, 275, 279, 286 ff.

O

Offenlegung des Jahresabschlusses 18, **20 ff.**, 36, 37, 40, 80, 81, 83, 85, 86 f., 229, 231 f.
Offenlegungspflichten 18, **21 ff.**, 36, 40, 80, 81, 85, 86 f., 229, 231 f.
– eingeschränkte Publizität **40**, 231 f.
– große Publizität 40
– kleine Publizität **40**, 231 f.
– Verweigerungsquote 22
Ordnungswidrigkeiten **85 ff.**

P

Passivierungswahlrechte (siehe Bilanzierungswahlrechte)
Patente 54, 62, 67, 98, 242, 258, 266, 308, 312
Pauschalwertberichtigung 31, 310, 313, 316
Pension(s)
– ähnliche Verpflichtungen 133, **134 f.**, 278

– Altzusagen **133**, 134, 278
– anwartschaften **133**, 216, 278
– Erhöhung **134**, 278
– Neuzusagen 55, 93, **133**, 244, 247 ff., 278
– rückstellungen 56, 93, 100, **133 ff.**, 153, 154, **216 ff.**, 244, **247 ff.**, 278
– verpflichtungen 55, 93, **133 ff.**, 217 f., **247 ff.**, 278
Perioden-Abgrenzung (siehe Abgrenzungsprinzip)
Personengesellschaft(en) 4, 17 f., 19, 21 f., 32 f., 36, 44, 69, 85, 87, 92, 98, 109, 116, 120, 125, 126 f., 135, 170, 175, 226, 269, 277
Pflichtangaben, sonstige 10, **32 ff.**
Praxiswert 106 f.
Privatvermögen, notwendiges 96 f.
Prognosebericht **37**, **38**, 237
Provisionen 55, 143, 233, 244, 282
Prüfung
– des Jahresabschlusses 18, **20 ff.**, 37, 39 f., 84, 86, 229, 231
– des Lageberichts 21, **37**, **38**, **39 f.**, 229
Prüfungsbericht **84**, 86
Prüfungstestat (siehe Bestätigungsvermerk)
Publizität (siehe Offenlegung)

R

Realisationsprinzip **67 f.**, 147, 250
Rechenschaftsfunktion 225
RechKredV 6, 25, 29
Rechnungsabgrenzungsposten (RAP) 25, 51, 53, **60**, 74 f., 114, 115 ff., 147, 230, 270, 311, 314, 316 f., 319, 321
– aktive **60**, 114, 115 ff., 311, 314
– für aktivische latente Steuern 100 f., **115 ff.**

347

- für Disagio 34, 60, 75, 76, 101, **113 ff.**, 117, 144, 220, 230, 241, 270, 311, 314, 315, 316 f., 319, 321
- passive **60**, 118, 311, 314

Rechnungslegungsbeirat 6 f., 8

Rechnungslegungspflichten **20 ff.**, 80 ff.

RechVersV 6, 25

Reproduktionskosten 205

Reserven, stille 67, 107, 120, 123, 144, 175, 176, 187, 209, 272, 277

Reservepolster 94

Restbuchwert 27 f., 111, 158, 163 ff., 167, 170, 172, 184, 286 ff.

Restlaufzeit von Verbindlichkeiten 25, **28 f.**, 34, 227

Richttafeln 217, 218

Rohergebnis **30**, 52, 230, **235 f.**

Rücklagen 25, 101, 120 ff.
- für Ansparabschreibung 101, **127 ff.**, 180, 272, **275 f.**
- für Ersatzbeschaffungen 101, **123 ff.**, 144 f., 183, 210, 242, 272, **273 f.**, 313, 316
- für Veräußerungsgewinne (§ 6b EStG) 101, **120 ff.**, 124, 129, 144 f., 183, 242, **272 ff.**, 314, 315, 319
- für Wertaufholung 70, 101, **125 ff.**, 140, 141, 174, 187, 272, **276 f.**
- Gewinn- 25, 111, 188, 221
- Kapital- 25, 221, 314
- nach § 52 Abs. 16 S. 7 und S. 10 EStG 1999 **139 ff.**
- steuerfreie 101 f., **120 ff.**, **123 ff.**, **127 ff.**, **131 f.**, **139 ff.**, 144 f., 270 ff., 280, 315
- stille 67, 107, 120, 144 f., 175, 176, 187, 209, 242, 272 f., 274
- Übertragung von 120 ff., 123 f., **144 f.**, 183, 210, 242, 271, **272 ff.**, 286, 308 f., 314, 315, 317 f., 319
- Zuschuß- 272, **280**

Rückstellungen 25, 31, **55 ff.**, 71 f., 101 f., 117 f., 133 ff., 136 f., 137 ff., 139 ff., 214, **216 ff.**, 234, 238, 241, **244 ff.**, 255, 256, 277 f., 310, 311, 314, 317, 319
- Abzinsung von **71 f.**, 118, 139 f., 247, 255, 322
- Aufwands- 59, 75, 100, 101, 118, **137 ff.**, 216, 241, 245, 246
- Bemessung von **71 f.**, **214**, **216 ff.**, **246 ff.**, 322
- für Abraumbeseitigung **59**, 245, 246
- für Altlasten 56
- für drohende Verluste **56 ff.**, 102, 117, 219, 241, 244, 246, 255, 310, 313
- für Gewährleistungen ohne rechtliche Verpflichtung (siehe Kulanzleistungs-)
- für Kernbrennelemente 56, 102, 117, 247
- für passivische latente Steuern 112, 118, 220, 244, 246
- für Umweltschutzverpflichtungen **56**, 244
- für ungewisse Verbindlichkeiten **55 f.**, 59, 132 ff., 214, 238, 244, 246, 311, 314, 322
- für unterlassene Instandhaltungen **58**, 59, 101, 118, **136 f.**, 244 f., 246, 311, 314, 317, 319, 322
- für Verpflichtungen aus Versorgungszusagen 56, 93, 101, **133 ff.**, 245, **277 f.**
- für Zuwendungen an Unterstützungskassen 93, 134, 153, 154
- Garantieleistungs- 55, 59, 214, 244
- Kulanzleistungs- **59**, 245, 246
- Pensions- 56, 93, 100, **133 ff.**, 153, 154, **216 ff.**, 244, **247 ff.**, **277 f.**
- Prozeßkosten- 55, 234, 244, 256
- sonstige 35, 136, 138, 231
- versicherungstechnische 216

Rückstellungsverbot 56, 57, 241, **246**, **247**, 255
Rumpfgeschäftsjahr 64 f., 92

S

Sammelbewertung 66, 142, **190 ff.**, 195 f., 241, 253, **300 ff.**, 310 f.
- Durchschnittsmethode **191 f.**, 195, **300 f.**, 303, 310, 313, 316, 318
- Fifo-Methode 34, **193 f.**, 195, 196, 231, 300, **302**, 303
- Hifo-Methode 193, **194**, 300, **302**, 303
- Lifo-Methode 34, **193**, 194, 195, 197, 212, 231, 240 300, **302**, 303, 310, 313, 316
- Lofo-Methode 193, **194**, 300, **302**, 303

Schätzungsreserven 214
Schrottwert 142, **168**, 171, 286, 290
Schutzklausel **10 f.**, 33, **38 f.**
Schwebende Geschäfte, drohende Verluste aus **56 ff.**, 117, 219, 241, 244, 255
Selbstkosten 149, 151, 281
Skontration 191
Sofortabschreibung 160, **183**, 184, 189, 286, 309, 312, 315, 318
Software 54, 112, 242, **243 f.**
Sonderabschreibung 128, 129, 130, 131, 153, 164, **177 f.**, **179 ff.**, 184, 185, 188, 210, 242, 258, 275, 286, **296 f.**, 298, **299**
Sonderdelikte 83
Sondereinzelkosten
- der Fertigung 149, 150, 151, **152**, 156, 281, 282
- des Vertriebs 149

Sonderposten für steuerrechtliche Abschreibungen 101, **131 f.**, 178, 211

Sonderposten mit Rücklageanteil 31, 53, 75, 101, **120 ff.**, **123 ff.**, **125 ff.**, **127 ff.**, **131 f.**, 140 f., 144, 147, 148, 178, 185, 211, 220, **270 ff.**, 277, 283, 285, 309, 311, 313, 314, 315, 316, 317, 318, 319
Sonstige betriebliche Aufwendungen **30 f.**, 132, 232, 233 ff., 271, 285
Sonstige betriebliche Erträge **30 f.**, 110, 132, 147, 232, 235, 271, 311, 313, 315, 317, 318, 319
Sonstige Rückstellungen 35, 136, 137, 231
Sozialbericht 237
Staffelform 9, 29 f.
Steuerbilanz **10 f.**, 12, 40 ff., 49 f., 56 f., 58, 70, 71 f., 81, 87 f., 93, 102, 105, 108, 112, 113, 115, 126, 129, 133, 134, 135, 136, 138 f., 139 ff., 142, 145, 146, 147, 154 f., 159, 160 f., 162, 165 ff., 171 f., 176, 183, 184 ff., 191, 195 f., 197, 198, 201 ff., 206 f., 208, 209, 210 ff., 213, 215, 217 f., 219, 236, 241 f., 243 f., 245 ff., 253, 255, 268, 269, 270, 271, 275 ff., 282 f., 287 f., 290 f., 292 ff., 297 f., 307, 318, 320 ff.
Steuerentlastungsgesetz 1999/2000/ 2002 5, 33, 56, 70, 71 ff., 97, 98, 102, 116, 120, 122, 125 f., 130, 133, 139, 140, 142, 173, 180, 184, 202, 203, 212, 213, 246 f., 259, 260, 272, 275 f., 294, 295, 307
Steuern, latente 25, 70, 100, 101, 112, **115 ff.**, 220
Steuerstundung 130, 146, 162, 271, 272
Stichproben-Inventur 44, **46**
Stichtagsprinzip **64 ff.**, 92, 207 f., 250, 252, 304, 321
- Begriff **64 f.**, 207, 252, 304
- Durchbrechung 65 f., **207 f.**, **252**, 304
Strafvorschriften 81 ff.
Strafzins **122**, **129**, 130, **275 f.**
Subventionen 145 ff.

349

T

Tageswertprinzip 65, **68**, 192, 253 f.
Tatbestandsirrtum 87
Tathandlungen 86 f.
Teilgewinnrealisierung 68
Teilwert 63, 70, 169, **171 ff.**, 184 f., 201 f., 206 f., 208, 216, 253, **293 f.**, 307
- abschreibung 70, 73, 106, 117, 125, 169, **171 ff.**, 184 f., 187, 202 f., 206 f., 255, 292, **293 ff.**, 321
- Begriff **172**, 201, 206, 253, **293**
- Bilanzierung zum 169 ff., **173 f.**, 184 f., 201 ff., 206 f., 208, 216, 292, 293 f., 307, 321
- problematik 173, **293**
- vermutungen 173, **293 f.**

U

Überschuldung 64, 82, 84, 110
Umbuchung 27
Umlaufvermögen **8**, 25 f., 53, 69, 79, 97 f., 117, 124, 131, 142, 143, 175, 177, **190 ff.**, 196 f., 198 ff., 204 ff., 207 f., 209, 210 ff., 212 ff., 220, 226, 239 f., 243 f., 251, 253, 254, 257, 258, 259, 281 ff., 295, 300 ff., 308 ff.
- Begriff 8, **190**, 202
- Bestandsaufnahme 45 f., **239 f.**
- Bewertung 65 f., **69**, 79, 117, **190 ff.**, **196 f.**, **197 f.**, **198 ff.**, **204 ff.**, **207 f.**, **209**, **210 ff.**, **212 ff.**, 220, 251, 253, 254, 257 f., 273, **281 ff.**, 295, **300 ff.**, 308 ff.
- Gliederung 25 f., 190
Umsatz(erlöse) 19 f., 29 f., 35, 227, 229, 230, 232, 235, 285
Umsatzkostenverfahren 29 ff., 35, 110, 219, 231, **232**, 233 ff., **284 f.**
Umwandlungsverlust **107**, 108
Umweltschutzverpflichtungen **56**, 59, 244

Unterbeschäftigungskosten **154**, 155
Unterstützungskassen, Zuwendungen an **93 ff.**, **134**, 135, 153, 154

V

Veräußerungsgewinn 97, **120 ff.**, 272 f., 273 f., 309, 314, 319
Verbindlichkeiten 9, 25 f., 28 f., 34, 52, **55 ff.**, **70 ff.**, 113 ff., 118, 139 f., 231, 238, 244, 246, 249 f., 254, 255, 311, 314, 317
- Abzinsung von **71 f.**, 118, 139 f., 255
- Eventual- **61**, 250
- Fremdwährungs- 71
- Restlaufzeit von 26, **28 f.**, 34, 227
- Sicherheiten für 28 f.
- sonstige 249 f.
- ungewisse **55 f.**, 59, 133 ff., 238, 244, 246, 311, 314
Verbindlichkeitenspiegel **28 f.**
Verbrauchs- oder Veräußerungsfolge-Fiktion 191, **192 ff.**, 196, 212, 300, **302**
Vereinfachungsregel 92, **169**, 280, 286, 309, 312, 315
Verletzung von Rechnungslegungspflichten **80 ff.**, 237 f.
Verlust 56 f., 67 f., 92, 98 f., 110, 128
Verlustabzug 98 f., **259 ff.**
Verlustantizipation, Prinzip der 68, 71, 255
Verlustrücktrag **98 f.**, **260 ff.**
Verlustvortrag 25, **99**, 111, 220, 260, **262**
Vermögen
- Anlage- (siehe Anlagevermögen)
- Betriebs- 40, 44, 96 f., 128, 166, 210, 266
- Privat- **96**, 266
- Umlauf- (siehe Umlaufvermögen)

350

- Vorrats- 46 f., 142, 190 f., 191 f., 192 ff., 196 f., 197 f., 200, 204 ff., 207 f., 212, 239 f., 253, 274, 281 ff., 299 ff., 308 ff.

Vermögensgegenstand 53 f., 68, 103, 110, 158 f.
- gleichartig **159**, 191 f., 192 ff., 196 f.
- gleichwertig **159 f.**, 196 f.
- immateriell 25, **54**, 67, 100, 104, 106, 112, 210, **242 ff.**

Vermögenslage 18, 32, 38 f., 44, 79, 132, 193 f., 225, 226, 299

Veröffentlichung (siehe Offenlegung)

Verrechnungsverbot (siehe Bruttoprinzip)

Verschmelzungsmehrwert 107

VersicherungsBiRiLiG **4 f.**, 55, 71

Versicherungsunternehmen 5, 6, 8, 9, 20, 21, 25, 55, 134, 216

Versorgungszusagen 55, 93, 101, **133 ff.**, 277 f.

Vertriebskosten 30, 149, 151, **153**, 155, 200, 232, 233, 234, 281, 282, 283 ff., 306

Verwaltungs(gemein)kosten 30, 143, 149, 150, 151, **153**, 154, 155, 200, 232, 233, 234, 258, 281, 282, 283 ff., 305, 306

Vollständigkeit, Grundsatz der 45, **50 ff.**, 54, 61, 74 f., 81, 86, 242, 251

Vorräte 46, 52, 69, 190 ff., 191 f., 192 ff., 196 f., 197 f., 200, 204 ff., 207 f., 212, 239 f., 253, 299 ff., 308 ff.
- Bestandsaufnahme **46 f., 239 f.**
- Bewertung 69, 142, **190 ff., 196 f.**, **197 f.**, 200, **204 ff., 207 f., 212**, 253, 274, **281 ff., 299 ff.**, 308 ff.
- Inventur der **46 f.**, 197, **239 f.**

Vorruhestandsverpflichtungen 135

Vorsichtsprinzip 54, 65, **66 ff.**, 74, 92, 119, 171, 194, 204, 217, 250, 254, 306

W

Währungsumstellung (siehe Euro)

Wert 54, **61 f.**, 63, 228, 293 ff.
- am Abschlußstichtag beizulegender 69, 79, **169 ff.**, **204 ff.**, 207, 220, **304 ff.**, 314
- objektiver 54, 62, 228
- sich aus dem Börsen- oder Marktpreis ergebender 69, 79, **198 ff.**, 204, 207, 212, 231, 294, 304, **305**, 309, 311, 314
- subjektiver 54, 61 f., 228
- verlustfreier 69, **200 ff., 205 f.**, **305 f.**
- Zeit- 103, 207 f., 220, 267 f., 307, 310, 311, 313
- zu erwartender zukünftiger 65 f., 75, 117, **207 f.**, 214, 215, 220, **252**, 304, 307, 312, 313, 316, 318, 321

Wertansatzwahlrecht(e) 104, 108, 110, 117 f., **142**, 175, 216, 241, 269, 278, 279, 283, 285 f.

Wertaufhellungstheorie (siehe Aufhellungstheorie)

Wertaufholung 33 f., 70, 73, **184 ff.**, 188, **213 f.**, 215, 221, 277, 292, 295 f., 314, 316, 319

Wertaufholungsgebot 70, 73, 125, 140, 142, **174**, **184 ff.**, 188, **212 ff.**, 215, 277, 292, **295 f.**, 314, 316, 319

Wertaufholungs-Rücklage 70, 101, **125 ff.**, 140, 141, 174, 187, 272, **276 f.**, 296

Wertberichtigung 34, 101, 131 f., 220, 271, 272

Wertermittlung, retrograde **190**, **200 ff.**, **205**, 253

Wertmaßstäbe 199 ff., **285 f.**, 304

Wertobergrenze 68, **79 f.**, 125, **149 ff.**, **155 f.**, 198, 253, 258, **281 ff.**, 285, 304, 314, 321

351

Wertpapiere 25, 53, 69, 97, 125, 159, 170, 186, 190, 199, 200, 203, 208, 213, 227, 230, 291, 309, 311, 313, 314, 316, 318, 319, 321
Wiederbeschaffungskosten 152, 154, 171, 172, 192, 200, 204 f., 206, 258, 281, 282, 291, 292, 293, 300, 303, 307, 309, 310
Wirtschaftsbericht **37 f.**
Wirtschaftsgüter
- bewegliche 124, 128, 130, 166, 167, 180 f., 242, 320 f.
- geringwertige 160, **183**, 184, 189, 266, 286, 309, 312, 315, 318
- immaterielle 25, **54**, 62, 67, 100, 104, 106, 112, 210, **242 ff.**, 258, 266, 269 f., 320
- materielle **62**, 242
- unbewegliche 181 f.

Wohnung 121, 179

Zweigniederlassungsbericht 37, **39**, 237
Zweijahres-Inventur **46 f.**, 240

Z

Zahlungsunfähigkeit 64, 82, 84
Zielkonflikte bei der Bilanzpolitik 12
Zinsen für Fremdkapital 34, 113, **150**, 151, 154, 283 ff.
Zinssatz 216 f.
Zugänge 27, 160, 169, 191, 197 f., 300, 309, 312, 318
Zulagen 144, **145 ff.**
Zusagen für Versorgung
- mittelbare 133, **134**, 278
- unmittelbare (siehe Direktzusage)

Zusatzkosten (siehe Kosten, kalkulatorische)
Zuschreibung 27, 31, 125, 174, **184 ff.**, 189, **213 ff.**, 215, 277, 292, 295 f., 314, 317 f., 319
Zuschüsse 144, **145 ff.**, **278 ff.**
Zuschußrücklage 272, **280**
Zuwendungen an Unterstützungskassen 93 ff., 134, 153, 154
Zwangsgeld **22 f.**, 24, 87